"十二五"普通高等教育本科国家级规划教材
高等院校经济学管理学系列教材

投融资学

（第三版）

杨 晔 主 编
杨大楷 副主编

上海财经大学出版社

图书在版编目(CIP)数据

投融资学/杨晔主编. —3版. —上海：上海财经大学出版社,2017.7
"十二五"普通高等教育本科国家级规划教材
高等院校经济学管理学系列教材
ISBN 978-7-5642-2737-1/F・2737

Ⅰ.①投… Ⅱ.①杨… Ⅲ.①投资-高等学校-教材②融资-高等学校-教材 Ⅳ.①F830.5

中国版本图书馆 CIP 数据核字(2017)第 115500 号

□ 组　　稿　李宇彤
□ 责任编辑　李宇彤
□ 封面设计　张克瑶

TOU RONG ZI XUE

投 融 资 学
(第三版)

杨　晔　主编
杨大楷　副主编

上海财经大学出版社出版发行
(上海市中山北一路 369 号　邮编 200083)
网　　址：http://www.sufep.com
电子邮箱：webmaster@sufep.com
全国新华书店经销
上海华业装璜印刷厂有限公司印刷装订
2017 年 7 月第 3 版　2024 年 11 月第 6 次印刷

787mm×1092mm　1/16　23.5 印张　602 千字
印数：22 101—22 600　　定价：48.00 元

前言

《中华人民共和国国民经济和社会发展第十三个五年规划纲要》提出,贯彻落实新发展理念、适应把握引领经济发展新常态,必须在适度扩大总需求的同时,着力推进投融资体制改革,最大限度激发微观活力,优化要素配置,推动产业结构升级,是"十三五"期间发展的主线。为了适应社会经济发展对人才培养的需求,教材编写组又一次再版了"十二五"普通高等教育本科国家级规划教材——《投融资学》。

作为一门学科,投融资学是公司财务和金融学的重要组成部分。发达国家对投融资的研究一般是指投资与融资。发端于18世纪、兴起于19世纪、盛极于20世纪的投融资已经成为当代企业资本流动和国际经济交往的重要形式。近年来,随着经济全球化进程的加快,对投融资问题的研究不仅保持了其一贯在国际资本研究领域的重要地位,且其研究范围和视角不断拓展,尤其是一些针对新形势、新问题和新现象的相关研究已成为该领域的前沿性课题。

投融资学肇始于发达国家,现有的体系化的理论研究是以发达国家的投融资为参考系的。这些国家对投融资问题的理论研究是从宏观层面和微观层面分别展开的,并且在不同时期引领了投融资教材建设的主流或趋向。

在宏观层面上,以索罗、丹尼森为代表的现代经济增长流派认为,投融资与经济增长是相互制约、相互促进的。一方面,经济增长水平及增长速度决定投融资总量的水平,因为特定时期投融资总量的大小由以前国民收入的多少及积累率、储蓄率的高低所决定;另一方面,在资源数量及技术水平既定的前提下,一国经济增长快慢在很大程度上取决于投融资总量的大小及其增长幅度。凯恩斯学派认为,当总需求等于总供给时,投资等于储蓄,或者说投资是储蓄的应用。而储蓄和消费总量又是由国民收入的数量决定的,因而投资总量取决于经济增长。[①]

宏观学派认为,影响一个国家或地区经济增长速度及其效率的因素有很多,如产业结构、社会环境、政治制度、经济政策、市场发育度、劳动者数量及其质量、科学技术等。尽管上述各种因素对经济增长都会产生不同程度的影响,但投资对经济增长的影响作用可能更直接和更有力。投融资对经济增长的促进作用,主要通过以下两条途径来实现。第一,通过对生产过程直接注入资金来促进经济增长。亚当·斯密在其《国富论》中指出,决定国民经济财富增长的主要因素,一是分工引起的劳动生产率的提高,二是生产劳动数量的增加。如果国民收入中用于生产劳动的比率越大,劳动生产率越高,则国民收入的增长越快。在劳动生产率既定的前提下,要增加国民收入,就必须增加劳动数量或者劳动时间。但是,在特定的时期内,劳动数量或劳动时间的增长变化取决于生产环节或生产过程对劳动力的容量或吸纳能力。这一般又由生产环节的固定资产等耐用生产要素的数量决定。在生产过程中,固定资产等耐用生产要素与

[①] George J. Stigler, "The Theory of Economic Regulation", *Bell J. Econ. &Mgmt. Sci.* 3, 2003.

劳动力存在很强的相关性,生产过程中所拥有的耐用生产要素越多,对劳动力的吸纳能力就越强。因此,增加劳动数量的前提条件,除提高耐用生产要素的使用效率外,更重要的是增加耐用生产要素的数量,扩大进行生产劳动的空间场所。为此需要把大量的资金直接注入生产过程,修建厂房、添置机器设备、拓展新的产业领域等,即通过扩大生产规模的方式来增加劳动的数量或劳动时间,进而实现社会财富的增长。第二,主要通过改善和提高生产要素的质量或性能,即通过技术创新的方式,走内涵扩大再生产的路子来促进经济的增长。如果不涉及技术进步,对生产过程直接注入资金进而促进经济增长的方式,属于马克思所说的简单或外延扩大再生产过程。这种方式虽然能增加社会财富的总量,但就资源的使用效率及其配置效率而言都是比较低的,且容易使人们产生投资对经济增长作用效果的怀疑。因此,通过投资来促进经济增长,不仅需要直接对生产过程进行投资,更重要的是对人力资本等生产要素进行投资,通过提高生产要素的质量和性能,促进经济的增长。这一方面要通过增加科学和教育的投资,加大研究与开发的力度,努力提高生产过程中物质资本的技术含量,提高人力资本的素质,把经济增长根植于技术进步和劳动者科学文化素质提高的基础上。另一方面,在对生产过程的直接投资,即增加生产过程的资本存量过程中,要充分利用技术进步的成果,适时选用技术含量更高、工作效率更高、质量更好的资本设备,并把这些先进的设备同高素质的劳动者结合起来共同作用于经济增长,以产生更大的经济增长效应。[①]

在微观层面上,"边际主义革命"的兴起,涌现出了以杰文斯、庞巴维克、维克富尔、费雪、奈特等为代表的新古典主义资本理论,以马歇尔为代表的新古典厂商理论,以克拉克为代表的加速器理论。其中,乔根森在《资本理论和投融资行为》一书中利用一个连续时间的动态最优化模型描述了厂商投融资行为。托宾的q理论通过对厂商融资渠道——资本市场的动态变化,阐释了存量市场估价与重置成本的对比度。奈特在《风险、不确定性和利润》一书中认为,投融资风险发生的可能性是可以计算的,并可以通过投保等方式转嫁给专门的风险承担机构;而不确定性事件的概率是无法计算的,只有通过主观判断来决定。[②]

近年来研究的一个热点话题是资本市场与投融资行为。其基本观点是,金融市场中的低效率和不稳定性通过厂商的资本结构直接影响到厂商的投融资行为。厂商投融资行为是一个在内生货币体系下的金融市场传导机制。在这个传导机制中,一方面在货币的内生供给条件下利率仍然起着关键性的作用。投融资的金融约束体现在内生性货币市场下的银行存款和包含家庭资产选择的资本市场融资结构之中。其中货币供给是由家庭的资产选择、厂商的存贷款行为以及商业银行的贷款行为所决定的一个内生过程。同时,这个内生的货币在追求自身供求平衡的同时也通过资本市场影响着厂商的投融资行为。而且在内生的货币供给下,进行投资的货币供给量来源于家庭在储蓄和消费之外购买金融资产的部分以及厂商利润和贷款中在投入实物资产和必要的现金储备之外投资于资本市场的货币量。这里厂商的实物资产被认为是货币量值而作为厂商的资本存量。因而,银行的内生货币供给和资本市场的资本流动对厂商投资的融资流动性约束与融资成本形成一种双向传导机制,影响着厂商的投资行为,从而使投资存量与流量之间形成一种均衡。在厂商的资本结构中,由于债券比例的过高或过低,会使厂商经理人的投资有不同倾向。一方面,债券控制过少(债务资本比重过低),经理人就有较

---

① Booth, J. R., "Contract Costs, and the Cross-monitoring Hypothese", *Journal of Financial Economics*, 2002, 57, 25~41.

② Eugene Brighain, "Fundamentals of Financial Management", University of Florida, 2002.

多的自由度去运用内源资金和外源资金进行新项目投资,甚至包括风险极大或亏本的投资,这种情形可称为"投资过度"。另一方面,厂商债台高筑,随时会面临债务危机,债券控制硬约束十分有效,厂商经理人被迫或因为信心不足而放弃有利可图的投资机会,这时就会出现"投资不足"。显然,债券控制在厂商投资过度时,有助于校正经理人的行为;但当投资不足时,又会加剧经理人缩手缩脚的行为。因此,厂商的最优资本结构必须使厂商在预期的"投资过度"与"投资不足"中达到均衡,使二者的机会成本之和最小,并使厂商的期望价值最大。①

与西方经济学中的其他理论相比,投融资理论是其中比较复杂的一个理论,因为它既与储蓄理论相关,又与资本理论有密切的关系,所以,西方学者认为,"投融资的理论和测定,是职业经济中最有争议的领域之一……这个题目本来就是困难和复杂的"。与我国的投融资理论相比,西方投融资理论具有如下鲜明的特点:第一,在基本假设条件下,西方投融资理论假设经济中唯一的投资主体是厂商,而厂商又是以追求利润最大化或成本最小化为目标的。在西方投融资理论中,政府不是作为一个投融资主体出现的,投融资理论中研究的只是厂商的投融资。之所以如此,主要是因为在发达的市场经济国家,政府的投融资是有限的,基础产业和基础建设很多都是由私营部门进行投融资,政府只是对其进行引导和管理。虽然政府也会进行一些纯粹的公共投融资,但它们在整个国民经济中所占的比重很低,并且这些公共投融资也不是按市场的原则、在市场机制的调节下进行的,而是作为市场失灵时的一种补充,因而在投融资理论研究中被舍掉。第二,在研究方法上,西方投融资理论所运用的是实证分析法。20世纪40年代以来,在"证伪主义"科学观的指导下,西方经济理论在研究过程中广泛采用了实证分析法。这种方法的一般过程从逻辑角度可以概括为四个步骤:一是提出理论假说的有关假设条件。二是建立理论假说模型,并推导出主要结论。三是对理论假说模型进行经验验证。四是验证理论假说,并由此展开深入的理论分析。由于采用了比较科学的实证分析法,从而基本上保证了西方投融资理论研究中的理性原则、可检验性原则、对应原则和简单性原则。第三,在分析工具上,西方投融资理论运用了大量的数学工具进行研究。西方投融资理论强调投融资具有风险和收益的两重性,并围绕风险和收益阐述如何进行投融资的方法,为此研究并发展了许多十分有用的投入产出分析工具。数学工具本身具有简洁性、精确性和客观性等优点,它在投融资理论研究中的运用,对于科学地概括和提炼各种经济变量,精确地阐明变量之间的数量关系,从而提高经济理论的精确性和实用性,无疑是具有重要意义的。

与国际上持续了近两个世纪的研究热潮不同,国内对投融资学的引入和正式作为一门课程在本科开设还是新中国成立以后的事。在我国,"投融资"的内涵和外延是随着经济发展和投融资理论的演进而不断变化发展的。新中国成立之初,我国的经济管理体制较多地借鉴了苏联模式,在高度集中的统收统支的财政体系下,一切扩大再生产的支出都由中央财政统一拨付,国家是唯一的投资主体。那时,"基本建设"这一概念基本上可以满足当时的实际投资管理工作及理论研究的需要。进入20世纪80年代,企业的技术改造开始迅速展开,为了适应当时管理更新改造资金的需要,经济部门提出了运用固定资产投资的概念,1983年国家开始编制固定资产投资计划,并将固定资产投资划分为基本建设投资和更新改造投资两部分。因此可以说,在传统计划经济阶段,我国的投融资外延仅指固定资产投融资。20世纪90年代后,随着证券市场的发展,证券投资也被纳入投资的范畴中,90年代后期,以金融衍生工具的发展为

---

① Jensen, M. C., "The Pricing of Capital, and the Evaluation of Investment Portfolio", *Journal of Business*, 2004, 39, 28~42.

标志,投资的概念又扩展到资产重组、兼并收购及衍生金融工具等内容。加入 WTO 后,随着我国投融资活动的进一步复杂化,投融资的外延也进一步深化。①

在宏观层面上,以宋则行、史晋川、欧阳明、袁志刚、梁小民、张中华、谢进城为代表的理论学派认为,在宏观经济发展过程中,投融资规模经常呈现出扩张与收缩交替出现的周期性变动现象,这种规模有规律的时间变化称为投融资周期。综观国内外的经济发展过程,投融资规模变化虽在持续的时间序列上并不完全一致,但仍有一定的规律,这种周期可以从投融资额、投融资增长额等指标的不断波动中显现出来。他们的研究成果发展了宏观经济分析中国本土化的投融资理论:一是以物质生产平衡体系为基础,突破了投融资对经济增长的关键作用;二是以国民经济核算体系为基础,论证了经济增长率、储蓄率、资金—劳动率、劳动生产增长率是投融资的函数。②

他们认为,在中国确立厂商在市场经济中的主体地位以后,宏观经济增长更密切于微观的经济投融资。厂商投资不仅会促进微观经济的发展,更为宏观经济的繁荣奠定了基础。保持适度的厂商投融资规模和投资率,减缓投融资增长波动,是扩大社会再生产、促进国民经济持续发展的必要条件。其中,适度投融资规模是指厂商对固定资产投融资的规模,它既能与财力、物力相适应,又能促进国民经济持续、稳定、协调发展;既能通过投资结构的优化达到资源合理配置的目的,又能按照效益最大化原则,达到增大技术含量、提高国民经济整体生产力水平的目的。厂商投融资与经济增长呈现一种相互促进、相互制约的关系:经济增长决定厂商投融资,厂商投融资又对经济增长具有推动作用。假定消费需求和投资需求的比例不变,较快的经济增长会导致较高的投融资增长;反之,则导致较低的投融资增长。因此,立足于社会主义市场经济,探索和揭示厂商投融资活动的规律,帮助现代厂商根据自身优势和外部环境,选择适当的投资方式,有效地投入和运用资金,就具有非常重要的现实意义。③

在微观层面上,以甘子玉、厉以宁、黄良文、陈琪、吴永林、贝政新、鲁先胡、马骁、冯巍、刘晨晖、郭松克为代表的理论学派认为,研究厂商投融资,既要分析投融资的一般特征,更要结合中国的国情实际,了解中国厂商投融资的发展和变革。在现代市场经济条件下,厂商日益成为国民经济中最重要的投融资主体。厂商投融资活动既不同于各级政府为发展经济而进行的建设投融资,又不同于金融市场上投资者的炒作,它有着本身特定的经济规律和范围。事实上随着我国商品经济的发展,在固定资产投融资领域,厂商已成为或正在逐步成为投融资主体。研究厂商与投融资的关系,对优化厂商投融资行为、实现厂商投融资管理的科学化都具有十分重要的意义。④

在厂商投融资与国家投融资关系上,他们认为,厂商和国家虽然是两个不同层次和职能的投融资主体,但它们之间存在着密切的不可分割的关系。第一,两者最终目标存在着共同性和统一性;第二,两者必须综合平衡;第三,两者存在依存性。但是两者又有区别:一是目标上的一致与目的上的区别;二是投资方向上的区别;三是融资来源的区别。⑤

在厂商投融资规律上,他们认为,当外部刺激与厂商投资目标不一致时,厂商就会产生投融资动机,导致投融资行为,并产生一定的投融资效果。实证研究表明:现代厂商投融资规模

---

① 郎荣燊、黎谷:《投资学》,中国人民大学出版社 1996 年版。
② 欧阳明、袁志刚:《宏观经济学》,上海人民出版社 1999 年版。
③ 张中华、谢进城:《投资学》,中国统计出版社 1998 年版。
④ 王晓霞:《投资学》,广东经济出版社 2001 年版。
⑤ 庄俊鸿:《投资学》,中国财政经济出版社 1999 年版。

具有扩张性的特点,并且都要经过一个复杂的连续不断的循环周期过程,在投资效益上存在个别效益和社会效益的不一致性。[①]

21世纪是投融资理论持续发展的新世纪。随着经济全球化的深入发展,中国经济持续保持了快速增长势头,并已进入新一轮周期上升阶段轨道。在这样的总体形势下,投资活动日趋活跃且越来越趋于理性,同时,伴随着投资规模不断扩大,融资需求也在快速增长。如何以较低成本、较小风险获得所需投资资金,已成为企业制定发展战略、进行投资决策时需要考虑的重要方面。为了将投融资纳入经济运行的整体框架中进行研究,以客观地凸显其先导性和主体性地位,我们以此为基石,对投融资学做了一次系统的构架和整合。目的在于使读者能更为清晰而准确地把握投融资学的理论框架,而这种理论框架正是通过投融资体系的理论来演示的。投融资体系是由投融资的市场参与者(主体)、投融资对象(客体)、国际和国内双维空间,以及维护投融资运作的风险管理所组成,并由此形成了投融资活动的实质性内容。这既是全书的主线索,又是对投融资学科体系建设的一种探索与奉献。

《投融资学》(第三版)是教育部安排的"十二五"普通高等教育本科国家级规划教材。上海财经大学博士生导师杨晔任该书主编,杨大楷教授为副主编。在此之前,我们分别于1998年、2000年、2003、2010年和2015年完成了教育部、上海市教育委员会组织的五项普通高校重点教材的建设任务。[②] 随后,又承接和完成了国家自然科学基金和国家社会科学基金有关投融资学的六项研究课题[③],以及上海市人民政府、上海市科委、上海市哲学社会科学基金、苏浙沪三省市联合发布的有关投融资学的八项重点研究课题任务[④]。这些积累为我们撰写这部教材奠定了坚实的基础。

第三版《投融资学》,传承了前两版在体系上注重学科的系统性、完整性和科学性,在内容上注重跨学科知识的衔接,力求方法论上的指导性和可操作性等优点,总结了我们20年来在教学中的宝贵经验,并融入了我们近三年来的最新研究成果。与前两版不同的是,第三版《投融资学》呈现了三大特点:第一,更具前沿性。教材组搜集了最新的数据资料,进行了大量的更新,以反映投融资的最新发展动态;同时也将最新的理论研究成果编入书中,使学生能尽可能多地在学习基本理论的基础上接触到投融资理论研究的前沿。第二,更具可读性。教材组增加了专题、案例的比重,使教材的内容更生动,以提高学生的学习兴趣。第三,更具可用性。教

---

① 邱华炳、庞任平:《投资经济学》,中国金融出版社2002年版。
② 参见杨晔:《国际投资学》(第五版),"十二五"普通高等教育本科国家级规划教材,上海财经大学出版社2015年版;杨大楷:《国际投资学》(第四版),全国普通高等教育"十一五"国家级规划教材,上海财经大学出版社2010年版;杨大楷:《国际投资学》(第三版),全国普通高等教育"十五"国家级规划教材,上海财经大学出版社2003年版;杨大楷:《国际投资学》,上海市普通高等教育"十五"规划教材,上海财经大学出版社2000年版;杨大楷:《国际投资学》,全国财经金融高等院校"九五"重点教材,西南财经大学出版社1998年版。
③ 参见国家自然科学基金项目《中国企业海外投资效应分析及对策研究》,项目编号:70172009;国家社会科学基金项目《中国海外直接投资问题研究》,项目编号:00BJL039。项目组组长均为杨大楷教授。国家自然科学基金项目《网络化创新环境中风险投资制度生长机理与效率边界研究》,项目编号:70903046。国家自然科学基金项目《中小企业创新的诱发机制及其对绩效的影响研究》,项目编号:71273165。项目组组长为杨晔副研究员。
④ 参见上海市重大决策咨询研究课题"中国发展跨国公司与上海的对策",项目编号:2004-A-14;上海市重大决策咨询课题"上海提高外资质量与水平研究",项目编号:2005-A-09;上海市科学技术发展基金重点项目"跨国公司研究全球化趋势及应对策略研究",项目编号:026921008;上海市哲学社会科学基金重点项目"国际直接投资与国有经济战略调整",项目编号:2002AJL002;上海市哲学社会科学基金重点项目"上海进一步发展资本市场研究",项目编号:2004XAB004;上海市哲学社会科学基金项目"我国产业基金运营机制研究",项目编号:2005BJL004;苏浙沪三省市联合发布规划项目"长江三角洲地区跨国公司发展态势研究",项目编号:2005SBG001;苏浙沪三省市联合发布规划项目"长江三角洲区域科技创新能力研究",项目编号:2007SZH004。项目组组长均为杨晔副研究员和杨大楷教授。

材组再次为教材更新了多媒体课件,进一步完善了教学大纲、习题集、案例集的编写。其中各章阅读文献72份、填空题77题、名词解释82个、简答题88题、论述题33题、计算题13题,从而为教师授课提供了辅助性的教学工具。

参加本书撰写的主要人员有:上海财经大学杨晔博士、杨大楷博士、赵阳博士、吴丽娜博士,以及重庆医科大学管理学院的杨纲副教授。其中:第一章、第二章、第三章、第四章、第五章、第六章、第七章、第八章由杨晔撰写;第九章、第十章由吴丽娜、杨纲撰写;第十一章、第十二章由杨大楷、杨纲撰写;第十三章、第十四章由赵阳、杨纲撰写。上海财经大学投资学专业的姚玲珍博士、应望江博士、方芳博士、高晓晖博士、简德三博士、刘伟博士、沈洪博士、张学文博士、徐研博士、吴丽昀博士、余卓远博士、刘曦腾博士、王晶博士、朱晨博士、邱知奕博士分别参与了各章习题、案例分析和讨论工作。最后,全书由杨晔进行总纂和定稿。

杨 晔

于上海财经大学凤凰楼

2017年6月

目 录

前言 ······ 1

第一编 投融资导论

第一章 投融资概述 ······ 3
第一节 投融资的基本概念 ······ 3
第二节 投融资的产生和发展 ······ 5
第三节 投融资学的基本内容和研究方法 ······ 10
   阅读书目 ······ 12
   思考题 ······ 12

第二章 投融资理论 ······ 14
第一节 融资基本理论 ······ 14
第二节 投资基本理论 ······ 30
   阅读书目 ······ 45
   思考题 ······ 45

第二编 投融资主体

第三章 企业投融资 ······ 49
第一节 企业融资 ······ 49
第二节 企业投资 ······ 66
   阅读书目 ······ 70
   思考题 ······ 71

第四章 金融机构投融资 ······ 72
第一节 商业银行投融资 ······ 72
第二节 证券公司投融资 ······ 81
第三节 保险公司投融资 ······ 96
第四节 信托公司投融资 ······ 103
第五节 基金管理公司投融资 ······ 111

阅读书目 ·· 122
　　思考题 ·· 122

第五章　政府投融资 ·· 124
第一节　政府融资 ·· 125
第二节　政府投资 ·· 133
　　阅读书目 ·· 157
　　思考题 ·· 157

第六章　个人投融资 ·· 159
第一节　个人融资 ·· 159
第二节　个人投资 ·· 167
　　阅读书目 ·· 175
　　思考题 ·· 176

第三编　投融资客体

第七章　实物资产 ·· 179
第一节　实物资产融资 ··· 179
第二节　实物资产评估 ··· 187
第三节　实物资产投资 ··· 193
　　阅读书目 ·· 198
　　思考题 ·· 198

第八章　无形资产 ·· 200
第一节　无形资产概论 ··· 200
第二节　无形资产评估 ··· 205
　　阅读书目 ·· 212
　　思考题 ·· 213

第九章　金融资产 ·· 214
第一节　股票 ·· 214
第二节　债券 ·· 223
第三节　基金 ·· 235
第四节　衍生工具 ·· 243
第五节　黄金 ·· 250
　　阅读书目 ·· 257
　　思考题 ·· 257

第四编　跨国投融资

第十章　跨国融资 261
第一节　全球跨国融资 261
第二节　中国跨国融资 271
　　阅读书目 278
　　思考题 278

第十一章　跨国投资 280
第一节　全球跨国投资 280
第二节　中国跨国投资 287
　　阅读书目 296
　　思考题 296

第五编　投融资管理

第十二章　投融资环境分析与评估 299
第一节　投融资环境分析 299
第二节　投融资环境评估 307
　　阅读书目 318
　　思考题 319

第十三章　投融资决策分析 320
第一节　融资决策分析 320
第二节　投资决策分析 330
　　阅读书目 343
　　思考题 343

第十四章　投融资风险管理 345
第一节　融资风险管理 345
第二节　投资风险管理 353
　　阅读书目 360
　　思考题 360

参考文献 362

第一编

投融资导论

　　发端于 18 世纪、兴起于 19 世纪、盛极于 20 世纪的投融资是当今世界资本流动和经济交往的重要形式。近年来,随着经济的快速发展和经济全球化时代的到来,对投融资问题的研究不仅保持了一贯以来资本研究领域的重要地位,而且研究范围和视角也不断拓展。本编开宗明义,主要阐述投融资的基本概念、基本研究范畴,以及关于投融资的基本理论问题。

第一章

投融资概述

投融资活动是经济发展的重要推动力,因为投融资借由货币资本和产业资本的运营,实现资本、劳动、技术、管理等一揽子生产要素的流动与配置,不仅增强了各经济主体之间的金融联系、生产联系与贸易联系,而且带来了真正意义上的深层次的全面经济发展。若要理解投融资缘何会引起如此深刻的经济变革,我们就必须从投融资的基本概念、投融资的产生与发展,以及投融资的研究范畴入手。

第一节 投融资的基本概念

一、投资的基本概念

投资是各类经济主体,包括企业、金融机构、各级政府和个人投资者,为了获取预期的不确定的效益而将现期拥有的货币资本或产业资本通过特定方式转为实物资产、无形资产或金融资产的经济行为。该定义表明,投资的内涵包括投资主体、投资动机或目的、投资客体以及投资方式四个因素,反映了投资活动中各因素及其所体现的内在经济关系的高度统一。

(一)投资主体的多元化

投资主体是指具有独立投资决策权并对投资结构负有责任的经济法人或自然人。依据主体的职能,投资主体可分为:(1)投资所有主体,是负责提供投资资源或偿还负债,并享受资产收益的主体。(2)投资决策主体,是负责具体确定方案的主体。(3)投资实施主体,负责按已确定的方案组织实施投资,将资源转化为资本。(4)投资存量经营主体,是已形成资产的营运者。投资所有主体、决策主体和存量经营主体可能是同一自然人或法人,也有可能是相对分离的不同的自然人或法人。

依据主体类型可分为:(1)企业,是直接投资的主体。(2)金融机构,包括银行及非银行金融机构,是参与证券投资和金融服务业直接投资的主体。(3)官方与半官方机构,包括各级政府及各类区域性经济组织。(4)个人投资者,是以参与证券投资为主的群体。投资主体的多元化避免了投资过程受单个投资者支配的情况,同时分散了投资风险。

(二)投资客体的多样化

投资客体是投资主体加以经营操作以实现投资目标的对象。投资客体包括：(1)实物资产，是以土地、厂房、机器设备、黄金、古董等实物形式存在的资本。(2)金融资产，包括定期存单、股票、债券、衍生工具等。(3)无形资产，包括生产诀窍、管理技术、商标、专利、信息、销售网络等。一般来说，投资主体既可能采用一种客体投资形式，又可能采用几种客体投资形式，从而使投资呈现多样化和复杂性。值得注意的是，各类投资客体的安全性、获利性及流动性不尽相同，有的资产安全性高、流动性强但收益低，而有的资产收益率高，但安全性差，流动性也弱。投资者要根据自身对风险的承担能力及对获利性和流动性的要求来选择投资对象，进行资产的合理组合。

(三)投资的目的是为了获取一定的效益

投资的目的是为了获取预期效益。按不同的标准，投资效益可以分为：(1)宏观经济效益和微观经济效益。宏观经济效益是从整个国民经济角度来考察的，微观经济效益则是从单个项目角度来考察的。(2)直接效益和最终效益。直接效益是投资的初始成果，如获取企业经营的控制权、占领市场等。最终效益则是投资的最终成果，如获取经营控制权和占领市场的最终目的可能是增加利润。(3)财务效益和社会效益。财务效益可以用价值尺度计量，如利润、债息和股利；社会效益不一定能用价值尺度计量，但一般可用其他一些间接的定性尺度计量，如增加就业、改善环境和社会福利等。

(四)投资效益的不确定性

投资是资本的垫付活动，从垫付资本到获利需要一个较长的时期。在此过程中，由于政治、经济、自然、心理等众多因素的变化，投资的预期收益是不确定的，投资者面临亏损甚至破产的可能性，可见，投资是具有风险性的。如果说获取预期收益的动机使投资者具有内在的动力，那么投资风险的存在又使投资者具有内在的约束。可见，只有在风险和收益相匹配的条件下，投资行为才能得到有效调节。一般来说，投资风险和投资回报是呈同方向变化的。

(五)投资具有创造财富的功能

投资必须花费现期的一定收入，从而投资主体投资数额的大小、投资目标的选择必然受其收入水平和融资能力的制约，但投资同时又具有创造收入的功能。对各类投资主体来说，投资在未来时期能带来收入，尤其在信用高度发达的现代社会，投资者可以借本生利，利用信用杠杆效应，以少量的垫付资金实现较多的效益。对于整个社会而言，投资可以创造需求，启动和利用闲置资源，从而促进社会财富的增加；同时还可以创造供给，直接增加未来的社会财富。

二、融资的基本概念

融资，即资金融通，就是通过各种方式融通资金的活动。广义融资是指资金在资金持有者之间双向互动、以余补缺的一种经济行为，它不仅包括资金的融入，也包括资金的融出。也就是说，它不仅包括资金的筹集，还包括资金的运用。狭义融资主要是指资金的融入，即通常所说的资金筹集，具体是指经济体从自身的资金运用状况出发，经过科学的预测和决策，通过一定的渠道，采取一定的方式，从资金富余方融入资金，从而保证经济体正常运作的一种经济行为。综上所述，我们认为，融资是指融资主体根据资金余缺融通的客观需要，运用一定的融资形式、手段和工具，实现资金的筹集、转化、运用、增值和回偿等融资活动的总称。融资活动所产生的经济关系，在本质上是一种货币信用关系。所以，一般意义上的无偿性征集或筹集资金的活动及其资金的收支，不属于融资范畴。在融资过程中有五个重要环节，即资金的筹集、转化、运用、增值和回偿,它们依次相连、缺一不可,构成融资活动的系统性主体环节。

融资主要包括直接融资和间接融资。直接融资是指融资主体通过发行债券、股票等信用工具,吸收社会剩余资金,并转化为资本,直接投入特定项目的融资方式。直接融资的优点是:(1)可以把资金向效益更高的方向引导。一般来说,效益高的企业信誉较好,它发行的债券或股票收益率较高,对投资者的吸引力较大。(2)促使企业提高资本使用效率。面向社会直接融资有一定的成本[①],而且必须直接向投资者负责,这就促使企业转换经营机制,讲求资金使用效益。(3)可以把社会上一部分消费资金变为长期性生产建设资金。(4)拓宽投资者投资的渠道,分散投资风险。

相对于直接融资,间接融资是以银行为中介所进行的信贷活动,即融资主体向银行贷款的融资方式。银行贷款资金的主要来源是银行面向社会吸纳的存款。我国银行吸收的存款按性质可分为单位存款和个人存款。单位存款主要包括:(1)国有企业、集体企业和个体经营者在生产、经营的周转过程中暂时闲置资金的存款;(2)中央金库和各级财政部门先收后支款项的存款;(3)事业经费未用部分存款等。个人存款包括国内城乡居民的个人存款和华侨的个人存款,由各专业银行的储蓄所或分支机构、农业银行营业所和农村信用社及其他非银行金融机构(如邮政储蓄存款等)代理。

此外,随着金融业的发展,金融创新层出不穷,融资的手段日益多样化。融资租赁、票据融资、无形资产融资、资产证券化、BOT等都为融资增加了新的内容。

第二节 投融资的产生和发展

一、投资的产生和发展

投资是商品经济发展到一定阶段的产物,并随着生产力的提高和生产关系的演变呈现出特定的发展过程。从其存在形式的角度分析,通常把投资的产生与发展历程划分为两个阶段。

(一)产业投资阶段

所谓产业投资,是指为了获取预期收益,用货币购买生产要素,从而将货币转化为生产资本的投资方式。在自给自足的自然经济阶段,生产要素的投入表现为实物的投入,生产的目的是直接满足本经济单位或生产者个人的需要。但是在商品经济阶段,由于单个生产者只能生产一种或几种产品,如果需要其他产品,就需要以货币为媒介通过商品交换来实现。在该阶段,任何经济主体所进行的生产活动都要预先垫付一定数量的货币,用以购买劳动资料、劳动对象和支付劳动者的工资报酬。各类产业以手工操作为主,生产规模小,创办一个手工作坊、工场和开设一家餐馆、商店,所需投资数额不多,投资者多是运用自有资本的积累单独或合伙进行产业投资。他们享受投资可能带来的全部收益,但也要承担全部风险,而且负有无限连带责任。如果他们所开办的作坊、工厂、餐馆、商铺资不抵债,就要以其他来源的收入或变卖其他财产来清偿债务。

(二)证券投资长足发展的阶段

随着经济的发展,生产规模逐渐扩大,贸易的范围逐渐拓宽,无论是从事远涉重洋的海外贸易,还是修筑铁路或者创办工厂,所需资金都不再是独资和少数几个人合伙所能满足的,于

---

① 即直接融资成本,例如,债券要及时归还本金和利息,而股票要分红利等。

是客观上提出了集中资金的要求。同时,随着单位投资规模的扩大,投资风险逐渐增大,单个投资者无力承担投资的全部风险,客观上又要将整个项目的投资风险分散到多个不同的投资主体身上,而且将每个投资者所承担的风险限制在一定的范围之内。为解决集中资金和分散投资风险的问题,以股票和债券为主要内容的长期资本市场应运而生。在资本市场出现后,拥有货币资本的投资者可以通过购买股票或债券来获取股份收益或债券利息。这样一来就产生了证券投资,形成产业投资和证券投资共存的局面。证券投资的发展过程可以分为以下四个阶段:

1. 15～17世纪末的初始形成阶段

15世纪,随着商品经济的发展,在地中海城市出现了邀请公众入股的城市商业组织,股东有商人、王公、教授、廷臣乃至一般城市居民。这种商业组织的股份不得转让,但投资者可以收回。虽然它还远远不是现代意义上的股份经济,但已经把筹集资金应用于经济发展。由于美洲的发现,海外贸易迅速发展,16世纪的国际贸易逐步由地中海转到大西洋,英格兰成为重要的贸易中心。在当时重商主义的政策下,英国和荷兰出现了一批具有垄断特权的以国外贸易和殖民为目的的贸易公司,如1553年成立的莫斯科尔公司和1600年成立的东印度公司,就是原始的股份有限公司的组织形式(见表1—1)。当时投资者是为了筹集航海所需的巨额资金、分担航海风险,在航海结束后投资者收回本金并按股本比例分得利润。这种公司虽不是现代意义上的股份经济,但它不仅可以发挥筹资的作用,而且还可以起到分散投资风险的作用。

表1—1　　　　　　　　　　　　　16～17世纪末的股份有限公司

年份	国别	历史事件	备注
1553	英国	莫斯科尔公司成立	采取公开招买股票的方式,股东拥有公司成员的资格,每次航行回来就返还股东的投资和分取利润,后来将资本留在公司内长期使用
1581	英国	凡特利公司成立	
1600	荷兰	东印度公司成立	
1608	荷兰	阿姆斯特丹证券交易所成立	世界第一家证券交易所
1661	英国	股票可以自由转让	股票购买人享有公司股东的权利
1680	英国	英国法律确定公司法人的观点	

资料来源:何党生,《股票的起源和发展》,2007年8月26日,价值中国网。

债券最早是以国家信用为基础的。据文献记载,希腊和罗马在公元前4世纪就开始出现国家向商人、高利贷者和寺院借债的情况。进入封建社会之后,公债得到进一步的发展,许多封建主、帝王和共和国每当遇到财政困难,特别是发生战争时便发行公债。12世纪末期,在当时经济最发达的意大利城市佛罗伦萨,政府曾向金融业者募集公债。其后热那亚、威尼斯等城市相继仿效。但当时各国的国债发行规模并不大,大规模地发行国债是在17世纪以后。1697年,英国的国债发行额为2 100万英镑,到了1749年,英国国债发行额已高达8 100万英镑。公司债券在17世纪中叶才出现,不过在垄断资本主义形成以前,公司债券的发行量并不太大。

2. 17世纪末到20世纪早期,证券投资领域不断拓展的阶段

现代意义上的股份投资是在17世纪的后半期获得显著发展的。从17世纪下半期开始到18世纪初,股份投资主要集中于金融业和工业领域。铁路部门需要长期巨额投资,正如马克思所说:"假如必须等待积累去使某些单个资本增长到能够修建铁路的程度,那么恐怕直到今

天世界上还没有铁路。但是,通过股份公司转瞬间就把这件事完成了。"[①]发起于18世纪末的工业革命,到19世纪上半期已基本完成了机器生产代替手工生产的过程。机器的采用使企业规模急剧扩大,单位投资需要量急剧增多。正是在这种情况下,1855年英国认可了公司的有限责任制,1862年颁布了股份公司法,使股份公司和股份投资得到了飞速发展。19世纪末到20世纪初,股份公司进一步发展,并成为占统治地位的企业组织形式(见表1—2)。

表1—2　　　　　　　　　　　17世纪以后股份经济的发展

行业	时间	主要事件
金融业	1694年	第一家股份制银行——英格兰银行成立
金融业	1790年	美国第一家股份制银行——合众美国银行成立
工业领域	18世纪70年代到19世纪中期	英国利用股票集资这种形式共修建了长达2 200英里的运河系统和5 000英里的铁路
工业领域	18世纪初	美国利用股票集资建成了约3 000英里的运河及2 800英里的铁路
工业领域	1799年	杜邦用每股2 000美元的股票筹措了15股资本,创立了杜邦火药公司
工业领域	1902年	美国钢铁公司用股票筹措了多达14亿美元的股金资本,成立了第一家10亿美元以上的股份有限公司

资料来源:同表1—1。

19世纪30年代后,美国各州大量发行州际债券。19世纪40~50年代由政府担保的铁路债券迅速增长,有力地推动了美国的铁路建设。19世纪末到20世纪,欧美资本主义各国相继进入垄断阶段。为确保原料来源和占领产品市场,建立并巩固殖民统治,股份公司开始发行大量的公司债,并不断创新债券种类以加速资本的积聚和集中,这样就形成了今天多品种、多样化的债券体系。随着证券的发展,证券交易所也如雨后春笋般发展起来(见表1—3)。

表1—3　　　　　　　　　18~19世纪世界主要证券交易所的发展概况

国别	年份	证券交易所	主要证券品种
英国	1773	在伦敦新乔纳咖啡馆成立了英国第一家证券交易所,即伦敦证交所的前身	主要交易政府债券、公司债券与矿山、运河股票
英国	1850	非正式的地方性证券市场相继成立	主要交易政府债券、公司债券与矿山、运河股票
美国	1790	费城证券交易所,是美国第一家证券交易所	初期主要经营政府债券,继而交易各种公司股票
美国	1792	纽约证券交易会,即纽约证券交易所的前身	初期主要经营政府债券,继而交易各种公司股票
美国	1884	道和琼斯发明了道琼斯股票价格平均指数,用以反映股市行情	初期主要经营政府债券,继而交易各种公司股票

资料来源:同表1—1。

3. 20世纪早期到20世纪70年代,证券投资大幅减少的阶段

从1929年至1933年,西方发达国家爆发了空前的经济大危机。这次大危机的发生与证券市场的过度膨胀有着直接关系,反过来又严重影响了证券投资的进一步发展,使证券市场几乎崩溃。1929~1930年,美国道琼斯股票指数下跌达90%。西方国家根据危机时期的经验,陆续颁布相关法律来保护投资者利益(见表1—4)。危机结束后不久,第二次世界大战爆发。

[①] 马克思:《资本论》第1卷,人民出版社1975年版,第688页。

大战期间,除由于政府开支过大、公债发行和交易业务有一定增加外,证券市场总体上始终未能恢复到危机前的规模和水平。

表 1—4　　　　　　　　　　　　证券投资相关法律的发展概况

年份	法　律	法律内容
1933	《证券法》	规定了股票发行制度
1934	《证券交易法》	解决了股票交易问题,成立了股票市场主管机关——证券委员会
1970	《证券投资者保护法》	保护投资者利益、减少投资风险

资料来源:同表1—1。

4.20 世纪 70 年代至今,证券投资恢复并高速发展的阶段

进入 20 世纪 70 年代后,由于科技革命推动了发达国家产业结构的大幅度调整,加上西方国家政府对经济采取一系列干预措施,加强和完善了对证券发行和投资的管理,证券市场复苏并发展起来,证券投资工具逐渐增多,发行方式和交易方式更加便利和多样化,管理手段也日趋现代化(见表 1—5 和表 1—6)。证券市场开始向国际化方向发展,以证券为媒介的国际资本流动超越一国的界线,实现国际的自由化。截至 2009 年末,国际债务工具的净发行额近 23 000 亿美元(见图 1—1)。

表 1—5　　　　　　　　　　　　金融衍生工具的发展状况

年　份	金融衍生工具类型
1972~1979	货币期货、股票期货、抵押债券期货、国库券期货、长期政府债券期货、场外货币期权
1980	货币互换
1981	股指期货、中期政府债券期货、银行存单期货、欧洲美元期货、利率互换、长期政府债券期货期权
1983	利率上限和下限期权、中期政府债券期货期权、货币期货期权、股票指数期货期权
1985	欧洲美元期权、互换期权、美元及市政债券指数期货
1987	平均期权、商品互换、长期债券期货和期权、复合期权
1989	三月期欧洲马克期货、上限期权、欧洲货币单位利率期货、利率互换期权
1990~2005	股票指数互换、证券组合互换、特种互换

资料来源:根据田超《金融衍生品:发展现状及制度安排》整理而得,中国金融出版社 2006 年版。

表 1—6　　20 世纪末金融衍生工具交易量增长情况(以未清偿名义本金额统计)　　单位:10 亿美元

年份＼交易量	1988	1989	1990	1991	1992	1993
场内交易量	1 306	1 768	2 292	3 523	4 641	7 839
a. 利率期货	895	1 201	1 454	2 157	2 902	4 960
b. 利率期权	279	388	600	1 073	1 385	2 362
c. 货币期货	12	16	16	18	25	30
d. 货币期权	48	50	56	61	80	81
e. 股指期货	28	42	70	77	81	119
f. 股指期权	44	72	96	137	168	286

续表

交易量＼年份	1988	1989	1990	1991	1992	1993
场外交易量	—	3 450	4 449	5 346	—	—
a. 货币互换	320	449	578	807	860	—
b. 利率互换	1 010	1 503	2 312	3 065	3 851	—
c. 其他互换	—	561	577	635	—	—

资料来源：The Banker[J]. 1994 年第 7 期,第 29 页。

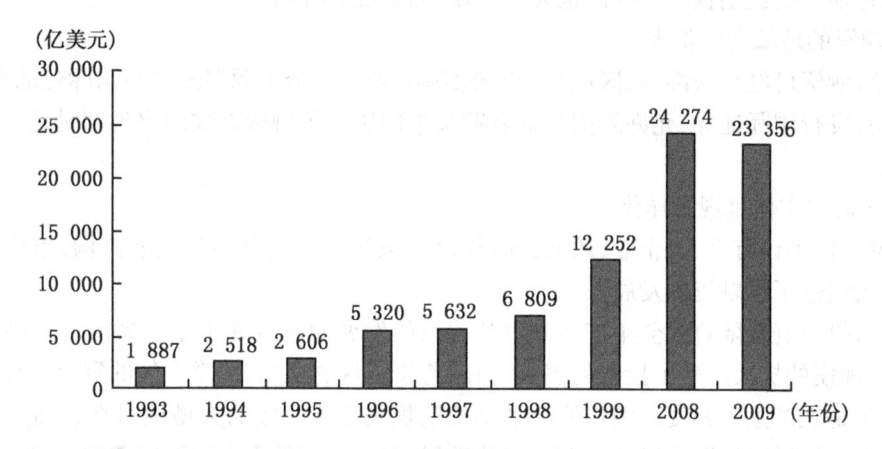

图 1—1 国际债券净发行额的增长

资料来源：BIS, *Quarterly Review*, March 2010.

二、融资的产生和发展

融资是随着投资的不断扩大而产生并不断发展的。如上所述,随着投资规模的扩大,依靠自身的力量越来越不可能实现整个投资,于是就产生了融资需求,即融资主体根据资金余缺的客观需要,运用一定的形式、手段和工具,实现资金的筹措、转化、运用、增值和回偿等活动。融资的产生和发展有其必然性。

（一）融资的产生是社会分工和科技发展的必然结果

首先,在一定时期内,经济主体的资金收支情况必然有三：一是收入大于支出,即资金盈余；二是收入等于支出,即资金收支平衡；三是收入小于支出,即资金短缺。余者难有其用,缺者难有其补,只有通过融资调剂余缺,才能使盈余资金得到充分利用,短缺资金得到有效补偿,使资金这项社会性资源得到优化配置和合理利用。其次,现代社会中,独立的经济主体普遍存在（某种意义上,国家或政府也是一个经济主体）。获得经济利益是任何经济主体进行经济活动的根本目的,因此经济主体具有让渡暂时闲置资金的使用权或者获取资金使用权的内在动力,双方各得其利,从而引发融资活动。再次,信用工具的出现和发展,以及市场机制和市场环境的不断完善,为融资活动的高效运作提供了客观条件和保障。这使融资活动在资金供需双方之间,甚至在不同国家和地区之间成为必然。最后,随着生产力和科学技术的不断发展和进步,专业化分工协作越来越密切,资本、人才等生产要素的流动主要通过融资活动来实现。融资是社会生产分工和科学技术发展的必然结果,同时又为社会生产分工和科学技术的发展提供必要的资金条件。

(二)融资的发展呈现多样化和国际化趋势

融资自产生以来取得了长足发展,尤其在近代,发展可谓一日千里,呈现多样化和国际化趋势,这主要表现在以下三个方面。

1. 融资的手段日趋多样化

融资产生的初期仅有内源融资和股权融资,后来产生了债券融资。如今,除了上述融资方式之外,还有银行融资、应收账款融资、存货融资、无形资产融资等等。新型金融工具的出现,如企业票据、金融租赁、银行投资入股、可转换债券、特许权经营、资产证券化、存托凭证、备兑认股证、远期、期货、期权、互换等,也大大丰富了融资的手段。

2. 融资的地域空前扩大

如今,融资已经突破部门、区域和国家的限制,走上资金来源多元化与国际化的道路,开办合资公司、发行国际证券、允许外国投资者购买本国国债等融资方式的出现都是这一发展趋势的证明。

3. 融资的主体呈现多样化

融资主体不仅有个人,企业、政府、项目机构(包括各种金融和非金融机构)也成为融资的主体,大大促进了投融资的发展。

总之,投融资是随着社会生产力和生产关系的发展而产生并不断发展的。商品经济的产生和生产规模的扩大产生了投资的需求,而随着投资量的增加,单靠个体的资金已很难满足资金需求,于是就产生了融资。融资使原本靠长期积累才能完成的大型项目在较短时间内即可完成,有力地促进了投资的发展。而投资的发展,又产生新的更大的融资需求,这样一来,又有力地促进了融资的发展,甚至弥补财政赤字也要依靠融资。可见,投资和融资的产生和发展是相辅相成的。随着经济全球化、市场化的进一步深化,它们还有更广阔的发展空间。

第三节 投融资学的基本内容和研究方法

一、投融资学的基本内容

投融资学是一门研究投资和融资的复合性交叉学科。投融资学的研究内容既包括宏观方面又包括微观方面,既包括理论总结又包括实务操作。根据本书的结构,其具体内容主要有以下几个方面。

1. 投融资的基本理论问题

这些理论问题包括政府融资理论、企业融资理论、直接投资理论、间接投资理论、跨国投资理论。详细阐述了不同投融资理论的发展及内容,分析了投融资的动因。

2. 投融资的主体分析

这些主体包括企业投融资,商业银行以及非银行金融机构(主要有证券公司、信托公司、保险公司、基金公司等)投融资,政府投融资,个人投融资。阐述了这些主体投融资的发展状况及行为特点,分析了其投融资的基本途径。

3. 投融资的客体研究

这些研究包括对直接投入固定资产、黄金等实物资产的讨论;对生产技术、管理经验、商标等无形资产的剖析;对股票、债券、基金、衍生工具等金融资产的研究。

4. 跨国投融资的研究

这些研究涉及全球融资、中国境外融资和全球融资、中国境外投资。详细讨论了全球投融资的内容、现状和未来发展趋势,分析了中国境外投融资的现状、优势及劣势,并相应提出了中国境外投融资的政策建议。

5. 投融资管理的研究

投融资管理的内容包括投融资环境的分析及评估方法;融资决策分析,投资决策分析;融资风险管理,投资风险管理;国际投融资管理体制的比较研究。分析了中国投融资管理体制的现状及发展趋势等。

二、投融资学与相关学科的关系

(一)投融资学与金融学的关系

金融学是研究货币运动及其客观规律的科学,它与投融资学既有密切联系,又有明显区别。

1. 两者的联系

首先,两者的研究领域中都包括货币资本的转移。其次,由于金融活动与投融资活动相互影响,因而在学科研究中必然要相互涉及。一方面,金融领域的利率、汇率变动将影响证券的价格和收益、融资的成本,影响直接投资的利润,从而影响投融资行为;另一方面,投融资效果的好坏,也制约着货币的流动,从而引起利率乃至国际汇率的变动。

2. 两者的区别

两者的研究领域各有相互独立的部分,金融学仅仅研究货币领域,而投融资学不仅涉及货币领域,还涉及生产领域,如设备、原料、技术、管理、专利等,以及融资的途径和成本;在对货币的研究范围方面,投融资涉及的主要是中长期资本的运动,而金融学还研究各种短期资金的流动。即使在相互交叉的共同领域,两者的侧重点也有所不同。金融学中的行为主体是金融机构、非金融机构乃至国家或国际组织,着重研究资本运动对利率、国际收支平衡、汇率波动和贸易的影响。而投融资学中最主要的行为主体是政府和企业,更着重于研究资本运动所能取得的经济效益。

(二)投融资学与贸易学的关系

贸易学是研究商品和非要素劳务的运动及其客观规律的科学,它与投融资学同样既有密切联系又有明显区别。

1. 两者的联系

首先,两者的研究领域都涉及商品的流动。其次,贸易与投融资之间存在着相互影响。一方面,贸易活动往往是投融资行为的基础和先导。产品需求的差别和产地的不同产生了生产与贸易活动,贸易导致生产的专业化和规模化,从而产生投资和融资活动。另一方面,投融资也会对贸易产生反作用。因为投融资行为的发生会引起购买力的转移,从而带动贸易的发展。

2. 两者的区别

贸易学对商品流动的研究侧重于交换关系方面,从原则上讲,贸易活动在价值相等的基础上实现使用价值交换,商品最终进入消费领域;而投融资学则侧重于商品生产属性方面的研究,从根本上看,投融资活动是把资本筹集起来,然后通过购买商品,作为生产要素投入生产领域并实现价值增值。

三、投融资学的研究方法

(一)实证分析与规范分析相结合

实证分析旨在研究投融资现状如何,如果执行某项融资、投资规划或融资、投资政策将会达到怎样的效果等问题,其研究结果可受到将来发生的事实的验证。实证分析的意义在于我们可以准确地把握客观事实,了解投融资的运行过程和结果。而规范分析旨在研究通过投融资应该实现怎样的效果,这种效果对整体国民经济的影响是否有利等问题,它含有一个价值评判过程。规范分析的意义在于制定合理的标准,如通过投融资达到怎样的产业调整目标等。

(二)定性研究和定量研究相结合

对于投融资活动的现象和结果,不仅需要在总体上给予定性的判断和预测,还需要进行定量的计算和分析。对此,西方学术界长期以来形成了一套现代化管理方法,广泛深入地运用经济数学,如对融资成本进行计算、对投资项目进行可行性研究、对投资效果进行投入产出分析、对金融资产设立定价及风险控制模型等,使投融资活动建立在科学精确的基础上。

(三)总量分析和个量分析相结合

对于具体投融资项目,在分析它给投资者带来成本收益的同时,还要考虑它将给国家的宏观经济总量造成的影响,从而达到最佳的财务政策协调状态。

(四)静态分析与动态分析相结合

对投融资的研究,不仅要了解其现状,如融资与投资的规模存量、融资结构及投资的行业结构等,更要从历史的角度分析其发展趋势,如流量、方向变化等,从而及时调整策略,使项目取得成功。

(五)理论研究与实践操作相结合

只有通过具体的融资和投资活动,才能探求其内在的客观联系,从而归纳成理论,再指导实践过程,并不断修正、发展,形成适合中国国情的投融资学。

阅读书目

1. 张中华:《投资学》(第三版),高等教育出版社 2014 年版。
2. 杨晔、杨大楷:《投资学》,上海财经大学出版社 2012 年版。
3. 杨晔:《融资学》,上海财经大学出版社 2013 年版。
4. 杨晔、杨大楷:《中级投资学》(第二版),复旦大学出版社 2014 年版。
5. 方芳、陈康幼:《投资经济学》(第二版),上海财经大学出版社 2010 年版。

思考题

(一)填空题

1. 投资主体可分为:_____、_____、_____和_____。
2. 投资客体包括_____、_____和_____。
3. 投资的根本目的是_____。
4. 融资活动所产生的经济关系,在本质上是一种_____。
5. 融资过程的五个重要环节:资金的筹集、_____、运用、_____和_____,它们依次相连、缺一不可。

(二)名词解释

1. 投资
2. 直接融资
3. 间接融资
4. 产业投资
5. 投资主体

(三)是非题

1. 最终效益是投资的最终成果,如获取经营控制权和占领市场。( )
2. 财务效益可用价值尺度计量,如利润、债息和股利,而社会效益不能用价值尺度计量。( )
3. 投资风险和投资回报是呈同方向变化的。( )
4. 在信用高度发达的现代社会,投资者可以借本生利,利用信用杠杆效应,以少量的垫付资金实现较多的效益。( )
5. 一般意义上的无偿性征集或筹集资金的活动及其资金的收支,也属于融资的范畴。( )

(四)简答题

1. 简述投资的内涵。
2. 简述融资的内涵。
3. 简述融资与投资的关系。
4. 简述投融资学的研究方法。
5. 简述直接融资的优点。

(五)论述题

1. 试述投融资产生的原因。
2. 试述投资和融资的近期发展趋势。

第二章

投融资理论

投融资理论是研究投融资学的基石,其随着投融资的产生和发展而不断得到丰富和完善。顾名思义,投资和融资由于覆盖的范围和内涵不同,因而相应的理论研究重点也不相同。融资理论的发展主要沿着两条主线展开[①]:一是在政府融资理论方面,主导理论涵盖了从政府征收铸币税(发行货币以取得收益)的货币融资理论到各经济主流学派各持观点的公债融资理论,再到"公债和一次性总税负是等价"的大卫·李嘉图的等价定理;二是在企业融资方面,这也是现阶段融资理论研究的重中之重,主导理论主要涵盖了遵循企业资本结构展开的旧资本结构理论和新资本结构理论。投资理论主要沿着两个分支推进:一是直接投资理论,从西方各学术流派各领风骚的投资理论到由具体实践而产生的投资理论,标志着直接投资理论的不断成熟;二是间接投资理论,根据投资客体的不同分别研究了股票投资理论、债券投资理论、有效市场理论和期权定价理论等。

20世纪90年代以来,随着经济全球化进程的加快,对投融资理论的研究不仅保持了一贯在经济研究领域的重要地位,而且研究范围和视角不断拓展,研究方法也不断创新,尤其是一些针对新形势、新现象和新问题的相关研究已成为投融资研究领域的前沿。如投资理论方面的行为投资理论、融资方面的项目融资和资产证券化等,这方面的知识在后面章节会有较详细的阐释。

第一节 融资基本理论

一、政府融资理论

政府融资理论是伴随政府融资实践的产生和发展而得以完善的。政府融资是政府投融资

---

① 融资理论的研究角度根据不同的划分标准有着不同的研究视角,本章的划分方法是根据融资主体独特的经济特征来研究融资理论。一般而言,融资主体主要包括政府、企业和个人。其中,个人(家庭)的经济行为主要涉及储蓄、消费和投资,因此经济学研究通常把个人作为储蓄的主要来源,是政府和企业融资资金的主要提供者。所以融资理论主要研究的是政府和企业的融资理论。

的一个方面,政府投融资是20世纪40年代后期才产生的一个概念,是一个同财政、金融有着密切联系的经济范畴,并以其独特的作用受到世界各国政府的重视。目前,理论界对政府投融资的概念界定尚未达成共识,不同学派的理论界定参见表2—1。

表2—1　　　　　　　　　　理论界对政府投融资的不同界定

国别	政府投融资的定义
日本	政府投融资以政府信用为基础筹集资金,以实施政府政策为目的,采取投资(出资、入股等)或融资方式将资金投入企业、单位和个人的政府金融活动,是政府财政活动的重要组成部分
中国	政府投融资就是以国家(地方)财政为主体,按照信用的原则,以出资或融资的方式,有偿地筹集运用部门财政资金,并加以经营管理所形成的特定分配关系 政府投融资是政府利用财政和信用的手段筹集财力,融通社会资金,为政府实施社会发展战略提供资金保障,并以信贷方式为经济建设融通资金的一种形式 政府投融资是以信用方式,在资金市场上筹集民间资金,使之转化为政府资金,为政府双重目标服务

资料来源:杨大楷,《投融资学》(第二版),上海财经大学出版社2008年版。

一般来讲,政府融资是指政府以信用为手段直接或间接地有偿筹集资金的资金融通活动。政府的资金来源主要有三个方面:(1)税收,这是政府资金的主要来源;(2)向中央银行借贷(透支),这实际上是通过发行货币的方法来筹集政府资金,通常称为货币融资;(3)向公众发行债券,即通常所说的债务融资。

需要说明的是,政府的货币融资从本质上讲并非我们所定义的政府融资,它是依靠政府所掌握的发行货币的权力,增发货币以获取收益,且无需偿还的一种筹集资金的方式。另外,税收也不是政府融资,而是政府资金的主要来源。为了使读者能够比较全面、系统地了解政府的融资方式和理论,本节内容不仅涵盖了公债理论,还将讨论本质上并不是政府融资行为的货币融资理论和税收。

(一)政府的货币融资理论

最早的政府货币融资理论研究是由布瑞西尼－特若尼(Bresciani-Turroni,1937)和卡甘(Cagan,1956)提出的。他们认为,政府可以从印发货币中获取的收益进行融资,即政府印发货币存在"铸币税"[①]。战争、出口价格下降、逃税及政治僵局等事件的发生使政府时常拥有高额预算赤字,而投资者通常对政府偿还债务的承诺缺乏信心,从而不去购买政府债券。因此,政府唯一的融资选择是发行货币以获取铸币税。但是他们指出,政府增发货币以获取收益的同时会引起通货膨胀乃至恶性通货膨胀,严重的将会导致整个国民经济的瘫痪,因此,政府在增发货币时要慎重考虑各方面因素。

布瑞西尼－特若尼和卡甘认为,当经济快速增长时,货币供给的增长完全被经济所吸收,不会造成通胀。此时铸币税就是增发货币所取得的收入,并且其数量随着货币供给的增加而增加。当经济处于稳定状态时,真实铸币税等于货币存量的增长率(即通货膨胀率)与真实货币余额的乘积,而真实利率与产出不受货币供给增长率的影响,货币供给的增长率完全反映在物价水平上,这样就引起了通货膨胀,导致货币贬值、购买力下降,政府铸币税收入的实际购买力也随之下降。此时的实际铸币税通常被称为通货膨胀税,我们可以把通货膨胀税看作是对

---

① 铸币税,又称"货币税",并不是一种真正的税种,而是理论上对货币发行收入的界定,即发行货币的组织或国家,在发行货币并吸纳等值黄金等财富后货币贬值,使持币方财富减少、发行方财富增加的经济现象。参见Robert L. Hetzel,"German Monetary History in the First Half of the Twentieth Century",1999。

货币持有者强制征收的一种税,其税率是货币贬值率,即通货膨胀率,税基是货币持有者实际持有的货币数量。在税基不变的情况下,通货膨胀率越高,政府的铸币税收入就越高,即政府通过增发货币获得的收入就越高。但是随着货币贬值加快,人们持有货币的机会成本就越高,人们将越来越不愿意持有货币,这样因通货膨胀率提高而增加的铸币税收入就逐渐被因实际余额的减少从而税基的减少所抵消,铸币税在达到一个最大值后迅速下降。这样一个变化路径就是所谓的"通货膨胀—税收拉弗曲线",如图 2-1 所示。

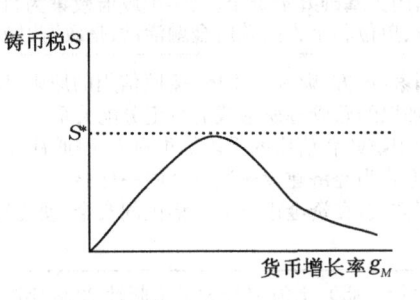

图 2-1 通货膨胀—税收拉弗曲线

现在,我们讨论当一个政府通过铸币税来进行一定数量(如 G)的融资。设 G 小于铸币税的最大可行量 S^*。那么如图 2-2 所示,存在两个可为政府购买融资的货币增长率 g_1 和 g_2。其中 g_1 产生较低的通货膨胀率与较高的真实货币余额,g_2 产生较高的通货膨胀率与较低的真实货币余额。这种分析提供了关于高通货膨胀的一种解释,它起源于政府的铸币税融资,即政府的货币融资。

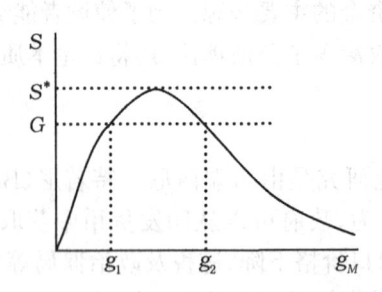

图 2-2 铸币税的需求如何决定通货膨胀

(二)政府的公债融资理论[①]

1. 早期的公债观

早期的公债观主要是指在亚当·斯密以前的经济学家关于公债的观点。这一阶段的公债观还没有形成一个比较系统的理论体系,绝大多数的经济学家都只是在论及其他经济理论时略微触及一点公债的内容。

在欧洲中世纪,随着公债的出现,公债思想开始见诸文字。托马斯·阿奎那在其著作中虽然没有系统地介绍公债理论,但却相当详尽地研究了财政问题。他反对国家发行公债,认为发行公债会使国家变弱,降低国家威望。[②] 随后,法国财政学者吉思·博丹也提出国家应该避免

[①] 赵志耘:《公债经济效益论》,中国财政经济出版社 1997 年版。
[②] 《托马斯·阿奎那读本》,北京大学出版社 2011 年版。

举借公债,他认为公债是国家财政崩溃、阻碍国民经济发展的主要原因,同时主张国家在平时应设置"准备金"以备不时之需。①

18世纪的英国经济学家大卫·休谟也是反对国家借债的。他的观点主要有:(1)国家发行的公债是一种有价证券,会带来纸币流通的弊病,必然会引起粮食和劳动力价格的上升;(2)支付公债利息要征收捐税,会增加劳动者的负担;(3)公债大部分掌握在以食利为生的有钱阶层手里,鼓励了无所作为的寄生生活;(4)公债若为外国所持有,会使国家变成外国的附庸。因此,休谟提出了"国家如果不能消灭公债,公债必然消灭国家"的观点。他还主张,对于已发行的公债,国家应尽早全部偿还,否则会民穷财尽、国家衰落。休谟反对公债的观点在相当长的一段时间内成为公债理论中的主流观点。②

在一片反对声中,一些经济学家提出了公债无害论的观点。其代表人物詹姆斯·斯图亚特在1767年出版的著作《政治经济学原理研究》中第一次比较系统地提出了公债的理论。他从公债与私债的关系开始分析,论述了发行公债不会对国民经济造成危害的观点;同时,他还认为,由于政府可以不断地向公债利息的领受者征税,因而政府的借款能力几乎是无限的。尽管斯图亚特对公债作了比较系统的论述,并形成了一套较为完整的观点体系,但是他的思想在当时并没有得到应有的重视。

2. 古典学派的公债观

作为古典学派的代表,英国著名的经济学家亚当·斯密也是"公债有害观"的拥护者③,他对公债的批评比以前的经济学家有过之而无不及。他不认为公债是一种特殊资本从而有利于生产,相反,他认为举债对于国民经济的发展是不利的,原因有:(1)国家之所以举债,是因为当权者奢侈而不知节俭;(2)公债是非生产性的,当国家的费用经由举债来支付的时候,就是把该国用以维持生产性劳动的资本抽调出来转用于非生产性的国家财政支出,这样势必影响该国经济的发展。斯密还对资本主义国家财政收入的两种主要形式,即税收和公债在国民经济中所发挥的作用进行了比较,得出的结论是:税收可能会阻碍新资本的形成,但是不一定会破坏现存资本;而公债的发行则会减少现存资本,妨碍再生产的正常进行。亚当·斯密的上述观点,在当时的背景下总体上是正确的,他指出了公债的非生产性,但没有认识到借贷资本在公债发行中所起的作用,因而认为公债只会减少生产性产业资本的思想是有局限性的。

法国经济学家萨伊根据法国发行公债的经验,提出了与亚当·斯密相同的观点,即坚决反对政府举债和赤字财政。萨伊认为,政府发行公债会侵蚀资本。④ 由于政府的支出将造成价值的毁灭和财富的损失,因此限制政府支出可以加大工商业资本积累;政府举债不但会导致资本被消耗从而阻碍生产,而且举债以后每年都要支付利息,这给国家造成很大负担。萨伊对梅伦关于"公债只是右手欠左手的债,不会损害身体"的说法给予了尖锐的批评。他指出,"公共财富不会因为要支付公债利息而减少"的观点是对的,因为公债利息只不过是由纳税人手中转移到公债债权人手中的价值,该价值是由纳税人还是由公债债权人去积累抑或消费,对社会来说是无关紧要的,因为社会价值总量没有发生变化;但公债的本金则随着借债之后的消费而化为乌有,永远不能再用来创造收入了。因此,社会被剥夺的不是该笔利息,而是那笔被消灭了的资本的收入。这笔资本如果由借款给政府的人自己用来投在生产事业上,就会为他带来一

---

① 吉思·博丹于1368年提出该观点,他是最早倡导货币数量说的经济学家。
② 大卫·休谟:《休谟文集》,商务印书馆1993年版。
③ 亚当·斯密:《国富论》,华夏出版社2005年版。
④ 萨伊:《政治经济学概论》,商务印书馆1963年版。

笔收入,但这笔收入是直接从生产事业中产生的,而不是来自同胞的钱袋。

英国古典学派的另一个主要代表人物大卫·李嘉图也对公债持否定态度,他在"公债侵蚀资本"这个问题上同萨伊的观点是一致的。他指出公债的重要负担不在于利息的转移,而在于原有资本被当作公债本金抽走后所产生的损害。[①] 李嘉图把英国公债比喻成一个"空前的无比的灾难",他认为如果一个负债累累的国家不采取有效措施以减轻公债负担,这个国家必然陷入困境,因此他主张已经发行公债的国家应大力削减财政支出,同时征收两年至三年的财产税,以保证政府的财政收入大于财政支出,用财政节余迅速偿还全部债务。

从亚当·斯密到大卫·李嘉图,他们在公债问题上所表现出来的对公债的反对态度,是同其所处的自由资本主义经济环境及其自由主义经济理论相一致的。因此,他们认识到了公债对生产资本的损害和不利于自由资本主义发展的一面,却没有认识到公债所起的国民收入再分配的作用。尽管古典学派的公债学说由于时代和阶级的局限性而存在一些错误,但总的来看,古典学派的公债理论和它的整个经济理论体系一样,是为新兴资产阶级利益服务的,为资本主义经济的迅速发展作出了贡献。

3. 凯恩斯学派的公债观

随着资本主义进入垄断阶段,尤其是1929～1933年世界经济危机的爆发,客观上要求资本主义国家放弃传统的财政政策,采取积极措施对经济运行予以干预。正是在这种背景下凯恩斯主义应运而生,为资本主义国家全面干预社会经济生活提出了一系列的政策主张和理论依据。其中,利用财政政策直接干预经济生活以实现社会总供给与总需求的均衡,熨平资本主义经济的周期波动,则是凯恩斯学派理论的重要组成部分。

凯恩斯学派主张扩大政府的财政支出,反对传统的消极平衡财政收支的观点,认为扩大支出能够缓解危机,解决失业问题;主张实行赤字财政政策,反对传统的平衡预算的观点;认为通过赤字预算扩大财政支出,能够促使经济繁荣,从而逐步实现预算平衡。而对于在扩大支出中形成的赤字,凯恩斯学派则主张通过发行公债来加以弥补,这就使公债成为重要的政策手段,成为凯恩斯学派赤字财政政策的重要组成部分。总的来说,凯恩斯学派的公债理论可以概括为以下几点:

(1) 公债无害而有益。他们认为发行公债不是一种负担,而是有益于社会的经济措施,如汉森就认为公债有益于社会福利的提高,因为通过发行公债来扩大政府支出,可以创造追加的国民收入,增加就业人数,造福全社会。萨缪尔森则指出,只有在公债没有形成相应的政府资本,或者公债导致私人资本的减少,又或公债由外国借入但没有形成足够还本付息的生产能力的情况下,公债才代表一种负担,否则,公债就不像某些人所说的那样是压在国家肩上的石块。

(2) 公债非债。这是针对国内公债而言的。凯恩斯学派认为国外公债的借入与偿还表示资源在不同国家间的流动,而内债则只表示资源在国内的流动。内债是政府欠自己人民的钱,是"左右口袋"之间的事情。这些债务只存在于国内,收利息的权利和付利息的义务正好抵消,因而就整个国家来说是不存在债务负担的。

(3) 公债无须偿还。凯恩斯学派认为应区分公债和私人债务,而不能将其混同。私人债务是一定要偿还的,而公债则不必,事实上也很少有国家是还清自己债务的。国家可以通过债务管理,不断地发行新债去替换旧债。旧债偿还的同时又创造出更多的新公债,这已经成为当代资本主义制度中公认的一部分。

---

① 大卫·李嘉图:《赋税原理》,华夏出版社2005年版。

(4)公债可以随经济的发展而不断增长。凯恩斯学派认为,尽管资本主义国家公债的绝对值有了惊人的增长,但同时表示一国经济发展水平的国内生产总值(GDP)也在不断上升。随着国内生产总值的增长,公债及其利息占GDP的比重会变得越来越小。[1]例如萨缪尔森就说过,在1945年和1946年,美国和英国的国债占本国当年国内生产总值的比重分别达到130%和270%,国家尚未破产,而今天两国国债绝对值虽有增长,但其所占GDP的比重已大为下降,因此公债不足为虑。[2]

(5)公债不会造成下一代人的负担。有些学者认为,公债固然解决了当前的财政困难,但公债的偿还及利息的支付却给人民甚至下一代带来了负担。如美国前总统艾森豪威尔就把公债称为"我们的孩子们继承的抵押",是"子孙的沉重负担"。但现代凯恩斯学派不同意上述观点。他们认为,就内债来说,从物质内容上看是把资源从一种用途转到另一种用途,本期资源用途的改变是不会影响下一代的。老一代人不仅留下了债务,也留下了债券;下一代不仅继承了债务负担,也继承了债务的利益。尤其是政府发行的公债由中央银行购买时,这种方式不会降低资本总量,政府也不会增加税收以支付利息,因为中央银行是属于政府的一个机构,利息收入最终会流回政府手中的;即使债券兑换成为现金,它也为中央银行所有,不会产生收入在各代人之间重新分配的问题。总之,内债是不会给下代人带来负担的。

(6)国家的资产和负债可以互相抵消。凯恩斯学派认为,人们在计算公债数额时只看到国家的负债而没有看到由于负债带来的资产是错误的。国家债务与一般工商企业不同,它不计入政府的资产,也不区分资本预算和本期预算。实际上,虽然政府欠下了巨额债务,但政府又用债务收入和其他收入添置了大量资产。这些资产包括金融资产和实物资产。对政府的资产和负债综合计算,会得出不同的结论。

4. 现代学派的公债观

20世纪80年代以后,凯恩斯学派的赤字财政政策开始遭到抨击,主要观点包括:其一,虽然公债形成的政府投资能够消除短期萧条,但政府投资是缺乏效率的,这会影响经济持续增长的潜力;其二,公债会导致公共投资的增加,进而容易形成垄断,不利于经济通过自由竞争达到有效增长。但在把公债作为重要的宏观调控手段这一问题上,经济学家们却达成了共识。

一些学者在批判凯恩斯学派公债理论的过程中建立了现代公债理论,其主要代表人物包括詹姆斯·M. 布坎南、弗朗科·莫迪利亚尼和爱德华·米德等。布坎南在他的《公债的公共原则》一书中提出了"公债负担论"。布坎南的公债负担论在公债有益还是有害这一问题上虽然没有做出明确肯定的回答,但是他反对"公债有益论",认为对公债的经济效应做具体的分析;他也反对公债有益论的"非负担"理论,认为公债的负担并不是由当代人承受的,而是转移给了后代。

莫迪利亚尼认为,发行公债会减少民间资本的形成从而减少未来的国民收入。在充分就业的前提下,公债融资会等额地减少民间资本,在将来的某时点上会导致资本边际生产力的下降,造成国民收入的损失。可是,征税与举债是不同的,征税只是使消费减少。换言之,征税比公债降低储蓄的程度小,从而对民间资本形成的抑制程度较小,造成国民收入的损失也较小,因而公债和税收的负担是不同的。

米德则从公债对劳动和储蓄的刺激性方面论述公债对经济的影响,即卡尔多效应。而庇

---

[1] 凯恩斯:《就业、利息和货币通论》,商务印书馆2002年版。
[2] 萨缪尔森:《经济学》,华夏出版社1999年版。

古效应是指公债发行在经济不景气时具有扩大消费支出,而在经济景气时具有抑制消费支出的作用。米德认为,公债的发行会由于庇古效应而使消费降低,引起储蓄增加,同时,公债的发行会造成流动性减弱,抑制企业家的投资意愿;另一方面,因卡尔多效应而引起的民间部门扩充资产的愿望,刺激了企业家进一步扩充企业,结果将生产更多的商品和劳务。卡尔多效应此时是作为扩张效应起作用的,使投资需求增加。因此,政府在利用货币政策稳定价格水平的情况下偿还公债,经济的负担就会减轻。

英国新剑桥学派的琼·罗宾逊也反对凯恩斯主张的赤字财政政策[1],她认为庞大的公债对经济是不利的。一切税收都会产生反常现象和不满情绪,有百害而无一利,假如为支付公债利息而大量征税,就很难实现征税的其他目标。

总之,现代学派的公债理论认为,公债有利也有弊,公债发行所获得的资金应该用于生产性支出;公债对当代人不是负担,其实际负担转移给了后代;公债与私债,以及内债与外债对经济都是有影响的。

(三)李嘉图—巴罗等价定理及其争论[2]

1. 李嘉图—巴罗等价定理

英国古典政治经济学的代表人物大卫·李嘉图在《政治经济学及赋税原理》一书中表述了这样的论点:政府无论是选用一次性总赋税,还是发行公债来筹措资金,在逻辑上是相同的,因为用债务融资不过意味着赋税的延期征收,公债的还本付息最终还是要落到纳税人头上。李嘉图认为:"如果为了一年的战争费用支出而以发行公债的方式征集2 000万镑,这就是从国家的生产成本中取出了2 000万镑,每年为偿付这种公债利息而课征的100万镑,只不过是由付这100万镑的人手中转移到收这100万镑的人手中,也就是由纳税人手中转移到公债债权人手中。实际的开支是那2 000万镑,而不是为那2 000万镑必须支付的利息。付不付利息都不会使国家变富或变穷。政府可以通过赋税的方式一次征收2 000万镑;在这种情况下,就不必每年征课100万镑。但这样做并不会改变这一问题的性质。"[3]

李嘉图的上述观点,在20世纪70年代被美国经济学家罗伯特·巴罗重新发现,并被命名为"李嘉图等价定理"。李嘉图等价定理暗含着一个重要前提:人的寿命是无限的,只有这样,债券持有人才会在未来面临纳税的问题,而且他不可能逃避税收。然而,每个人不可能长生不老,他们也不一定会按自己是长生不老的假定来进行经济选择。如果有一部分消费者在现期以公债替代税收时减轻了税负,又在公债到期之前去世,从而无须承担未来的税负,那么,在这种情况下,消费者会不会增加自己的消费支出呢?很显然,这种情况是李嘉图等价定理本身所不能解释的。不过,巴罗在其论文《政府债券是净财富吗》中提出了一个独到的观点,从而表明李嘉图等价定理仍然是成立的。巴罗的基本思路是:消费者都具有将财产的一部分遗留给后代的动机,这种动机会采取一种特殊的形式,即"利他主义"。而一个具有利他主义的消费者不但会从自身的消费中获得效用,而且会从其子孙后代的消费中获得效用。因此,一个对其后代具有利他主义动机的消费者不但关心自己的消费,还会关心其子孙后代的消费。进一步说,如果具有利他主义的消费者的子孙也会关心自己后代的消费,于是利他的消费者便会间接地关心其全体子孙后代的消费。既然消费者代与代之间是利他的,则消费者在面临政府以公债替

---

[1] 玛乔里·谢泼德·特纳:《琼·罗宾逊与两个剑桥之争》,江西人民出版社1991年版。
[2] 何国华:《李嘉图等价定理及其由此引起的经济学争论》,《经济评论》1999年第4期。
[3] 李嘉图:《李嘉图著作通信集》,第1卷,商务印书馆1981年版,第208页。

代征税从而造成减税效果时,是不会做出增加消费支出的决策的。理由十分简单,对于利他的消费者来说,由他本人还是由他的子孙后代来支付用来偿付公债本息所需的税款,是没有区别的。由于巴罗对李嘉图等价定理的有益补充和完善,经济学中一般将这个定理称为"李嘉图－巴罗等价定理"。

李嘉图－巴罗等价定理之所以受到现代经济学家的重视,是因为如果这一定理成立,那么,政府是以征税方式还是以举债方式来弥补财政赤字,对消费和投资的影响是无差别的,而消费和投资的变化直接关系到国民收入水平的高低,特别是消费需求在国民收入决定模型中扮演着十分重要的角色,进一步说,由于消费需求取决于同时期人们所取得的可支配收入以及所拥有的总财富的水平,这就是说,人们是否将其所持有的公债视为总财富的一个组成部分,在很大程度上决定人们消费需求的大小,进而决定整个社会的国民收入的大小。具体来说,如果人们不能清楚地认识到现期的公债与将来的税负之间的关系,或者虽然认识到这种关系,但由于某些原因,对此并不在意,那么,政府债券就会被作为总财富的一部分,因而同征税前相比,举债会导致人们消费支出的增加,进而使国民收入增加。相反,如果人们能够清楚地认识到现期的公债与未来的税负之间的关系,即认识到自己手中的公债只能通过政府向包括自己在内的所有纳税人征税来偿还本息,那么,公债就不会被视为总财富的一部分,这样举债就不会导致消费的变化,国民收入自然也不会增加。

李嘉图－巴罗等价定理的政策寓意是十分明显的:凯恩斯主义扩张性财政政策能否取得效果的关键在于公众是否把政府债券当作财富的一部分,若李嘉图等价定理成立,则财政政策就无能为力了,因为当政府用增税来弥补赤字时,就会排挤私人消费和投资;当政府用发行公债的方法来弥补财政赤字时,同样会排挤私人消费和投资。由于整个社会的投资和储蓄在这种情况下并没有发生任何变化,所以财政政策特别是凯恩斯主义的赤字财政政策必然是无效的。

2. 关于李嘉图－巴罗等价定理的争论

李嘉图等价定理究竟成立与否,在西方经济理论界引起了很大的争议。特别是巴罗对李嘉图等价定理的引申,争论更为激烈,尤其是遭到以詹姆斯·托宾为代表的凯恩斯主义经济学家的强烈反对。他们认为,李嘉图等价定理根本不能成立,这是因为:

(1)李嘉图等价定理假定债务最终必定被偿付,然而,如果国民收入的增长率超过实际的利息率,债务占国民收入的比例将会下降,从而政府有可能不增加赋税而通过发行额外的债券来支付现有债务的利息。如果人们认为这是事实,他们可以放心地把任何由债券融资而引起的赋税减少看作净收益并因而增加他们的消费。

(2)李嘉图等价定理要求消费者都具有利他动机,并且要求具有利他动机的消费者遗留给子孙后代的财产为正值。然而,在现实生活中,消费者遗留给子孙后代的财产并非总是正值。例如,当消费者的子孙较消费者本人更富有,从而消费者认为给子孙留下负债的遗产不会影响子孙所能获得的效用时,便有可能出现负值的遗产,而这样做并不改变消费者的利他属性。在这种情况下,当消费者面临政府实行以举债来替代征税的政策时,由于偿还公债本息所要增加的税收要在消费者死后才能开征,他所需缴纳的税收现值就会下降,其现期的消费支出就会增加。

(3)李嘉图等价定理暗示私人资本市场是完善的,即每个人在某一固定不变的利率水平上可以借入或借出他所希望的任意数量,并且政府和私人所面对的利率水平是相同的。然而,在实际生活中,由于灵活性方面的约束,即使在一代人的有生之年,家庭通常也不能随意地把日后的消费替换到当期。退一步讲,即使这种替换是可能的,它往往也只是在利率高于从储蓄中所能获得的利率时才能做到。

(4)李嘉图等价定理是基于政府所征的税收都是一次性人头税[①]的假定而得出的,因此,举债对征税只会造成税收总额的变化,而税收总额的变化又恰好被公债数量上的变化所完全抵消。然而,在现实生活中,政府所征的税收并非一次性总付的人头税,大多数的税收都是针对特定的经济行为而征收的。这就意味着以举债代替征税而实现的税收上的变化肯定会引起人们经济行为的相应变化。

(5)李嘉图等价定理暗含着政府以举债代替征税的行为不具有再分配效应,并且各个消费者的边际消费倾向是无差别的。然而,在现实生活中,减税效应往往不会均匀地落在每个消费者身上,各个消费者的边际消费倾向也是不相同的。考察这样一种情况:政府因债务融资而减税并将由此产生的转移支付不均匀地援助穷人,而用来偿还公债本息的税收都落在富人身上,从而使穷人真正地变好,富人真正地变糟。由于穷人的边际消费倾向通常高于富人,因此,随着收入的变化,消费支出将会增加。显然,收入再分配效应将使李嘉图等价定理失效。除非社会上存在着关于个人税负的保险市场,该市场可以担保个人收入和财富不会因收入再分配而发生变化。但是,到目前为止,并不存在这样的税负保险市场。

(6)李嘉图等价定理不能解释这样一种现象:如果赋税和债务融资事实上是等价的,那么,为什么政府的赤字会引起如此大的政治压力?对此当然可以用人们的非理性行为来解释,但李嘉图等价定理的成立本身隐含着个人拥有信息和完全的预见能力,因此,这样的解释事实上否定了李嘉图等价定理的成立。

上述对于李嘉图等价定理的异议,巴罗本人在1989年发表的《预算赤字研究的李嘉图方法》一文中作了总结,并回答了其中的一些异议。例如,关于私人资本市场的不完善性,巴罗认为,尽管存在不完善的资本市场,但是一般来说,只有政府在资本市场上的行为不同于私人行为或者优于私人行为时,李嘉图等价定理才会因资本市场的不完善性而失效。所以,从总体上看,巴罗仍然认为李嘉图等价定理是成立的,虽然他并不完全否定在某些情况下等价性会遭到破坏。正当经济学家们对李嘉图等价定理的有效性在理论上争论不休时,另有一些人试图从实证的角度来检验。从检验的结果来看,仍然有否认定理成立的,也有支持其成立的。例如,经济合作与发展组织的吉尤斯普·尼科利蒂考察了1961~1985年8个国家的预算赤字和私人储蓄。在他所考察的8个国家中,日本、联邦德国、法国和英国的情况否定了李嘉图等价定理;美国和加拿大的预算赤字与私人储蓄之间存在微弱关系;意大利和比利时的预算赤字与私人储蓄之间则存在强相关关系。另外,博斯金和科特里科夫也于1985年进行了类似的检验,他们发现老年人的收入比例确实对总消费在统计意义上具有重要的正面影响,这与李嘉图等价定理是不一致的。

3. 李嘉图—巴罗等价定理及其争论的意义

如前所述,李嘉图—巴罗等价定理是否成立,目前在西方经济理论界还存在很大的争议。但不管李嘉图—巴罗等价定理是否成立,这一定理的提出及由此引起的争论仍然具有重要意义。

(1)李嘉图等价定理揭示了公债的本质,即公债等同于一种税收,但又不同于税收。之所以说公债等同于一种税收,是因为公债归根到底仍要通过向公众征税才能清偿。从这个意义

---

① 所谓"人头税"是指政府获得财政收入的一种方式,即按人口为课税对象所征收的税。

上讲,一旦一国处于偿债高峰,就基本上处于征税高峰。但这又使我们面临一个困境:要偿债便要开征新税,开征新税需要经济繁荣,而开征新税来偿债本身却会使经济因紧缩而趋于萧条。同时,说公债等同于一种税收还有另一层含义,即税收本来会使个人去借债,而公债无非是以政府的名义借债来代替私人借债。只要政府行为完全可以被个人行为所抵消,则究竟是由政府出面借债还是由私人部门借债在结果上就是无差别的。即使在李嘉图等价定理不能成立的条件下,公债仍然可以被看成是一种税收,即公债使公众以今后的税收负担替代了眼前的税收负担。在这个意义上,公债使私人将自己的债务负担推迟了,将自己的纳税义务推迟了,而将自己未来的收入提前使用了,因而公债可以被看作是政府以公众的名义在借债。之所以说公债不同于税收,是由于公债毕竟引起了税负在时间上的变化。政府发行公债替代税收之后,使公众在眼前的税负减轻了,而使未来的税负加重了。如果不存在关于税负贴现的完整市场与相应的保险机制,则公债条件下人们的经济行为确实有可能不同于征税条件下的经济行为。

(2)财政政策在现代社会已成为各国政府进行宏观调控的重要手段,而发行公债则是弥补财政赤字的主要方式。如果一国陷入持续的赤字状态,该国政府是否可以持续地发行新公债来偿还旧债?换言之,债务负担是否可以这样一轮一轮地转移下去而越滚越大?这取决于一国的经济增长状况。如果一国经济没有增长,则任何关于以一种持续的债务融资办法来平衡持续的赤字的企图都是无效的。因为随着时间的推移,公债的负担具有累积效应,公债利息也会增加并将一直处于增长状态之中,当一国经济没有增长时,则在长期就会没有能力来支付日益沉重的公债利息,更不用说偿还债券的本金了。相反,如果一国经济处于增长状态,并且利率低于经济增长率,尽管此时资本可能会处于过度积累的无效率状态,但此时政府却可以通过发行新债来偿还旧债而使初始的公债负担无限期地滚动下去,因为经济增长本身提供了足够的支付旧债利息的资金,公债的规模不会由于利息的增长而越滚越大。

(3)李嘉图等价定理告诫各国政府在运用政策杠杆特别是财政政策手段去调控经济时必须小心谨慎,尤其应当注意维护政策在人们心目中的信誉,切不可滥用。这是因为,如果政府滥用发债权力,而且公众债务已经达到令人担忧的程度,那么继续奉行扩大公债的政策,很可能会引起人们对未来的理性预期,从而做出增加储蓄的决策,这时财政政策的扩张作用就会被抵消。相反,如果目前的公债规模相对来说是有节制的,纳税人对预算赤字可能不那么敏感,则政府便可继续利用预算赤字去启动需求。

二、企业融资理论

企业融资理论是以作为微观融资主体的企业为参照物的,重点探究企业融资行为的发生机理。其中主流理论是以优化企业融资结构为研究对象的企业资本结构理论。

融资决策关乎企业的生死存亡,现代企业的融资方式一般采取内部积累、借债和发行股票。简单地讲,股票市值(股票的市场价格与发行股数的乘积)与债务的比例被称为企业的资本结构。由于债务资本和股票资本的融资成本、收益/风险特性、税收等方面存在差异,这就要求企业在进行初始融资决策及追加融资决策时,必须合理安排其比例,优化资本结构,使之对投资者具有最大的吸引力,从而使企业的市场价值以及企业与投资者等各方的利益达到最大化。因此,企业融资理论主要是以企业的融资结构为研究对象的资本结构理论。

资本结构理论的演化历经了旧资本结构理论和新资本结构理论两个阶段。第一阶段的旧资本结构理论依据重要性又可分为传统资本结构理论与现代资本结构理论。现代资本结构理论从20世纪50年代中后期的形成期跨越到70年代后期,它以莫迪利亚尼和米勒定理(简称MM定理)为中心,沿两个主要分支发展:一支以法拉、塞尔文、贝南和斯塔普里顿等为代表,主要探讨税收差异对资本结构的影响,这个学派最后在米勒时达到顶峰;另一支是以巴克特、斯蒂格利茨、阿特曼和华纳等为代表,重点研究财务危机成本和破产成本与资本结构的关系。这两大学派最后被综合为罗比切克、梅耶斯、斯克特、考斯和李真伯格等人所倡导的权衡理论。到了70年代后期,学者们又突破了MM理论的研究框架,把更接近现实的信息不对称作为研究的重要条件,发展了新资本结构理论。[①]

(一)旧资本结构理论

1. 传统资本结构理论

传统资本结构理论主要分为:

(1)净收益(Net Income,简称NI)理论。净收益理论是传统资本结构理论中的一个极端。该理论假设权益资本的资本化率或其要求的收益率K_e和负债成本率K_d都固定不变,且$K_e > K_d$,则总资产成本率可表示为:

$$K_a = \frac{D}{V}K_d + \frac{E}{V}K_e = K_e + \frac{D}{V}(K_d - K_e) \tag{2-1}$$

式中:D表示债务价值;E表示权益资本价值;V表示企业价值。

从式(2-1)可以看出,随着负债D的增加,总资金成本率K_a将下降。也就是说,增加负债比率,可降低总成本率,从而提高企业的市场价值。从极端的角度来说,当$D=V$时,即当企业负债率是100%时,企业的市场价值将达到最大,此时资本结构最优。

(2)净营业收入(Net Operation Income,简称NOI)理论。相对于净收入理论,净营业收入理论是传统资本结构理论中的另一个极端。该理论假设总资金成本率K_a和负债成本率K_d固定不变。总资金成本率仍由式(2-1)来表达。由式(2-1)变形可得K_e的表达式为:

$$K_e = \left(K_a - \frac{D}{V}K_d\right)\frac{V}{E} = K_a + \frac{D}{E}(K_a - K_d) \tag{2-2}$$

由于K_a与K_d固定,且一般来说$K_a > K_d$,那么由式(2-2)可知:随着债务D的增加,K_e也将不断增加。这就是说,财务杠杆扩大所带来的成本较低的好处被增加的权益成本所抵消,这使得投资者仍以原来固定的加权总成本率来衡量企业的净营业收入,故企业价值没有变化,即不存在最优资本结构决策的问题。

(3)传统折中理论。传统折中理论是介于上述两种极端理论之间的一种理论。该理论认为,权益资本化率K_e、债务成本率K_d和总成本率K_a并非固定不变,它们均可能随着资本结构的变化而变动。假设初始时$K_e > K_d$,且K_e和K_d基本不变,随着负债比例D/V的增加,K_a逐渐减小直至最低点,相应的,企业的市场价值逐渐上升并在K_a减至最低点时达到最大;K_a达到最低点之后,K_e和K_d开始上升,导致K_a也开始增加,相应的,企业价值从最大值处亦开始减小。也就是说企业负债融资的杠杆作用是有一定限度的。显然,该理论承认,确实存在一个可以使企业市场价值达到最大化的最优资本结构。该理论比上述两个极端理论更接近实际,是从经验中总结出来的理论成果,但它缺乏缜密的数学逻辑推导,不足以令人信服。

2. 现代资本结构理论

现代资本结构理论的起源可以追溯到MM理论。莫迪利亚尼和米勒(Modigliani and

---

① [美]Stephen A. Ross, Randolph W. Westerfield 等著:《公司理财》,机械工业出版社2003年版。

Miller,1958)在一篇题为《资本成本、公司财务和投资理论》的论文中提出了MM理论的基本思想。他们认为,当不考虑公司所得税,且公司经营风险相同而只有资本结构不同时,公司的市场价值与公司资本结构无关。MM理论是对净营业收入理论的进一步发展,它成功地利用了数学模型,使对资本结构的研究成为一种严格且科学的理论,为资本结构理论的发展作出了重大贡献。

(1)MM理论。MM理论主要包括定理Ⅰ和定理Ⅱ两部分。[①] MM理论的基本假设是:第一,企业的经营风险用息税前盈余(EBIT)的标准差来表示,并据此将企业分组,即若企业的经营风险程度相同,则它们的风险等级相等,属同一风险组。第二,投资者对企业的未来收益及风险的预期是相同的。第三,企业的盈利处于"零增长状态",即息税前盈余固定不变,财务杠杆收益全部支付给股东。第四,投资者个人的贷款利率与企业的负债利率是相同的,且均无负债风险。第五,无企业所得税或个人所得税。第六,资本市场是完善的,这主要表现在:发行证券无需交易成本;企业的生产经营信息对内和对外是一致的,即信息披露是公正的;企业的利益相关者可以无成本地解决彼此之间的利益冲突问题。

定理Ⅰ:企业的市场价值与其资本结构无关,而是取决于按照与其风险程度相适应的预期收益率进行资本化的预期收益水平。即:

$$V_l=V_u=\frac{EBIT}{K_a}=\frac{EBIT}{K_{eu}} \qquad (2-3)$$

式中:V_l表示有负债企业的价值;V_u表示无负债企业的价值;K_a表示有负债企业的加权资金成本;K_{eu}表示处于既定风险等级的无负债企业的股本成本(股东要求的报酬率)。

这意味着,$K_a=K_{eu}$,且K_a和K_{eu}的高低视企业的风险等级而定。

定理Ⅱ:有负债企业的权益资金成本等于同一风险等级的无负债企业的权益资金成本加上风险补偿。风险补偿取决于无负债企业的权益资金成本K_{eu}与负债成本K_d之差与负债权益比$\frac{D}{E}$的乘积。即:

$$K_{el}=K_{eu}+(K_{eu}-K_d)\frac{D}{E} \qquad (2-4)$$

式中:K_{el}表示有负债企业的权益资金成本;K_{eu}表示无负债企业的权益资金成本;D/E表示负债权益比率,即风险补偿的比例因子。

式(2-4)表明:随着D/E上升,负债企业的权益成本K_{el}也相应增加,由于成本较低的负债给企业带来的利益被权益成本的上升所抵消,最后使负债企业的平均资金成本等于无负债企业的平均资金成本,因此企业的市场价值不会随负债率上升而提高。定理Ⅱ从另一个角度证明了企业价值与资本结构无关的论点。

在上述两个定理中,定理Ⅰ最为集中地体现了MM理论的精髓,是整个MM理论的中心。而定理Ⅱ则是定理Ⅰ在资金成本理论领域的派生物。

MM理论最重要的价值就在于它引出了现代金融学研究的基本方法——无套利均衡分析法。所谓无套利均衡分析可以简单地解释为:在市场上处于同一风险等级的甲企业和乙企业,甲的市场价值低于乙的市场价值,除了资本结构不一样以外,其他条件都相同,那么,此时

---

① 莫迪利亚尼和米勒在《资本成本、公司财务和投资理论》一文中提出了定理Ⅰ、定理Ⅱ与定理Ⅲ,后来在《股利政策、增长和股票估价》一文中提出一项推论,连同修正的MM理论一起构成MM理论系列,但在企业融资领域经常被提及的内容是定理Ⅰ、定理Ⅱ及之后的修正理论,也是本节论述的侧重点。

存在无风险套利机会,即通过购买市场价值较低的甲企业,并将其资本结构调整到与乙相同,然后出售甲企业,就可以获得无风险利润。

(2)修正的 MM 理论(米勒模型)。MM 理论从逻辑上讲是合理的,但在实践中,企业市场价值显然与资本结构有关。为此,莫迪利亚尼的后继者们放宽了 MM 理论的假设条件,在分析中引入了企业所得税和个人所得税。在这些研究成果中,最成功的当属米勒模型。在米勒模型中,除了放松无税收假设外,MM 理论的所有假设仍然有效。

在考虑税收的情况下,无负债企业的市场价值可用下面的式子表示:

$$V_u = \frac{EBIT(1-T_e)(1-T_{pe})}{K_{eu}} \tag{2-5}$$

式中:T_e 表示企业所得税税率;T_{pe} 表示对普通股股票征收的个人所得税税率。

股票收入包括股利收入和资本利得收入,这两种收入所适用的税率一般不同,故 T_{pe} 是指这两种税率的加权平均税率。

下面介绍有负债企业的市场价值的计算。先考虑有负债企业每年产生的现金流量:

$$\begin{aligned} CF_l &= (EBIT-I)(1-T_e)(1-T_{pe}) + I(1-T_{pd}) \\ &= EBIT(1-T_e)(1-T_{pe}) - I(1-T_e)(1-T_{pe}) + I(1-T_{pd}) \end{aligned} \tag{2-6}$$

式中:I 表示企业每年支付的利息;T_{pd} 表示对有利息收入的个人所征收的所得税税率。

对式(2-6)中的每一项分别除以适当的折现率,就可以得出负债企业的价值:

$$\begin{aligned} V_l &= \frac{EBIT(1-T_e)(1-T_{pe})}{K_{eu}} - \frac{I(1-T_e)(1-T_{pe})}{K_d} + \frac{I(1-T_{pd})}{K_d} \\ &= V_u + \left[1 - \frac{(1-T_e)(1-T_{pe})}{1-T_{pd}}\right] \left[\frac{I(1-T_{pd})}{K_d}\right] \\ &= V_u + \left[1 - \frac{(1-T_e)(1-T_{pe})}{1-T_{pd}}\right] \times D \end{aligned} \tag{2-7}$$

从式(2-7)可以看出:

首先,如果 $T_e = T_{pe} = T_{pd} = 0$,则 $V_l = V_u$,这就又回到了最初的 MM 理论。

其次,如果 $T_{pe} = T_{pd} = 0$,即忽略个人所得税,则:

$$V_l = V_u + T_e \times D \tag{2-8}$$

式(2-8)就是有公司税的 MM 理论模型:在引入公司所得税的影响因素后,拥有负债的企业价值会比无负债时高 $T_e \times D$,并且负债越多,企业的价值越高。当企业负债达到 100% 时,企业价值达到最大。

再次,如果 $T_{pe} = T_{pd}$,则它们对负债企业市场价值的影响相互抵消。

最后,如果 $(1-T_e)(1-T_{pe}) = 1-T_{pd}$,则意味着负债节税的利益恰好被个人所得税抵消,市场处于均衡状态,此时,资本结构对负债企业价值或资金成本无影响。

米勒模型的结果表明,为了实现企业市场价值最大化,企业的负债越多越好,极端情况下负债应为 100%。但在实际中,几乎没有一家企业采纳这种意见,这说明该模型也是有缺陷的,其不合理之处就在于假设条件不能准确地反映实际市场的运行特征。

(3)权衡理论。权衡理论通过放宽 MM 定理完全信息以外的各种假定,考虑在税收、财务困境成本、代理成本分别或共同存在的条件下,资本结构如何影响企业的市场价值。在此前提条件下,负债对企业市场价值的影响是双向的。

首先,负债的好处是会提高企业的市场价值。这是因为:第一,负债具有节税效应。由于债务利息和股利的支出顺序不同,世界各国税法基本上都准予利息支出作为成本在税前列支,而股息则必须在税后支付。因而提高负债比例能为企业带来节税效应,提高企业价值。第二,负债有利于缩减权益代理成本。负债会促使企业管理者提高工作效率、减少在职消费,更为关键的是,它有利于减少企业的自由现金流量,从而减少企业进行低效或非营利项目的投资。

其次,负债会降低企业的市场价值。这是因为负债会带来财务危机成本,即当企业无力偿还负债本息而陷入财务危机甚至面临破产时所产生的损失,包括财务危机直接成本(如破产清算费等)、间接成本(如人才流失、信誉受损等)和权益代理成本,这些都会提高融资成本,降低企业的市场价值。根据权衡理论,随着债务的增加,负债带来的收益会提高企业的市场价值,但其边际收益递减,且企业发生财务危机的概率增大,与之相关的财务危机成本也会以递增的比率上升,将越来越多地抵消因负债而带来的税收屏蔽价值[①];负债带来的成本会降低企业的市场价值,且其边际成本递增。当负债比率达到一定界限时,负债所带来的税收屏蔽价值会完全被财务危机成本抵消;当边际负债税收屏蔽价值等于边际财务危机成本时,企业价值达到最大化,资本结构实现最优;此后,若企业继续追加负债,那么企业价值将因财务危机成本大于负债屏蔽价值而下降,而且负债越多,企业价值下降越快。因此,企业的最优资本结构就是对负债的成本和收益进行权衡比较的结果,即当债务资本的边际成本和边际收益相等时的资本结构。财务危机成本对资本结构有重大影响已为大多数经济学家和财务专家所接受,但如何准确地估计和衡量这种成本,却是学术界长期以来非常棘手的问题。

在考虑了税收和财务危机成本后,企业市场价值的表达式为:

$$V_l = V_u + T_e \times D - C_1 \qquad (2-9)$$

式中,C_1表示财务危机成本。

实际上,权衡理论也可以直观地通过图形得到体现。在图2—3中,负债量达到A点前,财务危机成本极低,可以忽略不计,负债的税收屏蔽价值起决定性作用。超过A点之后,财务危机成本逐渐增加,抵消了部分税收屏蔽价值。超过B点之后,企业的市场价值开始下降。当负债的边际收益等于边际成本时,即B点,企业的市场价值达到最大化。因此,B点是企业实际市场价值最大化的最佳负债点。

(二)新资本结构理论

20世纪70年代末之前,学术界对于资本结构问题的研究一直遵循着以MM理论为中心的旧理论框架。但是到了70年代后期,这一理论框架发生了重大变化,以信息不对称理论为中心的新资本结构理论逐渐演变为一个重要的理论体系。

1. 新优序融资理论

利兰和派尔(Leland and Pyle,1977)最早把信息不对称理论引入资本结构的研究,用以解释企业融资活动中的信息不对称现象。他们认为,在实践中,企业管理者比外部投资者掌握更多的有关企业投资项目和发展前景的内部信息。梅耶斯(曾任美国财务学会主席)则以不对称信息理论为基础,并考虑到交易成本的存在,指出企业管理者在根据自己拥有的信息来进行财务决策时,预测到资本结构的变化会向外界传递有关公司经营状况的信息,他认为权益融资会传递企业经营的负面信息,而且外部融资要多支付各种成本。由于内源融资来源于企业内部

[①] 负债所带来的税收屏蔽价值是指企业向债权人支付的利息可以冲减应纳所得税,因此负债可以降低企业所得税费用,增加企业资产产生的税后现金流,使股东每股收益增加,进而引起企业资产价值和股票价格的上升。税收屏蔽价值与负债总额成正比。

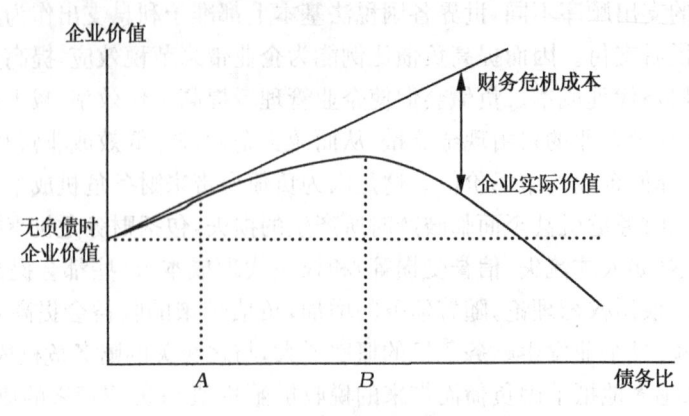

图 2—3　企业价值与负债比例的关系

自然形成的现金流,不需要与投资者签订契约,也无需支付各种费用,所受限制少,因而是首选的融资方式;其次是低风险债券,因为可以忽略信息不对称所产生的成本;再次是高风险债券;最后在不得已的情况下企业才发行股票。也就是说,从融资方式的优劣排序来看,企业融资一般会遵循内源融资—债务融资—权益融资这样一种先后顺序。

2. 代理成本理论

代理成本是由委托方和代理方之间的利益冲突所引起的额外费用。詹姆森和麦克林认为,股权融资和债务融资都存在代理成本,最优资本结构取决于"所有者愿意承担的总代理成本,包括新股发行和债务发行的代理成本"。

(1)权益代理成本,是指由股东和管理者之间的利益冲突而产生的成本。股东与管理者之间存在利益冲突的原因主要有:一是管理者作为代理人,其目标是追求自身效用的最大化,而股东的目标是股东财富最大化;二是委托人与代理人之间存在着严重的信息不对称,因为委托人不可能完全观察代理人的行为和人格禀赋;三是他们在经营决策上存在着各种分歧。

(2)债务代理成本,是指由债权人与股东之间的利益冲突而产生的成本。企业借款后,存在着利用各种方式从贷款人身上获利的可能性,表现为:一是企业为增加利润而增大财务杠杆,即进一步提高负债比例,这将减少先前旧债的价值,造成债权被侵蚀;二是企业借款后,用高风险的项目替代已与债权人约定好的低风险的项目;三是当债务比例很高时,为保护股东的利益,企业会通过次优决策,选择净现值较小甚至为负的项目或拒绝有利的投资项目;四是事后改变股利政策。为防止企业把财富转移到股东手里,债权人一般在贷款合同中设置若干保护性条款①,但这样将降低企业的经营效率,增加额外的监督费用,从而增加债务代理成本,降低负债对企业市场价值的有利作用。

从所有者—管理者(拥有一定所有权的管理者)的角度看,只要市场是有效的,权益和负债的定价就能够无偏差地反映代理关系所产生的监督和重置成本,那么,企业最优资本结构就应该是:在给定内部资金水平下,使总代理成本(包括以上分析的所有代理成本)最小的负债比例。

从逻辑结构上看,代理成本与财务危机成本有异曲同工之处,都是在权衡负债成本与负债

---

① 银行能否有效保护自己的利益,与其在贷款合同中的谈判力高低有很大关系,国外银行经常在借款合同中附有限制性条款,从会计信息到非会计信息,在经营管理许多方面对借款人实施约束和监督。

的税收屏蔽收益时分析负债成本因素(从根本上讲,对代理成本的分析是不对称信息理论下的产物),于是,权衡理论者把这一研究成果纳入其理论体系之下,从而式(2—9)变为:

$$V_l = V_u + T_e \times D - C_1 - C_2 \tag{2—10}$$

式中,C_2 表示总代理成本。

3. 激励理论

激励理论研究的是资本结构与管理者行为之间的关系。例如,当管理者持有的股份比例降低时,其工作努力程度就会降低,而在职消费就会增加,原因是:其一,努力的成本全部落在自己头上,而努力的收益却有更大比例归于他人;其二,在职消费的全部好处由自己享有而消费的成本却有更大比例由他人负担。此时,他偷懒和谋求私利的欲望就会增加。因此,在企业绝对投资额不变的情况下,增加投资额中债务融资的比例将增大管理者的股权比例,而且由于债务要求企业用现金偿付,这样就会减少管理者用于享受个人私利的"自有资金",减少其偷懒行为,从而缓和管理者与股东之间的矛盾冲突。

同时,激励理论将债权融资视为一种激励机制,这种机制能够促使管理者更加努力工作,减少个人享受,并且做出更好的投资决策,从而降低由于所有权与控制权分离而产生的代理成本。如果举债融资,企业将有可能面临破产风险,一旦破产,管理者将失去之前所享有的一切任职好处,破产风险对管理者的这种约束取决于企业资本结构中的负债比例。因此,如果管理者不举债,企业的破产风险就会降低,管理者就处于相对不受约束的地位,其最大化股东财富的积极性就会降低,相应的,市场对企业的评价就会偏低,从而增加企业的资金成本;相反,如果管理者决定举债,股东将认为,管理者为保证自己的任职好处会力求股东财富最大化。在这种情况下,市场将提高对企业价值的评估。

4. 信息传递理论

信息传递理论是建立在内部人和外部人关于企业的真实价值或投资机会的不对称信息基础上的。由于不同的资本结构会传递关于企业真实价值的不同信号,企业管理者将选择合理的资本结构,以增强正面效应的信号、避免负面效应的信号。那么管理者如何通过适当的方法向市场传递有关企业价值的信号,以此来影响投资者的决策呢?

一般来说,企业管理者比外部投资者更为直接地了解到企业内部情况,掌握着企业有关未来现金流量、投资机会和盈利的内幕信息。但管理者必须通过适当的行为才能向市场传递有关信号,向投资者表明企业的真实价值。投资者理性地接受和分析这一信号,在对企业发行的证券进行定价时,会通过对企业的财务政策、股利政策和投资政策所传递出来的信号进行预测,然后按照资本市场是完全竞争的思维来估计和支付合理的价格。如果市场是有效的,投资者就能在资本市场上依据企业传递的信号来进行竞争并支付合理的价格,这样通过信号观察就可以消除信息不对称现象;与之相适应,企业管理者根据由此产生的市场价格的变化来选择新的财务政策以达到其效用最大化。[①]

(三) 对企业资本结构理论的简要评价

MM 理论是西方资本结构理论的经典,它揭示了融资方式构成的意义及资本结构中负债的价值,但这一理论的高度抽象性和苛刻的假设条件使其应用价值大为降低。后续学者们对MM 理论的拓展则更具有实用价值,特别是权衡理论、激励理论和信息不对称理论等,使之更接近实际情况,这对企业融资方式的选择是有一定参考价值的。例如,企业最优资本结构应当

---

① [美]Stephen A. Ross, Randolph W. Westerfield 等著:《公司理财》,机械工业出版社 2003 年版。

是在负债的税收屏蔽收益与负债的财务危机成本、破产成本及代理成本之间选择最优点；由于债务和股票对管理者提供了不同的激励，应当鼓励企业适度举债，以迫使管理者努力工作，避免破产；债权融资是一个积极的市场信号，股权融资则反之，所以在市场经济条件下，企业应遵从"内部融资—发行债券或借款—发行股票"的融资顺序。这些重要理论不仅对西方国家企业融资决策有重要参考价值，而且对我国发展资本市场、建立现代企业制度、完善企业治理结构等都有着重要的借鉴意义。

第二节 投资基本理论

一、直接投资理论

直接投资理论伴随着凯恩斯宏观经济理论的产生而产生，自从凯恩斯革命以后，直接投资理论开始作为一个相对精密和完整的体系出现在宏观经济学中。20世纪30年代末至60年代末，是直接投资理论快速发展的时期，其中以凯恩斯学派、后凯恩斯学派、新凯恩斯学派和新古典学派最具代表性。[①]

（一）凯恩斯主义投资理论

凯恩斯主义投资理论产生于20世纪30年代，是以凯恩斯《就业、利息和货币通论》（以下简称《通论》）中的投资思想为基础，经过凯恩斯的追随者们的进一步发展而形成的。凯恩斯在《通论》中提出了资本边际效率（Marginal Efficiency of Capital，简称 MEC）的概念。资本边际效率是一种贴现率，这个贴现率恰好使一项资本品在使用期内的预期收益的折现值之和等于该资本品的供给价格，用公式表示为：

$$R_0 = \frac{R_1}{(1+r)} + \frac{R_2}{(1+r)^2} + \cdots + \frac{R_n}{(1+r)^n} + \frac{J}{(1+r)^n} \qquad (2-11)$$

式中：R_0 表示资本品的供给价格；R_t 表示资本品使用年限内第 t 年的预期收益，$t=1,2,\cdots,n$；r 表示资本边际效率；J 表示资本品在 n 年年末的报废价值。

凯恩斯认为，资本边际效率同利率相比孰大孰小是企业进行投资决策的基本标准：当 $MEC>r$ 时，企业才会进行投资。利率越高，企业可投资的项目就越少，由此形成的最优资本存量也越少。在实践中，每个投资项目的资本边际效率是不同的，当利率水平不变时，企业会选择那些资本边际效率大于利率水平的项目，因此，单个企业的资本边际效率曲线如图 2—4 (a)所示的阶梯形，但是经济社会所有企业的资本边际效率曲线加总在一起所得到的社会资本边际效率曲线则是一条向下倾斜的平滑曲线，如图 2—4(b)所示，这说明最优资本存量水平和利率存在负相关关系。

需要注意的是，资本边际效率曲线并未考虑投资需求变化时资本品价格变化的因素，因为当企业扩张资本存量时，资本品的价格就会上涨，这会使企业的资本预期收益率下降，资本存量也就达不到计划的最优水平。因此，他们又提出了投资边际效率（Marginal Efficiency of Investment，简称 MEI）的概念：在考虑到资本品生产成本变动的情况下增加一个单位的资本品所获得的收益率。MEI 曲线也是一条关于利率向下倾斜的曲线（如图 2—5 所示）。但是由于考虑到投资需求量增大时，资本品价格会迅速上升，从而加剧了资本边际收益的下降。因此

---

① 李慕春：《西方投资理论述评》，《东北财经大学学报》2001年第9期。

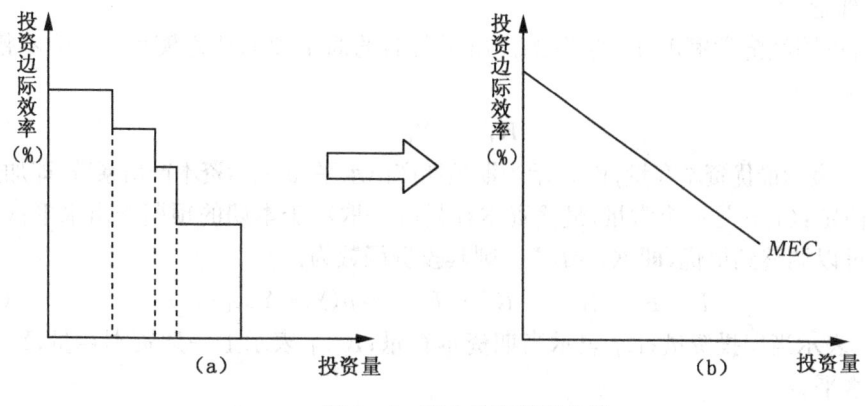

图 2—4　资本边际效率曲线

MEI 曲线比 MEC 曲线更陡峭。

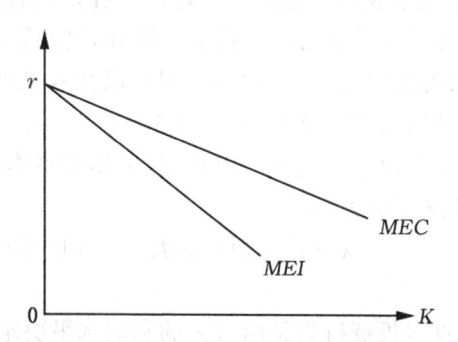

图 2—5　资本边际效率曲线(MEC)和投资边际效率曲线(MEI)

凯恩斯主义者认为，MEI 曲线比 MEC 曲线更能准确地代表企业的投资需求情况。企业的投资决策取决于新投资的预期收益率与融入资金实际利率[①]的比较，只有当前者大于后者时投资才是可行的。在投资预期收益率既定时，企业的投资决策就取决于实际利率。实际利率上升时，投资需求量就会减少；反之，则会增加。即投资是实际利率的减函数。投资需求量与实际利率的关系为：

$$I=I(r),\quad \frac{\partial I(r)}{\partial r}<0 \tag{2-12}$$

MEC 曲线和 MEI 曲线分别是凯恩斯主义投资理论中的最优资本函数曲线和最优投资函数曲线，该理论为投资行为的研究作出了开拓性的贡献，但其利率决定投资水平的观点并未被实践证实。由于现实中投资关于利率的弹性较低，使得越来越多的经济学家意识到，投资的变化似乎更多地来源于利率以外的因素。

（二）后凯恩斯主义投资理论

后凯恩斯主义投资理论形成于 20 世纪 30 年代初，该理论摒弃了"利率决定投资水平"的传统观点，认为产出或利润才是决定投资水平的关键因素。其代表理论主要有两种：加速理论和利润理论。

---

① 实际利率是指物价不变，从而货币购买力不变条件下的利息率，它与名义利率(i)与通货膨胀率(π)的关系为：$r=i-\pi$。

1. 加速理论

1939年,英国经济学家R.F.哈罗德提出了著名的简单加速理论模型——哈罗德模型,其基本形式为:

$$K_t^* = vY_t \tag{2—13}$$

式中:K_t^*表示最优资本存量;Y_t表示当期预期产出水平;v表示资本产出系数,即加速数。

哈罗德假定:(1)v是一个常量,最优资本存量唯一取决于本期的预期产出水平;(2)资本存量随时都可以调整到最优,即$K_t = K_t^*$。则其投资函数为:

$$I_t = K_t - K_{t-1} = K_t^* - K_{t-1}^* = v(Y_t - Y_{t-1}) \tag{2—14}$$

式中:I_t表示当期投资量;K_t表示当期资本存量;K_{t-1}表示上一期资本存量;Y_{t-1}表示上一期产出水平。

哈罗德模型至今仍有着深远的影响,但是它在构造函数时忽略了投资时滞问题。1954年,库约克对这一缺陷进行改进,提出了伸缩型加速投资理论。库约克认为,企业的最优资本函数仍由式(2—13)表示,但是企业不一定会立刻将资本存量调整到最优水平,只有当需求增加并保持一段时间之后,企业才会下决心进行投资。这样,当期的资本存量不仅取决于当期的产出水平,还取决于以往各期的产出水平。库约克假设以往各期的产出水平对当期资本存量的影响呈现几何级数递减,并用资本调整系数$\lambda(0<\lambda<1)$来度量资本存量调整的速度。库约克认为,企业在当期的投资量取决于本期的产出水平、上期的资本存量以及资本产出比(即加速数)和资本调整系数λ,则投资函数为:

$$I_t = K_t - K_{t-1} = (1-\lambda)vY_t - (1-\lambda)K_{t-1} = (1-\lambda)(K_t^* - K_{t-1}) \tag{2—15}$$

2. 利润理论

利润理论认为,企业的直接投资行为是由过去的利润水平决定的,如果以往的利润水平持续较高,企业会进行直接投资以扩大投资规模。因此,企业的最优资本水平应该是以往累计利润(Π_{t-1})的函数:

$$K_t^* = f(\Pi_{t-1}) \tag{2—16}$$

加速理论和利润理论存在异曲同工之处,即以往累计利润(Π_{t-1})可以看作是以往各期收入的函数,即$\Pi_{t-1} = h(Y_{t-1}, Y_{t-2}, \cdots, Y_{t-n})$。但是,加速理论关注的是本期预期产出的大小,而利润理论则偏重以往各期已经实现了的利润水平的高低。

后凯恩斯主义投资理论具有十分重要的意义。它提出了产出(或利润)是决定投资水平的关键因素,并利用规范的数学分析对投资时滞进行了比较深入的研究,得到公式化的宏观投资函数,较凯恩斯学派的投资边际效率曲线是很大的飞跃。但是该理论过于注重产出或利润对投资的决定作用,而忽略了其他经济因素对投资的影响。

(三)新凯恩斯主义投资理论

新凯恩斯主义投资理论形成于20世纪60年代初期,其代表人物是美国经济学家艾斯纳。艾斯纳认为,企业在进行资本调整(如重组生产线、培训工人、改造厂房等)时必须支付一笔费用,称为调整成本。假设调整成本具有边际递增的特性,即随着投资率增加,调整成本将以更快的速度上升。这导致企业不能将资本存量立刻调整到最优水平,因为如果调整的速度较快,企业的边际调整成本就会大于因调整资本而取得的边际收入,从而使企业蒙受损失;如果调整得过慢,虽然边际调整成本较低,但是有可能错失获取更大收入的机会。因此,必然存在一个使企业利润最大化的最优调整速度,在该速度下,企业的边际调整收入正好等于企业的边际调整成本,这样,企业的资本调整需要经历一定时滞才能达到最优水平。

新凯恩斯主义投资理论得到的投资函数为：
$$I_t = \lambda(K_t^* - K_{t-1}) \tag{2-17}$$

式中：λ 表示资本调整参数，且 $0<\lambda<1$，λ 对资本调整的速度具有重要作用，其值是由各种经济因素综合作用而决定的。

新凯恩斯主义投资理论同后凯恩斯主义投资理论中的伸缩加速投资理论较为接近，其差别在于对时滞的解释各有千秋。新凯恩斯主义投资理论通过引入调整成本的概念，运用边际分析方法，根据企业边际调整成本和边际调整收入的比较来确定各期投资水平，从而为宏观投资函数提供了必要的微观基础。

（四）新古典学派的边际投资理论

20世纪60年代初，美国著名经济学家乔根森（Dale W. Jorgenson）在新古典的最优资本积累理论的基础上建立了新古典投资理论。该理论突破了几十年来凯恩斯主义者对投资理论的研究框架，具有很多新古典特征：边际分析方法、市场完全竞争、生产要素相互替代可能等，其中生产要素的相互替代可以说是乔根森投资理论的一大特色。乔根森克服了以往投资理论单纯从宏观上分析问题的缺陷，认为对投资行为的研究应从微观经济主体——企业出发，通过生产函数的现值最大化来确定投资水平。

1. 边际分析方法

新古典学派将数学上的边际分析方法用来分析和评估投资的效益：一是通过数学运算，将投入产出分析建立在可靠的定量分析基础上；二是运用数学方法，使投资选择与投资者的行为方式建立了某种稳定的联系；三是对一国的总量投资运用均衡分析，指导稀缺资源的运用，并评价投资的社会效益。边际主义经济学家不仅提出了描述投资行为的方法，而且创造了分析投资行为的"工具箱"，从而为投资决策提供了可靠标准。一方面，边际分析证明了完全竞争的市场机制可以自动实现经济的均衡增长，而且市场主体通过竞争达到自身收益最大化。而市场主体追求自身收益最大化的分散活动会促使社会福利最大化。另一方面，效用递减法则和边际效用相等法则被边际学派的经济学家广泛地用来分析人类的消费行为和投资行为，为新古典投资理论的实证分析奠定了基石，同时也为提高投资效率提供了重要的方法。两大法则引申出两个联系紧密的原则：

（1）投资总量配置最佳原则。既然消费者连续增加某种消费品的消费，他从该项消费中获得的效用是递减的，那么消费引致的投资供给也是边际递减的，边际效用分析法使成本—收益分析法趋于精细化。

（2）要素替代法则。新古典经济学家认为，投资要素的可替代性为研究两种投入品的有效搭配提供了思路。边际学派的边际效用分析可操作性强，对于研究投资者的心理、预测投资需求、分配稀缺资源进而做出投资选择是必须采用的方法。对生产力进行边际分析是投资方法论的一个重要进步。作为边际生产力分析基础的生产要素边际生产力递减法则，反映了生产过程中生产要素之间的技术比例关系，在一定程度上是符合实际的。追求最大化收益的投资主体可以根据这一递减法则，进行成本—收益分析，安排要素的投入比例从而达到有限资源的最优配置。

2. 投资效率的评判标准

新古典学派将边际分析方法和资源稀缺性引入投资理论，准确地评估投资效益。他们认为，只要厂商的资本边际生产力大于利息率，继续追加投资就可以增加利润总量；反之，则会带来损失。因此，资本边际生产力等于利息率是厂商利润最大化的条件。通过分析资本边际生产率和劳动边际生产率,得出如下结论:生产要素最佳配置条件是边际收益和边际成本相等。新古典学派用单位投资所带来的国民收入增量作为反映投资效益的指标。投资最终表现为国民收入的增加,这是因为投资具有双重效应:其一,供给效应,即投资所形成的新增生产能力,必然会带来产品的增加,最终带来国民收入的增长;其二,需求效应,即投资需求增加,对生产资料和消费资料的需求会随之增加,就必然使现有生产能力得到充分利用,带动国民收入的增长。新古典学派运用边际分析方法,用国民收入的增量来衡量投资效益和资本运用的效率,为投资设定了效率边界。投资对经济增长和财富增加起着巨大的推动作用。那么投资有效的关键在于资源的有效配置,即通过资源在运用过程中的最优配置使国民收入总量最大化。而边际成本等于边际收益是社会资源最优配置和国民收入最大化的条件。然而,它提供的仅仅是一个静态的均衡模型,只考虑本期投资对当代人的福利改善状况,而忽略了对子孙后代的福利可能造成的影响。另外,资源配置过程会使一部分人的生存状况恶化,但该方法没有提供一种能向受害人做出潜在补偿支付的有效机制。

马歇尔(Alfred Marshall,1890)在论述资金的投放与分配问题时,提出了与生产成本有关的"投资的外限"或投资的"有利边际"的概念。他指出,生产者会把资本投向各类生产要素直至达到投资"有利边际"为止。这里的"有利边际"指的是"直到在他看来没有充分理由认为在该方面进一步投资所带来的利益会补偿他的支出为止"[①]。他进而指出,有利边际,甚至就同一工业部门或分部门来说,也不能被看作是任何可能投资的固定线上仅有的一点,而是被看作和各种可能线相切的一切不规则形的界线。马歇尔的这些思想为后来的投资理论所普遍采用,并发展成为"成本—收益分析"等理论。

庇古(Pigou)同样认为,社会资源的最优配置是增加国民收入总量、提高社会福利的关键。为了探讨资源最优配置的问题,庇古提出了"社会边际净产值"和"私人边际净产值"等基本概念作为分析工具,讨论社会边际净产值与资源最优配置的关系,提出国家干预投资活动的必要性。他认为,假定使用于不同部门或地区的资源所得到的边际收益等于其社会边际净产值,那么,在不存在移动成本、移动单位无限可分并且资源所有者具有完全信息的条件下,资源所有者在利己心的驱使下将寻找收益最大化的资源使用方式。只要在任何部门中追加一单位资源的投资比投资于其他部门带来的收益更大,个人就会把资源投入这一部门。这一投资活动持续一段时间后,该部门对资源的需求开始达到饱和状态,这时后续投资的收益将逐渐下降。在各个部门资源的边际收益相等时,资源的移动将终止。这时,各个部门的社会边际净产值相等,所达到的资源配置就是实现国民收入最大化的最优配置。然而,事实上,移动成本不存在、投资者具有完全信息和转移单位无限可分的假定并不成立,因此,社会边际净产值均等的最优状态不可能实现。在利己主义的投资主体自由发挥作用的条件下,较高的移动成本、信息不完全、移动单位不完全可分性等障碍的减轻,将有利于不同部门或不同地区的社会边际净产值趋于均等,从而增加国民收入总量。然而,私人投资的目的是私人投资收益最大化,而不是社会净产值最大化。显而易见,在社会边际净产值与私人边际净产值不一致的情况下,投资者必然追求自己的利益。因此,即使具备移动成本为零、投资者具有完全信息和转移单位无限可分的条件,即使经济活动使各类资源在不同部门或地区的边际收益相等,也不会促使社会边际净产值相等。那么,在两种边际净产值存在差异时,投资者的利己倾向将不能使国民收入实现最大化。庇古由此主张国家应出面干预各种私人投资活动。政府的适当干预可以使边际私人净产

[①] 马歇尔:《经济学原理》,华夏出版社 2005 年版。

值与边际社会净产值相等,从而实现国民收入总量和社会福利最大化的目标。

在古典投资规范的基础上,边际主义是方法论上的革命,它使投资活动从规范分析转向实证分析,使投资理论研究重心从动态的累积转向静态的资源配置、从供给和费用转向需求和效用;边际分析方法的运用为投资从规范和定性走向实证和定量提供了基本的分析逻辑,效用和边际概念为投资分析设置了统一的出发点,数理分析为投资科学提供了精致的工具,机会成本和边际成本收益分析奠定了投资分析的整体框架;威克赛尔的利息理论、庞巴维克的时差利息论与克拉克的边际生产力理论发展了古典投资的诱致和选择理论,帕累托最优提供了投资效率的评判标准。

新古典学派对投资理论的主要贡献表现在:第一次把人类欲望与自然资源的矛盾明确置于经济理论研究的中心位置,并通过对这一矛盾的考察与分析阐明了稀缺规律、选择原理、可替代性等等,从而形成了一套关于静态条件下稀缺资源实现最优配置的系统理论体系。不仅如此,他们在探讨与投资有关的问题时所得出的结论具有普遍的指导意义。例如,他们强调投资对提高生产力的巨大作用,认为使用资本进行生产是人类文明与进步的重要标志;认识到总量投资的扩张有赖于节俭;把利息作为调节资本最优配置的杠杆,并将其纳入一般均衡分析的体系之中。这样的理论体系对任何社会的投资活动都具有重要意义。

二、间接投资理论

间接投资是以债券、股票等证券为投资标的而进行的投资行为,因此间接投资理论也称为证券投资理论。证券投资者的目标简单说就是如何以最小的风险获取最大的收益,为达到这一目标,就涉及一个证券投资组合的问题。很多证券投资者都奉行"不把所有鸡蛋都放进一个篮子"的格言,并按此进行投资组合,以降低投资风险,但在这一基础上发展起来的早期证券投资理论却具有机械性和过分定型化的特点,不能很好地指导投资者进行操作。

20世纪50年代初,纽约市立大学巴鲁克学院的经济学教授马柯维茨将概率论和线性代数的方法应用于证券投资组合的研究,探讨了运动方向各异的不同证券之间的内在相关性,于1959年出版了《证券组合选择》一书,详细论述了证券组合的基本原理,提出了著名的资产选择理论,为现代西方证券投资理论奠定了基础。

(一)早期的间接投资理论

1. 巴契里耶的投机理论

法国索邦大学的巴契里耶(Louis Bachelier,1900)在其博士论文《投机理论》中对股票市场的运作及股票价格的变化规律做了最早的探索。巴契里耶运用多种数学方法论证了股票价格的变化是无法用数学分析进行预测的。他指出:"市场价格同时反映过去、现在和未来的各种事件,但是这些事件通常和价格变化并不存在明显的关系,人为因素也会产生干扰,当前的价格波动不仅是先前价格波动的函数,也是当前状态的函数。决定这种波动的因素,其数目几近无限大,因此不可能用数学公式进行预测。"与此同时,巴契里耶试图创造一个公式用以描述市场价格的波动。他认为,虽然一段时间的市场波动很难预测,但是市场某一瞬间价格变动的预测还是可能的。在某个特定时点的每个成交价格都反映了卖方和买方的不同观点,买方认为价格会涨,卖方认为价格会跌。因此买卖双方都没有关于价格的信息优势,他们的输赢概率各为50%。在任何时候价格上涨的概率与下跌的概率相等,只有基于某些理由导致市场不认同原先的价格时,价格才会发生变动。但是没有人知道市场何时会变,会朝什么方向变化。因此市场永远存在50%的上涨概率和50%的下跌概率。巴契里耶进而推断,短时间内价格变化的幅度很小,但随着时间的延长,价格变化的幅度会扩大,而且价格波动的幅度与时间区间长短的平方根成反比。美国学者彼得·伯恩斯坦根据美国过去60年股价波动的历史数据证明了上述论点。在这段时间,股价月波幅有2/3的概率为5.9%,年最大波幅为72%,是月波幅的12倍,年均波幅为20%,是月波幅的3.5倍,而12的平方根是3.46。

巴契里耶的理论贡献主要表现在以下两方面:(1)将概率论率先引入股票收益的预测。他从预测的公式中发展了随机过程的概念,并在后来的各种投资理论中得到了广泛的运用。他提出的关于股价的波动和时间的平方根成比例关系的论断非常类似于布朗运动的理论,而布朗运动的理论在证券投资理论中被称作随机漫步理论,巴契里耶的这一推论被认为是其最重要的理论贡献。(2)他的观点——"股价是不能预测的,市场已经反映了过去、现在和未来的各种事件",实际上与20世纪60年代学者们提出的有效市场理论有许多暗合之处。

需要指出的是,巴契里耶的研究在当时并没有产生很大的影响,表面上看是由于他的论证中存在一些数学错误而没有得到很高的评价;实际上更重要的原因是他的研究太超前,理论界和实务界对此还没有做好接受的准备。他的这篇论文曾一度遗失,直至20世纪50年代才被萨缪尔森在麻省理工学院的图书馆里发现。萨缪尔森对论文做了高度的评价,其早期对投机价格行为的分析显然受了该论文的影响。

2. 股票投资的道氏理论

道氏理论的核心内容是假定股价的升降趋势会在市场出现转变信号以前一直持续下去,当市场出现转变信号时,股价的趋势就会逆转。投资者可以根据市场的信号来判断市场转向的时点,从而做出正确的投资决策。而市场信号的典型代表是道·琼斯指数。道(Charles Dow,1901)在《华尔街日报》的社论中非常形象地描述了道氏理论的内容:"在沙滩上观看涨潮的变化,要想知道这一波潮汐最高会涨到哪里,就在沙滩上树立一根长杆,记录每一波海浪打来的最高点在哪里,潮来潮往,直到某一点,新一波的海浪无法再超越,甚至开始减退,显示潮汐已经转向。此法也适合于观察并判断股票市场的潮流走向。"投资者可以观察道·琼斯工业平均指数(Dow Jones Industrial Average,简称DJIA)和道·琼斯运输平均指数(Dow Jones Transportation Average,简称DJTA)对股市的价格做出判断,两个数值都达到最高点或最低点时,就意味着股价开始逆转。

汉密尔顿为道氏理论的发展作出了很大的贡献,他一再重申道氏理论的中心信念,即股价本身已充分反映了与公司经营情况相关的所有因素,同时他也认为市场本身会预示股价的未来走势。1929年10月21日,他准确地预言了20年代的牛市结束。仅四天之后,美国的股市就开始了长达数年的大跌,至1932年,美国股市的市值下跌了90%。道氏理论在投资实践方面为技术分析提供了一定的理论支持。所谓技术分析,就是关注股票过去的价格和交易量的变化情况,并希望从这些情况中找出股价未来变化的线索。

3. 格雷厄姆的投资理论

格雷厄姆(Benjamin Graham)是美国最杰出的投资理财专家,也是著名的投资理论家。在长期的投资实践中他总结了一套证券估价理论。格雷厄姆的投资理论是典型的基本分析理论,其投资理念是寻找多只实际价值被市场低估的股票,然后买进持有。在寻找被市场低估的股票时,格雷厄姆主要考察公司的财务状况和增长前景,将在纽约证券交易所上市的股票中所有市盈率为7倍或低于7倍的股票找出来,然后参考公司的财务、管理、技术、市场等因素,选择准备买入的股票。格雷厄姆认为,不管债券收益率降到什么程度,都不能购买市盈率超过10倍的股票;关于公司的财务状况,如果一家公司的所有者权益占公司资产的比率在50%以上,同时市盈率在7倍左右,那么该公司的股票就值得买入。格雷厄姆也强调投资的分散性,认为应该购买30只以上的股票。在持有的期限上,他认为比较好的做法是首先确定一个获利目标,譬如获利50%。那么,只要股价一涨到有50%的收益率时就卖出该只股票。同时他认为持有股票的期限最好确定为2~3年,如果到期股价的上升幅度仍没有达到预定的目标,则应卖出该股票。总之,他强调通过基本面的分析来选择股票。

4. 威廉姆斯的投资理论

著名的投资理论家威廉姆斯同样主张基本面的分析,根据股票发行公司的业绩即公司未来的预期收益决定购买什么股票,他认为投资者在选择股票时应先对公司未来的股利支付做长期的预测,并对预测的正确性作出检验,据此判断出股票的内在价值,然后与股票的市场价格进行比较,再作出投资决策。威廉姆斯具体介绍了评估的模型和方法,及对不同类型的公司的股票未来收益的折现方法。他的投资理论成为投资者进行基本面分析的基本理论依据,也为投资者提供了基本的分析方法。

(二)资产组合和定价理论

1. 马柯维茨的资产组合理论

马柯维茨认为投资要兼顾收益和风险,而投资者分散投资就是分散投资风险的有效方法。1987年马柯维茨在其著作《投资组合选择与资本市场的均值—方差分析》中全面阐述了他的资产组合理论,开创了理性的投资者在不确定条件下进行资产组合投资的理论和方法,第一次通过定量分析证明了分散投资的优点。他用数学中的均值来测量投资的预期收益,用方差测量资产的风险,通过建立资产组合的数学模型,使人们可以按照自己的偏好来精确选择在确定风险下收益最大化的资产组合。下面做简单的介绍。

一般而言,证券投资者最关心的问题就是证券预期收益与预期风险的关系。证券收益包括两部分:一是证券买卖的差价,二是债息或股利。如果投资者要预测某种证券的未来收益,只需加总不同状态下该种证券的收益估值与该状态发生的概率的乘积。因此,预期收益实际是表示投资者持有的某种证券在一段时间内所获得的平均收益,即收益的期望值,用公式可表示为:

$$EX = \sum_{i=1}^{n} X_i \cdot P_i \quad (2-18)$$

式中:EX 表示预期收益;X_i 表示第 i 种状态下的收益;P_i 表示第 i 种状态发生的概率。

对预期收益加以解释和定量化较为容易,而要精确衡量持有证券的风险,即证券收益的不确定性则甚为困难。马柯维茨运用统计学的方法,将不确定的收益率看作随机变量,用它们的集中趋势(即期望)来表示证券的预期收益,而用它们的离散趋势(即标准差)来度量证券风险的大小,用公式可表示为:

$$\sigma = \sqrt{\sum_{i=1}^{n}(X_i - EX)^2 P_i} \quad (2-19)$$

式中:σ 表示标准差。

单个证券的投资预期收益和投资风险可直接从概率分布中得出,而证券投资组合的预期收益和风险则必须把各种证券之间的相关关系考虑在内。

证券预期收益之间的相关性用相关系数 p_{ij} 来表示:

$$p_{ij} = COV_{ij} / \sigma_i \sigma_j \quad (2-20)$$

式中:p_{ij} 表示证券 i 与证券 j 的相关系数;COV_{ij} 表示证券 i 与证券 j 预期收益的协方差;σ_i, σ_j 表示证券 i 与证券 j 各自的标准差。

投资者一旦确定了各种证券的预期收益和标准差以及各种证券之间的相关性,就可以进一步计算出每一证券组合的预期收益和标准差。每一个证券组合的预期收益可以通过对其包含的每一种证券的预期收益的加权平均求得,其计算公式如下:

$$\bar{r}_p = \sum_{i=1}^{n} x_i \bar{r}_i \qquad (2-21)$$

式中: $\bar{r}_p$ 表示证券组合的预期收益; $\bar{r}_i$ 表示证券 i 的预期收益; x_i 表示证券 i 在该证券组合的总值中所占比重(权数),且 $\sum x_i = 1$; n 表示证券组合中的证券种类数。

证券组合的标准差需通过公式(2—22)求得:

$$\sigma_p^2 = \sum_{i=1}^{n} \sum_{j=1}^{n} COV_{ij} x_i x_j \qquad (2-22)$$

式中: σ_p^2 表示证券组合的方差; COV_{ij} 表示证券 i 和证券 j 收益之间的协方差; x_i, x_j 表示证券 i 和证券 j 各自的权数。

由此可见,证券组合的预期收益和风险主要取决于各种证券的相对比例、每种证券收益的方差以及证券与证券之间的相关程度。在各种证券的相关程度、收益及方差均确定的条件下,投资者可以通过调整各种证券的购买比例来降低风险。

通过上述对资产组合的分析,我们可以在一个可能的收益和风险范围内,对若干种已确认可以投资的证券,通过调整各种证券的购买比例来建立不同的证券组合,这些组合就构成了一个可行集,可行集的形状如图2—6所示。

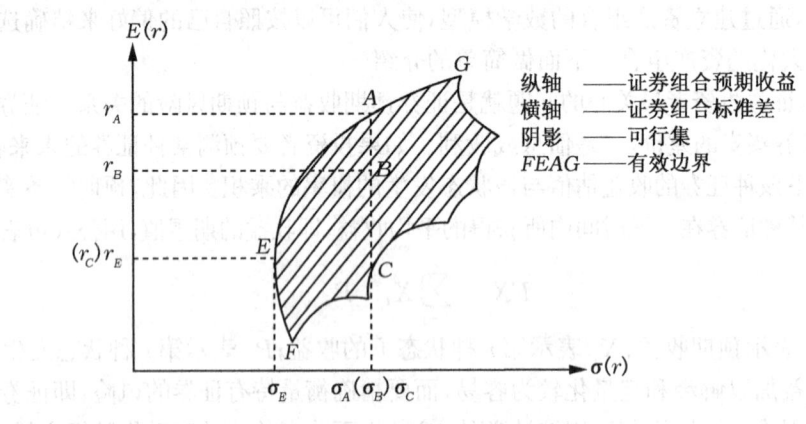

图2—6 可行集与有效边界

在可行集提供的证券组合所有可能的方案中,投资者可以通过有效集定理找到有效集,即投资者能够从下面的证券组合中选择他偏好的最佳证券组合:(1)在各种风险条件下,提供最大预期收益率;(2)在各种预期收益水平下,承担最小风险。同时满足这两个条件的一组证券组合,称为有效集或有效组合。在马柯维茨的模型图中这套有效组合的位置处于一条左方的曲线 $FEAG$ 上,又称有效边界。投资者投资于有效边界就是满足上述两个条件所期望的最佳投资组合。因为此边界上的点比其他所有点在同样风险水平下收益都高,如 A、B 两点有同样的标准差,即 $\sigma_A = \sigma_B$,但 A 点收益 r_A 大于 B 点收益 r_B。同理,有效边界上的点比其他所有点在同样收益水平下风险都低,如 E、C 的点预期收益相等,即 $r_E = r_C$,但 $\sigma_E < \sigma_C$,即 E 点风险要小于 C 点。因此投资者一般倾向于选择有效边界 $FEAG$ 上的证券组合。

2. 托宾的收益风险理论

马柯维茨的资产组合理论的缺陷在于他假设利率水平基本上是稳定不变的,这与实际不符,他还假定投资者在构筑资产组合时是在风险资产的范围内进行选择,没有考虑无风险资产和现金,实际上投资者会在持有风险资产的同时持有国库券等低风险资产和现金。托宾指出:各种风险资产在风险资产组合中的比例与风险资产组合占全部投资的比例无关。这就是说,投资者的投资决策有两个:一是对风险资产的投资份额,二是风险资产投资份额在各种风险资产之间的分配。而后一个决策的依据应该是马柯维茨的模型,即不同风险偏好类型的投资者的风险资产组合都应是一样的,为处于有效边界上的资产组合。托宾的理论不仅使凯恩斯理论有了更坚实的基础,也使证券投资的决策分析方法更深入、更有效率。

3. 资本资产定价理论(CAPM 模型)

资本资产定价模型是由斯坦福大学教授威廉·夏普建立的。这一模型是在马柯维茨理论的基础上,重点描述证券组合的预期收益和预期风险的关系,对证券均衡价格的确定作出了系统性的解释。这一理论的模型不仅适用于金融投资,而且适用于实业投资,是现代金融投资理论的核心。

资本资产定价模型把"有效市场"作为分析的前提,提出了这样一些假设条件:(1)金融市场是成熟的、完善的、充分竞争的,投资者进入市场没有任何障碍,所有的交易成本和赋税为零;(2)金融市场上有数量众多的购买者、销售者、各种类型的金融机构以及具有各种期限和不同风险的金融工具;(3)投资者可以进行广泛选择,市场上只有单一的无风险利率;(4)单个投资者唯一的行动依据是对证券未来运动的预期,其买卖行为不足以影响证券市场总的价格水平。在这些假设条件下,资本资产定价理论试图解释在存在市场风险的条件下,投资者行为怎样推动组合证券价格的形成。该理论的精髓在于概括了不确定条件下资产预期收益与风险的内在联系,通过两条重要的市场线,即资本市场线和证券市场线表现出来。

所谓资本市场线是指在证券组合只包括风险证券和无风险证券的前提下一条过$(0, r_f)$点与马柯维茨理论的有效边界相切的直线(见图 2—7),切点为有风险证券的有效组合,r_f为无风险利率,投资者投资于该证券组合,在单位风险下可取得最大的超额收益。

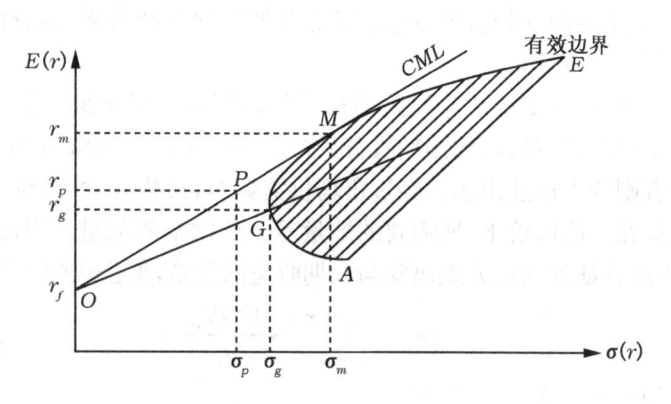

图 2—7 资本市场线

在有效边界曲线 AGE 上取一点 G,连接 OG,则 $r_g - r_f$ 表示投资者投资于风险证券所取得的超额收益,OG 的斜率 $(r_g - r_f)/\sigma_g$ 就表示单位风险所取得的超额收益。对理性投资者而言,总是希望以最小风险获取最大收益,即总是希望 OG 的斜率越大越好。显然,过 O 点做 AGE 的切线 OM 即为斜率最大的直线,切点为 M,直线 OM 就被称为资本市场线,这里 M 点代表市场组合,即有风险证券的有效组合,在投资者具有理性的前提下,若将资金全部投于有风险证券,他一定会选择 M 点所代表的证券组合,若投资者将资金全部投于无风险证券,自然选择 O 点。那么,O 与 M 之间的点就表示投资者选择由无风险证券与有风险证券共同组成的证券组合,而从 M 点再向右延伸,则表示投资者可以无限制地借钱来投在有风险的证券上,其利率与风险贷款一样。

总而言之,由投资者混合市场组合与无风险证券的投资形成的资本市场线可用数学公式表示如下:

$$r_p = r_f + \left(\frac{r_m - r_f}{\sigma_m}\right)\sigma_p \tag{2-23}$$

也就是说,在资本市场线上任何一个证券组合的预期收益 r_p,等于无风险证券的预期收益 r_f 加上风险收益,前一部分可以说是"时间的价格",后一部分可以称为"风险的价格"。

证券市场线提供了决定个别证券预期收益和风险之间关系的架构,同时也指出如何适当度量各种证券的风险。夏普将证券的风险按其性质分为两部分:系统风险和非系统风险。系统风险,即市场风险,是指那些影响所有公司的因素引起的风险,如战争、经济衰退、通货膨胀等,这类风险波及所有的投资对象,不能通过多角化投资来分散风险;而非系统风险,即公司特有风险,是指发生于个别公司的特有事件造成的风险,这类风险可以通过多角化投资来分散。按照 CAPM 模型,度量证券风险的标准是该证券与市场组合的协方差 COV_{im}。协方差较大,则相对预期收益较高,将吸引投资者购买;反之,相对预期收益较低,投资者将迅速卖出,经过市场供需调节,价格变动,使证券在市场上处于均衡状态,证券市场线就是在均衡状态下所有证券的协方差风险与预期收益的关系:

$$r_i = r_f + (r_m - r_f) \cdot COV_{im}/\sigma_m^2 \tag{2-24}$$

式中:r_i 表示证券 i 的预期收益;r_f 表示无风险证券收益;r_m 表示市场预期收益。

这个公式同样适合于证券组合,即:

$$r_p - r_f = \beta_{pm}(r_m - r_f) + a_p + e_p \tag{2-25}$$

式中,e_p 一般为零,而 a_p 可以为正,可以为负,也可以为零。由于 a_p 与市场风险无关,是随公司特有风险而发生变动,因此,可以通过证券分散化使之减为零,但分散化对于与市场组合有关的风险 β 则不发生作用。

按照 CAPM 模型,适当度量证券风险的标准是该证券与市场组合的协方差 COV_{im}。协方差较大的证券,将相对具有较高的预期收益,协方差较小的证券情况正好相反。前者引起投资者乐于购买,后者则令人迅速出卖。经过市场供需调节,价格变动,使证券在市场上处于均衡状态,即每种证券在当前市价下,所需要的数量等于所供给的数量。因此,所谓证券市场线就是在均衡状态下所有证券的协方差风险与预期收益的关系,见公式(2-26)

$$r_i = r_f + \frac{r_m - r_f}{\sigma_m} \cdot \frac{COV_{im}}{\sigma_m} \tag{2-26}$$

即:$r_i = r_f + \beta_i(r_m - r_f)$

式中:$\beta_i = COV_{im}/\sigma_m^2$

这可由图 2-8 来说明。图中 r_f 是无风险证券收益,所以位于 β 等于零的点。从这点开始通过 M 点的直线,是一条等比的线,其斜率大小由 $r_m - r_f$ 决定。由 β 系数公式我们明显可看出市场组合 M 点的 β_m 总是等于 1.0,其他各种证券(或组合)各有各的 β 值。若 β 值大于1,表示其风险较大;若 β 值小于1,表示其风险较小。所谓风险大小的意义,是指市场组合的预期收益提高或降低1%,则某种证券(或组合)的预期收益提高的程度超过1%,或降低的程度不到1%。

证券市场线将每一种预期收益同相应的系统风险连在一起。位于 SML 之上的每一种资产,由于在同等市场风险下,具有较高的预期收益,投资者踊跃购买,形成求过于供,价格上扬,从而又使供给增加,形成供需相等,价格又回落到原来的水平;同理,位于 SML 之下的每一种资产,由于在同等市场风险下,具有较低的预期收益,致使投资者大量抛售,形成供过于求,价格降低,从而又使需求上升,形成供需相等,价格又上升到原来水平。当所有证券都经过类似的调整,处于供求平衡时,市场就处于均衡状态,此时,各种证券的预期收益都落在 SML 上(见图2—8)。

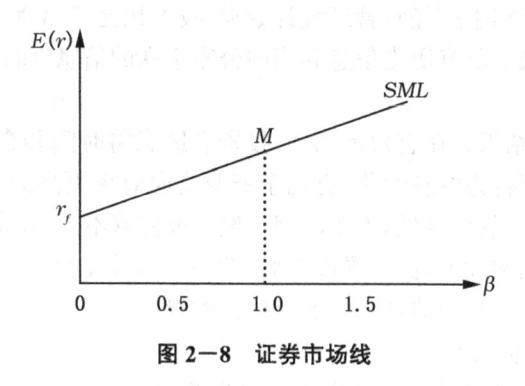

图2—8 证券市场线

CAPM模型在证券理论界已经得到普遍认可。投资专家用它来做资本预算或其他决策,立法机构用它来规范基金的费率,评级机构用它来测定投资管理者的业绩。但该模型主要对证券收益与市场组合收益变动的敏感性进行分析,而没有考虑其他因素对证券收益的影响,因而有一定的局限性。

4. 资产套价理论(APT理论)

证券组合理论和资产定价理论集中解决了一定收益水平下使风险最小化的问题,斯蒂芬·罗斯在1976年又进一步提出了资产套价理论(APT理论)。他认为,证券收益要受各种宏观经济因素的影响,因此,证券分析的目的在于识别经济中的这些因素,以及证券收益对这些因素变动的不同敏感性。该理论的基本假定是:不同收益证券的相关性可归因于证券对一种或多种因素的变动而产生的效应。由于各种因素产生的风险平均化,对各种证券的特有风险而言,该因素对每个企业并不相同,一般低于个别证券平均的标准差,再加上证券的个别收益率互不相关,市场证券组合具有良好的分散风险的功能。罗斯套期定价模型的假设条件为:(1)市场上存在无穷多证券;(2)影响证券收益率的市场因素数量是有限的,证券组合高度多样化;(3)市场抛空交易不受限制;(4)投资者为风险厌恶型,预期收益率不一定均匀。

在完善的市场上,如果证券 I 的预期收益率低于投资组合 p 的预期收益率,一个精明的套利者就会卖空证券 I,从中取得收益,再来买投资组合 p,以获得差额收益。投资具有较高的收益率组合吸引着较多投资者,从而使证券组合的均衡价格发生变动。APT理论的核心是,如果因素系数和预期收益率之间的关系近乎线性,那么就可以通过无穷的套利机会来增加财富。

(三)有效市场理论

1. 股价的随机漫步理论

该理论认为任何可用于预测股价的信息已完全反映在股价中,因此股价具有不可预测性,投资者通常只能得到与股票风险相称的收益率。换言之,股价只对新的信息做出上涨或下跌的反应。根据定义,新信息是不可预测的,否则,新信息就会成为已知信息的一部分,这样,随着不可预测的新信息而变动的股价必然是不可预测的。这就是股价遵循的随机漫步理论。

2. 有效市场假说

美国学者法玛(Fama,1965)提出了有效市场假说(Efficient Market Hypothesis,简称EMH)。有效市场假定市场按有效性程度分为三种:(1)弱型有效性,即现在的市场价格反映了证券的所有历史信息,如以往股价的变动与交易量等,因此分析市场价格的趋势是徒劳的;(2)半强型有效性,即市场价格不仅反映了所有历史信息,而且还反映了当前公布的与公司前景有关的全部信息,如公司生产经营管理统计数据、技术状况、产品状况、财务数据等;(3)强有效假定,即股价不仅反映了所有历史信息和当前公布于众的信息,而且还反映了所有的内幕信息和私人信息。

有效市场是竞争的结果。在有效市场中,投资者愿意将时间和金钱用于股价的前景分析与研究中,这有助于投资行为的理性化,有助于资源流向效率更高的地方,从而最优化社会资源的配置。如果市场的有效程度低,由于法规不健全或监管不力,投资者特别是机构投资者将进行寻租,联手操纵市场和股价,甚至弄虚作假,欺骗其他投资者,以获取非法收益。这反过来又会助长非理性的投资行为,扭曲社会资源的优化配置。

3. 有效市场下的投资策略

根据有效市场理论,投资者应该考虑消极投资策略,这是与积极投资策略相反的投资策略。所谓积极投资策略是指投资者在进行投资时,花费大量的时间和费用来研究分析公司的经营和股价的前景,挑选最有增长潜力的股票作为投资对象的策略;而消极投资策略通常是指持有代表市场的资产组合的投资策略,这些投资者不是要智取市场,而是希望获得相当于市场平均收益的收益。消极投资策略的典型形式是指数基金。

(四)债券投资理论

1. 债券期限结构理论

债券期限结构理论主要分为:

(1)预期假定理论。预期假定理论是最简单的期限结构理论。所谓期限结构理论是说明不同期限债券的利率水平关系的理论。这一理论认为远期利率等于市场整体对未来短期利率的预期。如果我们定义第二年预期短期利率为 $E(r_2)$,第二年远期利率为 f_2,就有 $f_2=E(r_2)$,这说明市场非常有效率,利率传导机制非常完善,如果短期利率变化,长期利率很快就有相应变化。宏观货币政策中的公开市场操作就是建立在这一机制基础之上的。央行在公开市场买卖短期国库券,导致短期国库券的价格变化,由于利率传导机制,不仅其他短期货币市场工具的利率水平会相应迅速地变化,而且会导致各种长期债券的利率水平相应变化。

(2)流动偏好理论。该理论认为,投资者对期限有不同的偏好,有些偏好短期债券,有些偏好长期债券。前者在持有长期债券时要求远期利率包含一个流动溢价,即远期利率大于未来短期利率的期望,即要求 $f_2 > E(r_2)$;后者则在持有短期债券时要求未来短期利率的期望包含一个流动溢价,即要求未来短期利率的期望大于远期利率,即 $E(r_2) > f_2$。该理论还认为,我们通常看到的情景是市场中的长期利率之所以高些,短期利率低些,是因为市场是由短期投资者控制着。由于短期投资者占主导地位,所以一般远期利率大于未来的短期利率。

(3)预期假定和流动偏好的举例。根据预期假定理论,假设短期利率不变,$r_1=4\%$,$E(r_2)=4\%$,$E(r_3)=4\%$。因此2年的到期收益率为:

$(1+y_2)^2=(1+r_1)[1+E(r_2)]=1.04\times1.04$

$y_2=4\%$

由于各期的短期收益率都不变,所以各期债券的到期收益率都等于4%。但是根据流动偏好理论,$f_2>E(r_2)$。我们假设$f_2=5\%$,这意味着有1%的流动溢价。因此,2年期债券的到期收益率为:

$(1+y_2)^2=(1+r_1)(1+f_2)=1.04\times1.05=1.092$

$y_2=4.5\%$

如果$f_3=5\%$,则3年期的到期收益率为:

$(1+y_3)^3=(1+r_1)(1+f_2)(1+f_3)=1.04\times1.05\times1.05=1.1466$

$y_3=4.67\%$

(4)市场分割理论。上述预期假定理论和流动偏好理论都暗含着这样一个假设,即期限不同的债券可以相互替代,投资者可以根据不同利率的差异情况选择最有利的债券。市场的大体情况是如此。但我们也看见,在市场中有些投资者无法进行期限的选择或不愿进行期限的交换,因此投资者可分为短期债券投资者和长期债券投资者。市场分割理论就是建立在这个基础之上的。该理论认为,长、短期债券投资者是分开的,因此相应的市场是分割的,两类债券各有自己独立的均衡价格。短期债券的供求关系决定了短期债券的均衡利率水平;长期债券的供求关系决定了长期债券的均衡利率水平。因此,利率的期限结构是由不同期限债券市场的均衡利率决定的。

(5)优先置产理论。市场分割理论受到了较多的批评,认为这不是市场的主流,也与市场的实际不符,否则就等同于宣告了央行公开市场操作的失败。在这一背景下优先置产理论产生了。根据这个理论,借贷双方都要比较长短期利率,也考虑预期的远期利率,通过比较才会做出最有利的期限选择。因此,所有期限的债券都在借贷双方的考虑之内,这意味着期限不同的债券的利率是相互联系、相互影响的。因此,市场并不是分割的,投资者会选择那些溢价最多的债券。

2. 债券的投资管理

债券的投资管理可以分为消极型管理和积极型管理。债券投资的消极方式有两种:一种是债券指数基金,一种是利率的免疫管理。这是两种不同的管理方式,前者的收益风险状况相当,但不能保证没有风险;而后者则试图建立几乎是零风险的资产组合。债券的积极管理既包括通过选择优质债券进行投资,也包括运用各种套期保值工具进行债券的利率风险管理。

(五)期权定价理论

期权是一种最基本的金融衍生产品,它是一种选择权,由这种选择权的发出者以一定的价格出售给购买者。期权的内在价值为立即实施期权合约时的收益值,而期权的时间溢价是期权超过它的内在价值的部分。影响期权价格的主要因素有标的资产的市场现价、期权合约的实施价格、期权合约的有效期限、标的资产预期价格的易变性等。期权定价理论主要包括多种期权定价模型,其主要内容有二项式期权定价模型、布莱克—舒尔斯期权定价模型等。

1. 二项式期权定价模型

它假定在期权到期时股价只有两种可能的期权价格确定模型。由于它的图形分析很像分叉的树枝,也称作"二叉树"分析法。在这样的分析中,只要给定股票价格、实施价格、利率与股票价格的波幅,就可以计算出看涨期权的理论价值。多时期的分析可以用二项式分布方法计算,因此这种多时期的期权定价方法被称作二项式模型。

2. 布莱克—舒尔斯期权定价模型

布莱克—舒尔斯期权定价模型包含了以下假设：(1)在期权有效期内，相关资产(股票)不支付股息；(2)没有交易费用；(3)在期权有效期内，短期无风险利率是固定的；(4)有价证券投资者可以按照无风险利率借入资本；(5)允许抛空，且没有罚金；(6)期权只有在到期日才被执行；(7)所有有价证券交易是在连续期间内发生的，股价在连续期内是随机的。

布莱克—舒尔斯期权定价模型建立在无风险对冲概念基础上，通过购买股票并立即出售股票的期权，投资者可以达到一种无风险状况，即从股票上取得的利好可以抵消期权损失，称为无风险对冲。由于投资者经常利用这种对冲机会，因而会使期权价格达到布莱克—舒尔斯期权定价模型所说的均衡水平。

布莱克—舒尔斯期权定价公式为：

$$C = S \cdot N(d_1) - Ke^{-r_f T} N(d_2) \tag{2-27}$$

式中：$d_1 = \dfrac{\ln(S/X) + r_f T}{\sigma \sqrt{T}} + \dfrac{1}{2}\sigma\sqrt{T}$；$d_2 = d_1 - \sigma\sqrt{T}$；$S$ 为有价证券的现行市场价格；X 为期权执行价格；T 为期权期限，若期权期限为 3 个月，则 T 取值 0.25，以此类推；r_f 为无风险利率；σ 为有价证券预期报酬标准差；$N(d_1)$ 和 $N(d_2)$ 为标准正态分布变量的累积概率，即 $N(d_1) = \int_{-\infty}^{d_1} f(Z) \cdot dZ$，$f(Z)$ 为均值和标准差均为零的正态分布函数。

该模型具有很强的实用性，只要输入股价 S、执行价格 X、利率 r_f、期限 T 和股票收益率的标准差 σ，就可以得出理论的期权价格。

(六)资产组合保险原理

在对股票进行投资时，投资者希望价格下跌时不会遭受损失，而在股票价格上升时，又能获得由此带来的财富增加，具体地说，投资者要求其投资的价值不会少于某一数量。这种单向限制的要求，正好通过期权的特征来实现。根据期权的特征，可以采取如下策略：

(1)持有股票，并购买约定价格等于此股票的初始价值，且以此股票为原生资产的出权。所购买的出权数量根据所持有的股票数量确定，所控制的股票数量与所持有的股票数量一致。

(2)确定欲购买股票的品种和数量，但持有现金并购买约定价格等于此股票初始价格，且以此股票为原生资产的进权，所购买的进权数量根据欲购买的股票数量确定，所控制的股票数量与欲购买的股票数量相等。持有现金的数量等于此股票的初始总价值在保险期内按无风险利率折现的现值。

令 W_0 与 W_T 分别表示原生股票期初、期末的价值。若投资者要对低于期初价值的风险进行保险，则期末价值为：

$$Y(W_T, W_0) = \max[W_T, W_0] \tag{2-28}$$

考虑策略 1，出权的期末价值应为：

$$P(W_T, W_0) = \max[W_0 - W_T, 0]$$

则投资在期末的总价值为：

$$W_T + P(W_T, W_0) = W_T + \max[W_0 - W_T, 0] = \max[W_T, W_0] = Y[W_T, W_0] \tag{2-29}$$

在策略 2 中，持有现金在期末的价值为 W_0，而进权价值为：

$$C[W_T, W_0] = \max[W_T - W_0, 0]$$

故期末的投资总价值为：

$$W_0 + C[W_T, W_0] = \max[W_T, W_0] = Y[W_T, W_0] \tag{2-30}$$

即以上两种策略均已实现了保险。

当然,投资者所要求保险的价值也可以不是股票的初始价值,而是投资者愿意接受的任何价值。这时,只要将股票的初始价值改为投资者所预定的保险价值,上述两种策略仍然成立。

以上结论也适用于资产组合。投资者若希望所持有的资产组合的价值不低于预定的数额,可以购买约定价格等于此资产组合的初始价值,且以此资产组合为原生资产的出权。或者不持有股票组合,而持有现金,并购买约定价格等于此资产组合的初始价格,且以此资产组合为原生资产的进权。持有现金的数量等于此资产组合的初始价值在保险期内按无风险利率折现的现值。

投资者如果采用以上策略进行保险,则对其所持有的资产组合做了完全保险,更为一般的情况是投资者可以对所持有的资产组合做部分保险,即保险只涵盖其所持有的资产组合的一部分。特别是投资者出于对保险成本的考虑,更偏好于对不同的约定价格均做部分保险。

阅读书目

1. 保罗·克鲁格曼,罗宾·韦尔斯:《宏观经济学》,中国人民大学出版社2009年版。
2. 戴维·罗默:《高级宏观经济学》,商务印书馆2001年版。
3. 曼昆:《经济学原理》,北京大学出版社1998年版。
4. 高鸿业:《宏观经济学》,中国人民大学出版社2000年版。
5. 杨晔、杨大楷:《投资学》,上海财经大学出版社2012年版。
6. 杨晔:《融资学》,上海财经大学出版社2013年版。

思考题

(一)填空题

1. 政府的资金来源主要有三个方面:_____、_____、_____。
2. 莫迪利亚尼认为,发行公债会_____从而减少未来的国民收入。
3. 庇古效应,是指公债发行在经济不景气时_____,而在经济景气时_____的效果。
4. 李嘉图认为:政府无论是选用_____还是_____来筹措资金,在逻辑上是相同的,因为_____只意味着_____。巴罗认为:消费者代与代之间是_____的,则消费者在面临政府_____从而造成减税效果时,是不会做出增加消费支出的决策的。这被称为李嘉图等价定理。
5. 新优序融资理论认为:从融资方式的优劣排序来看,企业融资一般会遵循_____、_____、_____这样一种先后顺序。

(二)名词解释

1. 李嘉图等价定理
2. 财务危机成本
3. 代理成本
4. 有效边界
5. 布莱克—舒尔斯期权定价模型

(三)是非题

1. 税收是政府资金的主要来源,因此属于政府的融资行为范畴。( )
2. 英国著名经济学家亚当·斯密是"公债有害观"的拥护者。( )
3. 凯恩斯学派主张扩大政府的财政支出,反对传统的消极平衡财政收支的观点,认为扩大支出能够缓解

危机,解决失业问题。( )

4. 在李嘉图—巴罗等价定理成立的条件下,当政府用增税来弥补财政赤字时,会排挤私人消费和投资;当政府用发行公债的方法来弥补财政赤字时,不会排挤私人消费和投资。( )

5. 根据权衡理论,随着债务的增加,负债带来的收益会提高企业的市场价值,但其边际收益递减,且企业发生财务危机的概率增大,与之相关的财务危机成本也以递增的比率上升。( )

(四)简答题

1. 简述政府投融资与一般性的财政信用活动及商业性金融的区别。
2. 简述 MM 理论。
3. 试述新古典学派投资理论中投资效率的评判标准。
4. 简述权衡理论。
5. 简述有效市场的分类及内涵。

(五)论述题

1. 试述凯恩斯学派的公债观。
2. 试述企业融资理论的演变。

第二编

投融资主体

投融资主体是投融资活动的参与者,这种参与既可以是投融资运行全过程的参与,也可以是运行过程中某个环节的参与。根据参与方式和参与程度的不同,投融资主体可分为企业、机构、政府以及个人等。企业通过灵活多样的投融资方式不仅在投融资运行过程中扮演着重要角色,而且其影响力正日益渗透到经济发展的各个层面;机构投资者不仅广泛地介入金融资产的投融资运行,而且作为一种投融资中介也为其他各类主体提供优质的金融服务;政府在投融资运行中也不再仅仅以政策制定者和行为约束者的身份出现,而是越来越多地亲涉投融资运行;作为最小社会经济单位的个人也逐渐认识到投融资对积累财富的重要意义,其投融资行为也对国民经济发展产生了深远影响。

总之,随着经济的不断发展,各类主体参与投融资运行的方式不断趋于多样化,程度不断趋于深刻化。本编在把握这种总体趋势的前提下,分别剖析上述四类主体在投融资运行过程中的角色特征和影响力。

第三章

企业投融资

在经济迅猛发展的今天,企业无疑已经成为经济发展最重要的推动力。企业作为最重要的投融资主体,是经济活动,尤其是直接投融资活动的主要承担者。在当今经济全球化蓬勃发展的形势下,企业的生产经营已经向国际领域延伸,跨国企业成为经济发展中最具影响力的一类群体。总之,无论在发达国家还是在发展中国家,企业对经济发展所发挥的作用都是不容低估的。因而,"企业是经济增长的引擎"这句赞美毫不为过。本章将分别对企业融资和企业投资的内涵、影响因素等进行具体阐释。

第一节 企业融资

一、企业融资的基本概念

(一)企业融资的内涵

企业融资是指企业根据生产经营活动预测资金的需求数量,通过自身、金融机构和金融市场,采取适当的融资方式,获取所需资金的一种行为。为了更好地把握企业融资的内涵与外延,我们应该注意以下四点:

首先,现代企业是自主经营、自负盈亏的经济实体,这是企业融资的根本前提。现代市场经济条件下,不仅维持正常的生产经营活动需要大量资金,而且企业的进一步发展所需进行的生产规模的扩大、技术改造以及产品研发等一系列投资活动也需要巨额资金,这仅仅依靠自我积累是远远不够的。因此,企业必须从其他渠道融资。

其次,随着市场经济的发展,企业为了增强自身竞争力及抵御风险的能力,以获取生产技术、市场份额以及原料资源为目的的收购、兼并、战略投资等投资活动日益广泛,从而为企业在更广阔的范围内获得资金创造了极好的条件。

再次,企业融资存在资金成本。所谓资金成本,是指企业为取得并使用资金所必须支付的费用。企业的股东和债权人将资金投放于企业是为了获得满意的报酬,因此企业必须从其经营收益中拿出一定数量的资金支付给投资者。

最后,企业利用负债进行生产经营会带来财务风险。财务风险主要包括三个方面:第一,负债资金会使税后利润大幅度变动;第二,负债资金会使普通股盈余大幅度变动;第三,负债资金会增加企业破产的机会。

不同类型的资金具有不同的成本和风险。例如,负债资金要求企业定期付息,到期还本,债权人的风险较小,因而只要求较低的报酬;企业对负债资金只负担较低的成本,但因为要定期还本付息,企业的财务风险较大。相反,自有资金不用还本,收益不定,投资人的风险较大,因而要求较高的报酬,企业资金成本相对较高,但因为不用还本,也不支付固定的利息,企业的财务风险较小。

(二)企业的融资渠道及融资方式

融资渠道是指企业资金的来源,融资方式则是指企业取得资金的具体形式。目前企业融资的资金来源灵活且范围广泛。国内企业资金来源的主要渠道有银行、非银行金融机构、其他企业、公共团体、家庭或个人、外商和海外融资资金等;而融资方式主要有吸收投资、发行股票、发行债券、银行借款、保留盈余、融资租赁、发行短期融资券、海外发行股票和海外发行存托凭证等。

企业融资资金可按不同的标准进行分类,在理论和实践中较有意义的划分有以下两种:

1. 短期资金与长期资金

短期资金是指供一年以内使用的,通常以商业信用、银行流动资金借款等方式筹集而来的资金,主要投资于现金、应收账款、存货等,其一般在短期内可以收回。长期资金是指供一年以上使用的,通常采用吸收投资、发行股票、发行债券、长期借款、融资租赁、留存利润等方式筹集而来的资金,主要投资于新产品的开发和推广、生产规模的扩大、厂房和设备的更新等,其投资回收期较长,一般需要几年甚至十几年才能收回。

2. 自有资金与借入资金

企业融资获得的资金主要有两大类:一是所有者权益,二是负债。所有者权益是指投资人对企业净资产所享有的权利,包括投资者投入企业的资本金及持续经营中形成的经营积累,如资本公积金、盈余公积金和未分配利润等。负债是企业所承担的能以货币计量、需以资产或劳务偿付的责任和义务。企业通过发行股票、吸收直接投资、留用利润等方式获得的资金属于所有者权益。所有者权益不用偿还本金,属于自有资金或主权资金。企业通过发行债券、借款、融资租赁等方式获得的资金属于负债,到期要归还本金,并定期支付利息。企业资金总额中自有资金和负债资金所占的比例,属于资本结构问题。不同的资本结构对企业的风险和报酬有不同的影响,这就需要企业财务人员进行合理安排,以增加收益、减少风险。

二、企业融资的原则

企业融资是一项重要而复杂的工作,为了提高融资效率和资金使用效率,必须遵循以下基本原则:

1. 分析研发、生产、经营状况,合理确定资金需求量

企业的资金需求量往往是不断波动的,企业财务人员要认真分析研发、生产、经营状况,采用一定的方法,预测资金的需求量。这样既能避免因企业资金不足而影响正常的生产经营活动,又能防止资金筹集过多而造成资金闲置,增加不必要的成本支出。

2. 研究资金的时间价值

等量的资金在不同的时间点上具有不同的价值。企业的财务人员在筹集资金时必须熟知

资金时间价值的原理和方法,以便根据资金需求的具体情况,合理安排筹集资金的时间,适时获取所需资金。这样既能避免过早筹集资金而造成资金闲置,又能防止因筹集资金滞后而错过资金投放的最佳时机。

3. 了解融资渠道和资本市场

融资渠道和资本市场为企业提供资金来源和筹资场所,反映资金的分布状况和供求关系,决定着融资的难易程度,对企业的收益和成本有着不同的影响,因此企业应认真研究资金渠道和资本市场,合理选择融资来源和融资方式。

4. 研究各种融资方式,确定最佳的资本结构

在确定融资数量、融资时间及资金来源的基础上,企业在融资时还必须认真研究各种融资方式。企业融资必然要承担一定的融资成本,不同融资方式的成本有高有低。为此,必须对各种可能的融资方式进行分析、对比,选择经济、可行的融资方式。与融资方式相联系的问题是资本结构问题,企业应确定合理的资本结构,以便降低成本、减少风险。

三、企业资金需求量的预测

(一)定性预测法

定性预测法主要是利用直观的材料,依靠个人经验的主观判断和分析能力,预测资金的需求量。这种方法一般是在企业缺乏完备、准确的历史资料的情况下采用的。其预测过程是:首先由熟悉财务情况和生产经营情况的专家,根据过去所积累的经验,进行分析判断,提出预测的初步意见,然后再以召开座谈会或其他形式集思广益,对上述初步的预测意见进行修补。这样,经过一次或几次以后,得出预测的最终结果。

(二)比率预测法

定性预测法是十分有用的,但它不能揭示资金需求量与有关因素之间的数量关系,例如,在预测资金需求量和企业生产规模的联系时,一般来说,生产规模扩大,销售数量增加,会引起资金需求增加;反之,则会使资金需求量减少。可用于预测的比率有很多,如存货周转率、应收账款周转率、资金毛利率等,但最常用的是资金与销售之间的比率,也就是销售百分率预测法。

例3—1:已知某公司2016年12月31日的资产负债表如表3—1所示。

表3—1　　　　　　　某公司资产负债表(2016年12月31日)　　　　　　　单位:元

资　产	金　额	负债及所有者权益	金　额
固定资产净额	30 000	实收资本	20 000
存货	30 000	保留盈余	10 000
应收账款	15 000	公司债券	10 000
现金	5 000	短期借款	25 000
		应付账款	10 000
		应付费用	5 000
资产合计	80 000	负债及所有者权益合计	80 000

注:此表是按照预测资金需要量的要求设计的,因而在资产负债、所有者权益的排列顺序上与一般的资产负债表不完全一致。

该公司2014年的销售收入为100 000元,现在还有剩余生产能力,即增加收入不需要增

加固定资产方面的投资。假定税后利润率为10%,如果2016年的销售收入提高到120 000元,那么要筹集多少资金?

应用销售百分率法进行预测的程序为:

第一步,将资产负债表中预计随销售变动而变动的项目分离出来。在某公司的资产负债表中,资产方除固定资产外都将随销售的增加而增加,因为较多的销售量需要占用较多的存货,发生较多的应收账款,需要较多的现金。在负债与所有者权益一方,应付账款与应付费用也会随销售的增加而增加,但实收资本、公司债券、短期借款等不会自动增加。预计随销售增加而增加的项目列示在表3-2中。

表3-2　　　　　　　　　　　某公司销售百分率表

资产	销售百分率(%)	负债及所有者权益	销售百分率(%)
固定资产	不变动	实收资本	不变动
存货	30	保留盈余	不变动
应收账款	15	公司债券	不变动
现金	5	短期借款	不变动
		应付账款	10
		应付费用	5
资产合计	50	负债及所有者权益合计	15

注:不变动是指该项目不随销售的变化而变化。表中的百分率都是用资产负债表中有关项目的数字除以销售收入求得的。

第二步,确定需要增加的资金量。从销售百分率表中可以看出,销售收入每增加100元必须增加50元的资金,但同时增加15元的资金来源。从50%的资金需求中减去15%自动产生的资金来源,还剩下35%的资金需求。因此,每增加100元的销售收入,公司必须取得35元的资金来源。本例中,销售收入从100 000元增加到120 000元,增加了20 000元,按照35%的比率预测,需增加资金7 000元。

第三步,确定对外界的资金需求量。公司的盈余如果不全部分配出去,保留盈余也会有适当增加。2016年该公司销售利润为12 000元(120 000×10%),如果公司的利润按60%的比率分配给投资者,则有40%的盈余即4 800元被保留下来,从7 000元中减去4 800元的保留盈余,则必须从外部融入2 200元的资金。

(三)资金习性预测法

资金习性是指资金的变动同产销量变动之间的依存关系。按照资金习性可将资金区分为三类:其一,不变资金,指在一定的产销量范围内不受产销量变动的影响而保持固定不变的那部分资金,如维持营业所占用的最低现金量、原材料的保险贮备、必要的成品贮备、厂房与机器设备等固定资产所占用的资金等;其二,变动资金,指随着产销量的变动而成同比例变动的那部分资金,一般包括直接构成产品实体的原材料与外购件等占用的资金、最低储备以外的现金与应收账款等;其三,半变动资金,指虽然受产销量变化的影响,但不成同比例变动的资金,如一些辅助材料占用的资金。半变动资金可以采用一定的方法划分为不变资金和变动资金两部分。进行资金习性的分析,把资金划分为变动资金和不变资金后,再从数量上掌握资金同产销量之间的规律性,从而正确地预测资金的需求量。

此外,企业在进行研发、技术改造、扩大规模以及兼并收购其他企业等投资活动时,必须在科学的可行性研究的基础上,提出总资金预算,然后确定企业自身能够筹资的数额,从而最终确定从外部所需融资的金额。

四、企业融资的基本途径

一般来说,企业融资可以通过内源和外源的方式进行。内源性融资是指使用留存收益以及企业内部集资的方式筹措资金;而外源性融资则是指通过发行股票、企业债券以及借贷等方式从外部筹措资金。具体的融资方式及各自的优缺点详述如下。

(一)内源融资

内源融资也称内部融资或收益留用融资,是企业不断将自身的留存收益和折旧转化为投资的过程。它是企业筹集内部资金的融资方式,也是企业挖掘内部资金潜力、提高内部资金使用效率的过程。

1. 内源融资的特点

其特点:一是自主性。内源融资是从企业的自有资金中融资,企业在使用时具有较大的自主性。二是有限性。内源融资的可能性受企业自身积累能力的影响,融资规模受到较大限制。三是低成本性。内源融资的财务成本低,不需要直接向外界支付相关的融资成本。四是低风险性。内源融资不存在支付危机,故风险较其他任何融资方式都低。正因为内源融资的这些特点,内源融资在企业诸种融资方式中不仅不是配角,而是企业融资的最佳选择。

2. 内源融资的途径

(1)资本金(除股本)、留存收益以及折旧基金转化为重置投资。例如,留存收益可以用做公司的生产发展基金、新产品试制基金、后备基金、职工福利基金、职工奖励基金。前三项在一定条件下将再转化为生产经营资金,随着公司经济效益的提高,公司自留资金的数额将日益增加。

(2)企业将实现利润的一部分甚至全部都留下来,称为留存收益,是由提取公积金和未分配利润形成的资金,具体方式是企业当期的利润不分配、将盈利的一部分用于发放现金股利、向股东发放股票股利。至于向股东交付转增股,则是将企业的资本公积转化为生产经营的主要资本,不属于利润分配的范畴。留存收益的实质是所有者向企业追加投资,因而对企业而言是一种融资活动,即内源融资。

(3)资产折旧是指以货币形式表现的固定资产在生产过程中发生的有形和无形的耗损,它通过销售收入分期收回。计提折旧是资金的一种转化形式。它并不增加企业的资金规模,从某种意义上说会增加企业现金来源。折旧是一种非付现成本,一项固定资产在购置时的一次性付现,投入资本会在该项固定资产使用期内通过采用适当的折旧政策在销售收入中分期收回,即收入中的一部分是固定资产投资的收回。从筹资角度来看,因折旧而带来的现金流入是企业内部长期资金向流动资金的转化过程,是固定资产的变现过程。这种流入并未使企业资产价值总量增加,也未使企业资本量增加,但却使当期的现金流量增加。

3. 内源融资的实践

国外一些发达国家,虽然包括股权融资和债权融资在内的外源融资方式为企业的发展提供了迅速发展扩张所需要的资金,但是内源融资仍然是企业筹集发展资金的主要渠道和基础方式。从表 3−3 可以看出工业七国平均内源融资比率为 55.71%,其融资偏好基本与融资优序理论相一致。从表 3−4 也可以看出,我国内源融资比例一直低于 20%,远远小于工业国家平均 55.71%的水平。对于未分配利润小于 0 的上市公司几乎完全依赖外源融资支持企业发展。

表 3—3　　　　　　　　　　　　　工业七国的实际融资结构　　　　　　　　　　　　单位:%

项　　目	美国	加拿大	法国	德国	意大利	英国	日本	平均
内源融资	75	54	46	6	44	75	34	55.71
外源融资	252	46	54	38	56	25	66	44.29
其中:来自金融市场	13	19	13	3	13	8	7	10.86
来自金融机构	12	21	46	23	39	24	59	32.00
其他	0	6	5	12	4	—7	0	1.43

资料来源:R. Hubbard, Money, the Financial System and the Economy.

表 3—4　　　　　　　　上市公司的内源融资与外源融资结构　　　　　　　　单位:%

年份	未分配利润大于0的上市公司			未分配利润小于0的上市公司		
	内源融资(%)	外源融资(%) 股权融资	债权融资	内源融资(%)	外源融资(%) 股权融资	债权融资
1995	12.40	51.38	36.13	9.50	48.78	41.73
1996	14.75	49.40	35.85	3.23	39.38	57.40
1997	15.43	52.23	32.35	—3.28	47.05	56.23
1998	13.73	46.18	40.10	—10.55	50.63	59.93
1999	14.23	51.15	34.63	—15.83	55.33	60.50
2000	19.19	53.23	27.59	—	—	—

资料来源:国信证券课题组,《上市公司融资结构与融资成本研究》,《上海证券报》2002年5月14日。

(二)吸收直接投资

吸收直接投资是指企业按照"共同投资、共同经营、共担风险、共享利润"的原则来吸收政府、法人、个人、外商等投入资金的一种融资方式。吸收直接投资与发行股票、留用利润等都属于筹集自有资金的重要方式。发行股票要以股票作媒介,而吸收直接投资则不是,直接投资的投资者都是企业的所有人,拥有企业的经营管理权,同时共担损益。

1. 企业吸收直接投资的种类

企业吸收直接投资的种类主要包括:(1)国家投资,是指有权代表国家投资的政府部门或机构将国有资产投入企业。吸收国家投资是国有企业筹集自有资金的主要方式,一般来说,这种方式具有以下特点:一是产权归属于国家;二是资金数额较大;三是只有国有企业才能采用。(2)法人投资,是指法人单位以其依法可支配的资产投入企业,形成法人资本金。吸收法人投资一般具有如下特点:一是发生在法人单位之间;二是以参与企业利润分配为目的;三是出资方式灵活多样。(3)个人投资,是指社会个人或本企业内部职工以个人合法财产投入企业(如企业内部职工持股)。吸收个人投资一般具有以下特点:一是参加投资的人员较多;二是个人投资数额相对较少;三是以参与企业利润分配为主要目的。其中,企业内部职工投资本企业,还有助于企业利益与职工利益的紧密结合,从而更好地调动职工积极性。(4)外商投资,是指外国投资者以及我国香港、澳门和台湾地区的投资者将资金投入企业。吸收外商投资一般具有以下特点:一是可以筹集外汇资金;二是出资方式比较灵活;三是外商投资后企业形成中外合资或中外合作经营企业;四是有利于提高技术水平,扩大产品的国际市场份额。

2. 吸收直接投资的优缺点

吸收直接投资具有明显的优点,具体包括:首先,所筹集的资金属于自有资金,能增强企业的信誉和借款能力,对扩大企业经营规模、增强企业实力具有重要作用;其次,吸收直接投资能直接获得投资者的先进设备和先进技术,尽快形成生产能力,有利于快速开拓市场;再次,吸收直接投资可以根据企业的经营状况向投资者支付报酬,如果经营状况较好,可以较多支付,反之则可以不支付或少支付,支付方式比较灵活,所以财务风险较小。但吸收直接投资也有缺点,主要体现在两个方面:一是要给予投资者丰厚的回报,所以资金成本较高;二是容易分散企业的控制权。

(三) 股票融资

股票是股份公司为筹集自有资金而发行的有价证券,代表对股份公司的所有权,是投资入股并取得股息、红利的凭证。股票的发行和上市都必须满足一定的条件。[1] 依据股东所享有的权利和所承担义务的大小,股票分为普通股和优先股。普通股是股份公司依法发行的具有管理权并且股利不固定的股票,具有股票的最一般的特征;而优先股是股份公司发行的具有分享红利的优先权、对企业拥有所有权但无表决权的一种凭证。

1. 普通股融资

普通股是指在公司的经营管理、盈利及财产的分配上享有普通权利的股份,代表满足所有债权偿付要求及优先股股东的收益权与求偿权要求后对企业盈利和剩余财产的索取权,它构成公司资本的基础,是股票的一种基本形式,也是发行量最大、最为重要的股票。目前在上海和深圳证券交易所中交易的股票都是普通股。

普通股股票持有者按其所持有的股份比例享有以下基本权利:其一,公司决策参与权。普通股股东有权参与股东大会,并有建议权、表决权和选举权,也可以委托他人代表其行使股东权利。其二,利润分配权。普通股股东有权从公司利润分配中得到股息,股息是不固定的,由公司盈利状况及分配政策决定。普通股股东必须在优先股股东取得固定股息之后才有权享受股息分配。其三,优先认股权。如果公司需要扩张而增发普通股股票时,现有普通股股东有权按其持股比例,以低于市价的某一特定价格优先购买一定数量的新发行股票,从而保持其对企业所有权的原有比例。其四,剩余资产分配权。当公司破产或清算时,若公司的资产在偿还欠债后还有剩余,其剩余部分按优先股股东、普通股股东的先后顺序进行分配。

发行普通股融资的优点可以概括为:(1)没有固定的利息负担。当公司有盈余且认为适合分配股利时,就可以分红给股东;公司盈余较少,或虽有盈余但资金短缺或有更好的投资机会时,就可少支付或不支付股利。(2)无需还本。利用普通股融得的资金是企业的永久性资金,除非公司清算才需偿还,这对保证企业最低资金需求量有重要意义。(3)风险较小,能增加公司的信誉。普通股股本与留用利润构成公司一切债务的基础,总股本较大就可以为债权人提供较大的保障。因而,普通股融资可以提高公司的信用价值,同时也为债务融资提供了强有力的支持。(4)限制较少。利用优先股或债券融资,通常有许多限制,会影响公司生产经营的灵活性,而普通股融资则没有这些限制。

普通股融资的缺点可以概括为:一是发行普通股容易分散控制权;二是资金成本较高。一般来说,普通股融资的成本大于债务融资,因为普通股的发行费用比较高,而且股利是从税后盈余中支付,股利无抵税效应。

---

[1] 参见《中华人民共和国证券法》和《中华人民共和国公司法》中对股票发行和股票上市的规定。

2. 优先股融资

优先股兼具普通股票和债券的特征，是一种特殊的股票。按不同的分类标准，优先股可以分为以下几类：

(1) 累积优先股和非累积优先股。累积优先股是指任何营业年度内未支付的股利可累积起来，由以后营业年度的盈利一起支付；而非累积优先股则是仅按当年利润分取股利而不予累积补充的优先股股票，即如果本年度的盈利不足以支付全部优先股股利，股份公司对所积欠的部分不予累积计算，优先股股东也不能要求公司在以后年度中补发。显然累积优先股比非累积优先股有更大的吸引力。

(2) 可转换优先股和不可转换优先股。可转换优先股是股东可在一定时期内按一定比例把优先股转换成普通股股票，转换比例是事先确定的，其值决定于优先股与普通股的现行价格。例如，每股可转换优先股的价格是 80 元，每股普通股的价格是 20 元，这时 1 股优先股可转换为 4 股普通股，优先股的价格不超过 80 元时，才能有利于优先股股东。不可转换优先股不能转换成普通股股票，只发放固定股利。

(3) 参加优先股和不参加优先股。参加优先股是指股票持有者不仅能取得固定股利，还有权与普通股持有者一同参加利润分配的股票。根据参与利润分配的方式不同，参加优先股又分为全部参加分配优先股和部分参加分配优先股。前者表现为优先股股东有权与普通股股东共同等额分享本期剩余利润；后者表现为优先股股东有权按规定额度与普通股股东共同参与利润分配，超过规定额度的部分归普通股股东所有。不参加优先股则不能参加剩余利润的分配，只能分得固定股利。

(4) 可赎回优先股与不可赎回优先股。可赎回优先股可按一定价格由股份公司收回，回收价格一般高于股票面值，收回时间由股份公司决定。不可赎回优先股不能收回，一经发行便成为永久性财务负担。由此可见，累积优先股、可转换优先股、参加优先股均对股东有利，可赎回优先股对股份公司有利。

优先股融资的优点是：第一，没有固定的到期日，不用偿还本金，无需作再筹资计划，但大多数优先股附有收回条款，使得这种资金的使用更有弹性，财务状况较弱时发行，而财务状况转强时收回，有利于结合资金需求，同时也能控制公司的资本结构；第二，股利的支付既固定，又有一定的弹性，当财务状况不佳时可暂停支付优先股股利，优先股股东也不能像债权人一样可能迫使公司破产；第三，不会分散股东控制权；第四，优先股扩大了权益基础，可增强公司信誉和举债能力。

同时，优先股融资的缺点也是明显的，可以概括为：第一，优先股股利要从税后盈余中支付，无抵税效应，融资成本较高；第二，通常有许多限制条款，如普通股支付上的限制、公司借债的限制等；第三，优先股需要支付固定股利，但又不能在税前扣除，盈余下降时会成为公司一项较重的财务负担。

3. 我国企业股票融资概况

据《2015 中国货币政策执行报告》披露，2015 年全国非金融企业境内股票融资已达 45 251 亿元，比 2014 年增长 20.2％。截至 2016 年 8 月，沪深两市上市公司已达 2 930 家；总股本合计 47 314 亿股；股票总市值为 491 635 亿元；投资者总数已达 11 195.29 万户。但是我国股票市场的不完善和不成熟以及监督管理经验的缺乏也是不容忽视的。这就需要建立科学完善的证券市场机制和公司治理结构，不断提高上市公司自身的价值，建立企业合理的融资结构来不断完善。

表 3—5　　　　　　　　　　　我国股票市场历年融资数量

时间	境内外筹资合计*（亿元）	境内筹资合计（亿元）	首次发行金额 A股（亿元）	首次发行金额 B股（亿美元）	首次发行金额 H股（亿美元）	再筹资金额 A股（亿元）公开增发	再筹资金额 A股（亿元）定向增发（现金）	再筹资金额 A股（亿元）配股	再筹资金额 B股（亿美元）	再筹资金额 H股（亿美元）
2003	1 383.74	846.28	472.42	0.00	61.19	116.12		76.53	0.00	3.72
2004	1 525.78	877.79	378.28	0.00	52.37	159.73		104.77	30.22	25.89
2005	2 022.82	339.03	57.63	0.00	176.11	278.78		2.62	0.00	30.37
2006	5 493.68	2 379.09	1 341.68	0.00	374.63	989.22		4.32	0.00	18.87
2007	8 858.71	7 898.05	4 809.85	0.00	96.01	2 754.04		227.68	0.00	30.96
2008	3 913.43	3 596.16	1 036.52	0.00	38.09	1 063.29	361.13	151.57	0.00	7.54
2009	5 682.72	4 609.54	1 879.00	0.00	147.11	255.86	1 614.83	105.97	0.00	10.03
2010	12 640.82	10 275.20	4 882.63	0.00	177.50	377.15	2 172.68	1 438.25	0.00	176.28
2011	7 506.22	6 780.47	2 825.07	0.00	67.82	132.05	1 664.50	421.96	0.00	47.80
2012	6 852.86	5 850.31	1 034.32	0.00	82.50	104.74	1 867.48	121.00	0.00	77.14

*：这里的境内外筹资总额合计和境内筹资总额合计在统计时还包括债券市场筹资金额。
资料来源：中国证券监督管理委员会(http://www.csrc.gov.cn)。

(四)债券融资

企业债券是企业为筹集负债性资金而向投资人出具的、承诺按一定利率定期支付利息，并到期偿还本金的债权债务凭证。发行债券是企业筹集资金的一种重要方式。

1. 企业债券的种类

企业债券主要有以下四种分类方法：

(1)根据债券有无抵押担保，可以分为信用债券和担保债券。信用债券以企业信用为基础，没有具体的财产做抵押，所以只有信誉良好的公司才能发行。企业发行信用债券往往有许多限制，其中最重要的是反抵押条款，即禁止企业将财产抵押给其他债权人。担保债券是指以抵押财产为担保而发行的债券，具体有以下几种：其一，抵押债券，是以土地、房屋等不动产做抵押而发行的债券，当公司不能按期还本付息或破产清算时，可将这些抵押品变卖偿还；其二，设备信托公司债券，当公司(通常为运输企业、建筑企业)需要增添运输设备或其他设备但缺乏资金时，可以这些设备为担保发行债券，其债权人多为银行等金融机构；其三，证券抵押信托公司债券，是将其他公司发行的证券作为抵押品而发行的债券，例如，信誉好从而有条件发行利率较低的债券的企业，将子公司的股票作为抵押品来发行债券，把融得的资金再给子公司使用；其四，承保债券，是由第三方担保偿还本息的债券，这种债券可以提高债券的信用等级，增强投资者的信心，扩大债券销路，并可减轻发行公司的利息负担。

(2)根据债券的票面上是否记名，可以将债券分为记名债券和无记名债券。记名债券是指在券面上注明债权人姓名，同时在发行公司的债权人名册上进行登记的债券。转让记名债券时，除要交付债券外，还要在债券上背书和在公司债权人名册上更换债权人姓名，投资者须凭印鉴领取本息，这种债券的优点是比较安全，缺点是手续繁杂。无记名债券是指债券票面未注明债权人姓名，也不用在债权人名册上登记的债券，这种债券在转让的同时随即生效，无需背书，比较简便。

(3)根据企业债券的发行方式通常分为公募发行和私募发行。公募发行的投资者较多,不限定债券的发行对象,其优点是:第一,能筹集较多的资金;第二,可以提高发行者在证券市场上的知名度,扩大社会影响;第三,与私募发行相比,债券的利息率较低;第四,一般都可公开上市交易,流动性较好,很受投资者欢迎。公募发行的缺点是:第一,发行费用较高;第二,发行所需的时间较长。私募发行面向特定的投资者,一般是个人投资者(如企业职工)或是机构投资者(如大型金融机构)。其优点是:第一,节约发行费用;第二,发行的限制条件较少。私募发行的缺点主要有:第一,需要向投资者提供高于公募债券的利率;第二,债券一般不能公开上市交易,流动性较低;第三,债券集中于少数债权人,发行者的经营管理容易受到干预。

(4)根据资信评估机构的评级,企业债券还可分为不同的等级。债券资信等级标准一般采用九级评定法(即AAA、AA、A、BBB、BB、B、CCC、CC、C九级);其一,高质量等级(AAA、AA级)。AAA等级的债券对本金和利息有完全保障,安全程度最高;AA级债券也是高等级债券,一般情况下与AAA级相同。其二,投资等级(A、BBB级)。A等级的债券属于中上等债券,具有相当的投资强度,但在经济情况不利时无法完全避免不利影响,然而利息和本金仍然比较安全;BBB级债券为中等债券,这种债券在正常情况下比较安全,但在经济情况不景气时应特别注意。其三,次标准级(BB、B级)。BB级债券为中下等级债券,在正常情况下可取得本金和利息,但在不利的情况下会产生不能偿付的风险;B级债券具有一定的投机性,本金和利息不能偿付的风险较大。其四,投机等级(CCC、CC、C级)。CCC等级的债券属于下等债券,是一种投机性债券,本金和利息不能偿付的风险很大;CC级债券是绝对的投机债券,且利息极少;C级债券是最低等级的债券,一般指正在违约的债券。

2. 企业发行债券融资的优缺点

企业发行债券融资的优点包括:第一,债券的发行费用低,且债券利息可以抵税,因而资金成本较低;第二,债券持有人无权干涉公司的管理事务,因而容易保证公司的管理控制权;第三,债券持有人的收入只是债券本息,数目固定且有限,更多收益就可用于股利分配以增加股东财富,或企业留存以扩大规模,因而财务杠杆作用明显。发行企业债券融资的缺点包括:第一,容易引发财务风险;第二,债券契约中的一些限制性条款可能会影响公司的正常发展及后续融资能力;第三,当公司的负债比率超过一定限度后,债券的融资成本会迅速上升,有时甚至会阻碍发行,使筹资数量有限。

3. 我国企业债券融资的概况

从发展趋势来看,股票市场存在的问题无法在短期内解决,导致企业通过股市来融资难度较大。同时,为了减少金融风险和建立更为安全的企业融资结构,国家一般会引导企业减少通过银行获得资金的比例,而更倾向于鼓励企业发行债券进行融资。因此,发行企业债券越来越成为企业融资的重要选择。根据《2015中国货币政策执行报告》披露,2015年,国家发展改革委核准企业债券发行7 166.4亿元,主要用于基础设施领域和民生领域。其中,用于保障性住房建设2 002.5亿元(其中棚户区改造929.6亿元),占27.9%;交通基础设施建设2 270.94亿元,占31.7%;城市停车场、城市地下综合管廊、供水管网等市政基础设施建设779.99亿元,占10.9%;园区基础设施建设455.02亿元,占6.2%;环保、旅游、养老等产业项目977.15亿元,占13.6%;支持小微企业发展280.7亿元,占3.9%。包括企业债券在内的公司信用类债券融资在社会融资规模中的占比不断提高。2015年,新增社会融资规模15.41万亿元,其中企业发行债券净融资2.94万亿元,占新增社会融资规模的比重为19.1%,比2014年高3.8个百分点,较"十一五"时期末大幅上升了11.2个百分点,在社会融资规模中,已成为仅次于人民币贷款的第二大品种。

据国家发展改革委财金司介绍,近年来,公司信用类债券市场发展很快,陆续出现了短期融资券、中期票据、非公开定向债务融资工具(PPN)等不同品种,但这些品种主要用于补充公司营运资金或偿还银行贷款,不直接与项目建设挂钩。市场上也有声音,希望能放开企业债券和项目挂钩的"限制"。发改委财金司认为,与固定资产投资项目挂钩是企业债券的特色和核心定位,有利于发挥企业债券在经济社会发展中的积极作用,尤其在当前稳增长、调结构的背景下,通过企业债券融资,引导社会资金投资国家重点支持领域,是解决重点领域、重大项目融资需求的重要手段。表3-6为全国企业债券2010~2014年度发行情况。

表3-6　　　　　　　　　　　企业债券发行基本情况

项　　目	2010年	2011年	2012年	2013年	2014年	2014年增长率(%)
发行期数(期)	172	192	479	373	575	54.16
发行规模(亿元)	2 821.20	2 461.30	6 484.50	4 748.30	6 898.50	45.28
发行家数(家)	154	181	456	356	522	46.63

资料来源:中国债券信息网、Wind资讯、联合资信整理。

根据"十三五"规划,国家发展改革委将按照党中央国务院的部署和要求,围绕"一带一路""双创""去产能、去库存、去杠杆、降成本、补短板"等重点工作,充分发挥企业债券融资功能,在企业债券市场上进一步推进改革、推进创新、推进双向开放,在稳增长、促改革、调结构、惠民生、防风险中发挥更大作用。一是继续扩大企业债券发行规模,提高直接融资比重。在有效控制企业债券市场风险的前提下,充分发挥企业债券对实体经济的支持作用。二是进一步优化债券发行管理。不断总结第三方技术评估经验和做法,进一步简化程序,完善规则,强化信息披露,强化中介机构责任,加强事中事后监管,优化企业债券发行管理。三是扩大创新品种债券支持范围和发行规模。在现有专项债券品种基础上,进一步创新品种,扩大专项债券支持重点领域、重点项目的范围,并会同有关部门研究推出高风险、高收益债券品种。四是完善债券市场信用体系建设。贯彻以信用管理为核心的监管理念,依托大数据平台,规范企业债券相关主体行为,并与金融业监督管理部门建立信用信息共享机制,加强信用约束,开展守信联合激励和失信联合惩戒,有效防控企业债券信用风险。

(五)长期贷款融资

长期贷款是指银行等金融机构或其他单位向企业提供的期限在一年以上的各种贷款,它与短期银行贷款在贷款信用条件方面基本相同。

1. 长期贷款的种类

长期贷款的种类主要包括:

(1)按提供贷款的机构可分为政策性贷款、商业银行贷款以及其他金融机构贷款。政策性贷款是执行国家政策性贷款业务的银行(即政策性银行)提供的贷款。商业银行长期贷款一般具有以下特征:期限长于一年;企业与银行之间要签订借款合同,含有对借款企业的具体限制条件;有规定的借款利率,可固定,也可随基准利率的变动而变动;主要实行分期等额偿还的方式,也有到期一次偿还方式。其他金融机构贷款一般较商业银行贷款期限更长,要求的利率更高,对借款企业的信用要求和担保的选择也更严格。

(2)按贷款有无担保可分为担保贷款和信用贷款。担保贷款包括保证贷款、质押贷款和抵押贷款:其一,保证贷款,是指按《中华人民共和国担保法》规定的保证方式,第三方承诺人在借款人不能偿还贷款时按约定承担一般连带责任而发放的贷款;其二,质押贷款,是指按《中华人民共和国担保法》规定的质押方式,以借款人或第三方的动产或权利作为质押物而发放的贷款;其三,抵押贷款是指按《中华人民共和国担保法》规定的抵押方式,以借款人或第三方的财产作为抵押物而发放的贷款,作为担保的抵押物可以是不动产、机器设备等实物资产,也可以是股票、债券等有价证券,但借款企业不能或不愿偿还贷款时,银行可取消企业对抵押品的赎回权,并有权处理抵押品。信用贷款是仅以借款企业的信用或某保证人的信用而发放的贷款,一般资信优良的企业才能获得这种贷款。信用贷款由于风险较高,银行通常要收取较高的利息,并往往附加一定的限制条件。

(3)按贷款的用途可分为基本建设贷款以及其他各种专项贷款,企业可以根据需要申请不同的贷款种类,满足资金运用需求。

2. 长期贷款的优缺点

与股票、债券等长期融资方式相比,长期贷款的优点可以概括为:所需时间较短,程序较为简单,可以快速获取现金;成本较低,利息具有抵税效应;企业与银行可直接商定贷款的时间、数额、利率、期限及其变更等,具有很大的灵活性。其缺点是:存在不能偿付的风险,甚至会引起企业破产;贷款合同的限制条款(如定期报送有关报表、不准改变贷款用途等)可能会限制企业的经营活动;融资数额有限,特别对于在起步和创业阶段的企业,由于贷款风险较大,是很难获得银行贷款的。

表3-7为近年来我国全部金融机构本外币中长期存贷款情况。

表3-7　　　　　　　　2011～2014年我国全部金融机构本外币存贷款情况　　　　　　　　单位:万亿元

项　目	2011年	2012年	2013年	2014年	年均复合增长率
各项存款余额	826 701	943 102	1 070 588	1 173 735	12.39%
其中:非金融企业存款	313 981	345 124	380 070	400 420	8.44%
住户存款	351 957	410 201	465 437	506 890	12.93%
各项贷款余额	581 893	672 875	766 327	867 868	14.25%
其中:流动资金贷款	217 480	268 152	311 772	336 371	15.65%
中长期贷款	333 746	363 894	410 346	471 818	12.23%

资料来源:国家统计局网站。

(六)发行认股权证

认股权证是指由特定发行人发行的,约定持有人在规定期间内或特定到期日,有权按约定价格向发行人购买或出售标的的证券,或以现金结算等方式收取结算差价的有价证券。认股权证的本质是一种权利证书,它赋予持有人一种权利,即在指定时间内(即行权期),用指定的价格(即行权价),购买或者卖出特定数量的相关资产(或者获得差价)。持有人可自主选择是否行使权力。认股权证与现行股票价格的关系为:(1)认股权证的价值随着股票价值的上升而上升;(2)除了认股权证被肯定执行外,股票价值的绝对数变化大于相应的认股权证的绝对数变化;(3)随着认股权证从无利可图向有利可图转变,股票和认股权证绝对值间的差额更小了;(4)认股权证绝对百分比的变化大于相应股票价格的绝对百分比变化;(5)当认股权证从无利可图转为有利可图时,股票与认股权证之间绝对百分比变化的差额再次变小。

发行认股权证的优点可以概括为:第一,发行附有认股权证的债券时,债券利率可以降低,从而降低债券发行成本;第二,只要认股权证的约定价格低于股票价格,认股权证就会被行使,有利于吸引投资者投资;第三,认股权证行使后,公司发行在外的股票数会增加,公司资本金增加,所有者权益在资产中的比重会上升,从而有助于调整资本结构。而发行认股权证的缺点是:第一,认股权证行使后,公司的股东数会增加,分散了控制权;第二,如果普通股股价相比认股权证的约定价格过高,融资成本就会较高,从而带来融资损失。

(七)发行可转换债券

可转换公司债券是一种可以在特定时间、按特定条件(如转换比率和转换价格)转换为普通股股票的特殊企业债券。转换比率是指每张公司债券可以转换成普通股的股数,转换价格等于债券面值除以转换比率。转换比率和转换价格通常是固定不变的。例如,公司债券信托合同规定,每张票面价值为1 000元的公司债券,可由持有人转换为债券发行公司的普通股股票80股,则转换比率为80,转换价格为12.50元(1 000/80)。

可转换债券兼具股票和债券的特征:(1)债权性。与其他债券一样,可转换债券也有规定的利率和期限。投资者可以选择持有债券到期,收取本金和利息,但利率低于普通债券。(2)股权性。可转换债券在转换成股票之前是纯粹的债券,但在转换成股票之后,原债券持有人就由债权人变成了公司的股东,可参与企业的经营决策和红利分配。(3)换股溢价。即可转换债券的换股溢价一般在5%~20%的幅度之间,具体则视债券期限、利息和发行地而定,换股溢价越低,投资者尽快将债券转换成股票的可能性就越大。(4)发行人期前回赎权,即发行人多保留在债券最终期满之前赎回债券的权利,由于发行人支付低于纯债券的利息,因此它通常只会在股价大幅高于转换价格的情况下行使回赎权,以迫使投资者将债券转换为股本。(5)投资者的期前回售权,此权利使投资者有机会在债券到期之前,在某一指定日期将债券回售给发行人,这通常以一定溢价售出,投资者一般在发行人股票表现欠佳时行使回售权。表3—8为近年来我国发行的可转债情况。

表3—8　　　　　　　　　　我国可转债发行情况　　　　　　　　　　单位:亿元

年份	2006	2007	2008	2009	2010
发行额	43.87	109.48	77.2	46.61	717.3
年份	2011	2012	2013	2014	2015
发行额	412.3	157.05	551.31	311.23	38.0

资料来源:中国人民银行,2016年。

截至2016年11月,国内当年就发行了195.42亿元的可转换债券,有力地拓宽了企业的融资渠道,促进了资本市场的发展。当然,企业融资的手段还有很多,可根据生产经营的实际情况而做出不同的选择,比如融资租赁、项目融资、典当融资、存货融资等。表3—9是2005年我国不同类型企业资金来源比例。

表 3—9　　　　　　　　　　2005 年我国不同类型企业资金来源比例　　　　　　　　　　单位：%

所有制种类	合计	国内贷款	债券	利用外资	外商直接投资	股权融资
国有经济	70.53	73.82	88.34	28.1	10.62	36.15
城镇经济	4.93	4.07	0.84	1.20	1.82	0.80
联营经济	0.36	0.37	0.00	0.03	0.03	0.04
股份制经济	9.72	12.18	6.08	7.38	2.40	5.51
民营经济	15.01	16.62	6.91	8.62	4.25	1.35

注：由于各企业类型之间可能存在交叉部分，或者此处的分类未涵盖所有企业，因此表中每一列数据可能大于或小于 100%。

资料来源：国研网 www.drcnet.com.cn。

五、企业融资工具的创新

近年来，随着金融创新的飞速发展，企业融资的手段也增添了许多新的内容，为企业拓展合法融资渠道创造了良好的条件，下面就对一些主要的企业创新融资工具，即存托凭证融资、应收账款融资、商业票据融资作简要分析。

（一）存托凭证融资

存托凭证（Depository Receipts，简称 DRs）又称存券收据或存股证，是指在一国证券市场流通的代表外国公司有价证券的可转让凭证。存托凭证所代表的基础证券存在于 DRs 的发行和流通国的境外，通常是公开交易的普通股股票，目前已扩展到优先股和证券。DRs 可以像一般证券一样在证券交易所或场外市场自由交易，且可同时在多个国家的市场上流通，从而可以在多个国家筹集资金。DRs 是企业在尚未在国外上市的情况下获取国外融资的一个良好的变通手段。目前，发行比较广泛的是美国存托凭证（American Depository Receipts，ADRs）、欧洲存托凭证（European Depository Receipts，EDRs）、香港存托凭证（Hong Kong Depository Receipts，HKDRs）、新加坡存托凭证（Singapore Depository Receipts，SDRs）和全球存托凭证（Global Depository Receipts，GDRs）等，其中出现最早、运作最规范、流通量最大且最具代表性的存托凭证是美国存托凭证。

存托凭证可以避开当地法律对外国公司在注册手续、财务报表和信息披露等方面的严格要求，使企业股票可以比较方便地在国外证券市场获取融资。1993 年上半年，中国引进了国际上比较流行的证券金融工具——存托凭证，同年 8 月上海石化将其 H 股的 50% 转化为 ADRs 和 GDRs，分别在美国和欧洲配售，筹资 2.22 亿美元。同年 10 月，马鞍山钢铁也通过发行 ADRs 和 GDRs 共筹资 4.5 亿美元。

要保证企业发行的 ADRs 被投资者接受并认可，就必须注重公司的信息披露、包装和推介，这是建立和维持良好的投资关系的核心所在。关于 ADRs，应该在遵循美国证券法关于信息披露要求的基础上，注意以下三个方面：(1)信息披露的充分性和适当性。(2)公司的形象定位。这包括两方面：一是要求公司管理层的经营策略与能力使投资者充满信心；二是要求公司在本地区、本行业中具有领导地位，主业清晰，并能保持稳定增长，前景良好。公司应通过上述两个方面的努力，塑造"优质股"的形象。(3)满足投资需求并建立投资网络。

（二）应收账款融资

随着商业信用的日渐发达，当企业应收账款数额较大，造成现金短缺或急用资金时，可

以将应收账款抵押或出售来融通资金,即进行应收账款融资,具体有以下两种方式:

1. 应收账款抵押贷款

该方式是以应收账款作为贷款担保品,贷款人不仅拥有应收账款的受偿权,而且还拥有对借款人的追索权——贷款人未如期收到应收账款而造成的损失由借款人承担,借款人也要承担应收账款的违约风险。借款人在决定用应收账款抵押的方式来取得贷款时,必须与办理贷款的金融机构签订具有法律约束力的合同,列明借贷双方所需共同遵守的程序与法律义务。此后,借款人会定期地将其自客户处所获得的购货发票送到上述金融机构,由金融机构审查发票的品质,并对借款人的客户进行信用评估。在此过程中,贷款人会将那些不符合其信用标准的发票退还给借款人,而借款人当然也无法再以这些发票作为贷款担保品。

2. 应收账款转售

该方式是指借款人将其所拥有的应收账款卖给贷款人,并且当借款人的客户未能支付应收账款时,贷款人不能对借款人行使追索权,而要自行负担损失。在应收账款转售的情况下,借款人一般需要将"应收账款的所有权已被转移给贷款人"一事通知客户,并且请他们直接付款给金融机构(即贷款人)。应收账款转售的处理程序与应收账款抵押程序略有不同。应收账款转售时,借贷双方也要签订列明双方处理程序与义务的正式合同。当借款人自客户处收到订单时,借款人应立即填妥一张信用审核单,送给购买应收账款的机构(即贷款人),请它对客户的信用情况予以评价。如贷款人认为客户的信用没有问题,则借款人就送货给客户,并且将"货款请付给×××"等字样印在发票上,以通知客户直接付款给贷款人。如果贷款人认为客户的信用有问题时,则借款人一般会拒绝客户的订单;但如果借款人仍然接受客户的订单时,贷款人就会拒绝购买客户的应收账款。

一般而言,应收账款转售的活动是持续进行的。每当销货人接到订单,总是先给信用机构做信用审核;接着公司根据信用审核的结果发货,而金融机构将发票金额作各种扣除后,拨给销货公司现金;在应收账款到期后,客户直接付款给金融机构,再将超过预扣款的剩余部分退还公司。因此,在应收账款转售合同正式生效后,来自金融机构的资金就可源源不断地注入出售应收账款的公司。

3. 应收账款融资的优缺点

应收账款融资的优点可以概括为:(1)可以避免应收账款成本。应收账款的销售和收款存在时间差,使得销货企业不得不垫支一定的资金和费用,即应收账款的成本。而企业抵押或转售应收账款就避免了相关成本的发生。(2)改善资产负债率。企业既可获得资金又不会增加负债负担,因而拓展了发展空间。(3)融资弹性较高。公司可将大量的购货发票直接自动地转化为现金,从而满足资金需求。(4)公司以应收账款作为担保可获取以前无法取得的贷款,或能以较低的利率获取贷款。(5)可以获取金融机构成本较低而效率较高的信用审核服务。(6)促使公司决策管理科学化。因为企业要想利用应收账款融通资金,保证资金成本率低,就必须从财务管理、会计核算、生产流程、销售管理和人事管理等各个方面完善企业管理,保持盈利水平,塑造企业形象,以良好的经营信誉和资信等级为其顺利融通资金创造条件。

应收账款融资虽然便利,但是亦有其缺点,即融资成本非常高昂。一般而言,金融机构收取的信用审核与风险承担费用占应收账款的1%～3%,而且其资金成本要高出基本利率2～3个百分点。如果金融机构认为出售应收账款公司的客户具有偏高的信用风险,金融机构将收取更高的信用审核费与风险承担费用以保护自身利益。

(三)商业票据融资

票据一般是指商业上由出票人签发,无条件约定自己或要求他人支付一定金额,可流通转让的有价证券,是在商品交换和信用活动中产生和发展起来的一种信用工具。票据主要有汇票、本票、支票、提单、存单、股票、债券等。除了具有结算、支付、汇兑、信用、流通、自动清偿等功能,票据(主要是商业汇票)还具有短期资金(一般在 6 个月以内)融通的功能,即票据可以充当融资工具,促使资金在资金盈余单位与资金短缺单位之间流动,实现资金融通的目的。具体来说,票据融资的优点主要包括:

1. 促使商业信用票据化

票据可将商业信用票据化,通过票据法令法规的约束,加强债权的安全保证,有利于提升商业信用,促进商品交易,达到企业之间互相融通资金的目的。同时,票据还可以进一步引进银行信用,将银行信用与商业信用有机地结合起来(如由金融机构介入,担任票据的保证人或付款人),从而强化票据信用,增加企业信用融资的机会。如企业使用汇票赊购赊销,买方无须即时支付全额现款,可签发一定时期后支付的银行承兑商业汇票,获得资金融通便利;卖方赊销后,若遇资金短缺,可持票向银行申请贴现,及时补充流动资金,也可以背书转让,在金融市场上出售,获得资金融通。

2. 票据融资简便灵活,可不受企业规模限制

目前银行所谓的信用评级标准主要是按国有大中型企业的标准设定的,如在工商银行的信用等级评定标准中,企业规模一项占 15 分(满分 100 分),资产规模小于 1 000 万元的中小企业在这一项基本拿不到分数,而采用银行承兑商业汇票贴现融资则基本不受企业规模的限制。如甲公司(中小企业)出售价值 100 万元的货物给乙公司,乙公司签发一张面值为 100 万元、期限为 6 个月的银行承兑商业汇票给甲公司用以支付货款。甲公司拿到汇票后,若急需资金,可马上到银行办理贴现。设银行的贴现利率为 5%,扣除 2.5 万元($100 \times 5\% \div 2$)贴息后,银行可向甲公司提供 97.5 万元的资金融通,甲公司可以提前利用这笔资金进行生产,创造高于 2.5 万元的资金使用收益。

3. 票据融资可以降低企业的融资成本

目前国内银行贷款的情况是信用贷款较少,抵押贷款居多,而办理抵押贷款一般要经过资产评估、登记等,手续繁琐,费用较高且效率低下,而且如果企业规模未达到银行要求,那么贷款利率还要上浮一定幅度,导致企业的融资成本上升。而采用银行承兑商业汇票贴现融资则一般不需要抵押,且贴现利息低于贷款利息(其利息甚至比银行同期贷款利息低 20%),企业若具备签发银行承兑商业汇票的资格,融资起来则更实惠。

4. 票据融资可以激励企业强化信用意识,规范企业行为

在市场经济中,具备优良信用等级、经营业绩突出、管理规范的企业可较容易地从商业银行获取承兑汇票,而且其签发的商业票据也能得到其他企业和商业银行的广泛认同,流通性较强,使这些企业在票据融资渠道上能轻松地获取资金支持,取得巨大的资金使用效益。而那些信用缺失、管理不善的企业,往往会受到票据市场的惩戒和驱逐,失去在票据市场的融资机会。在西方国家,一些信誉卓著的企业正是通过在票据市场上保持一定的票据发行量,来彰显其良好的市场信誉和发展前景。这一现象无形中会对其他企业产生良好的示范效应,有利于广大中小企业自觉强化信用意识,规范企业行为。

5. 票据融资可促进银企关系,实现银企双赢

采用商业汇票融资,一方面可以方便企业的资金融通;另一方面,商业银行通过办理票据

业务收取手续费,还可以将贴现票据在同业银行之间转贴现或向中央银行申请再贴现,这样既可分散风险,又可从中获取较大的利差收益。由于票据放款比信用放款风险小、收益稳定,票据业务将成为商业银行新的利润增长点。

未来经济金融新常态的发展对票据市场的影响将更加深入,也将为票据市场的新一轮发展带来如下主要的市场机遇:

第一,经济中高速增长仍为银行承兑汇票业务发展提供了巨大的市场空间。21世纪以来,我国经济高速增长推动了票据业务的快速增长,2012年,全国企业累计签发商业票据17.9万亿元,比1999年的5 076亿元增长了34倍,年平均增长率达到27%。中共十八大后,经济增速逐步步入换挡期,经济增速由高速增长转变为中高速增长,企业一般性票据融资需求减少,但也并不表明票据融资需求绝对量的减少,而只是增速放缓。2013年GDP同比增长7.7%,商业票据累计签发量20.3万亿元,同比增长13.3%,2014年GDP同比增长7.4%,企业累计签发商业汇票22.11万亿元,同比增长8.9%。2015年更是创出了历史新高,达到22.4万亿元,从而为银行贴现业务的发展提供可观的票源。

第二,投资领域的信贷增长放缓,对票据融资规模的挤压效应减弱,有助于票据融资平稳增长。21世纪以来,票据融资规模受货币信贷调控影响而大幅波动,其主要原因在于银行注重大企业和大项目贷款投放,票据贴现成为信贷调节工具,尤其是在货币信贷回归常态后,以房地产投资为代表的固定资产投资类贷款的高增长对票据贴现产生明显的挤压效应。2014年,固定资产投资高位回落,在降低经济增速的同时,却为票据融资规模增长提供了机会,自第二季度以来,银行主动加大贴现资金运作支持信贷投放,票据融资规模回升增长,第三季度,经济增速再次回落对银行信贷投放产生负面影响,银行对于票据贴现弥补信贷投放缺口的需求有所上升,第三季度,银行票据贴现却更为主动,2014年前11个月,新增票据融资规模1.1万亿元,占新增贷款比例达到11.49%,使得贴现在贷款中的占比上升至3.78%,比上年末提升了1.05个百分点。新常态下,经济增长方式由投资驱动转变为消费驱动和创新驱动低的银行投资类信贷投放进一步放缓,票据融资规模增长将更具可持续性。

第三,经济结构加快优化调整将进一步增强票据市场发展的内在动力,推动票据业务可持续增长。据中国人民银行货币政策执行报告披露的信息,从行业结构看,企业签发的银行承兑汇票余额集中在制造业、批发和零售业;从企业结构看,由中小型企业签发的银行承兑汇票约占三分之二。新常态下经济加快调结构和转方式,中小企业和民营经济发展前景更加稳定,符合国家产业政策的先进装备制造业、高科技信息产业、现代化农业和现代服务业以及中小企业票据融资需求将成为票据市场新一轮发展的新增动力,将为金融机构票据业务带来新的商机。

第四,货币政策回归稳健常态下的市场流动性相对宽裕和低利率的金融市场条件,有助于推动票据市场资金交易业务活跃发展。整体上看,未来一段时期内,中性偏松的货币政策有利于金融市场流动性相对宽裕,金融市场利率仍有下降空间,票据贴现业务单一收益率的降低将推动金融机构加大票据资金化运作力度并发展成为市场常态,从而推动票据转贴现、回购交易继续保持活跃,为票据交易业务创新提供市场基础。

第五,全面深化改革将进一步激发金融市场创新活力,信息科技和互联网跨界发展增强了金融机构票据业务创新发展动力。新常态下,我国加快构建多层次资本市场体系,利率市场化的稳步推进和互联网金融的跨界发展将进一步加大金融脱媒化的发展,促进商业银行加快构建票据业务创新平台,创新发展票据托管、票据理财、票据咨询顾问以及票据代理交易等多类型跨市场票据金融服务业务;同时,互联网票据新业态也将促使银行加快改进电子票据交易平台和创新线上票据业务模式,促进票据融资和投资业务融合发展。

第六,利率市场化和金融创新深化为商业票据业务差异化经营提供了更强推动力,商业票据业务盈利模式更加多元。利率市场化的推进乃至最终实现,短期内将使得票据贴现收益率下降和转贴现交易利差收窄,银行传统票据业务经营模式愈来愈难以为继,长期看,由于不同类型银行在资金渠道、资金成本和客户资源上的不同,使得银行在票据业务经营上必然产生不同的风险偏好,随着银行差异化市场定位和经营转型的深入发展,将进一步提高银行差异化票据金融服务创新意识,有利于不同经营主体错位竞争,从而提高商业票据市场整体运行效率。

第二节 企业投资

一、企业投资的内涵

企业投资是企业为获取预期收益或为使未来收益最大化而以不同的方式直接进行或间接进行的资源或货币垫付行为。企业作为投资主体应具备四个条件:(1)有相对独立的决策权。企业首先应是投资决策的主体,可以自主地决定投资与否、投资方向、投资形式、投资技术以及投资规模等一系列战略问题,即它必须在投资决策中占据主导地位。这种投资决策权是经过法律认可的,是在不违背法律和国家宏观投资政策的前提下受到保护的。(2)拥有筹集资金和使用资金的自主权。企业投资项目所需资金,无论是内部融资(内部积累)还是外源融资,均应是企业自身设法融资获得,而资金的使用也是完全自主决定的。(3)对投资所形成的资产拥有所有权和经营权。(4)自我承担风险。企业必须是投资责任主体,要对投资的结果负责,承担风险,享受收益。

需要注意的是,在某些情况下,在企业中进行的投资活动并不属于企业投资,因为该项投资并不以该企业为投资主体,也就是说,企业投资与在企业中进行的投资并不是相同的概念。例如,一家电力企业的扩建工程被国家列入重点建设项目名单,该扩建工程的决策并非由企业决策层自主进行,而是由政府主管部门直接组织进行,并通过财政预算分拨全部资金,这实际上是政府投资而非企业投资。

二、企业投资的分类

一般来说,企业投资可以分为直接投资(如绿地投资和兼并收购等)和间接投资(如购买股票、债券等金融资产)。通常企业的资本投资也可按不同的标准作如下分类:

(一)依据投资内容分类

据此可将企业投资分为固定资产投资和流动资产投资,这是最基本的投资分类。固定资产投资是形成企业生产经营能力或生产的物质基础的投资,而流动资产投资是为了保证生产经营能力正常发挥作用而在原材料和仓储、人力等方面进行的投资。这两种投资是相辅相成、缺一不可的。

(二)依据对企业生产经营的影响程度分类

据此可将企业投资分为战术性投资和战略性投资。只涉及企业生产、经营的局部,不会影响企业整个前途的投资称为战术性投资,如为保证产品质量、降低产品成本而进行的投资;涉及企业生产经营全局,可能改变企业生产经营的方向和结构,从而能够决定企业未来面貌与命运的投资,称为战略性投资。

（三）依据投资方案之间的关系分类

据此可将企业投资分为独立性投资和相关性投资。如果一项投资可以不依赖于其他投资而独立实施，就称这项投资为独立性投资，如购买一台设备，建设一条生产线等。如果一项投资需要依赖其他投资才能实施，则称该项投资为相关性投资，如建设电厂必须架设输电线路；在交通不方便的地区建设煤矿，必须相应地进行铁路或公路的配套投资等。

（四）依据投资与企业原有的生产经营能力的关系分类

据此可将企业投资分为发展性投资和重置性投资。发展性投资属于扩大再生产范畴，是指可以增加新的生产经营能力、扩大企业生产经营规模、提高发展水平的一类投资，如建一个工厂或增加一条生产线等；重置性投资则属于简单再生产范畴，是为了维持原有的生产经营能力而进行的投资，如更新原有设备，对原有设备进行大修理等。

三、企业投资的作用

（一）企业投资是企业产生、存在和发展壮大的直接动力

企业的诞生、资产质量的提升、生产规模的扩大、经营能力的增强等皆取决于企业的投资规模以及投资结构。企业投资规模的大小直接决定和影响着投资的生产能力的大小。在其他条件（如投资效益、生产环境、经营管理水平等）不变的前提下，企业投资将影响企业的存在状况和发展速度。也就是说，企业投资为企业产生、存在和发展提供了物质条件，没有企业投资或后续追加投资，便没有企业的产生、存在和发展。

（二）企业投资是企业调整产品生产方向和生产结构的物质保证力量

由于企业投资具有生产效应，企业投资方向的选择将决定企业投资所形成的生产效应的性质和特点，最终决定产品的生产方向和生产结构。一般来说，企业要转变生产方向，就必须有与新产品生产要求相适应的综合生产能力系统，而这个生产能力系统的形成需要投资来保证。此外，企业选定主业以外的项目作为投资方向，最终将形成企业生产经营结构的改变，走向多元化发展道路。

（三）企业投资是增强企业竞争能力的重要手段

市场经济遵循公开、公平、公正原则，对企业实行优胜劣汰，企业要生存和发展就必须面对竞争、参与竞争，在竞争中取胜。企业竞争能力越来越体现在企业产品质量、产品品种、人才、技术和信息等方面。而这些要素水平的提高，都要依赖于企业投资的实现。

（四）企业投资对宏观经济发展有着巨大的影响

企业投资规模的大小，在一定条件下会影响社会总需求和总供给的平衡，这是因为：（1）企业投资方向的选择会造成如下问题：一是宏观经济产业结构失衡，出现"瓶颈"产业。二是宏观经济产业地区结构不合理，发达地区愈加发达，而落后地区更为落后。三是资源的结构性浪费，某些资源严重不足，价格上涨；某些资源严重积压或不被利用，浪费严重。这三种结构性问题会影响宏观经济总量的平衡，决定宏观经济的增长速度和发展质量。（2）在一定条件下，企业投资规模还会影响社会现行生产和消费。当企业投资规模扩张甚至超过投资的资金承受能力时，为了保证投资的实现，便会出现补偿基金、消费基金向投资的超常转化，即通常所说的投资挤出现行生产、投资挤出消费等不良后果。因此，企业投资是一种对宏观经济有双重作用的经济行为，只有适度的企业投资，才能对宏观经济发挥有利影响。

四、影响企业投资的因素

一个企业是否投资、如何投资以及投资效益的高低，取决于一系列内外部和主客观因素。

其中,以下几种因素的作用尤为突出。

(一)企业的投资决策权限与国家的干预程度

企业所拥有的投资决策权限的大小,直接决定着企业投资的范围、程度与形式。在其他条件不变的情况下,如果企业拥有的投资决策权限较大,则企业投资活动的频度就高,可选择的投资领域与形式就更为广泛、多样,内容就更丰富,其在全社会投资中的地位与作用就更突出。

国家的干预程度对企业投资也有着十分重要的影响。在社会主义市场经济条件下,经济的运行、经济主体的行为必须接受国家的宏观调控,企业投资也不例外。国家运用产业倾斜发展政策特别是各种经济杠杆,造成不同投资活动的利益差异,以鼓励或抑制企业的投资行为,保证资源配置总体优化,实现总量均衡。显然,对企业投资的宏观干预越是强烈和频繁,企业投资在需求、结构、效益等方面所受到的影响也就越大。例如,投资方向调节税的开征,就会使非短线项目投资因税负较重而受到一定程度的抑制;贷款利率的提高,将会显著增加融资成本,也会对企业投资需求产生抑制作用。

(二)领导者的企业家精神

企业家精神是市场经济条件下企业领导人为推动企业不断发展所需具备的各种意识、品质的总称,突出体现为企业领导人创造革新、开拓进取的主动性。在企业投资决策权限较为充分的情况下,企业家精神的有无与强弱是决定企业投资方式与效益的关键因素之一。企业家精神强烈的、具有不断开拓进取意识的领导者在任何时候都在考虑着公司新的发展目标,审时度势,不断捕捉着新的投资机会。他们更重视创新,而非模仿别人盲目进行热点投资。在投资过程中,他们会更关注投资行为的优化,以获取尽可能高的投资收益。当然,不顾客观需要与可能,无视总体利益和国家政策、法令规定,盲目进行投资扩张的行为,都是不能视作企业家精神的。

(三)投资预期收益水平

投资预期收益即获利水平的高低是财务上最重要的决定企业投资的因素。企业投资最终是为了取得收益,投资预期收益有不同的计算方法,实践中较为常用的是计算投资的边际收益率,即根据拟议投资方案测算出方案实施后的各年预期收益的总和与成本支出正好相等的折现率,此即投资的边际收益率,然后与投资者期望得到的最低收益率进行比较。若边际效率高于最低期望收益率,则该项投资即可考虑;反之,则不能考虑。在实践中,投资者一般不会仅满足于达到最低期望收益率而要追求同类投资者的平均收益水平,因此会将计算出的投资边际收益率与部门或行业的基准收益率或资金市场利率相比较。一般来说,在其他条件基本相同的情况下,投资者最偏好预期收益水平最高的方案。

(四)投资风险

由于资金投入与投资结果的实现之间存在着时间差,因此不确定性是投资的重要特征之一。不确定性伴随着风险,而且收益越高,风险往往越大。如果收益不足以补偿风险代理的损失,企业就不会进行投资。所谓风险,包括未来的市场走势、价格变化、成本变动、实际利率的变化、政府宏观经济政策变化等。一般来说,经济趋于繁荣时,企业对未来会看好,从而认为投资风险较小,企业投资也会活跃;反之,投资则会下降。①

(五)技术进步状态

企业投资还要受生产技术变革的影响。新产品的大规模生产、新生产方法的推广运用以及新技术产业部门的建立会启动固定资产投资。行业技术进步速度的加快会使该行业内部的

---

① 该部分内容在第十四章投融资风险管理中有详细的介绍,在此不再赘述。

投资机会大大增加,进而提高行业内部厂商的投资水平。同时由于现代产业链上下游的紧密关联,某一产业领域中技术进步的加快也会带动相关产业投资水平的提高。[①] 例如,新炼钢方法的出现首先会促使钢铁业投资的增加,同时会增加对上游产业(如煤炭、电力等)的需求,刺激其相应扩张,另一方面又为其下游产业(如机械、交通等)创造了新的供给,从而带动其投资相应增长。由此可见,只要社会生产的技术变革速度加快,一般都会使企业投资需求扩大。

(六)融资条件

企业投资需要大量运用资金,尤其是规模较大的投资活动,大多数公司仅凭自身的财力是无法完成的。这样,有没有足够的融资场所,融资工具的多少,融资成本的高低,企业进入资金市场的渠道是否通畅灵便,以及企业本身的资信水平等,都会对企业投资产生影响。

(七)产品销路和原料来源的充分性

由于市场需求不断变化,市场竞争日益激烈,任何产品的销路总是有一定限度的。由于受资源稀缺性和其他条件的限制,在一定时期内企业所需的各种原材料、能源的来源也是相当有限的。因此,企业的投资规模一定要与企业未来的产品销路和原材料的来源相适应,切不可盲目进行不切实际的投资。

总之,制约企业投资行为的因素是多种多样的,企业的投资决策者只有在充分考虑上述各项因素的基础上,反复权衡各种背景、条件、利弊,才有可能使投资优化从而获得成功。

五、企业投资决策程序

企业投资决策从产生到实施的这个过程必须遵循客观规律的要求,按照特定的步骤进行,这些步骤被称为企业资本投资决策程序。该程序具体包括以下内容:

(一)提出投资项目建议

企业的资本投资决策必须从分析企业发展中存在的问题、要求及由此引发的投资需要入手,这些投资需要包括:向其他领域扩展企业的生产经营活动;提高现有的生产经营能力以获取规模经济效应;更新现有的厂房与机器设备等固定资产;引入新的生产工艺等。这些投资需要是企业进行投资决策的前提。围绕着不同的投资需要和目标,可能存在着多个实现机会,而不同的投资机会所产生的投资结果(如生产成本与效益水平、技术要素、分享程度等)是不可能完全一致的,这就要求对若干可能的投资机会加以鉴别、筛选,直至最后选定一个。通过研究投资机会,选出拟议项目后,还要进一步编制出项目建议书,以确定拟议投资项目的基本框架。其主要内容包括:项目提出的依据与必要性;关于产品内容、项目规模和建设地点的初步设想;对资源条件及其他主要建设和生产协作条件的初步分析;等等。此外,在我国现行的投资管理体制下,投资项目建议书还要报送国家或地方政府有关主管部门核准、备案。

(二)拟定投资项目的备选方案

根据项目建议书拟定若干全面、详细的备选方案是为了寻找最合理的投资途径与方式,以使投资项目的主要指标既能够满足企业发展的基本需要,又可保证投资效益的最大化。这就需要进行广泛的调查研究以掌握足够的市场信息与政策信息,并且要特别注意以下三点:(1)备选方案应不少于两个,但也不宜过多,否则会增加不必要的人力、财力与时间消耗,具体数目应视该项投资的规模与重要性等酌情确定;(2)备选方案应围绕项目的主要内容与范围进

---

① 产业链是指一种或几种资源通过若干产业层次不断向下游产业转移直至到达消费者的路径,产业链的上游企业为供给方,而下游企业为需求方。

行全面的设计,要突出重要问题、潜在的投资风险与相应的防范措施以及主要目标参数(如投资额、产品内容及规模、厂址、建设时间、技术水平、经济寿命期、生产成本及盈利预期、投资预计回收期及资金筹措方法等);(3)各个备选方案的基本内容以及指标口径等方面应保持一致,以便决策人员进行对照论证。

(三)评选和确定投资项目方案

备选投资方案拟定出来后,进一步的工作是对这些方案进行深入的分析比较,并在此基础上确定一个最具可行性的方案,作为指导、控制投资过程的纲领和基本依据。投资方案的比选主要围绕不同方案经济的合理性、技术的先进可靠性和实施条件的保证性等方面进行。由于不同的投资项目方案往往各有利弊,故方案比选必须注重综合性,需要决策者全面加以权衡,抓住重点,进行综合论证。在对各个投资项目备选方案进行了比选论证后,决策人员就可以提出倾向性意见,将最具可行性的方案提供给最终决策者进行决断。如果有两个以上的可行方案,经过比选仍难以作出明确的取舍结论,那么决策人员要将其各自的优劣加以归纳说明,提供给最终决策者做决断参考。倘在比选论证过程中,发现各备选方案均无法令人满意,也不能随意应付,勉强劣中拔"优"地拍板定案,而应重新组织方案的拟定和论证,必要时甚至可放弃投资意图。投资方案的比选、论证(包括拟定)工作,在实践中一般是通过专门的可行性研究来完成的,而投资方案的最后确定,一般应由企业领导层集体决议。

(四)不断调整、完善决策内容

企业投资决策是一个严密、动态的过程,方案的确定并不意味着决策过程的结束,因为在实施决策方案的过程中,往往还需要随着实际情况的变化进行不断修改与充实,在实践中检验方案的科学性。企业投资的复杂性决定了决策偏差存在的普遍性,这就需要在决策执行中不断地、及时地组织信息反馈,以发现各种问题,纠正原来决策存在的错误,对原定目标和手段加以调整,使决策内容臻于完善。如果忽略了这项工作,决策的科学性和严肃性就难以充分保证,企业投资的经济效益水平就会下降,甚至蒙受巨大的经济损失。

(五)事后分析与评价

这是企业投资决策过程的最后一个环节。在决策实施完成、投资活动结束后,决策者就应及时地对决策情况进行总结,从成功中总结经验,从问题中汲取教训,揭示其规律性,从而为今后的资本投资决策提供借鉴。首先,决策的正确性反映在实施过程是否顺利。实施过程顺利,决策就可能是正确的;反之,则存在较大的问题。另外,决策的正确性一般还要考虑宏观经济效益和投资长期效益。有时,一项决策的执行过程相当顺利,但可能有损宏观或社会利益,或为投资的长远效益埋下隐患,就不能视之为正确的。此外,一项企业资本投资决策无论成功还是失败,都是相对而言的。成功的决策不会没有任何问题,而不成功的决策也不意味着毫无可取之处。这就需要坚持两点论,对企业资本投资决策的任何结果都要从积极和消极两个方面进行总结。企业资本投资决策水平的逐步提高,正是通过对大量决策工作的总结分析,积累起各种经验教训以后才得以实现的。

总之,完整的企业投资决策活动主要包括以上几个步骤,每个步骤都有其特定的工作内容与要求,都是不可缺少的。这些步骤往往相互联系、相互衔接,并交叉渗透。从认识和解决问题的角度看,它是一个由粗到细、由浅入深、由模糊到清晰,不断去粗取精、去伪存真的严密过程。

阅读书目

1. 王化成、张洪新:《现代企业筹资实务》,中国审计出版社 2003 年版。

2. 王益民:《投资融资与资本市场化运作全书》,九州图书出版社 2001 年版。
3. 潘飞、朱百鸣:《企业筹资决策》,立信会计出版社 2002 年版。
4. 杨晔、杨大楷:《中级投资学》(第二版),复旦大学出版社 2014 年版。
5. [美]Stephen A. Ross, Randolph W. Westerfield 等:《公司理财》,机械工业出版社 2003 年版。

思考题

(一)填空题

1. 企业融资获得的资金主要有两大类:一是_____;二是_____。
2. 按照资金习性可将资金区分为三类:_____、_____与_____。
3. 普通股股票持有者按其所持有股份比例享有以下基本权利:_____、_____、_____与_____。
4. 企业债券根据债券有无抵押担保可以分为_____与_____;根据票面上是否记名可分为_____与_____;根据发行方式可分为_____与_____。
5. 债券资信等级标准一般采用九级评定法:其一,_____(_____、_____);其二,投资等级(A、BBB级);其三,_____(_____、_____);其四,_____(_____、_____、_____)。

(二)名词解释

1. 企业融资
2. 商业票据
3. 认股权证
4. 可转换债券
5. 存托凭证

(三)是非题

1. 对企业来说,债务所带来的财务风险较大,而自有资本所带来的财务风险较小。( )
2. 企业通过发行债券、留用利润、融资租赁等方式获得的资金属于负债,到期要归还本金,并定期支付利息。( )
3. 企业的财务人员在进行短期资金筹集时可以忽略资金的时间价值。( )
4. 吸收直接投资可以使企业的财务风险降低。( )
5. 普通股股票持有者按其所持有股份比例享有优先认股权。( )

(四)简答题

1. 简述企业的主要融资方式。
2. 简述企业股票融资的优缺点。
3. 简述企业融资应该考虑的法律因素。
4. 简述影响企业投资的因素。
5. 简述企业投资决策的程序。

(五)论述题

1. 试述企业资金需求量的预测方法。
2. 试述影响企业投资的因素。

(六)计算题

1. B企业在 2010 年 1 月 1 日发行 5 年期债券,面值 1 000 元,票面利率为 10%,每年 12 月 31 日付息,到期一次还本。假定 2010 年 1 月 1 日金融市场无风险利率是 9%,那么该债券的发行价应定为多少?
2. 某公司 2010 年 1 月 1 日发行债券,面值 100 元,10 年期,票面利率 10%,每年付息一次,到期还本。如果 2011 年 1 月 1 日市场利率下降为 8%,则此时债券的价格应为多少?

第四章

金融机构投融资

随着金融业的发展,金融机构如雨后春笋般不断产生,金融业的经营领域也不断拓展,在经济全球化的今天,金融业甚至加入跨国经营的体系,而这一切所产生的重要推动力就是如火如荼的金融机构投融资活动,并使之成为重要的投融资主体之一。当代金融机构中占主导地位的是商业银行,此外还包括各类非银行金融机构,如证券公司、保险公司、信托公司以及基金管理公司等。从广义上说,金融机构也属于企业的一类,只是其经营对象——货币与金融产品具有特殊性,正是鉴于其业务性质的特殊性及其在投融资体系中的特殊作用,我们将其单独列出,并分别阐释其投融资的发展状况。

第一节 商业银行投融资

一、商业银行的定义

商业银行是指以经营存贷款为主要业务、以盈利为主要经营目标、作为金融中介提供交易服务的金融机构。与其他金融机构相比,其明显的特点是能够吸收活期存款,创造货币。活期存款构成货币供给或交换媒介的重要部分,也是信用扩张的重要源泉。对这一定义的内涵可以从以下几个方面加以理解。

(一)商业银行是企业法人

根据《中华人民共和国商业银行法》第二条规定:商业银行是指依照本法和《中华人民共和国公司法》设立的吸收公众存款、发放贷款、办理结算等业务的企业法人。这条规定明确了我国商业银行与一般工商企业一样,是以盈利、创造社会财富、扩大社会积累为目的的企业,它也是具有从事业务经营所需要的自有资本,依法经营,照章纳税,自负盈亏,实行独立核算的法人。目前商业银行的组织形式主要是股份有限制和有限责任制。

(二)商业银行经营对象的特殊性

商业银行的特殊性具体表现在经营对象的差异上。工商企业经营的是具有一定使用价值的商品,从事商品生产和流通;而商业银行是以金融资产和金融负债为经营对象,经营的是特殊商品——货币和货币资本。商业银行所从事的业务主要有吸收资金、运用资金和作为代理人办理委托事项并从中收取手续费,这三类业务分别被称为负债业务、资产业务和中间业务。目前,我国商业银行最主要的业务是负债业务。负债业务、资产业务和中间业务分别是吸收公众存款、发放贷款和办理结算。这样就明确了商业银行的主要业务范围,从而将商业银行与其他金融企业、非金融机构区分开来。

(三)商业银行与专业银行相比的特殊性

与专业银行相比,商业银行的业务更综合,功能更全面,经营一切金融"零售"业务(门市服务)和"批发"业务(大额信贷业务),为客户提供所有的金融服务。而专业银行只集中经营指定范围内的业务和提供专门服务。随着西方各国金融管制的放松,专业银行的业务经营范围也在不断扩大,但与商业银行相比,仍差距甚远。

二、商业银行的投资

(一)商业银行的投资原则

商业银行的投资,是指商业银行将资金投资于各种有价证券以获取收益的活动。商业银行的投资原则主要由以下三个方面构成:

1. 安全性

安全性是指商业银行要收回投资本息并有承担风险的能力。商业银行投资风险主要有信用风险、市场风险和货币风险。信用风险是指银行的借款人或交易对象不能按事先达成的协议履行义务的潜在可能性。市场风险存在于银行的交易和非交易业务中,是指因市场价格(主要是股票价格和商品价格)的不利变动而使银行表内和表外业务发生损失的风险。货币风险是指由于市场利率和汇率[①]的变化而带来损失的风险。有时尽管一笔投资的信用风险和市场风险都不大,但它仍有可能面临证券市价由于利率提高而降低的风险,这也是造成证券市场价格波动的重要原因之一。由于商业银行的特殊性,包括较高的资本杠杆比率、资产负债比例硬约束以及在一国经济发展中的重要性等,加强对商业银行投资的安全性管理就成为各商业银行管理的重要内容。商业银行可以通过分散化投资、加强资信调查分析以及预测利率走向等方法,来有效规避和降低投资风险。目前,我国商业银行资产质量比较安全,截至2015年底,银行业金融机构不良贷款余额1.96万亿元,比年初增加5 290亿元;不良贷款率1.94%,比年初上升0.34个百分点。其中,商业银行不良贷款余额1.27万亿元,比年初增加4 319亿元;不良贷款率1.67%,比年初上升0.43个百分点(见图4—1)。同时,全国3 821家吸收存款的银行业金融机构(政策性银行3家、大型商业银行5家、股份制商业银行12家、城市商业银行133家、民营银行5家、农村商业银行859家、农村合作银行71家、农村信用社1 373家、邮政储蓄银行1家、村镇银行1 311家,以及农村资金互助社48家)全部办理了投保手续,也交齐了保险费。

2. 盈利性

盈利性是指商业银行获得利润的能力。盈利性是商业银行的基本方针,直接关系到银行的生存和发展,是银行进行投资活动的动力。商业银行通过吸收存款、发行债券等负债业务将

[①] 利率和汇率也可看作是市场价格。外汇汇率是用一个国家的货币折算成另一个国家的货币的比率、比价或价格,或者说是以本国货币表示的外国货币的"价格"。利息作为借入货币的代价或贷出货币的报酬,实际是借贷资金的"价格"。由于利率和汇率的特殊性,现将其单独列为货币风险。

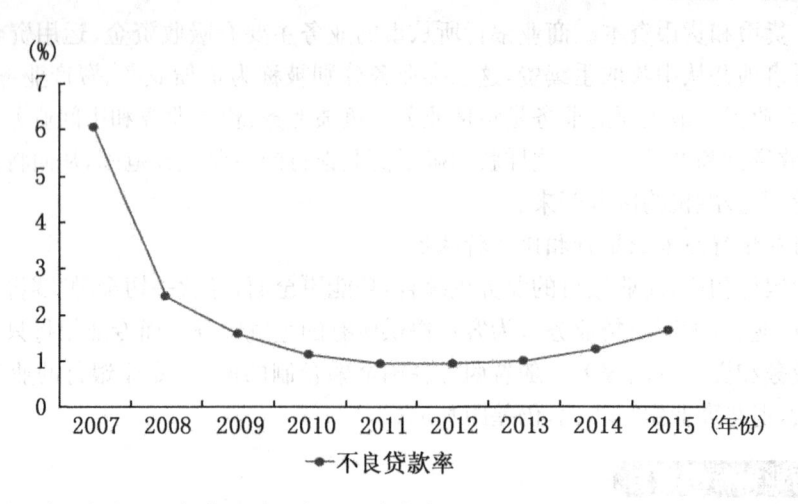

资料来源：中国银行业监督管理委员会 2015 年年报。

图 4—1　我国商业银行不良贷款率

企事业单位和个人的闲置资金筹集起来，然后再通过发放贷款、证券投资等资产业务将资金进行合理的运用，弥补一部分企事业单位和个人资金的暂时性不足。通过这种资金运用，解决社会资金周转过程中资金闲置和资金不足并存的矛盾，使社会资金得到充分运用，并对社会经济的发展起到有效的促进作用。商业银行盈利水平的提高，可以有效地加快银行自身的积累，增强自身竞争力，提高银行信誉。同时，商业银行盈利水平的提高也可以增强其抵御风险的能力，既可以避免信誉损害，又可以避免资产损失。评价和衡量银行获利能力的指标主要有资产收益率、资产周转率、财务杠杆比率以及股东权益率等。在商业银行进行投资活动时，应建立一个合理、有效的投资评价体系，确保投资活动的盈利性，提高投资效益。

3. 流动性

商业银行投资的流动性原则包括两个方面：一是商业银行投资对象的流动性；二是商业银行自身的流动性。前者主要体现在证券转手时的出售速度，以及证券销售时的价格变化。如果某种证券转手比较容易，就能使持有人较为容易地在需要现金时迅速将证券出售，同时不会带来损失或损失很小，这说明证券的流动性较强，可以降低商业银行的投资风险。后者是指商业银行可以在任何时候按合理的价格筹措到足够的资金以满足自身的资金需要，从而维护银行与顾客之间正常的契约关系和合作关系，这种流动性不仅包括满足存款人的现金提取，而且包括满足借款人的借款需求。商业银行流动性一般可以分为负债流动性和资产流动性两个方面。负债流动性是通过创造主动负债来进行的，如向中央银行借款、发行大额可转让存单、同业拆借等；资产流动性是指资产在不发生损失的情况下迅速变现的能力。商业银行资产的流动性各不相同，因而必须分层次搭配资产，形成多层次的流动性储备，以满足资产流动性的需求。商业银行的库存现金、在中央银行的超额准备金、存放同业的款项以及在途应收现金，属于资产中最具流动性的资产，被称为第一准备；兼顾流动性和收益性的证券资产，特别是短期证券资产以及随时可以收回的通知贷款等，则构成商业银行流动性的第二准备；第三准备则主要是为了满足中长期的资金流量变动而引起的流动性需求，主要是 1～2 年期的政府债券。截至 2015 年底，商业银行流动性比例 48.01%，比年初上升 1.57 个百分点；人民币存贷款比例 67.24%，比年初上升 2.15 个百分比；人民币超额备付率 2.1%，比年初下降 0.55 个百分点。见图 4—2 和图 4—3。

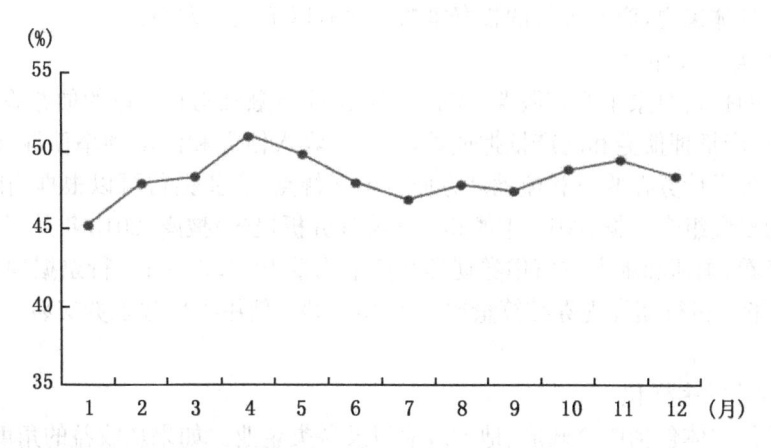

资料来源:中国银行业监督管理委员会2015年年报。

图4—2　2015年我国商业银行流动性比例

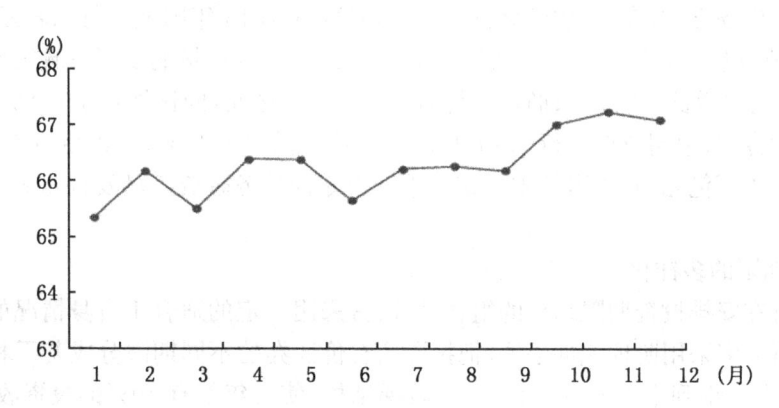

资料来源:中国银行业监督管理委员会2015年年报。

图4—3　2015年我国商业银行人民币存贷比情况

上述三项原则从根本上说是一致的,但三者之间也同时存在着矛盾,因此,商业银行在进行投资时应注意对这三项原则的平衡。

(二)商业银行投资理论

商业银行投资理论主要是指资产管理理论。该理论认为,银行资金来源的规模和结构完全取决于存款客户的意愿与能力,是银行自身无法控制的外生变量,银行不能能动地扩大资金来源。而资产业务的规模和结构则是其自身能够控制的变量,银行应着重于对资产规模、结构和层次的管理,致力于协调资产的盈利性、安全性和流动性。其中,资产转换理论是资产管理理论的重要组成部分。资产转换理论是美国经济学家莫尔顿在1918年发表的《商业银行及资本形成》一文中提出的。该理论认为,银行能否保持其资产的流动性,关键在于它持有的资产能不能随时在市场上转换为现金,只要银行手中持有的第二准备(各种债券)能在市场上转换为现金,银行资产就有较大的流动性。资产转换理论扩大了银行资产运用的范围,丰富了银行资产结构,是商业银行投资理论的一大进步。

(三)商业银行的投资策略

商业银行的投资策略是其在从事投资活动时所遵循的指导思想,目的在于分散风险和获

得稳定收益。具体来说,商业银行的投资策略主要有以下几个方面:

1. 证券种类的多样化

商业银行的投资对象主要有股票、政府债券、国际金融机构和企业的债券等。债券的种类有很多,如不动产抵押债券和动产抵押债券,有固定收入债券和浮动利率债券,还有与指数相连的债券等。各类债券在收益和流动性方面有不同特点,商业银行可以根据当时的市场情况来决定相应的投资组合。据《2015年债券市场统计分析报告》披露,2015年从银行间现券交易的组合券种来看,国债和地方政府债券现券结算量比重为11.35%;央行票据现券结算量比重为0.72%;政策性银行债券现券结算量比重为45.59%;信用类债券现券交易结算量比重达到39.43%。

2. 发行主体的多样化

证券的发行主体包括中央政府、地方政府以及各类企业。如果从收益的角度考虑,购买公司债券或企业债券更有利;但从流动性来考虑,购买政府公债更合适。商业银行应根据自己的资产负债结构的情况来决定购买哪些债券。据《2015年债券市场统计分析报告》披露,2015年在银行间债券市场方面,在中央结算公司发行的债券中,2015年国债发行1.8万亿元,同比增长25.43%;地方政府债发行3.84万亿元,几乎是2014年发行量的10倍;政策性银行债发行2.58万亿元,同比增长12.23%;商业银行债发行0.2万亿元,同比增长140.89%。在上海清算所发行的债券中,中期票据发行1.24万亿元,同比增长27.11%;短期融资券(含超短期融资券)发行3.24万亿元,同比增长49.35%;非公开定向债务融资工具发行0.88万亿元,同比减少14.04%。

3. 证券期限的多样化

商业银行在安排投资期限结构的组合时,通常采用一定的适合于自身情况的策略。如美国的商业银行大多采用阶梯式期限法,把投资按有价证券的不同期限分成若干相等金额的部分,到期时间有一年到十年不等,组成一个阶梯结构,使每年都有10%的投资收益。图4—4揭示了我国银行间债券市场发行期限结构的变化,可以看出,债券短期化趋势明显。因为市场明显偏好短期品种。据《2015年度中国债券市场统计分析报告》(上海清算所,2016)披露,全国银行间市场1年期以下债券发行量达到10.10万亿元,占比48.02%,相比之下,1~3年、3~5年、5~7年和7~10年期品种占比均在10%~14%之间,而10年期以上品种共计发行5 907.76亿元,占比2.81%。

4. 地域的多样化

即商业银行将资金投资于不同的地域,从而防止因某一地区的经济条件恶化而带来较大的损失。

三、商业银行融资

(一)商业银行融资渠道拓展的动因

数百年来,商业银行是以吸收公众存款、发放贷款为主要业务的金融中介,利息差额是其主要的收入来源。随着金融市场的发展,越来越多的非银行金融机构(如基金公司、证券公司等)大举进入金融中介市场,使银行的市场份额大幅缩水。另外,随着证券市场的发展与金融投资工具的丰富,资金供给方可绕过银行直接通过证券市场融通给需求方,因此,如何扩大市场份额,满足顾客的信贷需求,填补存款增长和贷款需求之间的资金缺口,成为商业银行发展的核心问题。商业银行解决资金短缺最常见的办法是使用货币市场资金,如央行再贷款、再贴

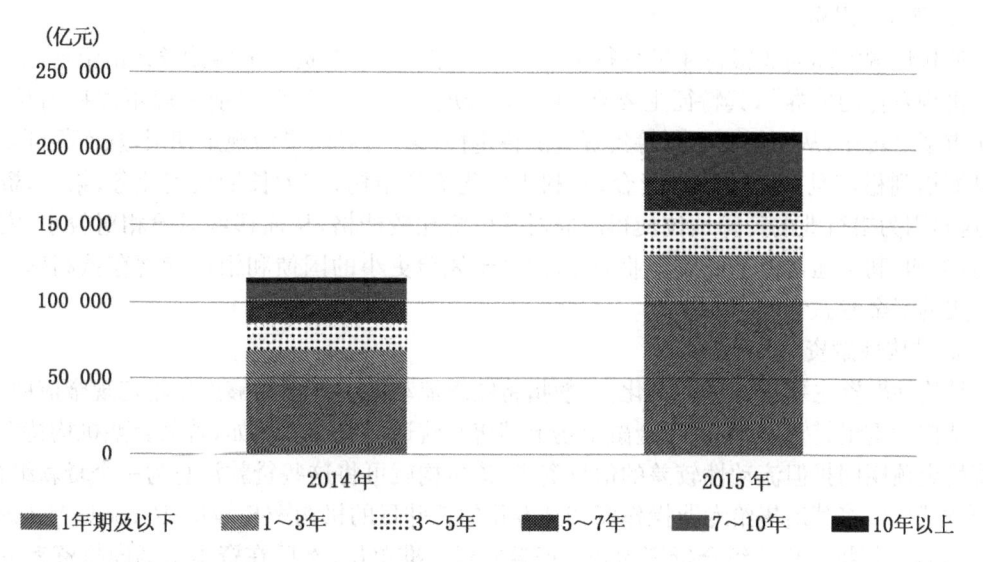

资料来源：上海清算所、中国债券信息网、中国清算网，2016年。

图4—4 我国银行间债券市场发行期限结构变化

现、同业拆借、国债回购等。然而，货币市场借款的期限通常很短，利率波动很大，银行并不能将此用于可贷资金发放出去。于是，商业银行开始在资本市场寻找筹资渠道。通过贷款承诺、票据承兑和提供担保等手段，在未动用可贷资金的前提下，满足客户的融资需求。

商业银行拓展融资渠道也是其优化资本充足率的需要。商业银行的资本金由核心资本和附属资本两部分组成。1988年的《巴塞尔协议》提出商业银行资本充足率的最低标准为8%，其中核心资本不低于4%，附属资本不超过核心资本的100%。2004年6月，巴塞尔银行监管委员会在总结资本监管成功经验的基础上公布了《新资本协议》，提出资本监管三大支柱，即最低资本要求、监督检查和市场纪律，该协议已逐渐为各国和地区银行业监管当局和银行业金融机构所认可和接受，拓宽银行的融资渠道，提高资本充足率水平，也就成为各国商业银行必须达到的基本目标。近年来，我国银行业金融机构不断强化资本管理，积极调整资产结构，适度控制风险资产增长速度。同时，通过改革重组、引进境内外机构投资者、上市、发行次级债券等方式使资本充足水平得到明显提高。截至2015年底，商业银行核心一级资本充足率为10.91%，较年初上升0.35个百分点；一级资本充足率为11.31%，较年初上升0.55个百分点；资本充足率为13.45%，较年初上升0.27个百分点。

（二）商业银行的融资方式

商业银行的融资方式主要包括：

1. 产权性融资

产权性融资就是商业银行通过在资本市场公开上市或者吸引新股东和资金注入等方式来让渡一部分产权而进行资金融通的行为。与其他融资方式相比，产权性融资不仅可以促进储蓄向投资的转化，从而实现资本与资源的流动与转移，而且具有改善公司的治理结构、推动政府通过公开市场业务调控金融市场的功能。产权性融资是筹资者与投资者之间直接建立契约关系的融资方式，在这种方式下，股东作为约束主体，享有剩余收入的索取权与公司正常经营时的控制权。股东可以通过行使投票权的方式，形成对公司经营的事前监督与事后监督的内生约束机制，从而改善公司的法人治理结构，提高其经营绩效。

2. 债权性融资

债权性融资即商业银行通过发行金融债券的方式进行融资。金融债券是由银行和非银行金融机构发行的债券[①]，其特征主要有：第一，流动性，债券在到期之前一般不能提前兑换，只能在市场上转让，从而保证了所筹集资金的稳定性；第二，可以灵活规定期限，从而保证金融机构可筹措到稳定且期限灵活的资金，有利于优化资产结构，扩大长期投资业务；第三，资信较高，这是因为银行业的特殊地位使得政府对其监督比较严格，从而违约风险相对较小，安全性较高；第四，利率通常低于一般企业债券，但高于风险更小的国债和银行储蓄存款利率；第五，所筹集的资金专款专用。

3. 结构性融资

结构性融资主要指资产证券化，一般指将缺乏流动性但未来能够产生稳定现金流的资产，通过结构性重组，转变为可以在金融市场上销售和流通的证券。比如，若某金融机构持有诸多有着稳定预期回报但流动性较差的信贷资产，该机构就可将这些贷款汇总为一个贷款组合（即"资产池"），再将其出售给专业操作资产证券化的特殊目的机构[②]（Special Purpose Vehicle，简称 SPV），由其将此贷款组合折算为若干证券发行标准单位，然后在资本市场向投资者发行证券，筹集资金，并将日后收到的现金流支付给投资者，从而实现发起人筹集资金、投资者取得回报的目的。需要注意的是：首先，适于资产证券化的资产须有稳定的可预测的现金流，且资产质量较高；其次，资产证券化的应用复杂，需要完善的市场条件为支撑，而我国还有一定差距；再次，资产证券化的中介机构和从业人员的素质要高。

4. 其他融资方式

除了上述几种融资方式外，商业银行还可以接受政府的注资、税收减免等方式进行变相的融资。其中，通过货币市场工具进行的融资方式主要有：其一，回购协定。即银行根据回购协定先将其拥有的某些安全程度较高且容易变现的资产暂时出售给对方，然后在未来的某一天按事先商定的价格再将这些资产予以购回。其二，商业票据。商业票据是一种期限在3天到9个月之间的短期票据，发行者可以直接或间接地将票据按低于其面值的价格售予有意购买的投资者。其三，资本票据。资本票据是一种没有任何抵押品做担保的银行负债，属于补充资本或二级资本的范畴，因此资本票据必须至少7年才有资格成为银行资本的组成部分，而且作为发行者的银行必须在未来的某一日期按事先商定的价格将资本票据持有人拥有的票据转换成银行的普通股。图 4—5 显示了我国商业银行回购等融资方式的发展概况。2015 年，银行间债券市场回购交易规模大幅增长，质押式回购和买断式回购共计成交 457.76 万亿元，同比增长 104.0%，增幅较 2014 年高 62.3 个百分点。其中：质押式回购成交 432.41 万亿元，同比增长 103.6%；买断式回购成交 25.35 万亿元，同比增长 111.2%。从净融资结构来看，大型商业银行、政策性银行和股份制银行在质押式回购交易方面为主要资金净融出方，全年分别净融出资金 99.68 万亿元、101.29 万亿元和 12.90 万亿元，城市商业银行、农村商业银行和合作银行、农村信用社、证券公司、外资银行、保险公司、财务公司、基金、社保基金、企业年金、保险产品、商业银行资管等在质押式回购交易中均表现为资金净融入。在买断式回购中，资金融入方主要为证券公司，全年净融入资金 21.47 万亿元。

[①] 在英、美等欧美国家，金融机构发行的债券归类于公司债券。在我国及日本等国家，金融机构发行的债券称为金融债券。

[②] 特殊目的的机构可以由发起机构委托处理，也可以由出售资产的金融机构发起设立，例如，2005 年国家开发银行发行的资产证券化就设立了一个有限责任公司担任 SPV。

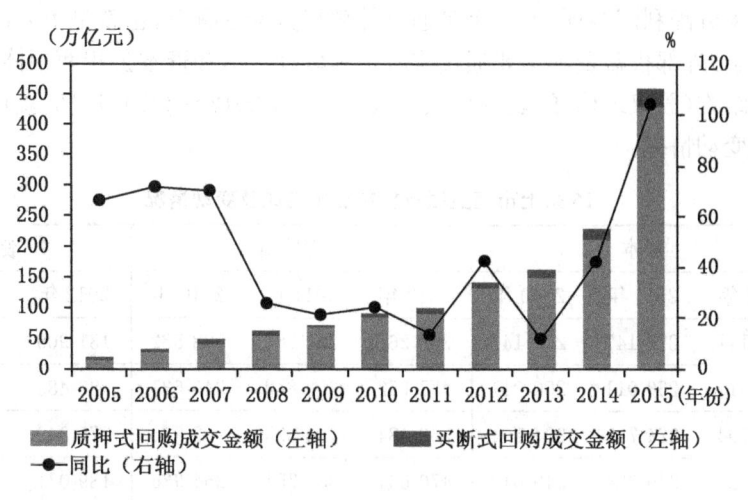

图 4-5 银行间债券市场回购交易情况

(三) 我国商业银行融资现状

银行的融资方式包括债权融资和股权融资,这两方面共同构成了银行资金的来源。据《中国银行业监督管理委员会 2015 年报》披露,截至 2015 年底,银行业金融机构资产总额 199.3 万亿元,比年初增加 27 万亿元,同比增长 15.7%;负债总额 184.1 万亿元,比年初增加 24.1 万亿元,同比增长 15.1%。从机构类型看,资产规模较大的依次为:大型商业银行、股份制商业银行、农村中小金融机构和城市商业银行,占银行业金融机构资产的份额分别为 39.2%、18.6%、12.9% 和 11.4%,见图 4-6。

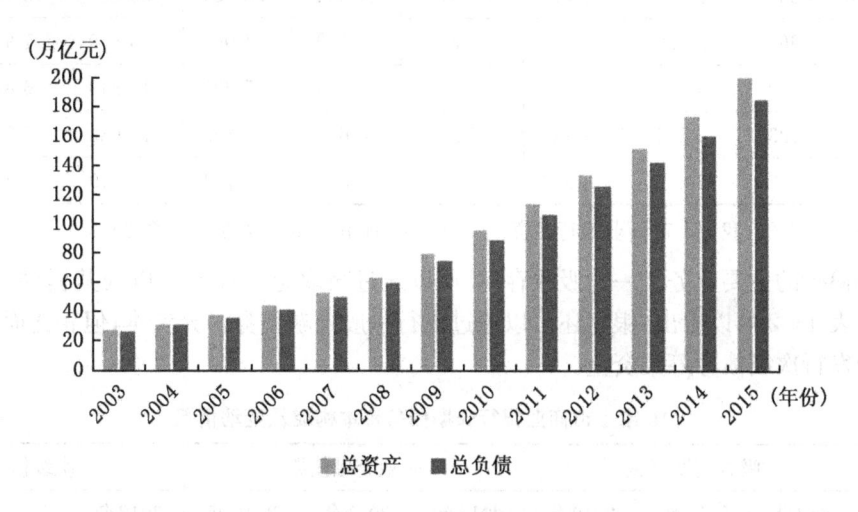

图 4-6 我国银行业金融机构资产负债总量(2003~2015 年)

进一步深入考察我国上市商业银行权益资本和长期债务资本的构成及近些年的变动情况。以上市商业银行为例,他们可以采取的扩充长期资本的途径包括:向中央银行借款,发行可转换债券、混合资本债券和长期次级债务,发行普通股及内部留存等。

权益资本是商业银行的自有资金,由商业银行的所有者拥有。权益资本的获得渠道有两个,其中一个是通过内部融资,这就是银行积累的通过自身经营所获得的利润资金,主要表现为盈余公积和未分配利润两项；另一个是通过外部权益资本融资，也就是由外部投资者投入银行的权益性资金，外部权益资本主要通过实收资本（或股本）和资本公积两项体现，这决定了商业银行所有权结构（股权结构）的表现形式。表4-1为2012～2010年16家上市商业银行权益资本构成及变动情况。

表4-1　　　　　　　　　16家上市商业银行权益资本构成及变动情况　　　　　　　　单位：百万元

上市银行	股本 2012年	股本 2011年	股本 2010年	留存收益 2012年	留存收益 2011年	留存收益 2010年	一般风险准备 2012年	一般风险准备 2011年	一般风险准备 2010年
中行	279 147	279 147	279 147	308 261	262 764	188 582	131 909	81 243	71 195
建行	250 011	250 011	250 011	477 752	356 842	246 631	80 483	67 342	61 347
农行	324 794	324 794	324 794	252 484	160 595	62 726	75 349	64 854	58 335
工行	349 620	349 084	349 019	470 604	387 754	254 939	189 071	104 301	93 071
交行	74 263	61 886	56 260	160 814	113 640	74 993	34 309	29 299	23 962
中信	46 787	46 787	39 033	69 060	59 313	36 194	35 326	20 825	15 698
招行	21 577	21 577	21 577	103 643	87 833	59 943	39 195	18 794	16 812
兴业	12 702	10 786	5 992	2 969	62 340	43 442	28 923	13 787	9 937
华夏	6 850	6 850	4 991	8 800	14 658	7 818	12 949	9 793	8 410
浦发	18 653	18 653	14 349	76 234	51 994	40 509	23 050	18 700	9 500
光大	40 435	40 435	40 435	25 422	21 395	9 397	28 063	13 877	11 633
民生	28 366	26 715	26 715	49 945	47 892	25 784	39 480	16 740	13 822
南京	2 969	2 969	2 969	7 710	6 149	4 060	3 599	1 994	1 510
北京	8 800	6 228	6 228	23 643	21 405	15 687	13 349	6 845	4 962
平安	5 123	5 123	3 485	25 906	18 694	10 392	13 632	7 955	5 978
宁波	2 883	2 883	2 883	9 830	6 597	4 194	1 449	1 245	971

资料来源：刘任，《我国上市商业银行融资效率研究》[D]．山东农业大学会计系2014．

因为银行的主要业务之一为吸收存款，所以通过吸取定期存款可以为其提供大量可利用资金。从表4-2可以看出，银行还可以通过发行一般金融债券扩充资本，但相比而言，各银行更偏好于发行次级债券筹集资金。

表4-2　　　　　　　　　16家上市商业银行长期债务资本构成及变动情况　　　　　　　　单位：百万元

上市银行	吸收定期存款 2012年	吸收定期存款 2011年	吸收定期存款 2010年	一般金融债券 2012年	一般金融债券 2011年	一般金融债券 2010年	次级债券 2012年	次级债券 2011年	次级债券 2010年
中行	4 589 249	4 193 601	3 849 796	14 501	9 250	5 074	146 433	123 451	90 607
建行	5 419 398	4 570 709	3 937 160	1 934	—	—	159 834	119 861	79 901
农行	4 515 160	3 840 093	3 483 109	1 000	—	—	149 885	99 922	49 962
工行	6 669 190	5 700 299	5 097 116	23 244	13 934	—	187 589	167 619	78 286
交行	2 024 814	1 672 312	1 175 184	3 000	2 000	2 000	67 000	76 000	50 000

续表

上市银行	吸收定期存款			一般金融债券			次级债券		
	2012年	2011年	2010年	2012年	2011年	2010年	2012年	2011年	2010年
中信	1 301 070	1 089 237	891 076	908	322	—	43 901	24 832	28 775
招行	1 209 897	1 008 468	818 343	19 974	—	—	44 124	31 187	31 232
兴业	820 468	571 238	495 167	42 025	—	47 975	22 944	22 941	12 960
华夏	439 739	387 270	370 469	—	—	13 620	4 400	4 400	6 400
浦发	1 051 219	884 058	766 100	30 000	—	—	38 600	32 600	16 800
光大	604 115	523 479	443 873	30 000	—	—	22 700	16 000	16 000
民生	1 192 883	946 565	764 234	49 917	6 000	6 095	15 767	15 753	5 911
南京	105 232	72 756	56 753	5 000	—	—	5 284	5 281	800
北京	328 557	283 558	240 245	9 994	9 986	9 977	9 978	9 977	6 494
平安	275 647	253 100	224 821	—	—	—	11 205	10 966	10 942
宁波	110 212	98 623	86 343	—	—	—	672	672	672

资料来源:同表4—1。

同时,一些外资金融机构也开始加大对中国商业银行,尤其是资产质量较好的中小商业银行的投资力度,拓展其在中国的市场占有率。可以说,我国商业银行多层次的融资体系正在逐渐形成。在今后的发展中,我们还应该进一步地拓展商业银行融资的范围和途径,鼓励银行发行次级金融债券和进行金融工具创新,加强与其他非银行金融机构的合作,提高我国商业银行的国际竞争力。

第二节 证券公司投融资

一、证券公司概述

证券公司是指由证券主管机关依法批准设立的在证券市场上经营证券业务的金融机构。其业务主要有以下几个方面:代理证券发行;代理证券买卖或自营证券买卖;兼并与收购业务;研究及咨询服务;资产管理以及其他服务,如代理证券还本付息和支付红利,经批准还可以经营有价证券的代保管及鉴证、接受委托办理证券的登记和过户等。证券公司的产生和发展主要分为以下两个阶段。

(一)15世纪至20世纪证券公司发展的雏形——商人银行

证券公司萌芽于欧洲,可以追溯到15世纪欧洲的商人银行。早在商业银行发展以前,一些欧洲商人就开始为他们自身和其他商人的短期债务进行融资,这一般是通过承兑贸易商人的汇票对其进行资金融通。由于这些金融业务是由商人提供的,因而这类银行被称为商人银行。欧洲的工业革命扩大了商人银行的业务范围,包括帮助公司筹集股本金、进行资产管理、协助公司融资以及投资顾问等。进入20世纪,商人银行业务中的证券承销、证券自营、债券交易等业务的比重有所增大,但商人银行积极参与证券市场业务还是近几十年的事情。在欧洲的商人银行业务中,英国是最发达的,它在世界上的地位仅次于美国;另外,德国、瑞士等国的商人银行也比较发达。

(二)20世纪至今证券公司的大发展

尽管证券公司起源于欧洲,但是却在美国获得了空前的发展和壮大。1929年以前,美国政府规定发行新证券的公司必须有中介人,而银行不能直接从事证券发行与承销,这种业务只能通过银行控股的证券业附属机构来进行。这一时期,证券公司主要从事证券(主要是公司债券)业务,证券公司大多由商业银行所控制。由于混业经营,商业银行频频涉足于证券市场,参与证券投机,导致证券市场出现了大量违法行为,如虚售、垄断、大进大出、联手操纵等。在《格林斯—斯蒂格尔法》颁布以后,美国的证券公司走上了平稳发展的道路。到1975年,美国政府取消了固定佣金制,各证券公司出于竞争的需要,纷纷向客户提供佣金低廉的经纪人服务,并且创新金融产品。这些金融产品中具有代表性的是利率期货与期权交易。这些交易工具为证券公司抵御市场不确定性冲击提供了有力的保障。随着世界经济和科技的迅猛发展,20世纪80年代以后,国际证券业发生了许多变化,主要是国际大型证券公司机构规模越来越大、证券公司重组大量出现、高科技发展带来的创新业务大量涌现等等。

二、证券公司投资

证券公司的投资活动主要集中在自营业务、资产管理和风险投资三个方面。我国一直不允许证券公司开展风险投资业务,直至2006年2月,国家出台相关政策允许证券公司在符合条件的情况下可以参与风险投资业务,但到目前为止,证券公司的风险投资业务并未发展起来。因此,本节将主要考察证券公司的自营业务和资产管理业务。

(一)自营业务

1. 自营业务的定义

证券公司的自营业务,是指证券公司用自己的名义和资金进行证券的买入和卖出,以获取证券买卖差价为目的的证券业务。一般而言,自营业务规模的大小与证券公司自身的资产规模密切相关。证券公司开展自营业务,可以充分发挥证券公司在信息、知识和人才方面的优势,为公司带来更多的收入和利润,同时也是证券公司研发和咨询实力的重要体现。投资者可以通过考察证券公司的收入构成和自营业务的收益比率,选择资金实力强、自营状况好的证券公司作为自己的经纪商或咨询机构。

2. 美国对证券公司自营业务的管理

尽管自营业务已经成为各国证券公司的一项重要的收入来源,但是它所带来的券商挪用客户保证金的违规现象,也成为监管部门不容忽视的重点领域之一。20世纪60年代中期,美国证券交易量的快速增长超出了经纪公司的结算能力,造成经纪公司相互拖欠巨额的客户资金,并爆发了1969~1970年的"经纪公司危机",许多证券公司纷纷倒闭或破产。1970年,美国国会通过了《1970年证券投资者保护法》,授权SEC制定证券公司业务分离的相关规定。1973年,美国颁布了关于业务分离最重要的法律文件——规则15c3-3,它与规则8c-1、15c2-1、15c3-2构成了一个完备的法律体系。这个法律体系主要规定了以下几个方面的内容:

(1)客户的全额支付证券和超额保证金证券在财务上要区别于其他证券。在美国,投资者可以开立现金账户和保证金账户,购买的证券分别称为全额支付证券和保证金证券。股票交易的保证金比例为50%,即投资者在保证金账户中购买股票时,至少支付50%的价款,其余50%可以由券商向银行融资。

(2)证券公司对客户证券的保管方式包括实物占有和托管。实物占有适用于现金账户,证券可以以客户的名字(也可以证券公司或托管机构的名字)进行登记,证券公司将其与其他的资产分开,单独进行保管。保证金账户里的证券则必须以证券公司或托管机构的名字进行登记,存放在银行或证券存储机构内,采取证券公司控制下的托管方式进行保管。由此可见,托管方式下,证券公司对证券进行簿记上的分离,托管机构实施实物上的分离保管,而在实物占有方式下,这两项任务均由券商完成。

(3)证券公司要在银行开设"特别储备账户",存放客户对证券公司的债权净额。证券公司在每周最后一个营业日结束之前计算出该账户余额,并在此后的第二个营业日,银行开始营业的1个小时之内存入该款项。但是,如果证券公司的总负债没有超过其净资本的8倍且其管理的客户资金余额不超过100万美元,可以每月计算一次。特别储备账户必须与证券公司的其他账户分离,证券公司不得动用其款项。如果证券公司没有能够在特别储备账户中存入规定的款项,银行应立即通知SEC和相关管理机构,由其对该证券公司的财务责任进行检查。

此外,该规则体系还要求证券公司设计一个详细的内部控制程序,以确保对客户账户的管理符合SEC的规定。对于一些条件下的证券公司则可以享受15c3-3的豁免条款,如完全出于保险业务的需要,为本公司的保证金账户购买、出售或持有证券,在交易结束后立即进行结算,不占有或拖欠客户的资金和证券的证券公司,就可以免除其执行该项规则的义务。由此可见,美国SEC对证券公司自营业务的监管主要集中在将其与其他业务,特别是经纪业务相分离上,从簿记和证券保管两个方面入手,保证在证券公司和托管机构经营上遇到困难时,投资者的权益能够得到切实的保护。

3. 我国证券公司自营业务的管理

我国证券市场上,尽管《证券法》、《禁止证券欺诈行为暂行办法》、《证券市场禁入暂行规定》等国家有关法律、法规,对证券公司自营业务的开展进行了许多限制性的规定,但证券公司挪用客户保证金的现象仍然屡屡发生。因此,在对证券公司进行外部监管的同时,还应加强证券公司内控制度的建设,降低证券公司自营风险,保护投资者的合法权益。具体来说,可以考虑以下几个方面:(1)确定合理的投资规模。证监会有关规定中明确指出,证券公司证券自营业务账户上持有的权益类证券按成本价计算的总金额,不得超过其净资产或证券营运资金的80%。此外,自营规模的合理确定,还应考虑公司的经济实力与财务状况,降低公司的经营风险。(2)制定合理的投资方案。在进行投资之前,证券公司应进行合理、全面的调查和研究,结合市场状况,采用组合投资的方式分散风险。在追求投资收益的同时,还要加强对风险的管理,避免因盲目追求高收益而带来无法挽回的损失。(3)加强对业务流程的控制。为防范风险,证券公司自营账户应由自营部门以外的部门进行统一管理,限定自营业务的操作人员和操作权限。对于取款、转款、股票转托管等资产流出公司的业务,要严格监管,建立逐级审批制度,保障资金的安全。

(二)资产管理业务

资产管理业务是指由资产受托管理人对委托人的资产进行管理的一种资产运作方式。资产受托管理人按预定的方式收取管理费用,而资产委托人在获取投资收益的同时承担资产投资风险。

1. 国外资产管理业务的发展历程

资产管理在发达国家已经成为一种普遍的金融中介服务,绝大多数的金融投资活动都是通过资产管理的方式实现的。欧美资产管理业务的主体包括商业银行、证券公司、信托投资公司、保险公司、投资顾问公司等。美国的资产管理业务已经有了近百年的历史,随着经济增长和金融深化的发展进程,资产管理业务的服务对象日益扩大,功能日益完善,在金融业务领域中占有的地位也日益提高。2000年,全球的资产管理业务总量已经达到30万亿美元,其中欧美等发达市场的托管资金占据了约50%的市场份额。

早在20世纪70年代,国外许多证券公司就开始对资产管理业务予以高度重视。美林、高盛等证券公司都设有专门的个人和机构资产管理部门,办理单独开户的委托资产管理业务,该业务所管理的资产市值和利润贡献率一直呈现上升的趋势,逐渐取代经纪和承销业务,成为现代证券公司的核心业务。1995~1997年,美国的摩根士丹利、美林、雷曼兄弟和高盛四大券商的委托资产管理业务收入实现年均24.37%的增长,这一比率仅次于投资银行业务收入,对总收入的贡献率平均高达19.33%;1997~2003年,一项对该四家证券公司各项业务的统计显示,四家公司各项业务中资产管理业务的年均增长率为5.09%,对总收入的贡献率保持了26.7%的较高水平,见表4—3与表4—4。由此可见,在发达国家,委托资产管理业务已经代替基础业务,与并购业务一起共同成为券商业务增长的两大主导因素。

表4—3　　　　　1997~2003年美国主要券商业务平均增长率　　　　　单位:%

收入类型\券商	摩根士丹利	美林	雷曼兄弟	高盛	平均增长率
资产管理	5.51	1.86	*	7.91	5.09
投资银行	−15.70	−11.55	3.52	−30.05	−13.45
本金交易	−21.48	−15.63	1.22	−35.03	−17.73
净利息收益	17.91	20.50	22.65	85.69	36.69
佣金	7.30	−8.77	26.15	*	8.23

注:*表示该项收入未进行单独列示。
资料来源:《美国金融年鉴(2004)》。

表4—4　　　　　1997~2003年美国主要券商业务收入贡献率　　　　　单位:%

收入类型\券商	摩根士丹利	美林	雷曼兄弟	高盛	平均增长率
资产管理	20.54	24.17	*	35.39	26.70
投资银行	19.33	15.76	30.01	18.39	23.78
本金交易	27.00	19.07	41.73	29.05	29.21
净利息收益	16.66	14.19	12.72	17.17	15.19
佣金	16.48	26.81	15.54	*	19.61

注:①各项业务收入对总收入增长的贡献率为一定时间内各项业务收入的增加值与总收入增长值的百分比。②*代表该项收入未进行单独列示。
资料来源:《美国金融年鉴(2004)》。

2. 资产管理业务的类型

资产管理业务类型有两种不同的划分方法:(1)按资金募集方式可以分为公募式资产管理

和私募式资产管理两种。前者采取向社会公开招募的方式募集资金,而后者则是采取非面向社会公众的市场营销手段向特定投资者募集资金。(2)按资金运作方式划分,可以分为基金型资产管理和非基金型资产管理。前者在资金运作上将募集资金汇集到"资金池"中,统一账户进行管理;而后者是指投资者通过与证券公司签订契约,委托其按自己的意愿将资产在证券市场中进行组合投资,以求实现收益最大化的投资方式。基金型资产管理与非基金型资产管理之间的差别见表4-5。

表4-5　　　　　　　　　基金型资产管理与非基金型资产管理的差别比较

比较项目	基金型资产管理	非基金型资产管理
服务方式	一对多方式,所有资金开立于一个统一的账户中,专家理财,统一管理	一对一方式,每一客户都有自己独立的账户,分别管理,专家理财
客户对象	不确定的散户投资者,资产数量一般不大,对资金具体投向和投资收益无特殊要求	规模资产拥有者,主要是机构及富有的个人投资者,资产数量一般较大,对资金投向和资金的规模收益有特别要求
委托方式	通过购买基金股份或基金受益单位的方式完成委托行为,基金公司章程、契约的内容乃至形式都必须符合法律法规的要求	通过单独与管理人签订协议的方式完成委托行为,协议内容不针对社会公众,当事人在法定的范围内享有较大的契约自由
参与管理程度	公司型基金中投资者依据有关公司法的规范行使股东的管理权;契约型基金中投资者依据基金契约确定的受益人权利行使管理权,但基金的投资策略最终取决于多数基金持有人的投资偏好,投资者个人并无决定权,参与管理程度较低	在协议签订中,投资者通过参与决策将自己对资产管理的意图灌输到协议中;在管理过程中,投资者还可以通过与管理经理经常性的接触随时对资产的运作发表意见,参与程度较高
投资组合的调整	基金的具体投资组合由基金经理决定,投资者无法根据市场的突然变化及时地改变资产组合	投资者可视市场情况的变化,依据自己的风险承受能力和收益预期及时进行调整
信息披露和投资限制	在资产管理过程中必须履行经常性的信息披露义务,且其可以投资的金融品种和投资组合结构受到法律的限制	管理人只需向投资者个人定期报告资产的风险、收益状况,不必向公众披露。在投资者授权和法律禁止性规定之外的范围内,有充分的投资组合自由

资料来源:大鹏证券研究所。

3. 我国证券公司的资产管理业务

(1)券商资产管理业务的分类。资产管理业务是指券商作为资产管理人,依照有关法律法规等的规定与客户签订资产管理合同,根据资产管理合同约定的方式、条件、要求及限制,对客户资产进行经营运作,为客户提供证券及其他金融产品的投资管理服务的行为。证券公司资产管理业务主要有如下三类:

第一,定向资产管理业务,简称定向资管业务。它是券商为单一客户办理业务且与客户签订定向资管合同,根据合同约定的方式、条件、要求及限制,为客户提供资产管理服务的一种业务。其特点是:券商与客户是一对一;在客户的专用账户中经营运作;资金具体投资方向在合同中约定。

第二,为多个客户办理集合资产管理业务,简称集合资管业务,它是券商通过设立集合资产管理计划与客户签订集合资产管理合同,将客户资产交由取得基金托管业务资格的资产托管机构托管,通过专门账户为客户提供资产管理服务的一种业务。其特点是:券商与客户是一对多;集合资金投向指定的金融产品。

第三,为客户特定目的办理专项资产管理业务券商与客户签订专项资产管理合同,针对客户的特殊要求和资产的具体情况,制定特定的投资目标,通过专门账户为客户提供资产管理服务的一种业务。专项资产管理业务(以下简称专项资管业务)的特点是:特定性,即要设定特定的投资目标;综合性,即券商与客户可以是一对一,也可以是一对多;通过专门账户经营运作。

(2)券商资产管理业务比较。券商资管业务包括集合资管业务、定向资管业务和专项资管业务。目前市场上券商资管产品繁多,运作形式多样,为了解产品属性和提高资金利用效率,对券商资管业务的主要方面进行对比分析,如表4-6所示。

表4-6　　　　　　　　　　　券商资产管理业务要点比较

业务名称 要素名称	定向资管业务	集合资管业务	专项资管业务
审批形式	备案制	备案制	审批制
投资门槛	单个客户资产净值不得低于人民币100万元	募集资金规模50亿元人民币以下;单个客户资产净值不低于100万元、机构资产净值不低于1 000万元	大额投资,合同约定
投资范围	客户与券商在合同中约定,无具体限制,只要在证监会法律规定的范围内即可	依法发行债券、基金等证监会批准的投资品种	无具体限定
产品类型	银行间市场类、票据类、特定收益权类等	股票型、债券型、混合型、FOF型等	资产证券化或创新型
份额转让	不能转让	可以	不能转让
合格投资者规定	单一合格投资者	不得少于2人且不超过200人	可以是单一或多个投资者
自有资金参与限制	禁止管理人自有资金参与	管理人自有资金可参与,且不得超过该计划总份额的20%	自有资金不得超过同一计划金额的5%,且小于2亿元;总金额不得超过资管产品净资本的15%
业务特点	一对一服务,量身制定投资方案,投资较灵活,沟通便利	集中券商整体优势资源,投资范围更广,具有私募性、专业性及集合性的特征	针对客户要求和客户资产具体情况设定特定投资目标

资料来源:郝婷,《券商资产管理业务发展问题与对策》[D]. 河北大学金融专硕2015。

(3)券商资产管理业务发展状况。

第一,资产管理规模继续增长,全年增速平稳。自2005年以来,我国券商资管业务进入到快速发展时期,监管政策的放松也带来发展机会。自2012年监管层密集出台创新政策以来,对券商资管业务进行政策松绑,放松管制,其规模也越来越大,截至2014年底,券商资管业务总规模为7.95万亿元,相比2013年的规模增长了52.6%。全年券商资管总规模继续增长,但各类型的资管产品规模增长情况不同,总体上全年增速较平稳,没有出现大的波动。

——集合资管业务规模。据中国证券业协会统计,2012年券商集合资产管理产品数量约435只,而2013年新发行的数量为1 308只,是2012年的3倍,增速为200.69%;而2014年新发行数量为2 139只,增速为59.48%,增速下降。但根据Wind统计数据显示,截至2014年底券商集合资管产品规模不断扩张,增速不断上升,从2009年的978亿元上升到2014年的

5 078亿元,见图4—7。

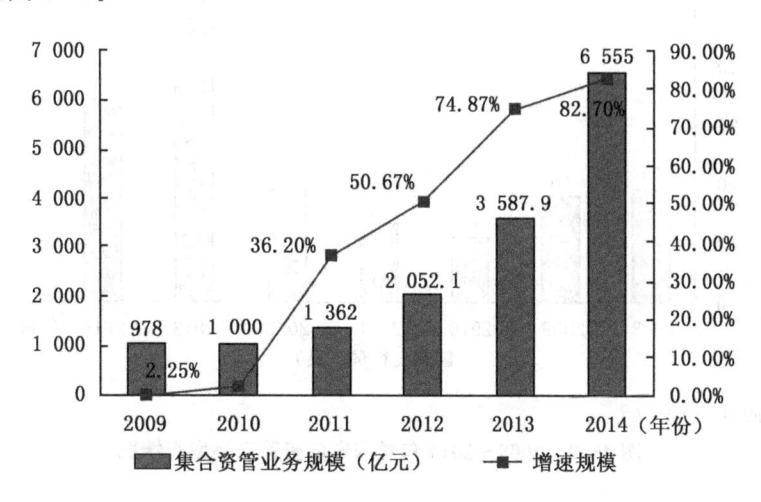

图4—7 2009～2014年券商集合资管业务规模变化

资料来源:同表4—6。

——定向资管业务规模。2011～2013年开展定向资管业务的证券公司从48家升至89家,相比2012年增加了6家,占全部证券机构总数的78%。2011～2014年定向资管业务总规模从1 305.8亿元增长到2014年的7.25万亿,比2013年增加2.42万亿元且增速为49.9%,但其增速自2012年后开始下滑。见图4—8。

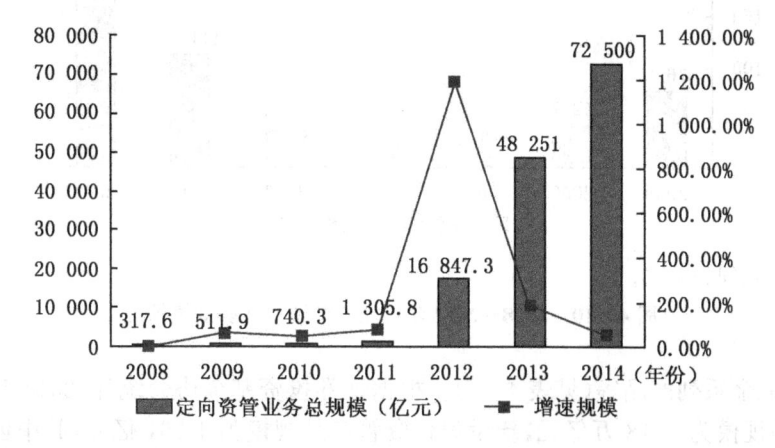

图4—8 2008～2014年券商定向资管业务规模变化

资料来源:同表4—6。

——专项资管业务规模。2014年券商专项资管产品快速增长,虽然新发行产品数量较2013年有较大幅度下降,但是规模数量大幅度增加,与2013年相比增加255亿元,增长率229%。但由于基数较小,专项资管产品的数量和规模相比于集合、定向资管业务规模仍然有非常大的差距(详见图4—9和图4—10)。

第二,产品类型更加丰富,投资领域进一步扩大。券商资管行业快速发展,创新产品层出不穷,我国券商陆续推出了各类创新型资产管理产品,产品类型进一步丰富,在投资标的、投资策略与产品设计和运作模式方面进行产品创新,主要有量化对冲产品、结构分级产品、收益补

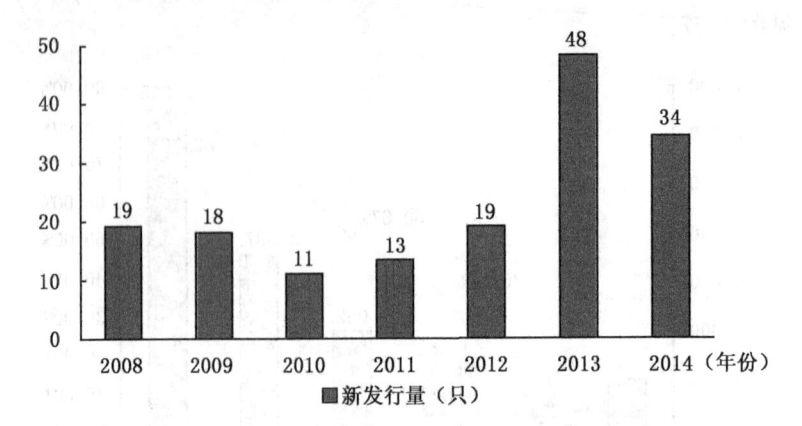

资料来源：同表4—6。

图 4—9　2008～2014 年券商专向资管产品发行情况

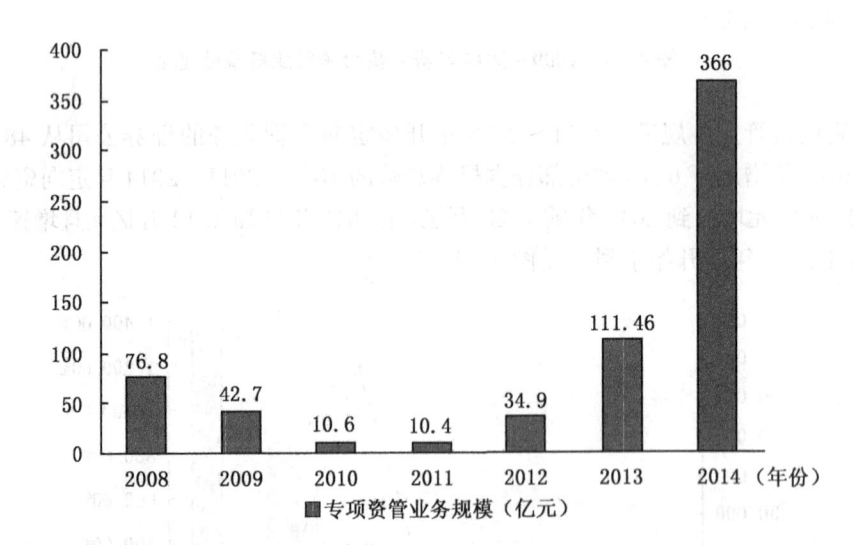

资料来源：同表4—6。

图 4—10　2008～2014 年券商专向资管业务规模情况

偿型产品、保证金系列产品等(见表4—7)。根据证券投资基金协会统计，2014年我国券商新设资管产品的规模为 2.18 万亿元，新设集合资管产品规模为 1 591 亿元，其中创新型结构化产品占 40%，主要有混合类产品、固定收益类产品、权益类产品等；新设立的定向资管产品的规模为 1.99 万亿元，主动管理型产品约占 5%，被动管理型产品约占 95%；新设专项资管产品 27 只，规模为 338 亿元，其中有 20 只是资产证券化产品。可以看出券商资管业务新设产品均有创新型产品，但产品规模数量仍需增加，尤其是定向资管业务。

券商资管业务除产品类型更加丰富外，产品的投资范围也进一步扩大，主要体现在集合资管业务，因为定向资管业务的投资范围由客户与券商在合同中约定，无明确具体限制，只要在证监会法律规定的范围内即可；专项资管业务根据客户的特殊要求和基础资产的具体情况，设定特定投资目标，也没有明确的投资限制；集合资管计划投资限制相对来说较大，但 2014 年 9 月证监会发布"征求意见稿"，扩大券商资管业务的投资范围，将非上市公司股权、债券等其他财产权利划入集合资管业务投资范围内，增加投资渠道。券商资管产品的投资范围扩大，不仅有利于业务范围扩大,也有利于券商资管产品的创新。

表 4—7　　　　　　　　　　　　券商创新型资产管理产品

产品名称	创新类型	主要内容
股票质押式回购	创新投资标的	券商设立集合资管或定向资管产品,来对接券商营业部客户的股票质押融资需求。有利于盘活券商营业部客户存量证券资产,有效连接证券市场投融资需求
量化对冲产品	创新投资策略与产品设计	利用数学、统计学、信息技术的量化投资方法来管理投资组合
分级债	创新投资策略与产品设计	在传统债券型产品的基础上,按照风险收益特征不同,将产品分成两类或多类份额的产品形式。属于集合资产管理业务,主要投资对象为固定收益类产品
结构化定增产品	创新投资策略与产品设计	将集合计划按权利义务、风险收益特征不同,分成两类份额或多类份额的产品形式。投资于标的股票定增、现金管理工具等
客户保证金	创新投资策略与产品设计	在每日交易结束后,将客户账户中的闲置资金集中存放于银行定期存款,使其获得较高收益。风险较低、流动性和便利性高,有助于营业部减少客户流失
资产证券化	专项融资类	券商发行设立专项资管计划,资金购买原始权益人能产生稳定现金流的基础资产,将资产收益分配给受益凭证持有人的业务。基础资产一般为收益权或债券

资料来源:同表 4—6。

第三,主动管理型定向资产管理业务规模占比上升。集合资管业务主要投向债券、协议或定期存款、股票、信托计划、专项资管计划(见图 4—11)。债券投资和协议或定期存款所占比例最大,固定收益类资产是券商配置资产优先选择,以上资产投资比例与 2013 年相比有所增加,而对股票、基金的投资同 2013 年数量基本一样。从以上分析可得出,集合资管业务在投向上与上年没有太大变化,主动管理能力增强主要体现在定向资管业务上。定向资管业务因资金投资方向不同分为被动管理型和主动管理型两种。被动管理型主要是通道业务,绝大部分是和银行、信托计划合作,形式主要有委托贷款、票据、资产收益权等;而主动管理型定向资管业务以债券、同业存款、股票、信托计划等为主要投资标的。2014 年定向资管业务的主动管理业务规模上升,但投资结构与上年相比无太大变化,仍以债券、信托和股票市场为主。从表 4—7 中可以看出主动管理型产品规模上升,较 2013 年增长了 65.4%,且各投资类别都有所增长。

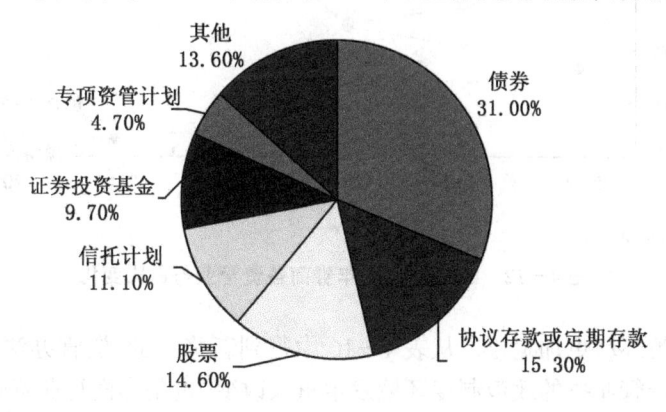

资料来源:同表 4—6。

图 4—11　2014 年券商集合资管业务主要投资类型占比

表 4—8　　　　　　　2013～2014 年券商主动管理型定向资管业务投资情况

投资类别	2013 年 投资金额(亿元)	占比(%)	2014 年 投资金额(亿元)	占比(%)	增长率(%)
债券	2 243	48.4	2 668	34.8	19.9
信托计划	711	15.3	1 232	16.1	73.3
股票	616	13.3	1 129	14.7	83.3
同业存款	216	4.7	1 115	14.5	416
其他	849	18.3	1 524	19.9	79.5
合计	4 635	100	7 668	100	65.4

资料来源:同表 4—6。

第四,券商资管业务的结构。从结构来看,资产管理规模的增长主要来自定向资管业务的增长。2014 年定向资管业务规模约 7.25 万亿元,占比 91.29%;集合资管业务规模为 6 555 亿元,占比 8.24%;专项资管业务规模最小,约 366 亿元,占比 0.46%(详见表 4—9)。2014 年券商定向资管业务规模最大,其中被动管理型资管产品占比高达 85%。如图 4—12 所示,2011 年以前券商集合资管业务规模占比最大,而 2011 年后,定向资管业务占比高速增长,而集合资管业务规模占比和增速逐年下降,专项资管业务占比一直较小。

表 4—9　　　　　　　2008～2014 年各项资产管理业务规模数量　　　　　　　单位:亿元

年份	2008	2009	2010	2011	2012	2013	2014
定向资产管理	317.6	551.9	740.3	1 305.8	16 847	48 251	72 542
集合资产管理	—	978	1 000	1 362	2 052.1	3 587.9	6 555
专项资产管理	76.8	42.7	10.6	10.4	34.9	111.5	366

资料来源:同表 4—6。

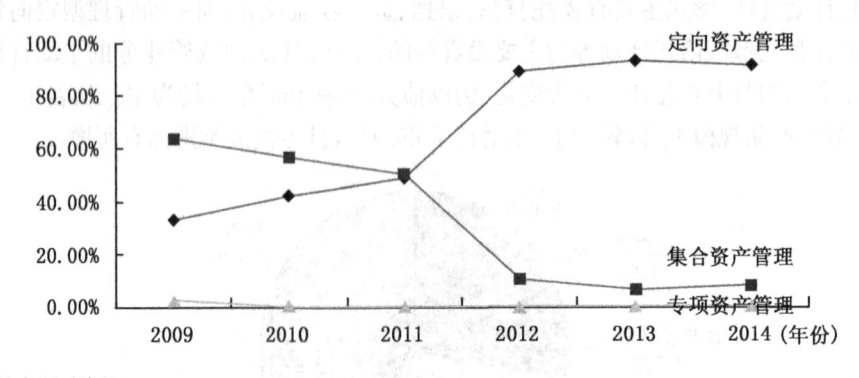

资料来源:同表 4—6。

图 4—12　2009～2014 年券商各资管业务占比变化

第五,相关政策环境更加宽松。从表 4—10 中得到新修订的《资管办法》以及相关政策细则的实施,使券商资管业务的政策制度环境发生重大改变,也是券商行业资管业务放松监管的标志,有利于券商资管业务与银行、信托、保险等其他资管行业竞争。例如:集合资管业务在审批形式上采用备案制,节约了发行时间;增加集合资管业务产品的投资渠道,也为该产品创新提供有利条件;允许集合资管产品进行分级,增加了产品种类;集合资管产品实现了有条件的份额转让,大大增加了流动性。同时监管层也加大风险管理,如规范通道业务的发展,禁止了券商通过集合资管业务开展通道业务,并且提高与银行合作的门槛。在风险控制方面,监管层要求对集合资管产品进行细化分级,确定权益类等风险较大的产品初始杠杆倍数;规范资管合同,约定风险控制条款,并要求加强流动性风险管理。以上所有的政策新规,集中体现了监管层"放松管制,加强监管"的意图,一方面减少对券商开展资管业务过程的限制,提供业务创新空间;另一方面加强风险的控制。总之,政策环境的宽松,更加有利于券商资管业务的发展。

表 4—10　　　　　　　　　　2012~2014 年监管政策变化情况

监管主体	新颁布或修改的监管规定	政策内容	实施时间
中国证监会	《证券公司客户资产管理业务管理办法》	集合资管业务实行备案制。对集合资管业务份额可以进行分级	2012 年 10 月
	《证券公司集合资产管理业务实施细则》	扩大投资品种;删除双 10% 限制等;降低成立产品规模的标准	2012 年 10 月
	关于修改《证券公司客户资产管理业务管理办法》的决定	扩大了托管机构的范围;取消了限定性和非限定性集合资产管理业务的规定;取消集合资产管理业务投资双 10% 的限制,投资关联方 7% 的限制	2013 年 6 月
	制定《资产管理机构开展公募证券投资基金管理业务暂行规定》	明确了可开展公募基金业务的资产管理机构的范围,其中包括券商	2013 年 6 月
	《证券公司资产证券化业务管理规定》	允许证券公司发行以企业应收款等为基础资产的资产支持证券	2013 年 3 月
	《关于进一步规范证券公司资产管理业务有关事项的补充通知》	明确规定不得通过集合资产管理业务开展通道业务;应充分关注流动性风险	2014 年 2 月
沪、深证券交易所	《质押式报价回购交易及登记结算业务办法》	管理人自有资金可参与,且不得超过该计划总份额的 20%	2013 年 5 月
上海证券交易所	《关于为资产管理计划份额提供转让服务的通知》	支持资产管理业务份额在上海证券交易所转让	2013 年 8 月
深圳证券交易	《资产管理计划份额转让业务指引》	支持资产管理业务份额在深圳证券交易所转让	2013 年 8 月

资料来源:同表 4—6。

(4)券商资产管理业务的投资状况。通道业务最早出现在银行与信托公司合作之间,通常是帮助银行完成表内或表外资产任务、调整存贷款结构来优化报表。由于监管层出台相关政策放松资管业务管制,也对券商资管业务放松限制,激发了券商发展资管业务的兴趣。券商积极开展资管业务,开展新业务、新产品以此来增加营业收入。资管业务规模迅速扩张的同时也成为银行监管套利的新通道,券商通过发行资管产品与银行合作,只赚取通道费用,所承担的风险较小。券商与银行进行通道业务大部分是以定向资管业务为主,又由于资金投资方向不同,分为被动管理型和主动管理型两种。被动管理型主要是通道业务。券商定向资管通道业务绝大部分是和银行、信托计划合作,通常形式主要有委托贷款、票据、资产收益权等;而主动管理型定向资管业务以债券、同业存款、股票、信托计划等为主要投资标的。2014 年券商定向资管业务主动管理规模为7 668亿元,且业务投向结构相较2013年没有明显改变;从表4—11中得到2014年券商定向资管通道业务投资总额67 085亿元,占定向资管总规模的90.9%,且比2013年增长76.8%。定向资管通道业务规模占比较高,但收入只有41.63亿元,占资管业务总收入的33.48%,可见其盈利水平一般。定向资管业务在券商资管业务中规模占绝对优势,被动管理型的通道业务又在定向资管业务中占绝大多数,所以可知券商资管以通道业务为主,券商主动管理能力还需加强。

表4—11　　　　　2013~2014年券商定向资管通道业务投资情况　　　　　单位:亿元

投资类别	2013年 投资金额	占比(%)	2014年 投资金额	占比(%)	增长率(%)
信托贷款	10 874	24.9	13 840	20.6	27.3
银行委托贷款	9 347	21.4	16 395	24.4	75.4
票据	5 726	13.1	8 514	12.7	48.7
资产收益权	5 766	13.2	7 444	11.1	29.1
证券投资	3 110	7.1	6 953	10.4	123.6
其他	8 896	20.3	13 939	20.8	56.7
合计	43 719	100	67 085	100	76.8

资料来源:同表4—6。

三、证券公司融资

(一)我国券商的主要融资方式

2004年2月发布的《国务院关于推进资本市场改革开放和稳定发展的若干意见》中的第三条明确提出:"拓宽证券公司融资渠道。继续支持符合条件的证券公司公开发行股票或发行债券筹集长期资金。完善证券公司质押贷款及进入银行间同业市场管理办法,制定证券公司收购兼并和证券承销业务贷款的审核标准,在健全风险控制机制的前提下,为证券公司使用贷款融通资金创造有利条件。"此后,我国券商的主要融资方式呈现如下格局:

1. 国债回购

国债回购是当前券商进行短期资金融通的主要方式。成熟的证券市场,证券公司采用回购融资的比重占其总负债的比重较高。我国现在的国债回购市场包括交易所回购市场回购、银行间国债回购市场回购以及公开市场回购三种。在这三个市场中,证券公司主要利用交易所回购市场和银行间国债回购市场进行操作。

2. 同业拆借

根据1999年10月13日中国人民银行公布的《证券公司进入银行间同业市场管理规定》,准许符合条件的证券公司进入全国银行间同业拆借市场进行信用拆借,拆借期限最短为1天,最长为7天,拆借到期后不能展期,拆借资金余额上限为证券公司实收资本的80%。证券公司通过同业拆借市场融资的主要优点有:拆借利率稳定低廉、手续简单无需抵押,融资方式灵活方便,不但解决了证券公司短期资金头寸的调剂,同时也可通过连续操作和借新还旧将期限延长,来满足证券公司的短期资金需求。缺点是拆借期限较短,不能展期,同时拆借金额有限。

3. 股票质押贷款

2000年2月13日,中国人民银行和证监会联合发布《证券公司股票质押贷款管理办法》,允许符合条件的证券公司以自营的股票和投资基金作抵押向商业银行借款。满足《证券公司股票质押贷款办法》规定条件的综合类证券公司,可以用手中持有的业绩优良的股票做质押,进行为期6个月以内的贷款。2004年中国人民银行、中国银监会和中国证监会联合发布了修订后的《证券公司股票质押贷款管理办法》,对证券公司股票质押贷款的贷款人和借款人资格、质物、贷款资金用途、贷款期限和利率、贷款程序和贷款风险控制制度等做出了明确规定。和原有的法规相比,新的《管理办法》主要有以下的不同:质物除了A股和证券投资基金外,增加了上市公司可转债;明确了股票质押贷款是弥补证券公司流动资金的不足;以前对于非国有独资商业银行,只有总行才能作为贷款人,修订后的办法规定,总行在报中国银监会备案后可以授权分行办理股票质押贷款业务;对于证券公司的资格,考虑到近几年证券公司经营状况,取消了未发生经营性亏损的要求,增加了对信息披露以及客户交易结算资金独立存管的要求;股票质押贷款最长期限从原来的半年提高到一年;原办法中,质押贷款利率在金融机构同期同档次商业贷款利率基础上最高上浮30%,而根据新《管理办法》和央行前期公布对贷款利率上限规定的取消,质押贷款利率上限也相应取消。根据规定,贷款本金与质押股票之间的比例最高不能超过60%。修订后的《管理办法》对予规范运作的证券公司股票质押贷款更加便利,拓宽了证券公司的融资渠道,对于合规证券公司的日常经营起到支持作用,有利于规范运作的证券公司的发展。

4. 发行短期融资券

2004年10月18日,中国人民银行发布了《证券公司短期融资券管理办法》,允许符合条件的证券公司在银行间债券市场向合格机构投资人发行短期融资券。《证券公司短期融资券管理办法》于2004年11月1日起实施。在银行间债券市场发行的短期融资券规模实行余额管理,待偿还短期融资券余额不超过净资本的60%;期限最长不得超过91天;利率由供求双方自行确定,不受管制。证券公司发行短期融资券融资,为证券公司提供了一个市场化程度高、操作程序简便的融资渠道,是央行支持资本市场发展的实质性举措,有利于促进货币市场与资本市场的良性互动和共同发展。对证券公司而言,发行短期融资券,能够成为证券公司又一稳定而高效的资金来源渠道。对市场投资者而言,则是多了一个可选择的短期投资品种。

5. 兼并重组

兼并重组是券商实现资本积聚的一个有效途径。根据现实中已经发生的券商兼并案例,其模式大致可以分为以下几类:一是券商严重违规或亏损后,在政府的主持下被其他券商兼并,如申银万国和国泰君安等。二是因政策需要而兼并,自1995年起,政府开始对银行、信托和证券业实行严格的分业管理,为了适应政策的需要诞生了一批券商,如联合证券和东方证券等。三是在当地政府的主持下,部分省级券商合并了省辖区内的券商,如山东证券和吉林证券等。四是通过股权收购,券商被非券商(产业资本)控股,如青海证券等。

6. 发行公司债券

在证监会以前颁布的《证券公司债券管理暂行办法》中对证券公司发行中长期债券要求比较严格。但2004年10月28日,中国证监会发布修订后的《证券公司债券管理暂行办法》,大幅度降低了证券公司发行债券筹集资金的门槛。此次修改取消了发债最高期限的规定,将债券上市的最低面值由2亿元改为5 000万元。发债最短期限为1年,利率不高于银行相同期限居民储蓄定期存款利率的40%,发行手续费一般为2.5%,累计发行的债券总额不得超过公司净资产额的40%。其中,又具体分为定向发行债券和公开发行债券两种。

7. 增资扩股

管理层早在1997年就提出了对证券公司要同时实行增量调整(增资扩股)与存量调整(兼并重组)并举的积极型战略。2001年11月23日颁布的《关于证券公司增资扩股有关问题的通知》规定:证券公司增资扩股属于企业行为,凡依法设立的证券公司均可自主决定是否增资扩股,中国证监会不再对证券公司增资扩股设置先决条件;证券公司增资扩股募集资金应优先用于归还被挪用的客户交易结算资金和处理不良资产。增资扩股主要有两种方式:私募增资扩股和上市。

1995年5月24日,经中国证监会同意,湘财证券成为第一家增资扩股证券公司,之后,湖北证券、中信证券、长城证券等证券公司也相继增资扩股。经过近10年的发展,我国证券公司资本状况无论是单个证券公司资产规模还是整体规模都有了较大改善。

(二)国外券商的主要融资方式

1. 银行间同业拆借

大多数国外券商都可以在银行间同业拆借市场上进行资金拆借,这种融资方式主要用于救急,一般是隔夜的和短期的。在国外成熟证券市场上,证券公司通过同业拆借和证券回购,融资的比重一般要占其总负债的30%～50%。

2. 重购协议

重购协议主要是债务人同债权人签订的"借贷合同"。具体做法是:由债权人购买券商的有价证券,并规定在一定时间内加上事先定好的利息,以等于或高于卖出价的价格买回证券,买卖的差价是券商应付的贷款利息。

3. 商业票据

商业票据是一种具有特定期限、只发售给机构投资者的、可在市场上流通的短期本票,它属于不记名簿记式证券,发行面值通常为10万美元。商业票据的期限可以为几个月或更短些,但是平均期限仅为20～45天。

4. 银行已批准的无抵押信贷额

抵押信贷额是指券商同银行或其他金融机构达成协议:如果某一时期券商需要资金,则有权在信贷额中支取,而不必再向债权人重新申请。这种信贷额度一般只作为券商资金周转困难时保持流动性的应急资金来源。

5. 股权融资

目前美国的十大券商都是在纽约股票交易所公开上市的股份公司。大部分券商不仅在国内而且在海外等多个交易所同时上市。券商在证券市场上发行一般不具投票权的优先股和有投票权的普通股。

6. 发行中长期债券

发行中长期债券是海外券商筹集资金的主要方式。券商发行的债券包括按揭债券、信用债券、结构化债券和可转换债券。一般来说,国外券商没有太多的固定资产,但却拥有良好的信誉,因此国外券商发行的债券通常是信用债券,即无抵押债券。

7. 设立证券金融公司

券商主要通过专门的金融机构——证券金融公司,进行融资,券商的客户也必须将保证金存在证券金融公司,其典型代表国家(地区)是日本、韩国、中国台湾地区。证券金融公司比较好地解决了证券公司和证券市场的资金融通问题,对于保证证券市场的流通性、活跃证券市场以及打击地下信用交易行为起到了不可替代的作用。通过与国外券商融资方式相比较可以看出,迄今为止我国券商尚未建立起稳定的中长期资金融入途径,融入资金以短期为主。短期拆借最长拆借期限只有7天,自营证券抵押贷款融资最长期限也只有6个月。而券商增资扩股也只是一次性的融通资金,因此券商目前缺乏中长期稳定的对外融资途径。相比之下,国外券商在金融市场上是作为一个普通企业来参与各种融资业务的,如发行金融债券和票据、对外抵押借款、参与证券的回购与回售、上市等等。全面而稳定的融资期限结构使国外券商融资业务可以充分满足业务发展的需求。证券公司可支配资产的多少是决定其市场竞争力的重要参数之一,因此如何给我国券商提供更多的融资途径,是关系到我国证券业发展的一个重大问题。表4—12是2014年我国券商主营业务与美国两大券商业务结构的情况。

表4—12 2014年我国券商主营业务与美国两大券商业务结构 单位:%

项　目	经纪业务	自营业务	资产管理业务	投资银行业务	其　他
我国券商	41	15	4	11	29
美林证券	24	17	26	16	17
摩根证券	15	19	20	24	22

资料来源:王明,《证券公司业务创新和发展研究》[D].安徽财经大学金融系2015。

(三)我国券商主要融资方式的改革

1. 拓宽融资渠道

从国际经验来看,公开上市是券商融资的主要途径,券商通过公开上市融资在国际资本市场上非常普遍。然而,由于我国企业体制、政策限制等原因,目前106家中资券商中仅有14家是上市公司。因此,一方面,证券监管部门应当清除相关政策障碍,积极培育券商的自主融资能力,拓宽券商的各种融资渠道。另一方面,券商自身也应当借鉴外资券商成熟的经验,积极地争取以IPO或借壳等方式公开发行上市,同时还应通过发行金融债券、可转换证券以及其他相关的金融衍生产品的方式进行间接融资。

2. 促进并购整合

随着未来中国资本市场竞争的加剧,"大鱼吃小鱼,小鱼吃虾米"的情景将愈演愈烈,我国证券行业即将步入大浪淘沙、重新洗牌的整合阶段,并购整合是在短时间内增强自身实力的最有效途径。因此,证券监管部门应当加快推动券商间的收购兼并,实现快速扩张,形成几家具有区域性垄断地位的券商巨头,加速培育其国际竞争力。这既可以改变中国证券业的竞争结构、降低行业的系统风险,又可为应对激烈的国际竞争奠定基础。

3. 推动集团经营

放眼国际资本市场,金融机构从"分业"经营向"混业"经营的过渡已然成为一种趋势。因此,证券监管部门应当在一定程度上允许金融机构实行"相对独立"的"混业"经营方式,组建金融控股集团,实行多元化经营,充分利用各行业之间的互补性,有效地分散和降低经营风险,提高运营效率,进而提升其国际竞争力。同时,在分业经营的原则下,中资券商也应当积极地与基金业、期货业、信托业及风险投资业进行合作,扩展基金、期货、资产管理以及风险投资等创新型业务。积极拓展业务的广度和深度,增加收入稳定性,形成稳定的利润增长点。

4. 引入外国资本

中资券商应当在政策允许的范围内,借鉴商业银行改革经验,积极地引入合格的境外战略投资者。中金证券、中银国际证券已首开先河,湘财证券、长江证券与高华证券也紧随其后,标志着中资券商进一步对外开放。中资券商应当在政策允许的范围内,借鉴商业银行改革经验,积极地引入合格的境外战略投资者。这不仅有利于扩大中资券商的规模,而且还能够引进外资券商先进的管理经验、理念以及成熟的风险管理技术。

5. 加大研发投入

美国20世纪70年代券商的业务创新主要集中在中小券商当中,而研发出新产品、新业务很快被客户所接受,券商不仅获得了巨额利润,同时取得了客户的信任。此后,大券商纷纷效仿,取得了不错的成果。研发的过程是漫长的,不可能一蹴而就,这就要求券商在整个过程中不断地投入资金、人力、技术及软硬件设施。在投入的初期,一般会出现只见投入、不见回报的情况,但这只是临时的,从长久的角度分析,对于券商是百利而无一害的。

第三节　保险公司投融资

随着社会经济的快速发展、科技的进步及人们风险意识的提高,保险作为一种经济保障手段,在保障经济、促进改革、稳定社会等方面发挥了重要功能,被誉为社会的"安全网"和"精巧的稳定器"。随着保险业在国民经济中的地位日益凸显,保险已逐渐渗透到社会经济生活的各个领域,保险的功能也得到了空前的发挥。现代保险主要具有保障、资金融通、社会管理三大功能。其中,保障功能是与保险相伴而生的,是保险的本质与核心内容,也是保险业区别于银行业、证券业的显著特征;资金融通和社会管理功能则是保险随着经济的发展,在保障功能基础上产生的衍生功能,三者之间是一种本质与衍生的关系。简言之,保障功能是基础和前提,处于主导地位,融资功能和社会管理功能产生并服务于保障功能,处于从属地位,并以不断完善保障功能的作用和内容、扩大其影响范围为主要职责。

一、保险公司投资

美国著名投资银行家保罗曾说:"投资是保险业的核心业务,没有投资等于是没有保险业。保险行业的主要存在目的是风险的转移,保费是风险转移的价格,但由于市场竞争,使得这个价格往往不够支付转移的成本。所以,没有保险投资,整个保险行业的经营是不能维持下去的。"由此可见,保险公司的投资对于保险业的经营活动来说是至关重要的。

(一)保险公司投资的发展历程

1. 17世纪至19世纪保险公司投资的兴起

早在17世纪80年代,随着海上保险和火灾保险在英伦三岛的兴盛与发展,英国逐渐取代意大利,成为世界保险的中心。1683年,最早开设英国火灾保险公司的巴蓬医生,就把保险投资看作是保障公司生存的最佳策略。他用保险资金来购买土地,当发生保险事故时,就拿地租做担保,抵偿火险被保险人提出的索赔。进入18世纪,保险商开始关注债券投资,携手相互火险暨寿险社、协和保险社以及伦敦、皇家两家获得特许的保险公司,相继从事大规模的证券投资。19世纪中叶,英国人寿保险事业迅速崛起,由于人寿保险聚集的资金具有量大、稳定的特点,使人寿保险公司的精算师更注重对投保人的给付与收益。他们通过计算资金收益率,减少对政府公债的投资比例,重点从事具有更高资金收益率的抵押贷款。这类贷款形式多样,既包括对土地或建筑物的传统抵押贷款,又包括私人及公共机构的建房贷款,以及对铁路和制造业的贷款。美国保险业的初期发展并不顺利,经常因经营不善而陷入困境。因此,保险商更加重视企业的经营管理,包括积极开展保险投资活动。1849年,纽约州率先立法,规定保险资金可用于购买联邦、纽约州和州内各市的公债,以及进行不动产抵押贷款。1852年,新泽西州也对保险资金运用加以立法规定,此后各州纷纷仿效,使美国的保险公司能在法律的保障下,有效地运用保险资金。

2. 20世纪初至80年代中期保险公司迅速发展的阶段

进入20世纪,保险公司的投资得到了较快的发展,特别是在第二次世界大战结束至80年代中后期的40多年中,发展更为迅速。在美国、日本和西欧工业发达国家,保险公司可以动用的资金数量甚至超过了一些大型商业银行。1975～1985年间,美国、加拿大、英国、德国等主要西方国家的保险公司用于投资的资金从5 900亿美元增加到18 810亿美元,增长了2.2倍;投资利润从385亿美元增至1 572亿美元,增长3.1倍,投资收益的递增率超过了业务收益的递增率。与此同时,保险投资的方式也日趋多样与成熟,投资领域主要有债券、股票、不动产和贷款四类。值得一提的是,有些保险公司也投资于购买艺术品、古玩和各种有价值的收藏品,如日本安田或在海上保险公司曾于1987年在伦敦克里斯蒂拍卖行以2 250万英镑的拍卖价买下了凡·高的名画。这些收藏品虽然不能像债券、股票等有价证券那样有较为固定的收益率,但同样具有较高的投资价值。

3. 20世纪90年代至今保险公司投资业务向国际化与集团化方向发展

20世纪90年代末,国际保险公司开始大规模地转型为金融服务集团,在保险投资领域内积极拓展业务,并进行了大规模的并购行为。导致这种现象产生的原因有很多,具体来说,主要包括以下几点:

(1)保险业"脱媒"的挑战和金融混业经营的发展。金融市场的发展和基金业的兴起,使保险业面临"脱媒"的危机,促使保险公司进入以收费为主的新业务领域。随着管制的放松、信息技术进步以及内控制度的完善,各类金融机构通过自主设立或以并购的方式进入对方的经营领域,促使传统行业的界限逐渐消失,保险公司也开始提供其他金融服务作为竞争战略的重要组成部分。

(2)养老基金的市场化管理。由于全球范围内现收现付式的社会养老保险体制开始破产,政府主办的公共养老金计划出现了供给不足的现象。因此,各国政府开始运用补贴和优惠税收等措施来鼓励发展企业和个人的养老金计划,并推动各种形式的养老基金,对其实行市场化管理。这些措施为养老金储蓄提供了保值增值的投资机会,从而推动了养老基金、共同基金和相关保险产品快速发展,全球资产管理业务出现了两位数的增长。养老基金的快速增长和其对资产保值增值的需求,为保险公司的投资业务提供了资金来源和需求拉动力。

(3)追求新的利润空间。从全球保险公司的业务模式和收益结构来看,投资业务已经成为保险公司新的利润增长点。传统保险公司的获利途径主要是建立在精确的费率评估和预测基础上的承保利润。在费率自由化和竞争加剧后,承保能力的过剩已经不能保证保险公司的稳健经营,现代保险业开始追求保险资金的投资收益和稳定的外部资产管理收入。如2001年美国恒康金融集团管理资产规模1 270亿美元,传统保费收入为38.51亿美元,一般账户净投资收益为39.45亿美元。此外,保险公司拥有专门的投资和精算人才,这些优势也有利于保险公司更好地了解客户的需求,并开发出适合市场需要的投资产品来满足这些需求。

表 4—13　　　　　　　　　　　　　美国寿险公司资产分布状况　　　　　　　　　　　　单位：%

年份\投资方式	政府债券	公司债券	股票	保单贷款	不动产	抵押贷款	其他
1993	20.28	39.68	13.7	4.23	2.95	12.45	6.11
1994	20.37	40.7	14.51	4.4	2.77	11.09	6.16
1995	19.09	40.55	17.35	4.48	2.45	9.88	6.21
1996	17.64	41.32	19.5	4.37	2.17	9.1	5.9
1997	15.17	41.1	23.2	4.05	1.79	8.14	6.55
1998	13.42	40.32	26.82	3.7	1.46	7.65	6.63
1999	11.78	38.75	32.23	3.22	1.24	7.48	5.29
2000	11.45	39	31.35	3.21	1.13	7.44	6.43
2001	11.55	41.43	27.81	3.19	0.99	7.45	7.59
2002	14.23	43.63	23.42	3.11	0.97	7.41	7.23
2003	13.8	42.3	26.3	2.8	0.8	6.9	7.1
2004	13.2	42.0	27.7	2.6	0.7	6.6	7.2
2005	13.2	41.3	28.7	2.4	0.7	6.6	7.1
2006	12	39	31.7	2.3	0.7	6.5	7.7
2007	11	38.4	32.8	2.3	0.7	6.6	8.2

资料来源：李润敏，《我国保险投资风险管理研究》[D]．山西财经大学金融系 2012。

表 4—14　　　　　　　　　　　　　英国寿险公司资产分布状况　　　　　　　　　　　　单位：%

年份\投资方式	普通股	政府债券	外国政府债券	其他公司证券	单位信托	贷款和担保	固定资产	现金、其他短期资产
1993	48.92	16.68	2.04	8.21	8.62	1.81	7.83	3.89
1994	50.33	15.97	1.69	7.65	7.29	1.68	8.87	4.11
1995	51.3	16.06	1.76	7.61	7.64	1.46	7.15	4.84
1996	50.64	16.31	1.35	7.4	7.74	1.19	6.51	5.68
1997	50.99	15.63	1.23	8.41	7.27	1.2	6.14	6.2
1998	47.51	16.06	2.2	9.7	8.17	1.38	5.78	5.8
1999	50.65	13.26	1.94	9.86	8.88	1.15	5.32	5.92
2000	47.75	12.23	1.89	12.57	9.3	1.01	5.23	6.59
2001	44.29	12.73	2.27	15.5	7.65	1.07	5.93	6.8
2002	35.38	14.94	2.25	20.25	7.43	1.25	6.05	6.61

资料来源：同表 4—13。

表 4-15　　　　　　　　　　　日本寿险公司资产分布状况　　　　　　　　　　单位:%

投资方式 年份	有价证券	存款	贷款	不动产	其他
1995	47.8	5	35.9	5.2	6
1996	56.7	3.5	34.6	5.2	6
2001	62.3	6	13.3	4.7	13.7
2002	64.3	5.3	13.3	4.9	12.2
2003	69.7	4.7	12.2	4.3	9.1
2004	72.7	3.5	9.8	3.9	10.1

资料来源:同表4-13。

(二)保险公司的投资模式

1. 投资管理公司运作模式

这种模式是指保险公司通过全资或控股投资管理公司来进行投资运作。许多国际性的保险公司不仅拥有一家全资的资产管理公司,而且收购或控股其他的基金管理公司。这些保险公司的资产管理公司或基金公司,具有完全独立的董事会、管理团队和组织结构,有着独特的投资理念和业务特色,除重点管理母公司的资产外,还经营管理第三方资产。这种方式一方面可以更好地吸引资金和人才,提高资金运用效益;另一方面可以通过专业化资产管理运作,成为公司新的业务增长点,推动公司的整体发展。因此,这种模式已经成为国际保险业投资的主要模式。

2. 投资部运作模式

在这种模式下,保险公司在总部设立专门的投资部,负责管理公司投资账户的资产,同时对国外子公司或分公司的投资业务进行监管。这些公司按部门和险种进行投资,有利于公司对其资产直接管理和运作。但这种方式由于不能适应管理专业化和服务多样化的要求,逐渐被大多数保险公司所放弃。

3. 第三方投资运作模式

再保险公司、财险公司和小型寿险公司除自行管理部分资产外,还将主要资产委托给其他专业化投资机构进行管理。提供委托管理的专业化投资机构主要是一些独立的基金公司和部分综合性的资产管理公司。该模式有利于减少资产管理中的各项成本支出(包括信息技术、人力资源和管理费用等),还可以充分利用专业机构的专业化优势和成熟的经验。

(三)我国保险公司投资发展现状

"十二五"期间,我国保费收入从2010年的1.3万亿元,增长到2015年的2.4万亿元,年均增长13.4%。保险业总资产从2010年的5万亿元,增长到2015年的12万亿元,成功实现翻番。全行业净资产达1.6万亿元,保险行业偿付能力总体充足。行业利润从2010年的837亿元,增长到2015年的2 824亿元,增加2.4倍。保险深度达到3.6%,保险密度达到1 768元/人。我国保险市场规模先后赶超德国、法国、英国,全球排名由第六位升至第三位。保险资金运用渠道实现了从单一的固定收益产品投资到权益类产品投资,从股票投资到股权投资,从基础金融产品投资到实业投资,从国内资本市场投资到国际资本市场投资,从基础金融产品投资到衍生金融产品投资等方面取得重大突破。目前保险资金可运用的投资工具已经获得了极大丰富。

1. 保险投资发展的四大阶段

我国保险投资的演进大致有四个阶段：

第一阶段，1980~1984年，为单一保险投资渠道阶段，保险资金基本上进入银行，成为银行存款。第二阶段，1984~1988年，为初步发展阶段。1984年，国务院批准中国人民保险公司，在对保费收入进行必要的扣除（准备金、赔款、各项费用开支及应缴纳的税收）后，余下的归自己使用。此后，中国人民保险公司各省级公司相继批准成立了投资处与投资公司，保险资金主要用于企业投资与技术改造贷款。第三阶段，1988~1995年，为无序投资阶段。由于经济增长过热，导致保险公司盲目无限制投资，从而形成了大量不良资产。1989年保险公司资金运用中，流动资金贷款占76%，固定资产投资占21%，购买债券及拆借资金仅占3%左右，此后，中国人民银行开始整顿金融秩序，给经济降温，保险投资公司被列为整顿对象，直到1991年恢复资金运用。第四阶段，从1995年开始至今，为逐步规范与发展阶段。标志是监管当局1995年颁布的第一部《保险法》，以及相关的法律文件，逐步对保险投资渠道进行规范与调整。截至2014年末，全国共有财产保险公司67家（其中中资45家、外资22家），人身保险公司73家（其中中资公司45家，外资公司28家）。保险专业中介机构2 546家（其中保险专业代理机构1 764家，保险经纪机构445家，保险公估357家）。保险兼业代理机构网点210 108个（其中金融类179 061个，非金融类31 047个）。同时，有12家境内保险机构在境外设立了32家营业机构（其中包括10家资产管理公司），以及在境外设立了7家代表处。

2. 保险投资情况

我国投资渠道主要有：银行存款，包括活期、定期和协议存款，这是我国保险公司资产管理的重要组成部分；各种债券，主要是国债、金融债、企业债，企业债与金融债近年来有上升趋势；此外，还有证券投资基金、不动产、股权投资等。

随着市场发展，我国保险资金运用渠道逐步拓宽，保险投资结构也进行了调整，银行存款的占比逐渐下降，但仍占相当的比例；债券的比例历年来都是最高的，其中国债与金融债的投资比例较高，企业债的比例较低；基金的投资比例逐年上升；股票、境外投资、基础设施建设的投资比例较小。具体情况见表4—16。

表4—16　　　　　　　　我国保险业投资情况　　　　　　　　单位：%

投资方式 年份	银行存款	债券	证券投资基金	股票	境外投资	基础设施建设	其他
1999	52	36.9	—	—	—	—	11.1
2000	51	37.3	0.8	—	—	—	10.9
2001	52.4	28.3	5.5	—	—	—	13.8
2002	52	28.8	5.4	—	—	—	13.8
2003	52	25.6	5.2	—	—	—	17.2
2004	41.9	36.4	6.18	—	—	—	15.52
2005	34.4	52.3	7.8	1.12	—	—	4.38
2006	33.67	53.4	5.12	5.22	1.08	0.56	0.95
2007	24.39	43.98	9.47	17.65	2.3	0.9	1.31
2008	38	46.4	6.2	7.1		2.3	
2009	31.1	50.1	9.8	6.8		2.2	

续表

投资方式 年份	银行存款	债券	证券投资基金	股票	境外投资	基础设施建设	其他
2010	30.2	49.5	5.7	14		2.6	
2011	22.06	47.07	5.2	5.9	5.3	7.8	4.67
2012	34.21	44.59	5.5	6.4	3.14	0.8	5.75
2013	29.66	43.64	5.2	4.45	5.29	1.55	10.86
2014	27.1	38.15	5.2	5.9	5.3	7.8	10.5
2015	21.78	34.39	7.2	7.98	7.1	10.25	11.3

资料来源：中国保险监督管理委员会，《2016中国保险市场年报》，中国金融出版社2016年版。

表4—17是我国保险资金的投资收益情况。

表4—17　　　　　　　　　我国保险资金的投资收益情况　　　　　　　　单位：%

年份	2004	2005	2006	2007	2008	2009
收益率	2.84	3.60	5.80	12.17	1.91	6.41
年份	2010	2011	2012	2013	2014	2015
收益率	4.85	3.57	3.39	5.04	6.30	7.56

资料来源：同表4—16。

3. 我国保险公司投资的发展趋势

"十三五"期间，我国保险公司投资的发展趋势是：提效升级，发挥保险资金支持经济建设作用。保险公司将发挥保险资金期限长、规模大、供给稳的独特优势，扩大保险投资领域，创新资金运用方式，优化保险资金配置，提高保险资金服务实体经济效率。

(1)拓宽保险资金服务领域。积极支持保险资金服务实体经济发展和经济转型升级。鼓励保险资金以多种方式支持重大基础设施、棚户区改造、城镇化建设等国家重大项目和民生工程。支持保险资金以债权、股权、股债结合、创投基金、私募基金等方式，向高新技术产业、战略性新兴产业、现代制造业、现代农业等提供长期稳定资金，助力我国新技术、新业态和新产业发展。引导保险资金参与国有企业改革，服务政府投融资体制改革，通过公私合营模式(PPP)、资产支持计划等方式满足实体经济融资需求。支持符合资质的保险机构开展境外投资业务，拓展保险资金境外投资范围，规范保险资金境外投资行为，推动全球化资产配置达到新水平。

(2)创新保险资金运用方式．不断深化保险资金运用市场化改革，发挥市场主体的自主决策机制，把更多投资选择权和风险责任赋予市场主体。进一步发挥保险公司机构投资者作用，为股票市场、债券市场长期稳定发展提供有力支持。鼓励设立不动产、基础设施、养老等专业保险资产管理机构，允许专业保险资产管理机构设立夹层基金、并购基金、不动产基金等。探索保险资金开展抵押贷款，支持保险资金参与资产证券化业务。积极推进保险资产管理产品发展和创新，深化注册制改革。提高保险资产管理产品化水平。建立保险资产交易机制，推动保险资产集中登记交易平台建设。积极培育保险资产交易市场。

(3)加强保险资金运用风险管控。进一步健全和完善保险资金运用政策法规和监管制度，积极构建现代化多层次的保险资金运用监管体系。加强保险资金运用现场和非现场监管，完善风险监测和预警机制。建立保险机构资产负债匹配监管的长效机制，完善承保业务和投资业务匹配管理,促进保险资产负债管理由软约束向硬约束转变,实现安全性、流动性和收益性的统一。强化保险资金运用事中事后监管,加强信息披露、关联交易、内部控制和资产托管等方面的监管力度。不断完善保险资金运用监管信息系统建设,提升监管信息化水平。推进保险资金运用属地监管,加强保险资产管理业协会自律。

二、保险公司融资

保险资金运用的来源是指保险公司进行投资的资金来源。保险资金运用的来源主要有:所有者权益、保险公司的负债及其他资金。具体分为以下四大类:其一,注册资本金与资本公积金,这是企业所有者权益的一部分,是保险公司在成立,或者要扩大公司注册资本金时所筹集的实际资本,在缴存的法定保证金或各种准备金不足以对外支付时,才会用于赔偿或给付,一般情况下处于不变的稳定状态,在各项保险资金运用来源中,是最为稳定的。其二,总准备金,也是所有者权益的一部分,包括盈余公积金和保证金,盈余公积金主要是保险公司在经营过程中从税后利润中提取的。保证金是保险公司在成立后按照其注册资本总额的20%进行提取,保险公司应将保证金存放在指定的银行,这部分资金除了保险公司在清算时可以用来清偿债务,其他时候则不得动用,其余的总准备金保险公司可以进行投资,并且是比较稳定的资金来源。其三,各类准备金,与以上两项不同,准备金属于保险公司对客户的负债,来源于保费收入,不是自有资金,包括未决赔款准备金、未到期责任准备金、长期健康险责任准备金、寿险责任准备金和存入分保准备金。准备金直接来自于保险公司的保费收入,一般而言,寿险公司的责任准备金会占到负债方总额的大部分,是保险资金运用的最主要来源。其四,其他资金,如储金、借入资金及其他融入资金等,也是保险投资的资金来源。以上四大类中,各类准备金占绝大部分,是保险投资的主要资金来源。表4—18是近年来我国保费的变化情况。

表4—18　　　　　　　　　2004~2014年我国保费变化情况

年份	保费 绝对值(亿元)	增长率(%)	寿险公司 绝对值(亿元)	增长率(%)	非寿险公司 绝对值(亿元)	增长率(%)
2004	4 323.0	12.3	3 198.2	7.20	1 124.8	30.0
2005	4 928.4	14.0	3 644.9	14.00	1 283.1	14.1
2006	5 640.2	14.4	4 059.1	11.3	1 581.1	23.2
2007	7 033.4	25.0	4 946.5	21.9	2 086.6	32.0
2008	9 789.1	39.2	7 342.6	48.5	2 446.2	17.3
2009	11 137.3	13.8	8 144.2	11.0	2 992.9	22.4
2010	14 528.0	30.4	10 500.9	28.9	4 026.9	34.6
2011	14 341.0	10.5	9 560.0	6.9	4 780.9	18.7
2012	15 485.5	8.0	9 955.4	4.1	5 530.1	15.7
2013	17 217.9	11.2	10 736.5	7.9	6 481.2	17.2
2014	20 233.6	17.5	12 687.3	18.2	7 546.1	16.4

资料来源:同表4—16。

(一)股权融资

股权融资是保险公司的主要融资方式,是指保险公司在开办或增资时发行股票进行融资。股票资本可以无限期转让。股东通过股东大会参与保险公司的重大决策,以自己所持有的股份数额行使对公司重大事项的决策权,并通过分红的方式实现自己的投资收益。股权融资资金的募集可以通过公开上市的方式进行,也可以通过私募的方式进行,股权融资方式可以直接增加公司的资本金,提高公司的资本充足率水平。

(二)利润留存

利润留存来源于保险公司的保险业务、资本投资业务和其他业务利润的留存,属于保险公司内源性融资。利润留存的资金主要以盈余公积金的形式或临时以利润结转的形式充实自有资本,保险公司对这种自有资本可以无限期地使用。来自利润留存的自我融资有着重要的意义,特别是在业务有实际增长的情况下,这种融资方式可以实现公司的相对资本保值。在股份公司中,自我融资与资本增值融资之间存在着竞争。对于相互保险公司来说,自我融资是获得自有资本的最重要的形式。

(三)保险技术的外来融资

保险技术的外来融资主要包括保费预缴和储蓄业务的储蓄存款,保费收入是保险公司承担未来保险偿付义务的基础。一些险种,特别是在带有保费返还保证的人寿保险、医疗保险及意外保险等,通常会有一个固定的预定利率,有时还会另外附加一个分红利率,这些利息将在未来保险偿付时支付给投保方。另外,外来资本项目还存在利润分红,这种利润分红是由该项转让的资本进行投资而产生的,是在超过预定利息的基础上进行的利润分配。

(四)债务资本融资

严格来说,债务资本融资对保险公司的意义一般不大。这种方式主要是保险公司通过信贷合同或发行相应的债券融入资金。这种债务大多数是有固定期限的。债务资本不承担亏损弥补,债权人也不享有参与决策的权利。保险公司主要的债务融资方式有:发行债务转让凭证,如记名的或在交易所可交易的无记名债券、选择权债券、可转换债券、收益债券等;具有外来资本特性的享用权债券,特别是带有固定利息、期限和免除责任的债券;以自有资产为抵押的贷款;短期和中期的银行贷款;买方信贷等。

(五)再保险融资

再保险不仅是保险公司风险管理的一种方式,而且是其融资的主要来源之一,如带有回收条款的再保险协议类似于债权协议,因为保险公司在将来的某个时点可能会结束与再保险公司的关系,并自行恢复所有未来现金流。

有效的保险融资能及时募集巨灾赔款,降低融资成本,保障保险企业永续经营。在发达国家,相当多的保险公司通过资本市场迅速有效地完成资本的原始积累,而目前我国保险公司的融资渠道相对匮乏,尚处于资本原始积累阶段。因此,必须大力拓展保险公司的融资方式,尤其是股权和债权融资方式,借助保险证券化,使保险人、再保险人、投资人共享利益、共担风险。保险公司融资方式的多样化也将改善资本市场的结构,推动资本市场的繁荣发展。

第四节 信托公司投融资

一、信托公司的内涵

(一)信托的基本概念

信托是指委托人基于对受托人的信任,将其财产权委托给受托人,由受托人按委托人的意愿以自己的名义,为受益人的利益或特定目的,进行管理或者处分的行为。[①] 信托的要素主要有以下四个:(1)信托行为,是指信托当事人在相互信任的基础上,以设立信托为目的,用签订合同的书面形式而发生的一种法律上的行为。(2)信托关系,即因信托行为而形成的以信托财产为中心、当事人之间相互特定的法律关系,表现为当事人就信托财产而形成的权利义务关系。(3)信托财产,即信托行为的标的物,也称财产权,既包括委托人转移给受托人的财产,也包括受托人在管理、处分这部分财产时所取得的新财产。(4)信托关系人,是指由于信托行为而发生信托关系的当事人,可分为三类:委托人、受托人和受益人。其中,委托人是指设立信托时的财产所有者,即利用信托方式达到特定目的的人;受益人则是指在信托关系中享受信托财产收益的人;受托人在信托关系中居于核心地位,它是接受委托人的委托,在授权范围内根据有关规定对信托财产进行管理和处置的人,即"受人之托、代人理财"的人。

(二)信托公司的概念与内涵

1. 信托公司的概念

信托公司是以营利为目的,并以受托人的身份专门或主要从事信托业务的经济组织,主要侧重于中长期资金融通业务尤其是投资业务。它是一种团体受托的组织形式,是从个人受托的信托关系基础上发展而来的,是个人受托向团体受托发展演变的结果。

需要指出的是,当前我国信托公司的通行称谓是信托投资公司,但从严格意义上说,后者只是前者的一种。原因主要是:到目前为止,我国信托业的发展还处在较初级的阶段,业务范围较窄,具体的某一信托业务的开展深度又不够,从而使得同属于信托公司的信托咨询公司和信托银行等机构几乎不存在,因此在我国,信托投资公司可以涵盖信托公司的主要内容。根据我国《信托投资公司管理办法》的规定,信托投资公司"是指依照《中华人民共和国公司法》和本办法设立的主要经营信托业务的金融机构"。可见,在我国,信托投资公司和信托公司之间是可以画上等号的。另外需要指出的是,从美国、德国和英国等发达国家开展信托业务的机构来看,专业的信托公司较少,而更多的是由银行或其他金融机构兼营信托业务。但本节将不涉及这些兼营信托业务机构的投融资。

2. 信托公司的特征

(1)就其在市场经济中的作用和地位而言,信托公司是一种市场中介组织。信托公司通过开办信托投资、信托贷款、融资租赁、信托咨询等业务,将拥有财产并希望保值增值却无法经营的个人或法人机构同缺乏资本但有经营能力的个人或法人机构联系起来,使两者互通有无,使资金得到融通和有效利用。同时,信托公司通过其业务活动,充当"担保人"、"咨询人"、"见证人",为经营者提供真实可靠的信息和其他中介服务,使经营者之间建立起相互信任的关系。

(2)就其所开展的业务而言,信托公司是一种非银行金融机构。信托公司是按照相关的法律法规进行资金的融通和投放,属于国际上公认的金融机构,但它具有不同于银行的特征,因而是一种非银行金融机构。这主要表现在:信托公司的业务是受托办理的,属于间接信用,而银行是直接信用;信托公司的业务方式十分灵活,而银行的信贷业务方式比较固定;信托公司既可融资又可融物,而银行只能融资;信托公司在融通资金的同时,还管理和供给资金,是银行信用与商业信托的结合,而银行是单纯的银行信用;在信托期间,信托财产的所有权和使用权一般是不能分离的,而银行融资是借贷关系,资金的两权是分离的。

(3)信托公司是专业的信托机构。与个人信托相比,信托公司具有明显的优势:其一,资本

[①] 我国2001年颁布的《中华人民共和国信托法》中有明确的界定。

雄厚,诚信可靠,因为信托公司是集多方资金且不断以盈利充实其经济实力,同时信托公司作为企业法人是国家有关部门批准成立的经济组织,受到信托法和其他一系列法律法规的制约以及政府监管部门的监督和稽核,使得委托人和受益人的利益更有保障。其二,机构稳定,社会关系广泛,委托者办理业务方便。其三,运行专业化。信托公司聚集了各方面的专业技术人才,在各地广设分支机构,这使得信托机构拥有广博的知识和灵通的信息,同时,由于信托公司的存在不受自然寿命的限制,使其增强了处理更加复杂、涉及面更广的业务的能力。

二、信托公司的投资

信托公司的投资包括信托公司运用自有资金和所掌控或筹集的信托资金进行的所有投资活动。信托公司素有"金融百货公司"之称,主要原因在于其投资范围非常广泛,涉及国民经济的方方面面。首先,信托公司既可以投资实物资产,又可以在资本市场、货币市场或外汇市场从事股票、债券等金融资产的投资业务;其次,信托公司既可以投资一个项目,通过项目融资实施其信托投资计划,又能直接投资参股一个企业(一般会事先约定在一定时期以一定的方式退出)。

(一)信托公司的投资方式

信托公司的投资方式主要包括以下几种:

1. 发放信托贷款

信托贷款是指信托公司应用信托存款、自筹资金及其他资金对自行审定的贷款对象或项目发放贷款。目前信托公司办理的信托贷款分为固定资产贷款和流动资产贷款。根据有关规定,固定资产贷款必须纳入国家的固定资产计划,流动资金贷款只限于向投资企业发放,对其他企业发放的临时性周转资金贷款,期限较短,一般最长不得超过三个月。

从本质上看,信托贷款与银行贷款没有区别,但比较起来,信托贷款的不同之处包括:资金来源渠道更为狭窄,只能是国家规定吸收的信托存款、自有资金及其他资金,从而贷放的量也受到限制,因而其大多作为银行贷款的一种必要补充;信托贷款可以满足企业特殊的资金需求,能够较好地对银行信贷进行必要的补充;信托贷款更具灵活性,体现在信托贷款的利率范围和具体操作过程等方面。

2. 发放委托贷款

它是指信托公司接受委托人的委托,在委托存款的额度内,按其指定对象、用途、期限发放贷款,并到期收回贷款本息的信托业务。信托公司在受理该业务时,要对委托人指定的贷款对象进行审查,在进行可行性分析后,办理贷款的发放手续,监督和检查贷款的使用情况,贷款到期后,及时督促借款单位归还。

委托贷款与信托贷款的区别有:第一,资金来源不同。信托贷款的资金来源一般是信托公司吸收的信托存款及通过其他信用方式动员的资金;而委托贷款的资金来源是委托人存放于信托公司的委托贷款基金。第二,性质不同。委托贷款是由委托人指定贷款的对象、用途、利率等;而信托贷款是信托公司以吸收的信托存款及自有资金为来源,在保证受益人得到应有收益的前提下,信托公司可自主选择资金用途。第三,风险责任不同。发放委托贷款时委托人要与信托公司签订委托贷款合同,明确委托资金的对象、用途、期限、利率等,如借款人因经营损失、破产等原因到期不能还款,信托公司一般不承担责任,风险由委托人承担;信托贷款则从选择项目、贷款发放到收回等均由信托公司自主办理,风险和责任也由信托公司自担。第四,获取收益的方式不同。信托贷款的收益是按照银行利率的标准收取利息而获取的,而委托贷的收益则来自业务手续费。第五,管理方法不同。委托贷款的资金运用大多表现为一次性,对信用规模的扩张程度影响较小;而信托贷款的资金运用具有银行的一般特征,对信托规模的扩张和综合信贷计划影响程度较大。

3. 进行信托投资

这是信托公司的传统业务,是指信托公司以投资人身份,以其自有资金和信托资金等直接投资于企业、项目或参与合资联营企业的投资,以谋求预期收益。与信托贷款相比,信托投资是一种直接投资,两者在具体形式、风险收益和税收待遇上都存在较大的区别。信托投资按照不同的标准可分为不同的种类,如可分为长期合资经营和定期合资经营,还可分为固定分成投资、比例分成投资和保息分成投资等。

信托公司进行信托投资时,需要遵循一些基本原则,包括选择的信托投资项目必须符合国家的产业政策和投资方向;选择信托投资项目时必须事先进行认真、细致的可行性研究;投资各方必须在平等互利的基础上选择信托投资项目等。这些基本原则对信托投资的成功都是至关重要的。

4. 开展委托投资

即信托公司接受委托单位的委托,对委托单位的资金,按其指定的对象、范围、用途进行投资,并监督投资企业的资金使用、业务经营及利润分配等事务。一般情况下,各国的委托投资都是一种特定委托投资,即由委托人明确要求信托公司按其指定的投资方式向特定的企业或项目投资。

委托投资和信托投资的区别在于:第一,从资金的性质看,委托投资的资金归委托单位所有,资金的投向、金额都由委托单位决定,信托公司仅负责监督资金的使用等实务性工作;而信托投资的资金则是信托公司的自有资金及自筹资金,资金的投向、金额均由信托公司决定。第二,从投资收益的分配来看,委托投资的收益全部归委托人所有,信托公司仅按投资额或利润中的一定比例收取手续费;而信托投资的收益则归信托公司所有,委托人一般只按信托资金数额取得定期存款利息或获得信托投资收益的一定比例的增补收益。第三,从投资的责任来看,委托投资中信托公司作为委托人的代理人,企业的经营状况、利润多少与信托公司没有直接的关系,投资风险由委托人承担;而信托投资中信托公司则对投资承担一切损益和风险。

5. 投资基金业务

各国法律都允许信托公司作为投资基金或者基金管理公司的发起人从事投资基金业务。因此,通过发起成立的基金公司,再以基金公司的身份发行基金单位并将资金投向有关法律允许的标的,也是信托公司的重要投资方式之一。该方式与基金公司完全相同,在下一节"基金管理公司投融资"中有详细的介绍,此处不赘述。

6. 融资租赁

该业务是指出租人根据承租人对出售人、租赁物的选择,向出售人购买租赁物件,提供给承租人使用,同时向承租人收取租金的交易活动。信托投资公司在融资租赁业务中担任出租人,以保留对租赁物的所有权和收取租金为条件,使承租人在租赁合同期内享有对租赁物占有、使用和受益的权利。具体来说,就是首先由承租人自行向出售人选定需要的设备,确定品种、规格、交货条件等;接着承租人向信托投资公司(出租人)洽谈租赁条件,并与之签订租赁合同;最后由信托投资公司按承租人已谈好的条件向设备出售人付款购物,同时将所购设备出租给承租人使用,按期收回租金,相当于向承租人提供长期信贷。

(二)信托公司投资的管理

信托公司属于高度负债经营的企业,在投资对象日趋多元化的形势下,为了提高其资信和经济效益,促进企业的快速发展,就必须强化对投资的管理。

首先,要事先合理地安排投资结构,在有效控制风险的前提下,达到投资效益的最大化。信托机构的投资按期限长短分为长期投资和短期投资。长期投资的资金回收期长,收益高;而短期投资的资金回收期短,收益相对也低。信托公司的资金来源也同样有长期负债与短期负债。长期负债的偿还期限长,成本高;而短期付债的偿还期限短,成本也较低。那么,要在偿还期内偿还负债,并且投资收益能抵补筹资成本,信托公司就必须在充分利用各种信息渠道、先进的投资技术和具有创新精神的人才,挖掘和开拓更好的投资机会和投资渠道的同时,确保资金的投放与资金的来源在结构、时间和数量上相互匹配,即做到"量入为出",从而将流动性风险降低到尽可能小的程度,以此来确保整个公司资金的合理运转,获得最大的总体经济效益。

其次,要适时监控投资项目效益,保证资金的顺利回收。由于投资项目的收益会受到各种内外因素变动的影响,因此信托公司将资金投放后,大多数情况下都要密切关注投资项目的效益情况,否则就很难保证投资的安全性和收益性。如对短期和长期证券投资,应经常研究证券市场证券交易的变动和走势,特别是短期证券投资,对买入卖出的时机进行深入分析研究,以便有效地获得证券的差价收益。对于希望取得资本收益的长期证券投资,应对公司的财务状况、盈利状况和股票回报率等进行细致的分析研究,并积极参与企业的经营决策和利润分配。对于融资租赁业务,在项目签约后,设备的所有权还是归属信托公司,因此公司的管理人员应当检查设备的安装、投产使用、保养维修等,并经常了解承租人的经营业务情况,督促承租人如期偿付租金。对不及时和逾期未收回的租金,还应及时追收,以确保租金的按期收回。

最后,坚持稳健经营的原则,通过财务管理规避投资风险。信托公司在进行各种投资时,必须充分考虑如何有效避免各类风险的发生,以确保可持续经营。这就要求信托公司除了做到如前所述的合理安排投资结构以及投资过程中进行多样化的安排和有效的监控之外,在财务处理上要提取各类贷款的呆账准备金和投资风险准备金。因为信托公司的投资以及贷款业务范围广泛,种类繁多,但对于借款单位的制约和监督往往不能到位,这就要求信托公司自身要计提"两金",以此来保证信托资金的完整,将各种风险的发生所带来的损失降到最低限度,以维护对于信托公司至关重要的信誉,确保信托公司长期稳定经营。

三、信托公司的融资

信托公司融资是指信托公司为了维持正常运转和各项业务的开展所进行的筹集资金的各项活动。信托公司作为一种重要的金融机构,其融资渠道十分广泛,包括同业拆借、吸收信托存款和委托存款、向境外金融机构借款、发行股票债券以及直接吸收投资者投入资金等。下面分别从信托公司资本金的筹集和业务开展资金的筹集两个角度加以阐述。

(一)资本金的筹集

我国信托投资公司必须有最低限额的实收资本金。2001年1月19日颁布的《信托投资公司管理办法》规定,信托公司的注册资本不得低于人民币3亿元;经营外汇业务的信托投资公司的注册资本中应包括不少于价值1 500万美元的外汇;此外,中国人民银行还可以根据信托投资公司行业发展的需要,适时增加其注册资本的最低限额。目前信托投资公司自有资本金的来源渠道主要有:(1)国家财政拨款;(2)地方财政预算外收入;(3)企事业主管部门的自有资金;(4)企业的公积金及未分配盈利;(5)中国人民银行批准的其他资金补充来源。同时,我国的信托投资公司还可以通过公开上市发行股票、发行基金及债券的方式来获得和补充资本金。这些资金是金融信托投资机构可以独立运用、灵活掌握的最稳定、最可靠、最有效的资金来源。

(二)信托公司开展各类业务的融资

如上所述,信托公司的投资方式多种多样,与之相对应,信托公司的融资方式和融资渠道也表现为多种多样。总的来说,信托公司的这类融资大多是通过委托和受托的关系,在资金的所有权与使用权相对分离的情况下,根据合同在一定期限内按照委托者的意图进行的融资活动。下面从其融资方式的角度来阐述信托公司的这部分融资。

1. 吸收信托存款

信托存款业务是指企事业单位和个人将自身自主支配的、符合特定范围的资金委托信托公司代为管理和处置,并收取一定利息的资金信托业务。按照信托存款的资金来源不同,信托存款可分为单位信托存款、公益基金信托存款、劳保基金信托存款和个人特约信托存款。

信托存款与银行存款的主要区别表现在:信托存款的来源远没有银行存款的来源范围广;两者的利率有一定差别,信托存款的储户除了获得一个固定的收益率外,还可获得运用信托存款的一部分收益,而银行则只支付利息;信托存款的运用在一定程度上会受到存户的限制,而银行存款则不受存户的任何影响;在收益支付的对象上,信托存款会在信托存款协议书上明确指明受益人(可以是委托人本人,也可以不是),而银行存款则不是。

2. 吸收委托存款

委托存款是指委托人按规定向信托公司交存的、由信托公司按照委托人指定的对象和用途管理的资金。委托存款的运作收益全部归委托人所有,同时委托人承担运作风险,信托公司只按照一定比例向委托人收取手续费。一般情况下,委托人不得在到期前支取委托存款。

3. 发行信托单位

该方式的本质是投资者(信托单位的持有者)共同出资,分享收益或红利。从世界范围看,各国对发行信托单位的具体规定有所不同。例如在美国,信托公司发行信托单位而获得的资金只能用于购买并且持有一个相对固定的股票、债券和其他证券的组合,而且每月要支付给投资者相应的利息。此外,这些资金的投资有一个标明的到期日,当到期时,从证券投资中得到的收益被分配给单位信托证券的持有者。而在英国,信托单位的发行和我国的开放式基金是类似的,所融入的资金主要投资于国内外普通股股票和债券。

四、我国信托业的发展现状

(一)我国信托业经历的六次整顿

我国信托业的正式恢复以1979年中国国际信托投资公司(中信)在北京的成立为标志。当时,国家为了搞活经济,支持国民经济建设,鼓励开展信托业务,如信托贷款、设备贷款等。1981~1982年,信托投资公司数量迅速膨胀,与银行抢业务争利润,助长了企业投资规模的膨胀。在此背景下,1982年,国家决定对我国信托业进行第一次的全国性整顿。其主要目的是将计划外的信托业务纳入管理体系,即全部信托业务均由人民银行或其指定的专业银行办理。

第二次整顿。1984年,国家为了进一步搞活经济,将经济改革的重心由城市转向农村,该政策再次刺激了信托业的扩张,信托业借此机会加剧对固定资产投资,导致经济过热,国家物资供应计划失衡。于是1985年,央行决定再次整顿信托业,颁布《金融信托投资机构资金管理暂行办法》,限定了信托公司的资金来源渠道,明确信托公司的主营业务为类同于银行的资产负债业务,且可从事实业投资。

第三次整顿。到 1988 年底,我国信托投资机构已达上千家。随后,国务院颁布《关于进一步清理整顿金融性公司的通知》,整顿的重点是撤并信托机构和业务规范。经整顿,信托公司的数量由 1000 多家减至 339 家,各类贷款规模增长过快的现象得到了控制,为信托业的稳步发展创造了条件。

第四次整顿。1992 年初,在经济快速增长的同时,银行资金通过拆借等途径再次流入信托业,并流入股票市场和房地产市场,助长了经济的过热增长,国内开发区热、房地产热、集资热的兴起,导致信托机构违章拆借、违规经营的现象越来越严重,加重了金融秩序的混乱。为了解决这些问题,1993 年 6 月,央行明确了银行业与信托业"分业经营、分业管理"的金融政策。截至 1997 年上半年,银行已不再有信托公司,中国开始了严格的信托业与银行业的分业经营。

第五次整顿。分业经营的政策并没有从根本上解决中国信托业的混乱状态:首先,由于信托业风控管理能力不高,又追求投资高回报,导致信托资金流向房地产的热潮中;其次,政府干预现象严重,导致很多项目在缺乏可行性研究的情况下就盲目投资,结果造成项目完工,却没有市场;再次,信托资金还有一部分投向国企,在当时,有的国企因产品不能适销对路导致经营困难,从而信托贷款到期无法还款。除此以外,在亚洲、拉美等地区出现区域性金融危机的背景下,我国信托公司由于上述原因造成的抗风险能力差,最终一些信托公司相继破产。1999 年,国务院颁布《中国人民银行整顿信托投资公司方案》,整顿的重点是实现信托业与证券业、银行业的严格分离;保留少量规模较大、信誉度高、业务规范的信托投资公司,从而进一步完善金融服务体系。

通过以上对我国信托业五次接受整顿的梳理,可以看出,前四次整顿基本上是以膨胀—整顿—再膨胀为循环,最终信托公司发展到出现支付危机,甚至破产倒闭。出现这种现象的原因是多方面的,但其根本原因是国家并没有明确我国信托业的市场定位及其未来发展方向。

第六次整顿。2001 年《信托投资公司资金信托管理暂行办法》、《信托投资公司管理办法》以及《中华人民共和国信托法》的出台,标志着我国信托业第六次整顿的开始。这是国家第一次以制度的形式,引导信托公司回归本业,要求其真正从事受托理财的业务。

截至 2014 年底,我国 68 家信托公司管理的信托资产规模已达 13.98 万亿元,较 2013 年的 10.91 万亿元增长了 28.14%;实现经营收入 954.95 亿元,相比 2013 年末的 832.60 亿元增长了 14.69%;实现利润总额 642.30 亿元,相比 2013 年末的 568.61 亿元,增长了 12.96%:成为仅次于银行的第二大金融门类。

(二)信托资金投资的分析

以 2014 年为例,我国高达 13.04 万亿元的信托资金主要投向工商企业、基础产业、金融机构、证券投资和房地产五大领域,但资金信托投向在上述领域的占比有较大程度的变化,市场化对信托资产配置领域变化的驱动非常明显。

第一,工商企业。2014 年度,工商企业仍是资金信托的第一大配置领域,规模为 3.13 万亿元,占比为 24.03%。但是,相比 2013 年末 28.14% 的占比,占比有所下降。这主要是因为受经济下行影响,工商企业普遍经营困难,信托业对工商企业的资金运用开始偏向谨慎。

第二,基础产业。2014 年度,基础产业仍是资金信托的第二大配置领域,规模为 2.77 万亿元,占比为 21.24%。相比 2013 年末 25.25% 的占比,同比下降了 4.01 个百分点。信托资金对基础产业配置的减少,与基础产业过度投资、地方债务风险显现有密不可分的关系。由此,信托公司对政信合作业务也将更加审慎。

第三,金融机构。金融机构是资金信托的第三大配置领域。2014年度,资金信托对金融机构的运用规模为2.27万亿元,占比17.39%。相比2013年末12.00%的占比,同比上升了5.39个百分点。资金信托对金融机构运用的增加,主要源于信托业强化金融协同、金融业投资及其资产运用波动不大和回报稳定等市场因素。

第四,证券投资。证券投资是资金信托的第四大配置领域。2014年度,资金信托对证券市场的投资规模(按投向统计)为1.84万亿元,占比为14.18%,其中:债券投资占比8.86%,股票投资占比4.23%,基金投资占比1.09%。与投向金融机构相同,资金信托对证券投资的配置近年来一直呈现上升趋势。相比2013年末10.35%的占比,同比上升3.83个百分点。资金信托对证券投资占比的提升,主要缘于资本市场投资价值的显现以及投资多元化资产配置需求等市场因素。

第五,房地产。房地产是资金信托的第五大配置领域。2014年度,资金信托投向房地产领域的规模为1.31万亿元,占比为10.04%。与其他领域的配置不同,资金信托对房地产的配置近年来表现一直比较平稳。相比2013年末10.03%的占比,小幅上升了0.01个百分点。资金信托对房地产配置的上述特点,与房地产市场的短期波动平稳、中长期风险暴露增加的特点有关。随着2016年2季度开始暴露的房地产行业风险,预计资金信托投向房地产领域今后或将更为谨慎。

从信托资金投向看,2014年度投向非实体经济部门的规模为4.11万亿元(包括金融机构及证券投资),占信托总规模的29.40%;投向实体经济部门的规模为9.87万亿元(包括工商企业、基础产业等),占信托总规模的70.60%。信托业是实体经济的坚定支持者。

(三)信托业发展的趋势

《中共中央关于制定国民经济和社会发展第十三个五年规划的建议》在"构建发展新体制"中提出,开发符合创新需求的金融服务,推进高收益债券及股债相结合的融资方式。循着这一思路,信托在"十三五"期间发展的可行路线图是,突破原有路径依赖,跳出以债权融资业务为单一主营业务的"信托初级阶段陷阱",对债权融资类业务进行创新升级并降低其占比,显著提高以股权投资为主要资产运用方式的资产管理业务的占比,逐步形成这两大类业务并行的格局,从而迈入信托发展的中级阶段。

首先,对债权融资类信托业务进行大力创新。一是创设"附信托私募企业债"。这是属于高收益债券的一种,是指企业以非公开方式发行和转让,约定在一定期限还本付息的债券。在债券发行前,企业与受托人即信托公司签订信托合同,将担保物权设定给受托人,使受托人为全体企业债债权人的利益保管并行使担保物权,同时为债权人的利益履行其他法定义务和约定义务。在这一创新金融品种的设计中,信托公司所扮演的角色从信托计划的发行主体,转化为"投资银行+信托受托人"。二是按照互联网信托的思维模式,借鉴众筹的做法,改变现有监管政策,针对投资者单笔投资信托产品,由下限管理改为上限管理,大幅度降低投资者对单一信托产品的投资额和集中度,分散其风险,这将有助于打破刚性兑付,也有利于信托公司降低筹资成本,促进信托资金进入更广泛的实体经济、新兴经济领域。

其次,在居民收入不断增长、财产持续积累的时代背景下,家庭资产管理的巨大需求,有望成为支撑信托发展的新驱动力,有望支持收费型资产管理等买方业务的开展。从域外经验来看,当人均GDP超过7 000美元时,资产管理需求将处于快速成长时期。中国的人均GDP在2014年约为7 485美元,国民财富快速增长将带来资产管理业务的快速成长。资产管理业务所对应的资产运用,主要是对股权、证券等的直接融资活动。这正好可发挥信托公司的比较优势——股权投资功能,而目前经济中蕴含着巨大的股权投融资需求,包括项目股权投资、私募股权投资(PE)、新三板投资、并购投资等。信托资产管理业务将有利于促进我国企业的资本形成,改善企业资本实力偏弱、杠杆率居高不下、缺乏财务稳健性的不利局面。

以信托基金为主要产品形态的资产管理业务区别于传统的债权融资信托业务,具有明显不同的特征:资产管理业务虽仍由信托公司发起,但它属于买方业务,出发点是满足各类投资者的理财投资需求;资产管理业务虽也需要将资金投入到实体经济中,但其业务展开的方式是真正的投资类业务,与银行业务相比有清晰的界限;资产管理类信托产品不再设预期收益率,其存续的期限亦颇有弹性,从而有利于将投资者的行为模式转换为风险自担的投资行为,资产管理业务的收入来源于固定费率的佣金和针对超额收益的分成,不必"刚性兑付",属于收费型业务;资产管理类信托产品采取基金形态,资金分别投向多个不同的主体,有利于分散风险。

最后,在"十三五"期间,来自家庭部门、社会事业对信托的需求将日益扩展,成为支持信托进一步发展的强大驱动力。其中,尤其值得期待的是,公益信托和以家族信托为代表的财富管理业务,有望在信托的中级阶段中,从蹒跚学步开始继而不断成长,终成大树,为过渡到以资产管理业务和财富管理业务双轮驱动的信托高级阶段积聚条件。

第五节 基金管理公司投融资

一、基金管理公司概述

起源于英国、兴盛于美国的基金历经了 100 多年的发展历程。1868 年,英国创立了历史上第一只基金——伦敦海外殖民政府信托,标志着基金开始登上了历史舞台。第二次世界大战之后,英国的经济实力受到重挫,其经济中心的地位被日益强盛的美国所取代,美国成为新的国际金融中心。自此,基金作为一种收益共享、风险共担的金融产品开始在美国进入了一个全新的发展时代。美国的基金资产规模在 20 世纪 40 年代、50 年代、60 年代和 70 年代分别为 4 亿美元、25 亿美元、170 亿美元和 476 亿美元,呈现加速增长态势(见图 4—10)。同时,创新产品不断涌现,如 20 世纪 70 年代的货币市场基金、80 年代的政府收益和政府国家抵押公会基金以及各种各样的专项或行业基金,这些使人耳目一新的产品的出现带动了基金业在美国的迅猛发展。20 世纪的最后 10 年,美国经历了有史以来最长的经济繁荣期。在此期间,美国基金业的发展速度远远超过了其他金融行业的发展速度,吸引了越来越多的投资者。

据 CIC(国际数字资产中心)统计,2015 年全球基金总规模 37.08 万亿美元。美国基金在全球基金中占主导地位,主要表现在:一是在全球基金总额中,美国基金占半壁江山,因而它对全球基金的进一步发展有着举足轻重的影响;二是美国的基金运作相对规范,其中,公司型、开放式基金比较成熟,为其他国家或地区学习的对象,因而有着导向作用;三是美国的金融创新层出不穷,既为基金的运作提供了不断增大的市场空间,也为基金的进一步完善提供了良好的市场环境,2015 年,共有 7 674 只基金,基金资产占全球的 48.87%。

处于全球基金业第二梯队的国家比较多,有 8 个。其中,卢森堡、澳大利亚、法国和爱尔兰的基金资产净值超过 1 万亿美元,分别为 2.28 万亿美元、1.44 万亿美元、1.38 万亿美元和 1.06 万亿美元。而巴西、英国、日本、加拿大基金资产规模在 0.7 万亿~0.9 万亿美元。

第三梯队是 5 000 亿美元以下、1 000 亿美元以上的国家。中国基金业是这一梯队内规模较大的国家,和中国处在同一梯队的国家还有德国、瑞士和韩国,基金资产规模分别为

2 930.11亿美元、2 730.61亿美元和2 267.16亿美元。此外,西班牙、瑞典和南非的基金资产规模在2 000亿美元以下。

以国际货币基金组织(IMF)2012年公布的2011年度GDP数据为准,中国的GDP为7.298万亿美元,约为美国的一半,比排名第三的日本多24.34%。2011年年底,中国基金资产规模占GDP比例只有4.65%;而发达国家经济体中的美国、英国、法国、德国、日本、加拿大和澳大利亚7个国家的简单平均,基金占GDP比例为45.94%,几乎相当于中国这一指标的10倍。新兴市场国家中,巴西基金占GDP比例为40.03%,南非基金占GDP比例为30.63%,是中国这一指标的6~8倍。

(一)基金管理公司的定义

基金业由基金持有人、基金管理人、基金托管人三个直接主体与基金这一个客体构成。另外,基金承销人与政府监管部门也属于基金业的间接主体。其中,基金管理人主要承担基金资产投资管理的职能,一般由具有专业投资知识与经验的专业金融机构来担任,也就是我们通常所说的基金管理公司。从事基金管理业务的公司在不同的国家和地区有不同的称谓,如美国称"投资顾问公司"或"资产管理公司",英国称"投资管理公司",日本称"投资信托公司",我国则称"基金管理公司"。虽然称谓各不相同,但其本质都是一样的。本节将统一使用我国的称谓,即基金管理公司。

基金管理公司是指具有专业投资知识与经验、主要承担基金资产投资管理职能的专业金融机构。基金管理公司有广义与狭义之分。狭义的基金管理公司是指依照《证券投资基金管理公司管理办法》的规定,设立并运作的从事基金管理业务的公司。广义的基金管理公司是指从事基金管理业务,向投资者提供资产管理服务的公司,是一个比较宽泛的概念,其宽泛性主要体现在:在基金设立形式上,它既包括管理公募基金的公司,也包括管理私募基金的公司;在基金投资对象上,可以投资于有价证券,也可以投资于风险创业项目,或者两者兼而为之。因此,广义的基金管理公司不仅包括管理证券投资基金的公司,也包括管理风险创业投资基金的公司和管理对冲基金的公司。本书所讨论的基金管理公司采用狭义的概念,主要是由于目前我国还未公开出现从事对冲基金管理业务的基金管理公司,从事风险创业基金管理的基金管理公司也才刚刚起步。

(二)我国基金管理公司的发展概况

伴随着基金业的发展,我国的基金管理公司也经过了从无到有、从不规范到较规范、从不成熟到较为成熟的发展道路。如果以1997年11月国务院证券委颁布的《证券投资基金管理暂行办法》和2000年10月中国证监会颁布的《开放式证券投资基金试点办法》为分界点,国内基金管理公司的发展可以划分为三个阶段。

1. 基金管理公司的起步阶段

这一阶段是从1991年10月我国第一批证券投资基金"武汉证券投资基金"和"深圳南山证券投资基金"的成立至1997年《证券投资基金管理暂行办法》颁布之前,期间我国几乎没有严格意义上的基金管理公司,专业性的基金管理公司数量也极少(主要是深圳投资基金管理公司、淄博基金管理公司和蓝天基金管理公司等)。由于没有一部全国统一的基金法规,对基金发起人、管理人及托管人的资格条件和法律地位都没有统一的规定,更多的是三者之间存在高度的关联关系。如当时就有很多老基金[1]是在发起人内部设立一个不具备法人资格的基金管理公司来充当基金管理人,甚至同时充当基金托管人。由于同一主体担任多个角色,出现了基金管理人在无监督的情况下挪用基金资产、随意变更基金投资方向等不规范行为,因此在这一阶段,内部人员牟取私利的现象普遍存在,基金运作效率十分低下。

2. 基金管理公司进一步发展,但是违规现象普遍存在的阶段

这一阶段是从1997年11月国务院证券委颁布《证券投资基金管理暂行办法》至2000年中国证监会颁布《开放式证券投资基金试点办法》之前。这一阶段国家出台了一系列法律法规来规范基金业的发展和基金管理公司的规范运行,达到了一定的效果。1998年3月,一批真正意义上的基金管理公司——国泰基金管理公司和南方基金管理公司成立。随后,在政府的扶持政策下,到2001年国内共成立了14家专业的基金管理公司,管理基金50余只(均为封闭式基金),对这些基金管理公司乃至整个基金行业的监管法规也初具体系。同时,这一阶段的基金管理行业的进入壁垒很高,从而使基金管理公司的竞争压力很小,再加上政府的一些扶持政策,如证监会给予基金的新股配售特权、极高的管理费率等,使得基金管理成为暴利行业。不过,收入与基金业绩的脱离所带来的竞争和激励机制的缺失,加上行业约束机制的不完善,使得基金管理公司内部治理结构对基金管理公司的约束极为有限,整个行业违规现象普遍存在。2000年10月,《财经》杂志刊登的一篇题为《基金黑幕——关于基金行为的研究报告解析》的长篇报告,一石激起千层浪,引发了整个社会对基金行为的大讨论和证监会对基金黑幕问题的调查。而调查的结果显示,当时只有2家基金管理公司未发现相关的违规行为。

3. 基金公司的快速成长时期

这一阶段是从2000年10月中国证监会颁布《开放式证券投资基金试点办法》至今。该阶段也是开放式基金从无到有再到成为基金主流品种的过程。

首先,这一阶段中无论基金的数量、规模,还是专业基金管理公司的数量都迅速增加。从2001年9月第一只开放式基金——"华安创新证券投资基金"设立之日到2007年5月,我国已有基金管理公司(包括中资公司和合资公司)57家,基金总数366只,基金总资产净值达到63 876 796.18万元。其中,开放式基金310只,国投股票的基金规模最大,达165.82亿元;封闭式基金55只,最大基金规模达30亿元;LOF[2](Listed Open-Ended Fund)25只,最大规模达43.35亿元;ETF[3](Exchange Traded Fund)5只,最大规模为54.35亿元。

其次,2004年我国有关主管部门相继颁布了《中华人民共和国证券投资基金法》、《证券投资基金信息披露管理办法》、《证券投资基金运作管理办法》、《证券投资基金销售管理办法》、《证券投资基金管理公司管理办法》和《证券投资基金管理公司高级管理人员任职管理办法》,基本形成了较为完善的法律体系,进一步规范了基金管理公司和整个基金业的健康发展。2005年,中国人民银行、银监会、证监会在充分考虑到基金业发展状况、商业银行改革进程、监管协调和金融宏观调控等问题的基础上,对商业银行设立基金管理公司采取了先试点后推广

---

[1] 在1997年《证券投资基金管理暂行办法》颁布之前,国内共发行了72只契约型封闭式基金,该阶段成立的基金通常被称为"老基金"。

[2] LOF也就是上市型开放式基金,是一种可以在交易所挂牌交易的开放式基金。发行结束后,投资者既可以在指定网点申购与赎回基金份额,也可以在交易所买卖该基金。LOF提供的是一个交易平台,基金公司可以基于这一平台进行封闭式基金转开放、开放式基金上市交易等。

[3] ETF称为交易型开放式指数基金。它综合了封闭式基金和开放式基金的优点,投资者既可以向基金管理公司申购或赎回基金份额,同时,又可以像封闭式基金一样在证券市场上按市场价格买卖ETF份额。

的发展思路,联合公布并实施《商业银行设立基金管理公司试点管理办法》,规定了商业银行基金管理公司的申请程序、业务范围、风险控制和监督管理等。商业银行基金管理公司是商业银行作为主要股东直接出资、经监管部门批准设立、从事基金管理业务的企业法人,可以有效分流储蓄,分散金融风险,促进资本市场发展。同年,中国工商银行、中国建设银行及交通银行作为主要股东发起设立的3家基金管理公司均获准成立,发行的首只基金募集规模达150亿份(见表4-19)。

表4-19　　　　　　　　　　　商业银行基金管理公司情况

基金公司名称	发起银行	外方合资机构	股东情况	注册资本	首只基金募集时份额	成立时间
工银瑞信基金管理公司	中国工商银行股份有限公司	瑞士信贷第一波士顿	中国工商银行股份有限公司(55%)、瑞士信贷第一波士顿(25%)、中国远洋运输(集团)总公司(20%)	2亿元	43亿份	2005年8月26日
交银施罗德基金管理公司	交通银行股份有限公司	德国施罗德投资管理公司	交通银行(65%)、施罗德投资管理有限公司(30%)、中国国际集装箱海运(集团)股份有限公司(5%)	2亿元	48亿份	2005年9月29日
建信基金管理公司	中国建设银行股份有限公司	美国信安金融集团	中国建设银行股份有限公司(65%)、信安金融集团(25%)、华电集团(10%)	2亿元	62亿份	2005年12月1日

资料来源:中国人民银行,《2005年金融市场运行报告》。

最后,随着基金管理公司数量和开放式基金数量的增多、相关法律法规更加合理的规定,基金管理公司不再像第二阶段那样"旱涝保收",行业进入壁垒的降低、开放式基金的赎回机制、合资基金公司的出现引发了基金管理公司投资理念的转变,即由原来的"坐庄"式转向价值挖掘式,注重对行业发展趋势以及个股基本面的研究,同时工作重心也由投资管理转向投资管理与客户服务并重,很多基金管理公司还提出向"一切以服务为中心"的理财机构转型。总之,我国基金管理公司已经进入了快速成长期,并开始向成熟期过渡。

二、基金管理公司投资

由于目前基金管理公司投资的主要渠道是证券投资,其他类型的投资(如产业投资和风险投资)处于起步阶段,所以我们将着重介绍基金管理公司的证券投资。证券投资基金主要投资于证券市场的股票、债券、商业票据乃至基金产品等各种金融工具,这部分内容在第九章金融资产中有关基金种类的部分有较详细的介绍,这里主要分析基金管理公司证券投资管理和投资策略两个方面。

(一)基金管理公司投资管理

基金管理公司投资管理的主要过程包括:

1. 确立使命与宗旨

基金投资管理的使命与宗旨可以概括为:结合内部与外部环境、主观与客观条件,取得优秀的投资业绩,向基金持有人提供满意的资产管理服务,同时为基金管理公司赢得有形与无形的利益。

2. 分析投资者的需求与偏好

这是基金投资管理过程中重要的一环,通常需要先依据不同的标准(如年龄、收入等)将投资者分类,目的是为了向不同类型的基金持有人(即投资大众)提供优质的资产管理服务。

3. 确定投资目标

一般而言,任何基金类型的设立都要根据投资者的需要、综合考虑内外部环境以及各种市场限制后确立特定的投资目标。目标一旦确立,在基金存续期内一般不会轻易改变。投资目标需要考虑安全性、收益性、流动性三项要素,包括本金的安全、资本的增值、收入的保证、通货膨胀的抵补、纳税、足够的流动性等,据此基金常被分为积极成长型、成长型、收入型、平衡型等类型。

4. 制定投资政策

投资政策是为了实现投资目标、指导投资活动而制定和实施的一套原则与方针。制定投资政策应综合考虑投资目标、投资环境、投资限制、投资者的投资理念、市场的基本规律等因素,涉及的内容主要包括投资的资产组合,各类资产的集中分散程度,基金的充分投资程度,对融资、融券、财务杠杆、衍生工具的运用的限制等。其中最根本的问题是如何权衡收益与风险。

5. 制定投资策略

为了达到投资目标,基金管理公司必须在投资政策的指导下,分析投资市场长期的发展趋势,结合基金管理公司内部的特点,制定适当的投资策略,抓住机遇,迎接挑战,扬长避短。基金投资策略的内容很广泛,包括资产组合投资策略、资产配置策略、股票投资策略、固定收入证券投资策略、创业投资策略等。

6. 分析投资市场

投资市场分析是对宏观经济形势、行业发展前景、公司经营状况、项目开发潜质等进行基本面的分析,对资产价格的历史走势进行技术面的分析,对投资大众或整个市场进行心理与行为分析,综合考虑经济、政治、社会等各方面的因素,以及过去、现在、未来等各个时段的信息,从而对各类资产的价格变化有一个较准确全面的预期与把握。有效的投资市场分析需要一个高效的信息系统,以便快速地收集、整理、储存、传递、使用各类信息,全面掌握各方面的情况。投资市场分析是投资管理过程中极为重要的一环,如果把投资管理过程比作一个工厂,投资市场分析的结果相当于原材料,投资策略相当于生产线,最终的投资抉择相当于最终产品。生产线的先进程度固然重要,但原材料的质量也不容忽视。

7. 抉择、执行、调整

在投资策略的指导下,运用投资市场分析的结果,基金管理者就可以进行投资抉择了。投资抉择需要首先拟定投资方案,然后从中选出最满意的方案。投资抉择主要是构造投资组合,包括资产分配的选择、单个资产的选择、投资组合的优化等。决策的下一步就是执行,即进行资产的交易或进行项目的实施。在执行与实施过程中,基金管理者还必须根据内外部环境及主客观条件的变化,对投资组合进行动态调整,以适应情况的变化,保持投资组合的最优。

8. 评估业绩、总结经验、改进提高

投资结果出来后,必须进行业绩评估,并进一步总结经验、吸取教训、着眼未来、改进提高。这样,投资管理过程才完成一次圆满的循环,并在进入新的一轮循环时,形成螺旋上升的轨迹。其实,评估进展情况、总结经验教训、不断改进提高,自始至终贯穿于投资管理过程中的每一阶段,不只是到了每一投资管理循环的终点才开始。

基金管理公司投资管理过程见图4-13。

在现实中,投资管理过程并非按上述步骤一步一步严格地呈直线式行进,各步骤之间会有很多交叉反复,在进行投资活动时需要多加注意。

(二)基金管理公司投资策略

投资策略就是基金管理公司根据现代证券投资理论,基于对证券市场中某些证券状况的

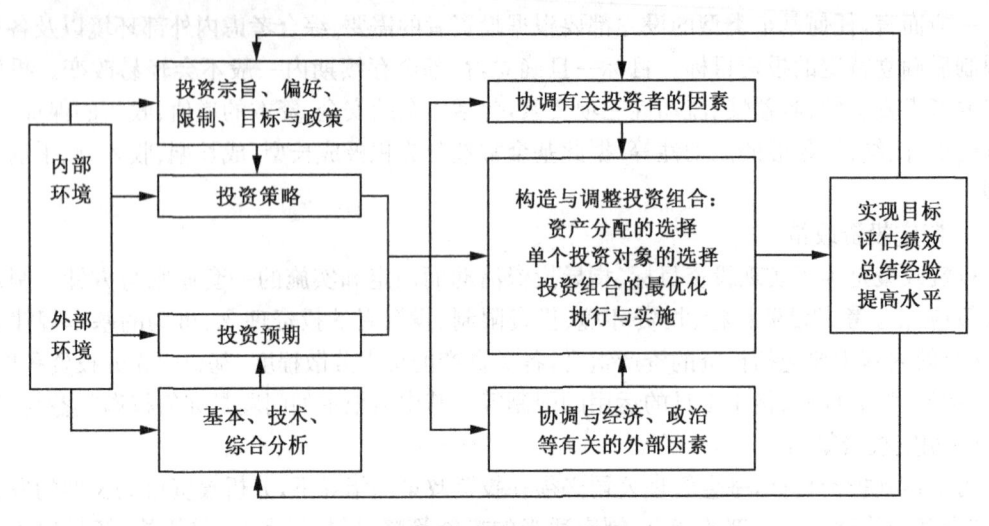

图 4—13 基金管理公司投资管理过程

分析和对证券性质的认识，选择制定投资组合方案。投资策略是决定基金业绩的关键因素，必须事先拟定，临机权变，不断创新。一般而言，基金的投资目标与投资政策是公开的，但其投资策略却很少公开，因为想取得优秀业绩的基金无一不把独具特色的投资策略视为出奇制胜的秘密武器，也无一不在千方百计地开发创新更有效的投资策略。投资策略吸收了各类最新的研究成果，反映了投资市场的最新潮流，它渗透在整个投资管理过程中，是投资管理中最为活跃的一个领域。

投资策略的分类方法主要有以下两种：

1. 根据对市场有效性的判断来分类

据此可将投资策略分为积极管理策略、消极管理策略以及混合管理策略。这是最经典的投资策略分类方法。消极管理策略是指投资者认为金融市场是非常有效的，证券价格反映了一切信息，一切分析证券价格的努力都是徒劳的，最佳的投资策略是构筑一个市场投资组合；积极管理策略是指投资者认为金融市场是无效的，只要积极寻找被市场低估的证券或能把握市场大势，选择准确的投资时机，就会获得超过市场平均利润的超额利润；混合管理策略是指投资者对市场有效性的判断介于前两者之间。此外，积极投资策略又可分为证券选择策略与市场选择策略，前者在于寻找被市场低估的证券，后者在于把握大势，通过调整无风险资产与市场组合的比例，获得超额收益。

2. 按照投资管理流程来分类

据此可将投资策略分为资产配置策略、股票投资策略和固定收入证券投资策略。资产配置策略包括系统化资产配置策略和捷径式资产配置策略。系统化的资产配置需要经过预测资本市场环境，估计投资者的效用函数，选择最优化的投资组合等环节，因而是个全面系统的过程。随着证券市场的变化，基金管理人需要对资产配置做出快速调整。由于受到客观条件制约，同时为了提高配置效率，在现实中，基金管理公司常常选择一种捷径式资产配置策略，这些策略包括买入并持有策略、组合保险策略、固定比例策略和战略性资产配置策略。买入并持有策略属于典型的消极投资策略，是指在持有投资组合的期间不再改变这种配置状况，这种策略虽然放弃了从市场变化中获利的机会，但降低了交易成本，也不会因管理人判断错误而失去盈利机会。组合保险策略是指将资产在无风险资产和风险资产之间分配，风险资产的比例随资产总值的上升而增加,既保险而又不放弃升值潜力。固定比例策略与保险组合策略同属混合型投资策略,其中固定比例策略是指构筑某个资产组合后,不对资产收益与投资者偏好做出预测和评估,而是定期对资产再配置,以保证各类资产的市场价值在总资产价值中的比例固定,即当某种资产价格上涨时,将其卖出一部分,而购入其他资产,以确保各资产比例不变。这种策略适合风险承受力比较稳定的投资者,而当市场处于震荡波动的行情中,其收益将明显高于买入并持有策略以及保险组合策略。战略性资产配置策略属于典型的积极投资策略,是指在不改变投资者效用函数的基础上,根据对各类资产效益风险预测的变动改变投资组合。这种资产配置策略要求管理人能准确预测资本收益率变化的趋势,这种策略可能为投资者带来丰厚的投资报酬,同时风险也最大。

股票投资策略分为积极投资策略和消极投资策略。股票是证券投资基金的最重要的投资工具,股票投资分为三个层面:第一个层面为时机抉择;第二个层面为投资风格选择或细分市场选择;第三个层面为个股选择。其中每个层面的投资策略都可分为积极投资策略和消极投资策略。时机抉择就是选择进入股票市场的时机,其实质就是资产的配置,其中最积极的是系统化资产配置策略,最消极的是买入并持有策略,其余的如固定比例策略、组合保险策略介于两者之间。选择投资风格或细分市场也可分为三种投资策略:消极策略是构造一个市场投资组合,而不进行风格选择;积极策略是在不同的投资风格之间经常转换,即只要该种投资风格短期内有利可图,但这样做提高了基金的交易成本;混合型策略是选择并保持一种投资策略,如只投资于价值股、小盘股、高科技股等股票中的几种,这是我国证券投资基金通常选择的股票投资策略。个股选择也可分为积极投资策略与消极投资策略:最积极的投资策略是选择最富成长性或潜力的个股,并常常随着判断的变化而更换股票;最消极的则是不选股,而是构成某风格或细分市场的板块组合;混合型投资策略则介于上述两者之间。在现代基金投资管理中,很少有基金经理在股票投资的三个层面上采用同一种投资策略,而是在比较有优势的层面采取较为积极的投资策略,而在很难把握的层面采用较为消极的投资策略。

固定收入证券投资策略也可分为积极投资策略、半积极投资策略和消极投资策略。固定收入证券包括国债、公司债券、金融债券、市政债券和抵押债券等债券类证券,以及票据存单等货币市场工具。积极投资策略是基于这样一种假设:债券市场或货币市场不是完全有效市场,存在错误定价的证券,找出这些错误定价的证券就能够达到盈利的目的;或还存在有利的市场时机,恰当地选择时机也能盈利。与积极投资策略不同,消极投资策略是基于市场有效这一基本假设,认为市场的证券价格是正确的、合理的。

(三)我国基金管理公司投资决策过程

具体的决策过程如下:(1)研究策划部提供宏观分析、行业分析、企业分析及市场分析的研究报告,为投资决策委员会提供决策依据。(2)投资决策委员会依照研究策划部提供的调查研究分析报告为基金拟定投资原则与方向,即确定资产分散的程度和各项投资的比重。(3)基金资产管理部根据投资决策委员会制定的投资原则和方向,参考研究策划部的宏观、行业、企业及市场分析报告,制定国债和股票投资组合。(4)投资决策委员会和总经理审核基金投资组合后,由基金资产管理部下属的集中交易室执行具体交易指令。(5)风险控制委员会根据市场变化对投资计划提出风险防范措施。监察稽核部对计划的执行过程进行日常监督。

(四)我国基金管理公司投资现状

我国基金管理公司的投资渠道主要是证券投资。证券投资基金主要投资于证券市场的股票、债券、商业票据乃至基金产品等各种金融工具。截至2015年4月末,我国总共成立了96

个基金管理公司,公募基金的数目达到2 108只,基金所持资产规模总量超过6.1万亿元。其中,封闭式基金146只,开放式基金1 962只。见表4—20。

表4—20　　　　　　　　　　　　我国证券投资基金规模及分类

项　目	基金数量(只)	份额(亿份)	净值(亿元)
封闭式基金	146	1 408.63	1 628.28
开放式基金	1 962	50 505.38	60 369.63
其中:股票基金	767	11 140.26	17 695.3
混合基金	504	10 409.72	13 121.92
货币基金	181	24 957.96	24 989.01
债券基金	416	3 033.37	3 586.04
QDII基金	94	964.08	977.36
合计	2 108	51 914.01	61 997.91

资料来源:中国证券投资基金业协会,2016年。

1. 我国证券投资基金的特点

(1)基金的持仓水平与市场走势存在较强的相关关系。当市场走势弱,股票投资风险加大,基金的持仓水平不断降低;而当市场走势强时,基金能准确地把握住投资机会,增加持仓水平。

(2)基金的持股集中度与市场走势之间的关系不明显。所谓的持股集中度是指基金前十大重仓股票市值之和占基金持股总市值的比例。基金的持股集中度在一定程度上反映了基金经理的投资风格以及对未来市场的看法。持股集中度越高说明基金经理更加相信自己的选股能力,对经过自己研究精选出来的股票相当有信心,并希望通过增加这些股票在投资中所占的比重来获取超额收益。根据数据库提供的数据,目前全部基金的持股集中度为28.61%。

(3)基金的行业集中度较高且与市场走势相关。所谓行业集中度,是指基金重仓行业股票市值占全部行业持股总市值的比重。行业集中度越高说明基金经理对自己选择投资行业的能力越加自信,对经过自己研究精选出来的行业相当有信心,并希望通过增加这些行业中的股票的投资比重来获取超额收益。根据数据库提供的数据,目前基金投资行业较大的股票为金融业、保险业、信托业、券商业、制造业、机械设备仪表业,集中度超过了55%。当市场走势变弱时,基金的行业集中度降低,反映出为了更好地降低投资风险,基金投资的行业较分散;而当市场走势走高时,基金的行业集中度提高,反映出基金主要将投资集中在自己比较看好的少数几个行业。

(4)基金选择投资对象时具有趋同性。这种现象产生的原因可能是由于证券市场上优质股票的稀缺性,使得基金经理通过自己的研究分析后,做出了共同的投资选择;也有可能是基金经理为了使自己的投资业绩不会因为自己的操作而表现不佳,模仿其他基金经理的投资选择所造成。

(5)多数基金属于风险偏好的基金。有研究(王学明,2010)表明:证券投资基金中属于风险偏好的基金占样本基金总数的64%;属于风险中性的基金占比23%;属于风险回避的基金占比13%。据分析,风险偏好的基金数量占绝大部分,与我国证券市场的较高投资风险的现状相一致。并且因为参与这种高风险投资市场的投资人多是风险偏好者或者风险承受能力较强的人,所以我国证券投资基金的投资风险偏好与投资者需求相符合,大部分属于风险偏好型的基金。

2. 我国证券投资基金投资行为的影响因素

王学明(2010)通过因子分析方法,对选定的 22 个指标进行分析,提取了资产收益能力、规模、偿债能力、收益波动性、市场表现、估值水平、公司基本面和现金状况这 8 个公共因子,并就其对我国证券投资基金投资行为的影响进行了分析。研究结果发现,我国证券投资基金投资行为受到上市公司的资产收益能力、规模、市场表现、估值水平、公司基本面、现金状况和收益波动性的显著影响,基金偏好持有收益能力较强、规模较大、市场表现较好、估值较高、公司基本面和现金状况较好的股票,而避免持有收益波动性较大的股票,但对上市公司的偿债能力并不是很关注。

三、基金管理公司融资

基金管理公司的融资可以分为两个部分:资本金的筹措以及发行基金单位以开展投资业务。

(一)基金管理公司资本金的融通

基金管理公司资本金的融通可分为两部分:一是发起设立时资本金的筹措;二是基金管理公司成立后资本金的补充。基金管理公司成立时资本金的筹措过程,实际是发起人筹资组建基金管理公司的过程。世界各国对发起人均有严格的规定,其中最主要的就是对资本金下限的规定,如美国法律规定新成立的基金管理公司资本金不得少于 10 万美元。我国 2004 年 10 月 1 日颁布实施的《证券投资基金管理公司管理办法》明确规定新成立的基金管理公司的注册资本不低于 1 亿元人民币,且股东必须以货币资金实缴,境外股东应当以可自由兑换货币出资。此外,还明确规定了主要股东(即指出资额占基金管理公司注册资本的比例最高,且不低于 25%的股东)所必须具备的条件,具体包括:从事证券经营、证券投资咨询、信托资产管理或者其他金融资产管理;注册资本不低于 3 亿元人民币;具有较好的经营业绩,资产质量良好;持续经营 3 个以上完整的会计年度,公司治理健全,内部监控制度完善;最近 3 年没有因违法违规行为受到行政处罚或刑事处罚;没有挪用客户资产等损害客户利益的行为;具有良好的社会信誉等。同时,对于中外合资基金管理公司的境外股东也做了具体要求,规定其须为依其所在国家或地区法律设立,合法存续并具有金融资产管理经验的金融机构,财务稳健,资信良好,最近 3 年没有受到监管机构或者司法机关的处罚;所在国家或者地区具有完善的证券法律和监管制度,其证券监管机构已与中国证监会或者中国证监会认可的其他机构签订证券监管合作谅解备忘录,并保持着有效的监管合作关系;实缴资本不少于 3 亿元人民币的等值可自由兑换货币等。

通过以上介绍可以发现,我国是通过对发起资本金的下限要求和主要股东的资格要求来从源头上规范基金管理公司的发展。总的来说,目前我国基金管理公司的行业壁垒已较低,对资本金的要求很容易满足。不过,对主要股东以及资本金来源渠道等方面的政策性限制影响了基金管理公司成立后的再融资。目前,我国还没有基金公司上市融资,相反,国外的基金公司通过公开上市在股票市场增资扩股,或在达到一定的标准后就通过发行债券等金融工具进行再融资。由于这些融资过程与其他企业的融资并无太大差异,在此不赘述。

(二)基金单位的发售

基金发起人通过向社会公开发行基金单位将众多分散投资者的资金汇集起来,并将资金用于证券投资。基金单位的持有者对基金享有资产所有权、收益分配权、剩余财产处置权和其他相关权利,并承担相应义务。基金单位的发行流程如图4—14所示。

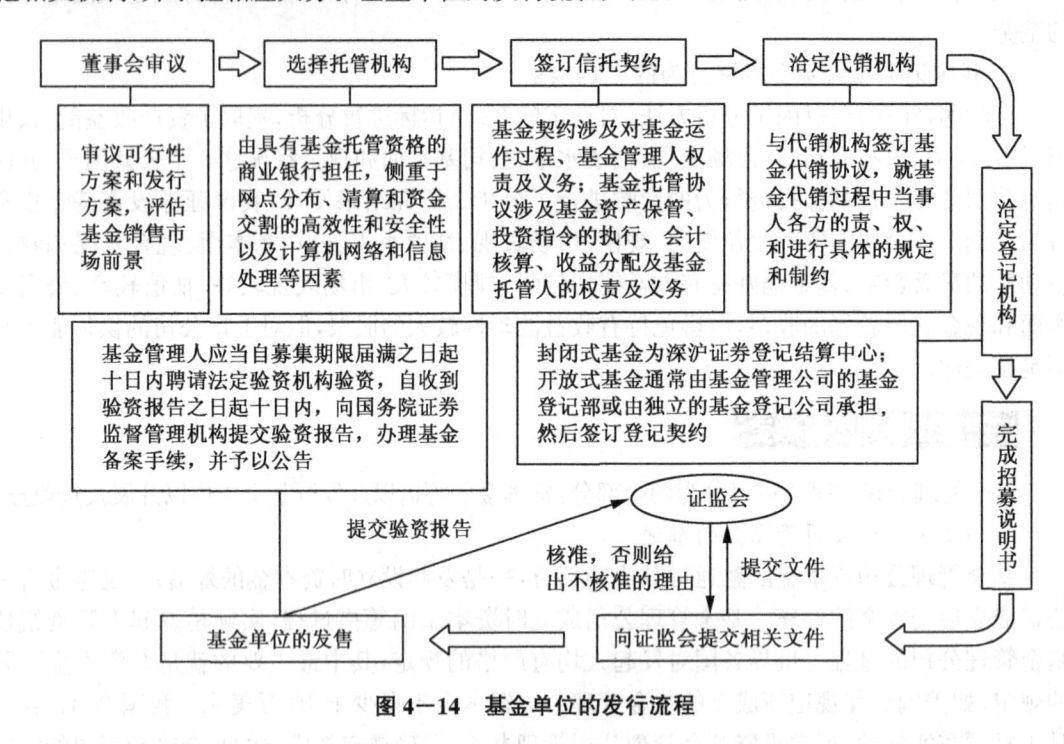

图4—14 基金单位的发行流程

另外,我国基金单位发行需要注意的是:(1)登记机构是对交易成交数量登记认定,一般而言,封闭式基金要考虑上市交易,以深沪证券登记结算中心较为适宜。而开放式基金一般不需要上市交易,所以通常由基金管理公司的基金登记部或由独立的基金登记公司承担。(2)我国《基金法》明确列出了基金招募说明书所需包含的具体内容:基金募集申请的核准文件名称和核准日期;基金管理人、基金托管人的基本情况;基金合同和基金托管协议的内容摘要;基金份额的发售日期、价格、费用和期限;基金份额的发售方式、发售机构及登记机构名称;出具法律意见书的律师事务所和审计基金财产的会计师事务所的名称和住所;基金管理人、基金托管人报酬及其他有关费用的提取、支付方式与比例;风险警示内容;国务院证券监督管理机构规定的其他内容。(3)我国《基金法》中同样明确规定了要提交的文件,具体包括申请报告、基金合同草案、基金托管协议草案、招募说明书草案、基金管理人和基金托管人的资格证明文件、经会计师事务所审计的基金管理人和基金托管人最近三年或者成立以来的财务会计报告、律师事务所出具的法律意见书、国务院证券监督管理机构规定提交的其他文件。(4)基金募集期间募集的资金应当存入专门账户,在基金募集行为结束前,任何人不得动用。必须指出的是,开放式基金在首次募集完成后,经过一定的封闭期,就可以开始接受公开的申购和赎回。

基金按照不同的标准可分为不同的类型,如按投资对象可分为股票型基金、债券型基金、货币市场基金等;按照基金的组织形式和法律地位可分为公司型基金和契约型基金;按照基金是否可赎回分为封闭式基金和开放式基金。封闭式基金是指基金的发起人在设立基金时,事先确定发行总额,筹集到这个总额的80%以上时,基金即宣告成立,并进行封闭,在封闭期内不允许投资者赎回基金份额,只能通过流通市场将其所持有的基金套现。而开放式基金是指基金发行总额不固定,基金单位总数随时增减,投资者可以按基金的报价在基金管理人确定的营业场所申购或者赎回基金单位的一种基金。

1. 封闭式基金的发行方式

基金管理公司可以通过以下三种方式来完成封闭式基金的发行,即直接销售方式、包销方式和销售集团方式。其中,直接销售方式是由基金管理公司不经过任何销售组织而直接向投资者销售基金单位;包销方式则是基金管理公司将大部分基金单位按照净资产价值批发给包销人(多为专门的经纪人),再由包销人转卖给投资者;销售集团方式与前者的区别在于,由包销人牵头组成一个或数个销售集团,而每个销售集团又由一定数量的经纪人组成,这些经纪人分别代理包销人销售一部分基金单位并获取一定数额的销售佣金,这种方式可以更有效地保证基金单位的成功售出。

2. 开放式基金的发行方式

开放式基金的发行比封闭式基金的发行要复杂得多,原因在于它需要一个营销网络来满足公众投资者随时的申购和赎回。一般而言,开放式基金的营销网络主要有以下六种形式:

第一,投资顾问公司营销形式。投资顾问公司接受基金管理公司的委托直接向社会公众推销所代理的开放式基金,同时负责向基金投资者散发基金产品说明书、招募说明书以及基金管理公司的宣传资料,介绍宏观经济态势、各种基金的成长性及综合排名,以提供明确的资讯信息。投资顾问公司作为基金营销的中介机构,可以从公正、专业的角度为客户提供投资咨询服务,客观地评价市场上的各类基金,同时对投资者的投资组合给予合理的建议,因此易于为投资者和市场所接受。一般而言,投资顾问公司由基金业的专家组成,因而这种方式可以利用其专业化优势主动开拓基金业务,但也有网点较少、覆盖面较窄等局限性。

第二,基金管理公司直接营销形式。基金管理公司在发售开放式基金时,设立一个基金营销部门供投资者认购基金。这种基金销售部与一般的中介销售机构的认购条件是一样的。但要注意的是,基金管理公司设立的基金销售部更侧重于开拓机构投资者的基金业务,诸如客户资产管理、特别公积金计划等。

第三,银行网络营销形式。对于基金销售来说,银行具有营业网点众多和划转款项迅速的特点,同时银行本身又能从中获得可观的佣金收入,因此,从世界范围看,银行代销基金是开放式基金销售的主要渠道。以亚洲部分国家和地区为例,泰国、马来西亚、新加坡及我国台湾地区的商业银行承担了超过80%的基金营销业务,是基金销售的绝对主要力量。不过,银行代销基金也有不足之处:银行职员主要从事传统银行业务,缺乏足够的基金资料、时间及丰富的知识向客户介绍和推销基金,对安排投资组合也没有专业的建议,因此在基金营销中较为被动。为了扬长避短,有些基金管理公司对银行柜台职员安排培训与辅导,以便销售基金时为客户提供相关指导和服务,确保银行在分销基金时取得成功。

第四,证券公司营销形式。证券公司是一种分布范围较广、专门为投资者提供证券买卖等服务的中介机构。基金管理公司可以通过其网络以柜台交易的方式销售或赎回基金。这种营销方式的优点包括:一是证券公司从业人员拥有较好的证券市场知识背景,因而在推销基金时能起到投资顾问的作用;二是证券公司的运作机制较灵活,易于适应市场需要,从而方便基金的认购及赎回交易;三是基金投资者在券商处设立单独的基金账户,完全采用原券商现场的结算、交割体系,从而能使基金的认购及赎回简单易行。

第五,保险机构营销形式。基金产品与保险产品都是金融产品的一种,都需要进行市场推销和竞争,保险公司具有较完善的保险经纪人网络系统和高素质的营销人才,保险经纪人略加基金业务方面的培训,即可开展基金销售业务。因此,借用保险经纪人销售网络来发售基金是国外基金管理公司推销基金产品的通行做法之一。

第六，网上营销形式。随着信息技术革命的不断深入和发展，在网上进行基金营销已成为现实。在海外证券市场交易份额中，网上交易份额正逐步增加。网上交易能节约成本，降低首次的认购费用，为基金投资者提供低廉的网上交易及电话买卖服务。

阅读书目

1. 中国保险监督管理委员会：《2016中国保险市场年报》，中国金融出版社2016年版。
2. 刘任：《我国上市商业银行融资效率研究》[D]. 山东农业大学会计系2014。
3. 王明：《证券公司业务创新和发展研究》[D]. 安徽财经大学金融系2015。
4. 郝婷：《券商资产管理业务发展问题与对策》[D]. 河北大学金融专硕2015。
5. 李润敏：《我国保险投资风险管理研究》[D]. 山西财经大学金融系2012。
6. 王学明：《我国证券投资基金投资行为研究》[D]. 中南大学商学院2010。

思考题

(一)填空题

1. 商业银行的业务主要包括：＿＿＿＿、＿＿＿＿与＿＿＿＿。
2. 商业银行的产权性融资就是通过＿＿＿＿或＿＿＿＿等方式来让渡一部分产权而进行资金融通的行为。
3. 资产管理业务类型按资金募集方式可以分为＿＿＿＿与＿＿＿＿两种；按资金运作方式可以分为＿＿＿＿与＿＿＿＿。
4. 证券金融公司从＿＿＿＿与＿＿＿＿获取资金，再以＿＿＿＿的方式将资金贷放给证券公司和投资者。
5. 信托的要素主要有以下四个：＿＿＿＿、信托关系、＿＿＿＿与＿＿＿＿。
6. 巴塞尔银行监管委员会提出资本监管三大支柱：＿＿＿＿、监督检查与＿＿＿＿。

(二)名词解释

1. 资产证券化
2. 证券回购融资
3. 融资租赁
4. 信托存款
5. 基金管理公司
6. 开放式基金
7. 封闭式基金

(三)是非题

1. 商业银行投资对象的流动性是指商业银行可以在任何时候按合理的价格筹措到足够的资金以满足自身的资金需要，从而维护银行与顾客之间正常的契约关系和合作关系。（ ）
2. 商业银行的第二准备是兼顾流动性和收益性的证券资产。（ ）
3. 基金型资产管理采取一对一的服务方式，每一客户有自己独立的账户，分别管理，专家理财。（ ）
4. 短期信用贷款是证券公司与银行达成协议，由银行提供信贷额度，证券公司在一定时期内需要资金时，有权重新申请贷款，在信贷额度中支取。（ ）
5. 随着金融市场的发展，票据融资也开始逐渐成为包括券商在内的金融公司融通长期资金的重要方式。（ ）

6. 保险公司在自身业务有实际增长的情况下，来自利润留存的自我融资可以实现公司的相对资本保值。
（　　）

（四）简答题

1. 简述商业银行的投资原则和融资方式。
2. 简述我国券商资产管理业务现行的运作模式。
3. 简述保险公司投资业务兴起的动因。
4. 简述信托投资公司的投资方式。
5. 简述委托贷款与信托贷款的区别。
6. 简述信托投资与委托投资的区别。
7. 简述基金管理公司投资管理的主要过程。

（五）论述题

1. 分析保险公司投资的投资模式。
2. 试述目前我国信托投资公司资本金的筹集渠道。
3. 试述基金管理公司的投资策略。
4. 试述开放式基金的发售方式。

第五章

政府投融资

政府投融资是各国经济发展的基础和原动力,最早进行政府投融资体制探索的是美国。20世纪20年代末30年代初的世界经济危机充分暴露了自由资本主义市场经济的局限性,美国为了摆脱危机,在有关政府活动及财政的理论和实践上改变了过去"小政府"的立场,以凯恩斯主义的财政理论为指导,开始了政府投融资体制的探索。美国在20世纪30年代后期实施"新政",主要政策措施之一就是设立"复兴金融公司",通过该公司的融资,扩大政府公共投资和扶持重要产业的能力。第二次世界大战后,由于美国实行了较全面的社会福利制度,各种社会福利基金成为政府进行政府融资的重要基础。今天,各国政府投融资已经成为国民经济发展的重要推动力量,要理解政府投融资的作用机制,我们就必须从政府投融资与一般财政信用活动和商业性金融的区别与联系入手。

政府投融资是一种特殊的财政金融活动,其特殊性体现在:将金融性与财政性融为一体,有着货币政策与财政政策的双重功能。政府投融资可以加大社会投融资力度,扩张信用,但在拉动经济增长的同时既不会像一般信用扩张那样引发通货膨胀,也不会引起财政债务依存度过高所带来的财政风险,从而是一种比较安全的特殊信用活动。

政府投融资作为政策性金融,虽然与商业性金融有一定关系,但二者有着本质的区别,主要体现在:(1)资金来源不同。政府投融资的资金主要来源于政府债务收入、社会保障资金、邮政储蓄存款等,而商业性金融的资金主要来源于企业存款、居民储蓄和吸收社会上的闲散资金。(2)资金投向不同。政府投融资遵循公平与效率兼顾的原则,主要投资于与国民经济发展密切相关的基础产业(农业、交通等)、高新技术产业、公用事业和欠发达地区的经济开发等。这些项目由于具有投资时间较长、微利甚至无利等特点,很难吸引商业性资金。而商业性金融主要投资于盈利性较好的项目。(3)资金运营的主体不同。政府投融资的运营主体为中央和地方各级政府,而商业性金融的运营主体为各级商业银行。(4)资金运营目标不同。政府投融资是政府行为,不以营利为主要经营目标,而是追求社会效益和宏观经济效益最大化;商业性金融则是商业行为,以获取利润为主要目标。

第一节 政府融资

一、政府融资的模式

政府融资是指政府为实现一定的产业政策和其他政策目标，强化宏观调控功能，运用一定的融资形式、手段和工具，实现资金的筹集、转化、运用、增值和回偿等活动的总称。根据世界各国的发展经验，政府融资模式主要有以下三种。

(一)市场主导型的政府融资模式

市场主导型的政府融资模式是指政府融资机构和市场中的其他金融机构地位相同，依照市场运行规律在资本市场上筹措资金。政府投融资体制发挥作用的关键是低成本的资金来源，因为政府投融资的目标是实施相关产业政策，投资期限长、收益率低、风险较大，这种独特的资金运作方式相应地要求资金来源应具有"低成本、高稳定性"双重特性。一般来讲，西方市场经济发达的国家均采取这种模式，尤以美国为主要代表。美国政府的资金来源渠道主要包括：(1)社会保险基金，美国通过征收社会保障税来筹集社会保险基金，税额巨大，2005年已高达18 594.4亿美元；(2)邮政储蓄资金，资金成本较低，期限相对较长，是美国政府投融资的主要资金来源渠道；(3)公债融资，美国的国家信用比较发达，公债规模庞大，成为政府投融资的重要资金来源渠道。据美国财政部公布的数据看，2005年底，美国公债总额为81 704亿美元，占GDP的比例高达64%，其中公众持有额为47 150亿美元。

(二)政府主导型的政府融资模式

政府主导型的政府融资模式是指政府金融机构在各种相关政策的扶持下，根据政府的产业目标和政策目标在资本市场上筹集资金，这些融资活动本身并不受市场规律的约束。日本是实行这种模式的典型代表。为推动经济高速发展，日本政府非常重视政府投融资活动，2001年4月，财政投融资经历了一次重大改革，改革的目标是引入市场化的投资运作机制。改革的主要内容有：(1)在机构设置方面，原大藏省的资金运用部被撤销，其人员和资产由新成立的财政贷款基金承接。(2)在融资方面，改变了过去单纯依靠贷款的方式，财政投融资的对象机构首先要在金融市场上发行自己的债券来筹资；那些资信不足、无法发行债券的财政投融资机构，可以由政府对其担保发行机构债券；另外还有一部分资金来源是靠财政贷款基金发行财政投融资国债为这些机构继续提供贷款。(3)在资金运用方面，取消了邮政储蓄资金和年金积累金被强制存入资金运用部的做法，改革后，这两部分资金可以自由在金融市场上进行投资。(4)在资金运作机制方面，首先改变了过去对财政投融资机构借款利息进行行政管制的方式，改革后的利率根据国债市场利率来确定；其次是引入了"政策成本"[1]分析，从1999财政年度[2]起，政府开始计算每个财政投融资机构的"政策成本"，并公布计算结果，以明确对亏损财政投融资机构的预期财政支出情况。(5)加强了财政投融资机构的信息披露和运营监管，以提高其经营效率。

(三)市场主导、政府督办的政府融资模式

该模式介于以上两种模式之间，是一种中间形态的政府融资模式，基本上是采用政府授权

---

[1] 政策成本被定义为政府划拨给财政投融资机构净资产的当前贴现值。
[2] 日本财政报告时间为每年度的3月份，因此每报告年度末的数据为次年的3月份数据。

公司的形式来筹集资金。韩国是实行这种模式最具代表性的国家。韩国的政府投融资体制是比较发达的,其资金来源主要有:众多为特定目的而设立的政府基金;国际金融机构及其他国家和组织的国外借款;简易生命保险年金和邮政年金积累金;政府投融资特别会计;等等。借助于政府投融资和其他一些经济政策,韩国经济实现了高速增长,并迅速成为亚洲新兴的工业化国家。

二、政府融资的方式

(一)银行信贷融资

银行信贷融资是政府间接融资的主要渠道。银行信贷按其贷款来源主要分为以下两种。

1. 外国贷款

世界银行、亚洲开发银行等国际性金融机构以及各国政府的贷款是政府融资(特别是发展中国家政府融资)的重要渠道之一。这种贷款的优点是利息较低,周期较长,比较适合政府进行基础设施建设投资,但其缺点是一般带有一定的附加条件,如规定贷款项目所需货物和设备的购买渠道等,对借款方有约束。此外,国外商业银行贷款也是政府融资的渠道之一,但存在利率高、宽限期短等问题。举借外债方式的一个突出问题是外债规模要受政府国际收支状况的制约,也受外汇管制政策的影响。

2. 国内银行贷款

政府可以获得的国内银行贷款主要包括两方面:

(1)国家政策性银行贷款。为了促进经济发展,我国在四大国有商业银行之外还成立了诸多政策性银行,如国家开发银行、农业发展银行、中国进出口信贷银行等,这些政策性银行对国家政策明确予以支持的项目提供贷款及贴息政策、买方信贷、卖方信贷和信用担保。

(2)商业银行贷款,这是我国政府融资的主要渠道。由于体制方面的原因,国有四大商业银行受各级政府的影响很大,政府取得银行贷款一般没有很大困难。

政策性银行贷款与商业银行贷款相比,有以下几个突出的特点:第一,贷款期限长、资金量大,适应基础设施项目的融资需求;第二,具有一批各行业专家,可以为项目提供高质量的评审和技术支持;第三,具有软贷款、支援贷款等特色业务品种。

一般来讲,对于外国贷款,政府应该尽量争取开发贷款,合理使用外国政府贷款,谨慎使用商业贷款。对我国来说,上述外国贷款方式不应成为政府融资的主要资金来源渠道,而只能作为补充。对于国内银行贷款,短期内可以适度使用,中长期内不宜作为主要融资渠道。任何情况下,政府的举债规模都要受到限制,因而在市场经济条件下,探索新的政府融资方式已成为一个新课题。

(二)政府公债融资

一般来讲,政府公债融资包括发行国债和市政债券。发行公债是各国政府的主要融资方式。

1. 国债融资

国债是中央政府通过信用的形式从本国居民和单位或从国外取得资金而形成的一种债务。发行国债是中央政府主要的融资工具,在西方发达国家,国债发行额与GDP的比率一般都在50%以上。在我国,截至2015年末,国债余额为106 599.59亿元,其中,内债余额为105 467.48亿元,外债余额为1 132.11亿元。2015年,国债负担率(即国债余额与GDP的比率)和赤字率(即赤字总额与 GDP 的比率)①分别为 16% 和 2.4%,远低于国际标准,表明我国国债规模风险不大。随着稳健财政政策的实施和我国国民经济的平稳较快发展,可以预见我国国债负担率和赤字率将继续处于较低水平。

2. 市政债券融资

在债权融资中,市政债券融资不失为地方政府筹资的好方法。在发达国家,尤其是美国,市政债券融资是一种非常重要的融资工具,融资额约占整个基础设施投资额的 35%。但在我国,这种融资方式还属空白。发行市政债券是解决我国地方政府融资问题的有效手段。

发行政府公债融资有如下优点:第一,有助于减轻中央政府的财政负担,进一步促进基础产业和整个国民经济的发展。第二,有助于吸收国内闲散资金,降低政府融资成本。第三,减轻引进外资造成的不利影响。第四,为公开市场业务提供了理想的工具,进一步推进了金融市场的改革。政府公债固然有其优势,但也存在着很多困难。根据目前的实际情况,对下列问题还需进行进一步的研究,如资信评估与担保问题、避免资金的跨地区流动问题、金融中介机构辅助问题等。

(三)特许经营权转让融资

特许权经营按照各种要素的不同分为多种模式,其中建设—经营—转让(Build Operate Transfer,简称 BOT)是较常用的一种,其含义是:政府就某个基础设施项目与非政府部门的项目公司签订特许权协议,特许签约方的项目公司来承担该项目的投资、融资、建设、经营和维护,在协议规定的特许期限内,该项目公司可以经营并获取合理回报,即拥有项目收费权或产品销售权(此即取得建设项目贷款的担保);政府部门则拥有对这一基础设施项目的监督权、调控权;特许期满,签约方的项目公司将该基础设施无偿移交给政府部门,政府不仅保持项目所有权,而且拥有正常运营项目的使用权、收益权。BOT 发端于 19 世纪后期的北美大陆,运用该方式承建的工程一般都是大型资本、技术密集型的基础设施项目,主要集中在市政、道路、交通、电力、通讯、环保等方面。由于政府引进了建设资金却没有债务负担,特许经营商通过建设和运营获得相对长期稳定的效益,实现了"双赢",因此 BOT 方式发展很快,逐渐得到发展中国家乃至发达国家政府的青睐,成为国际流行的一种政府融资方式。我国运用 BOT 方式吸引外资进行基础设施建设起步于 1984 年,目前已在全国逐步推开。

1. BOT 方式的操作流程

每一个 BOT 项目均有自身的特点,其操作过程也千差万别,但一般均需经历项目准备、招标、开标、建设、运营和移交几个阶段,如图 5-1 所示。

2. BOT 方式的优势及局限性

BOT 方式的优势主要包括:(1)BOT 方式是一种无追索权或有限追索权的项目融资方式,它既不会增加政府负债,又可以引进资金。(2)BOT 项目融资方式尽管是由政府授权商业资本或私人资本进行建设、运行,但必须受到政府的支持和监督,在特许权协议中,政府除了提出一系列有关工程方面的要求外,往往还要求协议中规定"除特殊情况外,项目所需的原材料必须在国内采购"。因而,BOT 方式的应用会带动相关原材料工业以及相关产业的发展。(3)会创造大量的就业机会,提高本地就业率。(4)由于商业资本和私人资本参与项目的建设和管理,项目的经营情况直接影响到它们自身利益,同时由于政府对项目具有监督权,这就必然促

---

① 国债负担率和赤字率是分析和评价国债规模风险的主要指标,欧盟"马约"提出了国债负担率不超过 60%、赤字率不超过 3% 的标准。

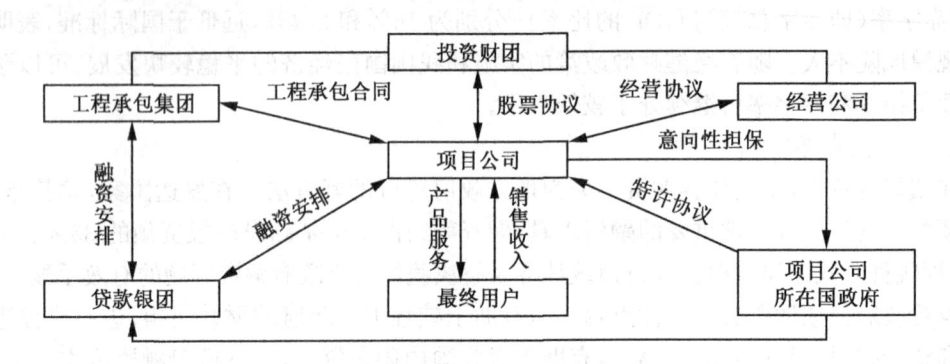

图 5-1 BOT 及其转化模式流程

使它们努力提高项目经营管理水平和工作效率,从而提高企业经营管理质量。(5)BOT 方式既不影响政府对项目的所有权,又可使投资者、使用者和其他有关方面共同承担政府的投资建设风险,减少了各种风险所造成的负面影响。(6)由于 BOT 所建的项目涉及的受权方(即商业资本或私人资本)和委托方(即政府)评判项目的出发点和依据是不一样的,有时甚至发生冲突,这就迫使双方在项目的选择上慎之又慎,从而降低决策失误的可能性,提高选项的科学性。

当然,BOT 融资方式也有其局限性,主要表现在:首先,在 BOT 方式中,特许经营商在特许期内拥有该项目的控制权(包括所有权和经营权),因此政府对外商进入采用较为谨慎的态度;其次,BOT 项目融资的运作规则极为复杂,政府与承包商通常需要就 BOT 合同的内容、条款进行旷日持久的谈判,少则几个月,多则几年,有可能贻误建设时机而造成损失。虽然 BOT 融资有众多优点,但由于运作较为复杂,因此不适合近期急需资金的项目融资,而比较适用于大型环境城市开发项目建设(如污水、垃圾处理设施等)和城镇建设等方面。

3. BOT 方式的转化形式

由 BOT 方式转化而来的其他融资方式如表 5-1 所示。

表 5-1　　　　　　　　　　　　　BOT 及其转化形式

转化形式	简化含义	具体含义
BOT	建设—经营—转让	建设是指发展商被授权为东道国政府设计、建设工程;经营是指发展商在政府授权的经营期限内管理其所建设的项目,并取得收益或得到投资补偿;转让是指发展商在授权期结束后将项目的资产无偿转让给政府或政府委托部门
BOT	建设—拥有—转让	发展商在项目建成后即将项目经营权交给政府,由政府负责项目的经营和管理
BT	建设—转让	发展商在项目建成后即将项目资产以一定价格转让给政府,由政府负责项目的经营和管理
BTO	建设—转让—经营	发展商在项目建成后而将项目资产转让给政府,但发展商仍负责项目的经营管理,并从中取得收益
BOO	建设—拥有—经营	发展商在政府授权建成项目后,即拥有了项目资产的所有权、经营权、收益权,项目资产不发生转移
BOOT	建设—拥有—经营—转让	发展商在项目建成后即拥有项目资产的所有权,并负责项目的经营管理,在委托授权期满后,将项目资产转让给政府

转化形式	简化含义	具体含义
BOOST	建设—拥有—经营—补贴—转让	发展商在项目建成后,在授权的期限内,既直接拥有项目资产又经营管理项目,但由于存在相当的风险,或经济效益不佳,须由政府提供一定的补贴,授权期满后将项目的资产转让给政府
BLT	建设—租赁—转让	发展商在项目建成后即将项目以一定的租金出租给政府,由政府负责经营和管理,授权期满后,将项目资产转让给政府

资料来源:杨晔,《融资学》,上海财经大学出版社2013年版,第170—171页。

(四)资产证券化融资

资产证券化(Asset Backed Securitization,简称 ABS)是以项目所属的资产为支撑、以项目资产可以带来的预期收益为保证,通过在资本市场发行证券来募集资金的一种项目融资方式。目前,ABS资产证券化在国际资本市场上比较流行,在许多国家的大型项目中被采用。关于资产证券化的基本内容在第七章实物资产中有较详细的介绍,在此不赘述。这里只说明政府进行证券化融资的难点。难点主要包括:第一,证券化融资是完全按市场规则来运作的,吸引投资者的关键是拥有良好的投资回报率,然而,政府投资开发的某些项目报酬率很低甚至为零,导致证券化融资(尤其是股票融资)相当困难。同时,如果资产证券化是采取发行股票的方式筹集资金,由于发行股票会分散控制权从而削弱垄断行业(如邮电通信业)的既得利益,那么就会遭到这些回报率较高的垄断行业的强烈反对,导致资产证券化阻力加大。第二,证券市场规模决定了证券化融资的规模和效率。第三,在证券化过程中尚需解决一系列的技术性问题,例如,项目使用权期限的有限性与所筹集的股份永久性之间的矛盾。

(五)政府其他融资方式

1. 信托方式融资

信托是指委托人将自己的财产委托给受托人,由受托人对委托财产进行管理。国内第一个信托投资计划"上海外环隧道项目"的承建方爱建信托谨慎地"预计本信托计划资金可获得5%的年平均收益率",并在信托合同中表明,如果信托计划资金的实际年收益率在5%以下,爱建信托所收取的信托报酬为零,这在一定程度上减轻了投资者的风险。当然,这5%的收益率的实质是项目公司与政府约定的每年9.8%的补贴,这也证明了只要政府能保证项目的社会平均收益率,是可以吸纳大量社会资金的(见图5—2)。

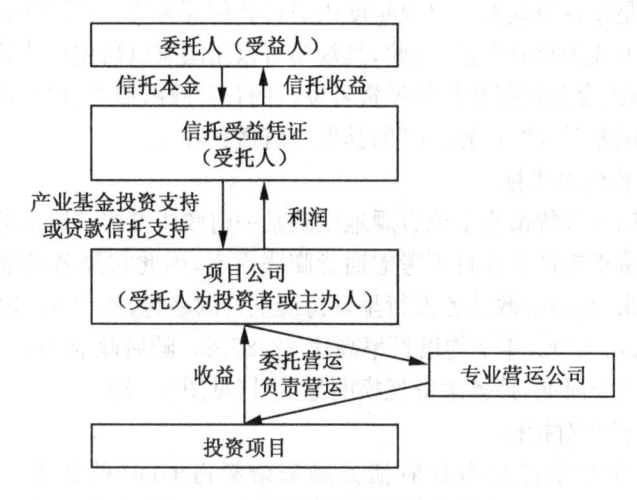

图5—2 基于信托凭证的项目融资

2. 设立产业投资基金

产业投资基金是指通过发行基金受益凭证的方式筹集资金,交由专家组成的投资管理机构进行运作和管理,将基金资产分散投资于不同的产业或项目,以获取投资收益和资本增值的一种基金形态。基金资产主要以长期股权投资的形式直接投资于实业领域,对未上市的公司直接提供资本支持并从事资本经营与监督,以追求长期资本增值、为投资者谋取最大投资收益为目标,投资收益按投资者出资比例进行分配。产业投资基金作为一种投融资工具,能够分散和降低投资风险,明确产权关系,加强经营管理,可以集中和合理利用社会资金,支持特定地区、特定产业的发展,促进区域性的产业结构调整。

产业投资基金在发达国家已有多年的实践并发展成熟,成为发达国家政府融资的重要方式之一。我国直到 2006 年 12 月 30 日,第一只产业投资基金——渤海产业投资基金——才在天津设立。渤海产业投资基金的设立,是我国投融资体制改革创新的一个重大突破,开创了我国产业投资基金发展的新纪元。

3. 集合委托贷款

集合委托贷款是一种介于储蓄、国债和股票之间的中间产品。银行将分散于广大储户手中的储蓄存款集中起来,再以贷款的方式发放给需要的企业。这种融资方式的好处在于:一方面集合委托贷款利率高于同期银行存款利率和国债利率,对社会闲余资金有较大吸引力;另一方面,集合委托贷款利率又低于同期银行贷款及企业债券的利率,可减少企业的融资成本。集合委托贷款产品为居民储蓄投资政府项目建立了一个很好的通道,也为银行解决长期严重的存贷差额问题提供了一种方法。集合委托贷款的对象为重大基础设施项目,一般都列入政府重点工程,项目前景看好,加上贷款要纳入银行的风险防范体系,因此其风险可以控制。

三、我国政府融资概况

随着我国改革开放和社会主义现代化建设的开展,对政府投资的需求量逐步增加,特别是实施"西部大开发"和"振兴东北老工业基地"战略以来,政府预算内资金与政府投资额之间出现了巨大的资金缺口,政府融资就成为弥补资金缺口、促进经济发展的重要手段。下面我们将从规模和结构两个方面来考察近年来我国政府融资的发展情况。

(一)政府融资规模分析

政府融资规模是指各级政府在财政年度内通过公债等融资方式融通资金的总额。由于我国政府融资的主要方式为政府公债,因此,其规模可以用国家以信用形式筹措的资金总额来衡量,包括财政部对国内商业银行和其他投资者发行的各种政府债券、财政部在国际金融市场发行的外币债券以及国家财政"统借统还"的其他政府债务等。

1. 政府融资规模绝对指标

绝对指标是指以一国货币为单位直观地反映某一财政年度内政府债务的实际数额。由于绝对指标是以本国货币来计量并且不考虑通货膨胀因素,因此它是名义融资规模。我国自从经济进入转型期以来,政府财政债务发行呈现持续上升的趋势,从 1985 年的 409.97 亿元上升至 2005 年的 6 922.87 亿元,年平均增长率高达 22.87%。随后政府实行了积极的财政政策,促使债务进入高速增长时期,债务融资规模明显上升(见图 5—3)。

2. 政府融资规模相对指标

政府融资规模相对指标是指政府债务融资余额占 GDP 的比重,一般称为国债负担率[=(当年国债余额/GDP)×100%],它表明整个国民经济和生产水平对国家债务的承受能

国债发行额（亿元）

图5－3　近年来我国国债发行规模

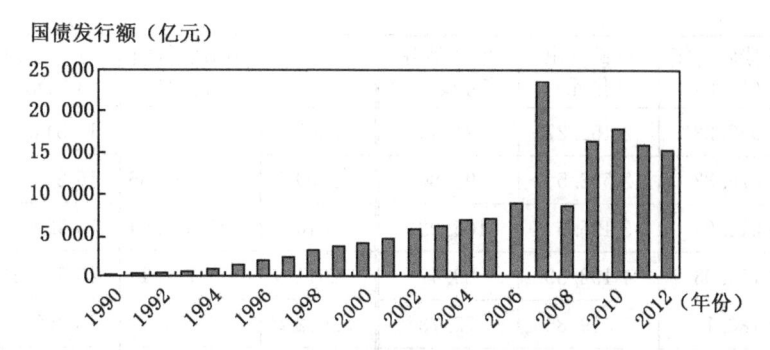

资料来源：孙玉栋、吴哲方，《我国国债适度规模的实证分析》，《经济理论与经济管理》2013年第10期。

力。国际公认的警戒线为：发达国家60%，发展中国家45%。从表5－2中可以看出我国国债负担率并不高，在20年间仅上涨了10%，最高值为2004年的21.6%，离60%相去甚远。

表5－2　　　　　　　　　　　我国国债负担率变化情况　　　　　　　　　　　单位：%

年份	负担率	年份	负担率	年份	负担率	年份	负担率
1991	4.87	1997	6.98	2003	16.64	2009	17.67
1992	4.76	1998	9.20	2004	21.60	2010	16.84
1993	4.36	1999	11.76	2005	17.64	2011	15.28
1994	4.74	2000	13.12	2006	16.19	2012	14.94
1995	5.43	2001	14.24	2007	19.59	—	—
1996	6.13	2002	16.07	2008	16.96	—	—

资料来源：同图5－3。

另一个相对指标是国债依存度[=（当年国债发行额/当年财政支出额）×100%]，即一国的财政支出中有多少是依靠发债筹集的，国际公认警戒线为25%，一般认为在15%～20%之间为宜。从表5－3中可以看出，我国中央财政债务依存度在20年中一直维持着较高的增长水平，不仅在1992年超过了50%，更是在1998年创下105.93%的历史新高，虽然之后有所回落，但一直维持在80%左右的水平。

表5－3　　　　　　　　近年来我国财政债务占财政支出的情况

年份	国债发行额（亿元）	财政支出（亿元）	财政债务依存度（%）	年份	国债发行额（亿元）	财政支出（亿元）	财政债务依存度（%）
1990	375.45	1 004.47	37.38	2002	5 679	6 771.7	83.86
1991	461.4	1 090.81	42.30	2003	6 153.53	7 420.1	82.93
1992	669.68	1 170.44	57.22	2004	6 879.34	7 894.08	87.15
1993	739.22	1 312.06	56.34	2005	6 922.87	8 775.97	78.88
1994	1 175.25	1 754.33	66.99	2006	8 875.16	9 991.4	88.83
1995	1 549.76	1 995.39	77.67	2007	23 483.44	11 442.06	205.24

续表

年份	国债发行额（亿元）	财政支出（亿元）	财政债务依存度(%)	年份	国债发行额（亿元）	财政支出（亿元）	财政债务依存度(%)
1996	1 967.28	2 151.27	91.45	2008	8 549	13 344.17	64.07
1997	2 476.82	2 532.5	97.80	2009	16 280.66	15 255.79	106.72
1998	3 310.93	3 125.6	105.93	2010	17 849.94	15 989.73	111.63
1999	3 715.03	4 152.33	89.47	2011	17 719.1	16 514.19	107.30
2000	4 180.1	5 519.85	75.73	2012	17 371	18 765	92.57
2001	4 604	5 768.02	79.82	—	—	—	—

资料来源：同图5-3。

第三个相对指标是国债偿债率[＝(当年还本付息额/当年财政收入额)×100%]，即当年的财政收入中有多少是用来偿还债务的，国际通行的警戒线为10%。图5-4为我国历年来债务还本付息情况，图中数据显示，我国的国债偿债率从20世纪90年代后期就已远远高出发达国家10%的警戒线，1998年更是达到23.83%的历史最高值，之后有所下降。近10年来，我国的国债偿债率一直在10%～15%之间徘徊。

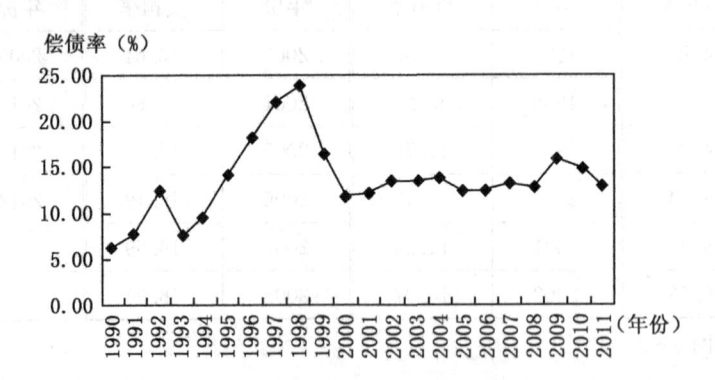

图5-4 我国历年偿债率情况一览

资料来源：同图5-3。

(二)政府融资结构分析

政府融资结构是指政府通过各种不同融资方式所融通资金的组合状态及数量配比，体现了政府运用不同融资工具进行融资的能力，也在一定程度上反映了一国经济和资本市场的发达程度，因为越是发达的资本市场所能提供给政府选择的融资工具就越多，政府的融资结构也就越复杂[1]。如图5-5所示，1995～2005年，我国政府债务呈现逐年上升的趋势，其中以政府信用为基础发行公债所筹集的资金占政府债务融资总额的比重高达90%以上。与政府公债融资相比，其他融资方式的融资额显得微不足道，并有不断下降的趋势，其中，国外借款占了较大的比重，虽然绝对数有较大幅度的增长，但其在政府债务总额中的比重却有所下降。随着我国国民经济的发展，政府已经允许民间资本进入公共投资领域，其中比较适当的融资方式就是BOT方式和资产证券化。据有关统计数据显示，2004年我国未解决经济适用房问题通过

---

[1] 鉴于政府融资统计数据的可获得性，这里主要分析政府债务融资的结构。

BOT方式和资产证券化方式融资的金额达到200亿元。随着资本市场的不断完善,我国政府的融资方式必将更加多样化,BOT和资产证券化也必将成为政府融资的重要手段。

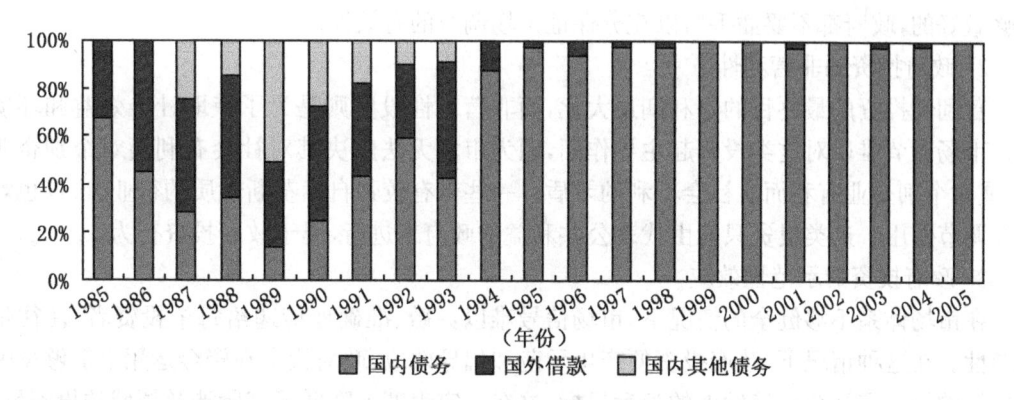

资料来源:根据国家统计局年度统计数据(2006)整理。

图5—5 近年来我国政府财政债务融资结构

第二节 政府投资

不论是资本主义国家还是社会主义国家,总会有一定数量的政府投资,西方国家的政府运用税收进行公共事业投资和环境改善投资。一些国家除了进行公共投资外,还通过政策性投资用来贯彻其产业政策。我国在计划经济时期,政府投资是全部投资的主要部分,几乎所有的项目都由政府进行决策并从财政预算收入中拨出资金。中共十一届三中全会以后,随着市场经济的逐步发展和改革开放政策的不断深入贯彻,投资领域发生了重要变化,投资主体由原来单一的政府发展为政府、企业、个人、外商等多种主体共存。政府投资一般由财政投资和政策性投资[①]组成,前者是政府按照政策意图的投资,后者是政策性银行基于银行信用对所筹集的资金按照产业政策、技术政策所安排的投资。

一、政府投资概述

(一)政府投资的内涵

政府投资的内涵有狭义和广义之分。狭义的政府投资是指政府为弥补市场失灵而投资于具有一定经营性的基础设施项目、自然垄断项目、资源开发项目以及高新技术产业项目等,这些项目投资额大,投资周期长,且风险大,一般民间资本无法做或者做不好。政府对这些项目的投资不以营利为主要目的,但要追求保值增值和较好的投资效益。广义的政府投资是在狭义政府投资项目以外,还包括非经营性的公共物品、公共办公设施、公益性项目等投资,如国防、医疗卫生、城市公共设施、自然环境及人文环境治理以及公、检、法、司等政权机关建设项目等。政府投资于这些项目是为社会营造一个安全、稳定、便利的公共平台,旨在提高社会效益,而不以营利为目的,从而保证社会持续、稳定、健康发展。本书所要探讨的政府投资是广义的政府投资。

1. 政府投资需要考虑市场有效性

---

① 张伟:《论财政投资与政策性投资的协调》,《投资与建设》1995年第9期。

政府投资必须服务和服从于政策调控,解决市场失灵问题,优化经济结构,平衡区域经济协调发展。所有这些必须在确保市场机制正常发挥作用的前提下进行,即"凡是市场能够做且能够做好的,政府都不要插手",以充分保证市场调节的有效性。

2. 政府投资的非营利性

营利性投资的最终目的是利润最大化,而非营利性投资则是为了获取社会效益和环境效益。市场调节难以对这类投资起主导作用,因为市场无法解决其对社会有利而对个别企业不利,或对个别企业有利而对社会不利的矛盾。一些带有较强自然垄断性质的行业,市场也难以发挥调节作用。这类投资只能由代表公共利益的政府来进行,属于政府投资行为。

3. 政府投资的示范性效应

在市场体系不够健全的情况下,市场信号难以灵敏、准确地传递给每个投资者,往往带有误导性。在这种情况下,政府投资便产生示范和倡导效应,政府投资在资金运用上能够反映政府扶植的导向和社会经济发展的长远目标,这在一定程度上降低了其所涉及领域的投资风险,增强其他投资主体的投资信心。围绕政策调控目标,政府应通过自身投资来对民间投资进行适时引导,积极介入并引导民间资本投资于一些因信息、风险、投资能力等问题使民间投资未能进入从而导致产品长期供给不足的领域与项目。当然为了引导民间投资,政府的投资领域和项目也可能是营利性的,不过这种营利性的领域不应是政府长久存在的领域,随着经济的发展,政府在合适时机应逐步退出。

4. 政府投资的产权标准和效率原则

产权标准是指产权关系清晰的领域应由企业投资,无法明确界定产权或者界定产权成本太高的领域则由政府投资。私人产品具有竞争性、可分割性和排他性等特征,按照边际成本等于边际收益的原则确定价格和供给能弥补生产的全部费用,因而这部分投资由私人承担,能够实现资源配置最优并取得令人满意的使用效率。相反,集体消费的公共产品存在着非竞争性、不可分割性和非排他性的特征,产权关系与产权主体不清,存在"搭便车"的现象。同时,公共产品的生产具有规模报酬递增的性质(或边际成本递减),若按边际成本等于边际收益原则确定价格和供应量,将无法弥补产品生产的全部成本,使得由市场机制决定的公共产品的供应往往低于效率水平,甚至接近于零,因而政府必须投资生产这种公共产品。

(二)政府投资的动因[①]

1. 市场失灵论

市场失灵是指市场价格机制偏离理想化状态,致使市场对资源的配置出现低效率。[②]市场价格机制在经济运行中像一只"看不见的手"在引导资源的合理配置,但很多情况下,现实的市场价格机制存在着一定的缺陷和不足,通过市场机制自发作用不能解决或解决不好,这被称作"市场失灵"。为纠正"市场失灵"就必须借助政府的力量来弥补市场机制的缺陷,主要有四种方式:(1)通过强制性税收来进行公共物品投资,以克服公共物品的"非排他性"和"非竞争性"带来的"搭便车"问题。(2)由政府投资来弥补外部经济不足。在市场经济中企业生产决策的依据是自身利益而非社会利益,从而较少供给社会利益大于自身利益的产品,这就需要由政府投资来弥补。(3)改善信息不完全。信息在许多方面具有公共产品的特征,而且由于搜寻信息的成本通常较高,因而存在信息供给不足的现象,导致市场不能有效发挥资源配置功能,这

---

① 胡恩同:《政府投资功能定位与范围界定》[D],河南大学硕士论文,2003年。
② 胡代光、周安军:《当代国外学者论市场经济》,商务印书馆1996年版,第16页。

就需要政府投资为消费者免费提供信息。(4)改善自然垄断现象。自然垄断行业通常利用其垄断优势使产品价格长期保持在较高水平,赚取垄断利润,使生产数量远远小于完全竞争情况下的生产数量,将部分消费者排除在消费领域之外。为保护消费者利益,这类行业项目必须由政府投资来解决。

总之,"市场失灵论"认为政府投资旨在弥补市场失灵,从而实现资源配置的"帕累托最优"以及解决经济收入不公平和经济周期波动等问题。

2. 特殊企业论

狭义的政府投资形成国有企业,国有企业是指不以利润最大化为目标、肩负一定社会政策义务的特殊企业。中共十五届四中全会第一次明确提出将现代企业制度分为两类:一是一般现代企业制度;二是特殊现代国有企业制度,即所谓的"政府企业"。"政府企业"是实现政府职能的需要,主要体现在两个方面:(1)政府投资构成社会投资的一部分,具有投资的普遍意义。政府投资所形成的需求和供给是社会总需求与总供给的重要组成部分,总需求与总供给的平衡是国民经济持续、快速、健康发展的必要条件,政府投资作为社会投资的一部分,通过投资的需求效应和供给效应来促进经济增长,如果再考虑到政府投资的乘数作用,其威力更是不可低估。总之,政府作为投资主体而形成的投资,具有一般投资的共同特点:在宏观上促进经济增长,刺激需求与供给;在微观上有获利动机。(2)政府投资作为投资的特殊形式,是社会一般投资所无法取代的,更注重社会效益,保证社会经济稳定运行,优化经济结构和经济环境,使社会各经济主体展开有效的经济活动。同时,政府投资自身实力雄厚,且投资资金的来源具有无偿性,既可以投资于大型项目和长期项目,又可以投资于新兴产业和高风险产业,而这些非政府投资是无法做到的。总之,政府投资作为一种特殊的投资,肩负着一定的社会责任和经济任务,是国民经济发展不可或缺的。

3. 主辅关系论

主辅关系论是指政府投资为民间投资创造良好的外部环境和条件,是对民间投资的有效补充和辅助,这主要体现在:(1)政府投资于非经营性的公益性项目(如公、检、法、司等政权机关的建设、政府机关及社会团体办公设施、国防设施等项目),从而为民间投资创造一个安全、稳定、井然有序的共同条件。(2)政府投资于非经营性的科技、教育、文化、卫生、体育、环保等公共建设项目,为民间投资创造一个便利、顺畅、协调的优良环境。(3)政府投资于投资额大、风险高、回收期长的经营性基础设施和大型项目,补充民间投资的真空领域。总之,政府投资是对民间投资的补充和辅助,凡是民间投资愿做和能做的,政府都不会"与民争利";凡是民间投资不愿做和不能做的,政府都应承担起投资责任,履行投资义务,维持社会经济生活秩序,保证经济协调稳定发展,为民间投资创造一个良好的外部环境和共同条件。

4. 政治利益论

政府投资决策是一种不完全的市场决策,因而不太适合用以市场行为为研究对象的经济理论进行分析。公共选择理论用经济学的方法研究非市场决策问题,能够为我们研究投资决策中的政府行为提供有益的方法和思路。公共选择理论所关注的问题,如非市场决策的原因、决策者的理性和利益取向、公众利益偏好的显示与判断等问题,都呈现在政府投资决策过程中。该理论认为,在现实生活中,政府投资决策者具有"双重人格":一方面,作为公共利益代表的"政治人",政府需要考虑全民利益;另一方面作为"经济人",它具有自己的集团利益,这就必然会出现"集团利益"渗透在政府投资决策中。

以上四种假说,各自从不同角度探讨了政府投资的动因,其观点和内容各有千秋,但是又存在相互交叉、相互补充的地方。随着各国经济实践的发展,政府投资的地位也在不同程度地发生变化。在本章中,我们认为政府投资不能与民间投资作为同一层面上的同等主体身份出现,民间投资完全是一般企业的市场行为,而政府投资应作为政府调控经济的一种工具,也就是说,政府投资的功能应该定位于政策调控工具,政府投资应该完全服从和服务于政策调控的需要。

二、政府投资的领域

政府投资是政府进行宏观调控和微观介入的政策工具。当投资总量失衡时,政府将投资作为调控方式之一进行干预,弥补投资缺口,维持经济总量平衡;同时,政府投资起到示范作用,引导民间资本进入失衡产业和区域,共同来达到优化经济结构的目标;在市场机制失衡范围,如公共产品等领域,政府微观介入,承担起投资责任和义务,为经济稳定、协调、健康运行创造共同条件。

(一)不同经济发展阶段的政府投资领域

一般而言,一国的经济发展要经历三个阶段:经济发展的早期阶段,也称为经济发展的起飞阶段;经济发展的中期阶段;经济发展的成熟阶段。在经济发展的不同阶段,政府的主要任务、投资的侧重点及广度和深度就会有所不同。

1. 经济发展早期的政府投资领域

这一时期政府的首要任务是提高国民的收入水平、改善国民的生活质量,其职能的侧重点是充分利用社会稀缺的经济资源,促进经济增长,而收入分配问题则被置于次要的地位。于是,为了提高经济增长速度,加快经济发展,政府在财政支出中往往会加大投资支出的比重,主要用于两个方面:一是对经济发展有重要影响的各种基础设施,如交通、通讯、水利等;二是能够带动整个经济增长的支柱产业群。从总体上看,这一时期的政府投资范围很广,而且主要侧重于经济领域。

2. 经济发展中期的政府投资领域

这一阶段政府的职能依然侧重于经济的发展,但也开始注重社会的安定、收入的公平分配以及国民素质的提高等。在这一时期,民间产业部门已经发展起来,那些需由政府提供的基础设施已基本建成,政府尽管还要对基础设施、支柱产业等经济领域进行投资,但这类投资的比重逐步下降,而且会逐渐退出民间投资能够解决的支柱产业群的投资领域。与此同时,由于经济发展,人们的生活水平不断提高,在满足基本生活需要的同时,开始关注其他方面的需要,如教育、卫生、安全等。因此,政府在这些方面的投资会逐渐增加。总体而言,在经济发展的中期阶段,政府投资是经济领域和社会公共领域并重。

3. 经济成熟时期的政府投资领域

当经济进入成熟时期以后,政府职能开始侧重于社会稳定、收入的公平分配等方面,其投资的主要目的从促进经济增长转变为促进社会安定和社会公平。在这一时期,基础设施及支柱产业的发展已经达到相当的高度,使得政府不再侧重于经济领域方面的投资,而是侧重于公共领域方面的投资。由于生活水准的大幅提高,人们对提高生活层次的各种需求迅速增加,同时由于这些公共领域的投资也有助于社会的安定及公平目标的实现,因而政府用于这方面的投资大为增加。于是,在这一时期,政府投资主要侧重于社会公共领域。

政府投资领域的变化除政府职能侧重点不同而有所调整外,还与不同发展阶段的市场状况有关。通常情况下,市场调节的有效性主要体现在两个方面:一是是否有足够的竞争者;

二是风险和收益能否相匹配。随着经济的发展,民间资本的积累不断扩大,各个领域的不明朗因素逐渐减少,风险和收益的匹配性开始增强,因此,政府投资的范围必须加以调整,以适应市场经济和公共财政的要求。这种调整实际上就是政府投资逐渐退出市场已经可以有效发挥调节作用的领域,将政府资源运用于新阶段的市场失效领域,从而保证市场机制在整个经济中的基础性作用。

(二)市场经济国家政府投资领域

大多数发达市场经济国家的政府投资主要是针对纯公共品和部分准公共品进行的,但在投资的具体领域和形成方式上仍存在一些差异。

1. 美国政府投资

美国是市场经济高度发达的联邦制国家,政府基本上不实行宏观经济计划。从产品在消费上的非排他性与非竞争性出发,政府投资主要投向国防、教育、医疗卫生、基础设施和农业等,但更多地集中于国防与行政管理、公路建设及初等教育等典型的公共产品上,对公共产品特征不太明显的铁路、通信、电力、供水等基础设施投资较少。近年来,美国政府对社会基础设施及教科文卫等领域的投资日益重视。第二次世界大战以来,美国教育经费开支在GDP中的比重一直居于世界首位。

此外,值得一提的是,美国政府对基础设施与基础产业的投资主要是通过在经济中占统治地位的垄断资本所控制的股份公司进行的,政府一般只提供投资资助,而不采取政府直接投资形成国有企业的方式,因而在美国政府投资领域内,国有企业的比重都很小。

2. 英国政府投资

在第二次世界大战后很长一段时间内,英国历届政府都奉行凯恩斯主义,以政府投资为主体的公共支出呈大幅增长趋势,政府投资占GDP的比重在20世纪50年代下半期到60年代曾高达40%以上,此后虽有下降,但下降幅度不大。与美国相比,英国政府更多地对准公共产品和一些对国民经济发展具有重要影响的部门进行投资,如燃料、运输、公用事业、宇航、核电能等,形成了占有相当比重的国有企业。许多经济学家将生产效率下降、竞争力不足的"英国病"部分地归咎于此。20世纪80年代保守党执政以来,英国政府采取了一些私有化政策,缩小了政府的投资领域,从此后多年英国经济发展的态势来看,改革的成果较为显著。

3. 法国政府投资

法国是西欧主要资本主义国家中唯一实行较大范围计划体制的市场经济国家,政府计划在法国国民经济发展中具有十分重要的指导作用,政府投资政策的实施就贯穿于这些经济计划之中。法国政府尤其是中央政府的投资领域十分广泛,除了国防、科学、教育、医疗卫生等方面之外,政府还以直接设立国有企业的方式对铁路、公路、航运、宇航等部门进行大量投资。此外,法国政府对农业投资较为重视,20世纪60年代制定并开始实施《农业指导法》,政府提供资金整治土地及农林基础设施,同时重视农林教育与农业科技推广。

4. 德国政府投资

德国的政府投资是政府调节经济、促进社会经济发展的重要手段。第二次世界大战后,联邦财政预算支出总额中始终有20%用于基本建设投资,主要投向私人资本不愿投资或投资不足但对于经济发展又不可缺少的部门,如修筑高速公路干线、桥梁、港湾,发展造船、电力、煤气、供水行业,以及教育、科研、卫生和环保等社会基础设施项目。"两德"统一后,为解决东部地区在就业、基础设施和住房等方面的问题,联邦政府的投资范围进一步拓宽,投资额剧增。此外,德国政府对教育和科技投资也十分重视。

5. 日本政府投资

日本政府高度重视对基础设施、基础产业的投资,对交通、通信设施、工商业、农林业发展的有关设施(如用水、用地等)都进行了大量的直接投资。在治山治水、改善环境以及振兴教育方面的投资金额也十分巨大。

6. 韩国政府投资

韩国政府的投资主要集中于公路、铁路、邮电通信及供水、供电等基础设施部门,政府承担了大量的社会基础设施建设任务,同时积极创办国营企业进行开发,国营企业在公共部门与非公共部门都占有十分重要的地位。需要特别指出的是,韩国的"国家投资基金"是韩国政府为实现产业结构转变、扶植重工业的发展设立的专门基金,重点支援包括石油、化工、钢铁、有色金属、机械、电子和造船业在内的产业。

从以上各主要市场经济国家政府投资领域的比较中可以看出,在成熟的市场经济条件下,政府的主要经济职能是弥补"市场失灵",政府的投资领域主要包括自然垄断行业、优化经济结构和调节经济总量的项目、外部经济项目以及公共物品。

(三)我国政府的投资领域

随着经济体制改革的深入,我国政府投资在整个财政支出中的比重迅速下降,但其投资的范围并没有相应缩减,这说明我国政府投资应如何界定与调整还需要进一步研究。根据目前的经济发展阶段,我国的政府投资领域应由两部分构成:一是社会公共领域(主要是公益性领域,但不包括其中可以由市场提供的营利性行业或项目);二是社会经济领域(主要是不能通过市场进行有效调节的基础性项目)。随着经济的发展,政府投资应逐步加大对社会公共领域的投资,相应缩减社会经济领域方面的投资比重。政府的投资领域是动态发展的过程,随着市场有效领域的迅速拓宽,制定相关政策、寻求适当的途径使政府投资退出这些领域是非常必要的。

我国目前把不同的投资项目分为公益性、基础性和竞争性三大类。公益性项目包括科学、文化、教育、卫生、体育、环保、广播电视以及公、检、法、司等政权设施与政府、社会团体、国防等设施。基础性项目包括农、林、牧、渔、水、气象基础设施,能源、交通、邮电通信、地质普查与勘探以及部分支柱产业的项目。竞争性项目包括工业(不含能源)、建筑业、商饮供销仓储业、房产公用服务咨询、金融保险和其他行业。三类投资项目的经济性差别如表5-4所示(表中数字表示次序)。

表5-4　　　　　　　　　公益性、基础性、竞争性投资项目的经济差别

项目分类＼因素分类	资本系数	经济效益	社会效益	规模经济	资金周转	经济风险	资金成本
公益性投资项目	3	3	1	3	3	3	2
基础性投资项目	1	2	2	1	2	2	1
竞争性投资项目	2	1	3	2	1	1	3

资料来源:王元京,《三类产业的投融资方式研究》,《投资研究》1994年第2期。

一般观点认为,社会效益最高而经济效益最低的公益性投资是一般企业和居民无力承担的,这类投资的建设效益为全社会所共同享有,建设项目的资产也属公共所有,其投资职责天然地归属于政府部门;与此相对应的竞争性投资是为企业和居民提供私人物品,其投资效益具

有明显的排他性,往往是民间资本竞相进入的投资领域;而介于二者之间的基础性产业的投资职能兼有营利性和公益性双重特征。但是,并不能由此便简单地将竞争性投资和公益性投资分别归属于企业和政府部门,并将基础性投资在企业和政府之间进行分配。原因是当前对投资项目的分类方法过于笼统并存在一定的误区,如竞争性、基础性和公益性投资在理论上并不是相对应的概念,这一分类既包含了竞争程度标准,也涉及产品的公共性标准,存在着一定的交叉和冲突。因而对于我国政府投资领域的研究有必要在现行投资项目分类之下进行深入的探讨。

1. 公益性投资

公益性项目中,国防、行政外交和各项政权设施领域的投资无疑是非竞争性的纯公共投资,其投资主体也只能是政府,但科学、教育、文化及广播电视、新闻出版等公益性项目则具有不同程度的竞争性,应逐步适当地推向市场。以自然科学研究为例,基础性研究与公益性研究(如气象预报)属于非竞争性的公益项目,政府应承担主要投资责任,而科技开发和应用研究在一定程度上属于竞争性公益项目,其成本开支又可通过收取价款得到补偿,因而有必要对一些环节进行改革,政府不再从事具体的建设实施和资金筹集工作,或者在有些项目建成后,部分地实行有偿使用,并合理确定收费标准以调节社会供应。此外,广播、电视网、新闻出版等均可定价向用户收费,或通过开展商业广告业务来营利,从而实现经济效益和社会效益的统一。

2. 基础性投资

从理论上讲,基础性产业的特点包括以下三个方面:一是消费的准公共性。基础性产业所创造的产品或服务几乎是整个国民经济活动的共同需要,即不具有排斥性,或者排斥成本过高,从而使基础性行业表现出公共物品的部分属性。同时,基础性产业也能取得良好的社会效益,这种消费上的准公共性决定了基础性产业的产品或服务一般不能完全按供求关系定价,而由政府对其服务标准和收费进行管理,从而对商业性资金缺乏吸引力。二是经营上的自然垄断性。所谓自然垄断,是指在资源稀缺条件下,规模经济效应与范围经济效应要求资源在生产过程中必须保持整体形态的自然的排他性,当该行业由一个或少数几个企业提供时,平均成本将大大降低,经济效益显著提高,而为了防止私人垄断的弊端,这类行业应由政府投资。三是投资资金的集中性。基础性产业属于典型的资本密集型行业,投资建设过程需要巨额资金的流入,风险程度较高,私营部门一般没有能力也不愿意进入这些领域,需要政府来投资和经营。

然而,在实践中,上述基础性行业的特征仅具有总体上的相对意义,对于各类具体的基础性行业而言,并非都能满足这些特点,甚至同一行业不同部门的公共性和自然垄断性也不一样,如交通运输业中铁路的自然垄断特征就比公路要强。此外,上述基础性产业的特性所呈现出的强弱态势是动态的,各国的国情不同或同一个国家不同的发展阶段,基础性行业对国有资本的要求也各不相同。而即使各基础产业和基础设施都属于自然垄断部门,这一性质也只说明了它们在一定范围内应由一家企业经营,但这家企业并不一定是国有企业。事实上,无论是在强调自由企业制度的美国,还是在国有经济占较大比重的法国,基础部门中非国有经济都占很大比例,这说明在自然垄断部门中,只要政府管理得当,无论是通过国有企业还是非国有企业投资,都可以实现经济效率。此外,即使在私营部门发育程度较低的经济中,政府还可以通过发展资本市场、提供投资补贴或投资担保等方式,消除私营部门资金进入基础产业和基础设施的障碍,或者是利用外资发展这些产业,而不一定要由政府来投资,更不一定全部由国有经济来经营。

在社会主义市场经济条件下,政府需要对基础产业和基础设施进行必要的投资。这也是转型经济的客观现实决定的,但这并不意味着民营资本不能进入基础产业。本质上,冶金、煤炭、石油、电力、化工、机械和交通运输设备制造等提供基本生产资料的基础产业部门和部分基础设施都具有非国有企业投资的可能性。这些行业公共性和垄断性相对一般,经营性较强,所占有的资源在生产过程中可以对其整体形态进行一定程度的分割,排他性相对较低,多个生产者比单个生产者更能有效地满足社会需求。随着价格的调整或放开,企业改革的深化,其盈利水平已大幅度提高,市场封锁和行业壁垒限制大为削弱,从资源配置效率出发,现阶段应考虑从基础部门适当地撤出政府投资,鼓励其他投资进入基础部门。

3. 竞争性投资

无论从效率还是公平的角度出发,政府退出竞争性投资领域都是毋庸置疑的,这是培育自由市场的必要前提,对缓解政府财政压力与结构性产业矛盾具有重要意义。

(四)未来我国政府投资的结构调整取向

根据国际经验,政府财政资金总体可以分为经常性支出和资本性支出。经常性支出指维持政权机构运转所必需的日常行政费用,而资本性支出则视国情的不同而不同。一般而言,地方政府的资本性支出比例高于省或州级政府,省级政府高于中央政府,发展中国家的建设支出比重高于发达国家(见表5—5)。随着我国经济体制和财政体制改革的深入,财政性资本支出在社会总资本投入中的比例呈下降趋势,但在财政总支出中仍保持一定的份额。表5—6显示,政府投资占全社会固定资产投资的比重基本稳定在15%~18%之间。

表5—5　　　　20世纪90年代部分国家政府财政支出中生产建设性支出的比例

国　家	中央政府	省、州级政府	地方政府
美国	5%以下	10%以下	11%~12%
法国	5%左右	—	26%~30%
巴西	7%以下	10%以上	20%以上
菲律宾	15%~26%	—	平均16%

资料来源:转引自上海市发展计划委员会《上海财力资金的投向结构与安排流程》课题研究报告。

表5—6　　　　　　　　　　我国政府投资与GDP情况　　　　　　　　　　单位:亿元

年份	总投资	政府投资	民间投资	GDP	政府投资占GDP比例
1995	20 019.3	10 898.2	9 121.1	60 793.73	0.179 265 197
1996	22 913.5	12 006.2	10 907.3	71 176.6	0.168 681 842
1997	24 941.1	13 091.7	11 849.4	78 973.0	0.165 774 379
1998	28 406.2	15 369.4	13 036.8	84 402.3	0.182 096 933
1999	29 854.7	15 947.8	13 906.9	89 677.1	0.177 835 813
2000	32 917.7	16 504.4	16 413.3	99 214.6	0.166 350 517
2001	37 213.5	17 607	19 606.5	109 655.2	0.160 566 941
2002	43 499.9	18 877.4	24 622.6	120 332.7	0.156 876 726
2003	55 566.6	21 661	33 905.6	135 822.8	0.159 479 852

续表

年份	总投资	政府投资	民间投资	GDP	政府投资占GDP比例
2004	70 477.4	25 027.6	45 449.8	159 878.3	0.156 541 569
2005	88 773.6	29 666.9	59 106.7	184 937.4	0.160 415 903
2006	109 998.2	32 963.4	77 034.8	216 314.4	0.152 386 526
2007	137 323.91	38 706.3	98 617.61	265 810.3	0.145 616 253
2008	172 828.4	48 704.9	124 123.5	314 045.4	0.155 088 723
2009	224 598.8	69 692.5	154 906.3	340 902.8	0.204 435 106
2010	251 683.8	83 316.5	168 367.3	401 202.0	0.207 667 210
2011	311 485.1	82 494.8	228 990.3	473 104.05	0.174 369 253
2012	374 694.7	96 220.2	278 474.5	519 470.1	0.185 227 600

资料来源：张大儒，《我国政府投资与产业结构合理化的实证分析》，《经济体制改革》2013年第4期。

根据投资结构的国际对比分析可知，目前我国经济大致处于西方发达经济国家经济发展的中期阶段。为合理界定我国政府的投资领域，下面就前几年中美两国政府财政支出的分配比例进行比较分析（见表5—7）。

表5—7　　　　　　　　　　　中美两国财政支出结构　　　　　　　　　　　单位：%

国别	经济建设费	社科文教费	国防费	行政管理费	其他支出
中国	26.56	26.83	7.37	18.73	20.51
美国	10.0	40.8	17.2	13.5	18.5

注：中国为2006年数据；美国为2008年数据。

资料来源：张欣怡，《中美财政支出结构对比研究》，《云南行政学院学报》2014年第5期。

1. 大规模降低政府生产性投资尤其是竞争性生产投资的比重

我国政府财政支出中比例最大的是生产性支出，高达40.68%，其中竞争性行业的政府投资比重高达50%，这表明我国政府投资的主要方面是具体企业，而且分布面很广。然而，市场经济比较规范和成熟的美国政府的财政支出中，生产性开支的比例只占5.48%，与中国相比，美国政府的财政支出与生产企业没有很密切的关系。我国应从财政支出上削弱政府与企业之间的直接关系，减少政府对企业，特别是对竞争性行业企业的操纵和干预，使企业真正成为自主经营、自负盈亏的经济实体，这也符合我国经济体制改革的总体方向。

2. 增加政府投资中公用事业、社会保障的投资比例

随着经济发展水平的提高和劳动人口的增加，政府所承担的社会责任也日渐重大，公共设施、社会保障与社会福利方面需要加大投资力度。中美两国政府财政支出中一个重大差异是对社会保障等公益事业支出的悬殊差距。从图5—6中可以看出，近年来，我国社会福利支出逐年增加，在财政支出中所占比重也日益增大，但是这一比例仍然偏小，只有3%左右，仅为美国的1/7。在市场经济体制下，政府工作的重心应当是直接关注公民的生活质量、生活福利和生活环境。为此，大幅度提高我国政府在社会保障等公用事业方面的投资比重，是政府投资的一项重要内容。令人欣喜的是，国家统计局在回顾"十二五"经济社会发展成就时说明，2011～2014年，城乡社区事务、医疗卫生、交通运输、教育、社会保障和就业支出年均分别增长

21.1%、20.4%、17.2%、16.2%和14.9%。

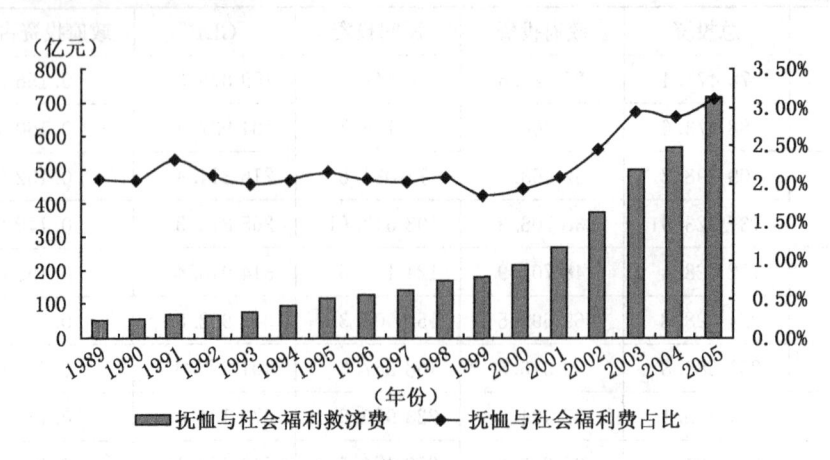

资料来源：根据国家统计局2006年公布的数据整理。

图5-6 我国社会抚恤与福利支出概况

3. 基础性建设投资不应减少

虽然我国政府在基础设施建设中投入比例为27.46%，而美国只有8.48%，但我国正处于经济起飞的准备阶段，而美国已经完成了基础设施建设，处于经济发展的常规时期。为此，我们不应该简单地看数字比例，而应从实际出发，加强基础设施建设，以保证经济持续发展的需要。

4. 国防费用的比例应当有一定程度的提高

随着社会的现代化进程，军队也需要大量的投入来改善装备，但是与发达国家的横向比较可发现，我国国防支出占财政支出的比重明显偏低，而且从时间维度的纵向比较可以看出，我国国防支出绝对额虽然逐年增加，但是占总支出的比重却不断降低（见图5-7）。这表明，我国军队对国际事务的参与程度很低，这与我国联合国常任理事国的地位不符，因此，在一定程度上提高国防费用的支出比例也是合情合理的。

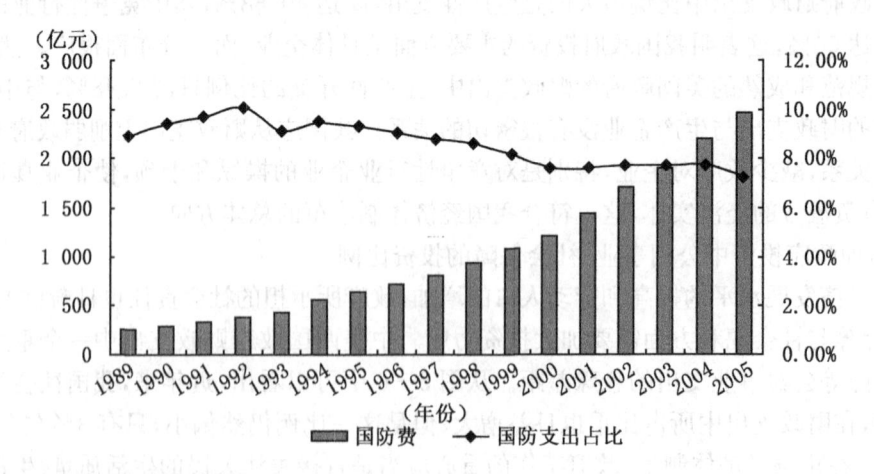

资料来源：根据国家统计局2006年公布的数据整理。

图5-7 我国政府国防支出概况

5. 缩减行政管理支出比例

在行政管理支出比例上,我国比美国高出 10 多个百分点,而行政支出占财政支出的比重不降反升,到 2005 年已接近 20%(见图 5—8),这表明我国还存在着政府机构臃肿、人浮于事的情况。因此,我国政府行政支出的比例应适当压缩,形成市场经济条件下比较理想的"小政府、大社会"的格局势在必行。

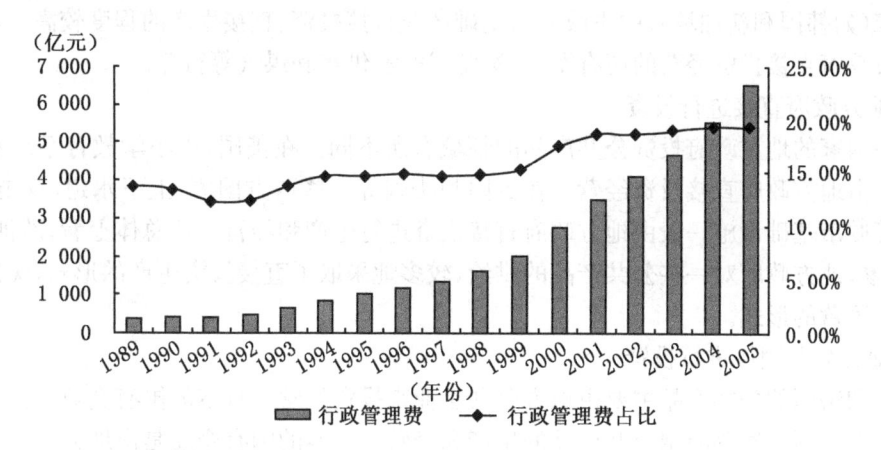

资料来源:根据国家统计局 2006 年公布的数据整理。

图 5—8 我国政府行政管理支出概况

总之,我国在经济的转型时期,政府应该有计划、有步骤地减少在竞争性行业的投入,并最终逐渐退出这些行业,同时应加强加大以下几个方面的投资:第一,农业、交通、能源等基础性行业;第二,公用事业和社会保障业;第三,大规模的区域性开发及重点工程建设;第四,新兴产业、电子、通信等高科技产业。这样才能有效地利用有限的财政收入,使我国的产业结构得到合理的调整,保证经济发展有一个良好的基础与环境,通过加大高科技开发缩小同西方发达国家之间的差距,使我国经济能够稳定持久地快速发展。

三、政府的投资模式

一般而言,市场经济国家的政府投资模式主要有两种类型:一是政府直接投资模式;二是政府间接投资模式[①]。政府直接投资是指政府投资建立企业对公共产品进行直接生产。政府间接投资是指政府通过预算安排及其他政策,将公共产品的生产委托给民营企业。作为投资主体之一,市场经济国家的政府投资基本上采取了直接投资和间接投资相结合的模式,并以间接投资为主。这是西方国家私有经济占绝对优势的现实所决定的,也符合市场经济发展的客观规律。

(一)政府直接投资模式

公共产品的性质决定了政府需要进行直接投资。在市场经济较发达的国家,政府以直接生产的方式提供公共产品的比例较小,但政府直接生产的具体形式却呈现多元化态势。一般来说,政府直接投资可分为三种形式。

1. 中央政府直接进行投资

[①] 诺贝尔经济学奖获得者布坎南教授曾经界定了"政府生产"和"政府提供"这两个概念。他所说的"政府生产",相当于我们通常所说的"政府直接生产";"政府提供"相当于我们通常所指的"政府间接生产"。

在市场经济比较发达的西方国家,造币工厂和中央银行均采取中央政府直接投资的方式。邮政、电力、铁路等基础产业大多由中央政府直接投资。在西方国家的私有化浪潮中,基础产业的很多部门允许私人企业参与竞争。如美国邮政业,过去主要采取联邦政府投资的方式,但近些年来开始允许私人企业进行投资。美国城市用电量中相当大的比例也是由中央政府提供的。法国则与美国有很大差别,铁路和邮政服务业由国家直接投资并垄断经营。在新兴的工业化国家(如韩国和新加坡),中央政府对基础产业直接投资、直接生产的程度较高。其他国家采取中央政府直接投资经营的还有军工、医院、学校、供水和煤气等行业。

2. 地方政府直接进行投资

不同国家的地方政府投资公共产品的领域有所不同。在美国,中小学教育系统和公路建设一直是由地方政府直接投资经营。在英国和法国等一些西方国家,上下水道、煤电供应、公路建设等城市基础设施一般由地方政府直接投资进行生产和经营。从总体上看,欧洲(特别是北欧)国家,地方政府对一些公共产品的供给,较多地采取了直接投资生产的形式,美国则较多地采取了民营的形式。

3. 地方公共团体进行投资

日本和法国的公共产品主要由地方公共企业来投资经营。日本的国有企业广泛从事自来水、铁路、煤气等自然垄断型公共产品的生产和经营。日本的国有企业是由地方公共团体来经营的。地方公共团体经营的这些企业可以从事有利于地方居民福利的任何事业,其"法定事业"有自来水、铁路、汽车运输、地方铁路、电气、煤气等行业。在法国,地方公共团体经营的国有企业多达几千家。

(二) 政府间接投资模式

在市场经济比较发达的国家,一部分公共产品是通过间接生产方式来提供的。在这种方式下,政府对私营部门的公共投资进行管理、提供投资资助或是参与投资。政府间接投资方式主要有:

1. 政府立法保护私人进入公共产品生产领域

政府直接投资提供公共产品需要巨额投资,有些间接生产方式(如财政补贴)会加重政府的财政负担。因此,许多国家政府开始采取措施,对公共生产部门的亏损企业进行整顿,颁布一系列法律,监督、限制国有企业的垄断经营,允许和促进更多的民营企业进入公共产品的生产领域,通过竞争来提高供给效率,减轻财政负担。用法律保护并鼓励民营资本进入基础产业,不仅增加了基础产业产品的供给,改善了服务质量,降低了价格,而且也减轻了政府的财政负担。

2. 授予私人特许经营权

在西方国家,政府广泛地运用授予经营权(或称特许经营权)的方式委托私人公司投资经营公共产品,如自来水、邮政电信、电力事业等。授予经营权的方式在英国运用较早,早在16世纪,英国航海业的浮标、信标和灯塔就由国王向私人组织"领港公会"颁发许可证授权建造和管理的。到19世纪中叶,议会颁布法令,规定英国所有的灯塔经营权全部授权给"领港公会"。在美国,投资开办电视台或电台必须向联邦通讯委员会申请,否则不能获得执照。

授予经营权对于建立和强化民营企业的激励机制是十分重要的。实行特许经营权在保护公共利益的同时,投资者也能获得较大的投资收益。为了让特许经营权的运作更规范,程序更简化,各国已经采取了一些具体规定,如把合同期限与基本资产的使用年限相联系等等。一般而言,收费公路的特许权期限通常是30年,电力生产项目通常是15年,水力发电项目可长达30年。

3. 政府与私人签订合同

在市场经济国家,政府与私人公司签订合同经营公共产品是最普遍的一种形式。具有规模经济效应、自然垄断性的基础设施以及其他一些公共服务行业一般都采取这种方式。签订合同可采取招标、投标和承包的方式。在签订合同之前,由市政主管部门进行广泛的招标,而民间企业进行投标。在一些国家,政府对签订合同的企业往往还给予一定的优惠政策,以鼓励其提供更多、更好的基础产品和服务。

4. 政府的财政资助

国家对私人部门投资公共产品进行财政资助的方式很多,主要有减免税收、无偿赠款、低息贷款、财政贴息、价格补贴以及土地与设备所有权的无偿转让等。例如,日本政府为了鼓励铁路新干线的建设和干线高速化,除在土地征用方面给予优惠外,还对新干线的建设给予大量补贴。联合国教科文组织的统计资料表明,世界上现有156个国家和地区实行义务教育,提供公共教育经费,政府提供的经济资助在GDP中占有较大的比重。在市场经济比较发达的国家,除教育业以外,政府给予经济资助的另一个主要公共产品是住宅业。

5. 政府参股

政府参股主要有收益分享债券、收购股权、国有企业经营权转让和公共参与资金这四种方式。政府参股投资的领域主要集中于桥梁、水坝、高速公路、铁路、港口和高科技产业等。

(三)两种投资模式绩效的比较

在现实经济中,无论是直接投资生产方式还是间接投资生产方式,都有成功的案例。世界银行研究资料表明,加拿大两家民营铁路公司和国营铁路公司进行公平竞争,国营铁路公司同样取得了较好的利润。许多国家在经济发展初期,基础设施建设都取得了惊人的进展。但是,最新经验表明,政府直接投资也存在一定的弊端。世界银行对其资助的44个项目的调查结果显示:在基础设施部门的政府直接投资存在四种通病,即目标不明确、缺乏经营自主权和责任制、财务困窘以及劳资纠纷问题。因此,适当引入竞争机制,允许民营企业进入公共产品领域,提供投资资助或参与投资,同时采取一定措施对私营部门的公共投资进行规范和管理,即通过间接投资生产方式与直接投资生产方式的有效配合以提高公共产品的供给效率。也就是说,某些公共产品不一定要由政府直接投资生产,特别是具有一定竞争性的准公共产品,可允许民营企业进行融资和经营,这不仅有利于提高供给效率,而且有利于减轻财政负担。但是,政府不直接生产某些公共产品,并不等于政府在公共产品的供给上没有任何责任,而只是政府提供公共产品的方式由直接生产转向间接生产。

通过对政府供给公共产品的两种投资方式的绩效比较可以发现:无论在计划经济体制下,还是在市场经济体制下,提供公共产品以满足公众的需求,是政府不可推卸的职责。政府在提供公共产品时,有两种投资模式可供选择:直接投资生产与间接投资生产。在传统的计划经济体制下,我国政府在公共产品的供给方面基本上是以政府直接投资生产方式进行的。随着向社会主义市场经济体制的过渡,政府应适当地利用间接投资方式进行生产,减少直接生产投资,但这并不意味着政府对公共产品供给职责的削弱。恰恰相反,政府更应强化对间接投资生产方式所提供的公共产品的监督和管理。只有在遵循市场规律的前提下,通过政府直接投资生产与间接投资生产的有效组合,才能最终提高公共产品的供给效率。

四、政府投资的政策工具

政府投资政策是国家宏观经济调控的主要手段之一,相应的,政府投资的政策工具可以分为财政政策工具、货币政策工具、产业政策工具以及国有企业的投资管理。

(一)财政政策工具

财政政策工具是政府投资的主要政策性工具。财政政策包括同政府收入和支出的水平及结构有关的所有措施。政府投资是政府支出的一种形式。政府支出主要分为两大类:一类是政府采购,另一类是转移支付。

1. 政府采购

(1)政府采购的性质。国际货币基金组织将公共支出管理看作是一个环环相扣的管理程序;一定意义上,公共支出管理可看作一条长长的价值链,它起始于预算编制,通过政府采购和工程承包执行预算,终结于向公众提供服务。所以,从公共支出管理的角度看,如果说编制预算是资源分配的话,那么确保资源有效利用的环节则是政府采购。因此,政府采购是公共支出管理的一个重要环节。依据西方的契约政府观,政府为了实现向公众提供公共产品和服务的职能而向纳税人征税从而形成了公共资金。政府采购正是政府使用公共资金采购政府所需物资、工程和服务的行为。可见,从本质上讲,政府采购是公共支出管理的一个重要手段,也是一个重要的执行环节。

(2)政府采购的特点。依据西方采购专家和学者对采购所做的分类和比较,政府采购有如下特点:一是公共性,政府采购的资金来源于政府财政拨款,即由纳税人的税收所形成的公共资金。二是非营利性,政府采购是为了实现政府职能和公共利益,而非营利。三是管理性,现代国家都制定了系统的政府采购法律和条例,并建立了完善的政府采购制度。四是公开性,政府采购的有关法律和程序以及采购过程都是公开的。五是政策性,政府采购一般都承担执行国家政策的使命。六是广泛性,政府采购对象从汽车、家具、办公用品到武器等无所不包,涉及货物、工程和服务等各个领域。七是金额巨大,通常是数以亿计。

通过上述分析,我们可以看出,政府采购是一国政府部门及政府机构或其他直接或间接受政府控制的企事业单位,为实现其职能和公共利益,使用公共资金获得货物、工程和服务的行为,采购的领域包括国防、公路、公共教育、公共建筑、医疗保健等,此外还有国际事务、航天技术、能源、自然资源和环境、农业与农业资源等。

2. 转移支付

政府转移支付的主要目的是救济贫困、维护社会公平和正义。概括而言,政府转移支付主要有以下四大方面:其一,失业救济金。失业救济金是为社会上那些有劳动能力但却因为某些原因失业从而失去劳动收入的人设立的救济金。失业救济金的发放标准主要取决于失业人数的多少。其二,农产品价格的维持。政府要按照农产品维持法案把农产品价格维持在一定水平上,如果高于这一价格,政府就抛出农产品以压低价格;否则就收购农产品以提高价格。政府在稳定农产品价格的同时,也可以防止通货膨胀。其三,各种福利支出。主要包括社会保障支出,即年老、遗孤和残疾人保险。此外,还有退伍军人津贴以及利息支出等[①]。

(二)货币政策工具

货币政策工具是政府投资的一种间接工具。在市场经济条件下,西方国家十分重视依靠

---

① 失业救济金也属于社会福利支出的一种,但是鉴于失业救济的重要作用,在此将其单独列出。

中央银行执行货币政策。尽管各国中央银行的名称不尽一致,但就其地位来说,中央银行都是居于一国经济金融体系中心地位的金融机构。从一国经济体系的运行来看,中央银行为经济增长创造了基本的货币和信用条件,并为经济稳定运行提供了制度上的保障。从国家对宏观经济的调控来看,中央银行是一国货币金融体系的最高权力机构,也是全国货币信用制度的中心枢纽和金融监督管理的最高机构。从一国对外金融关系来看,中央银行是国家对外进行经济金融往来与合作的桥梁和纽带,同时也肩负干预外汇市场、平抑市场汇价波动的职责。

中央银行的服务对象是各商业银行、政府机构和其他金融机构。作为政府的银行,中央银行主要有以下几种作用:(1)代理国库。中央银行一方面根据国库的委托,代收各种税收和公债价款等收入,作为国库(财政部)的活期存款;另一方面代理国库拨付各项经费,代办各种付款与转账,在政府的融资和投资活动中扮演重要的角色。(2)为政府提供资金。中央银行对政府既提供短期信用,也提供中长期信用,是政府投资资金的主要来源之一。中央银行通过贴现政府发行的短期国库券,或通过往来账户对政府提供短期资金,也可以帮助政府发行公债或者直接购买公债,为政府提供长期资金。(3)在国际金融业务方面,中央银行代表国家与外国中央银行合作,进行国际结算,签订清算或支付协定。有关国际金融组织、国际金融会议和国际投融资等方面的活动均由中央银行代表政府参加。(4)执行货币政策,控制货币供应量,保持币值稳定。(5)监督和管理金融市场的规范运行。

(三)产业政策工具

20世纪50年代初,第二次世界大战后的日本政府为了恢复和发展经济而提出并制定实施了产业政策。50年代后期,一些西欧国家也不同程度地实施了产业政策。迄今为止,产业政策已经成为各国进行宏观经济调控的重要工具之一。最早阐释产业政策内涵的学者是日本东京大学的小宫隆太郎教授,他认为:"产业政策是政府为改变产业间的资源分配和各种产业中私营企业的某种经营活动而采取的政策。换言之,它是促进某种产业的生产、投资、研究开发、现代化和产业改组而抑制其他产业同类活动的政策。"后来,小宫隆太郎将产业政策的内涵加以扩充而划分为如下几类:

1. 与产业资源分配有关的内容

这一类产业政策包括:其一,关于产业的一般基础设施(包括工业用地以及产业用的公路、港口、工业用水和供电等)的政策,这些政策倾斜构成了政府基础设施投资的主要内容。其二,关于产业之间的资源分配的政策。对于政府重点扶持的产业,不仅是政府投资的重要内容,而且是各种资源的聚集点。

2. 与产业组织有关的内容

这一类产业政策包括:其一,与各领域的内部组织有关的政策。如产业改组、密集化、缩小开工率、对生产和投资进行调整等。其二,属于横向产业组织政策的中小企业政策。如我国出台了相关的专门法律法规来扶植中小企业发展,部分政府投资也向中小企业倾斜。

总之,在全球化趋势日益明朗、国际竞争日益激烈的今天,产业政策工具也逐渐成为政府投资的重要工具。在特定的发展阶段,政府可以根据本国经济发展状况以及国际竞争的需要,调整政府所扶植的重点产业,增加对该产业的政府投资,以增强本国的综合国力。当前,在世界范围内,大多数国家已经把制定相关的产业政策作为引导政府投资、促进国民经济发展的重要工具之一。

(四)国有企业的投资管理

第二次世界大战以来,西方市场经济国家的国有企业获得了较快的发展,尽管私人企业在市场经济体制中占有支配地位,但是在诸多经济领域(资源配置、福利和分配目标方面),国有企业仍然承担着重要任务。

国有企业是政府投资的重要工具之一,政府投资国有企业主要有两种形式:一是国家独资企业,即国家拥有对企业资产的全部所有权;二是国家控股企业,即国家对企业资产拥有控股能力,具有决策权。西方市场经济国家的国有企业主要是通过国有化和国家投资建立新企业两种途径建立的。

1. 国有企业的作用

西方市场经济国家通过财政手段以国民收入再分配的方式在社会范围内筹集资本,建立国有企业,主要是因为国有企业具有以下重要作用:其一,国有企业多投资于战略部门、高风险部门和投资大、周期长、报酬低的部门,从而为国家构筑合理的产业结构和部门结构。其二,国家向落后地区投资设厂,缩小了地区间发展的不平衡。其三,国有企业在基础部门投资,兴建基础设施,兴办公益事业,为私人企业发展创造条件,或者向私人企业提供廉价的能源和交通运输,提高其竞争能力。其四,平抑周期性的经济波动,比如,在高通胀时期有效抑制通货膨胀;当私人投资不足进而影响国民经济增长时,国有企业投资将引导和刺激市场投资。其五,扩大就业,从而缓解社会就业压力,在一定程度上维持了社会稳定。

2. 政府对国有企业管理的新趋向

虽然国有企业在市场经济国家中仍然具有重要的作用,但总体上看,国有企业存在效率和效益低下的弊端,因此,一些国家被迫对国有企业进行私有化或改革国有企业的管理制度。20世纪80年代以来,西方市场经济国家对国有企业的管理有了新的发展趋势,主要包括:

(1)政府对国有企业实行分级分类管理。西方国家的国有企业在法律上属于中央政府及各级地方政府所有,各级政府之间具有明确的财产边界,上级政府无权支配或受益于下级政府所拥有的资产,就像政府无权支配和受益于私人企业资产一样。此外,各级政府还对国有企业实行分类管理,即按照一定的标准将国有企业分为不同的类别,分别实行不同的管理措施。例如,德国将国有企业划分为两类:一类是为满足社会需要而设立的服务性企业和一些具有垄断性的营业机构,如铁路、邮电、无线广播等;另一类是以营利为目标的企业,绝大多数国有企业属于这一类。对于第一类企业,政府通常不要求其盈利,只求收回成本,国家计划对这类企业有较强的约束性。对于第二类企业,产品价格完全由市场决定,且同私人企业展开竞争,企业经营活动受到价值规律的驱动,政府不进行直接干预。此外,法国、英国等国家也将国有企业进行分类管理。

(2)打破国家垄断,鼓励企业之间的竞争。国有企业资源配置效率和效益低下的一个重要原因是其在国民经济中的垄断地位。近年来,为了改变国有企业的这种状况,许多国家政府采取了积极措施,为国有企业设置竞争对手,打破独家垄断局面。如英国政府努力创造条件使私人企业进入国有企业内部,鼓励私人企业和国有企业的自由竞争,并在国有企业中逐步引入市场机制。

(3)国有企业计划合同与自治管理。国有企业实行计划合同制度是1982年7月法国《计划改革法》[①]中提出来的。法国政府试图以计划合同方式取代行政管理方式,对国有企业实行间接管理。实行计划合同制度的主要目的是确保企业的发展战略方针同国家的总体目标协调

---

① 《计划改革法》属于计划法,所谓计划法是调整在制定和实施计划的过程中发生的社会关系的法律规范的总称。它是经济法中的宏观调控法的重要法律部门。

一致。在计划合同的约束下,法国国有企业实行自治管理,国有企业自治管理权具体表现在:在生产、销售和库存管理等方面,企业原则上拥有完整的自主权;在工资管理方面,在总工资水平范围内,竞争性企业有权提高工人工资,有权决定企业内部的分配方式;在劳动管理方面,一般情况下,企业领导人有权与雇员签订"个人合同",解雇各级人员;在就业人数、就业条件、工作岗位性质、人员培训晋升等方面,企业拥有完全自主权;在财务管理方面,企业受到国家的监督和限制,但在竞争性部门,国有企业本身仍然具有较大的权力。

(4)国有企业民主化管理。国有企业民主化管理是20世纪80年代以来西方许多国家国有企业管理体制改革的重要内容。法国有关法律规定,在国有企业必须实行"三方代表制"原则,即国家代表、职工代表和经济界代表组成董事会。在德国,企业最高决策机构是监事会,监事会由资产所有人即政府代表和职工代表组成。总之,国有企业民主化管理的核心是让企业内部甚至是社会各界普遍参与国有企业的管理,实行民主程序管理。

(5)政府对国有企业进行严厉的监督与稽核。许多西方国家一方面赋予国有企业充分的经营管理自治权,另一方面又通过各种渠道对其进行严格监督与稽核。一般来讲,各国政府都会设立一个专门机构对国有企业进行监督,如政府的财政部、审计委员会等。此外,政府还强调社会监督的作用,积极培植和鼓励社会各种民间组织对国有企业进行监督。

可见,国有企业的管理并非只有一个简单的模式,政府对国有企业具体的管理方式依据其所属行业及其对经济发展的影响程度而有所差别,只要能够保障公共利益和提高效率,对国有企业的管理就可以在法律允许的范围内形成多种组合方式,并且在实践中不断发展完善。

五、我国政府投资概况

政府投资作为一种重要的资源配置方式,是政府影响和调控经济的重要杠杆。实现政府投资总量和方向的合理调整,关系到我国近期社会经济的稳定与发展,对有效缓解转型期的矛盾与问题将起到十分重要的作用。下面我们从规模和结构两个方面来考察近年来我国政府投资的运行情况。

(一)政府投资规模分析

政府投资规模是指各级政府在财政年度内通过预算安排的政府投资支出总额,财政支出总量是衡量一定时期内政府用于投资方面所使用资源的数量,是满足公共需要能力高低的重要指标,同时反映了政府对社会经济发展的影响力。

1. 政府投资规模的绝对指标

绝对指标是指以一国货币为单位直观地反映某财政年度内政府支配社会资源的实际数额。由于绝对指标是以本国货币来计量的,并且不考虑通货膨胀因素,因此是名义支出规模。从图5-9中可看出,自我国经济进入转型期以来,政府投资总量呈现出持续上升的趋势,从1989年的1 720.18亿元增长到2005年的16 502.49亿元,年均增长率达到14.95%。近年来我国政府投资规模高速增长有诸多外部和内部因素:一方面政府投资随政府职能的扩展而提高,当社会经济进入持续发展轨道时,在人口增加、公共服务质量提高的因素影响下,社会共同需要的内容增加,政府宏观管理职能拓宽,公共支出规模呈不断增大的趋势;另一方面,以政府投资为主要手段的积极财政政策也会导致政府投资规模的大幅增加。

2. 政府投资规模的相对指标

相对指标是指政府投资占政府支出(或GDP)的比重,该指标反映了一定时期内在全社会创造的财富中由政府直接支配和使用数额的比重。从图5-10可以看出,近年来,政府

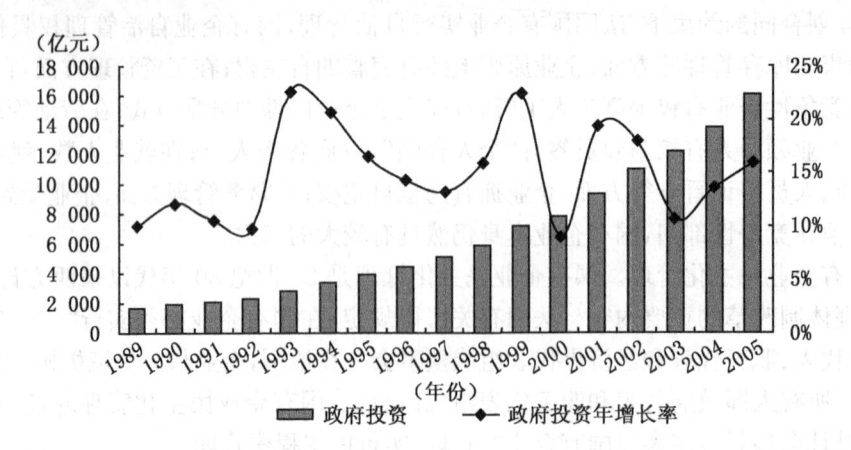

注：政府投资的统计口径包括基本建设支出、流动资金、企业挖潜改造资金、科技三项费、地质勘探、支农支出、国防支出和科教文卫支出。

资料来源：根据国家统计局2006年公布的数据整理。

图5—9 我国政府投资规模与投资年增长率概况

投资占财政支出的比重稳中有降，从1989年的60.52%下降到2005年的48.64%；1998年积极的财政政策实施后，该比重在1999年有所跳升，随后下降，并呈现出稳定的状态。从政府投资占GDP的比重来看，这一比重稳中有升，并有不断上升的趋势。这种变化从发展型公共支出增长模型理论来看，经济越是发达的国家，政府投资支出在财政总支出中所占的比重越小，因为经济越发达，市场就越完善，私人投资的比重就越高，在基础建设等领域需要的政府投资就越少。这种趋势从我国社会主义市场经济建设的实践来看，随着我国经济的发展，政府投资占公共支出的比例也会逐渐减少。

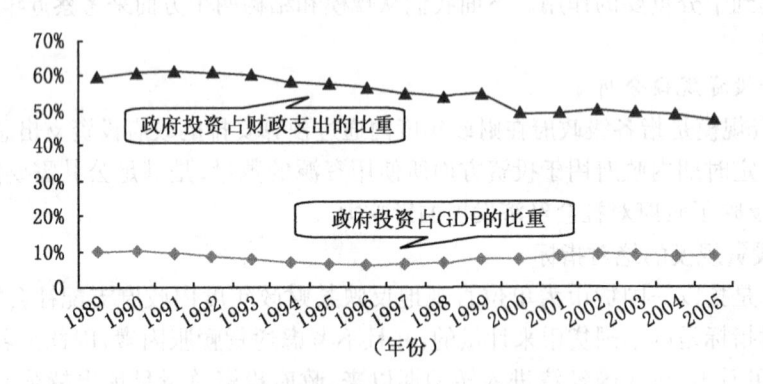

资料来源：根据《中国财政年鉴》(2006)数据整理。

图5—10 我国政府投资的相对指标变化概况

总体来讲，由于我国还处于经济发展的初级阶段，政府投资规模呈现出一种持续增长的态势。但随着政府职能的变化，政府将会更多地进行福利性的支出和转移支付，政府投资占财政总支出的比重会日益减少。需要特别指出的是，近年来我国政府投资的增长速度远远快于GDP的增长速度，其占GDP的比重也逐年增加。在经济发展早期，政府投资主要集中在提供最基本的经济基础设施上，政府投资规模会逐渐增大，在很大程度上替代了私人投资；但随着中国经济发展进入中期阶段，市场缺陷逐步改善，民间部门力量增长，可以预见的是，总投资占

GDP 的比重会继续上升,而政府投资占 GDP 的比重会下降。一旦经济达到成熟阶段,政府投资的重点将会从基础设施转向教育、保健和社会福利等方面。

(二)政府投资结构分析

政府投资结构是指政府投资的各个不同部分的组合状态及其数量配比的总称。政府投资结构就其现象来说,它是各类投资的组合,表现为一定的数量关系,同时也是政府职能状态和政府政策的体现,政府投资结构随着社会经济发展阶段的不同而发生转换。在经济从不发达阶段过渡到发达阶段的过程中,存在着经济建设投资渐减、社会保障投资渐增的必然趋势。

1. 政府投资的项目结构分析

(1)基础设施政府投资。20 世纪 80 年代初以来,中国政府一直比较重视对基础设施的建设与投入,为改革开放 20 多年来的经济发展与社会进步奠定了坚实的基础。政府基础设施建设投资由 1989 年的 481.7 亿元增加到 2005 年的 4 041.34 亿元,年均增长 15%。一直以来,基础设施投资是我国政府投资的主要组成部分之一,从图 5－11 可以看出,近 10 年来基础设施投资在政府投资中的比重平均达到 24.91%。政府基础设施投资的不断增加得益于 1998 年西部大开发和振兴东北老工业基地战略的实施。

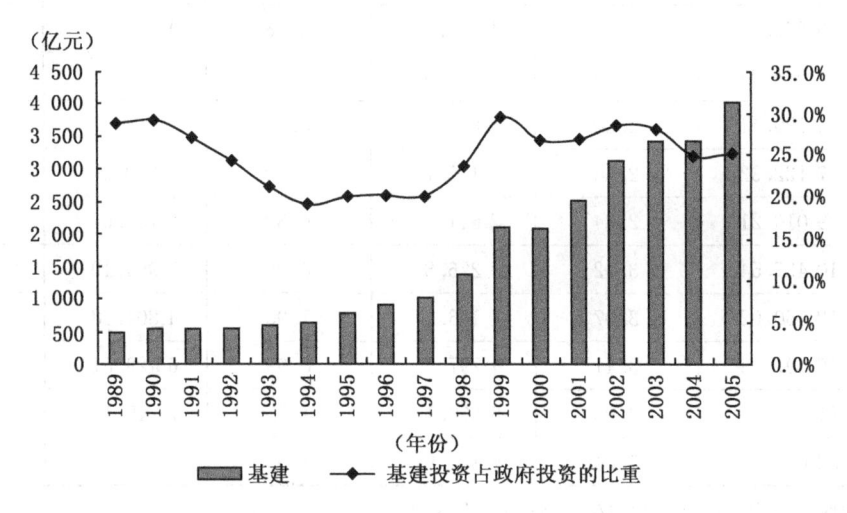

资料来源:根据国家统计局 2006 年公布的数据整理。

图 5－11　我国政府基础建设投资概况

(2)科教文卫事业投资。改革开放以来,我国科教文卫投资总量的绝对数迅速上升,占 GDP 的比重也呈逐年上升的趋势。从表 5－8 可以看出,1993~2013 年,预算内科教文卫投资总量不断提升,这既充分反映了我国经济的发展和经济实力的增强,又反映了政府已开始逐步加大对科教文卫等社会事业的投资力度。

表 5－8　　　　　　　　我国教育、科技、卫生三项政府投资情况

年份	教育投资 投资额(亿元)	占 GDP 比重(%)	科技投资 投资额(亿元)	占 GDP 比重(%)	卫生投资 投资额(亿元)	占 GDP 比重(%)
1993	754.9	2.13	225.6	0.64	226.94	0.64
1994	1 018.78	2.10	268.3	0.55	269.42	0.56

续表

年份	教育投资 投资额（亿元）	教育投资 占GDP比重（%）	科技投资 投资额（亿元）	科技投资 占GDP比重（%）	卫生投资 投资额（亿元）	卫生投资 占GDP比重（%）
1995	1 196.65	1.96	302.4	0.49	338.43	0.55
1996	1 415.71	1.98	348.6	0.49	383.09	0.54
1997	1 545.82	1.95	408.9	0.51	460.95	0.58
1998	1 726.3	2.03	438.6	0.52	587.2	0.69
1999	1 927.32	2.14	543.9	0.60	640.9	0.71
2000	2 179.52	2.18	575.6	0.58	709.5	0.71
2001	2 636.84	2.39	703.3	0.64	800.6	0.73
2002	3 105.99	2.57	816.2	0.67	908.5	0.75
2003	3 351.32	2.45	944.6	0.69	1 116.9	0.82
2004	3 365.94	2.09	1 095.3	0.68	1 293.6	0.80
2005	3 974.83	2.14	1 334.9	0.72		
2006	4 780.41	2.20	1 688.5	0.78		
2007	7 122.32	2.66	2 135.7	0.80	1 989.96	0.74
2008	9 010.21	2.84	2 611	0.82	2 757.04	0.87
2009	10 437.54	3.02	3 276.8	0.95	3 994.19	1.16
2010	12 550.02	3.07	4 196.7	1.03	4 804.18	1.17
2011	16 497.33	3.41	4 797	0.99	6 429.51	1.33
2012	21 242.1	3.98	5 600.1	1.05	7 245.11	1.36
2013	22 001.76	3.74	6 184.9	1.05		

注：国家统计局自2007年起"卫生"统计口径有变化。
资料来源：国家统计局，《中国统计年鉴》，2014年。

首先，教育投资方面。20世纪90年代以来，我国财政性教育经费支出绝对额大幅增加，由1993年的754.9亿元增加到2013年的22 001.76亿元，增幅达2 815%。但与此同时，教育支出占GDP的比重却增加缓慢，有些年份甚至出现下降的现象。2013年，我国政府教育支出占GDP的3.74%，这一比重远远低于世界发达国家平均6%和发展中国家平均4%的水平。按照教育经费支出占GDP比例的变动规律来看，教育经费支出增长率应该高于GDP的增长率，即教育经费要超前增长。因此，我国的政府教育投资还有很大的增长空间。

其次，科学技术投资方面。近年来，我国政府加大了对科学技术研究的投入，投资额从1993年的225.61亿元增加到2013年的6 184.9亿元。但政府科技投资占GDP的比重同样增长缓慢，2013年仅为1.05%，这与1995年中共中央、国务院《关于加速科技进步的决定》中提出的2000年底全社会科学技术研究支出占GDP1.5%的目标仍然相去甚远。

最后，卫生投资方面。卫生费用支出从1993年的226.94亿元增加到2012年的7 245.11亿元，但绝对数增加并不意味着卫生投资的合理性。卫生总费用(Net Health Expenditure，简称 NHE)占 GDP 的比重是度量一国健康水平的重要标准。然而 20 世纪 90 年代以来,我国 NHE/GDP 不断下降,不过随着 2002 年"非典"等社会传染疾病的暴发,我国政府逐渐加强了政府卫生费用投资的趋势(见图 5—12)。

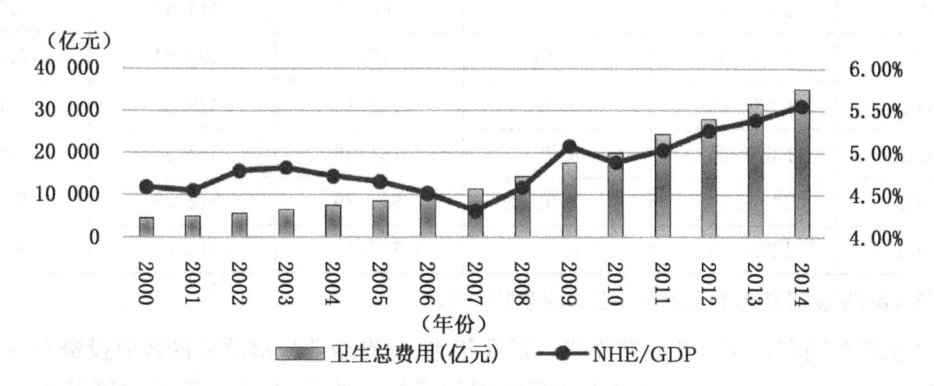

资料来源:《中国统计年鉴》,2001~2015 年。

图 5—12 我国卫生总费用与 NHE/GDP 概况

(3)政府支农投资支出。政府的支农投资支出呈现稳定增长的态势,由 1989 年的 250.24 亿元增加到 2005 年的 2 324.93 亿元①(见表 5—9)。政府支援农业的支出在近年来有加速增长的趋势,这是因为中共十六大以来,"三农问题"成为我国政府主要关注的问题之一,中央连续发行专项国债用于支持农业建设,促进农村和农业经济结构的战略性调整;稳定粮食生产,增加农民收入;落实粮食风险基金包干政策。而各级地方政府也将农业发展列入"十一五"规划的重点发展项目。随着经济的发展,政府的农业支出将会进一步增加。

表 5—9　　　　　　　　　　我国政府农业投资概况　　　　　　　　　　单位:亿元

年　份	农业投资合计	农业支出占财政支出的比重(%)	支农支出	农业基建支出	农业科技三项费用
1989	250.24	8.86	197.12	50.64	2.48
1990	291.58	9.46	221.76	66.71	3.11
1991	321.97	9.51	243.55	75.49	2.93
1992	357.04	9.54	269.04	85	3
1993	421.42	9.08	323.42	95	3
1994	509.7	8.80	399.7	107	3
1995	543.22	7.96	430.22	110	3
1996	656.52	8.27	510.07	141.51	4.94
1997	726.03	7.86	560.77	159.78	5.48
1998	1 095.86	10.15	626.02	460.7	9.14
1999	1 043.59	7.91	677.46	357	9.13

---

① 政府农业投资的统计口径包括:支农支出、农业基础建设支出、农业科技三项费用。

续表

年 份	农业投资合计	农业支出占财政支出的比重(%)	支农支出	农业基建支出	农业科技三项费用
2000	1 191.13	7.50	766.89	414.46	9.78
2001	1 409.05	7.45	917.96	480.81	10.28
2002	1 536.38	6.97	1 102.7	423.8	9.88
2003	1 674.65	6.79	1 134.86	527.36	12.43
2004	2 251.76	7.90	1 693.79	542.36	15.61
2005	2 324.93	6.85	1 792.4	512.63	19.9

资料来源：根据国家统计局2006年公布的数据整理。

(4)政府对国有企业更新改造投资。近几年来，国有企业挖潜改造的政府投资有逐渐增加的趋势。2000年，我国国有企业基本实现脱困的目标。随后，企业挖潜改造更着重于提高企业的国际竞争力。国家紧紧围绕一些产业，有重点地改造一批骨干企业，提高工艺技术和装备水平，优化技术结构和产品结构，重视国有企业科研力量的培养，加大企业科研经费的投入。据国资委调查数据显示，1999～2006年8年来，国家财政主要用于国有企业的增拨、企业流动资金、挖潜改造资金和三项费用等支出合计达1万亿元。

2. 中央和地方政府投资的结构分析

总体上看，中央政府投资包括能够使全国受益的重大公益性项目和非营利性基础设施项目，以及部分影响全局的营利性基础设施项目和调节经济结构、经济总量的项目，包括教育、科研和国防建设项目；重大能源、原材料工业基地建设项目；面向全国的运输、通信骨干设施；大江、大河治理的骨干工程；关键的新兴产业和高新技术产业等。地方政府投资主要包括其管辖范围内的公益性及非营利性基础设施项目，以及某些对地方经济发展有重大影响的高新技术产业项目和个别地方特色项目等。对于那些既关系到全局，又对地方经济和社会发展有重大意义的项目，则由中央政府和地方政府共同投资。

随着我国由计划经济体制转换为市场经济体制，以及分税制财政体制的确立，中央公共支出与地方公共支出不仅总量上有了较大变化，而且增长速度以及所占政府投资总额的比重也发生了很大的变化。如图5—13所示，近16年来，地方政府是主要的政府投资主体，其投资额占政府投资总额的比重达70%以上，而中央政府投资占政府投资总额的比重随着我国财政政策的不同而变化，其中最为明显的是1999年和2000年，由于积极财政政策的实施，中央政府的投资比重有了较大幅度的提高。但从趋势来看，我国中央政府投资在政府总投资中的比例呈下降趋势，这是因为，随着我国经济体制改革的深入发展，地方政府财政较以前拥有更多的自主权和更大的投资决策权，今后我国政府投资应该逐渐以地方政府投资为主。

3. 政府投资的行业结构分析

1994年国家有关部门在制定深化投资体制改革方案中，根据不同投资主体的投资范围，以及各类建设项目的经济效益、社会效益和市场需求等状况，将投资项目大体划分为竞争性投资项目、基础性投资项目和公益性投资项目三大类。按照细化思路，政府现阶段仍要对关系国民经济命脉的重要行业和关键领域进行必要投资。竞争性项目包括一般领域竞争性项目、少数关键领域竞争性项目、竞争性基础项目和竞争性公益项目四种情况。

从统计数据可以看出，各级政府投资范围已经开始按照社会主义市场经济体制的要求进

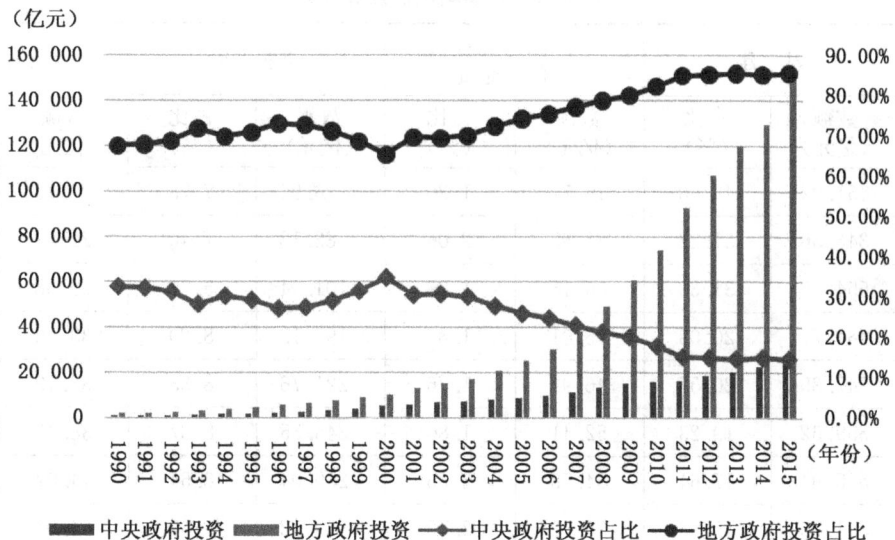

资料来源：wind资讯。

图 5—13　我国中央政府投资和地方政府投资的构成

行调整。近10多年来，公益性投资有了显著上升，其占政府投资总额的比重保持在40%左右；基础性投资绝对值稳步增长，但其占财政支出的比例逐步下降到30%左右，而竞争性行业一直是我国政府投资的重点，比重保持在35%左右。这说明我国政府投资的重心并未完全撤出竞争性产业，其重点并未投向公益性投资领域。按市场经济体制的要求来对政府的职能进行定位，充分体现有效性原则和产权原则，政府的投资范围应该转向上述划分的非竞争性公益性项目和非竞争性的基础项目，以及少数关键领域的竞争性项目，真正发挥政府投资的宏观调控作用。

我国在公益性投资方面的支出数额及占比概况、我国政府各项基础性投资概况见图5—14、表5—10。

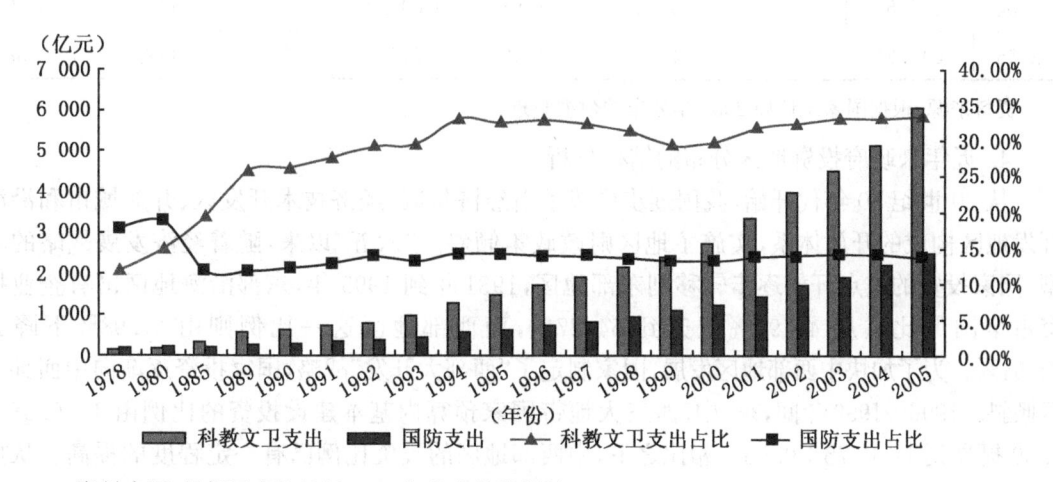

资料来源：根据国家统计局2006年公布的数据整理。

图 5—14　我国在公益性投资方面的支出数额及占比概况

表 5—10　　　　　　　　　　　　我国政府各项基础性投资概况

年份	基建 数额(亿元)	基建 占比(%)	工、交、流通部门事业费 数额(亿元)	工、交、流通部门事业费 占比(%)	支农支出 数额(亿元)	支农支出 占比(%)	地质勘探费 数额(亿元)	地质勘探费 占比(%)
1978	451.92	45.66	19.79	1.80	76.95	7.78	20.15	2.04
1980	346.36	31.22	22.85	2.06	82.12	7.40	22.57	2.03
1985	554.56	31.33	35.16	1.99	101.04	5.71	29.58	1.67
1989	481.7	20.03	45.01	1.87	197.12	8.20	33.16	1.38
1990	547.39	20.55	46.93	1.76	221.76	8.33	36.19	1.36
1991	559.62	19.23	52.41	1.80	243.55	8.37	38.43	1.32
1992	555.9	17.64	64.58	2.05	269.04	8.54	44.07	1.40
1993	591.93	15.68	76.22	2.02	323.42	8.57	49.06	1.30
1994	639.72	13.89	100.77	2.19	399.7	8.68	64.13	1.39
1995	789.22	14.68	102.76	1.91	430.22	8.00	66.32	1.23
1996	907.44	14.59	120.41	1.94	510.07	8.20	68.56	1.10
1997	1 019.5	14.50	136.41	1.94	560.77	7.97	73.37	1.04
1998	1 387.74	16.92	121.56	1.48	626.02	7.63	83.13	1.01
1999	2 116.57	21.78	128.07	1.32	677.46	6.97	83.69	0.86
2000	2 094.89	19.00	150.07	1.36	766.89	6.96	88.12	0.80
2001	2 510.64	19.69	200.12	1.57	917.96	7.20	99.01	0.78
2002	3 142.98	20.61	232.38	1.52	1 102.7	7.23	102.89	0.67
2003	3 429.3	20.14	285.23	1.68	1 134.9	6.66	106.94	0.63
2004	3 437.5	17.51	368.21	1.88	1 693.8	8.63	115.45	0.59
2005	4 041.34	17.53	444.15	1.93	1 792.4	7.78	132.7	0.58

资料来源：根据国家统计局 2006 年公布的数据整理。

4. 近年来政府投资地区分布的结构分析[1]

从 20 世纪 80 年代开始，我国逐步形成了由经济特区、经济技术开发区、开放城市和沿海开发地区构成的开放体系，实施了地区财政政策倾斜。"六五"以来，随着经济发展战略的转型，国家投资的重点开始逐步转移到东部地区，1981 年到 1995 年，东部沿海地区国有企业投资占全国的比重从 45.91% 上升到 54.27%，而西部地区这一比例则由 27.98% 下降到 24.54%。为了加快中西部地区发展，国家制定了"西部大开发"战略，国家投资逐渐向中西部地区倾斜。1996~1999 年间，东、中、西三大地带国家预算内基本建设投资的比例由 1∶0.68∶0.39 提高到 1∶0.75∶0.53。相比之下，中西部地区的投资比例已有一定程度的提高。从投资总量上看，虽然目前中西部地区占有的国家预算内投资已经超过东部地区，但其人均占有的

---

[1] 王洛林、魏后凯：《我国西部开发的战略思想及发展前景》，《社会主义经济理论与实践》2001 年第 5 期。

国家预算内资金仍要低于东部地区。1999年,东部地区人均占有国家预算内资金为117.8元,中部地区为97.9元,西部地区为106.2元。这说明,国家的投资重点已经逐渐向中西部地区转移;但如果以人口分布作为衡量标准,目前国家投资的重点仍然集中在东部沿海地区。

从以上分析我们可以看出,我国目前的政府投资规模有逐年增大的趋势,在一定程度上替代了私人投资,这不符合社会主义市场经济建设的要求。同时,我国政府投资结构仍然存在着不合理的现象,需要进一步进行调整。因此,在今后的经济建设中,我国政府应该积极引导私人投资,逐步退出竞争性的投资项目,增加公益性投资的力度,同时,要注意政府投资在中央政府和地方政府之间,以及不同地区之间的分配,避免造成资源浪费。而这直接关系到我国投融资体制的改革和完善。值得一提的是,2004年7月26日国务院发布了《国务院关于投资体制改革的决定》,针对当前的投资体制仍然存在的很多问题,特别是企业的投资决策权没有完全落实,市场配置资源的基础性作用尚未得到充分发挥,政府投资决策的科学化、民主化水平需要进一步提高,投资宏观调控和监管的有效性需要增强等,提出了新的与中国经济运行状况更为适应的改革措施[①]。

阅读书目

1. 陈工:《政府投资学》,高等教育出版社2012年版。
2. 李晓鹏:《地方政府投融资模式研究》,机械工业出版社2014年版。
3. 杨晔、杨大楷:《融资学》,上海财经大学出版社2013年版。
4. 杨晔、杨大楷:《投资学》,上海财经大学出版社2012年版。
5. 杨晔、杨大楷:《中级投资学》(第二版),复旦大学出版社2014年版。
6. 杨晔、杨大楷、汪若君:《2015中国投资发展报告》,上海财经大学出版社2015年版。

思考题

(一)填空题

1. 产业投资基金的资产主要以_____的形式直接投资于实业领域,对未上市的公司直接提供资本支持并从事_____,以追求长期资本增值、为投资者谋取最大投资收益为目标,投资收益按_____进行分配。
2. 集合委托贷款的好处在于:一方面_____,_____;另一方面_____,_____。
3. 政府财政资金总体可以分为_____和_____。
4. 政府投资的政策工具可以分为_____、_____、_____以及_____。
5. 中央银行的业务服务对象是_____、_____和_____。
6. 市场调节的有效性主要体现在两个方面:一是_____,二是_____。

(二)名词解释

1. 政府融资
2. 资产证券化
3. 产业投资基金
4. 政府投资

[①] 我们将这部分内容放在本书的辅导用书《投融资学案例与习题集》中作为一个专题进行讨论。

5. BOT

(三)是非题

1. 政府对具有一定经营性的基础设施项目、自然垄断项目的投资不以营利为主要目的,但要追求保值增值和较好的投资效益。   （ ）

2. 为了引导民间投资,政府的投资领域和项目不能是营利性的。   （ ）

3. 产权关系清晰的领域应由企业投资,无法明确界定产权或者界定产权成本太高的领域则由政府投资。   （ ）

4. 政府作为投资主体而形成的投资,具有一般投资的共同特点:在宏观上促进经济增长、刺激需求与供给;在微观上有获利动机。   （ ）

5. 政府投资决策是一种不完全的市场决策问题,因而不太适合用以市场行为为研究对象的经济理论进行分析。   （ ）

6. 经济发展中期的政府投资领域政府职能开始侧重于社会的稳定、收入分配的公平等方面,其投资的主要目的从促进经济增长转变为促进社会安定和社会公平。   （ ）

(四)简答题

1. 简述政府融资的不同模式。

2. 简述政府融资的具体方式。

3. 简述政府间接投资的模式。

4. 简述政府投资的内涵。

5. 简述不同经济发展阶段政府投资的领域。

(五)论述题

1. 试述转型时期我国政府投资领域的调整。

2. 试述政府投资的产业政策工具在发展中国家的重要作用。

(六)计算题

有一笔国债,5年期,平价发行,票面利率为12.22%,单利计算,到期一次还本付息,到期收益率是多少?

第六章

个人投融资

投融资是当代经济生活中极为重要的一部分。政府通过税收、发行公债、吸引外资等方式融入资金,并将所融入的资金用于投资公共设施、支持教育事业等,以获得国家长远的发展。企业通过向金融机构贷款、上市、发行企业债券等各种方式融资,并将所融入的资金以直接或间接的方式投资,以获取资金的保值增值,保持发展的原动力。随着社会主义市场经济体制的建立和日趋成熟,作为最小社会经济单位的个人,逐渐认识到投融资对累积财富的重要意义,理论界也就现有经济环境下如何促进个人投融资的发展做了有益的探索,并取得初步成效。个人投融资的发展状况不仅会对人们自身的生活水平、财务状况发挥举足轻重的作用,同时也将对整个国民经济产生深远的影响。本章将分别对个人融资和个人投资进行深入的探讨。

第一节 个人融资

个人融资是指个人为了投资或消费而向金融机构或其他经济主体筹措资金的一种经济行为,是个人理财的重要一环。个人融资有别于私营企业和民营企业融资:前者的融资主体为单个自然人,而后者为法人;前者的融资目的更为多样化,包括消费性投资、教育投资、创业、证券市场投资、房地产投资、艺术品、保险、外汇以及实业投资等,而后者只能就本企业涉及的业务范围(如就本企业基本建设、固定资产、流动资金、广告费用等)进行融资。本节将全面系统地分析各种融资手段,让个人尽可能理性地选择最适合自己的融资渠道及融资方式,在融资、投资、再融资的良性循环中实现自有资本的快速增值,而不再是单纯依赖于封闭式的自我积累。

一、国内个人融资现状

(一)供求分析

随着市场经济的发展和人们理财观念的日趋成熟,个人借贷投资具有很大的发展潜力,其间蕴含着强大的融资需求,如住房抵押贷款近年来明显带有投资、消费的双重性质。个人融资渠道的选择虽有融资主体的主观因素,但更多地受制于个人投资品种的特点。比如,证券投资由于风险大,限于知识水平及能力,个人很难从社会公众和金融机构融到资金;艺术品投资要求投资者有较高的艺术鉴赏力,而且增值时间一般较长,风险大,较难从金融机构融入资金。但随着投资市场的规范化、配套法制的完善化,我们有理由认为此类融资供求存在一定的发展空间。除消费信贷外,个人融资行为常发生在一次性投入资金较大的房地产投资和创业投资上。据我国银监会统计,截至 2016 年年末,商业银行个人住房贷款的平均不良贷款率仅为 0.38%,远远低于银行业平均不良贷款率 1.74% 的水平,因此,对于银行来说,不动产贷款属于优质资产,个人以不动产为抵押获得银行贷款较为容易。

另外,随着全国就业形势日趋严峻,个人创业融资需求增加。从图 6—1 可以看出,我国城镇登记失业人数逐年增加,登记失业率也呈现逐年上升的趋势。与此同时,高校毕业生在逐年增加,从 2001 年的 115 万人猛增至 2016 年的 765 万人(见图 6—2)。此外,还有 1.5 亿多的农村剩余劳动力也在等待就业。面对如此大的就业压力,创业是重要的生存之路,也是中国社会发展的必然趋势。同时政府也在积极引导个人走上创业之路,对个人自主创业在政策上提供融资支持。如国家人事部制定的最新政策中,鼓励有条件的地区政府在现有渠道中为高校毕业生提供创业小额贷款和担保。2002 年 11 月,11 个部委联合发布《关于贯彻落实中共中央国务院关于进一步做好下岗失业人员再就业工作的通知若干问题的意见》,规定下岗失业人员自谋职业、自主创业或合伙经营与组织起来就业,资金不足的,经当地贷款担保机构承诺担保,可向商业银行或其分支机构申请小额担保贷款;从事微利项目的,可享受中央财政全额贴息等。2015 年,李克强在政府工作报告中提出"大众创业,万众创新"。国务院建立由发改委牵头的推进大众创业万众创新部际联席会议制度。由此可以预见,我国个人创业将不断涌现,创业主体以城镇下岗失业人员、大学毕业生、社会富裕阶层(含留学归国人员)和农村富余劳动力为主。这意味着将产生巨大的个人融资需求,而现有的融资渠道远远不能满足这一市场需求,大量的社会闲散资金流向大中型国企、上市公司及较有保障的消费信贷,甚至躺在银行里睡大觉。各种融资渠道对个人创业来说都是不够畅通的。再加上融资渠道层次的单一性,使得本来就相当有限的个人融资选择的空间更显狭小,供求矛盾突出。

以上分析表明,在各种个人融资行为中,最值得也是亟待研究的便是基于创业目的的个人融资。个人融资环境改善的意义是重大的:微观上,它可以提高居民生活水平,实现个人财富增值;宏观上,则有助于缓解就业压力,增强我国经济实力,提高国民整体的素质。

(二)个人融资渠道

1. 资产抵押贷款

资产是指经济主体(个人或团体)拥有产权的、可带来经济利益的所有资源[①],包括实物资产、无形资产、金融资产、人力资产等。个人申请资产抵押贷款,为保证足够的安全性,金融机构一般只接受实物资产中的不动产、动产、金融资产及特殊种类的(可辨认)无形资产作为抵押,如房地产、汽车、金银珠宝、债券、基金、股票、专利权、著作权等。目前,资产抵押贷款是个人融资的主要融资渠道之一。在对私营企业主开业资金来源的一项调查中,样本为 5 487 人,银行贷款(主要是资产抵押贷款)占 760 人,占样本人数的 23.4%,列第四位(见图 6—3)。个人资产抵押贷款在实施中常见的问题是价值难以评估,这就需要引入专业的价值评估机构对抵押资产做出合理估价,避免抵押率过低的状况。另一个突出的问题体现在地区差异上。我国经济发展水平很不均衡,东部地区拥有较成熟的市场经济环境及相对充裕的资金储备,居民

[①] 这是从金融学的角度定义的,是综合了经济学和法学的观点,即经济学意义的资产是指在一定时间内为特定主体(个人、团体等)带来利益(经济和非经济)的所有资源;而按照法学的观点,资产即产权。

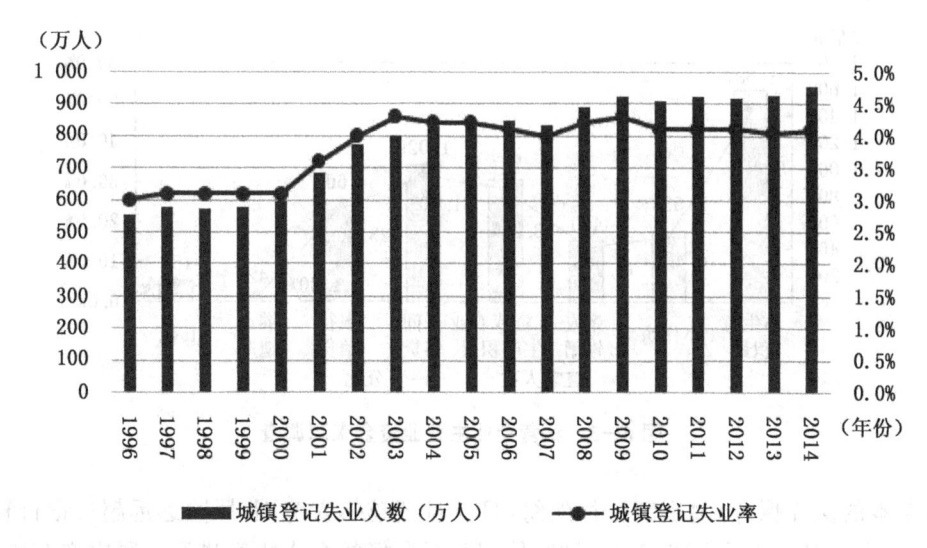

资料来源:根据《中国统计年鉴》相关年份数据整理。

图 6—1　我国城镇登记失业人数和失业率概况

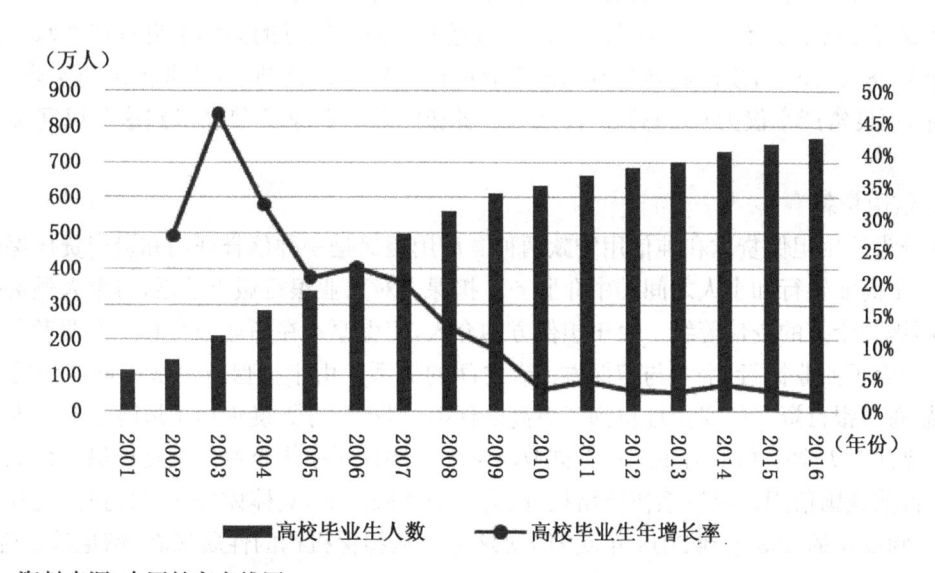

资料来源:中国教育在线网。

图 6—2　近年来我国大学生毕业人数变化趋势

生活水平较高,普遍拥有一定数量的资产,且金融机构的服务意识先进,有利的整体经济环境带动个人融资快速发展;而中西部地区则相对滞后,个人融资也处在一个较低的水平上。

2. 民间借贷

民间借贷是指通过向亲朋好友、私人钱庄借贷的较为原始的个人融资方式,一般是个人融资的首选。从图 6—3 可以看出,民间借贷仅次于自我积累,是私人企业主开业资金的第二大来源,这是因为民间借贷具有以下几方面的优点:(1)方便快捷、手续简单。市场是瞬息万变的,要适应市场的变化,融资活动必须注重效率,以免贻误商机。(2)无需银行借贷名目繁多的评估费用,因而其实际使用成本低于申请银行贷款的成本。但是,民间借贷也有缺点,主要是

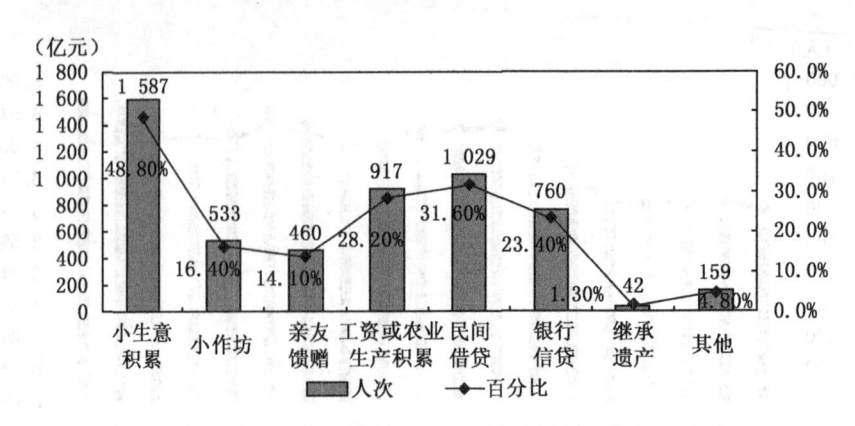

图 6—3 私营企业主开业资金来源调查

来源	人次（亿元）	百分比
小生意积累	1 587	48.80%
小作坊	533	16.40%
亲友馈赠	460	14.10%
工资或农业生产积累	917	28.20%
民间借贷	1 029	31.60%
银行信贷	760	23.40%
继承遗产	42	1.30%
其他	159	4.80%

缺乏最基本的法律保障，易引起法律纠纷，且一旦超越熟人范围，风险远远超过银行贷款，因此，民间借贷一般在关系密切、互相了解、信用关系良好的个人之间进行。国内亦有成功的私人钱庄范例，如浙江温州的泰隆和银座。泰隆成立于 1993 年 6 月，成立时仅有 7 名员工，注册资本 100 万元，业务定位于专做私营小企业和个体工商户的贷款业务，到 2002 年，其资产总额已发展到近 20 亿元，不良贷款率仅为 2.33%，远低于商业银行的同期不良资产率水平。银座成立于 1988 年 10 月，现已更名为台州市商业银行（仍为私人控股），业务范围与泰隆相似，至 2002 年，不良资产率仅为 0.993%。许多创业者和民营企业家都曾经得到这些民间金融的帮助。

3. 信用贷款

它分为信用担保贷款和纯信用贷款两种。信用担保是一种信誉证明和资产责任保证相结合的、介于商业银行和个人之间的中介服务。担保人对商业银行做出承诺，对个人融资提供担保，从而提高个人的资信等级。由于担保方的介入，使得原本在商业银行和个人两者之间的贷款关系变成了商业银行、个人与担保方三者之间的关系。由于担保方分散了商业银行贷款的风险，故商业银行资产的安全性得到了更高的保障，但担保方无疑承担了风险。对个人贷款的担保主要针对大学生和下岗职工自主创业融资。一些针对中小企业的融资担保体系也适用于个人。目前我国信用担保体系快速增长，成为一个朝阳产业，具体体现在：(1) 担保机构发展迅速。从 2000 年的 203 家到 2014 年底的 7 898 家。从担保机构的性质来看，满足政策性目的、体现政策导向的"非营利性"担保机构、营利性的商业担保机构和互助性担保机构呈现并存的局面。(2) 逐渐改变"政府为主，民间为辅"的局面。2002 年，政府出资在中国担保机构出资总额中的比例占 70%，民间投资占 30%。但到 2012 年，全国 8 590 家融资性担保法人中，国有控股 1 907 家，占比仅为 22.2%。与资金来源对应，担保机构的组织形式也日趋多样，担保基金、有限责任公司、会员制互助基金和事业法人等形式不断涌现。(3) 资金放大倍率提高，防范风险能力增强。从调查情况看，担保机构担保资金的放大倍率进一步增大，全国在保责任总额与担保资金的比例已由 2001 年的 1：1 达到 2004 年的 1：1.78，担保能力进一步增强。

针对个人的信用贷款目前主要是信用卡消费，其贷款额度有限且期限很短。1999 年 3 月开始施行的《银行卡业务管理办法》规定，"同一持卡人单笔透支发生额个人卡不得超过 2 万元"，"同一账户月透支余额个人卡不得超过 5 万元"，"准贷记卡的透支期限最长为 30 天"，透支期超过一个月，商业银行即派人催要透支款，在催要款无着落时，银行将诉请法院发支付令。

这些规定或措施与我国还未建立起健全的诚信体系有关。2003年,中央政府明确作出了要在五年内把"社会诚信体系的框架和运行机制初步建立起来"的战略决策。个人诚信体系的建立,使个人信用记录成为融资的资本,将大大促进信用贷款的发展,为个人融资开辟一条十分便捷的途径。

4. 融资租赁

租赁融资是一种较特殊的中长期融资方式。从交易的角度来看,融资租赁是指出租人对承租人所选定的物件,进行以融资为目的的购买,然后再以收取租金为条件,将该租赁资产出租给承租人使用。在此过程中,出租人将租赁资产有关的全部风险和报酬都转移给了承租人。在租赁期满后,承租人一般享有购买租赁资产的选择权或直接发生产权转移。对承租人而言,租赁开始日最低付款额的现值几乎相当于租赁开始日租赁资产原账面价值,因而融资租赁实际上是承租人以分期付款方式购买某项资产,通过融物而达到融资的目的。

融资租赁在西方发达国家是仅次于银行信贷的金融工具,自1952年在美国诞生以来,获得了迅猛发展。目前,全球近1/3的投资是通过这种方式完成的。可以预计,在我国融资市场体系尚不健全的情况下,融资租赁有着十分广阔的发展前景,对于资金实力不强的个人创业者来说,融资租赁的优点主要包括:(1)灵活的付款安排(如延期支付、递增或递减支付),使承租方能够根据自己的资金安排来定制付款额;(2)全部费用在租期内以租金方式逐期支付,减少一次性的固定资产投资;(3)可享受由租赁所带来的税务上的好处。

5. 票据贴现融资

票据贴现是指票据持有人将商业票据转让给银行,取得扣除贴现利息后的资金。在我国,商业票据主要是指银行承兑汇票和商业承兑汇票。这种融资方式优势之一在于银行不按照个人实际的资产规模进行贷款,而是依据市场情况(销售合同)贷款。通常持票人从收到票据至票据到期兑现日,往往少则数十天,多则数百天,资金在这段时间内处于闲置状态。利用票据贴现融资,不但比贷款申请手续简便,而且融资成本较低。票据贴现贷款已成为最主要的融资方式之一。

票据贴现贷款之所以受到银行的欢迎,与这种贷款方式的安全性是分不开的。随着我国票据市场的发展,参与票据承兑与贴现的市场主体已经从国有独资商业银行、少数大型骨干企业与企业集团,逐步扩大到众多金融机构,票据融资正日益成为一种重要的、不可替代的信用工具和融资手段。随着票据业务范围的不断拓展及品种的日趋多样化,个人融资者必然能享受到越来越多的便利。

6. 风险投资

风险投资也称为"风险资本"或"创业资本"。风险资本是对创业企业尤其是高科技企业提供的资本支持,并通过资本经营服务对所投资的企业进行培育和辅导,在企业相对成熟后即退出投资以实现自身资本增值的一种特定形态的金融资本。风险投资是资本和技术相结合的产物,通常在企业孕育期介入,作为一种专门从事高风险项目投资的独特形式,在发现和培育高科技企业上起着十分重要的作用。单个人的创业由于被认为实力有限,而难以得到风险资本的支持,这就需要个人创业者灵活变通,寻求合伙人。通常这种高科技项目,需要有好的创意,如有证明自身实力的成果则更容易得到风险资本的青睐。

世界各国风险资本市场的发育程度差别很大,其中以美国的风险资本市场发展历史最长、规模最大、功能最完善。据统计,目前美国的风险投资公司有600~700家,2014年美国风险投资机构的投资总额为483.9亿美元。从投资结构上讲,美国的风险投资机构主要有三类:以政府投资为主的小企业投资公司、以私人投资为主的风险投资合伙企业及大公司大银行所属的风险投资部。我国的风险资本市场萌芽于20世纪80年代中期,20世纪末以来得到较快发展,但与发达国家相比,仍然处于发展的初级阶段,主要问题为规模小、市场化水平低、发展不平衡。随着《创业投资公司管理暂行办法》的颁布实施,民间资本进入风险投资领域的道路更加宽阔,如北极光、金沙江等由海归人士创立的本土创投机构,以及众多民间创投机构开始异军突起。同时随着中国经济的持续高速增长,许多国际知名风险投资公司,如红杉资本、德丰杰龙脉等,纷纷进军中国这个巨大的市场,这些因素进一步拓宽了个人创业者的融资途径。2013年6月,新修订的《中华人民共和国证券投资基金法》开始正式实施,首次明确了"公开募集"与"非公开募集"的界限,将私募基金作为具有金融属性的金融产品纳入监管范围,实施适度、有限的监管,进一步促进了中国风险投资的发展。2014年中国的风险投资总额达到155亿美元。中国创业风投基金发展迅速,截至2013年,中国创业风险投资各类机构数已达到1 408家,其中,创业风险投资企业(基金)1 095家,创业风险投资管理企业313家,当年新募基金215家。

7. 典当融资

典当是指当户将其财产等作为当物质押给典当行,交付一定比例的费用,取得当金,并在约定期限内支付当金利息、偿还当金、赎回当物的行为。典当行业在我国有着悠久的历史,新中国成立初期为了治理经济秩序,典当行曾一度被关闭,改革开放以后,由于社会经济发展的需要,20世纪80年代末又重新在一些地区出现,并得到政府认可。2001年8月,原国家经贸委颁布实施新的《典当行管理办法》,规定典当行的主要职能是解决中小企业短期资金融通和普通百姓的小额资金需求。从行业结构看,典当行的经营范围是对商业银行业务的有效补充,典当的业务性质决定其资金运作更为灵活方便,满足银行难以照顾到的小额资金需求。具体而言,相对于银行贷款,典当有如下三个特点:(1)银行贷款手续繁琐,层层审批且周期长,难以应急;典当贷款手续简便、快捷、省时省力,大多立等可取。(2)银行贷款通常由银行指定使用范围;典当行则不限贷款的用途,资金使用自由。(3)典当行向客户发放的当金,其收费标准高于商业银行。

8. 自筹资金

自筹资金主要包括个人储蓄、亲友和投资商的投资等。其中,个人储蓄是最主要的方式。自筹融资方式的特点在于融资成本和资金使用成本较低,风险易控。需要指出的是,大多数融资方式都是要花费大量成本的,包括所付出的时间、精力和创造力。说服投资者给予资金支持需要进行大量艰苦的工作,包括煞费苦心地准备周密的借款计划、提供预备投资的各种信息以及完成各种评估手续等。自筹资金在个人投资创业起步阶段发挥着重要作用。美国创业企业约70%的资金通过自筹得来,我国私营、个体经济的创业资金也大多依靠自筹途径筹得。

二、个人融资的发展趋势

(一)构建多层次和专业化的个人融资体系

国内个人融资市场的首要缺陷是层次的单一性和无针对性,个人融资者的融资渠道一般限于银行贷款和自筹资金。各金融机构互相克隆业务,同时争夺或忽视某类或某个融资者的现象屡见不鲜。在四大国有商业银行开展的个人贷款业务中,我们可以看出其高度的雷同性。与之相对应的是实际融资方式的严重不平衡(见表6-1)。未经细分的融资市场不但造成部分融资需求无法得到满足,同时忽视了一个庞大的融资市场——个人业务的开发,效率十分低下,资源被严重浪费。美国花旗银行大约 60% 的业务是个人业务,就是这样一个总资产超过 1 万亿美元的超级银行集团,其主要的利润却是来源于个人,这对国内各金融机构都是一个深刻的启示。因此,开发个人融资业务的当务之急就是构建多层次、专业化的个人融资体系,从而最大限度地满足个人的各种融资需求。

表 6—1　　　　　　　　　　国有商业银行个人贷款产品的比较

中国工商银行	中国农业银行	中国银行	中国建设银行
个人住房贷款	个人住房贷款	个人住房贷款	个人住房贷款
汽车消费信贷	汽车消费信贷	汽车消费信贷	汽车消费信贷
大额耐用消费品消费信贷	助业消费信贷	大额耐用消费品消费信贷	大额耐用消费品消费信贷
质押贷款	质押贷款	质押贷款	质押贷款
助学贷款	助学贷款	助学贷款	助学贷款

资料来源:谢晓雪,《商业银行个人贷款业务发展探索》,《新金融》2003 年第 10 期。

就商业银行而言,尽管我国已有 10 余家全国性或区域性股份制商业银行、100 余家城市商业银行、3 000 多家尚在运营的城市信用社和 40 000 余家农村信用社以及若干社区银行试点,但各层次银行的业务多有雷同。相比之下,美国银行体系则层次明显,体现出较强的专业特色。美国银行体系主要由商业银行、储蓄与贷款银行和信用社组成。其中,商业银行的职能是吸收各类储蓄存款,办理支付账户,对大中型企业发放贷款。而储蓄与贷款银行全美有 2 000 多家,主要服务对象是小型企业和个人,发放贷款以购置房产、家具为主。1 700 多家信用社是由个人会员制逐步发展起来的,主要提供个人储蓄服务,以发展住房装修方面的贷款为主,且不以营利为目的。除此之外,美国还有发达的金融中介组织,这大大降低了个人融资者因业务生疏而陷入困境的可能性。德国的银行体系就体现出多元化与专业特色(见表 6—2),近年来,德国的银行根据个人融资者所处的岗位、人口特征(年龄、家庭生命周期、收入、职业、教育等)、生活方式等综合因素,将整个个人融资市场划分为若干子市场,从而形成自身明确的优势客户群和市场定位,占领一部分市场。

表 6—2　　　　　　　　　　德国银行体系(1997 年末)

银行体系	
专业银行	全能银行
抵押银行	商业银行
有特殊功能的银行	其中:三大银行(德意志银行、商业银行、德累斯顿银行)
建筑和长期贷款联合会	
投资公司	地区性商业银行及其他商业银行
中央证券托管机构	外国银行分行
担保银行及其他银行	私人银行
有储蓄职能的住房贷款会社	储蓄银行、信用合作社

资料来源:李俊元,《投融资体制比较》,机械工业出版社 2003 年版,第 49 页。

除了构建多元化和专业化的银行体系,还需要在金融市场的其他领域树立目标,如发展多层次的信用担保机构,努力发展非银行融资机构等等。总之,一个完善的融资市场需要构建多层次的融资平台,并让大多数融资者能够方便识别其专业特色,从而提高融资市场的效率,真正化解个人融资者的融资困境,为国民经济持续发展提供动力。

(二)完善宏观支撑体系

构建专业化和多层次的个人融资体系,离不开政府的有效引导和强有力的支持,具体表现在对投融资体制和法律环境的持续改善。归纳起来,政府的作用主要体现在以下两个方面。

1. 鼓励竞争

我国的投融资市场上,以国有商业银行为代表的大中型金融机构具有中小型金融机构难以企及的先天优势,即雄厚的资本(包括人力资本)与技术实力、广布的分支机构网络以及政策的大力支持,在融资市场上拥有准垄断地位;小型金融机构在存贷款业务上与大中型金融机构区分度不强,生存环境艰难,业务难以得到有效开展。截至 2015 年底,我国银行业金融机构共有法人机构 4 262 家,其中包 3 家政策性银行、5 家大型商业银行、12 家股份制商业银行、133 家城市商业银行、5 家民营银行、859 家农村商业银行、71 家农村合作银行、1 373 家农村信用社。而从市场份额上来看,尽管大型商业银行的份额在逐年减少,但仍然占据主要地位(见图 6—4)。国家缺乏有效保护中小金融机构利益的政策和法律措施,一定程度上影响了融资市场的繁荣,间接地增大了个人融资者的融资难度。其次,狭窄的融资渠道使整个融资市场还处于卖方市场状态,广大融资者特别是个人融资者在资金使用价格的确定上无发言权。由此可见,个人融资市场的繁荣急需政府制定相关政策和法律,采取措施打击垄断和不平等竞争行为,使各方成为真正平等自由的市场竞争主体,给中小融资者以公允的发展机会。

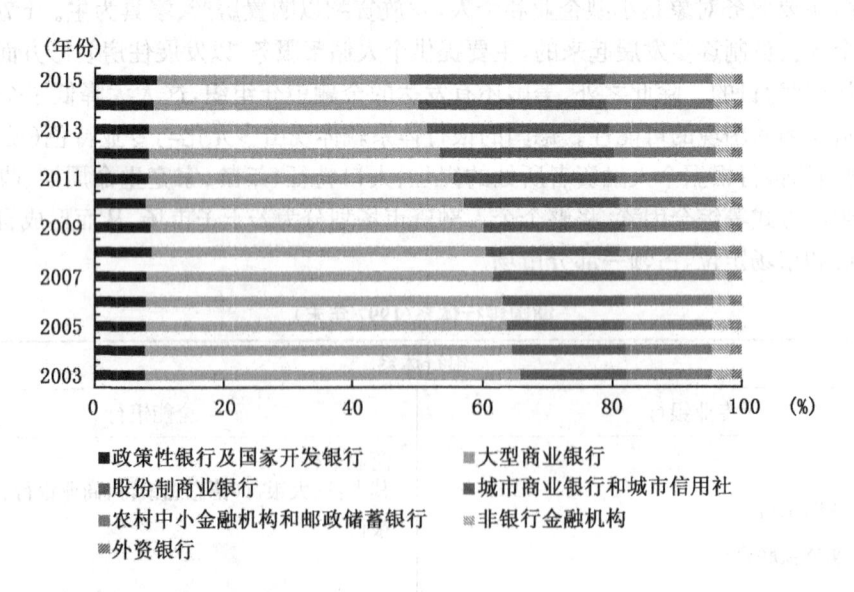

资料来源:中国银行业监督管理委员会 2015 年报。

图 6—4 2003~2015 年银行业金融机构市场份额(按资产)

2. 信息服务

信息不对称的存在导致道德风险经常发生,进一步加剧了投资者惜贷、融资者告借无门的两难困境,因此,为双方构建高质量的信息平台就显得十分重要。对任何融资者来说,信息都是其投融资决策的重要依据,信息的完备与可靠程度不仅会对其融资成功与否、融资成本的多少有重要影响,更会影响到整个投资计划的成败。但个人融资者由于收集、辨别、处理信息的能力有限,因此就需要政府有关部门加强对投融资活动的信息引导,健全投融资信息网络系统,定期和不定期地发布国家产业政策和行业规划执行情况,包括产业政策变化信息、行业需求和供给信息、地区市场发展和变化信息、国际市场发展和变化趋势;发布热点产品和敏感产品价格走向信息、在建项目生产能力情况、产品供求走势信息;发布国内外新技术、新工艺、新产品应用前景信息;等等。社会各媒介单位也要加大对产业政策和投融资信息的宣传力度,为广大投融资者服务。

第二节 个人投资

个人投资是个人以自然人身份将自己的合法财产投资于债券、股票、基金、房地产、收藏品等以获取收益的行为,其投资资金的主要来源是以往的储蓄以及当年收入减去为维持生活所必需的消费以及其他必要的费用(如纳税)后的剩余部分。改革开放以来,我国居民的收入水平有了显著提高,储蓄存款余额也不断攀升,使得个人投资的资金来源不断增加。从2001年起,我国居民储蓄存款持续保持18%左右的增长速度。截至2014年底,中国城乡居民储蓄存款为48.53万亿元左右(见图6-5)。高储蓄态势一方面反映了我国居民收入水平的不断上升,另一方面也孕育了把储蓄转化为投资的迫切要求。

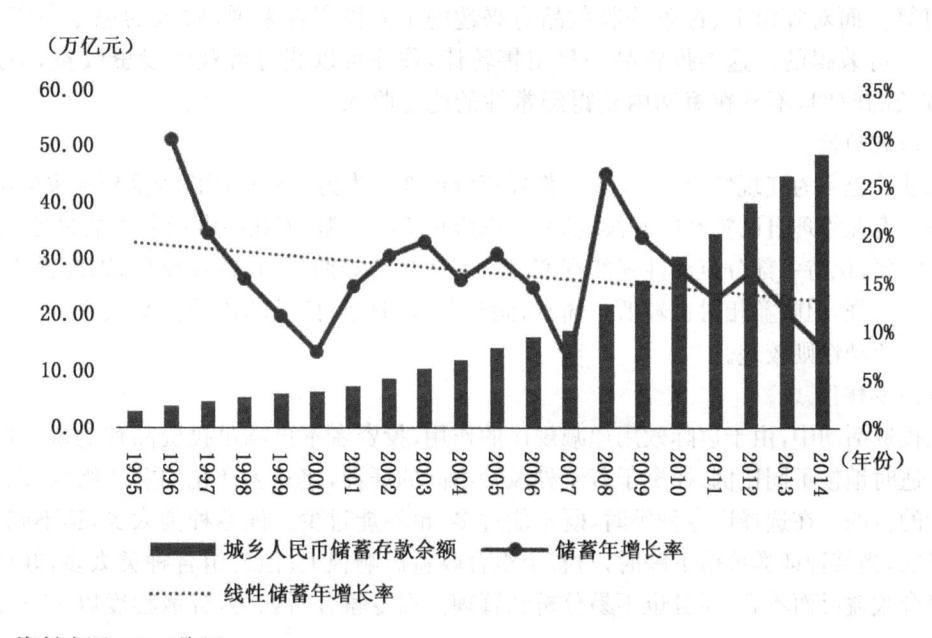

资料来源:Wind资讯。

图6-5 城乡人民币储蓄存款年末余额

一、个人投资者的投资目的

投资的目的是使投资的净效用(即收益带来的正效用减去风险带来的负效用)最大化,即在风险相同的条件下,追求最大可能的收益;或在收益既定的条件下,寻求最低风险的投资。

具体来说,个人投资目的主要有以下几种。

(一)本金的安全性

这是投资者的基本目标,本金安全不仅指维持原有的投资资金,而且还包含保持本金的购买力,防止因通货膨胀而导致本金贬值。因此,要保持本金的安全,就应购买具有偿还安全保证、流动性较强且价格稳定的证券,如政府债券、优良企业债券等。但在实践中,各类证券都存在不同程度的风险,如长期债券的收入虽固定,但较长的期限可能无法弥补购买力贬值的损失;外国政府债券则存在较大的政治风险。有人认为银行存款是达到本金安全的最好选择,但通货膨胀会让貌似安全的银行存款贬值,削弱原有的购买力,这就是购买力风险。所以,本金安全往往与规避通货膨胀是难以兼得的。

(二)收入的稳定和资本增值

这是投资的获利动机,稳定的收入主要来自于债券利息和股息,因此投资者大多选择有固定收入的证券,如资信好、经营情况和增值前景良好的大公司股票或高质量的债券。另外,公用事业股票的股息稳定且可靠,也是合适的投资对象。资本增值是个人投资者的共同目标,对股票投资者来说,可通过两种途径达到目的:一是将投资所得的股息、利息再投资,日积月累,使资本增加。二是投资于增长型股票,通过股息和股价的不断增长而增加资本价值。但这种股票价格波动大,虽然有获得资本增值的好处,但也要面对股价下跌带来损失的风险。这种方法适合于在财力上和心理上都有风险承受能力的投资者。不同的投资者会有不同的选择。一般来说,资本增值的目的在短期内不易达到,投资者需要作长期打算。而对邮币卡、古董等收藏品有兴趣的个人投资者来说,收入的稳定与资本增值往往是不可兼得的。这类投资品一旦出售转让,往往可以获得可观的投资收益,但这通常需要较长的时间,不易在短期内获得经常性的稳定收入。

(三)流动性

流动性也称为变现性,是指投资者将投资资产变换为另一种资产而未受到损失的可能性。每个投资者在管理自己资产的时候,都要考虑应付不时之需,因此在做投资决策时要考虑满足流动性需要,保持一部分流动性强的资产。流动性与证券期限、收益成反比,因此投资短期债券的流动性强,但收益相对也较低。通常,储蓄存款、股票、债券的流动性都很好,而房地产和收藏品的流动性则较差。

(四)多样化

在投资活动中,由于边际效用递减规律的作用,投资者不再满足投资品种的单一性,而是将资金适时地按不同比例,投资于若干种风险不同的证券,建立多样化的资产组合,以达到降低风险的目的。在选择证券种类时,既不能过多,也不能过少。证券种类太少,达不到分散风险的目的,当某种证券价格下跌时,对整个组合收益影响很大;但若组合种类太多,好坏相抵,整个组合收益反而不高,而且也不易分析和管理。据专家分析认为,分散程度以15~25种最为合适。

(五)参与决策管理

少数资本实力雄厚的投资者会通过大量购买某公司股票来达到控制、操纵这家公司的目的,或是达到参加股东大会、参与决策管理的目的。但对大多数中小投资者来说,这种观念是非常淡薄的,股票越来越被人们当作金融商品来对待而不是当作所有权的象征。

(六)管理的便利性

有些投资者一般不愿意花太多的时间和精力进行投资,但是希望获得本金的增值,因此,管理的便利性就显得非常重要。这类投资者一般会聘请投资机构或咨询机构替代他们操作，或选择不需投注太多精力的投资工具（如债券等），同时避免介入价格变动太大、太快的投资工具。

综上所述，投资者的投资目的不一而足，在投资实践中，投资者的行为和目的会受到各种因素的影响，主要包括：第一类因素，如总财产和资金来源总额、目前可用于投资的资金、当前和未来可期望的收入等。第二类因素，如所得税状况、年龄、健康状况、家属成员及年龄构成气质类型、社会和个人的抱负、承担风险的愿望等。第三类因素，如受教育程度、可用于投资管理的时间、投资基本原理和技巧知识等。为了获取最佳的投资收益，除了结合自身实际情况合理安排投资组合之外，投资者还可参照各类投资工具的效果来进行投资决策（见表6－3）。

表6－3　　　　　　　　　各种投资工具与投资目标的效果比较

投资工具	本金安全性	抵御通货膨胀	当前收入的稳定性	未来增值的能力	流动性	管理便利性
储蓄存款	A	D	A	无	A	A
短期票据	B	D	A	无	B	B
普通股股票	D	C	C	C	B	B
成长股	D	B	C	B	B	D
债券	A	D	A	无	B	B
房地产（收益性）	B	B	不定	B	E	D
贵重金属（金银）	D	B	无	B	B	D

注：A为极佳，B为较佳，C为中等，D为中等至差，E为差。
资料来源：国研网 www.drcnet.com.cn。

二、影响个人投资报酬的因素

（一）时间

在其他条件不变时，时间的长短与投资获利呈正相关关系。资金的增值特性使得资金具有时间价值（即资金经历一定时间的投资和再投资所增加的价值）。因此，当以闲置资金进行投资时，时间还可能带来加倍的获利效果。一般而言，要获取高报酬有两条途径：一是从事高风险、高报酬的短期投资；二是进行风险较低但收益率高于平均收益率的长期投资。前者有损失本金的危险，后者把一切交给时间，等待收获。其实，谈到投资时间，还有一点十分重要，那就是把握现在。如果投资者手边有充裕的闲置资金，就可以考虑进行投资，以充分利用时间积累财富的功能。

（二）通货膨胀

通货膨胀是经济社会中不可避免的现象。自从人类社会有货币流通以来，通货膨胀就以其独有的方式影响着经济发展，影响之一就是削弱货币的购买力（见表6－4）。

表 6—4　　　　　　　　　　　通货膨胀对购买力的影响

几年后 \ 通胀率 \ 购买力	0	1	2	3	4	5	7.5	10	15
0	100	100	100	100	100	100	100	100	100
3	100	97	94	91	89	86	79	73	61
6	100	94	89	83	78	74	63	53	38
9	100	91	83	76	69	63	50	39	23
12	100	89	79	69	61	54	39	28	14
15	100	86	74	63	54	46	31	21	9
18	100	83	70	58	48	40	25	15	5
21	100	81	65	53	42	34	20	11	3
24	100	79	62	48	38	29	15	8	2
27	100	76	58	44	33	25	12	4	1
30	100	74	55	40	29	22	10	3	0.6
35	100	70	49	34	24	17	7	2	0.3

注：购买力和通胀率的单位均为%。如果资金闲置，当未来15年的年平均通货膨胀率是3%时，那么15年后该笔资金的购买力只有现在的63%；如果年平均通胀率是5%，购买力就只剩下46%；如果年平均通胀率是10%，购买力就仅是现在的21%。

资料来源：国研网 www.drcnet.com.cn。

实际利率等于名义利率减去通货膨胀率，而通货膨胀率重要的衡量指标是消费物价指数。假设目前1年期居民储蓄存款年利率为1.98%，扣除20%的利息税，实际存款利率只有1.58%。如果以2008年消费物价指数预计涨幅2.2%，那么，居民存进银行的实际利率就为-0.62%，即货币实际上已经贬值0.62%。具体来说，应对通货膨胀，个人投资者可考虑如下三点建议：一是固定收益投资，应尽量避免期限太长的产品，因为一旦利率上调就会使个人投资者遭受损失。二是股市、房地产市场及黄金市场。股票、房地产、黄金一直是国际上通行的抵御通货膨胀风险的几大投资品种。但是由于目前国内这三大投资市场的特殊性，投资者应谨慎进入。一般来说，通货膨胀会导致房价、股价的上涨，但利率上升预期又会抑制房产价格与股票价格的上涨，因此能否通过股票市场和房地产市场来抵御通货膨胀风险，得看二者博弈的结果。而黄金价格除了受通货膨胀影响之外，还取决于很多因素，所以投资黄金也未必一定能保值。三是贷款投资。由于通货膨胀是一个持续的过程，今天的资金若干年后就会贬值，所以只要贷款利率没有调整，而消费价格指数大幅上涨，贷款或借钱来消费或投资就非常划算。

（三）财务杠杆

财务杠杆是通过适当举债来给投资者带来收益的一种方式。我们可以举个例子来说明：假设现在有一项投资，需要10万元的资本，预估会有30%的报酬率，如果全部都是以自有资金来投资，那么这10万元的自有资金报酬率就是30%。但是如果我们只拿出6万元，另外4万元是利用借贷的方式，借款年利率15%，那么，投资报酬率就如表6—5所示，高达40%。以此类推，我们可以知道自有资金愈少，财务杠杆操作的效益愈高。

表 6—5　　　　　　　　　　　一项投资的财务杠杆效果比较　　　　　　　　　　单位：元

支出/收入	现金投资	贷款投资
买价(1)	100 000	100 000
自有资金(2)	100 000	60 000
贷款(利率15%)	0	40 000
利息(3)	0	6 000
投资额(4)	100 000	60 000
售价(5)	130 000	130 000
获利(6)=(5)-(1)-(3)	30 000	24 000
投资报酬率(6)/(2)	30%	40%

虽然利用财务杠杆会带来不错的收益率，但前提是"操作得当"。如果判断失误，投资报酬率没有预期的高，甚至是负的时候，再加上需要负担的借贷利息，就会变成"反财务杠杆操作"，扩大损失。因此，财务杠杆操作虽然在投资上常被运用，但仍是一种较高风险的投资策略，投资人若个性保守，或不能承担亏损的后果，还是尽量慎用为好。

（四）所得税

从提高投资收益、减轻税收负担的角度出发，个人投资者在进行投资时，应该考虑不同投资对象的所得税征收情况来进行纳税筹划。

1. 投资于专项基金

根据国家政策规定，教育储蓄、住房公积金、医疗保险金、基本养老保险金、失业保险基金等专项基金，按一定限额或比例存入银行个人账户所得的利息收入免征个人所得税[①]。这为纳税人进行纳税筹划提供了有利条件。具体做法是，将个人的存款按教育基金或其他免税基金的形式存入金融机构。这样不仅可以减轻税收负担，而且也为子女教育与家庭正常生活秩序提供了保障。

2. 投资于国债

个人所得税法规定，个人取得的国债和国家发行的金融债券，免征利息所得税。由此，个人在进行投资理财时，购买国债不失为一种较好的选择。

3. 股息与红利以股票股利形式发放

对于个人持有的股票、债券而取得的股利、红利所得，税法规定予以征收个人所得税。但各国为了鼓励企业和个人进行投资和再投资，规定以股票形式发放股利免缴个人所得税。这样，在预测企业发展前景非常可观、股票具有较大升值潜力的情况下，可以将本该领取的股息、红利所得留在企业，作为再投资。这种筹划方法，既可以免缴个人所得税，又可以更好地促进企业的发展，使得自己的股票价值更为可观。当股东需要现金时，可以将分得的股票股利出售，获得的资本利得可以免缴个人所得税。

[①] 国务院《从储蓄存款利息所得征收个人所得税实施方法》第五条规定："对个人取得的教育储蓄存款利息所得以及国务院财政部门确定的其他专项储蓄存款或者储蓄性专项基金存款的利息所得，免征个人所得税。"

三、个人投资收益的评估

一般而言，投资收益主要有以下四种形式：(1)现金收益，是指现金收入扣除现金开销和债务后的余额；(2)增值，是指投资对象价格上升速度快于通货膨胀速度而产生的收益；(3)累积净值，是指随着不断交付分期付款，投资者的负债不断减少，所拥有的资产额不断增加；(4)所得税利益，是指通过分期付款等形式避税产生的投资收益。在不同的国家，不同的投资方式会产生不同形式的投资收益或投资收益组合(见表6-6)。但投资收益的四种形式很难兼得，有时甚至相互冲突。如投资者用现金购置房地产然后出租，没有采取分期付款，所以房租属于现金收益。但该投资者没有采用贷款负债的杠杆作用，失去利用贷款利息来避税的机会，因此没有所得税利益和累积净值。

表6-6　　　　　　　　　　　　美国各种投资工具投资报酬比较

投资工具	15年 报酬	15年 排名	10年 报酬	10年 排名	5年 报酬	5年 排名	1年 报酬	1年 排名
美国金币	18.8	1	16.3	1	11.4	3	10.3	6
石油	13.9	2	3.0	13	−11.8	14	27.4	3
美国邮票	13.9	3	11.8	3	−1.3	12	0.5	14
黄金	13.6	4	9.2	8	6.8	7	29.1	2
白银	11.9	5	9.7	6	4.0	9	39.8	1
国库券	10.3	6	10.2	5	8.5	6	5.7	11
名画	9.2	7	9.7	6	9.5	5	8.6	7
股票	9.2	8	13.9	2	24.1	1	20.6	5
债券	8.6	9	9.7	7	191.7	2	5.7	12
陶瓷	8.7	10	11.3	4	3.4	11	6.7	10
房屋	8.3	11	7.4	10	4.8	8	6.8	9
消费物价指数	6.9	12	6.5	11	3.5	10	3.8	13
美国农地	6.3	13	1.5	14	−7.8	13	−7.94	15
外汇	4.6	14	4.1	12	6.8	7	25.0	4
宝石	4.1	15	8.9	9	10.2	4	7.0	8
报酬率超过通货膨胀率的投资								
有形资产投资	10种中占8种		10种中占8种		11种中占6种		10种中占8种	
收藏品(金币、邮票、名画、陶瓷)	4种中占4种		4种中占4种		4种中占2种		4种中占3种	
大众商品(石油、金银、宝石)	4种中占3种		4种中占3种		4种中占3种		4种中占4种	
房地产(房屋、农地)	2种中占1种		2种中占1种		2种中占1种		2种中占1种	
金融投资(外汇、股票、债券)	4种中占3种		4种中占3种		4种中占3种		4种中占4种	

资料来源：国研网 www.drcnet.com.cn。

风险和收益是正相关的,风险越大,可能面临的损失越大,可能获得的收益也越大;反之,甘冒的风险越小,可能面临的损失较小,可能获得的收益也就越小。投资理财及其收益涉及收支、投资与消费的比例、投资结构、负债与资产的比例等多种因素,评估投资收益需要选择合适的评价指标,该指标要简单、易懂、实用,既要反映投资理财效果的整体情况,又要重点突出。为此,在设计评价指标时,应该坚持以下五项原则:(1)投资收益以百分比表示,而不用金额。只有以百分比表示投资收益,方能客观地比较不同时期、不同投资工具或不同投资策略的投资操作优劣。(2)投资收益必须以相同的时间周期衡量,通常为年。(3)投资收益必须以投资者投入的投资净值(即自有资金)为基准,而不能仅根据投资总值评估。投资总值指投资者全部投入的资金,包括自有资金与负债,负债发挥财务杠杆功能,净值才是真正的投入。(4)投资收益必须以税后纯利为衡量基础,因为税后纯利才是真正的投资收益。(5)投资收益评价指标必须以投资收益率为中心,与投资者的恩格尔系数、收支比率、消费与投资比率、资产负债率和投资结构等相结合。其中,投资收益率=(净收入/总投资)×100%,恩格尔系数=(食物性支出/家庭消费总额)×100%,消费与投资比率=(消费/投资)×100%。

四、个人投资的风险及规避措施

(一)个人投资面临的主要风险

风险是指在未来会造成亏损的可能性。投资与风险如影随形。通常来说,风险越高,获利越大;风险越低,获利越小。就个人投资而言,面临的风险主要有以下几种:(1)本金损失的风险。(2)收益损失的风险,是指投资没有带来预期的收益,如租金欠收或无法分配到股利等。(3)通货膨胀风险,也称为购买力风险,对投资影响相当大,但往往被忽略。(4)时机风险,是指投资者难以掌握在市场上适时进出、低买高卖的时机从而造成损失的风险。时机风险一般存在于投机性较强的股票市场、房地产市场、期货市场等。(5)流动性风险,是指投资无法在需要时变换为现金的风险。银行存款、债券和多数股票一般都可以很快变现,所以流动性风险较低;但房地产和一般私人收藏品则不易变现,风险较高。(6)管理风险,个人投资者进行投资,需要花时间和精力对投资对象进行管理,付出了通过其他途径获取收益的机会成本。(7)利率风险,是指利率的波动有可能造成投资损失的风险。对债务人而言,利率上升会使利息负担增加(固定利率贷款除外);对靠利息收入维生的退休人员而言,利率降低则会使收入减少。(8)所得税风险,指投资者制定投资计划时忽视所得税问题或没有合法合理避税而影响投资利润的风险。

在投资过程中,要意识到这些不同种类的风险,因为不同投资者的个性、对待风险的态度以及所愿承受的风险限度有很大的差别,有的属于风险规避型,有的属于风险偏好型;但是社会生活和个人生活中的一些风险是不可避免的,在避险失败的情况下,只有直面风险、正视风险,吸取教训,才是可取的客观态度。

(二)个人投资者的主要投资误区

针对不同的投资风险,我国个人投资者的投资误区主要有以下三个方面:

1. 急功近利

一些投资者如同有投资饥渴症,俗称"钞票不过夜",只要手头有点钱就要找机会下单,生怕错失了赚钱良机,结果却在匆匆忙忙中错失了真正的好机会。这类投资者通常会面临较高的时机风险、流动性风险及管理风险。在目前的"微利时代",这类投资者在理财方面应该做一些适当的调整,在制定理财计划时,要保持平和的心态,并充分考虑品种的选择、比例的分配、风险的控制等。如果缺乏足够的理财知识,可以请理财专家来帮忙。

2. 保守僵化

尽管股市、债市、汇市的投资队伍日渐庞大,可仍有众多的百姓固守着唯一的理财方式——储蓄。"聚沙成塔"、"滴水穿石",是他们所坚持的理财真谛。确实,在诸多投资理财方式中,储蓄是风险最小、收益最稳定的一种。但是,这类投资者不得不承担高昂的通货膨胀风险,一旦遇到通货膨胀,不仅不能增值,还会缩水贬值。因此,理财专家建议,根据年龄、收入状况和预期、风险承受能力,合理分流存款,使之以不同形式构建资产组合,才是理财的最佳方式。有专家建议,一般一个25岁左右的在职人员比较理想的投资组合为:不动产10%,现金5%,债券20%,股票65%。

3. 面面俱到

一些投资者本身并没有太多的投资资金,却总觉得每个赚钱机会都不能错过,于是本币、外币、A股、B股乃至字画、邮币卡等等面面俱到,"东方不亮西方亮",总有一处能赚钱。面面俱到式的理财方式确实有助于分散投资风险,但其明显的缺陷是投资者要承担较高的管理风险、流动性风险和时机风险。在日新月异的金融市场上,一般投资者没有足够的精力去关注每个市场的动向,面面俱到的投资方式有时会带来资产减值的危险。对于资产并不太多的普通百姓来说,只有把精力和优势放在相对集中的地方,才有可能使有限的资金实现最大收益。当然,如果所有的资金都投在"一个篮子"里,就会带来风险过于集中的隐患,正如诺贝尔奖得主、著名经济学家詹姆斯·托宾所言:"不要把你所有的鸡蛋都放在一个篮子里,但也不要放在太多的篮子里。"

(三)规避投资风险的路径

1. 保持客观冷静的头脑

投资切忌"随大流",在冲动之下做出决策。某些投资品种在商业宣传中避重就轻,对盈利前景一味渲染,以夸大的预期收益诱惑人们投资,但对投资风险则闭口不提或一带而过。对这些"天上掉馅饼"的好事,投资者切不可被所谓的"高收益"冲昏头脑,而要客观冷静地分析投资风险,投资的风险和收益往往是正相关的。此外,投资者应该注意根据自己的兴趣爱好投资,从而有效避免投资那些自己不懂、不熟悉的产品。在此基础上,个人投资应该制定相应的投资理财计划,制作投资理财档案,并设立专门的投资理财账户。制定计划时,对于每个时期内,如每月用于消费、储蓄和投资的资金量,应当根据收入情况,统筹安排,并严格执行。考虑到现在的投资理财工具越来越多,其产生的许多重要合同、凭证等都需妥善保管,因此制作投资理财档案就显得尤为必要,因为这样就可以对自身的投资理财状况做到心中有数,尤其在一些银行存折、信用卡账号遗失时,就可以根据该档案及时挂失,防止不必要的损失。此外,投资理财的账户有必要单独设立,这样可以便于自己管理,随时了解投资的损益情况,而且不影响日常生活。

2. 综合衡量,选好品种

过去个人理财的投资渠道少,只有储蓄、国债等传统投资方式,形式相对单一。现在各种投资品种层出不穷,以往那种投资渠道单一的弊端已得到一定程度的改善,股票、基金、资产托管、个人炒汇、黄金等等,"乱花渐欲迷人眼"。因此,投资者要根据个人的经济实力、风险承受能力、理财专业能力等实际情况,综合衡量各种投资方式,选择适合自己的投资品种,构筑良好的投资组合。例如,储蓄相对稳妥但收益低,股市收益高但风险大,中等财力的个人就可以选择一只运作稳健、效益较好的开放式证券投资基金或债券基金,将储蓄、股市的风险性和收益性进行中和,以最大限度减少风险、增加收益。为了分散风险,投资者可以选择多个投资方式来平衡投资收益和风险,在必要时还可以寻求专业理财师为自己设计适合家庭投资的方案。其实,在西方国家,个人理财业务几乎深入每一个家庭,银行开展个人理财业务的收入已占到总收入的 30% 以上。在美国,银行个人理财业务的年平均盈利增长甚至达到了 12%~15%。而在我国,虽然多家银行均相继开展个人理财服务,为居民提供个人投资顾问服务,但这类服务大多停留在咨询水平上,并不能提供真正的增值服务,甚至有的银行所提供的个人理财服务,还只是银行各项个人业务的总汇。因此,金融机构拓展个人投资理财方面的新业务,不仅能够为自己带来新的利润增长点,更能积极地引导居民个人储蓄向投资的合理转化,有助于个人投资者了解和认识多种投资渠道,增强投资意识。

3. 注意防范在途风险

投资者要跟踪观察投资品种变化,及时防范在途风险。比如开放式基金,不少投资者在申购之后便将其束之高阁,忽略了股市整体走势和基金盈利变化。如果这只基金运作水平出现问题、基金净值不断萎缩时再去赎回,可能就会遭受较大损失。即使是最简单的储蓄,也要随时注意利率变化,根据利率情况及时调整存款方式,降低或增加存款在整个投资资金中的比例。

4. 选择合理的筹资方式以降低投资成本

投资收益与筹资成本关系密切,投资风险可通过合理的筹资形式分散。筹资形式主要有两种:一种是权益性筹资;另一种是债务性筹资。根据两种筹资形式的特点,一般情况下,投资风险较大的项目,应选择权益性筹资形式,以减少还本付息的压力;投资风险相对较小的项目,应多采用债务性筹资形式,以便相对降低筹资成本,发挥财务杠杆作用。

5. 加强投资决策的科学化

这里的投资决策科学化主要包括两方面的内容:一是决策程序的科学化,即收集、研究、分析信息,准备投资方案,评估比较投资方案,确定投资方案。二是在决策中应用投资风险决策的方法评估比较投资方案,如期望值法、风险调整贴现率法、肯定当量法等。现实中由于决策的随意性、主观性和盲目性而使投资遭受重大损失的事实证明投资决策科学化的必要性,而且可以有效防范和降低投资的风险。通过决策科学化,投资者在事先就可将一定的风险化解,并对有可能出现的风险做足准备,从而增强抵御风险的能力。加强投资决策科学化是控制投资风险的关键步骤,为此,投资者要尽可能地获取更多的信息,认真调查研究,搞好市场预测,及时把握市场变化,快速、灵敏、准确地做出反应,减少和避免投资风险。同时能够运用专门方法对多种可行的备选方案进行分析,在对多种方案评价比较的基础上选择最优方案进行投资,对投资活动的全过程实施动态管理。

阅读书目

1. 本杰明·格雷厄姆:《聪明的投资者》(第四版),人民邮电出版社 2011 年版。
2. 彼得·林奇:《战胜华尔街》,机械工业出版社 2008 年版。
3. 霍华德·马克斯:《投资最重要的事——顶尖价值投资者的忠告》,中信出版社 2012 年版。
4. 塞思·卡拉曼:《安全边际——有思想投资者的价值投资避险策略》,价值杂志出版社 2011 年版。
5. 沃伦·巴菲特:《沃伦·巴菲特致股东信(1956—2002)》,机械工业出版社 2007 年版。

思考题

(一)填空题

1. 个人融资环境改善的意义是重大的:微观上,它可以提高_____、_____、_____;从宏观层次讲,则有助于_____、_____、_____。
2. 资产抵押贷款中的资产是指经济主体(个人或团体)_____、_____的所有资源。
3. 信用贷款可以分为_____、_____两种。
4. 融资租赁实际上是承租人以_____购买某项资产,通过_____而达到融资的目的。
5. 在我国,商业票据主要是指_____和_____。

(二)名词解释

1. 个人融资
2. 票据贴现贷款
3. 风险投资
4. 典当融资
5. 流动性

(三)是非题

1. 信用担保是一种信誉证明和资产责任保证相结合的、介于商业银行和个人之间的中介服务。（　）
2. 融资租赁在租赁期内,出租人将租赁资产有关的部分风险和报酬都转移给了融资人;在租赁期满后,承租人一般享有购买租赁资产的选择权或直接发生产权转移。（　）
3. 本金安全性是投资者的主要目标,不仅指维持原有的投资资金,而且还包含保持本金的购买力,防止因通货膨胀而导致本金贬值。（　）
4. 资金的增值特性使得资金具有时间价值。（　）
5. 一般情况下,投资于风险较大的项目,应选择债务性筹资形式;投资于风险相对较小的项目,应多采用权益性筹资形式。（　）

(四)简答题

1. 简述我国个人融资的渠道。
2. 简述影响个人投资报酬的因素。
3. 简述个人投资者的投资目的。
4. 简述通货膨胀对投资的影响。
5. 简述投资收益的主要形式。

(五)论述题

1. 试述我国个人融资的发展趋势。
2. 试述个人投资者面临的主要风险以及规避风险的途径。

(六)计算题

某公司 2005 年 1 月 1 日发行的债券,面值为 100 元,10 年期,票面利率为 10%,每年付息一次,到期还本,发行时债券市场利率为 9%,试回答以下问题:

1. 如果张先生欲购买该债券,理财规划师小王为其提供投资规划建议,则当时合理的发行价格应为多少元?
2. 如果张先生持有该债券一年后,即 2006 年 1 月 1 日市场利率下降为 8%,此时债券的价格应为多少元?
3. 如果张先生持有该债券至 2006 年 1 月 1 日,债券的市场价格变为 98 元,则到期收益为多少元?

第三编

投融资客体

　　投融资客体,即投融资对象,是一定的投融资主体的投融资行为赖以运行的物质载体和价值承担者,在具体运行过程中主要表现为实物资产、无形资产和金融资产等各种形态的资产,无论何种形态的资产都具有价值性和增值性,这是它们的共同点。其中价值性属于静态属性,任何资产如果没有一定的价值构成,就不能称其为资产;而增值性则属于动态属性,即一定形态的资产在特定的动态营运过程中可实现价值的增值,而这个动态的营运过程实际就是一个投资过程。因此,价值性和增值性这两方面的共同特征就决定了实物资产、无形资产、金融资产等不同形态的资产都能够成为投融资客体,即投融资运行的价值依托和价值增值工具。本编将分别就这三类投融资客体进行深入的探讨。

第七章

实物资产

顾名思义,实物资产是指具有实物形态的资产,包括固定资产及实物类流动资产。固定资产是指企业所拥有或控制的、单位价值较高、使用年限较长、能决定生产能力、在使用过程中能保持其原有实物形态的各种资产,一般包括三类:第一类是可以直接参加生产,连接人类劳动与劳动对象的劳动资料,如机器、设备、工具等;第二类是不参加生产过程,但为生产过程提供必要条件的劳动资料,如厂房、运输汽车、管理工具等;第三类是不属于劳动资料的其他物质资料,如职工宿舍等。实物类流动资产是指企业可以在一年内或者超过一年的一个营业周期内变现或者耗用的实物资产,主要包括各种材料、在产品、产成品及库存商品等。本章将分别就实物资产的融资与投资加以阐释。

第一节 实物资产融资

实物资产融资是区别于债权融资和股权融资的第三种融资方式,后两种融资方式都反映了资产负债表右侧的负债和所有者权益,而实物资产融资所反映的是资产负债表左侧所进行的活动,是一种与债券融资与股权融资不同性质的融资方式。实物资产融资方式主要包括项目融资、实物资产证券化融资、存货融资、并购融资、抵押贷款、融资租赁以及典当融资等。本节将重点介绍项目融资、实物资产证券化融资和存货融资,其余几种实物资产融资方式会在其他章节中有所涉及,此处不赘述。

一、项目融资

现代意义上的项目融资概念是 20 世纪 50 年代末和 60 年代初,随着北美和欧洲兴建大型基础设施项目以及澳大利亚大力开发矿产资源项目,逐步发展和形成的。银行在沿用传统的方法分析借款公司的资产负债表和以往的盈利情况时意识到,许多项目规模巨大、借款资金多,远远超出项目发起人单独融资的能力。为了保证投资项目的成功,银行(贷款人)需要充分了解、分析和评估与项目有关的各种风险。与此同时,项目发起人通过与贷款人及包括保险公司、承包商等在内的其他各参与方分担风险,尽可能地减少在项目中遇到的风险。

(一)项目融资的内涵

项目融资是指项目发起人为某项工程建设或自然资源开发专门成立一家项目公司,然后以项目的名义安排一种融资结构,并以项目资产或收益作为还款保证的一种融资方式,是通常所说的资产负债表之外的融资,即项目的债务不表现在项目实际借款公司的资产负债表上。每个项目都有独特的个性,所以不同项目的融资结构也不完全一致,主要包括以下四类:(1)无追索权或有限追索权的项目融资结构,借款人以项目产品销售收入产生的净现金流偿还贷款。(2)产品支付和远期购买的融资结构,借款人直接以项目产品偿还贷款,通过"产品支付"和"远期购买"的方式出让项目产品的部分所有权给贷款人,最终转化为销售收入偿还贷款。(3)融资租赁结构,借款人以偿还租金的形式支付资产使用款。(4)BOT融资结构,借款人以特许经营期的收益偿还贷款。

项目融资并非像定义看起来那么简单,其内涵主要有以下几点:(1)项目融资中经济实体拥有的项目现金流可以从项目发起人公司的资产负债表上被明确地界定,并和其他业务实体从法律上区分开来;(2)参与项目融资的银行等最关注项目的现金流,因为这是项目是否具备还款能力的关键;(3)一旦项目自身的现金流不能满足还款的需要,参与项目融资的银行希望能够通过变卖项目资产来弥补,所以银行要求对经济实体具有抵押权、设押权、担保权等担保形式的优先级;(4)参与项目融资的银行和其他贷款人关注的是经济实体的现金流和资产价值,即使在最保守的情况下,银行和其他贷款人也需要第三方提供承诺和担保。实际工作中,许多新建项目在项目建设期等方面有较高的风险,在项目被证实达到设计生产规模之前(可以说是在明显看到项目能够成功之前),银行和其他投资人都需要有来自第三方的信用支持。

(二)项目融资的参与者

项目融资结构比较复杂,因此参与项目融资的利益主体也较传统的融资方式多,主要包括:(1)项目发起人,即项目的倡导者、主导方,可以是一家公司,也可以是多方组成的集团或联合体,也可能是项目的利益相关者。项目发起人通常仅限于发起项目,一般不直接负责项目的建设和运营。(2)项目公司,是项目发起人组建的独立经营的法律实体,绝大多数项目公司要负责项目建设和运营管理,架起项目发起人和项目其他参与者之间的桥梁。项目公司需要进行大量融资,以项目本身的资产和未来的现金流作为偿还债务的保证。(3)借款人,是为项目直接筹集资金者。(4)贷款银行,即提供贷款的银行,可以是一家银行,也可以是几家银行组成的银团。贷款银团一般分为安排银行、管理银行、代理银行、工程银行等,它们都提供贷款,但各自承担不同的责任。(5)财务顾问,即为项目融资策划和操作的专业金融机构(如商业银行或投资银行)。(6)专家,采用项目融资方式筹集资金的项目通常工程量大且技术比较复杂,需要各方面的专家提供咨询意见,并进行可行性研究、管理、监督和验收项目。(7)律师,其职责包括制定相关的合同,协调各方关系,诠释有关法律问题。(8)保险公司,主要是为项目分担风险,并收取保费。(9)所在地政府,可以作为担保方为融资提供帮助,还可以作为基础设施和社会服务设施的购买者为项目提供特许权,并通过制定相关政策为项目融资提供优惠。(10)项目承建商,包括设计和施工单位,与项目公司签订固定价格的一揽子承包合同。(11)项目使用方,是项目产品的购买者或项目提供服务的使用者,与项目公司签订项目产品长期购买使用或者服务使用合同。(12)项目供应商,主要包括项目所需的设备和原材料供应商。图7—1显示了项目融资参与者之间的基本合同关系。

第七章　实物资产

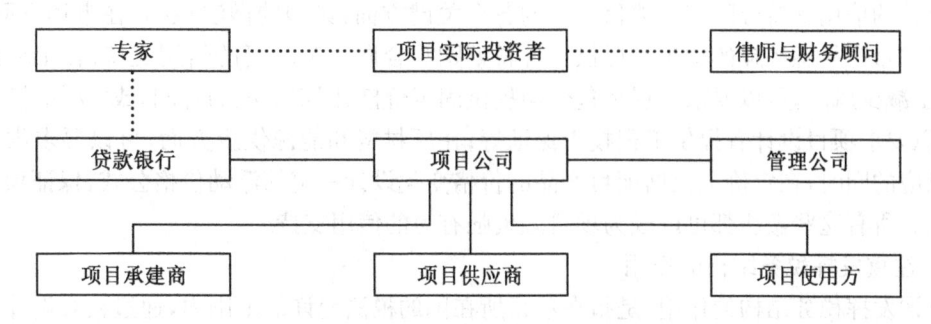

```
专家 ┄┄┄┄┄ 项目实际投资者 ┄┄┄┄┄ 律师与财务顾问
 ┊
贷款银行 ——— 项目公司 ——— 管理公司
              │
   ┌──────────┼──────────┐
项目承建商   项目供应商   项目使用方
```

图 7—1　项目融资参与者之间的基本合同关系

(三)项目融资的特点

与传统的融资方式相比,项目融资的基本特点可以归纳为以下几个主要方面。

1. 项目导向

这是指项目融资的安排主要是依赖于项目的现金流量和资产,而不是依赖于项目的投资者或发起人的资信。贷款银行主要关注项目在贷款期间能否有稳定的现金流。贷款的数量、融资成本的高低以及融资结构的设计都是与项目的预期现金流量直接联系在一起的。因此,与传统融资方式相比,采用项目融资一般可以获得较高的贷款比例。贷款期限可以根据项目的具体需要和项目的经济生命期来安排设计,可以比一般商业贷款期限长,有的项目贷款期限可长达 20 年之久。

2. 无追索权或有限追索权

无追索权的项目融资是指贷款的还本付息完全依靠项目的经营效益,同时,贷款银行为保障自身的利益必须从该项目拥有的资产取得物权担保。如果该项目由于种种原因未能建成或经营失败,导致其资产或受益不足以清偿全部的贷款时,贷款银行无权向该项目的主办人追索。有限追索权的项目融资是指除了以贷款项目的经营收益作为还款来源和取得物权担保外,贷款银行还要求由项目实体以外的第三方提供担保。贷款银行有权向第三方担保人追索,但担保人承担债务的责任以其各自提供的担保金额为限。追索的程度则是根据项目的性质、现金流量的强度和可预测性、项目借款人的信誉及管理能力、借贷双方对风险的分担方式等多方面的因素通过谈判来确定的。

3. 风险分担

项目建设开发阶段、试生产阶段及生产经营阶段都存在着风险,对于与项目有关的各种风险要素,需要以某种形式在项目投资者(借款人)以及与项目开发有直接或间接利益关系的其他参与者和贷款人之间进行分担。一个成功的项目融资结构应该是在项目中没有任何一方单独承担全部项目债务的风险责任。

4. 非公司负债型融资

非公司负债型融资也称为资产负债表之外的融资,是指项目的债务不表现在项目投资者(借款人)公司的资产负债表中,最多以某种说明的形式反映在公司资产负债表的注释中。非公司负债型融资对于项目投资者的价值在于使得这些公司有可能以有限的财力从事更多的投资,同时将投资的风险分散。

5. 信用结构多样化

在项目融资中,用于支持贷款的信用结构的安排是灵活多样的。一个成功的项目融资,可以将贷款的信用支持分配到与项目有关的各个关键方面,典型的做法包括:在市场方面,可以要求对项目产品感兴趣的购买者提供一种长期购买合同作为融资的信用支持;在工程建设方面,为了减少风险,可以要求工程承包公司提供固定价格、固定工期的合同,或"交钥匙"工程合同,可以要求项目设计者提供工程技术保证等;在原材料和能源供应方面,可以要求供应方在保证供应的同时,在定价上根据项目产品的价格变化设计一定的浮动价格公式,保证项目的最低收益。所有这些做法都可以成为项目融资强有力的信用支持。

6. 注重发挥税务结构的作用

所谓发挥税务结构的作用,是指在项目所在国的税法允许的范围内,通过精心设计投资和融资结构,把项目的税务亏损作为一种资源,最大限度地加以利用,以此为杠杆来降低融资成本,提高项目的偿债能力和综合收益率。具体来说,项目融资通过特殊的投资结构和融资结构设计,可以把这种税务亏损作为一种潜在收益出售给贷款银行或其他有需求的第三方,并将现金收入全部用来偿还银行债务,以减轻项目前期直接还本付息的压力。

7. 融资成本较高

融资成本包括融资的前期费用(融资顾问费、承诺费以及法律费用等)和利息成本两个主要组成部分。项目融资涉及面广,结构复杂,需要做好大量有关风险分担、税收结构、资产抵押等一系列技术性工作,筹资文件比一般公司融资往往要多出几倍,需要几十个甚至上百个法律文件才能解决问题。这就必然造成两方面的后果:一是组织项目融资花费的时间要长一些,通常从开始准备到完成整个项目融资计划需要 3～6 个月的时间(贷款金额大小和融资结构复杂程度是决定安排融资时间长短的重要因素),有些大型项目融资甚至可以长达几年的时间。二是项目融资的大量前期工作和无追索或有限追索性质,导致融资的成本要比传统融资方式的成本高。

(四)项目融资的框架结构

项目融资由四个基本模块组成:项目的投资结构、融资结构、资金结构以及信用保证结构。图 7-2 是这四个模块相互之间关系的一个抽象说明。

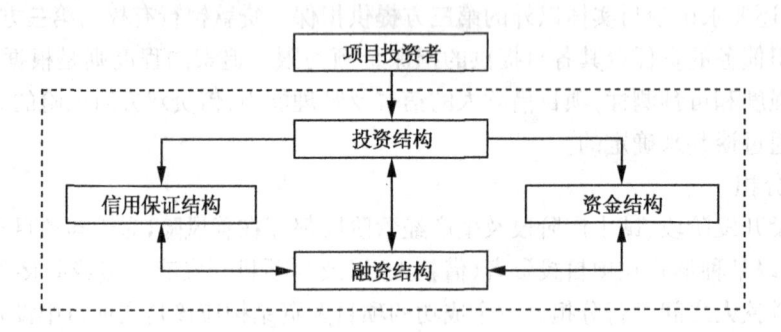

图 7-2 项目融资的框架结构

1. 项目的投资结构

项目的投资结构,即项目的资产所有权结构,是指项目的投资者对项目资产权益的法律拥有形式以及和其他项目投资者之间(如果项目有超过一个以上的投资者)的法律合作关系。采用不同的项目投资结构,投资者对其资产的拥有形式,对项目产品、现金流量的控制程度,以及投资者在项目中所承担的债务责任和所涉及的税务结构都会有很大的差异。而这些差异又会对项目融资的整体结构设计产生直接的影响。目前,国际上项目融资采用的投资结构一般包括单一项目子公司、非限制性子公司、代理公司、公司型合资结构、合伙制和有限合伙制结构、信托基金结构和非公司型合资结构等多种形式。

2. 项目的融资结构

融资结构是项目融资的核心部分。设计项目的融资模式需要与项目投资结构的设计同步考虑,并在投资结构确定下来之后,进一步细化完成融资模式的设计工作。严格地讲,由于项目的性质、投资结构、信用支持及融资战略方面的差异,几乎没有完全一样的项目融资模式。然而,无论项目的融资结构如何复杂,融资模式中总是包含着一些基本的结构特征:(1)在贷款形式上,是一种有限追索或无追索的贷款。(2)在信用保证上,一是要求对项目的资产拥有第一抵押权,对于项目的现金流量具有有效的控制;二是要求把项目投资者的一切与项目有关的契约性权益转让给贷款银行;三是要求项目成为一个单一实体,除了项目融资安排,限制筹措其他债务资金;四是对于从建设期开始的项目,要求项目投资者提供项目的完工担保;五是在市场方面,要求项目具有类似"无论提货与否均需付款"或者"提货与付款"性质的市场合约安排,除非贷款银行对于项目产品的市场状况充满信心。(3)在时间结构上,除了杠杆租赁融资和BOT模式之外,任何一个融资方案结构都可以按照项目进程分解为两个阶段,即项目的建设开发阶段和项目生产经营阶段。其中,项目建设开发阶段是风险最高的阶段。在这一阶段,贷款银行对项目投资者通常带有完全追索的性质,并且还会要求对工程合同以及相应的工程合同担保加以一定的控制。当项目通过商业完工检验标准之后,项目进入生产经营阶段。在这一阶段,贷款银行的项目融资对项目投资者的完全追索将转变成为有限追索或无追索,但是贷款银行将会增加新的信用保证,即对项目产品销售收入及其他收入的控制。贷款本息偿还比例一般与项目的收益挂钩,一定比例的项目净现金流量将直接进入贷款银行监控下的账户。

3. 项目的资金结构

项目的资金结构主要指项目的股本资金、准股本资金和债务资金的存在形式、相互之间比例关系以及相应的来源。项目融资重点解决的是项目的债务资金问题。然而,在整个结构中也需要适当数量和形式的股本资金和准股本资金作为信用支持。经常为项目融资所采用的债务形式有:商业贷款、银团贷款(辛迪加贷款)、商业票据、欧洲债券、政府出口信贷、租赁等。

4. 项目的信用保证结构

项目的信用保证结构由各种形式的担保形式组成。这些担保形式可以是直接的财务保证,如完工担保、成本超支担保、不可预见费用担保,也可以是间接的或非财务性的担保,如长期购买项目产品的协议、技术服务协议、以某种定价公式为基础的长期供货协议等。

(五)项目融资的风险管理

在项目融资中,项目参与者谈判的核心问题之一就是各方对风险的合理分配和严格管理,这也是项目能否成功的关键。项目融资中有两类风险:一类是与市场客观环境有关,超出了项目自身范围的风险,即系统风险,主要包括政治风险、法律风险和经济风险;另一类是可由项目实体自行控制和管理的风险,即非系统风险,主要包括完工风险、生产风险和环保风险。

1. 系统风险的管理

(1)政治风险的管理。降低项目政治风险的办法之一是政治风险保险,包括纯商业性质的保险和政府机构的保险。在安排项目融资时应尽可能寻求项目所在国政府、中央银行、税收部门或其他有关政府机构的书面保证。此外还可以与地区发展银行、世界银行等机构一起安排平行贷款来减少政治风险。

(2)法律风险的管理。对于项目贷款人来说,管理法律风险的最好办法是在早期通过自己的律师对东道国的法律风险进行系统、彻底的研究,求得东道国政府的法律机构的确认。项目公司还可以与东道国政府签订相互担保协议,真正做到互惠互利。

(3)经济风险的管理。在项目的建设和营运过程中,签订在固定价格或是可预测价格基础上的长期原材料及燃料供应协议和"无论提货与否均需付款"的产品销售协议,可以在很大程度上降低项目的经济风险。金融风险中外汇风险的消除要利用到一些金融衍生工具,如汇率期权、掉期交易来对冲风险。利率风险的消除也可以通过衍生工具(包括利率期货、期权、掉期、远期利率协议等)来对冲,条件是资产、负债及收益使用的是可交易的硬通货。

2. 非系统风险的管理

(1)完工风险的管理。为了限制和转移项目的完工风险,贷款银行通常要求完工风险由工程承建公司提供相应的"完工担保"作为保证。项目公司也可以通过投保来寻求完工保证。

(2)生产风险的管理。生产风险的降低与消除可以通过以下一些方式来实现,如保证项目公司与信用好且可靠的合作伙伴就供应和运输问题签订有约束力的、长期的、固定价格的合同;项目公司有自己的供应来源和基本设施;在项目文件中订立严格的条款,其中涉及承包商和供应商的条款包括延期惩罚、固定成本以及项目效益和效率的标准等。另外提高项目经营管理水平也是降低生产风险的可行之道。

总之,项目融资风险管理的主要原则是让利益相关者承担风险,通过各种合同文件和担保文件,实现项目风险在各参与方之间合理、有效的分配,将风险带来的冲击降至最低。

(六)我国的项目融资

20世纪70年代后期,改革开放政策的实行为我国的金融活动和投资行为在广度和深度上都带来了过去无法比拟的发展。项目融资作为一种重要的国际金融工具,在80年代中期也被介绍到了我国的企业界和金融界,并且在一些大型的国内和国外的投资项目中得到了成功的运用。同时,我国政府采取各种措施积极引进不同渠道的外资,项目融资这种方式以其外商直接投资和有限追索融资相结合的特点,在我国基础设施和基础产业行业得到发展。尤其是1995年8月原国家计划委员会、电力部、交通部联合下发了《关于试办外商投资特许权项目审批管理有关问题的通知》以后,项目融资在国内基础设施和加工业投资中的应用增多,促进了我国经济的发展。此后,国家又相继出台了一些相关规定,进行了特许权项目的试点,并出台了多项鼓励外商投资能源、交通基础设施建设的优惠规定,从战略上加大了基础设施投资的力度。这些都为项目融资在我国的深入发展奠定了良好的基础。特别值得注意的是,最近几年随着我国经济的高速发展,对基础设施建设等方面的资金需求日益增长,如何利用项目融资方式为经济建设筹集资金,成为我国政府、企业界和金融界的重要课题。

二、实物资产证券化融资

资产证券化起源于20世纪60年代末美国的住宅抵押贷款市场,是近几十年来国际金融领域中最重要的一项金融创新。作为衍生证券技术和金融工程技术相结合的产物,资产证券化具有创新的融资结构,能够满足各类参与者不断变化的需求,已经成为当今国际资本市场上发展最快、最具活力的金融产品和投融资方式。所谓实物资产证券化,就是将原始权益人(卖方)不流通的实物资产转变成为在资本市场上可以销售流通的金融产品的过程。原始权益人作为实物资产证券化的"发起人",把自己的各种流动性较差的实物资产分类整理成一批资产组合,再将其出售给特定的交易机构,即"特设机构"(Special Purpose Vehicle,简称SPV)。特设机构作为"发行人",以所购买的实物资产为担保发行资产支持证券(Asset Backed Security,

简称 ABS),并用筹得的现金支付所购买资产的价款。发起人要指定一个托管人,负责记录由证券化资产所产生的现金收入,用于支付投资者回报,而发起人则得到了用以进一步发展业务的资金。图7-3是实物资产 ABS 融资的简单示意。

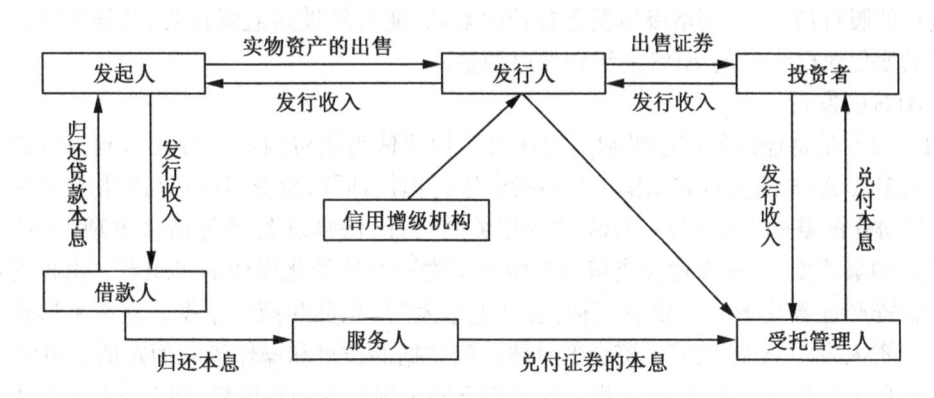

图 7-3 实物资产 ABS 融资的简单示意

(一)实物资产证券化融资的操作流程

1. 明确实物资产证券化所要达到的目的,精心设计与组建"资产池"

"资产池"是一个很形象的比喻,是指实物资产证券化过程中选取、整合资产的过程。需要注意的是,适于证券化的实物资产必须具备以下特征:第一,具有可预测的未来现金流量;第二,实物资产或债权均质化,包括标准化的契约和易于把握还款条件与还款期限的实物资产;第三,实物资产达到一定的信用质量标准;第四,实物资产规模较大,整个组合中的实物资产应尽可能具有分散的特性。

对实物资产的选择和组合是从源头上为现金流的质量构建第一道防线,这个过程会涉及许多法律、税收和会计处理的问题,其中一个关键性问题是证券化实物资产从原始权益人向 SPV 的转移(一般都要求这种转移是"真实转移",具体内容见下文)。

2. 组建特设机构(SPV),实现真实出售

特设机构(SPV)是一个以实物资产证券化为唯一目的的、独立的信托实体,注册后的特设信托机构的活动必须受法律的严格限制,其资金全部来源于发行证券的收入。特设机构成立后,与发起人签订买卖合同,发起人将"资产池"中的实物资产过户给特设机构。这一交易必须以"真实出售"的方式进行,即出售后的实物资产在发起人破产时不作为法定财产参与清算,从而达到"破产隔离"的目的。破产隔离使得"资产池"的质量与发起人自身的信用水平分离开来,投资者就不会再受到发起人信用风险的影响。

3. 信用增级与证券信用评级

经过前两个阶段,证券化交易就进入了核心环节:信用增级和信用评级。作为以实物资产为担保而发行的证券,其投资利益能否得到有效的保护和实现主要取决于证券化实物资产的信用保证。实物资产所产生的违约、拖欠或债务偿付期与 ABS 偿付期不符都会给投资者带来损失,这些风险构成了 ABS 的信用风险和流动性风险。信用增级的目的就在于降低和消除这类风险,使 ABS 能为投资者所接受。信用增级通常由信用资质较好的信用增级人以担保、保证或保险的形式实现。

ABS 的信用评级是证券市场投资者选择证券的依据,是整个实物资产证券化中相当重要的一环。对 ABS 的评级一般由专业的信用评级机构进行,如标准普尔公司和穆迪公司等,主

要在于审查资产信用风险,关键是看被评级的实物资产是否已与发起人自身的信用风险相分离。由于出售的实物资产都经过了信用增级,ABS证券的信用评级一般高于资产证券化发起人的信用评级。ABS定级后,评级机构还要进行跟踪监督,根据金融形势、发起人有关信息、实物资产的履行情况、信用增级情况等各种因素,定期对外披露监督报告,并根据实物资产信用质量的变化对已评定的ABS的级别加以调整。

4. ABS的发行

ABS发行是将经过信用增级和信用评级机构评估为投资级的证券发行到投资者手中的过程。大多数ABS的发行和承销工作由投资银行担任,同时投资银行在与实物资产证券化发起人共同协作的基础上处理与ABS发行相关的会计、法律和税务等诸多事项,并使之符合ABS发行的最终要求,可以说投资银行是整个实物资产证券化操作的组织者。由投资银行设计的实物资产证券化形式主要有三种:公开上市发行、私募和商业票据。这三种形式是根据SPV向投资人发行ABS以募集资金的具体融资票据的质量和操作流程而定的。SPV从投资银行处获取证券发行收入,再按实物资产买卖合同中规定的购买价格,把发行收入的大部分支付给发起人。

(二)实物资产证券化的特点

实物资产证券化融资具有以下特点:第一,证券化通常是将多个原始权益人的实物资产集中成一个资产池进行证券化,实物资产的多样性使得风险更小,成本进一步降低。第二,这种融资方法一般不显示在资产负债表上,资产负债表中的资产经组合后成为市场化投资产品。第三,利用结构融资技巧,提高实物资产的质量,使实物资产成为高质量的证券资产。

三、存货融资

存货融资通常是利用存货作为抵押获得贷款,是西方较常用的一种融资方法。如果一个企业拥有很好的财务信誉,那么它只要有存货就可以筹集到资金,而且数目十分可观。存货是一种具有变现能力的资产,适于作为短期借款的担保品。当然,并不是每一种存货都可以作为贷款的担保品,一般来说,最好的担保品是相当标准化并有现行市场的存货。银行在考虑了存货的可售性、易腐坏性、市场稳定性以及出售的难易程度之后,才决定是否愿意接受存货做抵押品以及愿意预支的比例。也就是说,银行必须确保当借款方无法偿还本金时,该担保品(即存货)能有足够的价值来抵偿。存货抵押根据借款方是否保留存货所有权可分为保留所有权的存货抵押和不保留所有权的存货抵押。

(一)保留所有权的存货抵押

这是借款方保留了存货所有权的融资方式,主要包括以下三种形式:

1. 流动(或浮动)置留权

置留权也称为扣押权,是指债权人对特定产品的索偿权。流动置留权是指债权人所拥有的在一定范围内对企业全部资产的索偿权。不过,这种置留权过于笼统,导致银行无法严密地控制担保品,因此难以操作。为此,流动置留权一般应用于应收账款及存货,使银行对于债务人公司流动资产的重要部分均享有置留权,同时,这种置留权可以无限期延伸,使担保品不仅包括目前的存货,还包括未来的存货,以降低银行的风险。

2. 动产抵押

动产抵押方式下,存货以连续编号或其他方法予以个别识别。虽然存货所有权仍属于借款人,但银行对特定的存货拥有置留权。由于其个别识别的严格要求,动产抵押不适用于存货周转迅速,或存货不易个别识别的场合,但是比较适用于某些如机械工具类资产。

3. 信托收据

信托指委托管理财产的所有权,通常包括三方面的关系:信托人或赠与人、受益人和法定财产持有人。信托收据借款方法要求将所有作为担保品的存货均列示在信托收据借款的协议中,银行仅对协议中列出的存货拥有置留权。银行可以监督企业在没有按规定还款的情况下是否动用了担保品。

(二) 不保留所有权的存货抵押

不保留所有权的存货抵押主要有两种形式,即产地仓单借款和终点仓单借款。前者又称为分开仓单借款。仓单指仓库为借款企业开具的证实其拥有该批存货的书面证明,借款企业可以凭此获得存货担保借款。后者是指货物储存于公开的仓库,而产地仓单借款则允许借款企业选择存放货物的地点,并以该存货为抵押取得借款。

第二节 实物资产评估

在实物资产融资过程中,准确地确定实物资产的价值是融资成功的保证。本节从机器设备评估和实物类流动资产评估两个方面介绍实物资产评估的基本内容。同时,限于篇幅要求,关于实物资产评估的具体方法可参见本章阅读书目中的相关书目。

一、机器设备的评估

机器设备一般可分为单项设备、成套设备和生产线等。对于自成体系的成套设备、生产线,以及可以单独作业的车辆等设备,可以选择收益现值法,这是因为收益现值法的前提条件是该项资产应具备独立的生产能力和获利能力。但由于大多数单项机器设备不具有独立的获利能力,因而通常不适宜运用收益现值法。通用设备在市场上交易的可能性较大,容易寻找参照物及其可作比较的指标、技术参数等,因此,可选择现行市价法。但对于专用设备或企业自行研制的机器设备,在市场上难以寻找到相应的参照物,或虽是通用设备,但市场尚不发达时,则不能选择现行市价法,而应选用成本法。又因为机器设备一般使用年限比较长,价格变动影响较大,故一般不适宜选择历史成本法,而应选择重置成本法。另外,如果机器设备不再持续使用,则不能选择重置成本法,只能选用清算价格法。

(一) 重置成本法

这种方法适用于持续使用前提下的机器设备评估。运用重置成本法评估处于在用或续用状态下的机器设备,无论是重置成本构成或其他因素,不需要做太大的调整。重置成本法就是在重置成本的基础上扣除实体性贬值(有形损耗)、功能性贬值和经济性贬值后作为其评估价值。即:

评估价值=重置成本-实体性贬值-功能性贬值-经济性贬值

1. 重置成本的测算

固定资产的重置成本有两种:复原重置成本和更新重置成本。复制一个与被评估固定资产完全一致的全新固定资产的现时成本,称为固定资产的复原重置成本。而在效用上与被评估固定资产最接近的新固定资产的现行购置成本则是固定资产的更新重置成本。因此,评估时应确定重置成本的内涵,若为复原重置成本,除考虑实体性贬值外,还需考虑功能性贬值、经济性贬值;若为更新重置成本,由于其资产的构成已按新固定资产重置,从而评估时无须计量功能性贬值。

设备重置成本在构成上包括设备的直接费用和间接费用,其中,直接费用是指设备的购置价或建造价、运杂费、安装调试费和必要的配套装置费等,是构成设备重置成本的基础。对于进口设备,还要包括进口关税、银行手续费等其他费用。间接费用通常是指为购置、建造设备而发生的各种管理费用、总体设计制图费用、资金成本以及人员培训费用等。

由于设备取得的方式和渠道不同,其重置成本构成也不完全一样。设备按照取得的方式分类可分为外购和自制设备。外购设备又包括外购国产设备和进口设备两种。前者的重置成本主要包括:设备自身的购置价格、运杂费和安装调试费;后者除上述三大项外,还包括设备进口的有关税费,如关税、银行手续费等。自制设备的重置成本主要包括制造成本和相应的期间费用(如应摊的管理费用和财务费用)、大型设备的合理制造利润、安装调试费用以及其他必要的合理费用(如设计、论证等前期费用)等。自制设备也可分为标准设备和非标准设备,前者的重置成本应参考专业生产厂家的标准设备价格,并在通盘考虑了质量因素的前提下,运用替代原则合理确定。

2. 机器设备实体性贬值的确定

实体性贬值即有形损耗,其计算公式为:

$$成新率 = 1 - 损耗率$$

成新率反映评估对象现时的新旧程度,亦可以理解为机器设备的现时状态与设备全新状态的比率。成新率的计算有以下三种方法。

(1)年限估算法。这种方法是假定机器设备在整个使用寿命期间,实体性损耗随时间而递增,设备价值的降低与其损耗的大小成正比。即:

$$成新率 = 尚可使用年限 / (已使用年限 + 尚可使用年限)$$

式中,已使用年限加上尚可使用年限又称为总年限。

(2)修复法。修复法是以修复机器设备的实体有形损耗,使之达到全新状态所需要支出的金额来计算成新率。作为估测被修复机器设备实体有形损耗的一种方法,它适用于具有特殊结构的机器设备的可补偿性实体有形损耗的估测。可补偿性实体有形损耗,是指机器设备的实体有形损耗在技术上是可以修复的,而且这种修复在经济上是合理的。修复费用的大小与修复的难度(即工作量)直接相关,而修复工作量又与设备的实际损耗程度相联系。用修复设备损耗所需要的支出费用与全新设备的重置成本相比较,就是设备的实体有形损耗率。如果需要进一步求取设备的成新率,可按下式计算:

$$成新率 = 1 - 设备修复费用 \div 设备重置成本$$

修复法的应用比较广泛,尤其是对需定期更换易损件的机器设备(像纺织机械、机组、生产线等)更为适用。但是在运用修复法时,必须注意该修理费用是否包括了对被评估机器设备的技术更新与改造支出,以便在考虑设备的功能性贬值时避免重复计算或漏评。

(3)观察法。观察法是评估人员根据对设备的现场技术监测和观察,结合设备的使用时间、实际技术状况、负荷程度、制造质量等经济技术参数,经综合分析来估测设备的成新率。观察法中有两点值得注意:第一,在估测设备成新率时应主要观测分析设备的现时技术状态、实际已使用的时间、正常负荷率、原始制造质量、维修保养状况、重大故障(事故)经历、大修与技改情况、工作环境和条件、外观和完整性等指标。第二,了解观察法的基本思路及过程,首先确定和划分不同档次成新率标准,简便易行的办法是先确定两头,即全新或刚投入使用不久基本完好的设备和将要淘汰处理或待报废的设备,然后再根据设备评估的精细程度要求,在全新设备与报废设备之间设若干档次,并规定不同档次的经济技术参数标准。

3. 机器设备功能性贬值的确定

机器设备的功能性贬值主要是由于技术进步引起的,具体有两种表现形式:一是由于技术进步引起劳动生产率的提高,其再生产制造与原功能相同的设备的社会必要劳动时间减少,成本降低,从而造成原有设备的价值贬值,具体表现为原有设备价值中有一个超额投资成本将不被社会所承认。二是由于技术进步出现了性能更优的新设备,致使原有设备的功能相对落后,从而引起价值贬值,具体表现为原有设备在完成相同生产任务的前提下,在能源、动力、人力、原材料等方面的消耗增加,形成了一部分超额营运成本。原有设备的超额投资成本和超额营运成本便是评估人员判断其功能性贬值的基本依据。

(1)超额投资成本形成的功能性贬值的测算。从理论上讲,设备的超额投资成本就等于该设备的更新重置成本与其复原重置成本的差额。即:

$$设备超额投资成本＝设备复原重置成本－设备的更新重置成本$$

在实际评估工作中,设备的复原重置成本往往难以直接获得。根据上面的公式可以看出,直接使用设备的更新重置成本,其实就已经将被评估设备价值中所包含的超额投资成本剔除掉了。而不必再去刻意寻找设备的复原重置成本,减掉设备的更新重置成本去取得设备的超额投资成本。

(2)超额营运成本形成的功能性贬值的测算。超额营运成本引起的功能性贬值通常按以下步骤测算:首先是选择参照物,并将参照物的年操作营运成本与被评估设备的年操作营运成本进行对比,找出两者之间的差别及年超额营运成本额;接着是估测被评估设备的剩余使用年限或工作量;然后是按企业适用的所得税,计算被估设备因超额营运成本而抵减的所得税,得出被评估设备的年超额营运成本净额;最后是选择适当的折现率,将被评估设备在剩余使用年限中的每年超额营运成本净额折现,累加计算被估机器设备的功能性贬值。

4. 设备的经济性贬值的确定

设备的经济性贬值是因设备外部因素引起的设备价值贬值,例如,设备所生产的产品滞销、原材料价格上升、竞争加剧等,最终表现为设备闲置或利用率下降,收益额减少,从而使在用设备相对贬值。

(1)估算前提和对象范围。设备经济性贬值的估算主要是以评估基准日以后是否闲置、停用或利用率不足为依据,其估算对象主要包括:生产性机组、大型重要设备等。对一般中小型单台设备、季节性使用设备、辅助生产设备等,通常不单独计算其经济性贬值。对于评估基准日后不再继续使用的设备不专门估算其经济性贬值。

(2)估测方法。由于设备利用率下降而使设备相对闲置造成收益损失的,可参照下列算式估测设备的经济性贬值率:

$$经济性贬值率＝[1-(设备预计可被利用的生产能力/设备原设计生产能力)^X]\times 100\%$$

式中:X 为规模效益指数,实践中多用经验数据。机器设备的 X 指数一般选取 $0.6\sim 0.7$。

经济性贬值额一般是以设备的重置成本扣除了有形损耗和功能性贬值后的余值乘以经济性贬值率获得。

(二)现行市价法

现行市价法是指通过比较被评估资产与最近出售类似资产的异同,并将类似资产的市场价格进行调整来确定被评估资产价值的方法。在市场经济及市场发育比较完善的国家和地区,运用现行市价法评估机器设备是比较普遍的。具体的做法是,通过对市场近期同类设备或类似设备的成交价或报价进行分析、对比,调整获取被评估设备的评估值。采用现行市价法评估设备的基本步骤和要点如下:

1. 明确鉴定被评估对象

需要鉴定的被评估对象主要包括设备类型、名称、规格型号、生产厂家、生产日期、设备性能、现时技术状况及预估尚可使用年限等。

2. 选择参照物

在市场中选择参照物,最重要的是要具有可比性。具有可比性的因素包括设备的规格型号、生产厂家、制造质量、附件与配件情况、实际使用年限、实际技术状况、出售目的和出售方式、成交数量和成交时间、交易市场状况、存放地点和使用地点等。要认真分析上述可比因素,确认其成交价具有代表性和合理性,才可以将其作为参照物。在条件允许的情况下,参照物最好能有多个。

3. 选择适当的方法估测比准价值

在选定参照物之后,就要选择适当的方法具体分析、对比调整评估对象与参照物之间的可比因素。评估设备可选用的具体评估方法有直接比较法、相似类比法和市价折余法等。直接比较法是指利用二手设备市场上已成交的相同设备的交易资料,通过与被评估设备的直接对比、调整得到。运用相似类比法来评估设备价值,前提是市场上有与评估对象相同且已经成交的设备的交易数据和资料。相似类比法就是运用这部分交易数据和资料,通过对评估对象与参照物之间可比因素的对比分析,经调整后得到评估对象的价值的方法。市价折余法是指利用与评估对象相同或相似设备的全新价格,根据评估对象的现时状态,凭借对市场行情的把握和经验,估算出评估对象价值的方法。

4. 确定评估结果

如果评估时所选择的参照物不止一个,那么就会出现若干个评估对象的比准价值。按照资产评估的要求,最终要给出一个评估结论,这就需要评估师结合每个比准价值及其参照物的情况,分析给出最终评估结论。

二、实物类流动资产的评估

(一)材料评估

企业中的材料可分为库存材料和在用材料。在用材料在再生产过程中形成产品或半成品,已不再作为单独的材料存在,因此,材料评估主要针对库存材料。库存材料包括各种主要材料、辅助材料、燃料、修理用备件、包装物、低值易耗品等,其特点是品种多、金额大,且性质各异、计量单位、计价和购进时间、自然损耗各不相同。根据库存材料的特点,评估可按下列步骤进行:第一,核对账表是否与实物数量相符,并查明有无霉烂、变质、毁损的材料,有无超储积压的材料等。第二,根据不同评估目的和待估资产的特点,选择相应的评估方法。在方法应用上,更多的是采用成本法、现行市价法。因为材料等流动资产的功效取决于自身,而且是生产过程中的"消费性"资产,所以,即使在发生投资行为的情况下,仍可采用现行市价法和成本法。第三,运用企业库存管理的 ABC 管理法,按照一定的目的和要求,对材料排序,分清重点,着重对重点材料进行评估。

对材料进行评估时,可以根据材料购进情况选择相应的方法。具体来说主要有以下四种情况:(1)近期购进库存材料的评估。近期购进的材料库存时间短,在市场价格变化不大的情况下,其账面值与现行市价基本接近。评估时,可以采用历史成本法,也可采用现行市价法。(2)购进批次间隔时间长、价格变化大的库存材料评估。对这类材料评估时,可以采用最接近市场价格的材料或直接以市场价格作为其评估值。如果近期内该材料价格变动很大,或者评估基准日与最近一次购进时间间隔期较长,且价格变动很大,评估时应采用评估基准日的时价。另外,由于材料的分期购进,且购价各不相同,各企业采用核算方法不同,如先进先出法、后进先出法、加权平均法等,其账面余额就不一样。但核算方法的差异不应影响评估结果。评估时关键是核查库存材料的实际数量,并按最接近市场的价格计算确定其评估值。(3)购进时间早、市场已经脱销、没有准确现价的库存材料评估。这类材料的评估,可以通过寻找替代品的价格变动资料修正材料价格,也可以在市场供需分析的基础上,确定该项材料的供需关系,并以此修正材料价格,还可以通过市场同类商品的平均物价指数进行评估。(4)超储积压物资的评估。超储积压物资是指从企业库存材料中清理出去,需要处理的那部分资产。由于长期积压,可能会因为自然力作用和保管不善而造成使用价值的下降,因此对这类资产的评估,首先应对其数量和质量进行核实和鉴定,然后区别不同情况进行评估,对其中失效、变质、残损、报废、无用的部分,应通过分析计算,扣除相应的贬值额后,确定评估值。

(二)在产品评估

在产品包括制作过程中的在产品、已加工完成入库但不能单独对外销售的半成品。在对这部分资产进行评估时,应结合其特点,按照重置时的合理费用进行估价。具体方法有以下两种。

1. 成本法

成本法是根据技术鉴定和质量检测的结果,按评估时的相关市场价格与费用水平重置同等级在产品及自制半成品所需投入的合理的料工费来计算评估值。这种评估方法只适用于生产周期在半年或半年以上,仍需继续生产、销售并且盈利的在产品。生产周期短的在产品主要以其发生成本为计价依据,在没有变现风险的情况下,可根据其账面值进行调整,具体方法包括以下三种:

(1)按价格变动系数调整原成本。对生产经营正常、会计核算水平较高的企业的在产品进行评估时,可参照实际发生的原始成本,根据评估日市场价格的变动情况,调整重置成本。

(2)按社会平均工艺定额和现行市价计算评估值,即按重置同类资产的社会平均成本确定被评估资产的价格。用这样的方法对在产品等进行评估需要掌握以下资料:被评估在产品的完工程度、有关工序的工艺定额、耗用物料的近期市场购买价格、合理工时费率(该数据采用正常情况下生产经营的工时费率)。

(3)按在产品的完工程度计算评估值。因为在产品的最高形式为产成品(库存商品),因此,计算确定在产品评估值,可以在计算产成品重置成本的基础上,按其完工程度计算评估值。

2. 现行市价法

采用这种方法是按同类在产品和半成品的市价,扣除销售过程中预计发生的费用后计算评估值。这种方法适用于因产品下马,在产品和自产半成品只能按评估时的状态向市场出售的情况。一般来说,如果被估资产的通用性较好,评估价值就比较高。对于不能继续生产,又无法通过市场调剂出去的专用配件只能按废料回收价格进行评估。

(三)库存商品的评估

这部分实物类流动资产包括完工入库和已完工并经过质量检验但尚未办理入库手续的库存商品等,应依据其变现的可能和市场接受的价格进行评估,适用的方法有以下两种。

1. 成本法

采用成本法对生产加工工业的库存商品进行评估的主要依据是生产或制造该项库存商品的全过程中发生的成本费用,一般适用于产权不变的情况。具体应用时可分以下两种情况:

其一,当评估基准日与库存商品完工时间较接近,而且成本变化不大时,可以直接按库存商品的账面成本确定其评估值。其计算公式为:

$$库存商品评估值=库存商品数量×单位库存商品账面成本$$

其二,当评估基准日与库存商品完工时间相距较远,制造库存商品的成本费用变化较大时,其评估值可按下式计算:

$$库存商品评估值=库存商品实有数量×(合理材料工艺定额×材料单位现行价格\\+合理工时定额×单位小时合理工时工资、费用)$$

2. 现行市价法

现行市价法是指按不含价外税的可接受市场价格,扣除相关费用后计算被评估库存商品评估值的方法。这种方法尤其适用于产权变动的情况,其中工业企业的产品一般以卖出价为依据,商业企业一般以买进价为依据。

应用现行市价法评估库存商品,在选择市场价格时应注意以下几项因素:一是库存商品的使用价值。根据对库存商品本身的技术水平和内在质量的技术鉴定,确定商品是否具有使用价值以及商品的实际等级,以便选择合理的市场价格。二是分析市场供求关系和被评估库存商品的前景。三是所选择的价格应是在公开市场上所形成的近期交易价格,非正常交易价格不能作为评估的依据。四是对于产品技术水平先进,但商品外表存在不同程度的残缺,可根据其损坏程度,通过调整系数予以调整。

采用现行市价法时,库存商品应以其评估目的而定。假如以库存商品出售为目的,就应直接以现行市场价格作为其评估值,而无须考虑扣除其销售费用的税金。理由是,任何低于市场价格的评估值,对于卖方来说都是不能接受的。另外,对于缴纳增值税的库存商品来说,其销项税额尽管向购买方收取,但并不构成库存商品价格。而且,对于买方来说,支付给卖方的销项税额即为自身的进项税,在买方买进的库存商品再卖出时,所支付税款是销项税款与进项税款的差额,本身意味着税款的扣除。如果以投资为目的进行库存商品评估时,由于库存商品在新的企业中按市价销售后,流转税金和所得税等就要流出企业,追加的销售费用也应得到补偿;另一方面,库存商品评估折价后作为投资者权益,具有分配收益的依据,因此,在这种情况下,必须从市价中扣除各种税金和利润后,才能作为库存商品的评估值。

三、我国的实物资产评估

实物资产评估是随着市场经济发展而兴起的社会中介专业服务行业,从20世纪80年代末期在我国启动以来,在为经济改革和对外开放服务、为政府经济管理服务、保障资产权益有关各方利益、维护市场经济秩序等方面发挥了重要作用,成为我国社会主义市场经济体系的重要组成部分。与社会主义市场经济的发展相适应,我国的实物资产评估行业虽然还很年轻,但从兴起到现在已经经历了以下几个发展变化:一是从实物资产的产权来看,实物资产评估的对象从最初的以国有实物资产为主,发展到包含国有实物资产和各种非国有实物资产在内的各类实物资产;二是从实物资产的类型来看,评估对象不断扩大;三是从实物资产评估的目的来看,实物资产评估已经深入到市场经济活动的各个领域。

加入WTO以后,我国经济将进一步对外开放,实物资产评估服务的领域也将进一步拓展,对服务品种和服务质量的要求将越来越高,迫切需要进一步借鉴国际经验,加强理论研究,总结实践经验,完善我国实物资产评估理论和方法体系,为实物资产评估的进一步发展奠定理论基础,指导实物资产评估实践。

第三节 实物资产投资

实物资产作为直接投资最主要的客体,无论是投资于机器设备、商品存货、人力资源等有形动产,还是投资于土地、建筑物等不动产,实物资产的取得和运营涉及直接投资的各个领域和层面。近年来,随着直接投资方式的不断创新,所涉及的实物资产的广度和深度也不断得到扩展。

一、实物资产的取得方式

所谓实物资产的取得方式,是指投资主体通过特定的投资行为获取一定实物资产的具体方式。一般有两种基本形式,即收购兼并(简称购并)现有企业和设备以及创建新企业(绿地投资),前者是取得已有的实物资产,后者则是创造新的实物资产,两者各有利弊。

(一)收购兼并及其优缺点

收购兼并是指投资主体通过一定的程序和渠道,并依照法律取得现有企业的全部或部分资产所有权的行为。这里的资产主要是指经营性资产,形态上表现为实物资产或无形资产,而某些购并正是以获取特定无形资产作为其基本动机的,这将在第八章中做较为详尽的阐述,本节首先探讨实物资产。

从19世纪末开始,西方发达国家依次经历了数次购并浪潮。在第二次世界大战之前,这些购并行为大多发生在国内,为西方各国造就了一批大型的垄断组织。真正意义上的大规模购并发生在第二次世界大战之后。进入20世纪90年代以后,购并得到进一步发展,已成为直接投资的主要方式。购并的结果是使投资主体获取一定数额的经营性资产,但其具体动机往往是多元化的,可能是下列一种或几种的混合:多角化经营、地区多元化、保证原材料供应或者获取特定的无形资产(专利、专有技术等)。

1. 购并的类型

购并的种类很多,按不同的分类标准可划分为不同的类型。

(1)按购并双方所处的行业关系,可分为三种:一是横向购并。当购并与被购并公司处于同一行业,产品处于同一市场,则称这种购并为横向购并。二是纵向购并。若被购并公司的产品处在购并公司的上游或下游,是前后工序,或生产与销售之间的关系,则称这种购并为纵向购并。三是混合购并。若购并与被购并公司分别处于不同的产业部门、不同的市场,且这些产业部门之间没有特别的生产技术联系,则称这种购并为混合购并。

(2)按购并是否在购并双方自愿互利的基础上进行,可分为两种:一种是善意收购,是指收购公司直接向目标公司提出拥有资产所有权的要求,双方通过一定的程序进行磋商,共同商定条件,根据双方商定的协议完成资产所有权转移的做法。善意收购是发生在双方自愿互利的基础上的,也称为协议收购或直接收购。另一种是恶意收购,是指收购公司并不向目标公司提出收购要约,而是通过在股票市场中购买目标公司已发行和流通的具有表决权的普通股,从而取得目标公司控制权的行为。恶意收购不是建立在双方共同意愿基础之上的,往往引起双方激烈的对抗,因此又成为敌意收购或间接收购。

(3)按购并所采取的基本方法,又可分为现金收购和股票收购。前者是指凡不涉及发行新股票的收购兼并都可以被认为是现金收购,即使是购买方以发行某种形式的股票所进行的购买也属于现金收购。现金收购的性质很单一,购买方支付了议定金后即取得被收购企业的所有权,而被收购企业的股东一旦得到自己所拥有股份的现金即失去所有权。后者是指收购方增加发行收购方企业的股票,以新发行的股票替换被收购公司的原有股票,则称股票收购。股票收购的特点是被收购公司的股东并不会失去其所有权,而是被转移到了收购企业,并随之成为收购企业的新股东。目前,也出现了收购方不增发股票的纯粹的换股收购。

2. 购并的优缺点

购并方式在实际操作中具有以下优点:第一,资产获取迅速,市场进入方便灵活。由于购并方式是直接获取原有企业的资产,可以大大缩短项目的建设周期和投资周期,从而可以迅速获取资产,目标市场的进入也更加机动灵活。第二,廉价获得资产。以购并方式获取资产的出价往往低于目标公司资产的真实价值。造成目标公司资产价值低估,可能是出于三种情况:第一种是收购公司比目标公司更清楚地了解目标公司资产潜在的真实价值;第二种情况是目标公司在经营中陷入困境而使收购公司可以压低价格收购;第三种是收购公司利用股市下跌时低价购入目标公司股票。第三,便于扩大经营范围,实现多角化经营。近年来,混合购并发展迅速,收购公司在超越自己原有的经营范围,在缺乏有关新行业生产和销售等方面的技术和经验时,收购现有企业是实现多角化经营的有效途径。第四,获得被收购企业的市场份额,减少竞争。购并不仅可直接获得被收购企业的原有资产,还可直接占有被收购企业原有的销售市场,利用被收购企业的销售渠道。

购并方式的不足之处主要有:第一,价值评估存在一定的困难。对目标企业的价值评估是购并最关键而又最复杂的环节,如何正确估价目标公司的价值,尤其是在恶意收购方式下如何取得目标公司第一手的价值资料,都给收购公司的价值评估工作造成很大的困难。第二,原有契约及传统关系的束缚。被收购企业同其客户、供货商和职工已具有的一些契约上或传统上的关系,往往成为收购方企业继续经营管理的障碍。第三,企业规模和地点上的制约。被收购企业的规模、地点等原有条件往往并不完全符合购并公司战略布局的需要。第四,较高的失败率。统计数据表明,购并方式的经营失败率远远高于新创公司的经营失败率。

除了上述几方面的原因之外,购并的缺陷还表现在购并企业与被购并企业之间企业文化方面的冲突,尤其在当今经济全球化趋势中起巨大推动作用的跨国购并中,由于双方企业文化背景、价值观念等方面的巨大差异,往往使得购并后的整合困难重重,甚至导致失败。

(二)绿地投资及其优缺点

绿地投资是指投资主体依照法律设立的全部或部分资产所有权归其所有的企业。绿地投资与购并方式相比,其优缺点是显而易见的,其中最突出的优点是投资者能在较大程度上把握其风险性,并能在较大程度上掌握项目策划各个方面的主动性;而其突出的缺点是需要大量的筹建工作,建设周期长、速度慢、灵活性差,因而整体投资风险较大。

由于绿地投资和购并两种方式各有优缺点,而且从某种程度上说,这两种方式又可相互替代,因此投资主体在某项特定的投资决策中往往需要在这两种方式中作出选择。

(三)购并方式与绿地投资方式的选择

投资主体在这两种方式中进行选择的直接结果是获取一定的实物资产,但其真正含义远远不止于此,它往往影响到公司整体的经营决策和战略布局,因此,在对这两种方式作出选择时,不仅要考虑这两种方式本身的特点,还必须结合公司的内在因素和外部环境因素。

1. 投资主体的内在因素对选择的影响

具体来说,这些内在因素包括:第一,技术等企业专有资源的状况。一般来说,拥有最新技术、知名商标等重要企业专有资源的投资主体,从节省交易费用、防止垄断优势丧失的角度出发,更多地选择绿地投资方式。第二,经营战略和竞争战略。采取混合多元化战略的投资主体,为了使其产品多样化和经营地域多样化,往往采用购并方式,以便迅速进入目标市场,占取市场份额。第三,企业的成长性。一般来说,新兴的、成长迅速的公司较之历史悠久、成长缓慢的公司更倾向于采用购并方式。这里的主要原因有二:一是企业的经营信息和经验随着经营时间而增加,对于规模相当的公司来说,成长性高的企业在信息和经验上要弱于成长慢的企业,因而更多地采取购并方式;二是购并现有企业可以克服人力资源的短缺。

2. 外部环境因素对选择的影响

这些环境因素主要有:第一,政府对购并行为的管制。绿地投资是新创企业,一般意味着国家资产存量的增加,能为经济发展带来新的增长点,便于增加就业人数;而购并现有企业,只是实现资产产权的转移,并不增加资产的总量,因而不能完全具备绿地投资所具有的作用。这样,政府往往比较欢迎投资者以绿地投资方式进行投资,而对购并方式则往往采取一些限制性措施。第二,经济发展水平和工业化程度。一般来说,投资主体在工业化程度高的地区较多地采取购并方式,而在工业化程度较低的地区则倾向于采取绿地投资方式。这主要是因为在经济发达、工业化程度高的地区,企业的管理体系、技术水平比较符合投资主体的发展要求,利于购并后迅速进入正常生产轨道。第三,目标市场的增长率。在增长较快的目标市场上,投资主体为迅速抢占市场往往采用购并方式。

二、实物资产的运营方式

实物资产的运营方式是指投资主体通过特定的投资行为将其所拥有的实物资产投入运营以获取收益的具体方式。投资主体通过特定方式获取实物资产只是手段和途径,这些实物资产必须投入运营,在运营中实现价值的增值,使投资主体获得收益,从这一意义上说,实物资产的运营较之实物资产的取得更能体现投资的本质。当然离开了资产的取得也就无所谓资产的运营,取得是运营的前提和保证,运营是为了更好地取得,二者是辩证统一的。

实物资产的运营方式主要采取两种基本形式,即股权参与下的运营方式和非股权参与下的运营方式。

(一)股权参与下实物资产的运营方式

股权参与下实物资产的运营方式是指以所有权(股权)为基础,以经营决策权为前提,通过对企业的有效控制来实现实物资产运营的直接投资方式。按股权拥有程度的不同,这种股权参与方式又可分为全部股权参与方式和部分股权参与方式两大类。

1. 全部股权参与下的运营方式

这一方式也称单一的资本方式,是指投资者按照法律,建立资本全部为投资者所有的企业的一种经营方式。这种企业被称为独资企业,这种经营方式被称为独资经营。独资经营既是最简单、最古老的企业经营形式,又是直接投资的传统典型形式,至今仍在直接投资中占有较大比重。

(1)全部股权参与下的运营方式的特点。第一,投资者提供全部资本,拥有绝对的经营决策权。投资者在全部控股的情况下,在经营过程中拥有绝对的控制权,不受他人的制约,真正实现自主经营,处理问题迅速、果断,企业经营管理呈现出特别的灵活性,当然企业的盈亏也由投资者一人承担,具有较大的风险性。第二,便于投资者保守技术诀窍和商业秘密。独立出资和全部所有的性质决定了独资经营的排外性。一方面,企业的研究开发、生产组织、市场销售及资金、人事管理等重大问题只对单一的所有者负责,便于保守秘密;另一方面,独资企业除在所得税表格中需要填写的项目以外,其他方面都可以保密。第三,独资经营企业往往能引进比较先进的技术、设备和管理方法,从而能生产出更具竞争力的产品。

(2)全部股权参与下的运营方式的类型。投资主体在独资经营的具体运作过程中又有两种形式可供选择,一为分公司,二为子公司,两者各有不同的特点,投资者往往结合多方面因素在两者中作出选择。首先讨论分公司及其特点。分公司是指总公司为扩大生产规模或经营范围而依法设立的,并在组织和资产上构成母公司的一个不可分割部分的独资企业。它本身在法律上和经济上没有独立性,即不具备法人资格。分公司一般具有三个特点:第一,没有自己独立的公司名称和公司章程,而只能使用与总公司同样的名称和章程;第二,主要业务活动完全由总公司决定,分公司一般是以总公司的名义并根据它的委托进行业务活动;第三,所有资产全部属于总公司,因此,总公司要对分公司的全部债务承担无限责任。其次讨论子公司及其特点。子公司是指由母公司投入全部股份资本,依法设立的独资企业。它虽然受母公司控制,但在法律上具有独立的法人资格。子公司具有四个特点:第一,具有自己独立的公司名称和公司章程;第二,具有自己独立的行政管理机构;第三,具有自己的资产负债表和损益表等财务报表,具有独立的财产,进行独立核算,自负盈亏;第四,可以独立地以自己的名义进行各类民事法律活动,包括进行诉讼。

2. 部分股权参与下的运营方式

这种方式通常又称为合资经营方式,它是指两个或两个以上的投资者依照法律设立的各方共同投资、共同经营、共负盈亏、共担风险的合资企业的股权式合营方式。

(1)部分股权参与下的运营方式的特点。第一,至少有两个或两个以上的合资者。第二,合资各方共同出资组建独立的公司实体,并且取得法人地位。第三,合资各方共同投资、共同经营,并按所占股份额分享利润,分担亏损,体现出股权式合营的特点,这是合资经营方式最显著的特征。第四,合资者签订公司协议和章程,建立企业的决策和管理机构,共同管理企业。

(2)部分股权参与下的运营方式的类型。投资主体在合资经营的具体运作过程中有三种主要的组织形式:有限责任公司、股份有限公司和股份两合公司。其中,有限责任公司是指两个以上股东组成的、仅以投入企业中的资本额为限承担债务的公司,股东之间不负连带责任。有限责任公司的股东人数较少,各国法律中对股东人数一般都有最高限额的规定。同时,它也不得公开发行股票,股份不允许在证交所公开出售,不得任意转让。股份有限公司是指依照法律程序,通过向公众发行股票筹集资本,股东的责任仅限于出资额的一种公司企业组织。股份有限公司人数众多,没有最高限额,企业规模也较大,股东持有的股份可自由转让。股份两合公司则是由一部分负无限责任的股东和一部分负有限责任的股东共同组成的合资企业,它可以通过出售股票来筹集资本。

(二)非股权参与下实物资产的运营方式

非股权参与下实物资产的运营方式是指在不以股权为基础的前提下,投资主体将实物资产投入运营的直接投资方式。

1. 非股权参与下实物资产运营方式的特点

非股权参与方式和股权参与方式相比,有四个主要特点:

(1)非股权性。即资产的运营是完全脱离股权关系的,投资者不以股权作为其参与控制的依据,投资者收益取得和风险分担往往是建立在契约关系之上的。

(2)非整合性。资产的运营过程实际是一个公司实体的整体运作过程,投资者要实现资产价值的增值,必须将公司实体中的各种要素加以整合;而在非股权参与方式下,资产的运营具有相对独立性,多数情况下是独立于公司整体运作的。

(3)非长期性。非股权参与方式由于受到契约关系的制约,资产运营的期限一般较短,通常随合同的履行完毕或到期而终止。

(4)灵活性。非股权参与方式的形式更加多样,资产运营更具灵活性,直接投资与间接融资、国际贸易等相互交叉混合,投资者的选择余地更大,相应承担的风险也更小。

2. 非股权参与下实物资产运营方式的类型

非股权参与下实物资产运营方式主要有合作经营、工程承包和补偿贸易三种类型。

(1)合作经营。合作经营是指两个或两个以上的投资者依照平等互利的原则,以合同形式约定合作条件,依法设立以营利为目的的合作经营企业的契约式合营方式。合作经营企业可以是法人式的,也可以是非法人式的。法人式合作经营企业拥有独立的法人地位,具有完全的民事行为能力和民事权利能力,合作各方按合同规定建立独立的公司组织。而非法人式合作经营企业不具备法人资格,只是通过契约组成的松散的合作经营联合体。

由于合作经营方式本身比较灵活,因此,合作经营的组织管理形式也较为灵活,具体选择何种组织管理形式,须由合作各方协议确定。在实践中,合作经营的组织管理形式主要有三种:一种是董事会管理制。一般具有独立法人资格的合作经营企业都采取这种组织管理形式。董事会为最高权力机构,下设经营管理机构,任命总经理负责企业的日常经营管理,实行董事会领导下的总经理负责制,这与合资经营相似。另一种是联合管理制。非法人式合作经营企业一般采取这种形式,即由合作各方选派代表组成统一的联合管理机构作为企业的最高领导班子和决策机构,决定企业的重大问题。在这种形式下,合作各方把其参加合作经营的资产交联合管理机构管理和使用,但它们仍分别对资产拥有所有权。第三种是委托管理制。即由合作经营企业委托合作一方或合作双方以外的第三方对合作经营企业进行管理。

(2)工程承包。工程承包是指具有法人地位的从事建设工程项目的企业,通过投标或接受委托等方式,与业主签订合同,根据合同要求承担某项工程的建设任务,以取得一定报酬的经济活动方式。工程承包是第二次世界大战之后新兴的一种非股权参与下实物资产运营的直接投资方式,其特点主要包括:一是在此种方式下,作为投资客体投入运营的实物资产不仅包括一般的物质资料,如原材料、机械设备等,还包括人力资源。因此,工程承包有时也被看成是劳务合作的重要方式。二是工程承包竞争日趋激烈。三是工程承包涉及面广,呈现多样化特征。工程承包涉及楼房建筑、公路、桥梁、厂房、电站、水坝、基础工程、地质勘探、机场和港口建设等诸多领域。四是工程承包的技术构成不断提高。当代工程承包已逐步由"劳动密集型"向"技术密集型"转化,而且对参与工程承包的劳务人员的技术要求也越来越高。

工程承包的主要方式有三种:一是总包,是指一家承包商独家充当总承包人与业主签订合同,对整个工程项目全面负责。二是分包,是指总承包商将工程的一部分转包给其他承包商,分包商与项目业主没有直接联系,只向总承包商负责。分包方式对于发挥承包商各自的优势、减少风险有重要作用。三是联合承包,又称分项承包,是指项目业主将整个工程分为若干部分,由几家承包商根据各自的专业特长和优势,联合起来,共同承包。承包商仅就自己负责的部分,与项目业主签订合同。这种方式特别适用于规模巨大、技术复杂的工程项目。

(3)补偿贸易。补偿贸易是出口方在进口方外汇资金短缺的情况下,不以收取现汇为条件,向国外输出机器设备和转让技术,待工程建成投产后再以产品形式分期收回其价款的一种集投资、贸易、间接融资为一体的非股权参与下资产运营的直接投资方式。补偿贸易涉及的投资客体既包括实物资产，又包括无形资产，但二者的运营过程大体相同。

补偿贸易的主要特点有：第一，出口方既是贸易主体，又是投资主体。由于补偿贸易是以产品作为偿付价款的主要手段，设备输出或技术转让与价款的偿付有一定的时间间隔，出口方在输出设备或转让技术后，对这些资产在进口方企业的实际运营效果要予以关注，以保证收回的产品满足其特定要求，保证投资收益的取得，这时的出口方已超出了单纯的贸易主体范畴，兼具投资主体的性质。第二，具有赊销易货贸易性质。补偿贸易中，进口方一般不必动用现汇支付价款，而是待投产后再分期以产品偿付其价款，因此它具有明显的易货贸易性质。第三，它是一种特殊的间接融资方式。补偿贸易中，进口方是先利用引进的技术和设备进行生产，再用生产出的产品偿付价款，这之间有较长的时间间隔，这对进口方实际起到了一种间接融资的作用。第四，具有对等贸易性质，这是因为补偿贸易中用产品偿付的对象是引进的技术或设备，而用于偿付的产品一般都是引进技术、设备的直接产品，并且是以直接产品的出口来补偿进口设备的价款。

根据偿付设备价款形式的不同，目前国际上常见的补偿贸易主要有以下三种形式：一是直接补偿，也称产品返销或回购，指进口方用引进的技术或设备所生产的全部产品分期偿还进口合同的价款。为此，进口方在签订合同时必须承担按期购买一定数量产品的义务。二是间接补偿，是指进口方引进的技术或设备不生产有形产品，或生产的有形产品出口方并不需要，或进口方对产品有较大需求，那么经双方协商一致，也可以用其他指定产品来分期偿还进口合同的价款。三是部分补偿，也称综合补偿，是指补偿贸易中进口技术、设备等的价款，部分用直接产品或间接产品偿付，部分可用现汇或贷款偿付。

阅读书目

1. 杨晔、杨大楷：《融资学》，上海财经大学出版社 2013 年版。
2. 杨大楷、简德三：《公共投资项目评估》，高等教育出版社 2008 年版。
3. 刘玉平：《国有资产管理》，中国人民大学出版社 2012 年版。
4. 沃尔特斯：《库存控制与管理》（第二版），机械工业出版社 2005 年版。
5. 比尔·布莱斯曼：《资产配置入门》，中国青年出版社 2008 年版。

思考题

（一）填空题

1. 投融资客体是一定的投融资主体的投融资行为赖以运行的_____和_____，在具体运行过程中主要表现为_____、_____和_____等各种形态的资产，无论何种形态的资产都具有_____和_____，这是它们的共同点。
2. 项目融资由四个基本模块组成：项目的_____、_____、_____和_____。
3. 在实物资产评估中，对于通用设备可选择_____。但对于专用设备或企业自行研制的机器设备应选用_____。又因为机器设备一般使用年限比较长，价格变动影响较大，故一般不适宜选择_____，而应选择_____。另外，如果机器设备不再持续使用，则不能选择重置成本法，只能选用_____。
4. 实物资产的取得方式一般有两种，即_____和创建新企业，后者又称作_____。
5. 非股权参与下实物资产运营方式主要有_____、_____和_____三种类型。
6. 投资主体在合资经营的运作过程中主要有三种组织形式：_____、_____和_____。

(二)名词解释

1. 项目融资
2. 系统风险与非系统风险
3. 绿地投资
4. 横向购并
5. 混合购并
6. 分公司与子公司

(三)是非题

1. 项目融资的安排主要依赖于项目的现金流量和资产，而不是依赖于项目的投资者或发起人的资信。（   ）
2. 项目融资的债务表现在项目投资者(借款人)公司的资产负债表中。（   ）
3. 如果一个企业拥有良好的财务信誉，那么它只要有存货就可以筹集到资金。（   ）
4. 原有设备的超额投资成本和超额营运成本是评估人员判断其功能性贬值的基本依据。（   ）
5. 购并方式获取资产的出价往往高于目标公司资产的真实价值。（   ）
6. 绿地投资最突出的优点是投资者能在较大程度上把握其风险性，但是缺少掌握项目策划的主动性。（   ）

(四)简答题

1. 简述项目融资结构的类型。
2. 简述项目融资的基本特点。
3. 简述实物资产证券化融资的特点。
4. 简述机器设备的评估方法。
5. 简述非股权参与方式与股权参与方式相比的特点。
6. 简述分公司与子公司的区别。

(五)论述题

1. 试述收购兼并与绿地投资的选择。
2. 试述资产证券化在中国发展的原因。

第八章

无形资产

无形资产作为一种特殊的资产,是投融资的重要客体,而其发展也经历了一个漫长的历史过程。早在15世纪,威尼斯共和国就颁布了专利法,而清朝光绪皇帝也曾赐予上海纺织局采用的纺纱织布新技术以"十年专利权"。但是,对于无形资产比较全面的认识还是在第二次世界大战以后,特别是20世纪70年代开始,世界主要工业国先后完成了对专利法、商标法和版权法的修改,发展中国家也相继完善和建立了自己的无形资产特别是知识产权保护制度。1984年3月12日,我国颁布了《中华人民共和国专利法》,1988年首次进行了无形资产评估。1989年国家国有资产管理局发布了关于《在国有资产产权变动时必须进行资产评估的若干暂行规定》,正式提出了无形资产评估要求。1993年7月1日起施行的《企业财务通则》和《企业会计准则》以及2001年9月1日起施行的《资产评估准则——无形资产》,明确提出了无形资产的概念,至此,无形资产才真正进入了中国人的视野。

无形资产是人类脑力劳动创造出来的精神财富,因此又称为智力成果。它在企业生产经营过程中发挥重要作用,是企业一项重要的经营资源,不仅能为企业带来经济利益,而且能作为重要的投资工具,使企业在投资活动中取得收益。本章将分别就无形资产的特征、类型以及无形资产的评估进行具体的阐释。

第一节 无形资产概论

一、无形资产的含义与特征

(一)无形资产的含义

无形资产是指为特定主体所控制的、不具有实物形态但能对生产经营发挥长期作用且能带来经济利益的资源。狭义的无形资产包括著作权、商标权、商号、专利权、非专利技术、商业秘密、特许经营权、企业版权、合同、土地使用权、企业商誉等;而广义的无形资产除包含狭义无形资产的全部内容外,还包括一些能为企业带来竞争优势的综合性、基础性、条件性资源要素,如企业形象、营销关系网络、信息技术系统、企业文化、战略规划与政策、人力资源以及管理水平等。

(二)无形资产的特征

1. 非实体性

无形资产有别于有形资产的标志性特征就是它没有实体形态,是一种隐形存在的资产,只存在无形损耗,没有有形损耗。但无形资产的存在通常以有形资产为载体,依附于企业的生产经营活动,比如工业产权、专有技术必须依托于厂房、机器、设备,土地使用权必须依托土地等。从一定角度来看,可以说无形资产的非实体性是造成无形资产的投资与保护被忽视的客观原因之一。特别是在中国,长期以来,有着"耳听为虚,眼见为实"的观念,对于看不见、摸不着的无形资产,认识一直比较肤浅。

2. 垄断性

无形资产必须由一个或有限个特定主体单独占有并具有排他性,凡不能垄断占有或可以很低代价获得的资产都不是无形资产。无形资产的垄断性受到《专利法》等法律法规的保护。企业的无形资产是其对无形资产投资的结果,从而拥有了生产经营和市场竞争的优势,拥有了企业生产发展的独特经济资源。但也有一些无形资产(如专有技术等)是不受专门法律保护的,这就要求企业必须通过自身保密来保护,以防止其他企业效仿,使本企业保持技术领先,获得较高利润,提高无形资产的投资效益。垄断性是区分无形资产的重要性质之一。

3. 收益性

无形资产是投资的重要对象,因而收益性是其重要属性。事实上,在科学技术高速发展的今天,相当一部分无形资产的本身是科学技术的成果或企业文化的结晶,这些无形资产一旦被企业投资获得并使用,其所能带来的往往不是一般资产所能带来的收益,而是超额收益。如MacDonald、Microsoft、IBM等几乎所有世界500强企业都大大得益于其品牌的作用、专利的开发、技术的革新等。总之,无形资产可以转化为企业的生产经营和市场竞争优势,为企业带来丰厚的利润。不能为企业或个人带来收益的知识或信息等,即使只有一个人或一个企业垄断占有,也不能称作无形资产。

4. 不确定性

无形资产的不确定性是指未来收益的不确定性。无形资产的投资与其他投资活动一样,具有风险性。与有形资产相比,影响无形资产的不确定因素更多,变化更快,如技术革新、市场竞争、政策变化等,所以其风险性更大。特别是随着科学技术的迅猛发展以及各企业对技术投入的不断增加,使新产品开发周期、新技术产生周期不断缩短,产品的生命周期更是难以估计。无形资产的这一特征为无形资产的评估和管理带来了很大的不可预见性,必须予以重视。

5. 弱可比性

从理论上讲,商品的价值是由生产该产品的社会必要劳动时间决定的,但无形资产不同。最先获得法律认可的成果即为有效的无形资产,其所花费的劳动时间就是该项无形资产的社会必要劳动时间。同时,由于各企业的研究开发能力、管理水平、员工素质等有所差别,即使开发类似的无形资产,投入的大小、未来收益水平的高低也可能完全不同,所以无形资产缺乏较强的可比性。

二、无形资产的分类

(一)按照取得渠道分类

无形资产按照取得渠道可分为企业自创无形资产和外购无形资产。前者是指企业自行研制开发或在生产经营活动中逐步形成的无形资产,如自创专利权、自创商标权、商誉等;后者是指企业从外部购入或接受的无形资产,如外购专利权、特许权、著作权等。企业接受无形资产捐赠或投资者以无形资产入股也会形成外购无形资产。政府或有关部门按有关政策赋予企业的某些特殊权利也是外购无形资产。

(二)按照是否受专门法律保护分类

无形资产按照是否受专门法律保护可分为法定无形资产和非法定无形资产。法定无形资产是指受国家专门法律保护的无形资产,如专利权、商标权、著作权、土地使用权、特许权、租赁权等。非法定无形资产是指不受专门法律保护的无形资产,如非专利技术、商誉、经营秘密等。

(三)按照能否独立存在分类

无形资产按照能否独立存在可分为可辨认无形资产和不可辨认无形资产,或称作可确指无形资产和不可确指无形资产。凡是可以单独创造、单独转让、单独取得、单独评估和单独出售的无形资产都是可辨认无形资产,包括专利权、专有技术、商标权、著作权、土地使用权、特许权等;那些不能够离开企业单独存在,不可辨认,不可单独取得、单独转让和单独评估的无形资产称为不可辨认无形资产,如企业作为一个整体转让或企业在合并过程中所涉及的商誉,以及企业在长期生产经营实践中所形成的企业文化、企业社会形象等。

(四)按照产生来源分类

无形资产按照产生来源可分为权力型、关系型、组合型无形资产和知识产权。权力型无形资产是由书面或非书面契约的条款产生的,对于契约双方具有相关的经济利益,如租赁权、特许经营权、专卖权等。关系型无形资产是指非契约性的经济资源,虽然没有契约约束,但事实上能在一定期间存在,对于关系双方具有巨大的经济价值,如客户关系、员工组成等。组合型无形资产是指从无形资产总体价值中减去可辨认无形资产后所剩余的经济资源,通常是指商誉。商誉的形成,是由多方面的贡献因素组合而成的,并因此而得名。知识产权通常包括工业产权和版权。工业产权包括专利、实用新型、工业品外观设计、商标、服务标记、厂商名称、产地标记或原产地名称等。版权是指作者对其创作的作品享有的人身权和财产权。

(五)按照作用方式分类

国外通常从市场经营、产品生产和资本运营的角度考虑,把无形资产分为营销型无形资产、制造型无形资产和金融型无形资产。具体来说,营销型无形资产包括商号/商标、客户名单、包装、订单、广告资料、特许权、货位、许可证、经销网等。制造型无形资产包括专利、配方、经营秘密、专有技术、非专利技术、图纸、供销合同、新产品开发等。而金融型无形资产包括优惠融资、配套员工、软件、版权、核心存款、不竞争合同条款、租赁权、雇用合同、数据库、超额年金计划、解雇率、商誉等。

(六)按存续期限分类

无形资产按照存续期限可分为有限期无形资产和无限期无形资产。有限期无形资产是指有明确法定期限的无形资产,如发明专利的期限是20年,实用新型专利权和外观设计专利权的期限是10年,著作权的年限为作者死后50年。无限期无形资产是指没有明确法律规定期限或虽有法律规定期限却能无限续延的无形资产,如技术秘密只要不被泄漏,可以永远占有;商标权虽然有效期限为10年,但可以多次续延,企业可永久持有。

(七)按照自身性质分类

无形资产可分为"权、密、名、誉"四类。其中,"权"包括知识产权和特许经营权。知识产权包括：关于文学、艺术和科学作品的权利；关于外观设计的权利；关于商标、服务标志、商品名称和牌号的权利；关于制止不正当竞争的权利及在工业、科学、文学或艺术领域内其他一切来自知识活动的权利。特许经营权可以由政府授予也可以由企业授予。"密"包括工艺、配方、生产技术诀窍、经营秘密、管理秘诀等。"名"是指企业的知名度、产品的知名度和管理者的知名度。"誉"就是指企业商誉。

另外，无形资产还可分为技术类无形资产和非技术类无形资产。前者包括专利权、专有技术等，而后者包括商标权、特许权、商誉等。在无形资产评估中，通常采用的是这种分类方法。

三、无形资产的价值

无形资产与有形资产一样，具备商品的二重性——价值和使用价值。无形资产是人类智慧的结晶，凝结着人类的劳动，特别是脑力劳动，还有辅助性的体力劳动以及试验研究仪器、机器设备和试验材料等物化劳动。各类无形资产要素在开发创造过程中付出的必要劳动，既是无形资产的投资成本，又是其价值来源。但必须注意的是，由于在创造无形资产的活动中，智力活动发挥重要作用，因此无形资产的价值和投入的成本之间的对应关系不是很强。无形资产的投资成本只是为获取无形资产所支付的费用总和，通常只包括研究开发费、设计费、加工费、测试费、鉴定费、管理费、人工费、注册费、公证费、律师费等或者是单纯的购买费。开发过程完毕以后，无形资产必须应用才能实现价值。

若无形资产为本企业自己所使用，其研发过程可视作投资过程，而投资成本则是上述费用之和。无形资产被本单位用于生产经营后，通过本身的独特功能形成对市场的控制力而获得收益，实现无形资产的价值，即投资收益。而向外转让的无形资产是作为特殊商品提供给社会的，是一种投资对象。无形资产的转让价值，受其获利能力、使用期限、技术成熟度、转让内容、更新情况及市场供求的影响，具体包括以下几点：(1)获利能力较强，则其经济价值就高，获得该无形资产的投资成本也就较高，反之则低。多数无形资产的价值不是以实际成本确定的，而是以其未来收益能力确定的，如专利权、商标权等。(2)在相同的获利能力下，无形资产使用期限越长，则价值就越大；反之，则越低。这里的使用期限不仅指无形资产的法定期限，也指实际收益期限，如专利的保护期限是20年，但如果预计5年之后就会出现更新换代产品，则其实际收益期限只有5年。(3)技术成熟、开发程度高的无形资产，市场接受状况就好，运用该技术成果的风险就相对较小，其价值就大。(4)无形资产的转让分为所有权转让和使用权转让。所有权转让的价格必定要高于使用权转让，而使用权转让又分为独占使用权转让和普通使用权转让，交易内容的不同，其评估价值也会大不相同。(5)无形资产的发展速度、更新速度越快，无形消耗就越大，其面临的不确定性也就越大，由此会影响无形资产的未来收益能力。(6)无形资产作为一种资产，其价值同样受到市场供求的影响。

与一般商品的价值处于相对稳定状态不同，无形资产的价值处于动态之中。企业的无形资产会在生产销售过程中创造出新的价值，而通过宣传和维护，也可以增加无形资产的价值。另一方面，宣传和维护无形资产会发生新的费用(如专利的年费等)，当使用期满后，无形资产价值会呈递减趋势，最后减少到零。

当今社会，无形资产的价值与日俱增，已经成为公司价值的重要组成部分，而公司的业绩也反过来会影响公司无形资产的价值，一年一度的最有价值品牌的评选就从一个侧面反映了各企业的发展状况(见表8—1)。

表 8—1　　　　　　　　2016 年世界品牌与中国品牌价值前十名

排名	世界		中国		
	世界品牌	品牌估价(亿美元)	中国品牌	品牌估价(亿元)	占公司市值比例(%)
1	Apple	1 541	淘宝	2 300	19
2	Google	825	中国移动	2 270	15
3	Microsoft	752	百度	2 180	55
4	Coca-Cola	585	中国工商银行	2 140	14
5	Facebook	526	腾讯	2 100	17
6	Toyota	421	中国建设银行	1 550	13
7	IBM	414	微信	1 320	11
8	Disney	395	中国银行	1 290	13
9	McDonald's	391	中国农业银行	1 220	12
10	GE	367	天猫	1 200	10

资料来源：福布斯 2016 年度全球最具价值品牌排行榜、2016 年胡润品牌榜。

四、上市公司的无形资产

无形资产对于公司的重要价值，在上市公司身上可以得到最有力的体现。随着知识经济时代的到来，无形资产越来越成为上市公司一项非常重要的资源和投资对象。中国的上市公司要提高自身质量，就必须强化无形资产意识，注重培植、挖掘、发展和投资企业的无形资产，为企业在激烈的竞争中获得优势和利润。中国加入 WTO 以后，中国企业必将更多地走向国际市场，面临更激烈的国际竞争，而综观世界各国上市公司无形资产的现状及所走过的路程，有许多经验值得中国企业借鉴。首先，上市公司应注意厂商名称的确定、厂商名称与商标的协调、已有无形资产权益归属及股份制改造前无形资产评估及上市后的无形资产运作、上市后无形资产价值再评估等。拥有高价值的无形资产，是上市公司能够顺利发行股票融资的重要筹码。

可见，无形资产不仅是投资的对象，而且可以作为融资的筹码。综观世界上著名的上市公司无不靠无形资产赢得投资者的信任，其股票受到投资者的追捧，一路飘红，从而使公司及投资者双双获利：世界快餐业之王"麦当劳"就是靠着商标和特许经营权等无形资产的渗透，使自己的资产不断扩充，在世界上发展了 3.6 万多家连锁店，其主要的收入和利润均来自无形资产，备受投资者青睐，股票市值已超过千亿美元。美国可口可乐公司同样是靠其"可口可乐"的商标权和饮料配方这些独特的无形资产占领了世界饮料市场的每个角落，其股票价格一直成倍增长，市价曾高达其账面价值的 13 倍之多，曾是热门股中增幅最高的一只，价格收益比率为 26%。世界软件产业之王，美国微软公司是靠其商标和独特的计算机软件这些无形资产，迅速扩张，形成垄断，从而控制着世界软件市场。1986 年 3 月 13 日微软公司的股票以每股 23.75 美元上市，备受投资者的追捧和青睐。转年 3 月每股上升到 84.75 元，一年之中股票价格翻了 3 倍之多。这些事例都证明，上市公司离不开优秀的无形资产的支撑。

第二节　无形资产评估

一、无形资产评估的含义

无形资产评估是指由专门机构依据一定的程序和方法,对特定主体所拥有的无形资产价值的评定估算。所谓专门机构是指由政府主管部门批准认可的具有评估无形资产能力的资产评估事务所、会计师事务所、审计事务所等。评估要依据一定的程序和方法,是指无形资产评估不能仅凭评估人员的主观想象随意作价,而必须按照规定的程序和科学的方法进行,这样才能保证评估结果的准确性和可靠性,满足无形资产交易各方的要求。所谓特定主体是指拥有某项无形资产的企业、事业单位、社会法人及自然人。

无形资产由于自身的特点,一般不能用于抵押、课税或清偿,而是主要服务于内部运营、对外投资与转让。因而,无形资产评估的目的主要有两类:一是按照税法和财务法规的有关规定,以无形资产成本费用的摊销为目的的资产评估;二是以无形资产转让或投资为目的的资产评估。

二、无形资产评估的对象

在无形资产评估中,由于评估目的的不同,评估的对象或范围也不同。当以成本费用摊销为目的时,评估的对象是由税法和有关财务法规严格规定的。由于摊销是对成本费用的补偿,因而,只有费用支出资产化的知识资产才能进行估价并据以补偿。这种知识资产一般是由专项基金或各类产品投资构建的,不包括那些开发费用直接由成本列支的知识资产。例如,企业技术人员进行产品工艺设计的各项费用由企业管理列支,从而在产品成本中得到补偿的各项知识资产,如图纸、配方等,不得另行估价,再行摊入成本。如果是用生产发展基金等资助科研而取得的成果,通常可以将费用资产化,通过摊销实现成本费用的补偿。由于知识资产的费用是否资产化涉及费用如何补偿和资金积累、国家税收等问题,一般由国家制定税法和财务法规加以统一规定,因而,以无形资产补偿为目的确定评估对象,应按国家专门法规办理。当以投资、转让为目的时,无形资产评估对象是按投资、转让的标的物来确定的。单项无形资产投资、转让的标的物十分明确,评估对象是确定的,只要该无形资产用于投资或转让,无论是否具有费用支出以及费用如何补偿,都可以作为评估对象。对于无形资产整体投资、转让的情形就比较复杂,需要进行无形资产鉴定。这种情形多出现在企业或其他整体资产评估中。目前,无形资产在会计记载方面尚不齐全,需要根据有关资料计算其重置成本,评估其价值。

至于账外无形资产的鉴定则更为困难些,因为这些资产既是无形的,又没有账簿记录,有的可根据有关资料计算其重置成本,有的可找寻参照物,有的可根据其获利能力,然后依据不同的方法评估其价值。按照现行财务制度的规定,企业自创无形资产一般由企业管理费列支,不经过资产化处理,特别是与费用支出没有直接对应关系的无形资产的形成,例如"老字号"的服务标记等,都没有作为无形资产来核算。但是,在企业转让或存量投资作价时,就必须对一切能带来收益的账外无形资产加以确认,并做相应的评估。

三、无形资产评估的方法

(一)成本法

无形资产确实具有现实或潜在的获利能力,但这种获利能力不容易量化或不能较为准确地量化,相对来说,重置成本较易取得。这种情况下,可以用无形资产的现行重置成本为基础来估算其价值。根据来源的不同,无形资产可分为自创无形资产和外购无形资产两类,下面分别探讨这两类无形资产的评估方法。

1. 自创无形资产重置成本的估算

自创无形资产的成本包括创建过程中发生的各种物质消耗和人工费用。这些费用一般记作当期发生的费用。因此,在进行评估之前,要认真查看当时的费用记录,或专用基金账户,为展开评估工作积累有关的成本资料。

对自创无形资产的完全重置成本的评估可分为两种情况:第一,如果无形资产已经有了账面价值,可以使用物价指数调整法。而使用物价指数法是由于一般无形资产在全部资产中所占的比重不会太大,所以用物价指数对账面价值作相应的调整,即可得到重置成本。其计算公式为:

$$无形资产重置成本 = 账面价值(不减摊销) \times 评估时物价指数 / 自创(购置)时物价指数$$

第二,大多数自创无形资产没有账面价值,则使用财务核算法或市场调整法。

(1)财务核算法。如果无形资产在自创的过程中,成本、费用的记录单独核算,就可以采用财务核算法,即将无形资产创建时实际发生的材料和加工时的消耗量,按现行价格和费用标准计算汇总,以得出重置成本。其计算公式为:

$$无形资产重置成本 = \sum 形成无形资产耗用量 \times 现行价格 + \sum 耗用工时 \times 现行工资标准$$

评估无形资产重置成本按照实际消耗而不按现行消耗量计算是因为无形资产是创造性、一次性劳动的成果,一般不能原样复制,从而很难模拟在现有生产条件下再生产的消耗量;而且无形资产的创建过程是创造性的劳动过程,受技术进步作用的影响特别大,如果按模拟现有条件下的复制消耗量来估计重置成本,必然影响到无形资产的价值形态的补偿。因此,从评估实务来说,一般不是按现行消耗量,而是按实际消耗量来计算重置成本。虽然都是使用重置成本标准,但在这一点上,无形资产评估与有形资产评估是不同的。

(2)市场调整法。自创无形资产在市场上有类似的无形资产出售时,可根据类似无形资产的市场售价及无形资产自创成本与市场售价的一般比率来确定无形资产的重置成本。其计算公式为:

$$无形资产重置成本 = 类似无形资产的市场价格 \times (成本/市价)$$

式中的成本/市价比率,可用本企业有代表性的无形资产的自制成本与市价的加权平均比率确定,如果没有相应的数据,则用同类无形资产的销售成本代替。成本/市价比率是无形资产重置成本这一计算公式的重要组成要素。如果市场价格作为成本计算摊销,而不用成本/市价比率进行调整,由于市价中除了包含创建时的物化劳动和人工费用的支出外,还包含有较高的研制利润及税金,这样就会使自创无形资产获得超额补偿,违背了成本原则。为了更好地说明问题,以下举例说明市场调整法的应用。

例8-1:某化工企业要对其拥有的某催化剂生产工艺进行估价摊销。已知市场上有类似催化剂生产工艺交易,技术转让费为150万元。(1)如果已知企业另有三项技术秘诀,其开发成本分别为 90 万元、120 万元和 200 万元,相应的市价则为 150 万元、200 万元和 280 万元。

试按市场调整法评估该企业催化剂生产工艺的重置成本。(2)如果已知类似催化剂生产技术的销售利税率为60%,除此之外,无其他可供参考的成本/市价系数的经验数据。试计算该催化剂生产工艺的重置成本。

在第一种情况下,先求出成本/市价比率:成本/市价比率=(90+120+200)/(150+200+280)×100%=65.08%;再由重置成本计算公式可得:无形资产重置成本=150×65.08%=97.62(万元),即该催化剂生产工艺重置成本估算为97.62万元。

在第二种情况下,因为没有其他可供参考的经验数据,可以通过销售利税率求出销售成本率。由已知条件得:销售成本率=1－销售利税率=1－60%=40%,则该催化剂生产工艺的重置成本为:150×40%=60(万元)。按市价调整为成本,市价包含了超额利润。

2. 外购无形资产重置成本的估算

外购无形资产是企业以一定代价从外部购入,并以购买价格加上支付的其他有关费用列入资产账户的,所以,和自创无形资产相比,外购无形资产的成本数据较易取得,评估也较容易进行。外购无形资产的评估方法一般是功能比较法,是在无形资产交易中选择类似的参照物,再根据功能和技术的先进性与适用性,对无形资产的原始购买价格进行调整得出其重置成本的一种方法。主要是功能成本线性函数法。当无形资产的功能(F)与成本(C)之间相关系数较大时,可假设两者存在线性关系,即:

$$C = a + b \times F$$

根据统计数据,采用回归分析法,得出 a 与 b 的估计值后,就可以建立起功能与成本的线性函数,再代入被评估资产的功能,可求出其重置成本。

3. 无形资产的重置净价估算

无形资产可分为有限期无形资产和无限期无形资产。重置净价是按照有限期无形资产尚可发挥正常功能的年限计算的重置成本,计算时主要是按评估对象的现实功能及预期使用年限来确定。具体来说,评估有限期无形资产的重置净价主要有两种方法:

(1)成新率法。这是通过确定无形资产的重置全价和成新率来计算无形资产净价的方法。其计算公式为:

无形资产评估值(重置净值)=无形资产重置成本(重置全价)×成新率

式中无形资产重置成本(重置全价)的确定方法如前文所述;成新率的计算可采用下列两种方法:

第一种是直线折余法。这种方法是根据已使用年限与剩余使用年限的比例确定成新率。它假定无形资产寿命周期的不同阶段所应承担的成本费用相等,不同时期的无形资产成本摊销额在理论上是一条直线,故称为直线折余法。其计算公式是:

成新率=剩余使用年限/全部使用年限

式中,剩余使用年限的确定有两种方法:对于法定年限的无形资产,可使用法定年限法,即从法定年限中扣除已使用年限,得到剩余使用年限;对于无法定年限的无形资产,一般按其性质和技术进步的趋势,测算尚可使用的年限,并把可使用年限与已使用年限之和作为全部使用年限。

第二种是摊销折余法。因为无形资产的价值损耗受技术进步的影响很大,如果条件具备,在无形资产的摊销上也可参照固定资产加速折旧的方法,按成本摊销的比例来确定成新率,这样就可以更好地补偿技术进步带来的无形资产的价值损失。这种方法的计算公式为:

成新率=(摊销总额－已计提摊销)/摊销总额

例8—2：某企业两年前从外单位购入一项专利,根据账面记录,原始成本为80万元,已摊销30万元,完全重置成本为120万元。求该专利的重置净价。

使用摊销折余法：

该专利成新率：[(80－30)/80]×100％＝62.5％

该专利重置净价＝重置成本×成新率＝120×62.5％＝75(万元)

如果无形资产评估中,成新率实在难以判断,可以聘请有关专家进行专门的鉴定,当然这种方法的评估成本比较高。

(2)账面净值调节法。如果无形资产有账面净值,也可用现行物价指数对该净值加以调整以确定该项无形资产的重置净价。其计算公式为：

无形资产重置净价＝无形资产账面净值×评估时价格指数/购置时价格指数

例8—3：某企业购置某专利,购买成本为80万元,物价指数为100万元,评估时已摊销30万元,物价指数为150万元。求该专利的重置净价。

该专利重置净价＝(80－30)×150/100＝75(万元)

(二)收益法

无形资产转让或投资的评估包括单项无形资产的评估与无形资产组合的评估,还包括可确指的与整体资产转让或投资相关联的无形资产的评估。随着无形资产交易的日益发展,对它的转让和投资价格的评估也就具有更重要的意义。通常这类评估适用收益现值标准,因为此时无形资产不是作为单项生产要素,而是作为一种获利手段。因此收益现值法是评估时应用的基本评估方法。有时收益现值法的计算结果有较大的伸缩性,不易被无形资产转让方接受,因此如果市场上有类似的无形资产交易,就在使用收益现值法基础上,考虑无形资产的现行市价进行评估。

1. 超额收益法

该方法之所以可以用来对无形资产的价值进行评估,其合理性主要体现在三个方面：其一,它是收益法的一种形式,是针对无形资产的特性,将收益法用于无形资产评估的一种具体方法,符合收益法的基本原理。其二,无形资产必须附着于有形资产才能发挥作用,只有当一项无形资产可以为企业创造超额收益时,此项无形资产才具有收益性,否则就不是真实意义上的无形资产。其三,由于无形资产收益性的表现是创造超额收益,因此,无形资产的价值就应与其创造的超额收益相对应。超额收益法就是以超额收益为指标来测量无形资产价值量的具体方法。其计算公式为：

$$V=\frac{\sum_{t=1}^{n}R_t}{(1+i)\times t} \tag{8-1}$$

式中：V为无形资产评估值；t为年份；n为无形资产尚可使用的年限；i为折现率；R_t为使用该无形资产第t年所获得的增加预期收益。

2. 提成收益法

提成收益法的合理性主要体现在以下四个方面：其一,它也是收益法的一种形式,符合收益法的基本原理。其二,无形资产的拥有者常常通过许可他人使用其无形资产,从使用者创造的收益中收取相应的费用,以收取提成的方式来获取经济收益。与此同时不拥有无形资产的投资者也可以通过支付提成费用的方法取得无形资产的使用权。其三,对于拥有无形资产但不进行生产经营的人来讲,其拥有的无形资产可以创造的经济收入就体现为一定时间内的提成收入;对于拥有无形资产并进行生产经营的人来讲,其拥有的无形资产相当于是"免费使用"的,因此,无形资产为其创造的经济收益即是因免费而节约的提成费用。其四,由于无形资产拥有者的经济收益体现为一定时间内的提成费用,因此可以利用提成费用来测算无形资产的价值。

提成收益法是按被评估无形资产预期获利能力来计算资产的现值,并用该现值确定重估价值。相应的评估公式是:

$$V = \alpha \times \frac{\sum_{t=1}^{n} R_t}{(1+i) \times t} \tag{8-2}$$

式中:R_t 为使用该无形资产在第 t 年所获得的增加预期收益;α 为收益分成率,即转让方分享预期收益的比例。

3. 收益法下无形资产变量的研究

无论使用超额收益法还是提成收益法,均需要确定无形资产的以下变量:

(1)收益额。收益额是指无形资产的未来收益,需通过预测分析获得。因为无论对所有者还是购买者,某项无形资产是否有价值取决于其未来是否有收益。因此评估无形资产时对其收益的判断,不能仅仅只看到现在的获利能力,更重要的是预测未来的获利能力。一项目前收益较低甚至亏损,但未来市场广阔的无形资产其评估价值应较高。

收益额必须是由无形资产直接产生的,在评估时要将由各项资产协同作用产生的收益进行分离,否则就会高估无形资产价值,失去客观有效性。预期收益若采用现金流量的概念,则其计算公式为:

无形资产预期收益=无形资产形成的净现金流量
=销售收入×分成率×(1-所得税率)+无形资产摊销
+无形资产变价收入

(2)收益期限。无形资产收益期限就是无形资产的剩余经济寿命。无形资产只存在无形损耗,不存在物质实体,就专利技术而言,当社会均掌握这一专利技术时,即使未超过其法定年限,该项专利技术的价值仍将大打折扣,甚至完全消失,即其实际经济寿命要比法定年限短。对于无形资产预期经济寿命的具体确定,可采用以下三种方法:第一,法定年限法,即根据法律规定的总有效年限扣除已使用年限或已存放年限;第二,更新年限法,即根据该类无形资产的更新周期来确定;第三,剩余寿命预测法,即根据无形资产的利用范围、市场竞争情况、技术进步速度、更新速度等,对其剩余经济寿命做出科学预测。

(3)折现率。折现率是一种特定条件下的收益率。在运用收益现值法评估无形资产时,折现率的确定是比较棘手的问题,折现率的微小差异,会导致评估值的巨大变化,"差之毫厘,谬以千里",因此折现率的确定应根据具体情况综合考虑多种因素。折现率应包括无风险利率和风险报酬率。无风险利率可以根据资料直接分析获得,通常以政府国库券利率作为无风险利率。风险报酬率则是指承担风险取得报酬与资产的比率。每一类资产由于用途不同,风险也不一样,其中无形资产风险性最大,它的评估折现率也最高。而不同类的无形资产由于性能用途不同,风险报酬率也不同,应视具体情况加以确定。西方资产评估实践采用WACC模型,用加权平均资金成本率确定折现率的方法值得借鉴,因为最低收益率就是资金成本率,其本身已包含了各种风险因素。

(4)分成率。分成率是指通过无形资产使用产生的利润应有由转让方享有的提成份额,收

入分成率的计算公式为:

$$收入分成率=利润分成率×销售利润率$$

$$利润分成率=收入分成率/销售利润率$$

国际上收入分成率一般为3%到5%,如果收入分成率为3%,销售利润率为10%,则利润分成率为30%。分成率的确定有以下几种方法:

①边际分析法。边际分析法是用普通资产的利润与无形资产的利润进行比较,计算其增量,其计算公式为:

$$分成率=增加的利润/总利润$$

例8—4:使用一项专利无形资产,每年增加利润分别为100万元、120万元、90万元和70万元,各年总利润分别是250万元、400万元、450万元、467万元,贴现率为10%,则:

利润总额现值=250×0.909 1+400×0.826 4+450×0.751 3+467×0.683 0
  =1 214.8(万元)

增加利润现值=100×0.909 1+120×0.826 4+90×0.751 3+70×0.683 0
  =305.5(万元)

分成率=305.5/1 214.8=25%

②约当投资分析法。约当投资分析法是在成本的基础上加上相应的一定利润,折合成约当投资的一种方法。因此在很多情况下,增加利润不仅仅是无形资产带来的,而是很多因素综合作用的结果。这时如果继续运用边际分析法确定利润分成率就会有一定的局限性,此时,按无形资产的折合约当投资与其他资产约当投资确定利润分成率。其计算公式为:

$$分成率=无形资产约当投资/(其他资产约当投资+无形资产约当投资)$$

$$无形资产约当投资=重置成本×(1+适用成本利润率)$$

$$其他资产约当投资=重置成本×(1+适用成本利润率)$$

式中的无形资产适用成本利润率按转让方超额利润占其无形资产总成本的比重计算,如果没有企业的实际数据,也可按社会平均水平确定。式中的其他资产适用成本利润率,按现有水平确定。

例8—5:无形资产重置成本200万元,需要配套的其他资产投资16 000万元,无形资产成本利润率为500%,有形资产成本利润率为12.5%,则:

无形资产约当投资=200×(1+500%)=1 200(万元)

其他资产约当投资=16 000×(1+12.5%)=18 000(万元)

分成率=1 200/(18 000+1 200)=6.25%

例8—6:甲乙两企业合营,甲以某项专利技术投入合营企业,已知该技术的重置成本为100万元,乙拟投入合营企业的资产总重置成本为4 000万元。甲该项技术的成本利润率为400%,乙投入的资产原成本利润率为12%,求无形资产投资的利润分成率。

甲企业该项技术约当投资量为:100×(1+400%)=500(万元)

乙企业约当投资量为:4 000×(1+12%)=4 480(万元)

利润分成率=500/(4 480+500)×100%=10.04%

(三)收益法和成本法相结合

1. 成本—收益现值法

这种方法把资产的现值作为无形资产的重估价值,并且用成本(自创时所耗费的实际成本或外购时的购入成本)和资产所具有的获利能力来计算其现值。其计算公式为:

$$V = C + \alpha \times \frac{\sum_{t=1}^{n} R_t}{(1+i) \times t} \quad (8-3)$$

式中：R_t 为使用该无形资产第 t 年所获得的预期收益；α 为收益分成率，即转让方分享预期收益的比例；C 为总成本，即自创实际成本或外购成本。

需要指出的是，成本 C 的确定可分两种情况：一是对外购无形资产，C 即外购成本；二是对自创无形资产，成本 C 的确定不仅要考虑到科研劳动的复杂性，还要兼顾风险、不确定性以及因科技进步带来的技术的无形损耗等因素。其计算公式为：

$$C = \frac{(E + B_1 \times G) \times (1 - B_3)}{1 - B_2} \quad (8-4)$$

式中：G 为人工劳动消耗，指相关研发科技人员、辅助人员的工资及附加费等；E 为物化劳动消耗，包括材料、动力、能源、辅助等物质费用，专用设备费，折旧费，管理费等；B_1 为创造性劳动的倍加系数；B_2 为科研的平均风险率；B_3 为无形损耗率。

例 8－7：某企业转让其自创的一项技术，已知如下资料：原材料费 25 000 元，辅助材料费 4 500 元，管理费 1 000 元，设备折旧费 30 000 元，科研和辅助人员工资津贴等 12 000 元，其他人工开支 4 000 元，接受方使用该技术后估计每年增加利润 20 万元，该技术尚可使用 5 年，该类技术研究平均风险率为 60%，利润分成率为 25%，创造性劳动倍加系数为 1.8，无形损耗率 10%，折现率 15%。根据上述资料，用成本－收益现值法评估该技术价值。

对照公式，我们可以得到：$E = 25\,000 + 4\,500 + 1\,000 + 30\,000 = 60\,500$（元），$G = 12\,000 + 4\,000 = 16\,000$（元），$B_1 = 1.8$，$B_2 = 60\%$，$B_3 = 10\%$。将其代入公式计算可得：$C = 85\,500$（元）。又有 $R_t = 200\,000$（元），$n = 5$，$\alpha = 1.25$，$i = 1.15$，进而可得：$V = 253\,100$（元），即用成本－收益现值法计算出该技术价格为 253 100 元。

2. 最低收费额法

前面已指出由于利润作为分成基数对转让方来说存在一定的不确定性，因此通常采用一定的最低收费额；而不一定以实现的追加利润为分成基数，这种方法被称为最低收费额法，其评估公式如下：

$$V = L + \sum_{t=1}^{n} (K \times R_i)/(1+i)^t \quad (8-5)$$

式中：L 为最低收费额；K 为无形资产分成率；R_i 为分成基数；t 为收益期限。

最低收费额也称入门费或转让底价，也就是无形资产最低评估价值。其计算公式为：

最低收费额＝重置成本×转让成本分成率＋转让的机会成本

转让成本分成率＝购买方运用无形资产的设计能力/总设计能力

转让的机会成本＝无形资产转出净减收益＋无形资产再开发净增费用

（四）重置成本法与收益现值法相结合

无形资产的价值主要取决于未来收益，但又不能不受到其历史成本和重置成本的影响，而且有些无形资产评估既可以采用重置成本法也可以采用收益现值法，但这两种方法的评估结果往往不同。为了弥补这种不足，就采用两者的加权平均值作为评估最终值，其基本公式为：

$$V = W \times N_r + (1 - W) \times P \quad (8-6)$$

式中：V 为加权平均估值；W 为重置成本净价的权数；P 为收益现值；N_r 为重置成本净价。

当 $W=1$ 时,上述公式就成为重置成本法评估公式;当 $W=0$ 时,上述公式就成为收益现值法评估;当 W 在 0 与 1 之间时,即为两者加权平均来评估以投资或转让为目的的无形资产。该方法的难点主要是权数 W 的确定,可以根据无形资产重置成本净值、收益现值和转让价的历史资料来确定一个经验数据或平均数据作为 W 的值。

假设与某无形资产类似的三项无形资产甲、乙和丙的有关历史资料如表 8—2 所示。

表 8—2　　　　　　　　　某无形资产历史资料　　　　　　　　单位:万元

无形资产	重置成本净价 N_r	增加利润的评估现值 P	转让价格 V
甲	160	222.5	200
乙	240	343.5	300
丙	220	269.5	250

由公式:$V=W\times N_r+(1-W)\times P$,分别求出三个权数 W 为 0.36、0.42 和 0.39,取其平均值 0.39 作为评估该类无形资产的权数。假设有一项类似无形资产重置成本净价为 230 万元,增加利润折现值为 280 万元,则评估转让价为:

$V=W\times N_r+(1-W)\times P$
　$=230\times 0.39+280\times(1-0.39)$
　$=260.5(万元)$

需要指出的是,上述资料中收益现值是增加利润的折现值,并没有进行利润分成,即没有乘以分成率。这样可以减少确定分成率的步骤和可能引起的估计偏差,但在计算评估资产时,所用的现值应当与之呼应,也应当是没有分成的增加利润现值 280 元。倘若历史资料是已分成后的追加利润现值,则在计算所评估资产时也应代入分成后的追加利润折现值。是否分成以及如何分成取决于评估目的。此外,当确实没有资料来计算 W 时,基于无形资产评估的特点,根据经验规律,可运用华罗庚黄金分割理论,即 $W=0.382$ 为权数来求解。

(五)不同评估方法的相互检验

在数据预测的过程中,总会有一定程度的不确定性,不同评估方法得出的结果往往不同。在这种情况下,评估人员会根据评估过程中对各要素的把握程度来判断哪一种结论更具可靠性,进而确定最终评估值,主要方法有以下三种:(1)当某一种方法的参数及要素的选用更有把握时,可将该方法所得出的结论为最终结果;(2)当某一种方法的参数及要素的选用只是略有把握时,根据对两种方法的判断确定一个权重,将两种方法得出的结果进行加权平均,从而得出最终评估值;(3)当两种方法对参数及要素的选用相差无几时,采用两种结论的算术平均值为最终评估值。

阅读书目

1. 苑泽明:《无形资产评估》,高等教育出版社 2015 年版。
2. 刘伍堂、崔劲:《无形资产评估案例》,中国财政经济出版社 2005 年版。
3. 中国资产评估协会:《知识产权战略与资产评估》,经济科学出版社 2008 年版。
4. 刘德运:《无形资产评估》,中国财政经济出版社 2005 年版。

5. 蒂姆·科勒:《价值评估》(第四版),电子工业出版社 2010 年版。

思考题

(一)填空题
1. 组合型无形资产是指从无形资产总体价值中减去_____后所剩余的经济资源,通常是指_____。
2. 知识产权通常包括_____和版权;版权,又称_____,是指作者对其创作的作品享有的_____和_____。
3. 无形资产评估的目的主要有两类:一是按照税法和财务法规的有关规定,以_____为目的的资产评估;二是以_____为目的的资产评估。
4. 根据来源的不同,无形资产可分为_____和_____两类。
5. 提成收益法是按被评估无形资产_____来计算资产的现值,并用该现值确定重估价值。

(二)名词解释
1. 无形资产
2. 无形资产评估
3. 财务核算法
4. 市场调整法
5. 重置净价

(三)是非题
1. 无形资产只存在无形损耗,没有有形损耗。( )
2. 凡不能垄断占有或可以以很低代价获得的资产都不是无形资产。( )
3. 企业文化、企业社会形象以及商誉等都属于可辨认无形资产。( )
4. 若无形资产为本企业自己使用,则属于固定资产,其研发过程可视为投资过程。( )
5. 无形资产由于自身的特点,一般不能服务于内部运营、对外投资与转让,而是主要用于抵押、课税或清偿。( )

(四)简答题
1. 简述无形资产的特征。
2. 简述无形资产转让价值的影响因素。
3. 简述无形资产预期经济寿命的具体确定方法。
4. 简述外购无形资产重置成本的估算方法。
5. 简述无形资产评估的超额收益法的合理性。

(五)论述题
1. 试述无形资产的价值与价值的来源。
2. 试述无形资产的评估方法以及不同方法的检验。

第九章

金融资产

投资客体除了包括实物资产与无形资产,还包括金融资产。如果说实物资产与无形资产是直接投资的主要客体,那么金融资产则是间接投资的主要客体。金融资产包括各类股票、债券、基金、金融衍生工具及黄金等。近年来,经济的高速发展和信息技术的进步极大地促进了金融资产的投资,不仅对资本市场的结构产生了巨大影响,而且对经济格局也产生了深刻影响。从目前的发展形势看,以金融资产为代表的虚拟经济的发展速度远远超过了实体经济的发展速度。2001~2014年,我国对外贸易从5 095.9亿美元增长到43 015.3亿美元,增长了8.44倍;而同期我国证券投资从24.04亿美元增长到1 664.46亿美元,增长了69.24倍。本章将分别对股票、债券、基金、金融衍生工具及黄金进行介绍。

第一节 股 票

一、股票的基本概念

(一)股票的定义与特征

股票作为一种投资工具,是由股份有限公司发行的、用以证明投资者对公司的净资产拥有所有权的凭证。投资者凭此,有权分取公司的股息和红利,并承担公司的责任和风险。股票是商品经济发展到一定阶段的产物。企业作为独立的商品生产者和经营者,其组织形式由独资、合伙发展到股份公司,是适应工业化大生产要求的结果。股票本身没有价值,而是一种独立于实际资本之外的虚拟资本,股票的基本特征主要有以下几点。

1. 不可偿还性

股票是一种无偿还期限的有价证券,投资者认购股票后,就不能再要求退股,只能到二级市场出售。股票的转让只意味着公司股东的改变,并不减少公司资本。从期限上看,只要公司存在,它所发行的股票就存在,股票的期限等于公司存续的期限。

2. 参与性

股东有权出席股东大会,选举公司董事会,参与公司重大决策。股票持有者的投资意志和享有的经济利益,通常是通过行使股东参与权来实现的。股东参与公司决策的权利大小,取决于其所持有的股份的多少。从实践来看,只要股东持有的股票数量达到能够左右决策结果所需的实际多数时,就能掌握公司的决策控制权。

3. 收益性

股票投资者凭其持有的股票,有权从公司领取股息或红利,获取投资的收益,股息或红利的大小主要取决于公司的盈利水平和公司的盈利分配政策。股票的收益性还表现在股票投资者可以获得价差收入或实现资产保值增值。通过低价买入和高价卖出股票,投资者可以赚取价差利润。在通货膨胀时期,股票价格会随着公司原有资产重置价格的上升而上涨,从而避免了资产贬值,因此股票通常被视为在高通货膨胀期间值得优先选择的投资对象。

4. 流通性

股票的流通性是指股票在不同投资者之间的可交易性,通常用可流通的股票数量、股票成交量以及股价对交易量的敏感程度来衡量。可流通股数越多、成交量越大、价格对成交量越敏感,股票的流通性就越好,反之就越差。股票的流通使投资者可以在市场上卖出所持有的股票,取得现金。通过股票的流通和股价的变动,可以看出人们对于相关行业和上市公司的发展前景和盈利潜力的判断。那些在流通市场上吸引大量投资者、股价不断上涨的行业和公司,可以通过增发股票,不断吸收大量资本进行生产经营活动,从而优化资源配置。

5. 价格波动性与风险性

股票在交易市场上作为交易对象,同商品一样,有自身的市场行情和市场价格。由于股票价格要受到诸如公司经营状况、供求关系、银行利率、大众心理等多种因素的影响,其波动有很大的不确定性。价格波动的不确定性越大,投资风险也就越大。因此,股票是一种高风险的金融产品。例如,世界计算机产业的国际商用机器公司(IBM),每股价格曾高达170美元,但在其地位遭到挑战、出现经营失策而招致亏损时,股价又下跌到40美元。

(二)股票的主要类型

股票根据不同的标准可以分为不同的类型,常见的分类方法主要有以下几种。

1. 表决权股票和无表决权股票

根据股票的持有者是否有对公司重大事务的表决权,可以将股票分为表决权股票和无表决权股票。根据一份股票是否代表一票表决权,又可以将表决权股票分为普通表决权股票、多数表决权股票和限制表决权股票。

2. 记名股票和不记名股票

记名股票是指在股票票面和股份公司的股东名册上记载股东姓名的股票。记名股票的股东权利归属于记名股东,股票的认购款项不一定一次缴足,其转让也相对复杂或受限制,但是便于挂失,安全性较高。不记名股票是指在股票票面和股份公司股东名册上均不记载股东姓名的股票,也称无记名股票。与记名股票相比,二者差别不是在股东权利等方面,而是在股票记载方式上。不记名股票发行时一般留有存根联,它在形式上分为两部分:一部分是股票的主体,记载了有关公司的事项,如公司名称、股票所代表的股数等;另一部分是股息票,用于进行股息结算和行使增资权利。不记名股票的股东权利归属于股票的持有者,认购股票时要求缴足股款,转让相对简便,但安全性较差。

3. 有面值股票和无面值股票

有面值股票是指在股票票面上记载一定金额的股票。这一记载的金额也称为票面金额、票面价值或股票面值。有面值股票可以明确表示每一股所代表的股权比例,为股票发行价格的确定提供依据。无面值股票是指股票票面上不记载金额的股票,也称为比例股票或份额股票。无面值股票并非没有价值,一般在票面上记载其为几股或股本总额的若干分之几,该种股票的发行价格灵活,便于分割。

4. 普通股股票和优先股股票

(1)普通股。普通股股票是股票中最普通、最重要的股票种类。股份公司在最初发行的股票一般都是普通股,且由于它在权利及义务方面没有特别的限制,其发行范围最广且发行量最大,股份公司的绝大部分资金一般都是通过发行普通股股票筹集而来的。一般而言,在股份有限公司存续期间,普通股股票的持有者所享有的权利是平等的,主要包括:其一,通过参加股东大会来参与股份公司的重大经营决策。一般来说,股份公司每年至少召开一次股东大会,在遇到重大事件时还要召开临时股东大会。在股东大会上,股东除了听取公司董事会的业务和财务报告外,还可对公司的经营管理发表意见,参加公司董事会和监事会的选举。如果认为公司的账目不清时,股东还有权查阅公司的有关账册。如果发现董事违法失职或违反公司章程而损害公司利益时,普通股股东有权将之诉诸法庭。其二,分配公司盈余和剩余资产的权利。经董事会决定之后,普通股股东有权按顺序从公司经营的净利润中分取股息和红利。在股份有限公司解散清算时,有权按顺序和比例分配公司的剩余资产。其三,优先认股权。当股份公司为增加公司资本而决定增资扩股时,普通股股东有权按持股比例优先认购新股,以保证普通股股东在股份有限公司中的控股比例不变。如我国的上市公司在配股时,都是按比例先配给现有的普通股股东。当普通股股东不愿或无力参加配股时,可放弃配股或按相应的规定将配股权利转让给他人。

(2)优先股。优先股是指可优先于普通股股东以固定的股息分取公司收益,并在公司破产清算时优先分取剩余资产,但一般不能参与公司的经营活动,其具体的优先条件必须由公司章程加以明确的股票。优先股股票一般是股份公司出于特定目的和需要而发行的,且在票面上要注明"优先股"字样。一般来说,优先股的优先权有以下四点:其一,在分配公司利润时优先股可先于普通股且以约定的比率进行分配。其二,当股份有限公司因解散、破产等原因进行清算时,优先股股东可先于普通股股东分取公司的剩余资产。其三,优先股股东一般不享有公司经营参与权,即优先股股票不包含表决权,优先股股东无权过问公司的经营管理,但在涉及优先股股票所保障的股东权益时,可发表意见并享有相应的表决权。其四,优先股股票可由公司赎回。由于股份有限公司需向优先股股东支付固定的股息,优先股股票实际上是股份有限公司的一种举债集资的形式,但优先股股票又不同于公司债券和银行贷款,这是因为优先股股东分取收益和公司资产的权利只能在公司满足债权人的要求之后才能行使。优先股股东不能要求退股,却可以依照优先股股票上所附的赎回条款,由股份有限公司予以赎回。大多数优先股股票都附有赎回条款。

二、股票的价值和价格

(一)股票的价值

1. 股票的票面价值

股票的票面价值简称面值,是股份公司在所发行的股票票面上标明的票面金额,以元/股为单位,用来表明每一张股票所包含的资本数额。在我国上海和深圳证券交易所流通的股票的面值均为一元。股票面值可以表明股票的认购者在股份公司的投资中所占的比例,作为确定股东权利的依据。如某上市公司的总股本为1 000 000元,则持有一股股票就表示在该公司占有的股份为1/1 000 000。同时,在首次发行股票时,股票的面值也是发行定价的一个依据。一般来说,股票的发行价格都会高于其面值。当股票进入流通市场后,股票的面值就与股票的价格没有什么关系了。

2. 股票的账面价值

股票的账面价值也称为每股净资产或净值,是用会计统计的方法计算出来的每股股票所包含的资产净值。股份公司的账面价值越高,则股东实际拥有的资产就越多。由于账面价值是财务统计的结果,数据较精确而且可信度很高,所以它是股票投资者评估和分析上市公司实力的重要依据之一。计算方法是用公司的净资产(包括注册资金、各种公积金、累积盈余等,不包括债务)除以总股本,得到的就是每股的净值,用公式表示为:

$$V=(T-P)/N \quad (9-1)$$

式中:V 为股票的账面价值;P 为优先股股票的总面值;T 为公司资产净值;N 为普通股股票的总股数。

3. 股票的清算价值

股票的清算价值是指股份公司破产或倒闭后进行清算时,每股股票所代表的实际价值。从理论上讲,股票的清算价值应与股票的账面价值一致,但企业破产清算时的财产价值是以实际的销售价格来计算的,其售价一般都会低于实际价值,所以股票的清算价格就会与股票的净值不相一致。股票的清算价值仅在股份公司因破产或其他原因丧失法人资格而进行清算时才被作为确定股票价格的依据,在股票的发行和流通过程中没有意义。

(二)股票的价格

1. 股票的发行价格

当股票上市发行时,上市公司从自身利益以及确保股票上市成功等角度出发,将制定一个较为合理的价格来发行,这个价格就称为股票的发行价。根据股票的发行价与股票的面值之间的关系,可以将股票的发行分为平价发行(发行价等于面值)、溢价发行(发行价大于面值)和折价发行(发行价小于面值)。大多数的股票发行为溢价发行。股票发行价格的确定主要有以下几种方式:

(1)市盈率法。该种方法是利用每股税后利润与市盈率的乘积来确定股票的发行价格。每股税后利润可以通过加权平均法或全面摊薄法来计算。加权平均法一般采用发行前两年的每股税后利润加上发行年度的加权每股税后利润除以3(见例9—1);全面摊薄法则是用发行年度预测全年税后利润除以总股本(见例9—2)。

例9—1:1997年3月12日,无锡小天鹅股份有限公司公布招股说明书:该公司1994年、1995年的实际每股税后利润分别为0.97元和1.01元,1996年1~10月实际每股税后利润为0.61元。以13.6倍的市盈率确定发行价为:

$$[0.97+1.01+(0.61/10)\times 12]/3\times 13.6=12.24(元)$$

例9—2:某公司以15倍的市盈率确定发行价格,该公司当年1~10月份实际完成税后利润1 700万元,预测11~12月税后利润为450万元,新股发行后总股本为5 000万股。其发行价为:

$$[(1\ 700+450)/5\ 000]\times 15=6.45(元)$$

(2)竞价确定法。该法是由发行人确定发行底价、发行时间和每个投资者的申购限额,投资者在规定时间内按不低于发行底价的价格进行认购。申购期满,由交易所的交易系统将所有有效申购按照价格优先、时间优先的原则,将认购委托从高价位向低价位排列,并累计有效申购数量。当累计数量恰好达到或超过本次发行数量时的价格即为本次发行价格。若在发行底价之上累计有效申购数量达不到本次发行股票的数量时,就以发行底价作为发行价。

(3)市盈率和其他指标结合法。该种方法综合考虑了影响股票价格的多种因素,从而使股票的价格更接近其内在投资价值,计算公式如下:

$$股票发行价格 = 市盈率还原值 \times 40\% + 股息率还原值 \times 20\% + 每股净值 \times 20\% \\ + 预计当年股息与一年期存款利率还原值 \times 20\%$$

(4)二级市场市盈率折扣法。这种方法一般是在股票增发的时候采用,它是利用承销协议正式签署日前公司 A 股股票最后 20 个交易日收盘价格的二级市场市盈率的算术平均值,在折扣 15%～40% 的区间内确定发行市盈率。然后,再乘上增发完成后公司发行当年全面摊薄每股税后利润(预测)来确定发行价格。

(5)市价折扣法。这种方法是按照发行日或签署承销协议日前 20 个交易日的股票收市价的平均价为基础,按不高于某一个折扣的比例来确定发行价格。

2. 股票的流通价格

股票的流通价格也称为股票的市价,指股票在交易过程中交易双方达成的成交价,通常所指的股票价格就是指市价。股票的市价直接反映着股票市场的行情,是股民购买股票的依据。由于受众多因素的影响,股票的市价处于经常性的变化之中。股票价格是股票市场价值的集中体现,因此这一价格又称为股票行市。股票的流通价格主要受以下因素的影响:

(1)经济周期。从宏观的角度来看,一个完整的经济周期主要包括衰退、危机、复苏和繁荣四个阶段。与这四个阶段相对应,股票的价格也将经历从下跌、到达最低点、上涨和到达最高点的变化历程。由于投资者对经济趋势的预期和心理反应,股票价格的变动一般早于经济周期的变动。

(2)通货膨胀。通货膨胀对股票价格的影响是双向的:一方面,通货膨胀造成公司产品价格上涨,利润增加,股利和分红增加,企业股票价格上涨;另一方面,过度的通货膨胀,造成市场虚假繁荣,货币贬值,利率上升,人们倾向于投资保值性产品,如贵金属、黄金、不动产等产品。从而造成资金从股市流出,股价下跌。因此,通货膨胀对股票价格的影响与通胀的时间和水平、公司产品的类型等密切相关。

(3)利率水平。利率对股价的影响主要通过三个方面产生:第一,利率上涨,公司资金成本上升,产品的利润下降,导致股价下降;第二,利率上涨,投资者要求的资产回报率上升,造成股票价值的下降,股价下降;第三,利率上涨,投资者将资产转向银行存款、债券、固定资产、贵金属等投资品种,导致股价下降。这是利率影响的一般情况。此外,利率对股票市场的影响与投资者的心理预期也有很大的关系。美国在 1978 年就曾出现过利率和股票价格同时上升的情形。当时出现这种异常现象主要原因有两个:一是许多金融机构对美国政府当时维持美元在世界上的地位和控制通货膨胀的能力没有信心;二是当时股票价格已经下降到极低点,远远偏离了股票的实际价格,同时大量的外国资金流向了美国股市,引起了股票价格上涨。在香港,1981 年也曾出现过同样的情形。当然,迄今为止,这种利率和股票价格同时上升和同时回落的现象也还是比较少见的。

(4)汇率水平。外汇行情与股票价格有着密切的联系。一般来说,如果货币升值,股价便会上涨;如果货币贬值,则股价也将随之下跌。随着国际贸易的迅速发展,汇率对一国经济的影响越来越大。任何一国的经济都在不同的程度上受汇率变动的影响,影响程度取决于该国的对外开放度。随着各国开放度的不断提高,股市受汇率的影响也日益显著。但不论是升值或贬值,对公司业绩以及经济局势的影响都是双向的,所以不能单凭汇率的升降来决定股票的买卖行为。

(5)公司自身因素。公司自身因素的状况和变化是影响股票价格的最主要的决定性因素。简单地说,公司自身因素的影响主要包括以下几个方面:

第一,公司的行业性质。公司的成长受制于其所属产业和行业兴衰的约束,如果企业属于电子工业、精细化工产业,则属成长型产业,其发展前景比较好,对投资者的吸引力就大;如果公司处于煤炭与棉纺业,则属夕阳产业,其发展前景欠佳,投资收益就相应要低。

第二,行业生命周期。任何一个行业一般都有其存在的寿命周期,由于行业寿命周期的存在,使行业内各公司的股票价格深受行业发展阶段的影响。行业的生命周期主要有开创期、扩张期、成熟期和停滞期。在不同的周期阶段,股票的价格也将发生不同的变化。

第三,公司的盈利能力。一般情况下,股票价格的变化发生在公司盈利变动之前,变动的幅度也大于公司盈利的幅度。但是,在利用公司的经营指标进行分析时要注意以下几点:剔除一次性影响盈利增减的因素;从不同的角度进行衡量,如销售能力、产出效益、与其他公司的比较;对公司未来的盈利进行预测,预测未来盈利的一般方法是根据过去的资料来推算未来的增长,或根据过去销售额与盈利之间的关系进行推测,或根据利润和预测的销售额进行计算。

第四,新技术新产品。在新技术革命的推动下,新技术新产品的开发,极大地提高了劳动生产率,降低了生产成本,促使企业的竞争能力与获利能力大为提高。与此同时,新技术新产品的发明创造,也能刺激股价大幅度上涨。从新技术开发到引起股价的变动,一般要经过三个阶段:第一阶段,新技术新产品开发成功消息传出之后,该企业及其产品往往会成为人们谈论的热门话题,此时股价会出现一段自然的上涨。第二阶段,当该企业的股票已经成为人们争相投资的对象后,由于这种新技术新产品的普及需要一段时间,如果在此期间销路不理想,则股价就会出现下跌。第三阶段,如新技术新产品能具体反映出公司的营运绩效及所获利益的话,股价就会上涨;若没有预期的成果,则跌幅会很大。

除了上述的几个主要因素外,公司在行业中的地位、销售额的增长水平、销售额的稳定性、股息政策、管理水平等因素也会对股票的价格产生不同程度的影响。

三、股票的发行

(一)股票发行的基本原则

股份公司发行的股票,在经有关部门批准后,就可以在股票市场(证券交易所)公开挂牌进行上市交易活动。股票要上市交易必须具备一定的条件,并按一定的原则和程序进行操作与运转。为了有效保护投资者的利益,不损害公共利益,股票在上市过程中一般要遵循以下几项原则:

1. 公开性原则

这是股票上市时应遵循的基本原则。它要求上市公司必须连续地、及时地公开公司的财务报表、经营状况及其他相关的资料与信息,使投资者能够获得足够的信息进行分析和选择,以维护投资者的利益。

2. 公正性原则

公正性原则是指参与证券交易活动的每一个人、每一个机构或部门,均需在公正、客观的立场上反映情况,不得有隐瞒、欺诈或弄虚作假行为。

3. 公平性原则

公平性原则是指股票上市交易中的各方,包括各证券商、经纪人和投资者,在买卖交易活动中的条件和机会应该是均等的。

4. 自愿性原则

自愿性原则是指在股票交易的各种形式中,必须以自愿为前提,不能硬性摊派、横加阻拦,也不能附加任何条件。

(二)股票的发行制度

1. 审批制

审批制是一国在股票市场的发展初期,为了维护上市公司的稳定和平衡复杂的社会经济关系,采用行政和计划的办法分配股票发行的指标和额度,由地方政府或行业主管部门根据指标推荐企业发行股票的一种发行制度。

2. 核准制

核准制取消了政府指标和额度管理,引进证券中介机构,其责任是判断企业是否达到股票发行的条件。同时,证券监管机构对股票发行的合规性进行实质性审查,并有权否决股票发行的申请。我国是在2001年才开始实行股票发行的核准制。与核准制对应的是通道制,即由证券监管机构对综合性券商下达上市指标(通道)。通道的分配根据证券公司的规模大小而定,大的不超过8个通道,小的不少于2个通道。

3. 保荐人制度

2003年12月29日,证监会正式出台了《证券发行上市保荐制度暂行办法》,并于2004年2月1日起正式施行。实施证券发行上市保荐制度是证监会深化发行制度改革的又一重大举措,是对证券发行上市建立市场约束机制的重要制度探索。保荐人制度要求券商承担更多的责任,使券商成为权、责、利的统一体,券商角色得以更加准确地归位。保荐人制度的核心就是界定保荐人的责任,主要包括上市辅导责任;发行上市指导责任;规范制作上市文本责任;指导上市公司真实、完整、及时和准确地披露信息的责任;与证监会和交易所及时沟通的责任;指导上市公司建立规范的法人治理结构的责任;等等。

4. 注册制

注册制是在市场化程度较高的成熟股票市场被普遍采用的一种发行制度,证券监管部门公布股票发行的必要条件,只要达到所公布条件要求的企业就可以发行股票。发行人申请发行股票时,必须依法将公开的各种资料完全准确地向监管机构申报。监管机构对申报文件的真实性、准确性、完整性和及时性做合规性的形式审查,将发行公司的质量留给证券中介机构来判断和决定。

股票发行制度的比较见表9—1。

表9—1　　　　　　　　　　股票发行制度的比较

比较项目	审批制	核准制	保荐人制度	注册制
发行指标和额度	有	无	无	无
发行上市标准	有	有	有	有
主要推(保)荐人	政府或行业主管部门	中介机构	中介机构、保荐代表人	中介机构
实质审核主体	证监会	中介机构、证监会	中介机构、证监会、保荐代表人	中介机构

(三)股票的发行方式

股票的发行方式有很多种,根据不同的角度可以将其划分为以下几类。

1. 按股票发行价格的确定方式划分

(1)定价发行。股票的定价发行,就是股票的发行价格在投资者认购前就予以确定。我国股票的定价发行经历了认购证发行、与储蓄存款挂钩、全额预缴款和上网定价发行四个阶段。其中,上网定价发行是目前我国定价发行的主要方式。上网定价发行是指主承销商利用证券交易所的交易系统,由主承销商作为股票的唯一"卖方",投资者在指定的时间内,通过与证券交易所联网的证券公司,以固定的发行价格进行申购。如果申购资金等于发行筹资额,则按照申购数量发行;如果申购资金大于发行筹资额,通过摇号抽签等方式确定股东名单及认购数量。

(2)询价发行。2000年4月30日,中国证监会发布了《上市公司向社会公开募集股份操作指引(试行)》。2001年10月,一些公司开始实行询价发行方式。询价发行是指在股票的发行期间,上市公司给投资者一个询价区间(即申购价格上限和下限),投资者在给定的价格区间内进行申购,最后,根据投资者对该询价区间占大多数价格认同来确定发行价格,以该价格进行配售。

(3)竞价发行。早在1995年10月,中国证监会专门就股票发行方式问题提出了《关于股票发行与认购的意见》,明确指出,股票的发行也可以采用上网竞价方式进行发行。哈岁宝等股票成为我国股票上网竞价发行的试点。但是竞价发行的方式,在我国当时的证券市场状况下,容易造成发行价过高的现象。例如1995年发行的厦华电子,发行底价为5元,竞价结果达到13.38元。因此,上网竞价发行的方式并没有在我国得到广泛的普及。

2. 按发行对象分类

(1)公募发行。也称公开发行,是指发行人通过中介机构向不特定的社会公众广泛地发售证券。在公募发行情况下,所有合法的社会投资者都可以参加认购。为了保障广大投资者的利益,各国对公募发行都有严格的要求,如发行人要有较好的信用,并符合证券主管部门规定的各项发行条件,经批准后方可发行。采用公募方式发行证券的有利之处包括:第一,公募以众多的投资者为发行对象,筹集资金潜力大,适合于证券发行数量较多、筹资额较大的发行人;第二,公募发行投资者范围大,可避免囤积证券或被少数人操纵;第三,只有公开发行的证券方可申请在交易所上市,因此这种发行方式可增强证券的流动性,有利于提高发行人的社会信誉。然而,公募方式也存在某些缺点,如发行过程比较复杂、登记核准所需时间较长、发行费用较高等。

(2)私募发行。也称不公开发行或内部发行,是指面向少数特定的投资人发行证券的方式。私募发行的对象大致有两类:一类是个人投资者,例如公司老股东或发行机构自己的员工;另一类是机构投资者,比如大的金融机构或与发行人有密切往来关系的企业等。私募发行有明确的投资人,发行手续简单,可以节省发行时间和费用。其不足之处是投资者数量有限,流通性较差,而且也不利于提高发行人的社会信誉。目前,我国境内上市外资股(B股)的发行几乎全部采用私募方式进行。

3. 按发行过程分类

(1)直接发行。直接发行是指上市公司不通过任何中介,直接面向投资者发行股票。例如,在我国证券交易所和证券中介机构成立之前,公司股票的发行就是通过直接向投资者出售的方式发行的。近期在国外的证券市场上还出现了一种新的直接发行的方式,即上市公司利用网络直接向投资者进行股票的发行。这种发行方式可以减少公司的募集成本,适合于小型公司的股票发行。

(2)间接发行。间接发行是指通过中介机构进行的股票发行。间接发行可分为以下几种:第一,代销发行,即中介机构只负责按照发行者的条件推销股票,代理招股业务,但不承担任何发行风险,在约定期限内能销多少算多少,期满仍销不出去的股票退还给发行者。由于全部发行风险和责任都由发行者承担,证券发行中介机构只是受委托代为推销,因此,代销手续费较低。第二,承销发行,这种发行方式要求股票发行者与证券发行中介机构签订推销合同,并且在合同中明确规定:在约定期限内,如果中介机构实际推销的结果未能达到合同规定的发行数额,其差额部分就由中介机构自己承购下来。这种发行方法的特点是能够保证完成股票发行额度,一般较受发行者的欢迎,而中介机构因需承担一定的发行风险,故承销费高于代销的手续费。第三,包销发行,是指当发行新股票时,证券发行中介机构先用自己的资金一次性地把将要公开发行的股票全部买下,然后再根据市场行情逐渐卖出,中介机构从中赚取买卖差价。若有滞销股票,中介机构减价出售或自己持有。由于发行者可以快速获得全部所筹资金,而推销者则要全部承担发行风险,因此包销费更高于代销费和承销费。

四、股票的流通

股票的流通市场是供投资者买卖已发行股票的市场,也被称为二级市场。股票流通市场包括场内市场和场外市场。

(一)场内市场

场内市场也称为交易所市场,是指证券交易市场中有组织、有固定地点,并能够使证券集中、公开、规范交易的场所,是一个有形市场。如中国的沪、深证券交易所。美国证券交易所曾先后有过100多家,1929年曾有30多家,后来随着经济情况、交易数量和联邦法令的变化,若干交易所先后停止或合并。目前,美国共有14家证券交易所,如纽约证券交易所、美国证券交易所、芝加哥证券交易所、波士顿证券交易所、辛辛那提证券交易所、费城证券交易所和太平洋证券交易所等。其中,纽约证券交易所和美国证券交易所是全国性的,而其他交易所则为区域性的。

(二)场外市场

场外市场也称柜台市场、店头市场,是相对于证券交易所市场而言的,在交易所外由证券买卖双方当面议价成交的市场,它没有固定的场所,其交易主要利用电话进行,交易的证券以不在交易所上市的证券为主,在某些情况下也对在证券交易所上市的证券进行场外交易。随着卫星通信、电信网络和电子计算机等现代化的信息技术应用和普及,场外交易市场的交易方式、交易设备和交易程序不断改进,无形的交易市场正在逐步取代有形市场。

五、股票的交易委托

(一)股票交易委托的种类

1. 根据委托的工具划分

(1)当面委托。也称柜台委托,即投资者亲自到证券营业部填写委托单,签章后将委托单、股东卡、身份证交给营业部工作人员办理,工作人员将投资者委托输入电脑并签章后完成。委托单一式两份,双方各持一份。

(2)电话委托。即投资者通过拨号进入券商电话委托系统,下达委托指令进行证券买卖的委托方式。电话委托的最大特点就是投资者可以不必亲临证券营业部,而无论在家里、办公室或其他场所,只要有一台双音频电话(DTMF)即可进行委托。

(3)磁卡委托。磁卡委托是目前投资者使用较多的一种委托方式。投资者在进行磁卡委托时,通常是在营业部大厅里的磁卡委托机上刷磁卡,输入个人密码后即可进入交易主菜单,投资者可以根据电脑的提示完成委托买卖、撤单、资金、证券以及成交查询等操作。

(4)电脑终端自助委托。这是证券营业部提供给大中户使用的一种委托方式。

(5)可视电话委托。它是通过图文接收机从有线电视网接收交易所实时行情,需要委托时,拨号到证券公司连接远程通讯机进行委托或查询,完成后挂机。

(6)网上委托。网上委托是国际证券市场已经发展起来并日益成熟的新业务,是继电话委托、可视电话委托后推出的又一先进的远程委托方式。所谓网上证券委托,就是指券商通过数据专线将证券交易所的股市行情和信息资料实时发送到互联网上,投资者将自己的电脑通过调制解调器等设备连上互联网,通过互联网观看股市实时行情,分析个股,查阅上市公司资料和其他信息,委托下单买卖股票。

2. 根据委托的价格划分

客户的股票委托指令按委托价格的类型可分为市价委托和限价委托。市价委托是指投资者向券商发出买卖某种股票的委托指令时,要求券商按证券交易所内当时的市场价格买进或卖出股票。限价委托是指投资者要求券商在执行委托指令时必须按限定的价格或比限定价格更有利的价格买卖股票,即必须以限价或低于限价买进股票,以限价或高于限价卖出股票。如果投资者急于委托成交,可以将买入限价提高,或将卖出限价降低,以确保自己的委托成交。

3. 根据委托有效期划分

根据委托有效期可将股票交易委托划分为当日有效委托和多日有效委托。当日有效委托是指从委托之时起到当日交易所收盘时为止有效,收盘后自动失效;多日有效委托是指如果投资者的委托当日不能成交,则由券商将投资者的委托在之后的交易日中继续申报。通常情况下,投资者的委托均为当日委托。如非当日委托,在委托时通过委托单或其他有效方式向选定的经纪商予以事先约定。我国一般采用的是当日有效委托。

(二)委托的内容

投资者在办理完开户手续及存入相应资金后即可进行委托买卖股票。委托的内容主要包括投资者的姓名及股东卡号、投资者买卖的股票是属于沪市还是深市、买入还是卖出、股票的名称及代码、买卖股票的价格及数量、委托的有效期限。

(三)委托的撤销

在投资者的委托未成交之前,委托人有权变更和撤销委托。在交易所确认撤单有效后,买入委托中被冻结的资金和卖出委托中被交易所主机锁定的股票即可解冻。客户委托若已成交,买卖即告成立,成交部分不得撤单。

第二节 债 券

一、债券的基本概念

(一)债券的定义

债券是一种有价证券,是社会各类经济主体为筹措资金而向债券投资者出具的,承诺按一定利率定期支付利息并到期偿还本金的债权债务凭证。债券包含了以下几层含义：债券的发行人（政府、金融机构、企业等机构）是资金的借入者；购买债券的投资者是资金的借出者；发行人（借入者）需要在一定时期还本付息；债券是债权的证明书，具有法律效力；债券购买者与发行者之间是一种债权债务关系，债券发行人即债务人，投资者（或债券持有人）即债权人。

（二）债券的票面要素

债券作为证明债权债务关系的凭证，一般用具有一定格式的票面形式来表现。一般来说，债券票面上的基本要素主要包括以下四个方面。

1. 债券的票面价值

债券的票面价值包括币种和票面金额两方面。币种的选择要依据债券的发行对象和实际需要来确定。若发行对象是国内有关经济实体，可选择本币作为债券价值的计量单位；若发行对象是国外有关经济实体，可选择债券发行地国家的货币或国际通用货币作为债券价值的计量单位。不同的票面金额，可以对债券的发行成本、发行数额和持有者的分布产生不同的影响。如果票面金额较小，就会促进小额投资者的购买，但可能会增加发行费用，加大发行的工作量；如果票面金额较大，则会更多地被大额投资者持有，有利于降低发行费用，减轻发行工作量，但是可能会减少债券的发行量。

2. 债券的偿还期限

债券的偿还期限是指从债券发行之日起至清偿本息之日止的时间，按照时间长短一般可分为三类：偿还期限在 1 年或 1 年以内的，称为短期债券；偿还期限在 1 年以上、10 年以下的，称为中期债券；偿还期限在 10 年以上的，称为长期债券。债券偿还期限的长短，主要取决于债务人对资金需求的时限、未来市场利率的变化趋势和证券交易市场的发达程度。一般来说，如果市场利率趋于下降，则多发行短期债券；如果市场利率趋于上升，则多发行长期债券。

3. 债券的利率

债券的利率即债券的利息与债券票面价值的比率，通常用百分比表示。影响债券利率的因素主要有：其一，银行利率水平，债券的利率水平随银行利率水平的上升而上升；其二，发行者的资信状况，发行者的资信状况好，债券的信用等级就较高，表明投资者承担的违约风险较低，作为债券投资风险补偿的债券利率也可以定得低一些；其三，债券的偿还期限，偿还期限较长的债券，流动性较差，变现能力较弱，其利率水平也相对高一些；其四，资本市场资金的供求状况，当资本市场上的资金充裕时，发行债券利率便可以低一些。

4. 发行人名称

发行人名称即债券的债务主体，是债权人到期追回本金和利息的依据。

上述四个要素是债券票面的基本要素，但在发行时并不一定在票面上全部印制出来，例如，在很多情况下，债券发行者是以公告或条例形式向社会公布债券的期限和利率。此外，一些债券还包含有其他要素，如还本付息方式等。

（三）债券的性质和特征

债券作为一种债权债务凭证，与其他有价证券一样，也是一种虚拟资本，是经济运行中真实资本的证书，而非真实资本。从投资者的角度看，债券具有以下四个特征：

1. 偿还性

债券必须规定到期期限，由债务人按期向债权人支付利息并偿还本金。当然也有例外，如无期公债或永久性公债，这种公债不规定到期时间，债权人也不能要求清偿，只能按期支取利息。历史上只有英、法等少数国家在战争期间为筹措军费而采用过这种债券。

2. 流动性

流动性是指债券能够迅速转变为货币而不会在价值上蒙受损失的性质。一般来说,如果一种债券在持有期内不能任意转换为货币,或者在转换成货币时需要付出较高成本,这种债券的流动性就较低。另外,发行人的信誉高、偿还期限较短的债券,流动性较高。

3. 安全性

债券安全性是相对于债券投资的风险性而言的。债券投资面临的风险有很多种,包括利率风险、通货膨胀风险、价格变动风险、信用风险、政策风险等。一般来说,具有高流动性的债券其安全性也较高。

4. 收益性

债券投资的收益性体现在两个方面:第一,投资者在持有期内根据债券的规定,取得稳定的利息收入;第二,投资者通过在市场上买卖债券,获得资本收益,这种收益主要是通过对市场利率的预期来实现的。

债券的偿还性、流动性、安全性与收益性之间存在着一定矛盾,一种债券很难同时兼具以上四个特征。如果某种债券流动性强,安全性高,人们便会争相购买,于是该种债券价格上涨,收益率降低;反之,如果某种债券的风险大,流动性差,购买者就偏少,债券价格就会较低,其收益率相对较高。

二、债券的类型

债券依据不同的标准可以分为不同的种类,并且随着人们融资需求的多元化,债券的创新品种也不断产生。概括而言,目前的债券主要有以下几种划分标准。

(一)按发行主体分类

1. 政府债券

政府债券可分为中央政府债券(国债)和地方政府债券(市政债券)。最初政府发行国债只是为了弥补国家财政赤字或者为了一些耗资巨大的建设项目、某些特殊经济政策甚至为战争筹措资金,因为发行国债既不像税收具有强制性、无偿性,又不像发行货币那样会直接导致通货膨胀,从而对经济造成不利影响;发行国债是在自愿的、有偿的、对借贷双方和经济增长都有利的基础上弥补财政赤字的方式,所以国债又称为"金边债券"。国债以国家的税收作为还本付息的保证,因此风险较小,流动性较强,利率也较低。地方政府债券的发行一般是为交通、通讯、住宅、教育、医院和污水处理系统等地方性公共设施的建设筹集资金。同中央政府发行的国债一样,地方政府债券一般也是以当地政府的税收作为还本付息的保证。但是,有些地方政府债券的发行是为了某个特定项目(或企业)融资,因而不是以地方政府税收作为担保,而是以借债人经营该项目所获的收益作为担保。比如某地方政府为解决当地中低收入居民的住房困难,利用发行债券所得的收入修建一批大众化的"商品房",由此获得的租售收入用于偿还债券的本金和利息。地方政府债券的安全性较高,被认为是安全性仅次于国债的一种债券。而且,地方政府债券所获得的利息收入一般都免缴所得税,这一点是很有吸引力的。

我国国债发行始于1950年的人民胜利折实公债,1954年至1958年又相继发行了国家经济建设公债。以后由于种种原因,政府终止了债务融资,我国成为世界上既无内债又无外债的国家。80年代开始,随着改革开放政策的实行,政府于1981年恢复了国债融资,以后逐年扩大。具有转折意义的是1994年,国家实行分税制的财政管理体制模式,国债作为信用工具发行,进入银行信用体系,改变了我国发行国债只是单纯为了财政筹资的状况,导致当年国债发行突破1 000

亿元大关,并在以后逐年增加发行量,到 2015 年已达 54 908 亿元。从国民经济全局来看,我国的国债发行额占 GDP 的比例维持在 4% 左右(见图 9—1),这一比重越小,投资购买者手中实际可支配的闲置资金愈多,国债扩张的空间也就越大。目前我国国债市场已经成为各类投资者投资国债、金融机构进行资产负债管理及中央政府公开市场操作调控货币政策的重要场所。未来我国国债市场在完善财政货币政策的功能、提供安全而高效的投资渠道方面会发挥更加重要的作用。

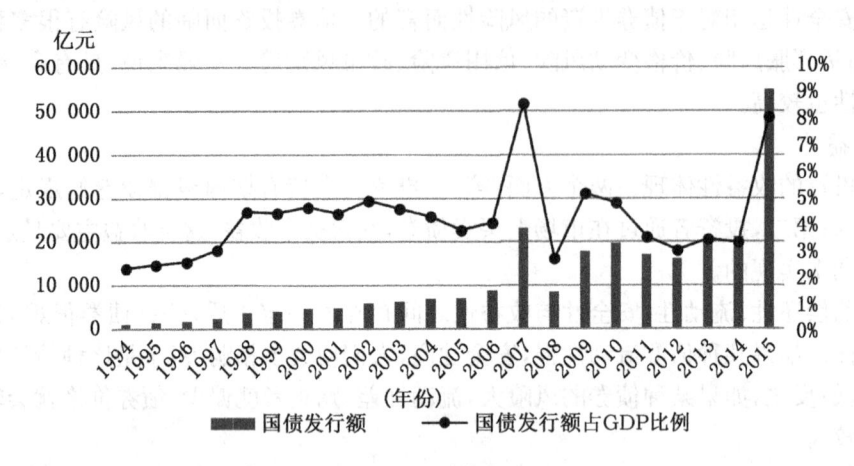

资料来源:根据国家统计局 1995～2016 年公布的数据整理。

图 9—1　近年来我国国债发行情况

2. 金融债券

金融债券是由银行和非银行金融机构发行的债券。在英、美等欧美国家,金融机构发行的债券归类于公司债券。在我国及日本等国家,金融机构发行的债券称为金融债券。我国目前金融债券主要由国家开发银行、进出口银行、农业发展银行等政策性银行发行。政策性银行是按照国家的产业政策或政府的相关决策进行投融资活动的金融机构,不以利润最大化为经营目标。一般来说,政策性银行贷款利率较低、期限较长,有特定的服务对象,其贷款支持的领域主要是商业性银行在初始阶段不愿意进入或涉及不到的领域。例如,国家开发银行服务于国民经济发展的能源、交通等"瓶颈"行业和国家需要优先扶持的领域,包括西部大开发、振兴东北老工业基地等,这些领域的贷款量占其总量的 91%。进出口银行则致力于扩大机电产品和高新技术产品出口以及支持对外承包工程和境外投资项目等。农业发展银行主要承担国家政策性农村金融业务,代理财政性支农资金拨付,专司粮棉油收购、调销、储备贷款等业务。

1985 年,中国工商银行、中国农业银行开始在国内发行人民币金融债券。此后,各银行及信托投资公司相继发行了人民币金融债券,1991 年,中国人民建设银行和中国工商银行共同发行了 100 亿元的国家投资债券,1994 年,随着各政策性银行的成立,政策性金融债券也开始诞生。1996 年,为筹集资金专门用于偿还不规范证券回购债务,部分金融机构开始发行特种金融债券,当年发行总额为 1 041 亿元。截至 2016 年底,政策性金融债券发行额已达 33 470 亿元,是 1997 年的 23.4 倍(见表 9—2)。商业银行债券的发行规模不断扩大,截至 2016 年底,商业银行债券发量达到 3 657 亿元。2016 年我国金融债券的发行情况见表 9—3。目前,我国在一般性金融债券和商业银行次级债券的基础上,进一步推出了混合资本债券,兴业银行和中国民生银行先后发行了 83 亿元混合资本债券,拓宽了金融机构直接融资渠道,有利于解决其长期存在的资产负债期限结构错配问题。

表 9—2　　　　　　　　　　近年来我国金融债券发行情况　　　　　　　　　　单位：亿元

年份	金融债	政策性金融债	其他
1997	1 435.70	1 431.50	4.20
1998	1 930.23	1 950.23	
1999	1 851.00	1 800.89	50.11
2000	1 645.00	1 645.00	
2001	2 625.00	2 590.00	35.00
2002	3 220.00	3 075.00	145.00
2003	4 620.00	4 561.40	58.60
2004	5 123.30	4 148.00	975.30
2005	7 117.00	5 851.70	1 265.30
2006	9 220.00	8 980.00	240.00
2007	11 904.60	11 090.20	814.40
2008	11 783.30	10 823.00	960.30
2009	14 749.10	11 678.10	3 071.00
2010		13 192.70	
2011	23 491.00	19 972.70	3 518.30
2012	26 202.00	21 414.80	4 787.20
2013	26 310.00	19 960.30	6 349.70
2014	36 552.00	22 980.52	13 571.48
2015	102 095.00	25 790.15	76 304.85
2016		33 470.00	

资料来源：Wind 资讯。

表 9—3　　　　　　　　　　2016 年我国金融债券发行情况　　　　　　　　　　单位：亿元

发行期限 类型	发行量合计	1 年以下	1～3 年	3～5 年	5～7 年	7～10 年	10 年以上
合计	45 566.89	4 380.95	9 385.59	9 338.22	4 151.80	14 819.98	3 490.34
政策性银行债	33 470.00	3 335.50	5 536.00	7 345.00	4 000.00	10 464.00	2 789.50
其中：国家开发银行	14 756.00	1 375.50	2 096.00	2 505.00	1 940.00	5 090.00	1 749.50
中国进出口银行	6 330.00	610.00	1 220.00	1 810.00	70.00	2 330.00	290.00
中国农业发展银行	12 384.00	1 350.00	2 220.00	3 030.00	1 990.00	3 044.00	750.00
政府支持机构债券	1 400.00	—	—	—	—	1 050.00	350.00
商业银行债券	3 657.00	—	1 953.00	1 704.00	—	—	—
资本工具	2 573.50	—	—	—	2.50	2 571.00	—
非银行金融机构债券	905.00		443.00	22.00	—	440.00	
资产支持证券	3 561.39	1 045.45	1 453.59	267.22	149.30	294.98	350.84

资料来源：中国债券信息网，2017 年。

3. 公司（企业）债券

企业债券风险与企业本身的经营状况直接相关，企业主要以本身的经营利润作为债券还本付息的保证。如果企业发行债券后，经营状况不好，连续出现亏损，就可能无力支付投资者本息，导致投资者面临损失的风险。因此，企业债券是一种风险较大的债券。在企业发行债券时，一般要对发债企业进行严格的资格审查或要求发行企业有财产抵押，以保护投资者利益。另一方面，在一定限度内，证券市场上的风险与收益呈正相关关系，高风险伴随着高收益。企业债券由于具有较大风险，其利率通常也高于国债和地方政府债券。

20世纪90年代后期，我国企业债券的发行量有所降低，从1996年的268.92亿元降到2000年的83亿元，这是因为我国正处于经济转型时期，发展证券市场的主要目的是对企业实行股份制改造，建立现代企业制度，因此政府忽视了企业债券市场优化资源配置的功能，从政策上偏向股票市场和国债市场的发展，在制度上对企业债券实行了严格的管制。2001年后，国家关于大力发展企业债券市场的政策频出[①]，企业债发行量开始逐渐上升，从2001年的147亿元上升到2013年的36 720.91亿元，增长了近250倍（见图9-2）。

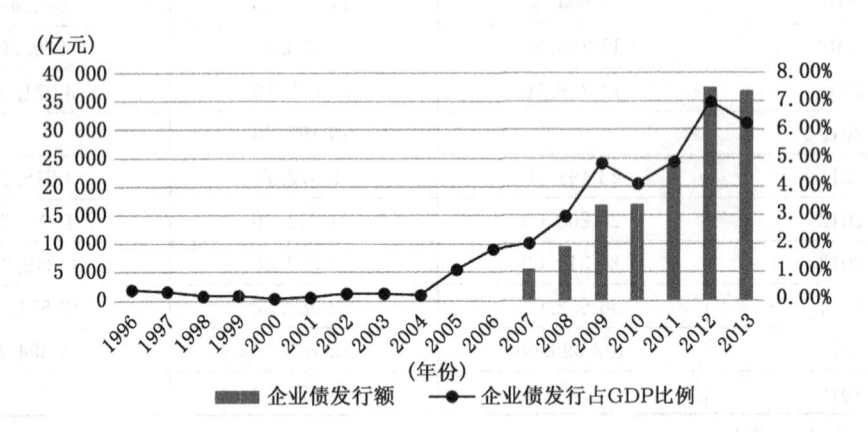

资料来源：《2014中国金融年鉴》。

图9-2 近年来我国企业债券发行情况

（二）按计息的方式分类

1. 附息债券

附息债券即债券券面上附有息票的债券。息票上标有利息额、支付利息的期限和债券号码等内容。息票一般以6个月为一期。在债券付息日，持有人可从债券上剪下息票，并据此领取利息。

2. 贴现债券

贴现债券即债券券面上不附有息票，发行时按规定的折扣率，以低于债券面值的价格发行，到期按面值支付本息的债券。贴现债券的发行价格与其面值的差额即为债券的利息。

3. 零息债券

零息债券是指债券到期时和本金一次性付息，利随本清，也可称为到期付息债券。付息特点是：利息在债券到期时一次性支付。

---

① 相关政策包括：2004年度颁布的"国九条"中明确表示要积极稳妥地发展企业债券市场；中共十六届五中全会通过的"十一五规划纲要"中提出要"积极发展股票、债券等资本市场"。

4. 单利债券

单利债券是指在计息时,不论期限长短,仅按本金计息,所生利息不再加入本金计算下期利息的债券。

5. 复利债券

复利债券与单利债券相对应,指计算利息时,按一定期限将所生利息加入本金再计算利息的债券。

6. 累进利率债券

累进利率债券即年利率以利率逐年累进方法计息的债券。累进利率债券的利率随着时间的推移,后期利率比前期利率更高,呈累进状态。

(三)按利率是否变动分类

1. 固定利率债券

固定利率债券不考虑市场变化因素,发行成本和投资收益可以事先预计,不确定性较小,但债券发行人和投资者仍然必须承担市场利率波动的风险。如果未来市场利率下降,发行人能以更低的利率发行新债券,则原来发行的债券成本就显得相对高昂,而投资者则获得了相对现行市场利率更高的报酬,原来发行的债券价格就相对上升;反之,如果未来市场利率上升,新发行债券的成本增大,则原来发行的债券成本就相对较低,而投资者的报酬则低于购买新债券的收益,原来发行的债券价格就相对下降。

2. 浮动利率债券

浮动利率债券是指票面利率随市场利率或通货膨胀率的变动而相应变动的债券,其利率通常根据市场基准利率加上一定的利率差(通货膨胀率)来确定。浮动利率债券往往是中长期债券,种类较多,如规定有利率浮动上下限的浮动利率债券,规定利率到达指定水平时可以自动转换成固定利率债券的浮动利率债券,附有选择权的浮动利率债券以及在偿还期的一段时间内实行固定利率而另一段时间内实行浮动利率的混合利率债券等。由于债券利率随市场利率浮动,采取浮动利率债券形式就可以避免债券的实际收益率与市场收益率之间出现重大差异,使发行人的成本和投资者的收益与中长期变动趋势相一致。但债券利率的浮动性也使发行人的实际成本和投资者的实际收益带有很大的不确定性,从而导致较高的风险。

(四)按偿还期限分类

按偿还期限的长短可将债券划分为长期债券、中期债券、短期债券。一般来说,偿还期限在10年以上的为长期债券;偿还期限在1年以下的为短期债券;偿还期限在1年或1年以上、10年以下(包括10年)的为中期债券。我国国债的期限划分与上述标准相同。但我国企业债券的期限划分与上述标准有所不同。我国短期企业债券的偿还期限在1年以内,偿还期限在1年以上5年以下的为中期企业债券,偿还期限在5年以上的为长期企业债券。

(五)按债券形态分类

1. 实物(无记名)式债券

无记名债券是一种票面上不记载债权人姓名或单位名称的债券,通常以实物券形式出现。在我国,无记名式国债是发行历史最长的一种国债。从新中国建立起,20世纪50年代发行的国债和从1981年起发行的国债主要是无记名式国库券,通过各银行储蓄网点、财政部门国债服务部以及国债经营机构的营业网点面向社会公开销售,投资者也可以利用证券账户委托证券经营机构在证券交易所场内购买。无记名式债券的现券兑付,由银行、邮政系统储蓄网点和财政国债中介机构办理,或实行交易场所场内兑付。无记名式债券的一般特点是:(1)不记名、不挂失,购买手续简便,但安全性不如凭证式和记账式债券。(2)可上市转让,流通性较强。上市转让价格随二级市场的供求状况而定,当市场因素发生变动时,其价格波动较大,因此具有获取较大利润的机会,同时也伴随着一定的风险。一般来说,无记名式国库券更适合金融机构和投资意识较强的购买者。目前,实物债券由于其发行成本较高,已被逐步取消。

2. 凭证式债券

凭证式债券主要是通过银行承销或通过金融机构向企事业单位和个人推销,同时向买方开出收款凭证。凭证式国债票面形式类似于银行定期存单,但利率通常比同期银行存款利率高,具有类似储蓄、又优于储蓄的特点,通常被称为"储蓄式国债",是以储蓄为目的的个人投资者理想的投资方式。凭证式债券从投资者购买之日起开始计息,可以记名,可以挂失,但不能上市流通。投资者购买凭证式债券后如需变现,可以到原购买网点提前兑取。提前兑取时,除偿还本金外,利息按实际持有天数及相应的利率档次计付,经办机构按兑取本金的一定比例收取手续费。对于提前兑取的凭证式债券,经办网点还可二次卖出。

3. 记账式债券

记账式债券又称无纸化债券,是指将投资者持有的债券登记于证券账户中,投资者仅取得收据或对账单以证实其所有权的一种债券。记账式债券有以下几个特点:其一,安全性较高,可以记名和挂失,以无券形式发行可以防止债券的遗失、被窃与伪造;其二,流通性较强,可上市转让。

无记名式、凭证式和记账式三种国债各有特点。在收益性上,无记名式国债和记账式国债要略好于凭证式国债,通常无记名式国债和记账式国债的票面利率要略高于相同期限的凭证式国债。在安全性上,凭证式国债略好于无记名式国债和记账式国债,后两者中记账式国债又略好些。在流动性上,记账式国债略好于无记名式国债,无记名式国债又略好于凭证式国债。我国自1994年推出凭证式国债和记账式国债,到2006年,记账式国债的发行量已达6 533.3亿元,占国债发行总量的比重基本保持在60%以上,而凭证式国债发行量仅1 950亿元,占比不超过40%(见图9—3)。

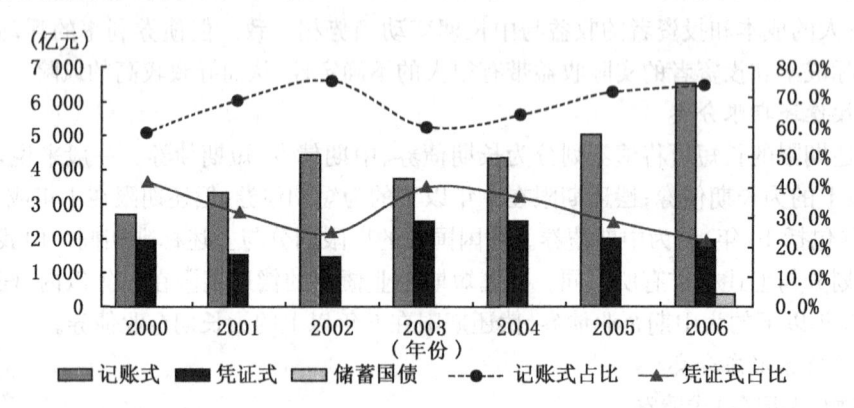

资料来源:根据国家统计局公布的数据整理。

图9—3 我国记账式国债与凭证式国债发行概况

(六)其他类型

债券的划分方法除了上述分类标准外,按募集方式可以分为公募债券和私募债券;按有无担保可以分为无担保债券和有担保债券;按是否记名可以分为记名债券和不记名债券等。

三、债券的偿还

债券的偿还有三种情况：到期偿还、期中偿还和延期偿还。其中，到期偿还较为简单，即指债券的本金是在偿还期满时进行偿还，这是绝大多数债券所采取的本金偿还方式。而后两者相对复杂些，下面分别予以介绍。

（一）期中偿还

期中偿还是指债券在偿还期满之前由债务人采取在交易市场上购回债券或者直接向债券持有人支付本金的方式进行偿还，主要有以下三种方式：

1. 定期偿还

定期偿还是指债券发行后，按照规定的时间偿还本息，待债券期满时，全部还清。例如日本发行的 10 年期国债，从发行后第四年起，开始偿还本金，每年偿还发行额的 3%，到债券期满时还清余额。我国 1985 年以前发行的国库券，期限 10 年，从发行后第六年起开始偿还本息，每年偿还发行额的 20%，期满时还清。定期偿还分为抽签偿还和买进偿还两种方式：

（1）抽签偿还。即通过抽签的方式决定应偿还债券的号码。在偿还时，不论当时的市场价格如何，均按票面额偿还。投资者中签后都要按照规定接受偿还，偿还时按照中签日计付利息，中签日以后的利息不予支付。

（2）买进偿还。即发行者委托证券公司或其他有关机构，从流通市场上以市场价格买进该发行者所发行的债券。这种方式对发行者来说，虽然要向证券公司等支付手续费，但是不需要花费偿还的广告宣传费用，而且可以以市场时价买进债券。在市场价格低于票面价格的情况下，采用这种方式对发行者有利。买进偿还方式不如抽签偿还方式具有强制力，如果购进额达不到预定偿还额时，发行者可采用同抽签偿还并用的方法来履行合同。

2. 任意偿还

任意偿还是指债券发行规定的宽限期过后，发行者可以自由决定偿还时间，任意偿还一部分或者全部债券。这种方法对发行者极为有利，发行者可以随时根据自己的货币收支状况来调整债务结构。对投资者来讲，则可能会损害其利益。例如在债券利率很高，而市场利率呈现下降趋势的情况下，实行任意偿还，投资者会失去将债券持有到期获得高利率的权利。因为任意偿还的偿还时间及偿还额度都是由发行者单方面决定的，所以在实行任意偿还时，发行者要以高于面值的价格偿还，以补偿投资者的损失。

3. 提前售回

提前售回是指投资者有权选择在债券到期前，于一个指定日期或几个不同日期，按照约定的价格将债券回售给发行人。例如我国专业银行发行的累进利息金融债券，便采用此种方法。提前售回方式使得投资者可以在市场利率高于债券利率或向外借款成本较高时请求偿还，便于投资者进行资金调度。

（二）延期偿还

延期偿还也称为延期售回，指投资者有权延长债券的到期日，在债券到期后继续按原定利率持有债券，直至一个指定日期，或几个指定日期中的一个日期。这种偿还方法往往在市场利率看跌时，投资者才予以接受。

四、债券评价指标

投资者在选择债券投资品种时应考虑以下因素。

(一)收益率

1. 收益率指标的计算

对于债券投资来说,收益率指标主要包括以下四种:

(1)名义收益率,即票面利率。债券票面利率越高,债券利息收入与债券收益也就越高。债券的票面利率取决于债券发行时的市场利率、债券期限、发行者信用水平、债券的流动性水平等因素。发行时市场利率越高,票面利率就越高;债券期限越长,票面利率就越高;发行者信用水平越高,票面利率就越低;债券的流动性越高,票面利率就越低。

(2)直接收益率,又称即期收益率,是投资者购买债券后的当期收益水平,其计算公式为:

$$即期收益率 = 年息/购买价格$$

(3)到期收益率,是把未来的投资收益折算成现值使之等于债券购买价格的贴现收益率,又称最终收益率,其计算公式为:

$$P = \frac{C}{1+r} + \frac{C}{(1+r)^2} + \cdots + \frac{C}{(1+r)^n} + \frac{F}{(1+r)^n} \qquad (9-2)$$

式中:P 为债券价格;C 为每年的利息;F 为到期价值(一般等于面值);n 为剩余年数;r 为当等式成立时所计算出的到期收益率。

例 9-3:一个剩余期限为 5 年的债券,面值 100 元,票面利率 5%,市场价格 110 元,则通过公式(9-2)利用试错法可计算出该债券的到期收益率为 2.83%。

(4)持有期收益率,是指投资者在债券到期前出售债券所计算出的贴现收益率,其计算公式为:

$$P_m = \frac{C}{1+r} + \frac{C}{(1+r)^2} + \cdots + \frac{C}{(1+r)^m} + \frac{F}{(1+r)^m} \qquad (9-3)$$

式中:P_m 为卖出价格;m 为持有年限($m<N$),其余同公式(9-2)。

例 9-4:例 9-1 中投资者在第四年将债券卖出,卖出价格为 105 元,则计算出的持有期收益率为 3.47%。与到期收益率的计算公式比较,可以看到,到期收益率只是持有期收益率的一个特例,即把债券持有到最终兑付的收益率。

一般来说,票面利率和即期收益率对衡量债券投资价值的参考意义不大,投资者在选择债券投资品种时,主要以到期收益率为评价指标。而投资者在卖出所持有的债券时,则应以持有期收益率为投资效益的评价指标。不过,票面利率的高低直接影响债券对利率变动的敏感程度,所以,二级市场投资者也应关注票面利率。

2. 收益率的影响因素

债券收益率水平的高低主要受以下各方面因素的影响:

(1)票面利率。债券收益水平与票面利率正相关。

(2)市场利率和市场价格。由债券收益率的计算公式可知,市场利率的变动与债券价格的变动呈反向关系,即当市场利率升高时债券价格下降,市场利率降低时债券价格上升。市场利率的变动引起债券价格的变动,从而给债券的买卖带来差价。与债券面值和票面利率相联系,当债券价格高于其面值时,债券收益率低于票面利率;反之,则高于票面利率。

(3)投资成本。债券投资的成本大致可分为购买成本、交易成本和税收成本。购买成本是投资人买入债券所支付的金额(购买债券的数量与债券价格的乘积,即本金);交易成本包括经纪人佣金、成交手续费和过户手续费等。目前国债的利息收入是免税的,但企业债的利息收入还需要缴税,机构投资人还需要缴纳营业税。税收也是影响债券实际投资收益的重要因素。

债券的投资成本越高,投资收益就越低,因此投资者在比较选择债券时必须考虑这一因素,在计算债券的实际收益率时也必须扣除投资成本。

(4)市场供求、货币政策和财政政策,这些因素都会对债券价格产生影响,从而影响到投资者购买债券的成本,因此也是债券投资者考虑投资收益时不可忽略的因素。

债券的投资收益虽然受到诸多因素的影响,但是债券本质上是一种固定收益工具,其价格变动不会像股票那样出现太大的波动,因此其收益相对固定,投资风险也较小,适合于想获取固定收入的投资者。

(二)期限

投资者在选择债券时必须考虑债券期限。一般来说,投资者对债券期限的选择会与其需用资金的时间表相吻合,老练的投资者则会利用期限来增加收益和规避风险。一般来说,期限长的债券市场风险高于期限短的债券。

(三)信用水平

信用质量关系到本金和利息的安全程度。许多国家都设有专门的证券评级机构,如美国的穆迪公司和标准普尔公司,日本的公债与公司债研究所等。这些评级机构根据债券发行人的要求,评定其所发行债券的信誉等级。许多国家的证券法并不强迫发行者必须取得债券评级,但是由于没有经过评级的债券,在市场上往往不被广大的投资者接受,很难找到销路。因此,在债券市场上公开发行债券,除了信誉很高的国家政府债券发行者外,其他债券的发行者一般都会向证券评级机构申请评级。

1. 债券评级的目的

债券评级并不是评价该种债券的市场价格、市场销路和债券投资收益率,而是评价该种债券的发行质量、发行者的资信和投资者所承担的投资风险。一般来说,债券信用评级的目的包括:其一,方便投资者进行债券投资决策。对广大投资者尤其是中小投资者来说,由于受时间、知识和信息的限制,无法对众多债券进行分析和选择,因此需要专业机构对债券还本付息的可靠程度进行客观、公正和权威的评定。其二,降低信誉优良的发行人的筹资成本。一般来说,资信等级越高的债券,越容易得到投资者的信任,能够以较低的利率出售;而资信等级较低的债券,风险较大,只能以较高的利率发行。

2. 债券评级的内容

证券评级机构在债券评级过程中主要考虑以下三方面内容:其一,债券发行者的偿债能力,即发行者的预期盈利、负债比例、能否按期还本付息等;其二,债券发行者的资信,即发行者的声誉、历次偿债情况、是否拖欠债务等;其三,投资者承担的风险,主要分析发行者破产可能性的大小。另外还要预计发行者一旦破产或出现其他意外时,债权人根据破产法等有关法律所能受到的保护程度和所能得到的投资补偿。

3. 债券级别的划分

目前国际上公认的最具权威的信用评级机构主要有美国标准普尔公司和穆迪投资服务公司。这两家公司占有详尽的资料,采用先进科学的分析技术,又有丰富的实践经验和大量专门人才,因此所做出的信用评级具有很高的权威性,公司负责评级的债券也很广泛,包括地方政府债券、公司债券、外国债券等。标准普尔公司信用等级标准从高到低可划分为:AAA级、AA级、A级、BBB级、BB级、B级、CCC级、CC级、C级和D级。穆迪投资服务公司信用等级标准从高到低可划分为:Aaa级,Aa级、A级、Baa级、Ba级、B级、Caa级、Ca级和C级。两家机构信用等级划分大同小异。前四个级别债券信誉高,履约风险小,是"投资级债券",从第五级开始的债券信誉低,是"投机级债券"。

我国债券评级工作在 1987 年开始出现,发展相对缓慢。我国债市规模还不大,截至 2015 年底,我国债券市场余额为 46.4 万亿元(不包括央行票据),与 GDP 的比例为 68.57%,远低于发达国家的水平;但评级机构数量已达 50 多家,其中一部分隶属当地人民银行,一部分隶属专业银行,只有小部分是独立的评级机构,与债券市场的规模严重不相适应。而在债券市场发展较完善的发达国家,如加拿大的评级机构只有两家,美国也仅有五家评级机构被正式公认。从理论上讲企业债券的信用风险与企业本身的经营状况直接相关,但从我国的实际情况看,在证交所上市的债券都是 AAA 级的中央企业债,其信誉与国债及银行存款相差无几。

(四)对利率变动的敏感程度

衡量债券利率风险大小的常用指标是债券对利率变动的敏感度,通常用久期值来代表。久期值越大,其受利率变动的影响就越大。久期值的计算公式为:

$$D=\frac{\frac{C}{1+r}+\frac{2C}{(1+r)^2}+\cdots+\frac{nC}{(1+r)^n}+\frac{F}{(1+r)^n}}{P} \qquad (9-4)$$

式中:D 为债券的久期值,其余同公式(9-2)。

从公式(9-4)可发现,影响债券利率敏感性的因素有三项:债券期限、票面利率和到期收益率。债券的期限越长、票面利率越低、到期收益率越低,其久期值就越大,对利率变动的敏感性就越高。

(五)交易的活跃程度

交易活跃度高的债券便于较快地买进卖出,价差损失较小。交易不活跃的债券则面临较大的流动性风险,因此要在收益率上获得补偿。我国目前发行上市的企业债券普遍面临流动性不足的问题,但随着近期企业债市场规模的扩大、交易费用的降低以及回购交易的开放,相信未来企业债市场的流动性会有很大提高。

(六)债券收益率曲线

债券收益率曲线是描述在某一时点上(或某一天)一组可交易债券的收益率与其剩余到期期限之间数量关系的一条趋势曲线。即在直角坐标系中,以债券剩余到期期限为横坐标、债券收益率为纵坐标而绘制的曲线。一条合理的债券收益率曲线将反映出某一时点上(或某一天)不同期限债券的到期收益率水平。研究债券收益率曲线具有重要的意义:对于投资者而言,可以用来作为预测债券的发行投标利率以及在二级市场上选择债券投资券种和预测债券价格的分析工具;对于发行人而言,可为其发行债券、进行资产负债管理提供参考。

债券收益率曲线的形状可以反映出当时长短期利率水平之间的关系,是市场对当前经济状况的判断及对未来经济走势(包括经济增长、通货膨胀、资本回报率等)预期的结果。债券收益率曲线通常表现为四种情况:一是正向收益率曲线,表明在某一时点上债券的投资期限越长,收益率越高,意味着社会经济处于增长期阶段;二是反向收益率曲线,表明在某一时点上债券的投资期限越长,收益率越低,也就意味着社会经济进入衰退期;三是水平收益率曲线,表明收益率的高低与投资期限的长短无关,也就意味着社会经济出现极不正常情况;四是波动收益率曲线,表明债券收益率随投资期限不同而呈现波浪变动,也就意味着社会经济未来有可能出现波动。

投资者可以根据收益率曲线不同的变化趋势,采取相应的投资策略。如果预期收益率曲线基本维持不变,且目前收益率曲线是向上倾斜的,则可以买入期限较长的债券;如果预期收益率曲线变陡,则可以买入短期债券,卖出长期债券;如果预期收益率曲线将变得较为平坦时,则可以买入长期债券,卖出短期债券。如果预期正确,上述投资策略可以为投资者降低风险,提高收益。在一般情况下,债券收益率曲线通常是一个有一定角度的正向曲线,即长期利率应在一定程度上高于短期利率。这是由投资者的流动性偏好引起的,由于中长期债券的流动性要差于短期债券,因此,其收益率就要高于短期债券以作为流动性较差的补偿。当然,资金紧俏导致供需不平衡时,也可能出现短高长低的反向收益率曲线。债券收益率曲线是静态的,随着时点的变化债券收益率曲线也随之变化。但是,通过对债券交易的历史数据的分析,找出债券收益率与到期期限之间的数量关系,形成合理有效的债券收益率曲线,就可以用来分析和预测当前不同期限债券的收益率水平。

五、债券的交易方式

(一)现货交易

现货交易也称为现金现货交易,是债券买卖双方对债券的买卖价格均表示满意,在成交后立即办理交割,或在很短的时间内办理交割的一种交易方式。例如,投资者可直接通过证券账户在深交所全国各证券经营网点买卖已经上市的债券品种。

(二)回购交易

回购交易是指债券持有一方(出券方)和购券方在达成一笔交易的同时,规定出券方必须在未来某一约定时间以双方约定的价格再从购券方那里购回原先售出的那笔债券,并以商定的利率(价格)支付利息。目前深、沪证券交易所均有债券回购交易,但只允许机构法人开户交易,个人投资者不能参与。在回购协议交易中,对债券的原持有人(卖方)来说是回购;对买方来说,则是逆回购。由于是带有回购条件的买卖,所以债券实际上只是被暂时抵押给了买方,买方能得到的只是双方一定的回购利息。债券本身的利息是属于卖方的。

(三)期货交易

债券期货交易是双方成交以后,按照期货合约中规定的价格在未来某一特定时间进行交割和清算。期货交易是通过交易所进行的,在交割期到来之前,买进期货的人还可以再卖出同样一笔期货,卖出期货的人也可以再买进同样一笔期货。在实际交割时,可能出现以下几种情况:其一,如果交易双方又进行了相反方向的买卖,且买卖的数额相等,则不必办理任何实际的交割;其二,如果交易双方又进行了相反方向的买卖,但买卖的数额、价款不相等,则只需交割差额就可以了;其三,如果直到最终交易日交易双方还未进行相反方向的买卖,则预约的数额将全部结算。期货交易中,由于买方和卖方在最后交割时都有可能亏本,为了保证履约,买卖双方都要按规定交付一定比例的保证金(5%~10%),当保证金随着价格的变动而相对减少时,还要增加保证金。

第三节 基 金

从资金关系来看,基金是指专门用于某种特定目的并进行独立核算的资金。其中,既包括各国共有的养老保险基金、退休基金、救济基金、教育奖励基金等,也包括中国特有的财政专项基金、职工集体福利基金、能源交通重点建设基金、预算调节基金等。从组织性质上讲,基金是指管理和运作专门用于某种特定目的并进行独立核算的资金的机构或组织。这种基金组织,可以是非法人机构(如财政专项基金、高校中的教育奖励基金、保险基金等),可以是事业性法人机构(如中国的宋庆龄儿童基金会、孙冶方经济学奖励基金会、茅盾文学奖励基金会,美国的福特基金会、霍布赖特基金会等),也可以是公司性法人机构。本节主要介绍投资基金。

一、投资基金的基本概念

(一)投资基金

投资基金是一种利益共享、风险共担的集合投资方式,即通过发行基金单位,集中投资者的资金,由基金托管人托管,由基金管理人管理和运用资金,从事金融工具和实业投资,以获得投资收益和资本增值的工具。投资基金根据投资对象可分为:

1. 证券投资基金

证券投资基金主要投资于股票、债券、期权、期货等金融工具。根据投资对象的不同,证券投资基金又可分为股票基金、债券基金、货币市场基金、期货基金、期权基金、指数基金和认股权证基金等。

2. 产业投资基金

产业投资基金是与证券投资基金相对应的一种基金模式,是指一种对未上市企业进行股权投资和提供经营管理服务的利益共享、风险共担的集合投资制度,主要从事创业投资、企业重组投资和基础设施投资等实业投资。在我国,"产业投资基金"概念的起源可以追溯到1993年至1995年间,当时一些海外注册的创业投资机构希望与内地有关机构设立在境外注册但投资到国内的创业投资基金,但当时国内的政策取向是学习日韩经验,通过实施"航空母舰战略"大力发展企业集团,增强国有大中型企业的竞争力。由于"创业投资基金"字眼容易使人想到支持"中小企业"或"民营企业"等当时十分敏感的话题,而"私人股权投资基金"则容易使人联想到"私有化",故称为"产业投资基金"。风险(创业)投资基金是产业投资基金的一种,是为支持那些有发展前途的新兴产业而融通资金的机构,其经营方针是在高风险中追求高收益,投资目标主要是那些不具备上市资格的小企业和新兴企业,甚至是那些还处于构思之中的企业。

产业投资基金在发达国家已有多年的实践并发展成熟,但在我国直到2006年底,第一只人民币产业投资基金——渤海产业投资基金才在天津设立,因此本节主要介绍为大多数投资者所熟悉和参与的证券投资基金。

(二)投资基金的发展

投资基金起源于英国,在20世纪20年代传入美国后,得到极大的发展和普及。第二次世界大战后投资基金遍及全世界,成为令人瞩目的投资客体。究其原因,一方面是由于欧美国家在发展工业和对外扩张过程中积累起来的巨大财富导致利润率下降,资金需向外寻求增值出路;另一方面,欧美各国急需巨额资金以推进工业化进程,于是投资基金应运而生。今天,美国的投资基金业拥有世界上最大的资产量和最完备的管理系统,可谓基金的王国。在中国,投资基金起步于1991年,以1997年10月《证券投资基金管理暂行办法》颁布实施为标志分为两个主要阶段:第一阶段基金规模小,组织形式单一,收益水平相差悬殊,最高可达67%,最低只有2.4%;第二阶段从1997年10月《证券投资基金管理暂行办法》颁布实施至今,中国证券投资基金进入规范发展阶段。该暂行办法对证券投资基金的设立、募集与交易,基金托管人、基金管理人和基金持有人的权利和义务以及投资运作与管理等都做出了明确的规定。这一阶段,基金规模不断扩大,品种日益多样化,对外交流进程加快,截至2016年底,我国已有基金管理公司(包括中资公司和合资公司)108家,公募基金总数3 867只,基金总资产净值达到91 593.05亿元。其中开放式基金3 564只,封闭式基金303只。我国各类基金的发展状况及资金分布情况见图9—4、图9—5。

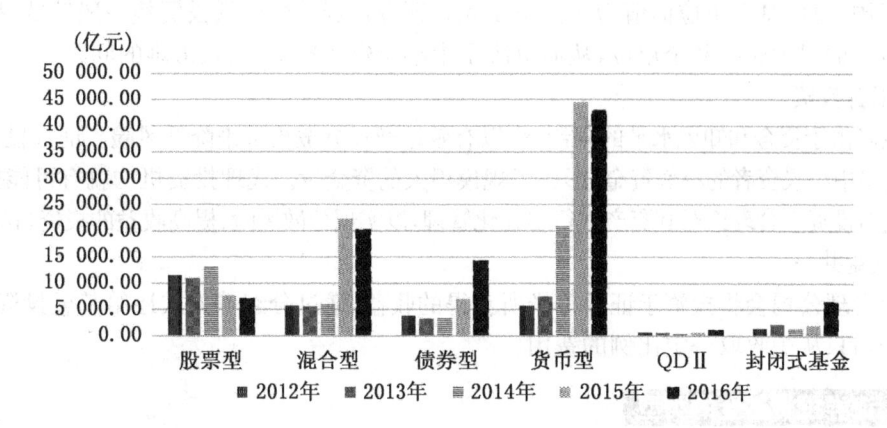

资料来源：Wind 资讯。

图 9-4　我国各类基金的发展状况

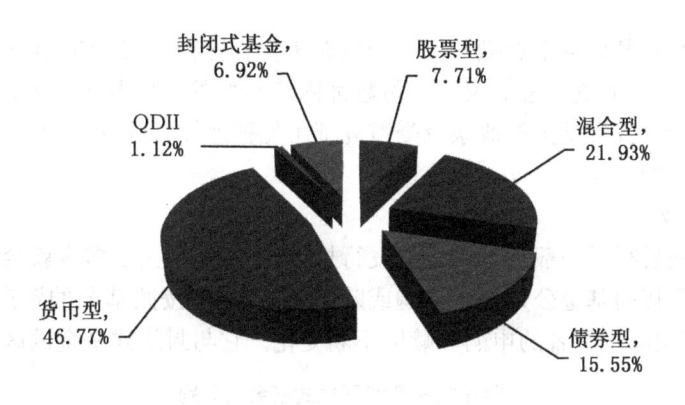

资料来源：Wind 资讯。

图 9-5　2016 年我国各类基金资产分布情况

(三)证券投资基金的特点

1. 专家理财

证券投资基金是由专家运作管理并专门投资于证券市场的基金。基金资产由专业的基金管理公司负责管理，基金管理公司拥有投资专家，他们不仅掌握广博的投资分析和投资组合理论知识，而且在投资领域也积累了相当丰富的经验。

2. 间接证券投资

证券投资基金是一种间接的证券投资方式，投资者是通过购买基金而间接投资于证券市场的。与直接购买股票相比，投资者与上市公司没有任何直接关系，不参与公司决策和管理，只享有公司利润的分配权。投资者若直接投资于股票、债券，就成了股票、债券的所有者，要直接承担投资风险。而投资者若购买了证券投资基金，则是由基金管理人来具体管理和运作基金资产，进行证券的买卖活动。因此，对投资者来说，证券投资基金是一种间接证券投资方式。

3. 共同投资

共同投资是指具有共同投资目标和利益的投资者，自愿按照一定组织形式将各自分散的小额资金组成具有一定规模的集合式基金，以取得在各自分散条件下难以达到的规模经济效应。在我国，每份基金单位面值为人民币1元。证券投资基金最低投资额一般较低，投资者可以根据自己的财力购买基金单位，从而解决了中小投资者资金少、入市难的问题。

4. 组合投资

投资者由于资金和知识水平的限制，难以有效地通过分散投资来降低风险。证券投资基金通过汇集众多中小投资者的小额资金，形成了规模很大的资金量。代理投资机构就有可能按照资产选择理论与投资组合理论对其资产进行多元化管理，以实现分散风险、提高收益的投资目的。

5. 收益共享

基金管理公司会将投资于证券市场所获得的收益，通过分红等方式还给基金投资者，而基金管理公司只从中收取一定比例的费用。

二、证券投资基金的类型

（一）开放式基金和封闭式基金

根据基金份额是否固定或是否可赎回，投资基金可分为封闭式基金和开放式基金。

1. 封闭式基金

封闭式基金是指基金资本总额及发行份数在未发行之前就已经确定下来，在发行完毕后和规定的期限内，基金的资本总额及发行份数都固定不变的投资基金，因此，有时也称为固定型投资基金。封闭式投资基金的股票及受益凭证不能被追加、认购或赎回，投资者可以通过证券交易所进行基金的交易。

2. 开放式基金

开放式基金在发行时一般没有确定的发行规模，投资者购买了多少就会发行多少，发行结束后投资者可以直接向基金公司提出申购或赎回的申请，并按照基金的资产净值买入或卖出基金份额，基金规模随投资者的申购和赎回不断变化。它与封闭式基金的区别见表9—4。

表9—4　　　　　　　　　封闭式基金和开放式基金的区别

类别	封闭式基金	开放式基金
交易场所	深、沪证券交易所	基金管理公司或代销机构网点（主要指银行等网点）
基金存续期限	有固定的期限	没有固定期限
基金规模	固定额度，一般不能再增加发行	没有规模限制（但有最低的规模限制）
赎回限制	在期限内不能直接赎回基金，需通过上市交易套现	可以随时提出购买或赎回申请
交易方式	上市交易	基金管理公司或代销机构网点（主要指银行等网点）
价格决定因素	交易价格主要由市场供求关系决定	价格则依据基金的资产净值而定
分红方式	现金分红	现金分红、再投资分红
费用	交易手续费：成交金额的2.5‰	申购费：不超过申购金额的5% 赎回费：不超过赎回金额的3%
投资策略	封闭式基金不可赎回，无须提取准备金，能够充分运用资金进行长期投资，取得长期经营绩效	必须保留一部分现金或流动性强的资产，以便应付投资者随时赎回，进行长期投资会受到一定限制。随时面临赎回压力，须更注重流动性等风险管理，要求基金管理人具有更高的投资管理水平
信息披露	基金单位资产净值每周至少公告一次	单位资产净值每个开放日进行公告

资料来源：中国金融网。

(二)契约型投资基金和公司型投资基金

根据组织形式的不同,投资基金可分为契约型投资基金和公司型投资基金。

1. 契约型投资基金

契约型投资基金也称信托型投资基金,是指基金发起人代表投资者依据其与基金管理人、基金托管人订立的基金契约,发行基金单位而组建的投资基金。我国基金发起人一般为按照国家有关规定设立的证券公司或信托投资公司所设立的基金管理公司。基金管理人主要负责基金资产的投资运作;基金托管人负责保管基金资产,执行基金管理人的有关指令,办理基金名下的资金往来;投资者通过购买基金单位而享有基金投资收益,并承担基金投资的有限责任。

2. 公司型投资基金

公司型投资基金是具有共同投资目标的投资者依据公司法组成的以营利为目的、投资于特定对象(如各种有价证券、货币)的股份制投资公司。公司型投资基金通过发行股份的方式筹集资金,是具有法人资格的经济实体。基金持有人既是基金投资者又是公司股东,按照公司章程的规定,享受权利,履行义务。投资者通过股东大会选举出董事会、监事会,然后由董事会委托专门的基金管理机构运用基金资产进行投资并管理基金资产。基金资产的保管则委托另一金融机构,该机构的主要职责是保管基金资产并执行基金管理人指令,二者权责分明。基金资产独立于基金管理人和托管人的资产之外,即使受托的金融保管机构破产,受托保管的基金资产也不在清算之列。

3. 两者的区别

契约型投资基金与公司型投资基金的区别主要有:其一,法律依据不同。契约型投资基金是依照基金契约组建的,设立的依据是信托法;而公司型投资基金是依照公司法组建的。其二,法人资格不同。契约型投资基金不具有法人资格,而公司型投资基金本身就是具有法人资格的股份有限公司。其三,投资者的地位不同。契约型投资基金的投资者作为信托契约中规定的受益人,对基金如何运用的投资决策通常不具有发言权;公司型投资基金的投资者作为公司的股东有权对公司的重大决策进行审批,并发表自己的意见。其四,融资渠道不同。公司型投资基金由于具有法人资格,在资金运用状况良好、业务开展顺利、需要扩大公司规模时,可以向银行借款;契约型投资基金因不具有法人资格,一般不向银行借款。其五,经营财产的依据不同。契约型投资基金凭借基金契约经营基金资产;公司型投资基金则依据公司章程来经营。

从投资者的角度看,这两种投资方式没有太大的区别,至于采取哪一种方式较好,要根据具体情况进行分析。目前,许多国家和地区都采用两种方式并存的办法,力求把两者的优点都利用起来。我国1997年颁布的《证券投资基金管理暂行办法》将基金按组织形式分为契约型投资基金和公司型投资基金。但2003年出台的《基金法》规定:"通过公开发行股份募集基金,设立证券投资公司,从事证券投资等活动的管理办法,由国务院另行规定。"从而公司型投资基金不在《基金法》的管制范围内。截至目前仍未有相关规定出台,致使我国的《基金法》实际上成了"契约型证券投资基金法",各个基金管理公司发起成立的基金都是契约型的。英国、日本和我国香港、台湾地区也多是契约型投资基金。

(三)按照投资对象划分

1. 股票基金

股票基金以追求资本成长为主,投资对象主要是股票,包括优先股和普通股,具有较高的投资收益,同时面临的风险较大。根据股票基金投资目的的不同可分为成长及收入型投资基金、成长型投资基金和积极成长型投资基金等；按股票分类可分为优先股基金和普通股基金；按基金投资分散化程度可分为一般普通股基金和专门化基金，前者是将基金资产分散投资于各类普通股股票上，后者是将基金资产投资于某些特殊行业的股票上，风险较大，但可能具有较好的潜在收益。

2. 债券基金

债券基金的规模仅次于股票基金，投资对象主要是各种债券。由于债券是一种获利稳定、风险较小的投资工具，因而债券基金可以保证投资者获得稳定的投资收益，而且面临的风险也较小。债券基金基本上属于收入型投资基金，一般情况下会定期派息，适合长线投资。但是由于债券基金风险较低，其回报率往往也较低，适合于欲获得稳定收入的投资者。债券基金依据投资地域可以分为国际债券基金、欧洲债券基金、美国债券基金、英国债券基金等；按货币种类可以分为美元债券基金、英镑债券基金、日元债券基金、马克债券基金等；按发行主体可以分为政府公债基金、市政债券基金①、公司债券基金。

3. 货币市场基金

货币市场基金是指在货币市场上从事短期有价证券投资的基金，基金资产主要投资于短期货币工具如国库券、银行可转让存单、商业票据、公司债券等短期有价证券，其优点是：流动性强、购买限额低、资本安全性高、不收取赎回费用等。我国货币市场基金历经两年多的发展，已经成为国内个人投资者和机构投资者重要的金融投资工具，促进了我国基金业和货币市场的发展。截至2016年3月，货币市场基金资产净值达到42 955.8亿元，占我国全部公募基金的净资产比重达到55.60%，市场份额达到57.53%。

4. 期货基金

期货是一种合约，融资比率很高，只需缴纳5%～15%的保证金即可买进全部合约，以赚取合约差价。期货市场可分为商品期货市场和金融期货市场。期货不仅有套期保值的功能，还是一种高收益、高风险的投资方式。期货基金就是以各类期货市场为主要投资目标的基金，一般风险比较高。

5. 期权基金

期权基金是以期权为主要投资对象的投资基金。期权也是一种合约，是指在一定时期内按约定的价格买入或卖出一定数量的某种投资标的的权利。如果市场价格变动对履约有利，基金持有人就会行使这种买入和卖出的权利，即行使期权；反之，则放弃期权而听任合同过期作废。作为对这种权利占有的代价，期权购买者需要向期权出售者支付一笔权利费（即期权的价格）。因此，期权的交易可以事先将损失控制在一定限度内，投资的风险较小，适合于收入稳定的投资者。其投资目的是为了获取最大的当期收入。

6. 认股权证基金

认股权证基金是以认股权证作为投资对象的基金。认股权证是指持有人有权在指定的期间按约定的价格购买发行公司一定数量的股份，其特点是：持有者无权获得派息，也无股东的其他权益，如投票权等；转换成股票的价格在到期之前的任何时候都固定不变；有固定期限，在到期前换股有效，过期作废；在股票二级市场上具有放大作用或杠杆作用。认股权证是一种高风险、高收益的金融工具，具有较强的资本增值能力。由于风险较高，许多国家和地区都不鼓励推广认股权证基金，目前，香港是世界上最大的认股权证市场。

---

① 在美国发行的市政债券基金是免税基金，即免征联邦政府税，主要用于学校、高速公路、图书馆等公用事业建设。

7. 指数基金

指数基金是一种以拟合目标指数、跟踪目标指数变化为原则,实现与市场同步成长的基金品种。指数基金的投资采取拟合目标指数收益率的投资策略,分散投资于目标指数的成份股,力求股票组合的收益率拟合该目标指数所代表的资本市场的平均收益率。指数基金保证证券投资组合与市场指数业绩类似,跟踪股票和债券市场业绩,投资策略稳定,不仅可以有效规避非系统风险和延迟纳税,而且交易费用低廉,监控投入少,操作简便,因此,从长期来看,其投资业绩优于其他基金。

(四)根据投资目标划分

投资者选择基金的目的是不同的,有的倾向于冒险,注重基金的发展潜力;有的则偏于保守,只注重基金能否带来稳定的收入。因此在基金投资实践中,根据投资目标的不同,投资基金可以划分为以下五种。

1. 积极成长型投资基金

积极成长型投资基金也称为高成长投资基金、增本增值投资基金或最大成长投资基金,一般投资于尚处于起步阶段的公司、新行业公司或小盘公司的股票,通常把追求最大资本利得而非当期收入作为投资目标,投资风险较大。为获取最大资本利得,该种基金往往应用特定的投资技巧,如选择权交易或从事股票短期买卖,以从这些股票升值及股票买卖差价中赚取利润。为使基金获得迅速成长,基金经理在进行投资决策时受到的限制较少,会采用风险较大的买空卖空的操作手法进行投资。在获得收益后,通常很少分配甚至根本不分配股利,而是将所得收益用于再投资,以不断追求基金资本的成长。因此,这类基金适合于具有很强的风险承受能力、追求资本利得的投资者。

2. 成长型投资基金

成长型投资基金也称为长期成长基金,主要追求资本的长期成长,投资于资信好、长期有盈余或有发展前景的公司的普通股股票。这些公司的股票在多头股市上价格预期的上涨速度快于市场综合价格指数预期的上涨速度,且公司在盈利后通常将收入用于再投资。因此,这类基金的长期成长潜力较大,适合于具有较强的风险承受能力和追求长期资本利得的投资者。

3. 成长及收入型投资基金

成长及收入型投资基金以既能提高当期收入又能实现资本长期成长为投资目标,主要投资于股票价值有上升趋势且公司能长期稳定支付股利的普通股股票。在投资策略上注重组合投资,其投资组合不仅包括具有成长潜力的股票,还包括部分能分配到股利的股票,比成长型投资基金保守些。这种基金适合于既希望资本成长、又希望获取当期收入而资本较少的投资者。

4. 平衡型投资基金

平衡型投资基金具有多重投资目标,如确保投资者的投资本金、支付当期收入以及资本与收入的长期成长等。在投资策略上,采用分散投资的方式,在资产分布上按比例投资,如25%~50%用于优先股及债券投资,以确保本金的安全及获取稳定的当期收入。其余资本则用于普通股股票投资,以寻求资本增值。这种基金适合于资本不多的保守型投资者。

5. 收入型投资基金

收入型投资基金的投资目标是给投资者带来高水平的当期收入,其资产主要投资于能带来稳定收入的有价证券,如优先股、绩优股、债券等,一般将红利、股息分配给投资者。这种基金适合于保守型投资者或退休人员。

(五)按资本的来源和使用地域划分

根据资本来源和运用地域的不同,投资基金可分为国际基金、海外基金、国内基金、国家基金和环球基金等。其中,国际基金是指资本来源于国内,并投资于国外市场的投资基金;海外基金也称离岸基金,是指资本来源于国外,并投资于国外市场的投资基金;国内基金是指资本来源于国内,并投资于国内市场的投资基金;国家基金是指资本来源于国外,并投资于某一特定国家的投资基金;环球基金则既投资于国内证券市场,又投资于国外证券市场。

三、证券投资基金的投资策略

投资者的资金能否顺畅地流动于基金市场是需要讲究策略与技巧的,而且证券投资基金的特点决定了投资者的投资方法与技巧有别于股票投资。目前在国际基金市场中较为盛行的投资策略与方法主要有以下几种。

(一)固定比例投资法

固定比例投资法也称为公式投资法,是将一笔资金按固定比例投资于不同种类的基金。当某种基金由于净资产变动而使投资比例发生变化时,就迅速卖出或买进该种基金,维持原投资比例不变。当然,这种投资策略并非一成不变,有经验的投资者往往在此基础上再设定一个"止赢位"(上涨 20% 左右)和"补仓位"(下跌 25% 左右)或者每隔一定期限调整一次投资组合的比例。该方法的优点是能使投资保持低成本的状态,当某类基金价格涨得较高时,就补进价格低的其他基金品种;反之,则补进该类基金单位。同时,这种策略还能使投资者真正拥有已经赚来的钱,不至于因过度奢望价格进一步上涨而使已到手的收益化为泡影。此外,该方法保持各类基金按比例分配投资金额,能有效抵御投资风险,不至于因某种基金的表现不佳而使投资额大幅亏损。

(二)平均成本投资法

平均成本投资法也称定期定额投资法或分期购入法,是指每隔一段固定的时间(如一个月或半年)以固定的金额去购买某种基金,是致力于进行长期基金投资的投资者最常用的投资策略。由于基金价格经常变动,所以每次所购买的基金份额也有所不同。当价格较低时,可以买到较多的基金份额;而当价格较高时,只能买到较少的份额。实际上这种方法把基金单位的价格波动对购买份额的影响相互抵消,在一定时间内分散了以较高价格认购基金的风险,长此以往就降低了所购买基金的单位平均成本。虽然该方法在欧美基金市场中非常流行,但投资者需满足两个条件:一是投资者要具有持之以恒的长期投资的思想准备;二是投资者必须拥有稳定的资金来源,以用于经常的、固定的投资。

(三)适时进出投资法

适时进出投资法也称为"抢短线"投资法,指投资者完全将市场行情作为买卖基金的依据,当预测行情即将下跌时,就减少手中的基金份额;反之则增加。这种投资方法的前提是投资者必须具有一定的投资经验,并能够对市场行情做出大致精确的判断,从而适时地进行投资。据统计,这种方法获利的前提是投资者判断准确的概率必须达到 70% 至 80%,否则仅交易的手续费和所缴税金就会吞噬投资者的收益。

(四)更换基金投资法

更换基金投资法认为,任何一只基金的价格均随市场而有涨有跌,投资者应追随强势基金,必要时需断然割弃那些业绩不佳的基金。通常这种投资策略在牛市中比较管用,而在熊市中几乎所有基金的行情都较为惨淡,即使更换基金品种也于事无补。具体更换基金的操作手法因人而异,有些投资者往往偏好于挑选最近有上佳表现的基金,如近两三个月中净值增长较大的基金。但该方法的缺点是频繁地更换基金品种会增加投资者的投资成本。

(五)定期赎回法

定期赎回法的特点是一次性或分期投资于某一基金,在一段时间后开始每月赎出部分基金单位,以便确保每月收到一笔稳定的现金。这是一种较为保守的投资方法,但是安全性较高,适合于一些退休后的投资者。

第四节 衍生工具

从 20 世纪 70 年代起,以金融资产为标的物的金融衍生工具应运而生,发展迅速,已经成为令人瞩目的投资客体。1972 年 5 月,第一份外汇期货交易合约在美国芝加哥交易所产生,自此,随着国际货币体系的转型及金融管制的放松,衍生工具在过去的 40 多年,特别是过去的 10 多年期间,无论是在品种开发还是规模扩张方面都取得了飞跃式的发展。衍生工具已经成为金融领域发展的新亮点,但是衍生工具在为金融市场注入新的活力、创造新的机会、开拓新空间的同时,亦引入了潜在的巨大风险,这把"双刃剑"在近年来全球金融市场的演变过程中日益表现真切。本节将分别阐释衍生工具的概念、类型、特点以及发展现状。

一、衍生工具的基本概念

衍生工具也被称为衍生品或衍生证券,是与现货工具相对应的概念。从字面上来理解,衍生工具是指那些从基础的交易标的物衍生出来的交易工具。这些交易标的物包括人们所熟悉的具体的财、物,也包括各种商品、外汇、股票及债券等。但至今为止,衍生工具还没有一个统一的定义。1994 年 8 月,国际互换和衍生工具协会在一份报告中对衍生工具进行了如下描述:"衍生工具是有关互换现金流量和旨在为交易者转移风险的双边合约。合约到期时,交易者所欠对方的金额由基础商品、证券或指数的价格决定。"美国财务会计准则公告第 119 号《金融衍生工具及金融工具公允价值的提示》将衍生工具定义为:"一项价值由名义规定的衍生于所依据的资产或指数的业务或合约。"

二、衍生工具的类型

衍生工具可按不同的标准进行分类。根据基础工具划分,可以将衍生工具主要分为四种:股权式衍生工具,如股票期货、股票期权、股票指数期权以及上述合约的混合交易合约;货币衍生工具,主要包括远期外汇合约、货币期权、货币互换以及混合合约;利率衍生工具,主要包括远期利率协议、利率期货、利率互换以及上述合约的混合合约;商品衍生工具,主要包括各种商品期货、商品期权等。此外,以贷款为基础工具的信用衍生工具,在近几年也得到了快速的发展。

也有学者将衍生工具分为契约型和证券型两类。契约型的衍生工具是指订约双方以某种金融工具(股票、外汇等)或金融指数(利率、股指等)为准,决定合约交易的价格。大家所熟知的期权、期货就属于此类。证券型衍生工具以证券形式出现,如抵押证券(即以抵押贷款为基础所发行的有价证券)、可转换债券(相当于附有股票买进选择权的债券)等。目前,在实践中较有意义的划分方法是根据其交易的特点和方法,将衍生工具分为以下四类。

(一) 期货(Futures)

期货是买卖双方通过在有组织的交易所内，以公开竞价的方式形成的，在将来某一特定的时间买卖特定商品的合约。期货合同采取标准化的形式，合同中商品的规格、品质、数量、交货时间和地点等都是确定的。

期货市场的历史可以追溯到古希腊和古罗马时期。最初创建期货市场的目的是为了满足农民与谷物商人的需要。由于谷物的生产有很明显的季节性，农民和谷物商人都面临较大的价格风险，这样一来，对农民和商人来说，在收获季节之前根据双方对谷物供求的预期而达成一个一致的价格，即协商制定某种类型的期货合约，在一定程度上就可以消除双方各自面临的因未来价格不确定而产生的风险。现代意义上的期货交易在19世纪中期产生于美国中北部地区。1848年芝加哥的82位商人发起组建了芝加哥期货交易所，并采用远期合约方式进行交易。到了1865年，又推出了标准化合约，同时还实行了保证金制度，向签约双方收取不超过合约价值10%的保证金作为履约保证。此后，交易所的结算采用了按金制度，经纪行与清算行也应运而生，期货交易所逐渐完善起来。这些具有历史意义的制度创新，促成了真正意义上期货交易的诞生，不仅极大地便利了交易的进行，也吸引了大批的投机商。从早期的农产品期货开始后的一百多年来，期货交易的对象不断扩大，种类日益繁多，花样不断翻新，有传统的农产品的期货，如谷物、棉花等期货；有金属期货，如黄金、铂等期货；有能源期货，如原油、汽油等；有20世纪70年代后迅速崛起的金融期货，如外汇、利率、股票指数等期货。

(二) 远期(Forwards)

远期合同的基本原理与期货合同相似，也是关于在将来一定时间以一定价格买卖某种商品的协议。远期合约同样也规定了将来交换的资产、交换日期、交换价格和数量等，但与期货不同的是：远期合约不是标准化的，交易双方可以根据需要自行设定，具有较大的灵活性；远期合约不在交易所市场进行交易，而是在场外进行交易。事实上，远期是最早出现的衍生工具品种，标准化的期货合约是在远期交易的基础上发展而来的。由于远期合约不在交易所市场进行交易，其投资风险相应较高。

(三) 期权(Options)

期权也称选择权，是指投资者在一定条件下买入或卖出某种标的物的权利。这些权利包括基础产品的品质、数量、成交价格、到期日及期权本身的价格等。期权与其他衍生工具的不同之处是期权合约的持有人拥有的是在合同到期时买卖的权利。为了获得这种权利，投资者必须支付一定的费用，即期权费。

期权合同在交易所内进行交易的时间要比期货合同短得多。在18世纪的欧洲和美国等地出现了期权买卖交易活动的雏形，但直到20世纪初，为了给期权交易提供一个可以遵循的机制，一些公司联合设立了一个组织——买卖权中间人及经纪商协会，从而为期权的买卖双方搭起了一座桥梁。当时的期权交易主要以柜台交易的形式进行，但由于没有二级市场，缺少保证合同执行的有效机制，导致期权交易的发展受到很大的限制。1973年4月，芝加哥期货交易所的会员建立了芝加哥期权交易所，专门进行股票期权交易，使期权合约在交割数额、时间以及交易程序等方面实现了标准化。随着期权交易技术日益完善，美国及其他国家的主要期货交易所先后开展了期权交易，一些专门的期权交易所也相继成立，期权交易的种类不断增多，从最初的股票期权，发展到了包括商品期权、股指期权、利率期权、债券期权以及各种期货期权的多样化产品组群，从而推动了期权市场的发展和创新。

(四)掉期(Swaps)

掉期也称互换,是交易双方依据预先约定的协议,在未来的确定期限内,相互交换一系列现金流量或者支付的交易。掉期交易产生的原因在于交易双方比较优势的存在,其结果是双方成本的降低。掉期产品的产生源于不同公司在筹措资金方面的不同的比较优势,通过固定利率与浮动利率或者不同货币之间的互换,满足各自不同的需要,并降低相应的成本。第一笔掉期交易是在1981年达成的。

掉期的类型主要有利率互换与货币互换两种。利率互换是最为普通的一种互换,通常情况下,合约双方约定一笔名义上的本金数额,然后甲方许诺在未来指定的时期内定期支付乙方一笔货币,其金额等于按照事先商定的固定利率计算的本金利息,而乙方支付甲方的金额则等于按照市场浮动利率计算的本金利息,双向流动的货币为同一种货币,不存在汇率风险。利率互换的结果是将固定利率与浮动利率之间进行互换,从而满足双方不同的货币需求。货币互换是在两笔贷款均为固定利率贷款,但因贷款货币的不同,利率水平存在差异的情况下产生的,它是将贷款的本金和利息一起进行交换的交易方式。

三、衍生工具的特点

(一)派生性

"派生"是相对于"原生"而言的,衍生工具或衍生品是由传统的产品派生而来,如金融衍生产品是由股票、外汇、货币、债券等基本的金融工具派生而来的。在金融市场中,货币、外汇、债券、股票等金融产品都是对某种实物资产的直接要求权,属于原生金融产品,投资于这些金融产品所获得的收益是源自相应的实物资产增值,其价格变动也直接反映实物资产的收益变动;而衍生工具是不能够独立存在的,其价值在一定程度上受制于相应的基础工具。虽然基础工具种类不多,但是借助各种技术,在此基础上可以设计品种繁多、特性不一的创新工具,如衍生工具与基础工具的组合、衍生工具之间的组合和直接对衍生工具的个别参量和性质进行设计等。

(二)杠杆性

金融理论中的杠杆性是指能以较少的投入来控制较多的投资,俗称"以小博大"。衍生工具交易是一种保证金买卖,一般在达成交易时只需缴存或支付相当于合约金额一定比例的保证金或权利金,便可以控制全部的合约资产。也就是说,市场的参与者只需动用少量的资金,便可控制资金量巨大的交易合约,如期货交易的保证金和期权交易中的期权费。财务杠杆作用尽管可以显著提高资金利用率和经济效益,但是也带来了衍生工具的另一个特点——高风险。近年来,一些国际大机构在衍生工具的交易方面失利,很大程度上与衍生工具的杠杆放大作用有关。

(三)风险性

衍生工具以契约或合约为基础,将双方的权利和义务确定下来之后,在未来某一时刻完成或履行交易。在这个过程中,衍生工具的交易就面临着多种风险。

1. 市场风险

市场风险是指因市场价格变动而给交易者造成损失的风险,属于非系统风险。虽然设计衍生工具的初衷在于规避各种因素可能带来的风险,但由于交易过程将各种原本分散的风险全部集中于少数衍生市场上释放,一旦操作不当,市场风险将可能成倍放大。这种风险由两部分组成:一是采用金融衍生工具保值无法完全规避的价格风险;另一个是衍生工具自身固有的杠杆性风险。对于期货和互换业务而言,市场风险是其基础价格或利率变动的风险;就期权而言,市场风险还受基础工具价格波动幅度和期权行使期限的影响。所有衍生工具的市场风险均受市场波动性及全球与地方的政治、经济事件影响。

2. 信用风险

信用风险也称履约风险,是指交易对手无法履行合约承诺的风险,其主要存在于场外交易市场,如金融远期、金融互换等。只要一方违约,合约便无法进行,银行或交易公司仅充当交易中介,能否如期履约完全取决于当事人的资信,因此信用风险就比较突出。而在交易所市场中,由于所有交易均经过交易清算中心进行,因此面临的信用风险相对较小。

3. 流动性风险

流动性风险是指衍生工具合约持有者无法在市场上找到出货或平仓机会的风险。流动性风险的大小取决于合约的标准化程度、市场交易规则以及市场环境的变化。对于场内交易的合约,由于标准化程度高、信息量大,流动性风险较低;而在场外市场交易的衍生工具合约基本上是"量体裁衣"型,合约之间的差异性较大,缺乏可流通的二级市场,因此流动性风险也较大。

4. 法律风险

法律风险主要是指由于衍生工具的创新,造成相应的法律规定和监管滞后,使一些衍生工具的合法性难以得到保证,以及一些机构故意游离于法律管制的设计而使交易者的权益得不到法律的有效保护所产生的风险,在场外交易中这种风险较为突出。

5. 操作风险

操作风险是指由于认识错误、沟通不良、欠缺了解、监管不严或系统故障而造成损失的风险。衍生工具体系错综复杂,无论是场内交易还是场外交易都容易出现该类风险。

(四)虚拟性

虚拟性是指证券本身具有的独立于现实资本运动之外,却能给证券持有者带来一定收入的特性。具有虚拟性的有价证券,本身并没有什么价值,只是代表获得收入的权利,是一种所有权证书。衍生工具交易的获利过程也像有价证券一样,通过适时买入持有和抛出以获取价值增值,这一过程脱离了实物运动。同时衍生工具交易又导致了相当一部分货币资本也脱离了实物运动过程,形成虚拟资本。当原生产品是股票、债券等虚拟资本时,相应的衍生工具则具有双重的虚拟性。

(五)复杂性

相对于基础工具而言,衍生工具的设计和操作更为复杂。衍生工具的设计要求采用高深的数学方法,应用现代决策科学方法和计算机科学技术以模仿市场的运作,在开发、设计衍生工具时,甚至会涉及人工智能和自动化技术。同时,日益复杂的衍生工具产品,也加大了投资者在理解和操作上的难度,从而提高了衍生市场的进入门槛。

四、国际衍生工具市场的发展及对我国的启示

(一)国际衍生工具市场的发展

1. 市场规模迅速增长

在20世纪80年代以前,衍生工具在国际金融领域还很少见。而在1984年末,金融衍生工具交易量达到200万亿美元。近年来,全球衍生品市场得到快速发展。据国际清算银行(BIS)统计,全球场内衍生品的合同交易量从1996年的17亿份增长到2014年的218.67亿份,18年间增长了12.86倍;全球场内交易衍生品的合同名义总值在1986年仅为6 000亿美

元,到 2015 年第四季度已达 461.8 万亿美元。同时,衍生工具的场外交易量也在不断扩大。据国际互换与衍生品协会(ISDA)的调查统计,截至 2016 年上半年,全球 OTC 衍生品市场名义余额为 544 万亿美元,比 2000 年末增长 471.4%;全球 OTC 利率和汇率衍生品市场名义余额达 492 万亿美元,比 2000 年末增长 512.4%。表 9-5 显示了近年来全球衍生工具交易情况。

表 9-5　　　　　　　　　　全球有组织交易所的衍生工具年交易额　　　　　　　　单位:10 亿美元

	年　份	2008	2009	2010	2011	2012	2013	2014
期货	利率期货	1 392 572.492	1 016 512.321	1 235 884.27	1 358 633.695	1 025 426.995	1 244 191.194	1 266 579.18
	货币期货	26 465.512 6	24 655.317 34	35 651.401 57	37 177.898 34	31 963.438 19	32 615.649 92	28 837.206 73
	股指期货	128 871.897 8	87 610.637 89	111 424.899 7	130 625.958 9	113 185.558 5	138 576.026 4	155 024.877 5
	北美地区	847 463.391 3	599 041.257 5	729 251.786	823 058.590 2	623 317.467	721 039.438 3	888 560.986 5
	欧洲地区	590 932.577 8	449 636.045 4	533 464.491 7	565 245.804 2	417 425.548 3	540 894.855 8	427 947.073 7
	亚太地区	91 218.203 16	65 108.751 12	94 732.455 84	110 756.369 9	104 462.876 6	127 116.829 7	112 886.992 8
	其他市场	18 295.730 32	14 992.222 31	25 511.837 41	27 376.787 47	25 370.100 18	26 331.746 25	21 046.210 91
期权	利率期货	526 630.730 2	434 595.513 7	468 862.108 1	466 270.601	308 571.551 1	354 368.415 5	334 809.347 5
	货币期货	2 781.359 056	1 980.337 025	3 048.463 183	2 525.101 414	2 382.340 264	3 023.149 284	3 069.691 019
	股指期货	133 511.643 5	96 378.069 94	134 366.829 6	166 612.534 3	109 345.085 3	109 992.093	148 124.010 7
	北美地区	319 345.213 4	214 838.156 5	259 722.566 6	260 517.178 5	195 427.985 5	224 248.749	314 803.385 5
	欧洲地区	276 042.706 7	258 565.244 3	251 475.551 9	258 257.276 2	158 543.323 8	200 020.517	116 076.030 9
	亚太地区	61 262.701 15	53 610.558 15	84 202.731 68	104 946.421 5	56 719.033 61	37 591.870 74	49 983.231 07
	其他市场	6 273.111 574	5 939.961 722	10 876.550 79	11 687.360 62	9 608.633 683	5 522.521 152	5 140.401 767

资料来源:国际清算银行官方网站,2016 年。

2. 衍生工具品种不断创新

1972 年 5 月 16 日,在国际外汇市场动荡不安的情况下,随着固定汇率制的解体,美国芝加哥商品交易所货币市场分部率先创办了国际货币市场,推出了英镑、加元、德国马克、日元、瑞士法郎、法国法郎、墨西哥比索 7 种货币期货合约,标志着金融衍生工具的产生。1973 年 4 月,芝加哥期权交易所正式推出股票期权。1975 年芝加哥期货交易所推出了国库券期货,随后又陆续推出了联邦抵押协会存单和财政部短期债券期货。1981 年,美国所罗门兄弟公司成功地为美国商用机器公司(IBM)和世界银行进行的美元与西德马克及瑞士法郎之间互换,标志着互换的产生。由此可见,经济活动的复杂多变及衍生工具发展本身所衍生出的风险和问题使衍生工具的品种创新日趋多样化和复杂化。目前,以货币、信用、利率、股权、债券、指数等基础工具组合或复合组合而成的衍生工具合约和衍生工具证券已经多达上千种(见表 9-6)。

表 9-6　　　　　　　　　　金融衍生工具的发展状况

年　份	金融衍生工具类型
1972~1979	货币期货、股票期货、抵押债券期货、国库券期货、长期政府债券期货、场外货币期权
1980	货币互换
1981	股指期货、中期政府债券期货、银行存单期货、欧洲美元期货、利率互换、长期政府债券期货期权
1983	利率上限和下限期权、中期政府债券期货期权、货币期货期权、股票指数期货期权

续表

年　份	金融衍生工具类型
1985	欧洲美元期权、互换期权、美元及市政债券指数期货
1987	平均期权、商品互换、长期债券期货和期权、复合期权
1989	三月期欧洲马克期货、上限期权、欧洲货币单位利率期货、利率互换期货
1990～2005	股票指数互换、证券组合互换、特种互换

资料来源：根据田超《金融衍生品：发展现状及制度安排》（中国金融出版社2006年版）整理而得。

3. 信用衍生品迅速崛起

信用衍生品是一种新型的管理信用风险的金融衍生工具，可以在不改变银行贷款资产和客户关系的前提下，将信用风险从其他风险（如市场风险）中分离出来，为信用风险管理者提供风险对称手段。第一笔信用衍生品交易出现在20世纪90年代初，直到1999年国际互换与衍生品协会规范了交易文本后，才出现一个具有高度流动性的市场。随后，信用衍生品市场快速发展，并远远超过了整个衍生品市场的平均水平。据BIS调查统计，截至2006年6月末，全球信用衍生品市场名义余额达26万亿美元，比2001年6月末增长208.8%；信用衍生品市场名义余额在整个OTC市场占比9.2%，比2001年6月末上升8.1个百分点。

4. 衍生工具非均衡发展

随着全球资本市场的发展，股票类衍生品增长尤为迅猛。据美国期货业协会（FIA）调查统计，截至2006年底，全球50余个国家和地区上市交易股指期货产品，股指期货合约数达170余个。2006年全球股指期货、期权以及单只股票期货、期权成交量达80.8亿份，占全球金融衍生品交易量的68%。其中股指期货及期权成交量从2000年的6.8亿份增长到2006年的45亿份，增幅达600%，占全球金融衍生品的比重达到41%。此外，衍生工具交易的地区分布也相对集中，欧美仍占优势，但亚洲、拉美等新兴市场快速跟进。2006年，欧美发达国家仍集中了世界上绝大部分的场内金融衍生品交易，近80%的期货、超过90%的期权名义本金交易额集中在北美和欧洲。欧洲市场份额由2000年的29%上升到2006年的42%。与此同时，新兴市场迅速崛起，包括墨西哥、巴西、印度、我国台湾地区等在内的新兴市场发展十分突出，其中亚洲股指期货市场已占据全球股指期货1/3的市场份额。

5. 另类衍生产品层出不穷

衍生品交易作为一种规范的、成熟的风险管理工具，衍生品市场作为一种高效的信息汇集、加工和反应机制，其应用范围并不仅仅局限于商品和金融领域，还可以应用于社会、政治、经济、文化等各个领域。近年来，国际衍生品市场上出现了多种另类衍生品交易的设想和实践，其中天气衍生品的发展引人注目。另外还包括用以覆盖宏观经济变动风险的GDP指数期货、房地产指数期货、消费者物价指数（CPI）期货等。

（二）我国衍生工具市场的发展

衍生工具市场是市场经济发展到一定阶段的必然选择，伴随我国经济市场化程度的逐步加深，引进和发展衍生交易已经成为必然趋势。虽然我国目前的金融创新规模不大，资本项目也没有完全对外开放，但是种种迹象表明，我国资本项目对外开放有望加速，金融全球化的趋势不可逆转，这意味着除QDII（合格境内机构投资者）模式外，个人可以直接去海外投资股票、基金、债券等。我国金融业所面临的价格风险、利率风险和汇率风险等也将日益突出，这必然要求金融市场提供价格发现与风险转移机制。因此，培育和发展衍生工具市场是我国的必然选择。

1. 我国衍生工具的发展现状

与西方国家的发展历程不同,我国的期货市场发端于金融期货。1992年下半年,以我国香港、台湾为主的及境外不法商人进入广东一带,大量开办各类金融咨询机构,以中介服务为名,大肆炒作外汇期货。这些机构靠欺诈经营,不但导致国家流失数亿美元的外汇,而且严重影响了金融衍生工具的发展。1992年12月,我国第一个金融衍生工具——国债期货合约在上交所首先推出,这个利率期货在冷清了两年之后开始活跃。但是,由于当时的市场条件还不成熟,而且对金融衍生工具缺乏统一的监管和相应的风险控制经验,1995年初在巴林银行宣布破产前几天,爆发了"327"事件①,最终导致了国债期货市场的关闭。1995年4月1日,原定在上海的中国外汇交易中心上市的人民币远期外汇交易,最后宣布暂缓推出。在此之前,海南证券交易中心推出的深股指数期货开办不到6个月即草草收场,深圳有色金融期货联合交易所拟办人民币对港币汇率期货尚未出台即被取缔。2004年中国航油(新加坡)公司由于在石油衍生产品贸易中蒙受了重大损失而申请破产。从国内政策看,1994年底,中国国有企业在境外期货市场的集体性亏损之后,证监会等国家部委即禁止国有企业从事境外期货交易。20世纪90年代末开始,国家逐步对26家企业开放了境外期货资格,但对投机性期权交易仍然严令禁止。

金融衍生产品发展的滞后,不利于防范和化解金融风险,不利于维护金融市场的稳定。2005年,为了规避债券市场的利率风险,债券远期交易率先发展起来,成为我国金融市场发展的里程碑,标志着我国金融衍生产品市场开始起步。截至2005年末,共有216家市场成员签署了债券远期交易协议,共达成债券远期交易108笔,交易金额达177.99亿元。债券远期交易作为我国最先推出的金融衍生工具,其规避债券市场风险、完善市场价格发现的功能逐步发挥,对维护金融稳定具有重要意义。2008年,黄金期货在上海期货交易所上市,使得期货市场品种更为丰富;2010年,股指期货正式上市交易;2015年,上海证券交易所正式挂牌上证50交易型开放式指数基金(ETF)期权合约,拉开了中国期权市场发展大幕。目前,我国各种商品类衍生品、债券类衍生品和权益类衍生品的品种丰富,并且仍在不断推陈出新。随着经济发展水平的提高,企业风险管理需求不断多元化和个性化,我国金融衍生品市场品种体系将不断丰富和完善。

2. 我国衍生工具市场的发展趋势

衍生工具自身具有不可避免的风险性,我国在发展衍生工具的历程中,应注意以下几点:

(1)积极借鉴国外衍生工具市场的发展经验。从衍生工具的发展历程中可以看到,西方国家衍生工具的发展是一种市场自然演进的过程,具有很强的自发性。而发展中国家和新兴市场国家往往为了适应国际金融自由化,增强本国金融业国际竞争力,从而在政府大力推动下,直接引进发达国家的交易模式和机制,因而在发展顺序和模式上存在很大差别。据此,我国作为发展中国家应更加注意亚太邻国和地区衍生工具市场的快速崛起。以韩国和我国香港特区为例,虽然二者在具体的发展策略和步骤上各不相同,但成功经验却有着许多的共同之处,我们应认真借鉴并充分结合我国的具体条件,推动衍生工具市场的发展。

---

① "327"是国债期货合约的代号,是1992年发行、1995年到期兑付的3年期国债券,发行总量是240亿元。1995年2月23日,上海万国证券公司违规交易327合约,最后8分钟卖出1 056万卖单,面值达2 112亿元,亏损16亿元,国债期货因此夭折。

(2)完善宏观经济环境,培育微观市场条件。发展衍生工具市场是一项金融创新的系统工程,需要一定的宏观经济环境和微观市场条件相配套。宏观经济环境主要是指一国经济的市场化程度、金融深化水平以及宏观经济调控和监管的有效性与力度等。经过二十多年的市场化改革和金融体制改革,我国金融深化水平不断提高,经济宏观调控体系和金融监管体系也逐步完善。可以说,我国已经初步具备了发展衍生工具市场所需的宏观经济条件。在微观市场方面的培育,主要是指利率和汇率两大金融价格的完全市场化。目前,我国这两种关键的金融价格还远远达不到衍生工具市场的要求,金融价格的非市场化使得价格风险难以规避,价格发现的功能更是无从实现,因而也就不能产生足够的对衍生工具的需求。因此,我国应加快利率市场化和汇率市场化的发展速度,创造衍生工具市场发展的微观市场条件。

(3)构筑高效的市场监管体系。高效的监管体系是金融衍生市场健康运作的前提。从发达国家的经验来看,金融衍生市场的监管模式一般由政府监管、行业协会监管和交易所自我监管等组成,对金融衍生市场的规范建设起着重要作用。我国可以借鉴国外成功的监管模式,结合国内实际,建立相应的监管体系。在政府监管上,避免多头管理的弊端,确立专门的权威管理机构。运用法律手段和必要的行政手段加强宏观管理,建立规范的检查制度及按国际会计、审计准则执行的会计、审计制度和信息披露制度,防止金融衍生市场对货币政策及整个金融体系的破坏性冲击。在行业自律管理方面,应建立相应的行业协会等非官方组织,负责行业日常业务咨询、内部协调及行业规则的制定等,加强对市场参与者的管理。在交易所的内部管理上,要规范基本交易制度和交易程序,通过保证金体系和持仓限额规定,限制过度投机,确保各项制度的顺利执行。

(4)加快高级人才的培养。金融衍生工具的设计开发须综合运用现代工程数学、决策科学、复杂系统理论、计算机信息处理和智能化技术等前沿科技成果,衍生市场的运作又具有很高的复杂性和技巧性,这需要一批层次高、经验丰富的金融管理人才。因此,可以通过对现有金融从业人员的培训和高校的专业培养相结合的方式,重点培育一批具备数理分析能力和金融创新能力的高级金融人才。

第五节 黄 金

一、黄金投资的基本概念

(一)黄金投资的价值

黄金是一种特殊商品,既有储藏价值、保值和增值功能,也具有特殊的装饰和工业用途,集商品功能和金融功能于一体,融自然属性和社会属性于一身。从目前的发展情况来看,黄金投资价值需要从金融市场的运行环境及投资产品的发展特点等角度去认识。具体来说,黄金的投资价值体现在以下几个方面:

1. 储藏、保值和增值

黄金的金融投资作用主要体现为储藏和保值作用,并具有一定的增值能力。影响它投资价值的主要基础源于黄金的价格变动,实现其投资价值的则是各种投资产品的广泛运用。

2. 较高的流动性

黄金价格相对稳定,而且是一种"没有国界的资产"。黄金的兑现能力是无与伦比的,可以在一年365天、一天24小时兑现所有的主要国际货币,特别是在危机期间,黄金是最方便兑现现金的资产。因此,黄金是流动性最好的资产之一。

3. 分散投资风险

黄金的价格变动具有一个非常突出的特点,即与其他投资产品价格变动具有负相关性,因而有助于有效地在投资组合中分散风险。1992~2001年间,黄金与某些资产之间的相关系数几乎达到-1,这种相关性实现了最大的分散风险的效果。

(二)黄金投资的主要方式

黄金的主要投资方式有以下几种:

1. 金条

金条投资的优点包括:不需要佣金和相关费用,流通性强,可以立即兑现,可在世界各地转让,还可以在世界各地得到报价;从长期看,金条具有保值功能,对抵御通胀有一定作用。金条投资的缺点主要是:占用一部分现金,而且在保证黄金实物安全方面有一定风险。

2. 金币

金币可分为以下两种:其一,纯金币。纯金币与黄金价格基本保持一致,因而出售时溢价幅度不高,投资增值功能不大,但鉴赏和保值价值较大,流通变现能力较强,对一些收藏者仍有吸引力。其二,纪念性金币。纪念性金币溢价幅度较大,增值潜力较强,但投资这类金币有一定的难度,要有一定专业知识,对金币品相的鉴定、发行数量、纪念意义以及市场走势都要了解,而且还要选择良好的机构进行交易。

3. 黄金管理账户

黄金管理账户是指经纪人全权处理投资者的黄金账户。这种投资方式的关键在于经纪人的专业知识、操作水平以及信誉程度,投资风险较大。其优点是:可以利用经纪人的专业知识和投资经验,节省自己的大量时间。其弊端是:考察经纪人有一定难度,在实际投资运作中出现风险和损失,由委托人全权负责,与经纪人无关。

4. 黄金凭证

黄金凭证是在黄金市场上买卖双方之间进行交易的标的物,是一张黄金所有权凭证而非黄金实物,它只是一种权证交易方式,使投资者避免了储存风险。投资者可按黄金时价将凭证兑换成现金,收回投资,也可背书转让。黄金凭证的优点包括:流通性较高,无储存风险,在世界各地可以得到黄金报价,对于大机构发行的凭证,在世界主要金融贸易地区均可提取黄金。其缺点主要是:占用投资者不少资金,对于提取数量较大的黄金,要提前预约,有些黄金凭证信誉度不高,为此,投资者要购买具有当地监管当局认可证书的机构凭证。

5. 黄金期货

黄金期货是按一定成交价、在指定时间交割的合约。其优点包括:其一,较强的流动性,合约可以在任何交易日变现;其二,较大的灵活性,投资者可以在任何时间以满意的价位入市;其三,委托指令的多样性,如即市买卖、限价买卖等;其四,品质保证,投资者不必担心合约标的的成色,也不需要承担鉴定费;其五,安全方便,投资者不必为保存实金而花费精力和费用;其六,杠杆性,即以少量定金进行交易;其七,价格优势,黄金期货标的是批发价格,优于零售和饰金的价格;其八,市场集中公平,期货买卖价格在世界主要金融贸易中心和地区的价格是基本一致的;其九,套期保值作用,即利用买卖同样数量和价格的期货合约来抵补黄金价格波动带来的损失,也称对冲。缺点主要是:投资风险较大,需要较强的专业知识和对市场走势的敏锐判断。

6. 黄金期权

黄金期权是买卖双方在未来约定的价位具有购买一定数量黄金的权利而非义务。如果价格走势对期权买卖者有利,则会行使其权利而获利;反之,则放弃购买的权利,损失的只是购买期权的费用。买卖期权的费用或称期权的价格,由市场供求双方力量决定。

7. 黄金股份

黄金股份是指黄金开采公司的股份。黄金开采公司的收益取决于黄金价格,因而持有黄金股份与持有黄金或拥有黄金所有权是相似的,其优点在于可以得到资本和股息的双重收益。

8. 黄金相互基金

投资者通过认购黄金相互基金发行的基金份额,分享该基金获得的收益。黄金相互基金是专门的投资机构,由专业人士对资金进行管理,因而投资风险较小。

二、黄金价格的影响因素

影响黄金价格变动的因素可以分为长期因素和短期因素两类。

(一)长期因素

决定或影响黄金价格长期走势的主要因素是黄金的供给和需求。黄金的供给主要有三条渠道:其一,矿业公司开采出来的黄金,即"原生供应"黄金,约占黄金年销售总量的60%;其二,已开采的黄金存量,被称为"再生供应"黄金,包括各国中央银行在市场上出售的黄金,以及首饰的重新加工等;其三,未开采的黄金,主要是由期货、远期和期权等金融工具交易而产生的、对未开采的黄金实现的交易。黄金的需求主要来自四个方面:首饰加工需求;电子、通信设备、激光、光学、飞机制造等工业需求;中央银行的货币储备需求,以及私人投资者的储藏和投资需求。其中占主导地位的是首饰需求,其占黄金需求总量的70%左右。

(二)短期因素

影响黄金价格的短期因素比较复杂,主要包括:

第一,各国中央银行对黄金储备的态度和买卖行为。黄金储备的买卖直接影响黄金市场的平衡,因此对黄金价格的影响很大。1999年9月,有关国家在华盛顿就黄金储备出售问题达成协议,规定黄金仍然是全球货币储备的重要组成部分;未来5年内,每年销售量不超过400吨;签字国承诺在此期间,不增加黄金租赁和黄金期货、期权的使用。该协议极大地影响了各国中央银行对黄金的态度和买卖行为,对黄金价格的变动也产生了重大影响。

第二,世界经济发展状况及主要金融资产价格的变动。前几年,全球股市大幅下跌,加上货币利率保持低水平,汇率变动复杂,一些资金从金融投资中撤出,转移到黄金市场。各地投资者为达到保值目的,纷纷增加了黄金的购买量,改变了黄金投资市场冷清的局面,推动黄金价格节节攀升。近年来,由于美国经济疲软造成美元贬值刺激黄金价格一路走高。

第三,政治因素。黄金被视作防范动乱和战争风险的最安全的投资方式。国际局势紧张往往引起人们对黄金的抢购,金价也随之上涨。近年来,伊拉克战争以及伊朗核问题等不断升级,对金价的上涨也起到推波助澜的作用。

三、全球主要的黄金市场

(一)伦敦黄金市场

1804年,伦敦黄金市场(London Bullion Market)取代阿姆斯特丹成为世界黄金交易中心。1919年9月12日伦敦金市正式确立每天进行早盘和午盘两次的报价制度,成为一个组织比较健全的世界黄金市场。目前,它是全球最重要的、也是世界上唯一可以成吨买卖黄金的市场。伦敦黄金市场不是一个实际存在的交易场所,而是一个通过各大金商的销售网络连成的无形市场。

交易所会员由五大金商及一些公认为有资格向它们购买黄金的企业组成,然后再延伸至各个加工制造商、中小商店和公司。该市场每日报出的黄金价格是世界黄金市场的晴雨表。第二次世界大战爆发后,伦敦黄金市场曾经长期关闭。到1954年3月才重新开放。由于伦敦具有国际金融中心的各种便利条件,加上英国长期掌握着西方黄金主要产地南非黄金的产销,因而起着世界黄金销售、转运、调剂的枢纽作用,交易额曾经达到世界黄金交易总额的80%。

伦敦黄金市场协会(LBMA)成立于1987年,其主要职能是提高伦敦黄金市场的运作效率及扩大伦敦黄金市场的影响,为伦敦招商,并促进所有参与者的经营活动,同时,与英国的有关管理部门(如英国金融服务局、关税与消费税局等)共同合作,维持伦敦黄金市场稳定而有序的发展。LBMA现有101名会员,做市商9家,其中历史最悠久、最著名的是国际金市五大金商,其余的是普通交易商,包括银行、经济公司、金矿产公司、金精炼商、特种安全运输等,都是世界各地区性市场的主要交易商。

伦敦黄金市场协会不是期货交易所,而是自律性的现货市场。每个交易日有两次公开定价,分别在10:30和15:30。按照惯例在罗思柴尔德父子公司黄金定价会议厅进行,由定价委员会成员主持并开价,其他会员公司代表就此价格和本公司联系,决定买卖方向和数量。定价主持人汇集各方买卖头寸,及时变动价格,直到轧平头寸。随后宣布定价结果,价格以美元标定,一般以伦敦下午定价作为主要国际参考价。

除定价交易时间外,伦敦市场采用做市商制度为市场提供必要的流动性,每个做市商同时报出现货买价和卖价(一般价差在10~15美分/盎司),默认报价的最低买卖数量是5 000盎司。同时,做市商还对远期合同和黄金现货期权进行买卖报价。近些年来,受黄金地位衰弱和其他区域性市场竞争的影响,伦敦黄金市场公会的市场份额相对减少,但是世界其他地区黄金市场的交易大多仍然比照伦敦金市,有些地区性市场还设立"本地伦敦金交易市场",进行本地和伦敦市场的跨市套利。

伦敦市场的黄金定价对其他地区性市场现货定价的影响表现在三个方面:一是通过跨市套利影响当天的标准等级的黄金价格;二是以伦敦的交割金为标准,对当地非标准的黄金制品(纯度、重量、尺寸不同)进行品级调整;三是结合运输费用和保险,对当地的黄金价格进行升贴水调整。此外,LBMA还影响着黄金期货、期权、远期交易以及黄金互换。

(二)苏黎世黄金市场

1935年至1954年间,伦敦黄金市场因第二次世界大战关闭,瑞士以中立国地位及独特的银行保密制度,沟通敌对双方的财经交往,并储备和中转从南非运往伦敦的矿产黄金,苏黎世黄金总库应运而生。

苏黎世黄金市场没有真实的组织机构和场地,由瑞士银行、瑞士联合银行和瑞士信贷银行联合运作,组成跨银行的清算系统,联合定价,三个成员进行非正式洽商,按对方报价,各自修正买卖数量。在营业时间内随市场供求关系变动。清算系统对不公开、不记名的头寸进行总轧平,联合定价的结果相当于市场上的官价,对黄金总库成员和参与苏黎世黄金市场的其他银行均有约束。

苏黎世金市规定的金条交割标准和伦敦市场相同,方便当地交易商参与伦敦金市,增强流通性。苏黎世还对南非储备银行提供优惠信贷,以便同伦敦黄金市场争夺优势地位。目前,南非新产黄金总量约80%是通过苏黎世市场销售。此外,苏黎世原是世界著名的资金"庇护所",大量游资逃往瑞士,不少是用于购买黄金保值或者是搞黄金投机活动的。1968年又获得苏联授权,代其处理在世界黄金市场的业务。目前,苏黎世成为最大的私人黄金集散中心,仅次于伦敦的国际黄金现货市场。

(三) 香港黄金市场

我国香港的黄金市场是黄金买卖种类最为多元化的市场，主要由三部分组成，即香港金银业贸易场、香港本地伦敦金市场和香港期货交易所有限公司的黄金期货市场。因为在时空上连接了美国和欧洲市场，又是自由港，从而获得了世界各国黄金经纪公司的青睐，成为亚洲最重要的黄金市场。

香港金银业贸易场建于1910年，以金银交易为主要业务，其组织与规模不断扩大，为本地及国际投资者、金商，提供了一个具有连续性、流动性及一定深度的黄金市场。香港金银业贸易场由173个当地会员组成，在定价制度上以仓租制度和金息调整来平衡市场供求，辅之以实物交割。在这里，"仓租"并非仅仅是黄金的窖藏保管费，实质是为了平衡当天黄金现货交割盈缺，而议定的黄金隔夜拆借利率，由香港金银业贸易场在每个交易日的11时公布。当黄金现货市场出现供不应求时，买卖双方议定进行"加仓租"，相当于提供黄金隔夜拆借利率。如此承递往复，以金息增减代替部分实物交割，使现货头寸得以展期，兼有远期合约和现货对冲的功能。

(四) 美国黄金市场

美国的黄金市场是黄金期货交易中心。纽约商品交易所和芝加哥国际货币市场的黄金期货市场，都是在美国于1974年12月31日宣布撤销民间买卖持有黄金的禁令以后成立并迅速发展的。根据伦敦大金商塞缪尔·蒙塔古公司黄金年报的资料，1980年美国黄金交易市场成交总额达32 800吨，远远超过世界黄金的当年总产量。实际上，期货交易到期时以现货交割的只占交易总额的2%左右，因而期货交易主要是投机买卖和抵补保值交易。另外，美国黄金市场还开展了黄金期权交易。

从黄金市场的发展趋势看，纽约与芝加哥已经成为世界黄金期货交易的中心之一，对主要黄金现货市场(如伦敦、苏黎世)的金价产生很大的影响。但是，伦敦和苏黎世的现货市场由于对黄金的运输、精炼、库藏等都具有较高的技术与管理水平，因而仍能保持世界黄金市场的中心地位，尤其在现货交易方面始终是世界黄金交易的中心(见表9—7)。

表9—7　　　　　　　　　　世界主要黄金交易市场

项　目	伦　敦	苏黎世	香港金银贸易场	纽约商品交易所	芝加哥国际货币市场
交易单位	100金衡盎司	400金衡盎司	总50两=60.165金衡盎司	100金衡盎司	同前
交易日期	当日及几日后的期货	同前	当日	当日及2个月的期货	当日
受付单位	350~430金衡盎司	同前	重量5两(纯度0.990 7以上)	100金衡盎司(纯度0.995以上)	同前
受付场所	伦敦黄金存库或其他指定所	苏黎世的黄金库或其他指定所	香港的特定银行或交易所	纽约的特定保管所	纽约和芝加哥的特定保管所
一日设限价的变动	没有	没有	没有	1金衡盎司需10美元	同前
当地交易时间	周一至周五 9:00~17:00	周一至周五 9:30~12:00 14:00~16:00	周一至周六 9:30~12:30 14:30~16:00	周一至周五 9:25~14:30	周一至周五 8:25~13:30
伦敦时间	10:30~15:00	8:30~11:00 13:00~15:00	1:30~4:30 6:30~8:30	14:25~19:30	14:25~19:30

资料来源：茹讯成等，《中国期货操作》，上海远东出版社1995年版。

四、我国的黄金市场

我国既是黄金生产大国,又是黄金消费大国,建立和完善黄金市场刻不容缓。

(一)我国黄金市场的发展历程

改革开放前,国家的主要任务是调整黄金收购政策,鼓励黄金生产,满足国家大规模的经济建设对黄金的大量需求,形成了黄金统收专营体制。1950年4月,中国人民银行制定下发《金银管理办法(草案)》,冻结民间金银买卖,明确规定国内的金银买卖统一由中国人民银行经营管理。改革开放后,主要任务转向调整黄金管理办法和加强黄金法制建设,促进黄金管理向经营管理型转变,对黄金的生产、收购、配售、加工、使用、回收、出土、进出口等做出明确的法律规定,完善了统收专营的黄金体制。1983年6月15日,国务院发布《中华人民共和国金银管理条例》,规定"国家对金银实行统一管理、统购统配的政策"。近期,由于黄金非货币化趋势的发展,以及中国的市场经济体制改革,传统的黄金管理体制受到猛烈冲击,确立了黄金管理体制市场化的改革方向。1999年12月28日,取消白银统购统销,白银交易放开,上海华通有色金属现货中心批发市场成为中国唯一的白银现货交易市场。白银的放开被视为黄金市场开放的"预演"。2000年,中国政府把建立黄金交易市场列入国民经济和社会发展"十五"(2001~2005年)纲要。2001年4月,时任中国人民银行行长戴相龙宣布取消黄金"统购统配"的计划管理体制,在上海组建黄金交易所。2001年6月11日,中国人民银行正式启动黄金价格周报价制度,根据国际市场价格变动调整国内金价。2001年11月28日,上海黄金交易所模拟运行。2002年10月30日,上海黄金交易所正式开业。

近年来,我国黄金市场量价齐增,市场参与主体多元化结构逐步形成,呈现出良好的运行态势。2016年,上海黄金交易所黄金成交量4.87万吨,同比增长42.9%,成交额13万亿元,同比增长62.6%。市场参与主体主要由产金冶炼企业、用金企业、商业银行等构成。截至2016年底,上海黄金交易所共有会员247家,其中,金融类和外资金融类企业分别有57和40家,综合类会员131家,自营类会员2家,特别会员17家。自营交易仍占主导地位,2016年自营交易达到2.97吨(见图9—6、图9—7),占交易总量的61.26%。

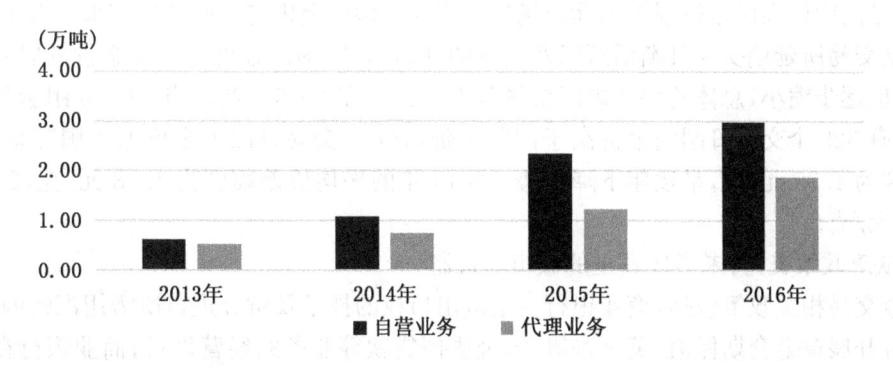

资料来源:上海黄金交易所。

图9—6 上海黄金交易所自营交易量与代理交易量

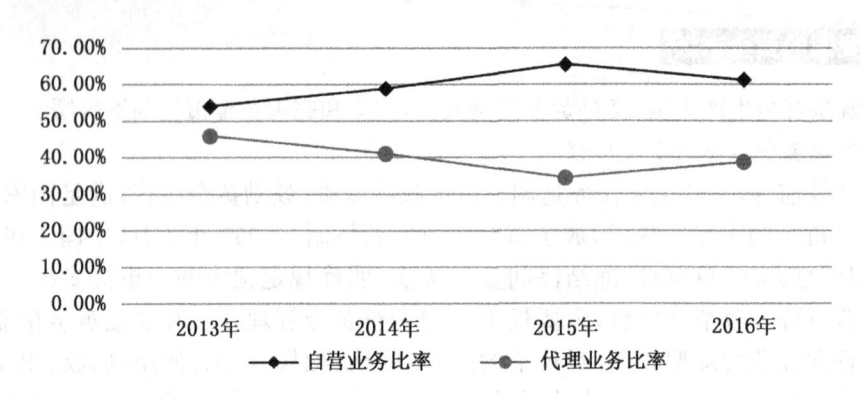

资料来源：上海黄金交易所。

图 9—7　上海黄金交易所黄金自营业务比率与代理业务比率

(二)我国黄金市场存在的问题

上海黄金交易所挂牌运行后,中国人民银行对黄金不再实行统购统配管理,黄金生产、加工、流通企业产供销活动,将通过上海黄金市场规范有序地进行,由市场供求决定黄金价格,通过市场机制来优化黄金资源配置。中国人民银行将根据市场发展的需要,陆续推出相应的配套政策和措施,确保黄金市场平稳、健康、规范、有序地发展。但运行状况表明,我国的黄金市场和黄金管理体制依然存在诸多问题。

1. 交易成本过高

黄金交易所的会员资格条件之一是净资产不得低于1 000万元人民币。其中,金融类会员,资格费140万元,年会费5万元;综合类会员,资格费110万元,年会费4万元;自营会员,资格费80万元,年会费3万元。被委托代理的会员可向客户收取保证金和代理手续费,每一客户1万元保证金,代理手续费率为1.5‰。对于一些中小企业而言,成为会员显然条件不够,而代理成本也并不低,导致场外交易盛行。

2. 国内外价差较大

由于国内外黄金市场并未真正接轨,国内外黄金价差较大,而且国内金价也并非市场真正价格,而是由中国人民银行根据国际市场价格变动对国内金价进行调整的结果。近年来,随着上海黄金交易所延期交易日渐活跃以及夜市的开通,我国国内金价与国际金价的联系日益紧密,价差也逐步缩小,总体趋势与国际市场基本一致。在2015~2016年的476组金价数据的对比中,有329个交易日国内金价高于国际金价,147个交易日国内金价低于国际金价,价差平均幅度为1.75元/克,呈逐年下降态势。2015年的平均价差幅度为1.48元/克,2016年升至2.02元/克。

3. 缺乏政策支持,未形成真正的做市商机制

黄金交易相关政策包括:商业银行黄金进出口权的授予及黄金进口所需用汇的购汇政策;商业银行开展黄金套期保值、黄金寄售、黄金质押贷款等业务的经营许可;商业银行在开展黄金套期保值业务中出现的自身外汇平衡问题所需的购汇政策等。在我国,相关政策尚不完善,不能有力促进做市商机制的良好发展,进而促进黄金市场的繁荣。

4. 国内外黄金市场分割

我国黄金市场目前还仅仅是一个封闭的区域性市场,无论交易品种、交易量,还是市场价格影响力和市场辐射力等方面,都与国际化黄金市场有很大差距,主要表现在:一是参与交易

的会员仅限于国内的产金、用金企业和商业银行；二是黄金还不能实现自由进出口；三是不能同步与国际市场进行 24 小时的交易。

(三) 我国黄金市场的发展趋势

1. 市场规模不断扩大，供需缺口逐渐缩小

我国现为世界第一大黄金生产国和消费国。2016 年，国内累计生产黄金 453.486 吨，连续 10 年成为全球最大黄金生产国。全国黄金消费量 975.38 吨，连续 4 年成为世界第一黄金消费国。国内黄金的供求差额极大，黄金需求潜力亦较大。2014 年现货交易量为 1.8486 吨，连续 8 年居世界首位，黄金市场规模还将进一步扩大。

2. 交易工具不断创新

世界黄金市场交易工具繁多，有力地保证了参与者规避风险的需要，促进了黄金市场繁荣发展。目前，商业银行可以开办个人黄金投资产品。随着黄金管理体制市场化改革的加快，更多的黄金交易工具将会推出。

3. 法规进一步完善

《黄金管理暂行条例》《商业银行开办黄金业务管理办法》等法规，以及相关税收政策、黄金交易市场的进出口政策及对金交所的监管政策等，都会相继出台，以规范和完善黄金市场制度。

4. 电子交易系统进一步合理

目前，金交所的电子交易系统利用的是外汇交易中心的电子交易系统。从长期来看，黄金交易必然要采用独立的电子交易系统，以确保系统交易安全，避免突发事件的影响。

阅读书目

1. 杨大楷、高晓晖、杨晔：《证券投资学》（第三版），上海财经大学出版社 2011 年版。
2. 杨大楷、牟中凯、王晓岚、王欢、范寅：《国债利率管理》，上海财经大学出版社 1999 年版。
3. 杨晔：《中国企业债券市场体系研究》，高等教育出版社 2006 年版。
4. 何孝星：《证券投资基金管理学》，东北财经大学出版社 2009 年版。
5. 魏强斌、欧阳傲杰：《黄金高胜算交易》（第二版），经济管理出版社 2011 年版。

思考题

(一) 填空题

1. 股票的流通性是指股票在不同投资者之间的_____，通常用可流通的_____、股票数量以及_____来衡量。
2. 股票的账面价值也称为_____，是用会计统计的方法计算出来的每股股票所包含的_____。而股票的清算价值是指公司破产或倒闭后进行清算时，每股股票所代表的_____。
3. 根据股票的发行价与股票的面值之间的关系，可以将股票的发行分为_____、平价发行及_____。
4. 债券是_____的证明书，具有法律效力，债券发行人即_____，投资者（或债券持有人）即债权人。
5. 凭证式国债通常又称为_____。
6. 债券的交易方式主要有_____、_____及_____。
7. 衍生工具按照基础工具可以分为：_____、货币衍生工具、_____及_____。

（二）名词解释

1. 询价发行
2. 场内市场
3. 股票限价委托
4. 凭证式国债
5. 产业投资基金
6. 认股权证
7. 指数基金
8. 期货
9. 黄金凭证

（三）是非题

1. 股票通常被视为在高通货膨胀期间值得优先选择的投资对象。（ ）
2. 优先股股票包含表决权，优先股股东有权过问公司的经营管理。（ ）
3. 如果市场利率趋于下降，则多发行长期债券；反之，则多发行短期债券。（ ）
4. 基金投资者与上市公司没有任何直接关系，不参与公司决策和管理，只享有公司利润的分配权。（ ）
5. 封闭式投资基金的股票及受益凭证不能被追加、认购或赎回，投资者可以通过证券交易所进行基金的交易。（ ）

（四）简答题

1. 简述股票的基本特征与优先股的优先权。
2. 简述按股票发行前价格的确定方式划分的股票发行方式。
3. 简述债券收益率水平的影响因素以及研究债券收益率曲线的意义。
4. 简述债券的票面要素以及偿还方式。
5. 简述契约型基金与公司型基金的区别。
6. 简述衍生工具的特点。
7. 简述黄金期货的优缺点。

（五）论述题

1. 试述衍生工具市场的发展动因。
2. 试述我国黄金市场存在的问题。

（六）计算题

1. 某5年期债券面值100元，票面利率6%，每年付息，如果必要收益率为7%，则发行价格为多少？
2. 某面值为100元的5年期一次性还本付息债券的票面利率是8%，2005年1月1日发行，王先生在发行两年后（即2007年1月1日）买入。假定此时债券的必要收益率为6%，求买卖的价格。
3. 王先生1年前以20元每股的价格买入股票，1年后，每股分红1元，刚分红不久，王先生就将股票以每股23元的价格卖出，求王先生的投资收益率。
4. （无风险资产与风险资产的组合）假定基金在未来20年内将取得平均每年12%的收益率，无风险收益率保持在3%不变，那么，对于一个长达20年的投资，为了取得8%的平均收益率，投资于基金的比例y应是多少？如果基金的方差是σ_p，无风险资产的方差是0，那么整个资产组合的方差σ是多少？
5. A公司在2006年1月1日发行5年期债券，面值100元，票面利率为10%，于每年12月31日付息，到期一次还本。如果2001年1月1日同类债券的利率是9%，1年后该债券的市场价格为104.96元，那么该债券2007年1月1日的到期收益率为多少？

第四编

跨国投融资

　　经济全球化是近年来世界经济发展中最为亮丽的景观,其本质是一场世界范围内的资源整合运动。跨国投融资正是这场运动的重要推动力,因为跨国投融资借由国际货币资本和产业资本的跨国界运营,实现了生产要素的跨国流动与配置,增强了国家间的金融联系、生产联系与贸易联系,带来了真正意义上的深层次的经济全球化。本编将分别阐述跨国融资与跨国投资的内涵与国内外发展现状。

第十章

跨国融资

　　跨国融资是国际资金的融通,是资金跨越国界在地域上对国内融资行为的延伸。跨国融资的产生有其客观必然性。一方面,各个国家与地区的经济发展呈现极不均衡的态势,产生了资金跨国流动的需要;另一方面,各个国家与地区经济联系的日益紧密以及经济全球化的加深,又为跨国融资提供了可能。因此,随着生产和资本的国际化的发展,跨国融资对于世界经济的发展与世界范围内的资源优化配置起着越来越重要的作用。

第一节　全球跨国融资

一、跨国融资的含义

　　跨国融资,也称国际融资,是指不同国家与地区之间的资金需求者和供应者通过不同的途径在国家间进行融通资金的行为。一般来说,跨国融资的需求者包括政府机构、跨国公司、商业银行、进出口商、证券经纪人和投机商;跨国融资的供应者主要是跨国公司、商业银行、投资银行、各国中央银行及各种类型的多边金融组织。

　　跨国融资作为一种跨越国界的资金融通行为,它首先是一种国际金融市场业务,因而应将它与国内金融市场业务区分开来。国内金融市场业务的活动仅限于一国范围之内,融资关系的双方均为同一国家的法人或自然人,同时所融通的货币只在一国范围内流动,不发生跨越国界的流动和国际结算。因此,一家本地银行对本地居民发放外汇贷款,或者跨国银行当地分支机构对当地居民发放贷款都只是属于国内金融市场业务范畴,而不属于跨国融资范畴。只有当融资主体、融资客体、融资权利与义务三要素中至少有一项发生在不同国家境内时,才属于跨国融资范畴。

　　正确理解跨国融资的内涵,还需要知道跨国融资作为国际金融市场的实务操作,既有别于国际金融市场本身,又大大超出了国际银行贷款的范畴。国际金融市场是国际资金融通的场所,既可以是有形的市场(如交易所),也可以是无形场所。国际银行信贷是跨国融资的重要形式和最初形式。但随着国际债券市场和国际股票市场的迅速崛起,跨国直接融资逐渐取代了跨国间接融资的主体地位,跨国融资的范畴已远远超出了国际银行贷款所能涵盖的范畴。尤其是近几十年来,金融衍生工具与各种银行表外业务的发展,使得跨国融资手段远比国际银行信贷更为灵活、巧妙而复杂。

二、跨国融资的类型

跨国融资依据实际的资金流动双方之间有无媒介关系可分为跨国直接融资和跨国间接融资。

(一)跨国直接融资

跨国直接融资是指政府、企业等资金短缺方直接从国际金融市场上筹资,融资方式主要包括国际债券融资、国际股票融资、国际投资基金融资、国际项目融资和利用外国直接投资。

1. 国际债券融资

国际债券是指各种国际机构、各国政府或企事业单位为筹措和融通资金,在国外金融市场上发行的、以外国货币为面值的债券。国际债券的重要特征是发行者和投资者属于不同的国家,筹集的资金来源于国外金融市场。国际债券的发行和交易,既可用来平衡发行国的国际收支,也可用来为发行国政府或企业引入资金,从事开发和生产。目前,从理论研究的角度分类,国际债券可以分为外国债券、欧洲债券和全球债券。

(1)外国债券(Foreign Bonds)。即发行人在所在国以外的国家发行的,以发行地所在国的货币为面值的债券,特点是债券发行人在一个国家,债券的面值货币和发行市场则属于另一个国家。当前世界主要的外国债券市场在美国、瑞士、德国和日本,一般称为"四大中心"。

(2)欧洲债券(Europe Bonds)。即发行人在债券面值货币的发行国以外的第三国或离岸金融市场发行的国际债券。欧洲债券产生于20世纪60年代,最初出现的是欧洲美元债券。20世纪70年代以来,以日元、德国马克及瑞士法郎为面值的欧洲债券所占比重也逐步增加。目前,欧洲债券在国际债券中占据主导地位。

(3)全球债券(Global Bonds)。全球债券是20世纪80年代末产生的新型金融工具,是指在世界各地的金融中心同步发行,具有高度流动性的国际债券。1989年,世界银行首次发行了这种债券,并一直在该领域占据主导地位。全球债券发行面值货币有美元、日元等。

2. 国际股票融资

国际股票是世界各国大企业按照有关规定在国际证券市场上发行并参加市场交易的股票。随着经济全球化进程的加快,越来越多来自不同国家的企业开始在国际证券市场上通过发行股票筹集资金,其中一些发展中国家企业的国际股票也吸引了众多的国际投资者。一般而言,发行国际股票分为在境外直接上市、存托凭证、欧洲股权三类。

(1)境外直接上市,即直接以国内公司的名义向国外证券主管部门申请发行登记注册,并发行股票(或其他衍生金融工具),向当地证券交易所申请挂牌上市交易。我们通常所说的发行H股、N股、S股等,就是指我国国内企业境外直接上市发行。H股,指中国企业在香港联合交易所发行并上市的股票;N股,指中国企业在纽约交易所发行并上市的股票;S股,指中国企业在新加坡交易所发行并上市的股票。

(2)存托凭证,是由本国银行开出的外国公司股票保管凭证,投资者通过购买存托凭证进而拥有外国公司股权,避免了外汇清算和交割的不便。目前主要有在美国发行并出售的存托凭证——美国存托凭证(ADRs);在美国以外发行并出售的存托凭证——环球存托凭证(GDRs)。

(3)欧洲股权,是指在面值货币以外的国家或离岸金融市场发行并流通的国际股票。欧洲股权的产生与欧洲债券市场紧密相连。在20世纪80年代,欧洲债券市场上出现了与股权相联系的可转换债券,这种债券可以在一定条件下转化为股票,直接促使了欧洲股权的产生。同时,由于当时的西欧各国奉行自由化、私有化经济政策,需要大量的资金和分散的股权,这也促进了欧洲股权的迅速发展。随着欧元地位的巩固以及欧盟经济实力的增强,欧洲股权的发展前景非常广阔。

3. 国际投资基金融资

投资基金是以投资盈利为目的的投资工具,一般由专门的投资机构通过发行受益凭证的方式,将社会闲散资金集中起来,交由专门的投资机构进行经营和管理,分散投资于特定金融市场,投资人则按出资比例分享基金增值收益。投资人根据自己国内投资的经验往往会利用投资基金的形式参与国际金融投资活动。目前国际投资基金发展非常活跃,已经成为国际资本市场中重要的融资工具之一。

4. 国际项目融资

项目融资是为了某一特定项目发放的贷款。一般来说,进行项目融资的项目所需资金数额大、期限长、风险大,往往采用银团贷款的方式,这是国际中长期贷款的重要形式。BOT 是一种较为普遍的项目融资方式,广泛应用于基础设施领域。进行融资的项目公司,在一定时期内,实施投资项目的建设,并在进行一定时间的运营之后,无需进行特别的补偿,将整个项目转给所在国政府。近年来,PPP 的迅速发展使之成为项目融资的新选择。PPP 是 Public-Private Partnership 的英文首字母缩写,即政府和社会资本合作,是指在公共服务领域,政府采取竞争性方式选择具有投资、运营管理能力的社会资本,双方按照平等协商原则订立合同,由社会资本提供公共服务,政府依据公共服务绩效评价结果向社会资本支付对价。随着全球基础设施中心(GIH)、世界银行集团 PPP 咨询基金、亚洲开发银行 PPP 办公室等国际机构的成立,国际 PPP 项目的发展将更加迅猛。

5. 利用外国直接投资

国际直接投资是指一国的投资者将资本用于他国的生产或经营,并掌握一定经营控制权的投资行为。它既是一种资本的跨国流动,同时也包含技术和管理方式的国际交流。对引资国而言,不仅是跨国融资的有效渠道之一,而且还具有拉动经济增长、推动产业结构调整和升级、促进技术转移和扩散等效应。

(二)跨国间接融资

跨国间接融资是指在国际金融市场上通过金融媒介进行的资金融通,筹资渠道主要包括国际贸易融资、国际贷款、国际租赁融资等。

1. 国际贸易融资

国际贸易融资是指各国政府为支持本国进出口贸易而由政府机构、银行等金融机构或进出口商之间提供的资金融通和风险担保。国际贸易融资的特点是自偿性。银行提供融资或担保的依据是进出口交易中的货物价值,还款的来源是进出口交易行为中产生的货币收入,而不是进出口方自身的盈利。因此,该业务与同等条件下的流动资金贷款相比,在安全性、流动性、效益性方面更具有优越性。国际贸易融资的风险主要有三个方面:客户信用、贸易本身的可靠性和银行国际结算业务的处理能力。在国际贸易融资中,对进口方的融资主要包括信用证、进口押汇和提货担保,对出口方的融资主要包括打包放款、出口押汇、票据贴现等等。而随着国际贸易的不断扩大,国际贸易融资在原有传统融资形式的基础上出现了一系列创新业务,其中,福费廷、保理业务是两种普遍采用的、十分有效的融资工具。

(1)信用证额度。跟单信用证是国际贸易中普遍使用的一种结算方式,主要作用是通过银行的信用介入,增强进出口商之间的信任度。开证银行为进口商提供资金便利,代进口商承担有条件的付款责任。只要出口商满足了信用证的规定和要求,提交了严格相符的全套单据,便可保证收回货款。因此,银行把开立信用证视为一种授信业务。开证申请人及进口商必须向银行提供保证金、抵押品或担保书后,银行才会考虑为该进口商开出信用证。为了方便业务,对一些在银行有一定外贸结算业务并且业务情况及收付汇情况良好、资信可靠、具备一定经济实力的客户,银行通常根据其资信状况及业务量大小,核定一个相应的开证额度,客户在额度内申请开立信用证,可免收或减收保证金。

(2)担保提货。它是在信用证有效期限内,由于航程过短,正本货运单据未收到,而货物已到达时,客户即进口商可向银行申请,并按汇票金额交纳足额保证金,由收货人与银行共同或由银行单独向船务公司出具书面担保,请其凭此先行放货,保证日后及时补交正本提单,并负责缴付船务公司的各项应收费用以及赔偿由此可能遭受的损失。待客户取得正本单据后,再以正本单据换回原提货担保书。

(3)进口押汇。它是银行应客户要求在进口结算业务中给予进口商的一项短期融资便利。客户委托银行开出信用证,在单证相符、需对外付款时,发生临时资金短缺,无法向银行缴足全额付款资金时,银行可以在保留对该公司的追索权和货权质押的前提下,代为对外垫付。垫付款项由押汇申请人在一定时间内偿还。进口押汇一般不再另设额度,而是包括在开证额度之内,进口开证所占用额度要等申请人还清银行垫款后才能循环使用。

(4)打包贷款。也称出口信用证抵押贷款,是出口商收到开证行开来的信用证以后,在装船发货前,将正本信用证作为抵押品,向银行申请短期资金融通,以便用于组织货源,并根据信用证的要求按期发货、按时向银行交单和收回货款。因为这种短期贷款一般主要用于出口商品的生产包装或运输等,所以习惯上称之为"打包贷款"。

(5)出口押汇。它是指银行凭出口商提供的信用证项下完备的货运单据作抵押,在收到开证行所支付的货款之前,由银行按票面金额扣除从押汇日到预计收汇日的利息及有关费用,将净额预先付给出口商的一种短期融资方式。索汇回来的款项归还融资款。若因各种原因索汇回来的金额不足以偿还融资款,银行有权向客户追索融资款本金及逾期利息。因此出口押汇是银行对出口商保留追索权的融资。

(6)票据贴现。它是票据持有人在票据到期之前为获取现金而将票据转让给银行的行为。在信用证项下,如果进出口双方决定以远期信用证方式成交,那么出口方在取得开证行承兑的远期汇票后,就可以向银行申请贴现以取得贷款。银行扣除贴现利息以后将汇票余额付给出口方,也就相当于发放了一笔贷款。若开证行到期不能履行付款义务,付款行有权向出口方追索,要求其归还贷款。

(7)福费廷。也称票据包买,是指福费廷商(通常为银行或银行的附属机构)从出口商处无追索权买进已经承兑的票据,即对未到期的贸易应收票据以无追索权的方式进行贴现,而且买断的票据通常由进口方银行担保(也可由公司或政府担保)。它是一种灵活、简便、有效的贸易融资方式,只要出口商履行合同,就可以获得资金的融通,同时把因延期付款带来的所有风险全部转嫁给福费廷融资商。

(8)国际保理业务。它是指在国际贸易中,出口商以赊销、承兑交单等信用方式向进口商销售货物时,由出口保理商(办理保理业务的商业银行)和进口保理商(买方所在国与出口保理商签有协议的保理商)共同提供的一项集商业资信调查、应收账款催收与管理、信用风险控制及贸易融资于一体的综合性金融服务。

2. 国际贷款

国际贷款是国际商业贷款、政府贷款和国际金融机构贷款的总称。

(1)国际商业贷款。即一国借款人在国际金融市场上向外国银行或国际银团借入货币资金。值得注意的是:第一,该贷款是在国际金融市场上进行的,借贷双方是不同国家的法人或自然人;第二,该借贷在一国借款人和外国商业银行之间进行,债务人包括借款的银行、企业、政府机构和国际机构,债权人则是外国商业银行;第三,无论最初的发放还是最终的收回,都采用货币资本的形态。

(2)政府贷款。即一国政府利用财政资金向另一国政府提供的优惠性贷款,也称政府援助贷款,是具有援助性质的长期低息优惠贷款。一般年利率在2%~3%,也有无息的;偿还期限平均在20~30年,也有长达50年,其中包含10年左右的只付息不还本的宽限期;一般赠与部分占25%~30%。

(3)国际金融机构贷款。即国际金融机构通过多种途径、多国集资,为会员国的经济发展提供资金和技术援助,以提高会员国人民的生活水平。这种贷款一般限定用途、贷款额度和贷款使用条件,同时利率水平较低。按照参与组织的国家多寡和业务活动范围大小,可把国际金融机构分为三种类型:第一种是全球性的,主要有国际货币基金组织和世界银行及其下属的国际开发协会和国际金融公司;第二种是半区域性的,主要有亚洲开发银行、泛美开发银行、非洲开发银行等;第三种是区域性的,主要有欧洲投资银行、阿拉伯货币基金组织、伊斯兰发展银行、西非发展银行、阿拉伯发展基金、非洲经济发展阿拉伯银行、石油输出国际发展基金等。

3. 国际租赁融资

如前面章节提到的,租赁是所有权与使用权之间的一种借贷关系,是指出租人在一定时间内把租赁物借给承租人使用,承租人按租约的规定,分期付给出租人一定租赁费的经济活动。它最大的特点是以租物形式达到融资的目的,将贸易与金融结合在一起,在资本市场和销售市场上实际发挥了投资、融资与促进销售的三重作用。当租赁业务由国内发展到跨越国界时,即为国际租赁,即处于不同国家或不同法律制度之下的出租人与承租人之间的租赁交易,又称跨国租赁或跨境租赁。根据租赁目的和回收投资,可将租赁分为金融租赁和经营租赁。

(1)金融租赁,也称融资租赁或完全付清租赁,即出租人用资金购置承租人选定的设备,并按照签订的租赁协议或合同将其长期租给承租人使用的一种设备租赁方式。其特点是:其一,租赁物由承租人亲自选定,然后由出租人代为购买,所提供的设备由承租人负责检查,并代出租人接受该项资产质量和技术条件但不予担保;其二,全额清偿,即租金总额足以偿付出租人购买设备的全部投资,并能使出租人获得一定的收益;其三,金融租赁是一种不可解约的租赁,在合同的有效期内不得撤销合同;其四,设备的维修保养、保险及过时风险等均由承租人负担;其五,租赁期较长,一般与租赁物的经济寿命相当,如一些大型设备的租赁期可达10年以上。

(2)经营租赁,也称服务性租赁或使用租赁、营运租赁、操作租赁、作业租赁,是一种出租人不仅提供融资,还提供维修、保养、保险及各种专门技术服务的中短期租赁。与金融租赁相比,经营租赁的特点在于:其一,租赁期短,大大低于设备寿命周期,出租人必须通过多次租赁才能将设备投资金额全部收回,因而它是不完全付清的租赁;其二,承租人不承担设备过时、保险、维修的所有责任,所以租金较金融租赁高许多;其三,租赁合同可以撤销,即承租人在一定条件下可以中途解约;其四,租赁期满,承租人只能退租或续租,不得留购;其五,经营租赁允许承租人进行短期试用,承租人可以以最小的代价获得今后购买或长租一项设备所必需的操作经验。

一般来说,直接融资方式的优点是资金流动比较迅速,成本低,受法律限制少;缺点是对交易双方筹资与投资技能要求高,而且要求交易双方会面才能成交。间接融资方式的优点是金融中介机构可以充分利用规模经济,降低成本,分散风险,实现多元负债。

三、跨国融资的起源与发展

融资是一种所有权与使用权相分离的形式与行为,资金融通的前提是信用关系的建立。由于最初银行经营理论的局限性,只有依附于商品贸易的"真实票据"才被认为是唯一可以信任的和可靠的。同样,跨国融资的产生也依附于国际贸易的产生与发展。

(一)国际贸易的产生与发展是跨国融资产生的原始动力

跨国融资的起源最早可以追溯到12世纪,直接产生于国际贸易的发展。早在7世纪到8世纪,国际贸易已经开始活跃,尤其是地中海东部的阿拉伯民族,商人们贩卖非洲象牙、中国的丝绸、远东的香料与宝石,成为亚、非、欧三大洲的贸易中间人。到了12世纪,随着意大利北部和波罗的海沿岸城市的兴起,国际贸易的范围进一步扩大,商业汇票在国际贸易中开始被广泛使用。与此同时,欧洲的商人银行开始大量承兑与贴现汇票,为国际贸易提供融资服务,成为跨国融资的雏形。

(二)国际资本流动是跨国融资发展的根本动力

19世纪末20世纪初,自由竞争的资本主义发展成为垄断资本主义,同时,商品输出的地位被资本输出所代替,国际资本流动的加剧促进了国际金融市场的形成与发展。跨国融资的形式不仅突破了对国际贸易中的票据进行贴现的简单形式,而且突破了通过银行进行跨国融资的间接融资形式,跨国直接融资开始发展起来。

第二次世界大战后,一方面由于美元资本膨胀,急需寻找新的出路,另一方面西欧各国以及日本对重建资本需求迫切,更是促使了国际资本流动的进一步加剧。在20世纪60年代,经合组织理事会通过了要求成员国遵守的"资本流动自由化法则",促使跨国融资得到更为迅速的发展。根据国际清算银行调查统计,在全球主要金融市场上,私人银行的跨国融资累计余额1970年时只有610亿美元,1975年上升到2 610亿美元,到1980年则已迅猛增至8 100亿美元。

(三)欧洲货币市场的形成是跨国融资发展的里程碑

20世纪最大的金融创新就是欧洲货币市场的形成与发展。在20世纪70年代,石油危机爆发,促使油价提升,产油国因此积累了大量的美元资金。一方面,大量的闲置美元需要寻找出路;另一方面,由于美国国内金融管制,银行为逃避国内的金融管制,宁愿到境外筹资,欧洲美元市场最终形成。到了80年代后期,金融自由化浪潮开始席卷全球,资本在国际的流动愈演愈烈,流动的形式也开始走向多样化。不仅以短期资金拆借为主的欧洲货币市场日益完善发展,欧洲货币市场的另外两个组成部分——欧洲债券市场和欧洲信贷市场也陆续产生,融资方式也由简单的银行间短期资金拆借发展为短期资金拆借、欧洲商业票据、欧洲本票等多种方式并存。

由于欧洲货币市场不受任何一国政府或国际机构的管制,因而对贷款没有限制,对银行贷款对象与条件没有限制,银行拥有完全的贷款自主权,大大促进了跨国融资的发展。

(四)银行国际化进程与跨国融资同步发展

当跨国融资应国际贸易的需求产生之后,随着业务量的增加,许多商人银行开始建立海外分行或代理处,以满足不断增长的跨国融资需求。1790年,意大利佛罗伦萨城中的巴尔迪家族与佩普齐家族在伦敦设立了代理处,成为跨国银行的雏形。随后,跨国融资同银行国际化几乎同步发展。一方面,跨国融资的发展促进了银行国际化进程;另一方面,银行的国际化又加大了跨国融资的广度与深度。到20世纪70年代,银行国际化浪潮启动,跨国银行得到迅猛发展。以美国为例,80年代后期大约有130家美国银行在国外设立了80家分支机构,拥有资产300亿美元。同时,以跨国银行联合形式出现的多国银行也开始积极活跃于大型项目跨国融资之中。

(五)融资证券化成为全球融资市场发展的一大趋势

20世纪80年代,伴随着国际资本市场中出现的非中介化和证券化的现象,证券融资开始迅速增长,到了90年代仍保持良好增长态势。据统计,1983年国际金融市场融资总金额为14 300亿美元,其中国际债券融资金额就占24.1%;到1990年,在49 337亿美元的融资总金额中,国际债券融资占到32.1%;1994年国际债券融资则占全部融资金额(66 937亿美元)的36.7%。近年来,国际资本市场上"融资证券化"势头发展迅猛,以国际债券和跨国股票发行为主的直接融资逐步取代以银团贷款为主的中长期间接融资。

四、全球国际债券融资的最新进展

(一)国际债券融资规模急剧扩张

20世纪80年代中期以来,全球国际债券融资获得了飞跃式的发展。据统计,国际债券市场总余额在1986年仅为7 000亿美元,1990年达到了14 725亿美元,1995年达到了28 033亿美元,2000年激增到63 686亿美元,2002年达到了92 189亿美元,至2006年9月末就达到了65.8万亿美元,比2005年末增长了8%。从融资额的角度来看,21世纪初非金融企业通过国际公司债券市场募集的总资金仅为2 400多亿美元,到2013年增长则到6 900多亿美元,年复合增长率达7.7%(见图10—1)。

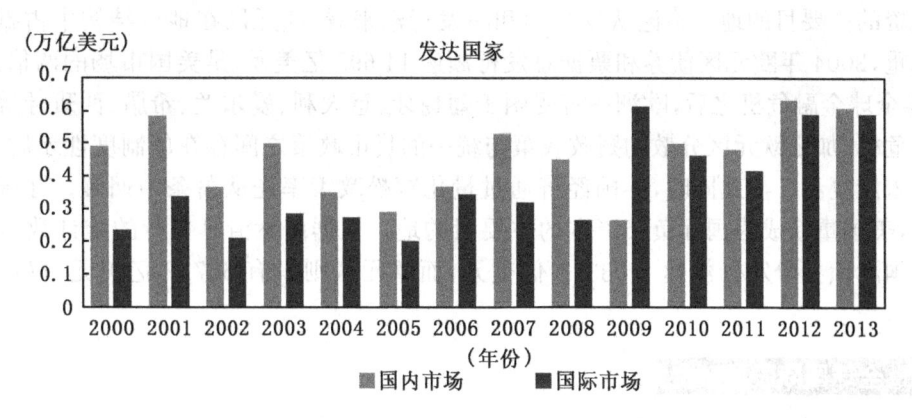

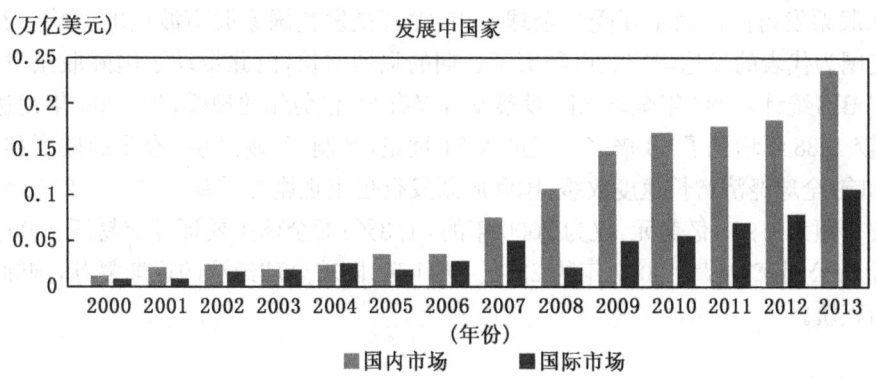

资料来源:根据《全球金融发展报告2015—2016》公布的数据整理。

图10—1 非金融企业通过国内和国际公司债券市场募集资金总额

(二) 发展中国家国际公司债券市场融资增长迅速，但发达国家仍占绝对优势

全球金融危机暂时延缓了发达国家和发展中国家在国际公司债券市场上的快速扩张。[①] 相较 2007 年，2008 年发达国家和发展中国家分别减少了 16.3% 和 56.3% 的国际债券融资。然而，2009 年国际公司债券市场便开始快速反弹，并且在后危机时代快速增长。发展中国家尤为明显，在拉美及加勒比地区，2008～2013 年通过公司债券募集的资金总额上升了 170%，而联合借款则下降了 42%。国际公司债券融资额增长迅速的原因是由于金融危机以来全球盛行的低利率政策，低利率环境抑制了政府债券收益，为了获得更高的回报，全球投资者将更多的资金配置到公司债券中。发展中国家除了在国际债券市场不断扩大融资规模以外，其国内债券融资额也在不断攀升（见图 10—1），债务总量的快速增加也蕴含着一定的风险。发达经济体仍然是跨国债券融资市场的主力。自从 20 世纪 90 年代中期以来，发达国家的净发行额占全球净发行额的比重均在 80% 以上，而美国和欧洲又占了发达国家中的 80% 左右。可以预见，未来相当长的时间内，发达国家仍是国际债券融资市场的主导力量。

（三）美国重新成为国际负债资本的主要目的地

21 世纪初，美国作为国际资本流动枢纽的地位开始动摇，美国市场出现资本流入减缓的势头，而欧元区则迅速成为国际负债资本流动最主要的目的地。受当时美国长期面临的经常项目巨额逆差以及美元长期走低的影响，2005 年第一季度，美国国际负债证券净发行额只有 644 亿美元，比上年同期减少了近一半。与美国形成鲜明对照的是，欧元区成为当时国际债券投资的主要目的地。不论从发行额和净发行额来看，欧元区在地域结构中占据越来越大的比重，2004 年欧元区债券和票据总发行额达 14 698 亿美元，是美国市场的两倍。然而，2008 年全球金融危机之后，欧洲一直受困于葡萄牙、意大利、爱尔兰、希腊、西班牙等国的主权债务危机，加之欧元区分散的财政政策与统一的货币政策之间存在的制度性矛盾，欧洲经济迟迟未能复苏。与此同时，美国经济通过量化宽松政策率先从萧条中回暖。在国际债券市场上，美国重新成为国际负债资本的主要目的地。根据国际清算银行的统计数据[②]，2014 年美国国际债券净发行额达 1 033.2 亿美元，而欧元区则只有 657.2 亿美元，仅占美国的 63.61%。

五、全球国际股票融资

国际股票发行的波动主要受到全球股市，尤其是发达国家股市波动的影响。20 世纪 90 年代以美国为代表的发达国家股市经历了长期的强劲增长，由此带动了国际股票发行的快速增长。据 BIS 统计，1988 年全球国际股票发行仅有 80 亿美元的规模，到 2000 年则达到 3 170 亿美元，较 1988 年增长了 38 倍多。但进入 21 世纪，受制于"新经济"泡沫的破裂和国际金融危机的影响，全球经济增长速度放缓，国际股票发行也出现剧烈波动。2001～2005 年，国际股票年均发行额为 1 900 亿美元，仅为 2000 年的 61.3%；而全球主要证券交易所 2009 年外国公司 IPO 上市公司家数仅为 2007 年的 23%。近年来，随着全球经济的逐渐复苏，国际股票发行逐步回归正轨。

---

① 这里主要关注非金融企业的债券融资。
② 这里指公司发行人。

第十章　跨国融资

表 10—1　　　　　　　　　　全球主要交易所外国公司 IPO 家数　　　　　　　　　单位：个

年度	纽约泛欧证交所集团(美国)	纽约泛欧证交所集团(欧洲)	伦敦证交所	香港证交所	纳斯达克-OMX集团(北欧)	德国证交所	澳大利亚证交所
2006	—	—	—	—	—	11	—
2007	6	9	94	1	2	3	—
2008	7	13	25	0	0	1	—
2009	9	5	9	1	0	2	—
2010	25	7	18	3	0	13	9
2011	17	3	17	4	2	12	9
2012	7	2	18	2	0	5	9
2013	17	6	21	4	0	3	7
2014	26	8	24	0	1	5	10
2015	6	8	15	5	0	3	12
2016	8	1	8	11	2	4	9

资料来源：根据 Wind 数据库公布的数据整理。

(一)全球国际股票市场的最新进展

全球股票市场市值大幅增长，美、欧、中、日占据股票市场市值的绝大部分。据不完全统计，截至 2016 年末，全球主要股票市场市值约为 70.21 万亿美元[①]，同比增长 4.4%。全球股票市场市值主要集中于美国、欧洲、中国和日本，全球市值最大的 10 家交易所也均属于上述地区(见表 10—2)。我国的上海证券交易所、深圳证券交易所和香港证券交易所的市值分别位于全球第 4、第 7 和第 8 位，市值的全球占比分别为 5.85%、4.58%、4.55%。

表 10—2　　　　　　　　　2016 年末全球证券交易所市值排名

全球市值排名	交易所	市值(万亿美元)	全球市值占比
1	纽约泛欧证券交易所集团(美国)	19.57	27.88%
2	纳斯达克-OMX 集团	7.78	11.08%
3	东京证券交易所	5.06	7.21%
4	上海证券交易所	4.10	5.85%
5	伦敦证券交易所	3.50	4.98%
6	纽约泛欧证券交易所集团(欧洲)	3.49	4.97%
7	深圳证券交易所	3.22	4.58%
8	香港证券交易所	3.19	4.55%
9	多伦多证券交易所集团	2.04	2.91%
10	德国证券交易所	1.73	2.47%

资料来源：根据 Wind 数据库公布的数据整理。

---

① 这里统计了全球主要的 49 个证券交易所，数据来源于 Wind 数据库。

(二)存托凭证发行情况

1. 欧美地区交易活跃

交易最为活跃的地区以欧美为主,美国存托凭证(ADRs)发行交易量仍遥遥领先。20世纪90年代以来,美国存托凭证的发行量呈逐年增长趋势(见图10—2)。2000年,来自32个国家和地区的公司和政府通过在美国和欧洲市场发行存托凭证115次,融资290亿美元,融资额比1999年增加32%。欧洲国家,如英国近年来存托凭证的交易量也呈上升趋势。2000年,英国伦敦证券交易所挂牌上市的前5家公司存托凭证总融资额达30.7亿英镑(约47.2亿美元),超过其1999年12月31日以前所发行上市的外国公司存托凭证的总市值29亿英镑(约46亿美元)。亚洲各国(地区)证券市场发行存托凭证的情况远远不及欧美。日本东京证券交易所是目前亚洲地区最吸引外国(地区)公司挂牌交易的场所,其外国(地区)公司挂牌交易的股票、存托凭证数目在1989～1991年间达到巅峰,最多有127家外国(地区)公司的股票或存托凭证在该交易所上市。但在1992年以后,由于日本经济的衰退和日本市场对外资吸引力的下降,外国公司纷纷撤离,加上20世纪90年代中后期掀起的并购热潮,使得在日本上市的外国(地区)公司数目锐减。至2001年6月20日,在东京证券交易所挂牌上市的外国(地区)公司仅39家,不到1990年底的1/3,亚洲其他国家(地区)较为吸引外国(地区)企业的要数新加坡和中国香港。目前新加坡证券交易所、香港联合交易所均与美国纳斯达克签有证券相互挂牌上市协议,其外国公司数目也呈逐年递增趋势。

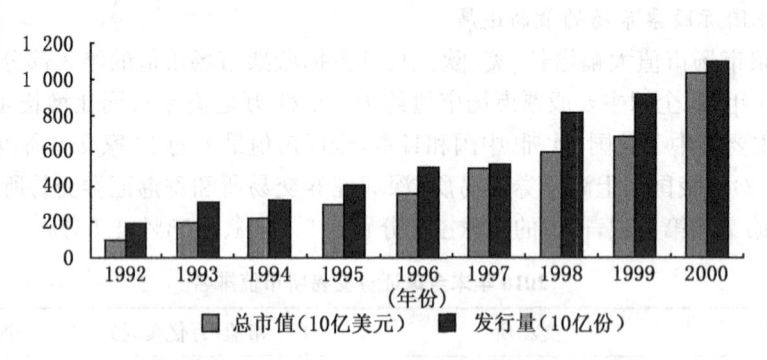

图10—2 美国存托凭证发行增长情况

2. 亚太地区公司融资数目明显增加

自20世纪90年代中期以来,亚太地区公司发行存托凭证的数目较此前大为增加。美国学者Karl Lins等曾做过一个统计,1986～1995年间,美国纽约证券交易所和纳斯达克市场共发行上市ADRs107只,其中来自加拿大、英国等欧美发达国家的达82只,美国的邻国墨西哥发行了8只ADRs,而整个亚太地区国家(地区)仅发行了17只。但是自1995年以来,亚洲新兴市场经济国家(地区)在美国及欧洲地区存托凭证的发行量明显增加。以中国台湾地区为例,台湾企业1996～2000年共发行存托凭证45只,其中ADRs和GDRs分别为11只和33只,企业募集资金的数量也从1995年的15.4亿美元增加到2000年的30.7亿美元。

(三)欧洲股权发行情况

欧洲股权的产生与欧洲债券市场的发展密切相关。20世纪80年代初欧洲债券市场出现了与股权相联系的债券,这种债券可在一定期限内按一定条件转化为股票。因此,这直接促成了欧洲股权的产生。此外,欧洲股权在20世纪80年代的发展还具有一定的时代背景。当时以英国撒切尔政府为代表的西欧各国奉行自由化、私有化的经济政策,这需要大量的资金和分散的股权。由于各国积极采用了欧洲股权的方式,从而促进了其发展。据统计,1986年上市的欧洲股权已有444种,到1987年又扩大到582种(当年的欧洲股权发行总额达155亿美元)。英国成为欧洲股权的中心市场。之后,欧洲股权市场曾伴随着全球股市的涨落经历了衰退或繁荣。根据世界经济的总体发展趋势和西欧的一体化进程,欧洲股权的发展前景仍然非常广阔。

与直接在海外上市的国际股票相比,欧洲股权的发行具有自己的特点。一般来说,前者往往是企业在国内股票市场上市的基础上,选择某一国外金融中心的证券交易所上市的国际股票;而后者则一般在多个国家的市场上同时发行,由跨国投资银行组成的国际辛迪加进行跨境承销。

第二节 中国跨国融资

如前所述,跨国融资已成为一国融资的重要手段之一,其主要的融资方式包括国际债券融资、国际股票融资、海外投资基金融资、外国政府贷款、金融组织贷款以及利用外国直接投资等。本节将分析我国进行跨国融资的背景,对跨国融资在我国的运用情况以及存在问题进行探讨。

一、中国跨国融资的背景

我国是一个发展中国家,如何加快经济增长步伐,缩小我国与西方发达国家的差距是一项关键而紧迫的任务。而努力拓宽融资渠道,引进国外资金资源,以弥补国内资金资源的不足则是完成这一任务的有效手段和重要战略之一。中国走向国际金融市场进行跨国融资具有重要意义。

(一)中国跨国融资的发展是对外开放与引进外资政策的必然

自从中共十一届三中全会之后,我国确立了改革开放的基本国策。改革开放之后,我国打破了闭关锁国的经济发展局面,开始积极引进外资并制定了一系列优惠政策,对近30年来我国经济的高速发展作出了卓越的贡献。在国际竞争日益激烈的今天,国际分工日益细化,各国经济相互渗透,经济全球化的趋势日益显著。我国是一个人口众多、自然资源丰富的国家,但资金相对不足,因此积极引进外资,解决国内资金缺口,加快国内经济发展步伐就显得十分重要。与此同时,国际上又存在着大量的闲置资金,尤其是一些发达西方国家经过几十年的快速发展,积累了大量的财富,由于其国内平均利润率水平下降,投资机会大大减少,急需为手中大量的闲置资金寻找出路。而在经济全球化的同时,世界金融国际化的趋势也日益显著,欧洲货币市场的形成是世界金融国际化进程的重要里程碑。目前,原先的国际金融中心正进一步发展,新兴的国际金融中心不断兴起,而国际金融创新日新月异,这一切都为中国跨国融资提供了前所未有的良机。

(二)中国跨国融资的发展是对外贸易与对外投资发展的必然

对外开放政策的实质是要实行外向型经济,加强对外贸易则是实行外向型经济的必然和基础。我国对外贸易战略经历了一个由"独立自主、自力更生"到"有限对外开放",再到"全面对外开放"的战略演变过程。全方位的对外贸易战略是一个多领域、多层次、多元化和双向交流合作的外向型发展战略。在发展对外贸易的同时,中国企业也开始了迈出国门的步伐。虽然我国的对外投资早在新中国成立后不久就已经开始,但中国企业真正迈出国门实行跨国经营是在1979年8月13日国务院颁布了15项经济改革措施之后,其中第十三项明确指出"要出国开办企业"。随着改革开放的不断深入,1992年党的十四大报告中明确指出"要积极扩大我国企业的对外投资和跨国经营",各级政府开始积极鼓励和支持有条件的企业"走出去"。现阶段"一带一路"战略的实施,更是为我国企业"走出去"创造出了难得的历史机遇。目前,我国海外公司与企业大多是以现汇方式向外投资的,但是海外直贷、内保外贷、境外直接上市等跨境融资方式也在蓬勃发展。我国的境外企业分布于世界各国、各地区,在初步站稳了脚跟之后如何利用自己的优势不断发展壮大,是中国进行跨国融资所面临的新挑战。

(三)中国金融体制的改革为中国跨国融资的发展提供了良好契机

金融体制改革一直是我国经济体制改革的重要课题,也是改革的重点与难点。尽管要完成最终的改革目标还需要一个艰难而漫长的过程,但已经取得的成就仍然是举世瞩目的。

1. 外汇双轨制并轨,实行经常项目下人民币可自由兑换

自1994年1月1日起,我国将人民币汇率并轨,实行以市场供求为基础的、单一的、有管理的浮动汇率制,为中国跨国融资提供了一个稳定的金融环境。随后,我国外汇体制改革的又一项重大举措是于1996年12月,实现了在经常项目下人民币可自由兑换。由于国际金融形势依然严峻,而且国内金融的内在矛盾依然存在,因此,我国要最终实现资本项目下的人民币可自由兑换还必将经历一个漫长的过程,但是这一举措仍是我国外汇体制改革的一项重大突破,为引进外资、增强跨国融资能力开辟了一条宽广的大道。

2. 国有专业银行改革,基本实现了国有专业银行向国有商业银行的转化

国有专业银行向国有商业银行转化,按照"三性""四自"原则进行经营,可以使我国原有四大专业银行真正地实行市场化经营,提高银行运作效率,同时开阔了眼界,积极拓展银行业务,并按照市场需求设计融资品种,拓宽融资渠道。不仅如此,在我国原国有专业银行向国有商业银行转化的同时,一批新兴的商业银行纷纷建立并壮大,如深圳发展银行、中信实业银行、深圳招商银行、光大银行等,形成了一个由中央银行(中国人民银行)为领导,四大国有商业银行和新兴商业银行为主体,其他金融机构并存协作的完整的金融体系,为中国跨国融资的发展打下了坚实的基础。

3. 金融企业开始走出国门,实行跨国经营

中国银行是我国金融企业实行跨国经营的先驱,其他银行如交行、工行、建行和中国国际信托投资公司近年来也纷纷效仿,走出国门,面向世界。截至2014年末,中国商业银行的海外总资产达1.5万亿美元。总计20家中资银行业金融机构在美国、日本、英国、德国、澳大利亚、俄罗斯、巴西等53个国家和地区开设1 200多家海外分支机构。以实行跨国经营的典型中国银行为例,至2014年底,中国银行海外分支机构遍布世界大多数国家和地区,主要有中国银行伦敦分行、巴黎分行、法兰克福分行、纽约分行、法兰克福分行、纽约分行、东京分行以及悉尼分行等。

4. 金融市场的建立、完善与逐步开放

鉴于世界金融证券化的趋势,我国先后于1990年12月和1991年7月在上海和深圳分别建立了上海证交所与深圳证交所,标志着金融市场体系初步建立。目前,沪深两市经过二十多年的发展与完善,在市场规模不断扩大的同时,也正逐步对外开放,成为中国跨国融资的重要渠道之一。资本市场为了解决资本项目下人民币不可自由兑换与融通国外资金,加快国内经济建设的矛盾,在A股市场建立之后,我国于1991年底建立了B股市场。截至2016年末,我国A股上市公司总数达3 053家,其中上交所1 183家,深交所1 870家;B股上市公司101

家,其中上交所52家,深交所49家。A股筹资规模如图10-3所示。

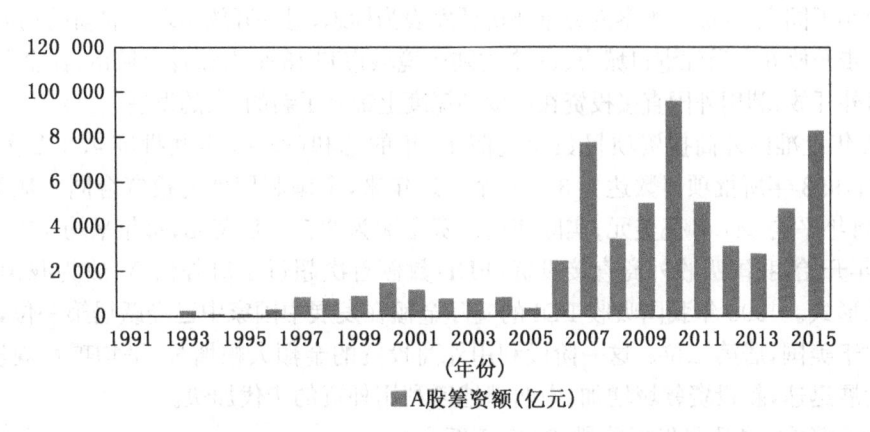

资料来源：上海证券监督管理委员会。

图10-3　历年证券市场筹资规模

二、中国跨国融资的运用情况

我国发展经济的战略之一就是多渠道吸引外资,积极稳妥地培育国内资本市场。为了更好地发展经济,我国不仅在国内广泛筹集资金,也将跨国融资作为筹集资金的重要方式,其主要的融资方式包括利用外国直接投资、对外借款和对外证券融资等。

(一)利用外国直接投资

改革开放以来,我国利用外国直接投资取得了很大进展,大致可以分为以下四个阶段。

1. 第一阶段:起步阶段(1979~1986年)

从1979年我国颁布《中华人民共和国中外合资经营企业法》开始,中央不断调整外商投资政策,先后开放了深圳、珠海、汕头、厦门四个经济特区和一些沿海港口城市及沿海经济开放区,对这些城市和地区在外资方面实行优惠政策,并通过完善立法,制定扩大地方外商投资审批权限等一系列措施,初步改善了投资环境,使我国在利用外国直接投资方面有了一定发展。

从1979年到1986年,全国利用外商投资合同(协议)金额为191.8亿美元,每年平均约24亿美元;实际使用外资金额65.9亿美元,每年平均约8.2亿美元。这一阶段,我国吸收的外商投资主要来自我国港澳地区,并以劳动密集型的加工项目和宾馆、服务设施等第三产业项目居多,这些企业大部分集中在广东、福建两省及其他沿海省市,内地吸收外资则刚刚起步。

2. 第二阶段:稳步发展阶段(1987~1991年)

1986年10月,国务院颁布《关于鼓励外商投资的规定》,对外商投资于先进技术企业和产品出口企业在税收等方面给予更多优惠。1987年12月,国家有关部门制定了指导外商投资方向的有关规定,以促进外商投资产业结构的改善。1988年,中共中央和国务院又决定将沿海经济开放区扩展到北方沿海的辽东半岛、山东半岛等地,并于当年批准海南建省和设立了海南经济特区,1990年,进一步决定开放上海浦东新区。上述规定和举措进一步改善了我国利用外国直接投资的环境,促进了吸收外资的发展。从1987年到1991年,全国利用外商投资的结构有了较大改善,生产性项目及产品出口企业大幅增加,旅游服务项目的比重降低较多,外商投资的区域和行业有所扩大。

3. 第三阶段:高速发展阶段(1992～2001年)

以邓小平同志1992年视察南方重要讲话发表为标志,对外开放出现了崭新的局面。国务院决定进一步开放6个沿江港口城市、13个内陆边境城市和18个内陆省会城市,在全国范围内全面推进对外开放,利用外国直接投资在广度和深度上都有了新的、大的发展。

1992年批准的外商投资项目数超过前13年的总和(前13年共批准4.2万多个),达到4.8万个;1993年所批项目数达8.3万多个。近年来,全国利用外商投资合同金额为1 695.6亿美元,每年平均847.8亿美元;实际使用外资金额为385.2亿美元,每年平均192.6亿美元。从1992年开始,我国吸收外商直接投资(FDI)数额首次超过了对外借款,成为我国利用外资最主要的形式。1993年我国吸收FDI的实际金额在发展中国家中已经跃居第一位,在世界各国中仅次于美国,居第二位。这一阶段利用外商投资的金额大幅增长,平均项目规模扩大,房地产业发展迅速,新投资领域增加,中西部地区利用外资的步伐加快。

4. 第四阶段:高质量发展阶段(2002年至今)

2002年我国吸引外资527亿美元,首次超过美国,跃居全球第一。尽管个别年份,如2003年"非典"、2008年全球金融危机期间,我国利用外商投资增长速度有所放缓,但是总体来说这一阶段利用直接外资规模呈现出逐渐扩大的趋势(见图10—4)。同时,这一阶段外商直接投资的结构也发生了较大变化,利用外国直接投资的重点也由注重数量转向注重质量和结构优化。主要表现为:越来越多的西方大型跨国公司进入中国;外商投资企业的资源结构和技术结构进一步改善;资金与技术密集的大型项目和基础设施项目增加,外商投资的平均项目规模不断扩大,投资领域进一步拓展,许多第三产业的企业开始利用外商投资,外商投资的产业结构日趋合理;中西部地区利用外商投资的增速快于东部沿海地区。

为了进一步适应我国经济发展需求,2017年1月17日,国务院发布《关于扩大对外开放积极利用外资若干措施的通知》,放宽服务业、制造业、采矿业等领域外资准入限制,鼓励外商在制造业领域加大投资、优化结构,进一步提升利用外资质量。这预示着我国利用直接外资质量将进一步提升,FDI对我国经济发展将起到越来越大的促进作用。

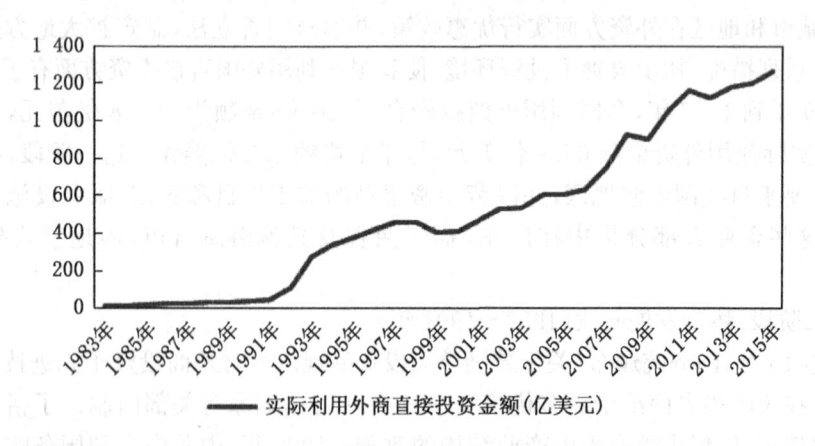

资料来源:根据国家统计局2016年公布的数据整理。

图10—4 我国历年实际利用外商投资金额

(二)对外借款

20世纪50年代,我国以政府贷款方式从苏联借入长期贷款,开启了借用外资的先河。20

世纪 60 年代,我国开始从西方国家借入商业贷款,经过多年的发展,我国对外借款在规模、渠道和结构上都发生了很大变化。

1. 借款规模增长稳定

我国在 1979 年只有数亿美元的债务,此后对外借款的发展非常迅速。截至 2006 年 9 月末,我国外债余额为 1 840.85 亿美元(不包括我国香港特区、澳门特区和台湾地区的对外负债),比上年末增加 155.47 亿美元。其中 1979~1983 年,我国处于对外借债的起步阶段,外债金额增长较慢,年均增长 8 亿美元左右;1984~1987 年间,我国的借债比较集中,特别是 1985 年,增长率为 94.87%;1989 年之后,我国对外借债进入了均衡增长阶段,年均增长率保持在 10% 左右。

2. 借款渠道多元化

改革开放之前,我国对外借款以政府借款和商业贷款为主;改革开放之后借款渠道大大拓宽,包括外国政府贷款、国际金融组织(包括区域性金融组织)贷款、国际商业银行贷款及其他形式的贷款(见表 10—3)。在外国政府贷款和国际商业贷款中,我国原来的借款对象主要是我国香港地区和日本等少数几个国家及地区,到现在已扩展到包括我国港澳地区、日本、美国、英国和其他欧洲国家在内的许多国家和地区,极大地分散了债务风险。

表 10—3　　　　　　　　　　近年来我国对外借款概况　　　　　　　　　　单位:亿美元

债务类型	年份	2000	2002	2004	2006	2008	2010	2012	2014
总计(亿美元)		1 457.3	2 026.3	2 629.9	3 385.9	3 901.6	5 489.4	7 369.9	17 799
按借款类型分	外国政府贷款	246.1	244.2	322.1	276.7	324.7	320.8	310.5	232.2
	国际金融组织贷款	263.5	277	251	278.1	270.5	355.5	341	421.4
	国际商业贷款	947.7	929.1	1 247.8	1 635.1	2 010.3	2 701.1	3 803.4	4 957
	贸易信贷	—	263.2	809	1 196	1 296	2 112	2 915	3 344
按期限分	长期债务余额	1 326.5	1 155.5	1 242.9	1 393.6	1 638.8	1 732.4	1 960.6	4 817
	短期债务余额	130.8	870.8	1 387	1 992.3	2 262.8	3 757	5 409.3	12 982

资料来源:根据中国人民银行货币政策小组:《中国货币政策执行报告》,2015 年 3 月整理。

3. 借款条件合理化

随着我国国内经济的发展以及我国外债管理经验的不断积累,我国外债期限结构、利率结构和币种结构都在不断变化。在期限结构上,2008 年之前我国的短期债务比例基本控制在 50% 左右,处于较为合理的状态。2008 年之后,我国短期外债比例逐步提升,按照债务期限划分,至 2014 年末我国短期外债占比超过 70%(见图 10—5)。但是我国相当一部分短期外债是与贸易有关的信贷,如企业间贸易信贷、银行贸易融资以及与贸易有关的短期票据等融资性债务等。因此我国短期外债偿付压力有限,整体风险可控。

(三)对外证券融资

对外证券融资已经成为当今世界各国融资的一种重要形式。随着我国国际信誉的提高和融资业务水平的上升,对外证券融资也逐渐成为我国有效利用外资的方式之一。

1. 对外发行债券

对外发行债券是指一国政府、金融机构、企业等在国际债券市场上以外国货币或境外货币为面值发行债券。自 1982 年以来,我国已在香港特区、法兰克福和新加坡等地多次发行国际

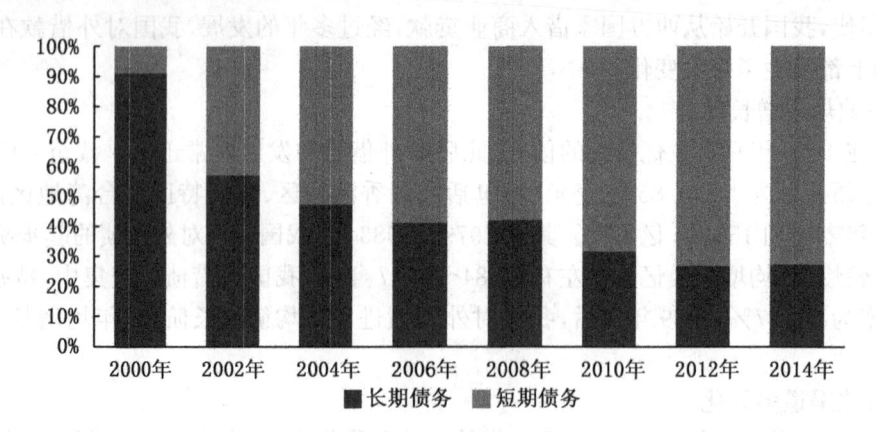

资料来源：根据国家统计局 2016 年公布的数据整理。

图 10—5　我国近年来对外借款期限结构概况

债券，筹集了大量的资金，主要用于一些大型建设项目，如能源、交通等基础设施的建设。

我国发行国际债券始于 1982 年 1 月，中国国际信托投资公司在日本债券市场发行了 100 亿日元私募债券。中国还向伦敦、新加坡等金融中心发行外国债券、欧洲美元、欧洲日元等。1993 年，中国国际信托投资公司在纽约成功地发行了 2.5 亿美元的外国公募债券，期限 10 年，票面利率 6.875％，发行价格为 99.706 美元，投资收益率为 6.916％，承购手续费为 0.675％。同年，海南省国际信托投资公司在香港发行 8 000 万亚洲美元债券并在香港联交所上市，1994 年又在日本发行 145 亿日元武士债券等。

为了加强境外发债的管理工作，中国人民银行于 1987 年 9 月正式发出了《关于中国境内机构在境外发行债券的管理规定》，规定中国人民银行总行是境内机构在境外发行债券的审批机关；国家外汇管理局及其分局是境内机构在境外发行债券的管理机关，负责审查、协调和监督债券的发行及所筹资金的使用和偿还。

2. 中国企业在境外上市

境外上市是企业利用国际资本市场融资的最直接的途径，也是企业直接走向全球化经营、熟悉国际市场及其运行规律和规则的有效方式。境外上市的模式主要有首次公开发行（IPO）上市、买"壳"上市、造"壳"上市、可转换债券上市和存托凭证上市等。从中国企业的实践来看，境外上市的主要方式包括到中国香港特别行政区发行 H 股、到美国发行 N 股以及发行存托凭证（ADR/GDR）等。境外上市的场所主要包括香港主板市场、香港创业板市场、美国纽约证券交易所、全美证券交易所、美国纳斯达克股市、OPET、电子交易市场、新加坡 SESDAQ 市场、伦敦股市、德国法兰克福市场等。

（1）中国企业香港上市。中国内地企业正式赴港上市始于 20 世纪 90 年代初。1993 年，在中国证监会、香港证监会、联交所和深沪交易所正式确定合作关系后，1993 年 7 月，青岛啤酒正式发行 H 股，首次在港上市。截至 2016 年 12 月，中国企业在香港联交所主板市场上市的 H 股公司共 231 家，香港成为中国内地企业海外融资的重要窗口。对于中国内地企业来说，香港市场作为本土市场的一部分，同内地经济联系紧密，并有着与内地相近的文化背景。同时，香港作为活跃的国际金融中心，聚集着众多国际性的金融机构，金融基础设施完善。香港交易所是亚洲除日本之外最大的股票交易所，是包括恒生指数等在内的重要的国际性指数的中心市场，在港上市能提升企业的国际形象。因此，赴港上市一经启动，便吸引了众多的内地企业。20多年来,香港股票市场已成为中国概念股海外上市的重要集聚地。

(2)中国企业美国证券交易所上市。从20世纪90年代以来,中国企业掀起过赴美上市的热潮,不少企业成功地登陆到了美国资本市场。据相关统计资料显示,1993年中国石化最早在纽约证券交易所上市(此处仅指初始发行),1997年是中国企业在美国证券交易所上市最集中的年份,共有四家企业初始发行,分别为燕山石化、东方航空、南方航空和中国移动。2000年以来,受美国经济不景气和"9·11"事件的影响,上市速度放缓,只有中国铝业一家。截至2017年1月,在纽约证交所上市的企业共有62家,在纳斯达克上市的中国公司共有87家。根据对这些企业的研究发现,通过首次公开发行方式成功上市的一般是中国的大型国有企业,诸如中国电信、中国网通等,或者有风险资金参与的知名私企或股份制企业,如盛大、51job、阿里巴巴等。而对中小企业来说,由于自身规模与财务的限制,一般采用反向并购,即买壳上市的方式。

(3)通过发行美国存托凭证方式直接上市。如前面章节所述,美国存托凭证(American Depositary Receipts,简称ADRs)是一种契约性票据,是美国存托银行发行的一种类似股票证书的可转让票据,它代表美国投资者对非美国公司、政府或美国公司境外附属子公司发行证券的所有权证书,可方便地进入美国证券市场进行交易。1994年初,中国证券监督管理委员会选定的第二批海外直接上市的国有企业中,有5家企业是通过发行ADRs的方式直接到美国证券市场挂牌上市的,是中国证券市场国际化的重要里程碑。

3. 中国企业通过B股上市融资

在中国证券市场成立之初,管理层就在积极探索通过国内证券市场引进外资的道路。1992年初,中国第一只特种股——真空电B股在上海证券交易所上市,境外投资者开始在中国证券市场投资股票,打开了中国融通外资的新渠道。十多年来B股市场取得了巨大的发展。2001年初,原先仅允许境外居民投资的B股开始对国内投资者开放。目前我国B股市场规模仍然很小,流动性很差。在吸引大量国际资本进入方面作用有限。但是,B股作为中国证券市场国际化过程中的一个阶段性产物,待条件成熟后与A股合并将是大势所趋。

4. 投资基金融资

投资基金是指从投资者手中筹集资金后,由专业管理公司投资于股票、债券、不动产、贵金属或其他项目的一种投资工具。中国是一个发展中国家,是一个具有投资增长潜力的巨大市场。在这种情况下,通过投资基金引进外资是一种全新的形式,且最符合海外投资者的投资习惯。作为海外投资基金的最终投资者(分散的海外投资基金持有者),对企业直接控制程度相对弱化,这将有利于国家以低股权组合形式对企业实行控股,可以在有效避免外商对中国企业控制的同时,避免债务偿还问题。此外,通过投资基金引进外资的同时,还引进了海外先进的基金组织管理和资产运用等方面的经验。

在海外设立中国投资基金始于1987年。到1993年,海外基金纷纷看好中国证券市场,美国、日本等国家和地区的基金投资者积极介入中国基金市场。1993年9月,原航空航天部委托香港天利(国际)投资有限公司在境外筹办的"中国航空基金"在爱尔兰证券交易所挂牌上市。首批项目资金9 560万美元已投资到原航空航天部下属未上市公司。同时,集资额为25亿美元的海外投资基金——美国普顿中国基金在美国纽约证券交易所挂牌上市。1993年11月,上海国际信托投资公司与台湾润泰集团在香港合资成立香港沪光国际投资管理有限公司,推出"上海发展基金",并在香港联合交易所挂牌上市,筹资15亿美元。

三、促进中国跨国融资的对策建议

(一)多渠道、多途径扩大境外融资

我国要利用加入 WTO 所带来的机遇,扩大金融领域对外开放,坚持"请进来"和"走出去"两条腿走路。要充分利用国际资本市场扩大企业跨国融资,要利用兼并重组、股权并购的国际跨国直接投资的新方式以及风险投资、投资基金及 BOT、BOOT 等国际通行的项目融资新方法。加快推进企业改革、改组、改造,努力建立完善的现代企业制度,提高我国企业在国际市场上的竞争能力。

(二)全方位利用国际金融市场融资

目前,我国企业跨国融资偏重于中国香港特别行政区、美国、新加坡金融市场,对欧洲金融市场利用不多。而伦敦、苏黎世、巴黎、法兰克福等金融市场,不仅是欧洲金融中心,也是国际金融中心,在国际资金的借贷、国际债券和股票的发行推销方面具有十分重要的地位,能为我国企业境外融资提供数额巨大、来源广泛的国际资金。我国企业应充分利用全球性或区域性国际金融中心,促进企业境外融资的快速发展,解决我国企业长期以来跨国融资不足的问题。

(三)继续将香港作为我国境外融资的重点

我国香港特别行政区是一个完全开放、跨国银行分支机构众多、各类金融市场齐全的国际金融中心,其拥有的外资银行等金融机构总数位居世界前列。香港以其资本进出自由、交易成本低廉、通信网络发达、服务功能完善等优势,成为国际资金的聚集地。我国内地企业应充分利用与香港毗连、社会文化传统又接近等有利条件,加强与香港金融机构的合作,并通过香港金融市场,力争吸收更多的境外资金,满足我国企业对资金的需求。

(四)充分发挥我国银行国际分支机构在企业境外融资中的作用

我国四大国有银行经过数十年的发展,已经建立了广泛的国际网络,业务基本覆盖了主要资本输出国家。长期以来,我国银行与企业之间的联系不密切,无法为国内企业境外融资提供更多的服务。为了改变这种状况,在继续推进金融国际化、扩大我国银行国际业务的同时,努力加强我国企业与银行之间的合作和协同发展,为企业跨国融资创造更有利的条件。

阅读书目

1. 杨晔、杨大楷:《国际投资学》(第五版),上海财经大学出版社 2016 年版。
2. 杨晔、杨大楷:《中级投资学》(第二版),复旦大学出版社 2014 年版。
3. 王凤荣、邓向荣:《国际投融资理论与实务》,首都经济贸易大学出版社 2010 年版。
4. 安砚贞:《国际融资》,中国人民大学出版社 2011 年版。
5. 杨晔、杨大楷、方芳:《2016 中国投资发展报告》,上海财经大学出版社 2016 年版。

思考题

(一)填空题

1. 跨国融资的重要形式和最初形式是_____。
2. 国际债券是指各种国际机构、各国政府或企事业单位为筹措和融通资金,在_____上发行的、以_____为面值的债券,可以分为_____、_____和_____。

3. 国际贸易融资的风险主要有三个方面：_____、_____和_____。
4. 跨国融资发展的里程碑是_____，_____成为全球融资市场发展的一大趋势。
5. 国际贷款是_____、_____和_____的总称。

(二)名词解释
1. 跨国融资
2. 欧洲股权
3. 国际贸易融资
4. 福费廷
5. 出口押汇
6. 国际直接投资

(三)是非题
1. 跨国银行的当地分支机构对当地居民发放贷款是属于国际金融市场业务范畴。　　　　　　(　　)
2. 国际债券的发行者和投资者属于不同的国家,筹集的资金来源于国外金融市场。　　　　　(　　)
3. 国际直接投资是一种资本的跨国流动,一般不包含技术和管理方式的国际交流。　　　　　(　　)
4. 跨国间接融资的筹资渠道主要包括国际贸易融资、国际投资基金融资、国际租赁融资等。(　　)
5. 国际商业贷款无论最初的发放还是最终的收回,都采用货币资本的形态。　　　　　　　　(　　)
6. 在国际经营租赁中,当租赁期满时,承租人可以退租或续租,也可留购。　　　　　　　　(　　)

(四)简答题
1. 简述跨国融资的内涵。
2. 简述全球国际债券融资的特征。
3. 简述经营租赁的内涵与特征。
4. 简述欧洲股权的产生与欧洲债券市场的联系。
5. 简述外商直接投资的特征。
6. 简述我国内地企业境外直接上市发行股票的类型。

(五)论述题
1. 试述跨国融资的主要渠道。
2. 试述促进我国跨国融资的主要建议。

第十一章

跨国投资

跨国投资是在形式和内涵上对国内投资活动的拓展,它不仅是国内投资在地域上的延伸,也是一场世界范围内的资源优化配置运动①。跨国投资是经济全球化的真正推动力,同时经济全球化进程的加快又反过来促进跨国投资的发展。本章将分别介绍跨国投资的内涵、跨国投资的产生和发展以及中国跨国投资的发展状况。

第一节 全球跨国投资

一、跨国投资的含义

跨国投资,也称国际投资,是指各类投资主体,包括跨国公司、跨国金融机构、政府和居民个人等,将其拥有的货币资本或产业资本,经跨国界流动与配置形成实物资产、无形资产或金融资产,并通过跨国运营以实现价值增值的经济行为。

跨国投资不能简单地视为国内投资在跨国层面上的自然延伸,跨国投资除具有一般国内投资的基本特征,如营利性、风险性等外,还有其自身鲜明、独特的内涵,其内涵可以从以下四个方面加以把握。

(一)跨国投资主体的多元化

投资主体是指具有独立投资决策权并对投资结果负有责任的经济法人或自然人。跨国投资主体可以分为四大类:第一,跨国公司,是国际直接投资的主体;第二,跨国金融机构,包括跨国银行及非银行金融机构,是参与国际证券投资和金融服务业直接投资的主体,近年来,各类基金的发展是其中最大的亮点;第三,官方与半官方机构,包括各国政府部门及各类国际性组织,它们是某些带有国际经济援助性质的基础性、公益性国际投资的主要承担者;第四,个人投资者,是以参与国际证券投资为主的群体。

---

① 杨大楷:《国际投资研究》,上海财经大学出版社2002年版。

(二)跨国投资客体的多样化

投资客体是投资主体加以经营操作以实现投资目标的对象。跨国投资客体可以分为三类:第一,实物资产,指以土地、厂房、机器设备、原材料等实物形式存在的生产资料;第二,无形资产,包括生产诀窍、管理技术、商标专利、情报信息、销售渠道等;第三,金融资产,包括国际债券、国际股票、衍生工具等。一般来说,国际投资主体既可能采用一种客体投资形式,又可能同时采用几种客体投资形式,从而使国际投资呈现多样化和复杂性。

(三)跨国投资的根本目的是实现价值增值

投资的目的是为了获取预期回报,跨国投资也概莫能外。鉴于跨国投资相对于一般投资更具多样化和复杂性的特点,跨国投资预期回报的内涵可理解为价值增值,其中包括多重的价值目标,既可能是一般意义上的经济价值,也可能是政治价值、社会价值和公益价值等。经济价值是经营性投资主体所追求的主要目标,这既可能是短期的营利性目标,如经营利润、资本利得等,也可能是长期的战略性目标,如市场份额、品牌价值、外源化网络、职能一体化等。当然,也有许多非经营性的官方或半官方投资主体所进行的跨国投资,而这种跨国投资往往带有追求特定政治价值、社会价值或公益价值的目的,这也是跨国投资研究中不可忽略的重要方面。

(四)跨国投资蕴涵着资产的跨国营运过程

这是跨国投资区别于其他国际经济交往方式的重要特征。跨国投资不同于国际贸易和国际信贷,因为国际贸易主要是商品的流通与交换,而国际信贷则主要是货币的贷放与回收。跨国投资也不完全等同于国际资本流动,因为国际资本流动在广义上泛指资本的跨国界输入或输出,而跨国投资则是国际资本最重要的组成部分,即还具有经营性、获利性的特征。另外,要对一笔国际中长期贷款的性质做出规定,最主要的是看借款方对这笔资金的使用方向:如果用于进口生产要素从事经营,则该笔贷款属于跨国投资范畴;如果用于进口消费品,则不属之。也正是因为跨国投资蕴涵着资产的跨国营运过程,而跨国投资又要面对更为复杂、多变的投资环境,故跨国投资较一般的国内投资具有更高的风险。

二、跨国投资的类型

跨国投资可按不同的标准进行分类。依据投资期限,跨国投资可分为长期投资与短期投资;依据投资主体类型,可分为官方投资与海外私人投资等。在实务和理论研究中较有意义的划分方法是根据投资主体是否拥有对海外企业的实际经营管理权,将跨国投资分为跨国直接投资与跨国间接投资。

(一)跨国直接投资

跨国直接投资也称海外直接投资(Foreign Direct Investment,简称 FDI),指投资者参与企业的生产经营活动,拥有实际的管理控制权的投资方式,其投资收益根据企业的经营状况决定,浮动性较强。跨国直接投资主要有两种方式:一是新增投资,又称为"绿地投资",即本国投资者到国外投资,创立新的企业。这类企业可以是独资企业,也可以是合资企业。二是跨国并购,即收购东道国已有企业,这是本国投资者通过一定的程序和渠道取得外国现有企业全部或部分所有权的投资行为。一般来说,收购东道国现有企业比绿地投资有更大的优越性。收购现有企业的最大长处在于,可用最快的速度进入该行业,能获得被收购企业的技术和技术人员、客户和公司的管理方式,利用有影响力的国际品牌占领市场。

(二)跨国间接投资

跨国间接投资也称海外证券投资（Foreign Portfolio Equity Investment，简称 FPEI），指投资者通过购买外国的公司股票、公司债券、政府债券、衍生证券等金融资产，依靠股息、利息及买卖差价来实现资本增值的投资方式。相对于直接投资而言，其收益较为固定。将跨国间接投资视为国际证券投资是一种狭义的定义，从广义上说，除跨国直接投资以外的各种国际资本流动形式均可纳入跨国间接投资的范畴，也就是说除了海外证券投资，还包括贸易信贷、贷款、金融租赁、货币存款等流动性很强的短期资产。在这里我们对跨国间接投资的介绍仅限于狭义的概念，即海外证券投资。

值得注意的是，海外证券投资与跨国直接融资两个范畴之间存在着一定的联系。首先，二者拥有共同的市场载体。投资者即资金供给方通过国际证券市场进行海外证券投资，融资者同样通过国际证券市场进行国际直接融资。其次，二者借助的工具是一致的。融资者为融通资金而发行的国际债券、国际股票等工具，正是投资者进行国家间接投资所投资的工具。再次，二者之间其实是"对立的统一"。简单地看国际证券市场上的交易，考虑资金链上只有一个资金供给方与一个资金需求方，那么每笔交易的达成其实是海外证券投资过程，同时也是跨国直接融资的过程。所以，海外证券投资与跨国直接融资看似对立的两项操作，其实是统一于一个过程中。有鉴于此，对于跨国直接融资我们在上章中已经详细阐述，本章对海外证券融资就不作介绍。

三、跨国投资的形成与发展

跨国投资是商品经济发展到一定阶段、生产的社会分工国际化的产物，并随着生产力的提高以及国际政治、经济格局的演变呈现出特定的发展过程。从其规模及方式的发展角度分析，我们通常把跨国投资形成与发展的历程划分为四个阶段。

(一)初始形成阶段(1914 年以前)

这个阶段从 18 世纪末 19 世纪初开始到第一次世界大战前夕。当时，第二次工业革命推动生产力迅猛发展，国际分工体系和发达资本主义国家资本相对过剩格局初步形成，使跨国投资具备了物质方面的基础。在这一个多世纪的时间里，跨国投资增长了两倍多，达到 410 亿美元。

从投资方式上看，这一阶段跨国间接投资占主要方式。以当时世界主要跨国投资输出国英法为例，1913 年英国(占全球投资总额的 1/2)有 70.5% 的对外投资为证券投资；法国也是以债券资本输出为主，故而有"高利贷帝国主义"之称。直到 1914 年，跨国投资的 90% 都是证券投资，生产性直接投资仅占 10%[①]。

(二)低迷徘徊阶段(1914～1945 年)

这一阶段为两次世界大战之间的时期。由于战争，这一期间的跨国投资受到了较为严重的影响，发展历程曲折缓慢。除在战争之间的少数几年有暂时的恢复和发展外，跨国投资基本上不甚活跃。到 1945 年战争结束时，主要国家的对外投资总额下降到 380 亿美元[②]。

本阶段的跨国投资方式依然以间接投资为主。如 1920 年，美国的私人海外投资中有 60% 为证券投资；1930 年，英国的对外投资中有 88% 为间接投资。而资本主义国家的海外直

---

① 王东京：《国际投资论》，中国经济出版社 1993 年版，第 137 页。
② 张中华、李荷君：《国际投资理论与实务》，中国财政经济出版社 1995 年版，第 17 页。

接投资在本阶段的年增长率不足1%[①]。

(三)恢复增长阶段(1945～1979年)

这一阶段是从第二次世界大战后到20世纪70年代末的期间。在这段时期中,世界政治局势相对平稳,又兴起了第三次工业革命,因而促使跨国投资迅速恢复并增长。发达资本主义国家的跨国投资总额到1978年增长到6 000亿美元。

本阶段投资方式的显著特征是跨国直接投资主导地位的形成。跨国直接投资额从1945年的200亿美元增至1978年的3 693亿美元,主要发达国家的私人跨国直接投资存量总额从1960年的537亿美元上升到1979年的4 472亿美元,增加了7倍多,年均递增11%(见表11-1)。

表11-1 主要资本主义国家私人对外投资额(1960～1979年) 单位:亿美元

年　份	1960	1967	1971	1973	1975	1979
金　额	537	1 063	1 580	1 965	2 590	4 472

资料来源:(1)美国商务处,《美国统计摘要》,1985年;(2)日本贸易振兴会,《海外通商白皮书》,1984年;(3)滕维藻、陈荫枋,《跨国公司概论》,人民出版社1995年版。

(四)迅猛发展阶段(1980～2007年)

在科技进步、金融创新、自由化、跨国公司全球化经营等多种因素的共同作用下,20世纪80年代以来跨国投资蓬勃发展,成为世界经济舞台上最为活跃的角色,而且出现了直接投资与间接投资齐头并进的发展局面。据世界银行统计,在1989年至1999年10年间,全球总跨国投资流量占GDP比重由8.5%提高到18.3%,其中跨国直接投资由2.0%提高到4.6%,跨国间接投资由6.5%提高到13.7%(见表11-2)。

表11-2 1989年、1999年跨国投资的进展(按占GDP的比重计) 单位:%

类　别	跨国总投资 1989年	跨国总投资 1999年	跨国总直接投资 1989年	跨国总直接投资 1999年	跨国总间接投资 1989年	跨国总间接投资 1999年
世　界	8.5	18.3	2.0	4.6	6.5	13.7
低收入国家	0.8	1.2	0.2	0.3	0.6	0.9
中等收入国家	1.9	4.9	0.4	1.6	1.5	3.3
高收入国家	12.7	29.2	2.9	7.2	9.8	22.0

注:(1)跨国总投资按内流和外流国际投资流量的总和计算,但不包括官方流量;(2)跨国总直接投资按内流和外流国际直接投资流量的总和计算;(3)跨国总间接投资按广义口径(证券投资加其他投资)内流和外流流量的总和计算;(4) GDP按购买力平价汇率折算。

资料来源:World Bank, *World Development Indicators*, 2001, pp.322—323。

在本阶段,一方面跨国直接投资继续高速增长,其增长率大大高于同期世界总产值和世界出口的增长率;另一方面,跨国间接投资呈现出更为强劲的增长势头,跨国证券交易规模已达GDP的数倍。两种方式的投资相互促进,竞相发展,日益发挥出对国际经济活动的主导作用。

(1)就跨国直接投资而言,20世纪80年代至金融危机前,FDI流量的年复合增长率在15%左右,按目前价格计算,内流流量已由1982年的7 510亿美元增长至危机前的145 000

[①] 《世界经济统计年鉴》,三联书店1974年版。

亿美元,增长了近20倍;而同期GDP由111 130亿美元增长至512 880亿美元,仅增长了4倍左右;货物和非要素服务出口由21 660亿美元增长至150 340亿美元,仅增长了7倍左右(见表11—3)。

表11—3　　　　　　　　　　国际直接投资和国际生产的相关指标

项目	当前价格计算的价值(10亿美元)					年复合增长率(%)		
	1982年	2005~2007年危机前均值	2010年	2014年	2015年	1982~2005年	2007~2010年	2010~2015年
直接外资流入量	60	1 418	1 409	1 277	1 762	14.7	−0.2	4.6
直接外资流出量	29	1 445	1 505	1 318	1 474	18.5	1.4	−0.4
内向直接外资存量	751	14 500	20 380	25 113	24 983	13.7	12.0	4.2
外向直接外资存量	701	15 104	21 130	24 810	25 045	14.3	11.8	3.5
内向直接投资的收入	46	1 025	1 377	1 595	1 404	14.4	10.3	0.4
外向直接投资的收入	46	1 101	1 387	1 509	1 351	14.8	8.0	−0.5
跨国并购	—	729	344	432	721	10.9	−22.1	16.0
国外子公司销售额	2 211	20 355	22 574	34 149	36 668	10.1	3.5	10.2
国外子公司总产值	469	4 720	5 735	7 419	7 903	10.6	6.7	6.6
国外子公司总资产	1 626	40 924	78 631	101 254	105 778	15.1	24.3	6.1
国外子公司出口	684	4 976	6 320	7 688	7 803	9.0	8.3	4.3
国外子公司雇员(千人)	19 537	49 565	63 043	76 821	79 505	4.1	8.3	4.7
GDP(以当前价格计)	11 113	51 288	63 814	77 807	73 152	6.9	7.6	2.8
固定资本形成总值	2 468	11 801	13 839	19 429	18 200	7.0	5.5	5.6
特许权和许可证收费	9	172	230	311	299	13.7	10.2	5.4
货物与非要素服务的出口	2 166	15 034	17 774	23 441	20 861	8.8	5.7	3.3

资料来源:UNCTAD《2016年世界投资报告》。

(2)就同期的跨国间接投资而言,其发展速度大大超过了跨国直接投资。一方面,随着融资证券化趋势的深入发展,跨国证券投资在国际金融领域的地位不断上升,已超过了国际信贷;另一方面,金融衍生品交易规模的不断膨胀对国际证券投资起到了巨大的推动作用。但相应的监管却没有及时跟上,这也是全球金融危机爆发的原因之一。

(五)调整发展阶段(2008年至今)

2008年爆发了全球性的金融危机,时至今日其影响仍未完全散去。金融危机严重影响了跨国投资的发展,导致全球跨国投资额大幅下降,2008~2009年全球直接外资流入(出)量分别下降了15.7%和37.1%,此后全球跨国投资一直处于波动状态(见图11—1)。2010~2015年FDI流量的年复合增长率仅为5%左右,远低于之前年均15%的水平(见表11—3)。

2015年的对外投资数据显示了乐观的前景,在将近10年的调整之后,全球跨国投资再次快速回升,全球直接外资流入量已达到2008年的水平。从总体来看,各国继续促进和吸引外国投资,将其视为发展融资的一大外部来源,并对外国投资进行更审慎的监管。预期未来跨国投资将有更大的回升。

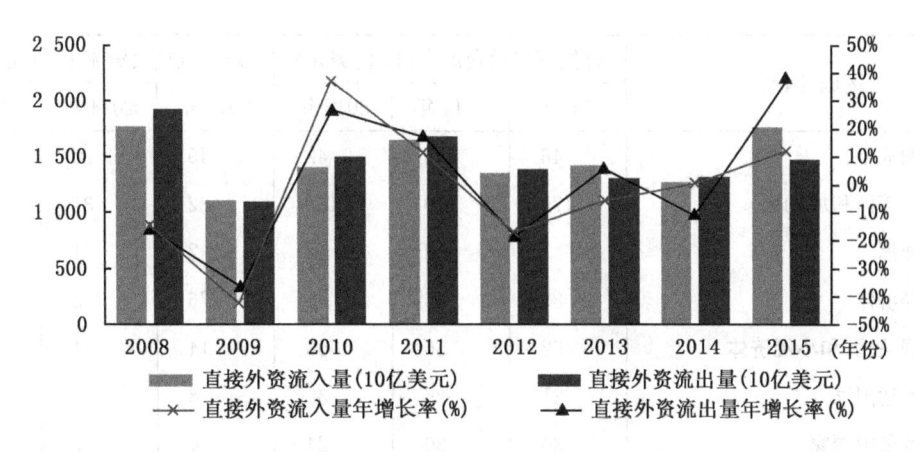

图 11—1　2008 年金融危机后国际直接投资变化概况

资料来源：同表 11—3。

四、当代跨国直接投资的特征

(一)发达国家的跨国直接投资仍占主体地位

2013~2015 年，以欧洲、北美为主的发达经济体的跨国直接投资流入量占世界总流入量的四成以上，其流出量则占世界总流出量的六成左右(见表 11—4)。金融危机以来，随着美国的率先复苏和欧洲的逐渐企稳，欧美等发达经济体在国际直接投资中的龙头地位愈发稳固。FDI 向发达国家集中的趋势日益明显，2015 年发达经济体外国直接投资流出占全世界外国直接投资的比例达 72.3%。

虽然发达国家仍是跨国直接投资流量的主要来源，但是发展中经济体的内向投资与外向投资均有大幅增长，中国就是其中的佼佼者，2015 年中国对外直接投资净额达 1 456.7 亿美元，位列全球第二位。事实上，发展中经济体与转型期经济体作为外国直接投资来源的作用正在提高。

表 11—4　全球外国直接投资流量

区域/国家	外国直接投资流入(10亿美元)			外国直接投资流出(10亿美元)		
	2013 年	2014 年	2015 年	2013 年	2014 年	2015 年
全世界	1 427	1 277	1 762	1 311	1 318	1 474
发达经济体	680	522	962	826	801	1 065
欧洲	323	306	504	320	311	576
北美	283	165	429	363	372	367
发展中经济体	662	698	765	409	446	378
非洲	52	58	54	16	15	11
亚洲	431	468	541	359	398	332
东南亚	350	383	448	312	365	293
南亚	36	41	50	2	12	8

续表

区域/国家	外国直接投资流入(10亿美元)			外国直接投资流出(10亿美元)		
	2013年	2014年	2015年	2013年	2014年	2015年
西亚	46	43	42	45	20	31
拉丁美洲和加勒比	176	170	168	32	31	33
大洋洲	3	2	2	2	1	2
转型经济体	85	56	35	76	72	31
结构薄弱、脆弱和小经济体	52	55	56	14	14	8
最不发达国家	21	26	35	8	5	3
内陆发展中国家	30	30	24	4	7	4
小岛屿发展中国家	6	7	5	3	2	1
备考:占全世界外国直接投资的份额(%)						
发达经济体	47.7	40.9	54.6	63.0	60.7	72.3
发展中经济体	46.4	54.7	43.4	31.2	33.8	25.6
转型期经济体	5.9	4.4	2.0	5.8	5.5	2.1
结构薄弱、脆弱和小经济体	3.6	4.3	3.2	1.1	1.1	0.5

资料来源:UNCTAD《2016年世界投资报告》。

(二)跨国并购驱动了直接投资的增长

跨国并购值在2015年增长了27%,达到了1.6万亿美元。近期并购活动的猛增部分归因于新技术的发展与跨国公司的重新布局。从行业来看,跨国并购主要集中于高端制造业,如机器制造业、电子制造业以及交通运输业等;传统商品领域并购遇冷,采掘业和原油开采行业的并购交易出现了显著的衰退,较2014年分别降低了51%和68%。从区域来看,2015年全球并购交易浪潮的主要引擎来自发达国家,发展中国家在跨境并购交易中表现较差,大宗商品市场不景气导致的经济衰退以及金融市场不发达是限制新兴经济体参与跨国并购的两个主要原因。

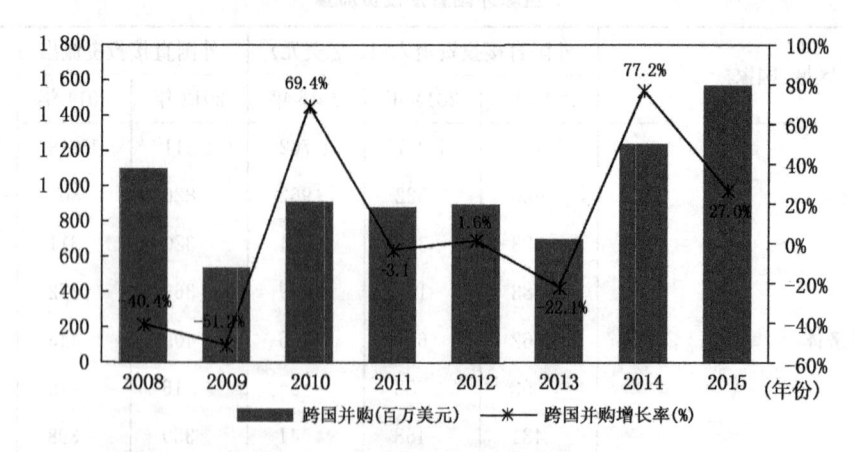

资料来源:招商宏观,《全球跨境并购热潮透露的投资机遇》。

图11-2 金融危机后跨国并购变化概况

(三)跨国直接投资大多流入服务业

20世纪80年代中期以来,跨国直接投资的行业结构发展的新动向是第三产业(服务业)的比重迅速提高。20世纪70年代初期,世界对外直接投资存量中有25%投放在服务业,到20世纪90年代,这一比例已增加到近55%,尤其是金融、电信和房地产业。[①] 近年来服务业在跨国投资中仍然处于支配地位,而由于初级商品价格的疲软,采掘业跨国投资额度逐步缩减。至2014年,服务业在全世界外国直接投资存量总额中的占比达到64%,制造业占比为27%,均远超初级商品7%的份额。

(四)跨国投资自由化仍在继续

随着国际投资的深入发展,越来越多的国家和地区制定或重新修订了专门的外国投资法,并将吸引外国投资者和创造良好的投资环境作为主要目标。根据联合国贸发会议的数据,虽然金融危机期间限制跨国投资的政策比例有所增加,但是2001~2015年,全球各国投资政策整体而言是向有利于跨国投资的方向转变(见图11—3)。2015年,有46个国家和经济体采取了至少96项与外国投资相关的政策措施,其中中性政策12项,促进跨国投资的政策71项,占总体政策的七成以上。与跨国投资有关的国际协议也不断增多。截至2015年底,国际投资协议总数达到3 304项,其中双边投资条约2 946项,较2015年分别上涨了32.4%和18.1%,极大促进了跨国投资的规范化和便利化。

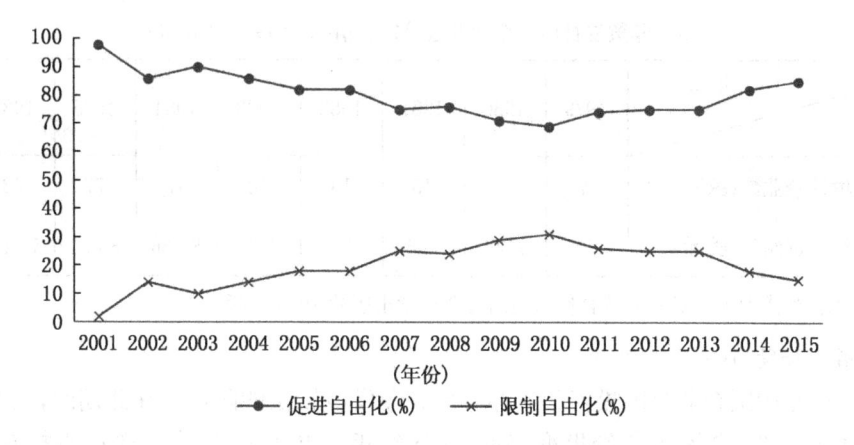

资料来源:UNCTAD《2016年世界投资报告》。

图11—3 全球投资政策变化情况

发展中国家的一个显著趋向是缔结进一步的自由贸易协定和建立各种有关投资的经济合作安排。国际投资协议的格局日趋复杂,协议涉及的范围也更为广泛,包括与健康、安全和环境等有关的各类问题。这意味着政府和公司需要面对迅速演变的、多层次、多方面的规则体系,并考虑如何利用其作为有效工具推进本国的发展。

第二节 中国跨国投资

随着改革开放步伐的加快和企业实力的增强,我国企业跨国投资也蓬勃开展起来,成为主动

[①] 由于有关跨国直接投资的部门分布数据有限,此处的看法是根据有关占流入量很大份额的跨国并购的数据推断而得。

参与经济全球化的重要力量。1979年国务院颁布的经济改革措施中明确规定允许企业跨国投资,并于当年11月在日本东京建立起第一家中外合资企业——京和股份有限公司,自此开辟了中国企业跨国投资的道路,我国跨国投资从无到有、从小到大逐步发展起来,并成为对外经济活动的一个重要组成部分。

一、中国跨国投资的发展阶段

中国跨国投资的发展状况,按照时间序列可以划分为四个阶段。

(一)第一阶段(1979~1986年)

这一阶段是中国企业跨国投资和兴办海外企业的起步阶段。1979年8月,国务院明确提出了"允许出国办企业"的经济改革措施,从而拉开了中国对外投资的序幕。1983年国务院正式授权当时的外经贸部审批和归口管理企业的对外投资活动。期间,我国共兴办海外投资企业277家,平均每年兴办35家,中方投资总额累计2.53亿美元,年平均跨国直接投资3 159.38万美元(见表11—5),企业平均规模为91.25万美元。这一阶段的特点是:跨国投资主体主要是专业经贸公司和部分省市国际经济技术合作公司,跨国投资企业规模较小,开办的企业数目也较少,分布在40多个国家和地区,投资的领域主要集中在饮食业、承包建筑工程、金融保险和咨询服务等行业。

表11—5　　　　中国非贸易性境外企业及直接投资情况(1979~1986年)

项目＼年份	1979	1980	1981	1982	1983	1984	1985	1986	合计
兴办境外企业数(家)	4	13	13	13	18	47	77	92	277
中方直接投资额(万美元)	53	3 090	256	318	870	8 066	8 051	7 551	25 275

资料来源:《当代中国的对外经济合作》,中国社会科学出版社1989年版。

(二)第二阶段(1987~1992年)

这一阶段是中国企业跨国投资和兴办海外企业发展较快的阶段。在此期间,共有1 131家非贸易性境外独资、合资企业经批准兴办,平均每年兴办188家,中方跨国直接投资额累计13.697亿美元,平均每年新增直接投资2.28亿美元,企业平均规模为121万美元(见表11—6)。这一阶段的特点是:参与海外投资的国内企业类型增加,除外经贸企业之外,一批有一定的国际经营经验、较高的技术基础和管理水平的大型工业企业、商贸物资企业、科技企业及金融保险企业等也参与到竞争中,进行多项大规模的对外投资。投资的地理分布广、覆盖面大,到1992年投资的地区已遍布世界120多个国家和地区,投资领域扩大到资源开发、加工、生产装配、工技贸结合等领域。

表11—6　　　　中国非贸易性境外企业及直接投资情况(1987~1992年)

项目＼年份	1987	1988	1989	1990	1991	1992	合计
兴办境外企业数(家)	124	169	119	157	207	355	1 131
中方直接投资额(亿美元)	3.5	1.53	2.3	0.747	3.67	1.95	13.697

资料来源:根据《中国对外经济贸易年鉴》1988~1993年版整理。

(三)第三阶段(1993~1998年)

这一阶段是中国企业跨国投资和兴办海外企业的调整发展阶段。由于20世纪90年代初整个国民经济发展中出现经济发展过热、投资结构不合理、物价上涨过快等现象,从1993年开始,国家决定实行经济结构调整,紧缩银根,让过热的经济软着陆。与此相对应,跨国投资业务也开始进入清理和整顿时期,国家主管部门对新的跨国投资实行严格控制的审批政策,并对各部门和各地方已开办的海外企业进行重新登记,跨国投资的发展速度开始放慢。在这6年间,中国跨国直接投资为9.94亿美元,平均每年新增投资1.66亿美元,批准设立海外企业1 033家(见表11-7)。在这一阶段的后期,通过对以往跨国投资经验教训的总结和对中国企业国际竞争力现状的分析,中国政府提出了发展跨国投资的新战略方针:鼓励发展能够发挥我国比较优势的跨国投资,更好地利用两个市场、两种资源;组建跨行业、跨部门、跨地区的跨国经营企业集团;在积极扩大出口的同时,有领导、有步骤地组织和支持一批有实力、有优势的国有企业走出去,主要是到非洲、中亚、中东、东欧、南美等地投资办厂。新的跨国投资战略方针的提出预示着跨国投资即将进入新一轮快速发展时期。

表11-7　　　　　中国非贸易性境外企业及直接投资情况(1993~1998年)

项目 \ 年份	1993	1994	1995	1996	1997	1998	合　计
兴办境外企业数(家)	294	106	119	103	158	253	1 033
中方直接投资额(亿美元)	0.96	0.66	1.06	2.94	1.96	2.36	9.94

资料来源:根据《中国对外经济贸易年鉴》及有关资料整理。

(四)第四阶段(1999年至今)

为了加快实施"走出去"战略,商务部(原外经贸部)会同有关部门先后出台多项政策,从财税、金融、外汇、保险、出入境等方面优化管理流程,完善服务体系,为中国企业"走出去"提供支持,并编制和修订了《对外投资国别产业导向目录》和《对外投资产业国别指引》等指导性文件,有力加快了我国企业"走出去"的步伐。这一阶段虽然经历全球金融危机,但我国企业"走出去"步伐依然稳健,这一时期我国对外投资总额约8 000亿美元,平均每年新增投资超过400亿美元(见图11-4)。同时,该期间我国企业投资行为日趋合理,盲目投资减少,大中型项目增多,技术含量提高,一些高科技企业在跨国经营中开始站稳脚跟,华为、联想、中兴等高科技企业逐步具备全球竞争力。

2014年,为了进一步促进开放合作,维护全球自由贸易体系和开放型世界经济,我国提出"一带一路"倡议。共建"一带一路"旨在促进经济要素有序自由流动、资源高效配置和市场深度融合。"一带一路"倡议提出以来,我国政府积极推动企业与沿线国家互动,稳步开展国际产能合作,不断完善"走出去"工作体系,中国企业融入经济全球化步伐进一步加快。2015年中国对外直接投资实现历史性突破,对外直接投资净额达1 456.7亿美元,位列全球第二,并超过同期吸引外资水平,首次实现双向直接投资项下的资本净输出。

二、中国跨国直接投资的现状与特点

(一)投资主体多元化

与国内目前投资体制改革形成的多元化投资主体相适应,中国企业对外直接投资主体也包括了各种所有制、各种行业、各个地区和各种经营规模的企业。无论是国有企业、集体企业,还是

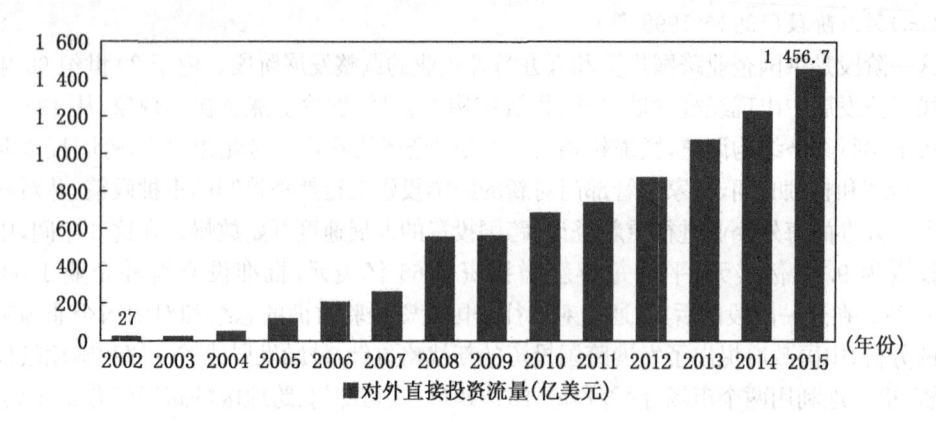

资料来源:《2015 年度中国对外直接投资统计公报》。

图 11—4　2002~2015 年中国直接对外投资流量概况

"三资"企业、民营企业等中小型企业,都积极地跨出国门,加入到对外直接投资的行列之中,并且有少数的中国跨国公司已跃居发展中国家最大跨国公司之列。但在目前投资主体多元化的格局中,国有大中型企业仍占据主导地位,占投资总体的 50.4%(如图 11—5 所示)。

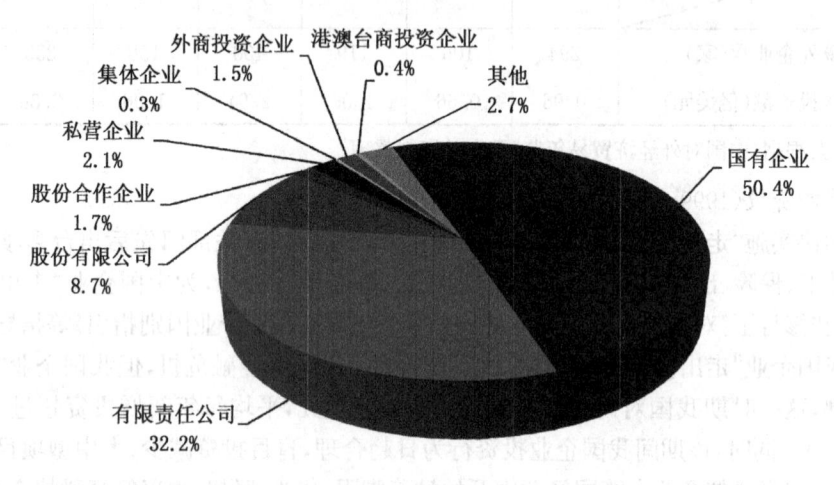

资料来源:《2015 年度中国对外直接投资统计公报》。

图 11—5　境内投资主体按企业登记注册类型分布情况

1. 金融型企业

我国对外金融类直接投资以银行业为主,保险、投行(我国以券商为主)类企业也在快速跟进。我国银行业近年来海外扩张速度迅猛,截至 2014 年末,总计 20 家中资银行业金融机构开设了 1 200 多家海外分支机构,覆盖全球 53 个国家和地区。银行业参与国际项目融资同样呈现快速发展的态势,在并购项目上,我国金融机构帮助国内企业完成了一批重大海外收购项目,例如工行支持了中海油收购加拿大尼克森公司,三峡集团收购葡萄牙电力,五矿集团收购秘鲁铜矿,中行作为牵头行帮助中国光明食品集团完成了对以色列最大食品企业 Tnuva 公司 76.7%股权的收购等。除了银行业之外,保险资金境外投资步伐也明显加快。截至 2014 年底,保险资金境外投资余额约为 240 亿美元,占保险业总资产的 1.44%,比 2012 年末增长了 147%。证券领域,国内多家券商已实现海外布局,如西南证券全资子公司西证国际入主港交所上市公司敦沛金融;

光大证券收购香港新鸿基金融集团有限公司70%股份;海通证券全面收购葡萄牙圣灵投行100%的股权;等等。我国券商开始走出亚洲,迈向世界。随着对外直接投资的快速发展,我国正成为资本的净输出国,中国金融机构走出国门为全球企业提供服务是世界金融业发展的大势所趋。

2. 贸易型企业

这主要是以华润集团、中国化工进出口公司等专业性外贸公司为代表的贸易型企业。这些企业进行跨国投资的主要动机:一是建立进出口商品的国外基地,利用国外丰富资源,既可以加工生产并直接销往国外,又可以向国内销售;二是绕过国外贸易壁垒,扩大中国商品在世界市场上的占有份额。目前,这些贸易性大公司利用长期从事进出口贸易所积累的国际营销经验和拥有广泛的国外客户等优势,率先走出国门,发展对外投资,成为中国对外直接投资的最主要力量。

3. 工业型企业

这主要是以海尔、华为、中兴、联想等先进制造业为代表的工业型企业。这些企业集团具有规模、技术、产品和人才等方面的优势,为了增强其在市场经济中的竞争力而走出国门,在海外兴建跨国企业,布局全球研发。海尔是中国最早"走出去"的企业之一,自1996年以来,海尔已在海外建立起8个研发基地,7个工业园,24个制造工厂,工厂的布局已经覆盖了全球除澳洲以外的四大洲18个国家和地区。这类大型企业从一开始的"避开国际大型跨国公司的锋芒,在大型跨国公司市场占有率低的地区开展渗透",逐步发展为具备全球竞争力的企业。

4. 窗口型企业

这主要是指各地方政府和中央有关部委在港澳地区举办的、以收集信息为主要任务的综合性公司,如广东省的粤海公司、福建省的华闽公司等。目前,它们已成为中国在海外进行投资的重要活动者,其中一些已发展成为广泛涉及贸易、制造、运输、金融、房地产等业务的多角化企业集团。

(二)投资行业多样化

中国企业跨国投资所涉及的行业领域极为广泛,而且呈现出明显的阶段性特征,即最初集中在承包工程、饮食、金融保险、咨询服务等行业,逐步扩展到服务贸易、资源开发、工农业生产、科技开发、交通运输、医疗卫生等行业。截至2015年底,制造业对外直接投资199.9亿美元,同比增长108.5%,占当年流量总额的13.7%,主要流向汽车制造业、计算机、通信及其他电子设备制造业、化学原料和化学制品制造业、装备制造业等。金融业、科学研究和技术服务业、文化体育和娱乐业、环境和公共设施管理业以及住宿和餐饮业的投资额分别为242.5亿美元、33.5亿美元、17.5亿美元、13.7亿美元、7.2亿美元,占总投资流量的比例分别为16.6%、2.3%、1.2%、1.1%、0.5%。从存量来看,排名前五的是租赁和商务服务业、金融业、采矿业、批发和零售业、制造业,存量分别为4 095.7亿美元、1 596.6亿美元、1 423.8亿美元、1 219.4亿美元、785.3亿美元,分别占中国对外直接投资存量的37.3%、14.5%、13%、11.1%、7.2%。

(三)投资区域分布广

2015年末,中国境内投资者共在全球188个国家(地区)设立对外直接投资企业(简称境外企业)3.08万家,较上年末增加超过1 100家,遍布全球超过80%的国家和地区。其中:亚洲的境外企业覆盖率与上年持平,为97.9%,欧洲为87.8%,非洲85%,北美洲为75%,拉丁美洲为67.3%,大洋洲为50%。截至2015年底,中国对外投资存量达10 978.6亿美元,居全球第8位,但主要投资区域仍集中在亚洲(见图11—6),其中中国在亚洲的对外投资存量为7 689亿美元,占总存量的70%,主要分布在中国香港、新加坡、印度尼西亚等地,其中中国香港占亚洲存量的

85.4%；其次是拉丁美洲地区,存量总额达1 263.2亿美元,占总存量的11.5%,主要分布在开曼群岛及英属维尔京群岛。

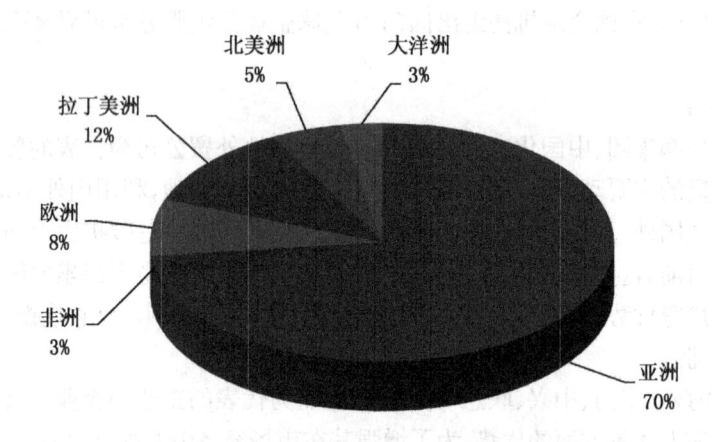

资料来源：《2015年度中国对外直接投资统计公报》。

图11－6　2015年末中国对外投资存量在各洲的比率

(四)投资规模的扩大化

从中国海外投资企业看,由中小型企业承办的项目居多,项目平均规模较小,大型项目数量有限,所占比例较低,原因是作为第三世界国家和国际直接投资领域的后起者,中国企业的经济实力不强,国际经营的经验和人才不足。据统计,1996年,共创办的5 045家境外企业中,中方投资金额达57.2亿美元,平均投资规模只有113.4万美元,远远低于发达国家跨国公司约600万美元的平均规模,也低于其他发展中国家约260万美元的平均投资规模。然而,随着我国对外投资的进一步发展,我国企业的对外投资行为更加趋于理性,大中型项目增多,技术含量提高。截至2015年底,中国2.02万家境内投资者在国(境)外共设立对外直接投资企业3.08万家,年末境外企业资产总额4.37万亿美元,企业平均规模达1.42亿美元。这意味着我国对外投资规模逐步扩大,同时,一批以通信网络、应用软件等高科技产品开发为主的国内高科技企业也在全球竞争中站稳脚跟。

(五)投资方式多样化

中国企业对外投资的方式越来越多样化,包括以现汇出资、以国外获得的贷款出资、以国内机械设备等实物出资、以国内技术专利或专有技术出资等。据不完全统计,中国海外投资企业的所有权结构采用合资方式的企业约占80%,独资的中国企业相应较少,这是因为：(1)在某些发展中国家,对外资控股额有一定的限制；(2)在工业化国家,中方投资者通过合资学习外方的管理方法、技术诀窍；(3)中国企业跨国经营经验不足,对有关东道国的政策、法律与法律环境不熟悉,为此需要外方合作者加以引导和支持；(4)中国企业自有资金短缺,政府又采取了十分严格的外汇管理政策,为加速扩大对外直接投资,导致大多数海外企业选择以合资的方式建立。采取合资的方式能在利用当地合作伙伴的优势和长处、享受东道国优惠政策的同时,避免或减少政治风险。

近年来,为弥补国内资金短缺,中国企业除了以国内自有资金和国内融资投入为主外,还有以出售中方商标和许可证,以技术入股、设备入股、商品入股等形式进行投资的,部分企业甚至利用国外贷款、发行国际债券、金融租赁等灵活多样的筹资手段进行投融资,如中信公司下属的加拿大纸浆厂,全部投资是以加拿大银行为首的银行集团的贷款；中信澳大利亚波特兰铝厂采用金融租赁,创下了全部资金利用融资来筹集的中国海外投资先例。

三、中国发展跨国投资的作用

(一)跨国投资是当代国际经济联系的主要形式

进入21世纪,随着科学技术尤其是现代信息技术的高速发展,国际分工和国家间技术经济合作的进一步加强,经济全球化进程的进一步加快,国际贸易越来越难以满足各国参与国际技术、经济交流的要求,国际投资成为国际经济活动的重要形式,也成为推动全球经济高速发展的引擎。对外投资的发展规模与水平已成为衡量一国经济发展水平和国际竞争实力的标志,并成为各国参与国际经济活动的主要形式。中国作为世界大家庭中的一位重要成员,所取得的令人瞩目的经济成就和对外开放的经济本质,决定了中国需要通过对外投资的方式参与国际经济的交往,为全球经济发展作出应有的贡献。

(二)跨国投资有利于充分利用国外自然资源

自然资源的非均匀分布使得各国都难以靠自给自足来满足经济发展所需。在中国,一些重要资源的人均占有量低于世界平均水平,每年需花大量外汇从国外进口钢材、铝和某些稀有金属。随着中国经济的不断发展壮大,对资源的需求也日益增加,资源短缺已成为中国经济发展的重要制约因素。而资源产品通过一般的贸易进口,不仅市场供应不稳定,而且价格易受国际市场的冲击而发生波动。为此,开展对外投资活动,开发利用国外资源,建立稳定的国外资源供应渠道,将有助于减缓中国能源及原材料供应的紧张局面,保持国民经济的稳定增长。

(三)跨国投资有利于充分利用国外资金

到国外办企业所需要的资金不一定都要出自国内,有相当一部分可以在国外筹集,从某种意义上来说是在境外利用外资。通过国外完善的金融市场筹措所需资金,在双方认为最理想的投资地区,选择有前景的、预期效益好的行业,运用双方的技术优势开办企业。

(四)跨国投资有利于扩大出口,加快经济国际化的进程

中国通过跨国投资推进了对外出口的发展,如中国在发展中国家开办的合营企业,一般由中方提供设备、物资、技术作为投资,这就扩大了国内成套设备和物资的出口;在国外合资开办制造、加工与装配生产企业,则可以扩大国产原材料、辅助材料和半成品的出口;在合作企业中以技术入股,则带动了专利、专有技术、商标权和软件技术的出口。此外,中国企业在海外投资办厂,能够做到迅速准确地了解国际市场行情,并将这些信息及时反馈到国内,从而减少了出口的盲目性,做到及时地输出在国际市场上适销的商品。更为重要的是,在目前国际贸易保护主义盛行的情况下,在海外投资办企业,抵制了外国政府的贸易保护主义政策,带动中国商品进入国际市场,避开一些国家所设立的关税和非关税壁垒,加快了经济国际化的进程。

(五)跨国投资有利于吸取各国发展的优秀成果

根据弗农(R. Vernon,1966)的产品生命周期理论,只有当技术或产品成熟或达到标准化时,通过跨国投资输出技术,对企业才是最有利的。吸收外商来华投资,重点是引进了对方成熟或标准化的技术,但却难以获得最先进的技术。对外投资则有利于打破国际技术经济封锁,可主动、直接地学习和利用对方控制转让的先进科技成果,了解和掌握国际经济和科学技术发展的动向。同时,将国内的企业置于国际竞争环境中,有利于学习国外有效的管理经验和方法,培养和造就一批训练有素、能胜任国际竞争的技术与管理人才,便于企业实地了解和熟悉国际市场经济的运行机制。这些信息和经验的取得,反过来又有助于提高国内引进外资和外国技术的能力,从而取得对外投资的双重经济效益。

四、中国跨国投资的前景展望

（一）良好的国际环境为中国跨国投资提供了难得的机遇

1. 世界性经贸组织作用的不断加强使国际市场呈现秩序性特征

世界银行、国际货币基金组织、世界贸易组织以及联合国的有关组织机构对世界经济的发展有重要意义，对世界资金、技术、商品和人才流动具有引导作用，对国际经贸的健康发展和国际经济秩序的稳定起到了促进和协调作用。这些都为中国跨国公司的成长创造了越来越有序的国际市场环境。

2. 经济全球化进程使国际市场呈现出开放性特征

经济全球化使得各国经济形成"你中有我，我中有你"的局面，也促使国与国之间的依存度显著加强。国家间的货物、服务、资金、技术和市场高度融合，相互间的贸易和资本流动也随着经济全球化进程的加快日益增强。这种开放的国际市场环境促进了跨国公司全球化的发展。

3. 区域经济一体化进程的加快使世界市场呈现出割据性特征

20世纪90年代以来的区域经济一体化和集团化趋势的加强，使国际市场环境形成了开放与封闭共存的局面，在给一些国家和企业提供了机遇的同时，又形成了新的挑战。区域经济一体化带来了巨大的区域整合作用：其一，区内关税和其他贸易障碍的消除带来区内商品甚至生产要素的自由流动；其二，分割的小市场形成大市场，使大规模生产效益可以实现；其三，各成员国交通、能源、通信、金融和劳动力市场的联合也带来了外部经济效益。面对区域经济一体化的国际环境，中国企业应积极利用有利因素，通过积极参与亚太地区经济合作，充分利用区内各种资源优势，开辟北美及东亚市场；同时，也应力争到欧洲联盟、北美自由贸易区等区域组织中开展直接投资，既可以避开这些区域组织对区外国家的贸易障碍，又可以充分受益于其区域整合的巨大效应。

4. 金融市场全球化与自由化极大地推动了跨国直接投资的发展

金融市场的全球化与自由化为企业的跨国经营提供了良好的投融资环境，同时也便利了企业的跨国兼并与收购活动。中国企业在选择金融自由化程度高的地区进行投资，便于进行融资方式的选择和金融工具之间的替换，以降低融资成本和财务风险，同时还可以实现产销经营和资本经营相结合。因此，良好的金融环境极大地便利了企业对外直接投资的发展。

5. 全球经济结构的调整为中国企业实施"走出去"战略提供了难得的机遇

尽管冷战结束后的全球局势并未完全太平，但是和平与发展继续成为当今世界的主题。目前，无论发达国家还是发展中国家，都在根据本国经济的实际情况进行产业结构的调整。南亚、中东、非洲和拉美国家产业结构的调整速度很快，部分领域的结构调整还打破了梯度推进的旧框框，呈现出跳跃性发展的势头，尤其是允许外国公司通过收购或参股方式投资基础电信等敏感行业，为我国产业的国际转移提供了广阔的市场空间和机遇。

（二）不断改善的国内环境加快了中国跨国投资的步伐

1. 政策环境不断完善

20世纪90年代，政府提出要实施"走出去"战略，相继出台了一系列鼓励企业开展境外带料加工装配业务的优惠政策，这些措施主要包括：

(1)创造有利于企业"走出去"的宽松环境，减少和消除阻碍企业直接进入国际市场的因素。突出企业的投资主体行为，对影响企业"走出去"的审批权进行清理；减少对企业的审批，取消或减少对企业的不必要的干预，对必须审批的项目大大简化手续、缩短周期、减少环节；在用汇、人员出国、设备原材料出口以及退税方面也放宽审批条件。

(2) 规范企业境外投资行为。一方面,建立和完善法律法规,组织制定包括境外加工贸易在内的一整套境外投资法规体系;另一方面,为避免境外投资重复建设、自相竞争,原国家经贸委和有关部门一起制定总规划,力争使境外加工贸易有计划、有步骤地展开。

(3) 积极扶持"走出去"的企业。对有可能成为"走出去"排头兵的企业,要在债转股、优先上市、富余人员再就业等方面给予支持,使这些企业能够轻装上阵。加大这些企业的技术改造力度,促使其提高产品技术、质量、性能和档次,尽快缩小与世界先进水平的差距。同时促进企业加强联合,实现优势互补,增强竞争力,达到共同"走出去"的目的。

(4) 为企业"走出去"提供服务。重点是为企业提供必要的市场信息和法律咨询,帮助企业了解国际市场的需求状况和投资环境,研究分析产业、产品和企业的优势;加强人员培训,尽快培养和造就一批跨国经营的管理人才。

(5) 加强监管。改变只批不管和批管脱节的现状,重点抓好两方面的管理,即审批管理和后期管理。

2. 企业跨国投资的保障机制逐步建立

2000 年 11 月 20 日,世界银行集团负责私营部门发展的成员之一——多边投资担保机构(MIGA)与中国人民保险公司签署协议,目的在于促进中国企业在其他发展中国家的投资。中国于 1991 年加入 MIGA,如今已经开展了从基础设施建设到制造业等不同领域的投资项目。我国已有上百家企业到非洲、拉美、中东和东欧地区及周边地区开展投资,中国人保与 MIGA 协议的签署,增强了中国企业的项目出口及境外建厂的政治风险规避与防范能力。当前,我国有关部门已着手建立我国企业海外投资的风险保障机制,法律咨询、风险预警、金融对冲等保障体系已经逐步建立起来,这将有助于中国企业走出国门,开展海外投资。

3. 综合国力提高,企业拥有一定的资金实力及良好的信誉

统计数据显示,2015 年我国国内生产总值达到 68.26 万亿元,人均达到 4.99 万元,比上年增长 6%,出口额达 2.27 万亿美元,国家外汇储备 3.33 万亿美元,均居世界前列。世界经济论坛(WEF)公布的 2016~2017 年度国际竞争力排名显示,中国在 138 个国家和地区中竞争力继续保持第 28 位,领跑金砖国家。国家综合国力的提高使得我们适当地集中资金进行相对较大规模的对外直接投资成为可能,这也符合我国经济转型升级的客观需要。

4. "一带一路"战略的实施为中国企业跨国投资提供了更加广阔的空间

世界发展日新月异,国际投资贸易格局和多边投资贸易规则正在酝酿深刻变化,在此背景下,我国提出共建"一带一路"的合作倡议。为了保障其顺利实施,相关部门不断推进深化改革,加强多边合作,至 2016 年底,共建"一带一路"合作倡议已经得到 100 多个国家和国际组织的积极响应,40 多个国家和国际组织同中国签署了合作协议,并建立了亚投行、丝路基金、中国-欧亚经济合作基金等多家国际投融资机构。"一带一路"顺应了中国要素流动转型和国际产业转移的需要,有利于促进中国与周边国家的互联互通,有利于加快人民币国际化进程,有助于我国形成全方位对外开放的新格局。2016 年全年,我国企业对"一带一路"沿线国家直接投资 145.3 亿美元;对外承包工程新签合同额 1 260.3 亿美元,占同期我国对外承包工程新签合同额的 51.6%;完成营业额 759.7 亿美元,占同期总额的 47.7%。

5. 中国企业自身实力的不断增强奠定了跨国投资的深厚基础

中国已经拥有一批具有一定实力的、在国际上享有盛誉的企业,如中国石油化工集团、中国化工进出口总公司、首钢、宝钢、海尔集团、联想集团等,这些企业管理科学,经营机制先进,信誉

好,有一定的跨国经营和海外投资办厂的经验,比较优势明显,且中国大多数大型企业或企业集团都已制定了国际化的经营策略,它们都将成为我国跨国投资和跨国经营的主力军。

阅读书目

1. 杨晔、杨大楷:《国际投资学》(第五版),上海财经大学出版社2016年版。
2. 杨晔、杨大楷:《中级投资学》(第二版),复旦大学出版社2014年版。
3. 王凤荣、邓向荣:《国际投融资理论与实务》,首都经济贸易大学出版社2010年版。
4. 崔新健、王生辉:《跨国公司管理》,中国人民大学出版社2015年版。
5. 杨晔、杨大楷、方芳:《2016中国投资发展报告》,上海财经大学出版社2016年版。

思考题

(一)填空题

1. 跨国投资主体可以分为四大类:＿＿＿＿、＿＿＿＿、＿＿＿＿以及＿＿＿＿。
2. 跨国投资预期回报的内涵可理解为＿＿＿＿,其中包括多重的价值目标,既可能是一般意义上的经济价值,也可能是＿＿＿＿、＿＿＿＿以及＿＿＿＿。
3. 跨国间接投资相对于跨国直接投资而言,其收益较为＿＿＿＿。
4. 跨国投资的客体包括＿＿＿＿、＿＿＿＿以及＿＿＿＿。
5. "跨国投资是国内投资在跨国层面上的自然延伸"的观点是＿＿＿＿。

(二)名词解释

1. 跨国投资
2. 跨国直接投资
3. 跨国间接投资
4. 绿地投资
5. 跨国并购

(三)是非题

1. 跨国投资就是国内投资在地域上跨越国界的自然延伸。( )
2. 跨国间接投资比跨国直接投资的收益较为固定。( )
3. 区域经济一体化进程的加快使世界市场呈现出开放性的特征。( )
4. 官方与半官方机构是某些带有国际经济援助性质的基础性投资的主要承担者。( )
5. 国际资本流动是跨国投资的重要形式之一。( )

(四)简答题

1. 简述跨国直接投资的两种方式以及各自的优缺点。
2. 简述跨国间接投资的狭义定义与广义定义。
3. 简述跨国证券投资与跨国直接融资的联系。
4. "国际资本流动是跨国投资"这句话对吗?请说出你的观点。
5. 简述当代跨国直接投资的特征。
6. 简述中国发展跨国投资的重要意义。

(五)论述题

1. 试述跨国投资的内涵以及中国跨国投资的特点。
2. 试述中国在当前发展跨国投资所面临的机遇与挑战。

第五编

投融资管理

投融资管理可分为在投融资活动之前对投融资环境的分析和投融资活动进行中对投融资活动的管理,包括投融资决策和风险的管理。其中投融资环境是投融资活动进行的外部制约因素,对投融资环境进行正确的评估是投融资活动得以成功的重要前提之一。在投融资决策分析中,我们研究投融资决策的影响因素。投融资在进行过程中面临诸多风险,对投融资风险的分析及其控制方法也是本编的重要内容之一。

第十二章

投融资环境分析与评估

投融资管理的一个重要方面就是对投融资环境的考察。投融资环境是投融资决策的制约因素,是投融资运作的外部决定因素,它与投融资的内部因素一起决定并制约着投融资活动。随着世界贸易的发展与管理科学的进步,投融资决策者们越来越注重对不同国度、不同地区的投资环境进行考察,寻求一个良好的投融资环境,使资金的供给和需求相互衔接,以取得最大的投融资效益;政府当局也在努力营造良好的投融资环境,最大限度地发展当地经济。因此,对投融资环境的分析及评估是投融资运作必不可少的一部分。

本章首先对投融资环境的组成要素进行了分析,并将各因素细化为数个指标因素,为投融资环境评价的量化分析铺垫基础。然后总结了投融资环境评估的方法。另外,列举了专题分析当今热点问题及案例分析,以加深对投融资环境的理解。

第一节 投融资环境分析

一、投融资环境的特点

投融资环境是指在一定的区域内对投融资活动所要达到的目标会产生有利或不利影响的外部条件的总和,包括自然地理、基础设施、社会政治、经济、法律、文化、服务等条件。投融资环境的特点有以下三点。

(一)系统性

系统性是指投融资环境是由众多因素综合而成的有机体,是一个完整的系统,这个系统又由若干子系统构成。如整个环境系统是由自然地理、基础设施、社会政治、经济、法律、文化、服务等环境因素构成。自然地理环境因素又包括了地理位置、自然资源、人力资源、气候条件等若干因素,构成了一个子系统。这些子系统共处于这个大系统中,共同影响着大系统的变化。这种系统性的特征,要求人们在分析、评价和改善投融资环境的实践中,要全面考虑所有因素,选取最佳的组合方式。

(二)动态性

在经济运行过程中,投融资环境的一部分因素随着时间的推移而不断变化,从而使投融资环境也不断发生变化。一方面,环境因素本身的变化使得有些因素对投融资活动有利,有些则不利。如基础设施的改善、改革经济体制、完善法律制度等,会使投融资环境变得更好,有利于投融资活动,但生态环境的破坏却使得投融资环境恶化。另一方面,衡量投融资环境的价值尺度随着投融资主体以及时代的不同也会改变。不同的投融资主体可以根据自身的需求来制定投融资环境的评价标准,投融资环境的优劣程度取决于投融资主体的评价和决策。随着时代发展的不同,人们衡量投融资环境的价值标准也会发生转移,如有的时代注重自然资源,有的时代注重基础设施建设,等等。投融资环境的动态性,使我们认识到改善投融资环境是一项永久性的工作,提高改善投融资环境的预见性,可以为我们创建一个更好的投融资环境。

(三)差异性

投融资环境对投融资活动的影响与制约存在着差异性。投融资环境由于构成因素或结构方式的差异性,对不同的行业、部门或项目的投融资会有不同的影响与制约,从而产生不同的吸引力。比如,有的投融资环境适于旅游业,有的适于工业;有的适于劳动密集型,有的适于资本密集型;等等。另外,投融资环境在不同的区域之间也存在着差异性,区域经济的存在是这种差异性存在的基础。不同经济区域的自然地理条件、政治环境、经济发展水平、法治水平、人力资源等因素的差异是投融资环境差异性的基础和前提。明确投融资环境的差异性特征,可以使投融资主体根据其拥有的优势来选择投融资地区,也可以使受资区域根据本地区的不同需求,有针对性地改善投融资环境。

二、投融资环境的分类

投融资环境是一个多层次、多因素的系统。根据不同的分类标准,将构成投融资环境系统的各要素进行分类,可以简化对投融资环境的评价和选取。这种分类标准概括起来主要有以下三种。

(一)根据投融资环境因素涉及的范围

根据投融资环境因素涉及的范围,可将其分为宏观投融资环境和微观投融资环境。其中,宏观投融资环境从总体上影响投融资行为,是从一般意义上考察投融资行为的利弊程度的。宏观环境可分为国际宏观环境和国内宏观环境两种。国际宏观环境包括国际政治格局的稳定性、国际经济发展状况等;国内宏观环境包括一国的政治制度及稳定性、经济政策及发展水平、法治水平、人力资源状况、人们的消费观念及水平等。微观投融资环境,是指具体投融资项目所选择的地区及其周围的投资环境,是从具体条件上考察在该地区进行投融资的利弊。如所选择地区及其周围的经济发展水平、地方性政策的取向、当地基础设施建设与居民素质等。在实践过程中,要用辩证的观点看待宏观投融资环境与微观投融资环境。宏观环境良好,不能说明微观环境一定良好,也不一定利于某些项目的投融资;相反,宏观环境不良,也不意味着微观环境不良,也许对某些项目的投融资会有利。区分投融资的宏观环境与微观环境,有利于解决一般性与特殊性的问题。在做出投融资决策时,既要分析一般的投融资环境,又要分析特殊的投融资环境。

(二)根据投融资环境因素的属性

根据投融资环境因素的属性不同,可以将其分为自然环境与人为环境。其中,自然环境是指地理、气候、自然资源、矿产资源等自然因素的总和。人为环境是指为了改善环境而进行的基础设施建设以及软件环境建设等人为改造的投融资环境。其中,自然环境与基础设施环境又称为投融资硬环境;投融资软环境主要包括政治环境、经济环境、法律环境、人文环境等。一般而言，只要有规划与投资，投融资硬环境的改善是比较容易见效的。软环境的优劣对于投融资活动的成败是至关重要的，但是软环境的改善却不是一朝一夕就能够见效的，需要付出更大的努力才能实现。将投融资环境划分为自然环境与人为环境，并将人为环境作硬环境与软环境之分，有利于投融资主体有侧重地去考察投融资环境，促使受资地区有针对性地改善投融资环境。

(三)根据投融资环境因素的内容

根据投融资环境因素的内容不同可将其分为社会经济环境、物质技术环境、自然环境。其中，社会经济环境又可以细分为社会环境与经济环境。社会环境包括政治环境、法律环境、文化环境等，其中政治环境包括政局的稳定性、政治制度、政治民主程度、政策取向等，这是投融资主体进行投融资活动首要考虑的因素。经济环境包括经济结构与经济发展水平、经济体制、生产要素状况等。物质技术环境主要是指基础设施建设状况。

三、投融资环境的因素分析

投融资环境是一个由自然、政治、经济、法律、社会文化等多因素构成的综合系统，每一因素的内涵及其对综合系统的影响力度也不同，因此，对每一因素加以深入分析是确立投融资环境评价方法和标准的基础。

(一)自然环境因素

自然环境因素包括地理位置、自然资源、气候条件、人口状况等(见表12-1)。对投融资主体而言，某种因素的重要性主要取决于投融资的行业或项目类别。地理位置根据不同的研究目的，在理论上一般可分为数理地理位置、自然地理位置、经济地理位置、政治地理位置四种。我们这里主要研究的是经济地理位置，具体包括项目地点与市场的距离、资源供应的便利等。地理位置涉及交易成本、储存与运输成本以及信息成本等。自然资源包括矿产资源、水资源以及各种原材料等。根据投融资项目的不同，投融资主体对自然资源关注的程度也不同。开采自然资源的投融资项目对自然资源关注的程度要远远大于以开发服务业为主的投融资项目。自然资源关系到某些投融资项目的原材料成本；气候条件的好坏关系到生产运行的顺利与否；人口状况，包括人口数量、人口结构、人口素质等，关系到劳动力的供应以及未来产品市场。在人口众多的中国，廉价的劳动力成为吸引外资的一个重要因素。

但是，随着科学技术的飞速发展，如通信技术、交通运输技术的发展，新资源以及可替代资源的发明，使自然地理环境对投融资的影响呈下降趋势。

表12-1 自然环境因素指标

因　素	因　子
地理位置	地区方位和自然地理
	周边环境
	区位优势
气候条件	气　温
	降水量
	与投资有关的其他气候状况

续表

因　素	因　子
环境状况	环境质量
	环境污染
	环境保护

(二)基础设施因素

基础设施是投融资活动必不可少的物质技术条件,它与自然地理因素共同构成投融资环境的"硬件"。基础设施主要包括:(1)能源设施,包括煤、电、水、气、燃料等的供应设施;(2)交通设施,包括城市公共交通、铁路、公路、水路、航空、管道等设施;(3)邮电通信设施,包括邮政设施和电信设施,如物流、电信、卫星等;(4)生活服务设施,包括供水和排水系统设施以及商店、医院、学校等一些服务机构(见表12—2)。

表12—2　　　　　　　　　　　　基础设施因素指标

因　素	因　子
交通运输条件	铁路、公路、水路营业里程 民航、铁路、公路、水路客货运量 人均拥有铺装道路面积
邮电通信条件	邮电业务量 移动电话普及率 互联网普及率
水电气供应条件	人均水资源量 人均用电量 煤气(燃气)普及率
房地产使用条件	房地产价格 房地产办理手续繁杂程度 人均居住面积
生活设施条件	学校:人均高中以上学校数 医院:每位医生服务人数 娱乐场所:人均娱乐场所面积 城市绿化:人均绿地面积

基础设施是国民经济建设和发展的重要组成部分,是维系和促进各类生产和生活活动的基本物质条件。因此,基础设施状况对投融资活动有很大的影响。良好的基础设施有利于提高工作效率,降低成本,增加投融资项目的产出;反之,情况则相反。改善基础设施环境是受资国十分重视的问题。

(三)政治环境因素

政治环境是投融资主体需要考虑的首要因素,主要包括政治制度、政局稳定性、政策连续性及行政效率四个方面。政治制度涉及国家的管理形式、政权组织形式、政党体系、选举制度等,它是政治环境的基础,而且与经济制度密不可分。政治制度的健全程度以及演变趋势,往往会直接表现在政府对经济活动的管理方式以及干预和控制的程度上,从而对投融资活动产生影响。在一个民主制度不健全的专制独裁的政权下,政府的经济行为往往不受制度约束,不仅企业的正常生产经营活动会受到过多的干预和控制,而且还会因为潜在的政治动荡而给企业的发展造成障碍。政局的稳定性是确保经济持续发展的前提,主要体现在:国家主要领导人更换情况,反对派集团的状况;国内一定时期内发生政治冲突的情况;国内民族、宗教及其他社会文化团体的状况;工会在国内的作用,军队和警察的状况;等等。政府政策的连续性越好,越利于投融资活动的进行;政策变化的程度越大、频率越高,越不利于投融资活动的开展。政策的不稳定有可能是由政权变更而引起,也有可能是由于政治决策者不成熟引起的,这会降低对投融资主体的吸引力。政府行政效率直接影响着投融资主体的生产经营活动。政府部门办事拖拉扯皮,手续繁杂,部门间职权混淆,管理人员责权划分不清,遇事议而不决,这些将严重挫伤投融资者的信心(见表12—3)。

表12—3　　　　　　　　　　　　　　政治环境因素

因　素	因　子	可量化指标
政局	政局的稳定性	外交冲突、对外战争及其可能性、国内政治、民族、宗教冲突的可能性、社会治安、社会经济制度变革风险、对外国人的政治态度、国际信誉
政府	政府机关办事效率	审批项目周期
政府	政府工作人员素质	公务员人数与GDP的比率、公务员的受教育程度
政府	政府对外商投诉的态度	处理是否到位
政策	政策的透明度	政策信息是否公开发布
政策	政策的稳定性、灵活性	——
政策	政府利用外资的程度	实际利用外资与协议利用外资额的比率
政治腐败	政治腐败程度	每万人贪污贿赂案件数
政治腐败	政治腐败程度	每万人渎职案件数

(四)经济环境因素

经济环境是影响投融资活动最重要的因素,其影响也最为广泛与直接。经济环境包含的因素很多,主要有以下四个方面。

1. 宏观经济环境

宏观经济环境是一国经济发展的总体水平,主要包括以下几个方面:

(1)经济体制。经济体制广泛涉及国民经济的组织管理形式、国家与企业的关系、生产要素的配置形式以及由此而形成的特定经济机制,如所有制结构、国家干预经济生活的方式、企业内部的组织和管理、商品流通体系、金融保险体系、对外经济体制、劳动就业体制、资源管理体制、财政税收体制以及与此密切相关的法律体系等。若经济体制存在缺陷,如政府过度干预甚至操纵经济、国有经济行政化等等,就会严重阻碍经济的发展和投融资活动的进行。

(2) 经济政策。经济政策主要是根据国民经济发展规划而制定的产业政策、消费政策、财政政策、金融政策和对外开放政策等。如果各项经济政策倾向于刺激经济增长、鼓励民间投资和吸引外资进入,就将有利于投融资活动的进行。

(3) 经济发展水平。经济发展水平主要是指一国或地区在一定时期内的经济技术开发能力、人民的生活质量以及经济活力,是投融资主体进行决策的基本制约因素。国际上通常利用如下四个指标来衡量一国的经济技术开发能力:第一,人均能源消费量,人均能源(主要包括煤炭、石油、天然气、水和核能)消费量越大,说明工业化、科技和管理水平越高;第二,人均收入水平,通常用人均国内生产总值或人均国民生产总值来反映;第三,非农业部门雇佣劳动力的比例;第四,非农业部门的产值占国内生产总值的比例,用于反映一国或地区的工业化水平。一般来说,经济技术开发能力强的国家,不仅工业化水平高,经济开发与技术创新的机制完备,能够充分有效地利用各种资源,而且能够提供广泛的投资获利的机会。

(4) 人民生活质量。这是一国经济发展水平高低的重要标志之一。国际上通常采用以下六个指标来考察人民生活质量:每千人医生数、人均摄取热量、幼儿成活率、中学入学率、每千人客车数以及每千人报刊发行数。居民生活质量越高,投融资获利的机会就越多,筹集资金和吸引资金进入也越容易。

(5) 经济活力。是指一国在一定时期内经济总供给和总需求的增长速度及潜力。从投融资角度,主要涉及国民生产总值的增长率(经济增长率)、固定投资率(资本积累率)和储蓄率及其变化等。

(6) 经济的稳定性。从投融资角度看,主要是通过考察通货膨胀率及其变化趋势和财政金融状况来评价和预测。通货膨胀率即一般物价水平持续上升的幅度,是一国经济稳定与否的首要标志。轻微的通货膨胀有利于刺激购买,增加盈利,而过度的物价上涨则容易导致成本上升、生产资料供应紧张等,是投融资者不愿看到的。财政金融状况在很大程度上决定了一国或地区通货膨胀的高低。无论在理论上还是在实践中都已证明,财政和货币政策的"松"或"紧"对货币供应量、物价水平、市场利率、投资水平、贸易平衡乃至就业水平都会产生深远影响。一国的财政金融状况可以用以下两个指标来衡量:一是预算赤字占国民生产总值的比重;二是货币发行量占国民生产总值的比重。根据各国的数据和经验,通货膨胀率低于5%,预算赤字率在3%以下,货币发行率在2.5%以下,经济就是相对稳定的。

(7) 对外经济交流状况。主要用进出口贸易总额和外汇储备两个指标进行衡量。一般来说,一国或地区经济的外向度越高,该国或地区参与国际经济活动的能力越强,外资政策越趋于宽松,就越易于吸引外资和筹集资金。

2. 市场环境

市场环境是影响投融资活动的最直接的环境因素,主要从以下几个方面来考察:其一,生产要素(主要是指生产资料、劳动力、资本)流动的市场化程度,市场化程度越强,越利于投融资主体降低运营成本;其二,市场规模,主要是对产品内销的投融资项目具有吸引力,市场规模越大,吸引力越强,市场的开放程度是与市场规模联系在一起的,反映了政府对市场的干预程度,干预越多,市场就越封闭,市场规模也就越小,越不利于吸引投融资者;其三,诸如消费习惯、收入的阶层分布、社会及宗教信仰以及居民对外来产品的评价等,它决定了投融资活动的难易度;其四,政府对市场活动的管理,主要涉及价格管制、反倾销法规、反垄断法规、商标及专利制度等。当然,不同行业的投融资者研究市场环境因素的侧重点是不同的。例如,市场导向型投资者最关心的是市场规模和市场开放度,生产要素利用型投资者则最关心要素市场的完善程度,等等。

3. 技术与管理水平

技术与管理水平标志着当地生产力水平的高低,对吸引投资与筹集资金有着重要的影响,具体体现在劳动者的文化素质与技术熟练程度、管理人员的经营管理水平、当地相应的协作配套能力等三个方面。技术与管理水平越高,越有利于资本的引进与筹集,特别是高新技术产品项目。

4. 生产要素的供应

生产要素的供应主要考察劳动力、生产资料以及资本等生产要素的供应水平,是投融资活动运营成本的直接决定因素,主要包括以下四个方面:其一,生产要素流动的渠道、效率及灵活性,它同生产要素市场的发育程度呈正相关关系;其二,生产要素的可供量;其三,生产要素的成本,如劳动者的工资水平、土地的价格、生产资料的价格、融资成本等;其四,生产要素的质量,即劳动者的素质和生产资料的质量等。一般来说,经济发展水平越高,生产要素流动的市场化程度越高,高素质的劳动者和优质的生产资料的供应越充足,融资渠道也就越通畅,但生产要素的价格相应也越高。这使得发达国家在生产要素的供应方面以高质量占先,发展中国家则以低成本见长。经济环境因素指标见表12—4。

表12—4　　　　　　　　　　　　　经济环境因素指标

因　素	因　子	可量化指标
经济发展条件	自然资源	土地资源:人均耕地量
		水资源
		矿产资源
		能源
	劳动力	工资水平:人均工资与人均GDP的比率
		受教育水平:高中以上从业人员所占比重
	资本	人均银行储蓄额
		人均资本装备水平:人均工业固定资产原值
	科技	企业R&D投入占GDP的比例
		人均科学事业费
		每万人专利批准量
		技术市场成交值占GDP的比例
	生产成本	房地产价格
		水、电、气价格
		税费
经济发展水平	经济状况	GDP:总量、人均、年增长率
		固定资产:总量、人均
		国民收入:总量、人均、年增长率
	经济效益	全员劳动生产率
		百元资金利税
		亿元产值能耗
	经济结构	第二产业所占比重
		第三产业所占比重
		城市化水平
市场发育	市场规模	消费支出水平、销售额增长水平
	市场化程度	非国有制经济产出占经济总量的比重
	所有制结构	不同所有制经济比重

续表

因　素	因　子	可量化指标
金融环境	币值稳定性	—
	汇率和汇兑条件	—
	贷款及还款条件	—
经济开放程度	对外开放	进出口贸易(总额、人均)、出口额占GDP的比例
		吸引外资的数量:总额、人均
		外资企业占企业总数的比率
	对内开放	外来人口的比重
		外来企业的比重

(五)法律环境因素

在投融资环境的诸因素中,法律因素起着调整投融资关系、保障投资者的利益和安全、调节投融资行为的作用,主要表现在三个方面:(1)法律完备性,主要是看有关法律文件是否完备、健全,如金融、审计、经营、进出口贸易、投融资专利等法规的全面性、完整性、配套性;(2)法律公正性,是指法律执行时能公正地、无歧视性地以同一标准对待每一个诉讼主体,只有确保法律的公正性,投融资者的利益才有可能得到保障;(3)法制稳定性,是指法律一经颁布,就在一定时期内保持稳定。对直接投资而言,法制的稳定性尤为重要,因为直接投资是一项长期的经济活动,其收益要在投资以后较长时间内才能逐步实现。如果一个国家或地区的法律较频繁地变化调整,就会增加投资者面临的不确定性,必然增大投资者风险,这很可能会使投资者望而却步(见表12—5)。

表12—5　　　　　　　　　　　　　　　法律因素指标

因　素	因　子
法律的完备性	法律普及程度
	法律配套程度
	每万人专业律师人数
	每万人刑事案件立案数
仲裁的公正性	司法人员素质
	司法部门的工作效率
法律的稳定性	法律条款的稳定程度
	司法手续的繁杂程度
涉外法规的执行	涉外法律体系
	对外商投诉的处理

(六)社会文化环境因素

一个国家或地区的社会文化环境是对投融资行为和生产经营管理具有重大影响的因素。社会文化环境主要包括语言文字、民族、宗教、风俗、价值观念、道德准则、教育水平、人口素质等因素,它们是构成投融资软环境的基本方面。国家或地区相互之间存在着社会文化差异,这种差异必然影响该地区消费者的生活方式、消费倾向及购买态度等,企业的生产、研究、发展、组织、人事等各项活动也必然会受到各地区社会文化的影响。

语言是人们交流思想和信息的基本工具。投融资主体在进行投融资决策时,如果不理解当地的语言,就必然会给沟通带来困难,从而给投融资活动的各个环节带来不便。价值观念是决定人们态度和行为的心理基础。就投融资而言,涉及开放观念和对外资的态度、对管理和管理人员的态度、时间观念、对工作和成就的态度、接受变化的程度等。教育水平关系到一个国家或地区的劳动力素质、技术先进程度、国家文明程度,较高的教育水平是社会经济发展和投融资发展的强大推动力。宗教对人的生活态度、价值观、购买动机、消费偏好等皆有重大影响。社会心理和社会习惯,是一个国家或地区在长期的历史发展过程中积淀下来的、为社会公众所接受的风俗习惯,对人们的行为有着重大的影响。例如东方国家普遍重视储蓄,储蓄率较高,而西方国家储蓄率则较低。

上述投融资环境的各项因素构成了一个有机系统,形成了投融资活动的外在约束条件。投融资环境各因素之间不是互相独立的,而是相互影响、相互渗透的,如经济发展水平会影响人们对自然环境的依赖程度,政治环境和法律环境是建立在一定经济环境之上,并与之相适应的,而政治环境和法律环境又会反作用于经济环境。在这个有机系统中,每个因素的变化会引起其他环境因素的变化,从而影响投融资者的决策。正因为如此,东道国为了吸收国际投资,就必须对投资环境的各因素进行统筹规划和系统改良,努力营造良好的投资环境氛围。

第二节 投融资环境评估

由于投融资环境涉及的因素很多,如何选择多种指标以准确地评估投融资环境就成为一个亟须研究的问题。国外学者经过 20 多年对投融资环境评价方法的研究,目前已形成了多种广为采用的评估方法。近 10 年来,我国理论界和实务界也开展了对投融资环境及其评估方法的研究,极大地丰富和发展了投融资环境评估的理论和方法。

一、投融资环境评估的原则

(一)坚持从投资者实际要求出发的原则

以投资者的实际要求(即投资动机)为出发点应该是投资环境评价的首要原则。随着经济全球化的发展,跨国公司日益推行全球战略,国际投资动机也日益向着多元化的格局演变,不同的投资动机对投资环境的要求大不相同,对投资环境评价的侧重点自然也不同。例如,资源导向型投资侧重对自然资源因素的评价,市场导向型国际投资侧重对市场环境因素的评价,技术导向型投资则更注重对人力资源因素和教育科技因素的评价等。

(二)坚持实事求是的原则

无论采取怎样的评价形式和评价方法,只有坚持从实际出发、实事求是的原则,才可能取得客观、真实和科学的评价结果,并引导投资者做出正确的投资决策;反之,将会得出虚假甚至谬误的评价结果,从而导致投资决策的失误,或错失投资良机。坚持实事求是的原则尤其需做到以下两点:

(1)在对政治环境进行评价中要消除社会制度的偏见。投资国与东道国有可能实行不同的社会制度,但这并不影响国际直接投资活动的顺利进行,因为涉及国际投资的关键性政治因素,是一国健全政治制度下的政治稳定性和政策连续性,而不是政治制度本身。

(2)在对受资方投资环境进行评价时要消除片面性。一些发达国家的咨询机构和国际性刊物,根据其收集的信息,定期(一般为一年)公布世界各国的风险排名或政局和政策稳定性的评分,但这只是对某一项或几项因素的评价,多少带有一定的片面性,只能作为参考,不能作为最终评价结果。受资方投资环境是一个有机的系统,必须进行客观、科学而系统的评价,才能避免评价的片面性。

(三)坚持突出重点的原则

在评价受资方的投资环境时,只有对多数因素进行系统的、科学的评价,才能避免评价中因顾此失彼而导致评价结论的偏颇。但是在评价投资环境中还必须明确并突出重点因素,才能适应不同投资者的需要。不同的投资行业和项目所侧重的投资环境因素也不相同,对投资于种植业的投资者,要突出评价自然地理因素,尤其是土质、气候等因素;对于投资于采掘业的投资者,要突出评价矿产资源因素,特别是矿产资源的储量、品位等因素;对于投资于劳动密集型加工工业的投资者,应重点评价社会文化因素,特别是劳动力数量、工资水平以及原材料、零配件的供应情况等因素;对于投资于知识和技术密集型产业的投资者,则应重点评价社会文化因素中的高等院校、科研机构数量及工程技术人员的素质以及其他生产要素的质量等因素。只有突出评价的重点,才能实现投资环境评价与项目可行性研究的有机结合,保证正确的投资决策,并达到投资的预期效果。

二、投融资环境评估的方式

投融资环境评估的方式是指投融资环境评价工作组织实施的具体形式,其中最为广泛运用的方式主要有以下三种。

(一)专家实地考察

专家实地考察是指投资者为了解某国或地区的投资环境,由组成的专家组前往所在地进行实地考察和评价。在考察过程中,专家组不仅进行广泛的调查,还直接同当地的政府官员、有关专家学者、企业家等直接接触和会谈,以尽量多地收集第一手资料。考察结束后,专家组要提交调查报告,对受资方的投资环境进行较为详细的介绍和评价。

专家实地考察的调查对象一般应包括以下八个方面:受资方有关机构和部门的官员和工作人员;银行家;当地企业家;在该地经营的外国企业家和商人;大学教授及有关研究人员;工会(劳工组织)领导人;新闻媒体;顾客和潜在的顾客。

专家实地考察形式可以增加评价者的感性认识,获得第一手资料,有利于对受资方投资环境做出客观、正确的评价,但也会因考察时间较短、信息来源的选择较为片面等原因,很难对受资方的政治、社会、自然条件等方面的所有因素做出客观、全面的评价。

(二)问卷调查评价

问卷调查评价就是用函询调查方式,把影响投资环境的因素及其重要程度编写成几个意见征询表,寄给有关的投资者、政府官员和专家,要求用书面回答并寄回,然后用统计方法来归纳、整理调查结果,最后得出对投资环境的评价。问卷调查的内容具体应包括两个方面:一是对投资环境各个因素的重要性进行评估;二是评估投资环境各个因素的现状。

1. 问卷调查的特点

第一,代表性。可将影响投资环境的众多因素列入问卷寄给各类专家和有关人员,信息来源尽可能广泛,具有相当的代表性,同时,对评价者的选择也要力求具有广泛的代表性,至少应包括以下四类群体:受资方有关部门的官员和工作人员、有代表性的投资者、有关学科的专家学者和有关产品的消费者。第二,适应性。问卷调查以书信方式进行,具有一定的匿名性,有利于被调查者意见的充分表达。第三,调查结果的统计特性。对问卷调查所获得的信息资料可以利用计算机进行统计归纳、整理和分析处理,以提高评价的效率和评价结果的科学性。

2. 制定问卷调查表的注意事项

第一,对调查做简要说明,使评价者全面了解调查的目标、任务和作用;第二,重点突出,即问卷调查的问题要相对集中,并构成一个有机整体,从整体中能突出调查的重点;第三,问题的数量要适当,即问题列得太多会使评价者厌烦,不认真回答,问题列得太少,又不能达到全面调查的目的;第四,调查表要简单明了,易于评价者填写;第五,用词要准确,便于评价者快速理解,完成填写。

3. 调查结果的统计归纳和处理

问卷调查评价投资环境中的一项重要工作就是对调查结果进行统计归纳和处理,主要任务是就调查结果的倾向性和一致性做出分析。其中,所谓倾向性是指大多数评价者的意见,或者说评价者的主要倾向,这也就是统计上所说的集中趋势。而所谓评价者意见的一致性则是指评价者的意见是否集中、集中到什么程度。意见的倾向性和一致性都是评价投资环境的基础,若不清楚评价者意见的倾向性,评价就无所依据;而如果意见太分散,即一致性程度很差,那么据此做出的投资环境评价的价值也就不高。

(三)咨询机构评估

咨询机构评估是指咨询机构接受委托,以专门的知识和经验,通过调查研究取得信息,用现代科学的咨询方法,对某国或某地区的投资环境进行评价,为委托者进行投资决策或制定改善投资环境的措施提供依据。

1. 咨询机构评估的特点

第一,采取委托承包方式。咨询机构首先根据委托者的要求,同委托者签订委托合同,然后按合同要求,对投资环境进行分析和评价。咨询机构对投资环境的分析和评价的正确性,直接涉及其信誉与咨询收益,因此,采用这种形式,对投资环境的评价具有较强的针对性和准确性。第二,评估工作具有独立性。咨询机构一般都是具有独立自主权的企业,受政府部门、有关组织或其他企业的影响相对较小,能够从较为公正的立场出发进行工作,因而对投资环境的评估有较强的客观性。

2. 咨询机构评估的程序

咨询机构评估的程序大概分为九个步骤:委托者提出要求→与委托者谈判→组织研究力量→初步调查→提出建议书→签订合同→开始工作→提交中间报告→提交最终报告(见图12—1)。

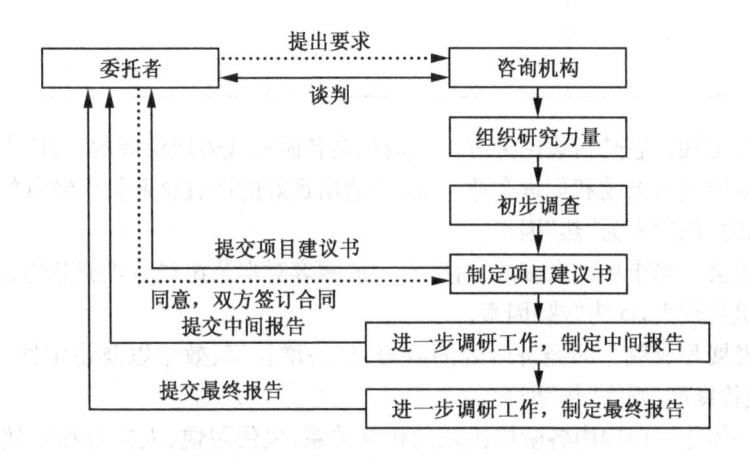

图12—1 咨询机构投资环境评估程序

3. 咨询机构评估的三个阶段

(1)评估前的洽谈阶段。这一阶段从委托者提出要求开始直至签订咨询委托合同。该阶段的实施程序主要有:第一,咨询机构与委托者谈判,了解并明确委托者的意图和目标;第二,在咨询机构内部组织课题组,选派知识渊博、经验丰富的人才担任课题组长;第三,课题组收集信息并进行事前调查,根据掌握的信息,制定出评估工作计划书,其内容包括明确地划定工作的目标、范围和界限,评估工作的主要内容,选用方法,日程安排,所需费用,以及评估报告的完成日期;第四,与委托者确定工作计划书,正式签订咨询委托合同。

(2)评估阶段。在这一阶段,课题组要根据合同的要求,进行广泛调查,收集投资环境所涉及的各方面信息,必要时还应做实地调查。在占有大量资料的基础上,课题组运用各种分析方法对投资环境做出分析和评价。

(3)评估报告阶段。评估报告是咨询机构进行投资环境评估的最终成果,一般来说,评估报告既需系统全面,又需简明扼要,以便委托者做出投资决策,或便于委托者进一步完善投资环境。

三、投融资环境评估的方法

(一)冷热评估法

冷热评估法是由美国学者伊尔·利特法克和彼得·班廷于1968年首次提出的。这种评估方法的基本内容是:从投融资主体的立场出发,选定诸环境要素,并将其由"冷"到"热"依次排序,据此对目标国家或地区逐一进行评估。他们通过对美国、加拿大、南非等国的工商界进行调研,把一国投融资环境归结为七大因素(见表12—6)。

表12—6　　　　　　　　　有关国家投融资环境冷热情况

因素 冷热度	国别	政治稳定性	市场机会	经济发展和成就	文化一体化	法规阻碍	实质性阻碍	地理距离及文化差异	冷热度
热冷	甲国	大	大	大	中	小	中	小	热
热冷	乙国	大	中	中	大	中	小	中	↓
热冷	丙国	小	大	大	中	大	小	大	
热冷	丁国	小	小	小	中	大	大	大	冷

(1)政治稳定性。它是指该国拥有一个由社会各阶层代表所组成的、为广大群众所拥护的政府,并且该政府能够鼓励和促进企业发展,创造出良好的适宜企业长期经营的环境。当一国政治稳定性高时,该因素为"热"因素。

(2)市场机会。当市场上众多的、有购买力的顾客对本公司产品或劳务的有效需求尚未满足时,则市场机会较大,此为"热"因素。

(3)经济发展和成就。即经济所处的阶段、经济增长率、效率以及稳定性等因素的状况。经济发展和成就良好,则为"热"因素。

(4)文化一体化。即国内各阶层民众的相互关系、风俗习惯、人生观和宗教信仰等方面的差异程度。文化一体化程度高为"热"因素。

(5)法规阻碍。一国法规的完善性与繁简程度会给企业经营带来不同程度的影响。法规过严或过繁会阻碍外资的进入,此为"冷"因素。

(6)实质性阻碍。即自然条件,如地形、地理位置等,往往会对投融资活动的进行产生阻碍。如果实质性阻碍大,则为"冷"因素。

(7)地理距离及文化差异。两国距离遥远时,文化、社会观念、风俗习惯及语言上存在的差异等,妨碍了思想交流。如果地理及文化差距大,则为"冷"因素。

冷热评估法是最早的一种投融资评估方法,虽然在因素的选择及评判上有些笼统和粗糙,但却为评估投融资环境提供了可利用的框架,为此后投融资环境评估方法的形成和完善奠定了基础。

(二)多因素评分法

多因素评分法是由美国学者罗伯特·斯托伯于1969年在《如何分析国外投资气候》一文中提出的。这种方法主要从东道国政府对外商投资的限制与鼓励政策着眼,将各因素按对投资者重要性大小,确定不同的评分标准,再按各种因素对投资者的厉害程度,确定具体评分等级,然后将分数相加,作为对该国投资环境的总体评价。总分的高低反映其投融资环境的优劣程度,便于在各国间进行投融资环境的综合比较。具体评价标准见表12—7。

表12—7 多因素评分法主要指标及其评分

序号	投资环境因素	评分
一	**资本抽回**	0~12分
	无限制	12
	有时间上的限制	8
	对资本有限制	6
	对资本和红利有限制	4
	限制繁多	2
	禁止资本抽回	0
二	**外商股权**	0~12分
	准许并欢迎全部外资股权	12
	准许全部外资股权但不欢迎	10
	准许外资占大部分股权	8
	外资最多不得超过半数股权	6
	只准外资占小部分股权	4
	外资不得超过股权的三成	2
	不准外资控制任何股权	0
三	**对外商的歧视和管制程度**	0~12分
	外商与本国企业一视同仁	12
	对外商略有限制但无管制	10
	对外商有少许管制	8
	对外商有限制并有管制	6
	对外商有限制并严加管制	4
	对外商严加限制并严加管制	2
	对外商禁止投资	0
四	**货币稳定性**	4~20分
	完全自由兑换	20
	黑市与官价差距小于10%	18
	黑市与官价差距在10%至40%之间	14
	黑市与官价差距在40%至100%之间	8
	黑市与官价差距在100%以上	4

续表

序号	投资环境因素	评分
五	**政治稳定性** 　　长期稳定 　　较稳定 　　内部分裂但政府掌权 　　国内外有强大的反对力量 　　有政变和动荡的可能 　　不稳定,政变和动荡极为可能	0～12分 12 10 8 4 2 0
六	**给予关税保护的意愿** 　　给予充分保护 　　给予相当保护但以新工业为主 　　给予少许保护但以新工业为主 　　很少或不予保护	2～8分 8 6 4 2
七	**当地资金的可供程度** 　　成熟的资本市场,有公开的证券交易所 　　少许当地资本,有投机性的证券交易所 　　当地资本有限,外来资本(世界银行贷款等)不多 　　短期资本极其有限 　　资本管制很严 　　高度的资本外流	0～10分 10 8 6 4 2 0
八	**近五年的通货膨胀率** 　　小于1% 　　1%～3% 　　3%～7% 　　7%～10% 　　10%～15% 　　15%～35% 　　35%以上	2～14分 14 12 10 8 6 4 2
	总　　计	8～100分

多因素评分法又称为罗氏等级评分法,这种方法易于获得资料,计分方法简捷,在西方市场经济国家受到广泛应用,是国际上最为流行的一种目标市场分析法。

但是,这种方法也有不足之处,主要表现在以下两点:(1)侧重定性分析,且主观性判断较多,导致评分结果的差异。(2)评估因素欠全面。缺少对基础建设、法律制度和行政机关效率等因素的分析,对发达国家而言,其基础设施、法律制度、行政机关办事效率都较好,该方法有较强的适用性。但对发展中国家而言,这些方面恰恰是影响投融资环境的重要因素。

(三)体制评估法

体制评估法是由香港中文大学教授闵建蜀在多因素评分法的基础上,研究中国投融资环境特殊性时提出的,又称为闵氏评估法。这种方法根据多因素评分的基本方法,突出了社会主义市场经济国家在政治、经济、法律体制方面的特殊性。

体制评估法将影响投融资环境的主要因素分为十一类,每一类又由一组子因素构成(见表12—8)。对主要因素分别确定权数,按五级得分:5(优)、4(良)、3(可)、2(差)、1(劣),计算投融

资环境总得分。其计算公式如下:

$$投资环境总分 = \sum_{i=1}^{11} W_i(5a_i + 4b_i + 3c_i + 2d_i + e_i)$$

式中:W_i 为第 i 类因素的权重;a_i, b_i, c_i, d_i, e_i 为第 i 类因素被评为优、良、可、差、劣的百分比,且 $a_i + b_i + c_i + d_i + e_i = 1$。

表 12-8　　　　　　　　　　　影响投融资环境的因素及其子因素

主因素	权数	子因素
一、政治环境	15	政治稳定性,国有化可能性,当地政府的外资政策
二、经济环境	10	经济增长,物价水平
三、财务环境	15	资本与利润外调,对外汇价,集资与借款的可能性
四、市场环境	10	市场规模,分销网点,营销的辅助机构,地理位置
五、基础设施	5	国际通信设备,交通与运输,外部经济
六、技术条件	5	科技水平,适合工资的劳动生产力,专业人才的供应
七、辅助工业	5	辅助工业的发展水平,辅助工业的配套情况等
八、法律制度	10	商法、劳工法、专利法等各项法律制度是否健全,法律是否得到很好的执行
九、行政机构效率	10	机构的设置,办事程序,工作人员的素质等
十、文化环境	5	当地社会是否接纳外资公司及对其信任与合作程度
十一、竞争环境	10	当地竞争对手的强弱,同类产品进口额在当地市场所占份额
权数合计	100	

投融资环境总分的取值范围在 11～55 分之间,分值越高,说明投融资环境越佳。

体制评估法是对某国投资环境做总体性的评估所采用的方法,它较少从具体投资项目的投资动机出发来考察投资环境。但当投资者具有某种特定目标和要求时,采用这种办法就难以得到满足,这时我们需要用关键因素评估法。关键因素评估法从具体投资动机出发,从影响投资环境的一般因素中,找出影响具体项目投资动机实现的关键因素,如投资者投资的主要目标是为了降低成本,则应将与降低生产成本密切相关的劳动力成本、原材料价格和交通运输成本列为关键因素。找出关键因素后,其计算投资环境得分方法与闵氏评估法相同。

体制评估法与关键因素评估法具体应用时可以相互结合,这样既可以得到投资环境的总体性评估,又能得到满足具体投资动机的评估,实现一般与特殊的结合。

（四）综合指标评价法

1988 年,我国从自身投融资环境的实际需要出发,结合国际通行的投融资环境要素,设置了十项指标,分别确定权数,采用加权平均的方法,求得综合评价指标,总分范围为 10～100 分。该种方法的假设前提是:以全国作为评价范围,不考虑区域、部门、行业及项目的差异(见表 12-9)。

表 12-9　　　　　　　　　　　中国投融资环境因素综合评价指标

投融资环境因素	评分	权数	满意值/分	不满意值/分
一、资源状况	0～10			
资源相当丰富,加工质量高	10			
资源比较丰富,加工质量高	8	5	8	2
资源不丰富,加工质量高	7			
资源比较丰富,加工质量低	2			
资源不丰富,加工质量差	0			

续表

投融资环境因素	评分	权数	满意值/分	不满意值/分
二、基础设施状况(基础设施投资占全部固定资产投资额的比例) 　　15%以上 　　10%～15% 　　5%～10% 　　2%～5% 　　2%以下	0～10 10 8 6 3 0	5	8	6
三、利用外资状况 　　政策相当连续稳定,透明度高 　　政策比较连续稳定,透明度高 　　政策比较连续稳定,透明度低 　　政策连续性、稳定性差,透明度较低	2～10 10 8 6 2	15	8	6
四、法律环境状况 　　法制完善,执法严明 　　法制较完善,执法严明 　　法制较完善,法制观念差 　　法制不完善,有法不依	0～10 10 8 6 2	15	7	4
五、经济发展水平与经济结构 　　GDP 年均增长率在 10%以上,经济结构合理 　　GDP 年均增长率在 5%～10%,经济结构合理 　　GDP 年均增长率在 10%以上,经济结构失调 　　GDP 年均增长率在 5%以上,经济结构失调	2～10 10 8 4 2	5	8	4
六、生产资料、劳动力、金融、房地产市场发育程度 　　已形成并已发育成熟 　　已形成但不成熟 　　前两个市场已经形成,后两者尚未形成 　　四大市场均未形成	2～10 10 6 5 2	15	6	2
七、3～5 年内的物价波动幅度(通货膨胀率) 　　2%以下 　　2%～5% 　　5%～8% 　　8%～15% 　　15%～25% 　　25%以上	2～10 10 8 7 6 3 2	5	6	2
八、政府行政效率(项目从立项到注册的平均时间) 　　10 天以内 　　10 天～1 个月 　　1 个月～半年 　　半年～1 年 　　1 年以上	2～10 10 8 4 2 −2	15	8	2
九、劳动者素质与劳务成本状况 　　劳动者素质较好,劳务成本较低 　　劳动者素质较好,劳务成本较高 　　劳动者素质相当好,劳务成本很高 　　劳动者素质较差,劳务成本较低 　　劳动者素质较差,劳务成本较高	1～10 10 7 5 2 1	10	7	1

续表

投融资环境因素	评分	权数	满意值/分	不满意值/分
十、第三产业发展状况(第三产业增加值占 GDP 的比率) 　　45%以上 　　30%～45% 　　20%～30% 　　20%以下	3～10 10 8 6 3	10	8	3

综合指标评价法的具体评价步骤如下：

第一步，确定每个指标应得分数。

第二步，确定权数结构。权数的确定一般采用专家评议法，由专家对诸项指标进行分析比较，根据各项指标对投融资主体的影响程度，确定最佳的权数结构。

第三步，采用加权平均法计算综合评价指标，计算公式为：

$$\overline{K} = \sum_{i=1}^{n} K_i \left[\frac{w_i}{\sum w_i} \right]$$

式中：$\overline{K}$ 为总分；K_i 为各分项指标得分；w_i 为各分项指标权数；n 为指标个数，在这里 $n=10$。

第四步，确定综合评价指标的满意值和不允许值。

综合评价指标满意值 $= \sum_{i=1}^{10}$ 满意值$_i \left[\dfrac{w_i}{\sum w_i} \right]$，不允许值 $= \sum_{i=1}^{10}$ 不允许值$_i \left[\dfrac{w_i}{\sum w_i} \right]$。本例的满意值为 70.5 分，不允许值为 32.0 分。

由于投融资环境的动态性、主观性等特点，各项指标的权数不是固定的，因此在比较不同目标区域的优劣时还要注意指标之间的可比性，在运用该方法时应根据具体情况调整指标体系及其权数。

(五)相似度评价法

相似度评价法是以若干特定的相对指标为统一尺度，运用模糊综合评判原理，确定评价标准值，得出一个国家(地区、城市)在诸指标上与标准值的相似度，据此评价该国(地区、城市)投融资环境的一种方法。

运用相似度法，首先要确定评价指标体系，假定确定以下 10 个指标构成评价指标体系。

1. 投资获利率(H)

即一定时间所获得的利润额与投资额的比率。设 T 为投资额，P 为利润，则 $H=P/T$。H 越大，投资效果越好。

2. 投资乘数(C)

即收入增量与投资增量的比率。以一个社会为总体来考虑时，当受资国(地区、城市)的边际消费倾向越大，则投资乘数越大，即少量的投资增量可引致多倍的国内生产总值增长，说明投融资环境越好。

3. 边际耗费倾向(B)

即耗费增加额与收益增加额的比率。B 越大，对投资者越不利。

4. 投资饱和度(D)

即某一投资领域已投入的资金与该领域投资容量的比值。D 值越小，投融资环境越好。

5. 基础设施适应度(J)

假定各项基础设施完全适应投资项目需要时为 1,则有

$$J=\frac{k_1 a_1+k_2 a_2+\cdots+k_i a_i}{n}$$

式中:n 为基础设施项目个数;k_i 为各项基础设施的权重;a_i 为各项基础设施与 1 相比的适应度。

6. 投资风险度(F)

即对投资风险的估计。对投资风险的确定方法是:(1)先确定各风险因素;(2)依据来自各方面的信息,拟定出若干假设方案和估计值;(3)进行敏感度分析,逐一变换风险因素的假设估计值,观察由此所引起的变化结果;(4)求出各种假设方案的数学期望,最大的数学期望与最小的数学期望值比即为投资风险度。各种假设方案的数学期望之间的差别越小,则投资风险度越小,投资环境越稳定。

7. 居民消费率(Y)

即一国(地区、城市)居民消费支出与国内生产总值的比值。

8. 优化商品率(G)

指地方、国家、国际名优商品总数与一个地方的商品总数的比率,它反映了综合生产竞争能力。

9. 文化素质(Z)

采用适龄劳动人口平均受教育年限表示,计算公式为:

$$Z=\frac{\sum 各组别适龄劳动者人数 \times 相应组平均受教育年数}{\sum 各组别适龄劳动者人数}$$

10. 社会治安(S)

采用犯罪率表示,计算公式为:

$$S=\frac{16 \text{ 岁以上涉案人口}}{16 \text{ 岁以上总人口}}$$

其次,确定了上述 10 个指标以后,采用模糊综合评价原理,对投融资环境的优劣作出综合评价。具体步骤如下:

将上述 10 个指标表示为一个集合

$$U=\begin{Bmatrix} u_1 & u_2 & u_3 & u_4 & u_5 & u_6 & u_7 & u_8 & u_9 & u_{10} \\ H & C & B & D & J & F & Y & G & Z & S \end{Bmatrix}$$

对投融资环境的评价划分为五级,即:很好、好、一般、较差、差,并将其集合记为:

$$V=\begin{Bmatrix} v_1 & v_2 & v_3 & v_4 & v_5 \\ 很好 & 好 & 一般 & 较差 & 差 \end{Bmatrix}$$

选择出各国公认的投融资环境好的一些城市,分别收集上述 10 个指标,并作为评价标准值。依据模糊集的隶属原则,建立隶属函数表达式,用于表示各指标 u_i 隶属于相应标准值的程度。

$$\mu(u)=\begin{cases} \dfrac{1}{1+[a(u-c)]^b} & 当 u<c, c>0, b>0 \\ 1 & 当 u \geqslant c \end{cases}$$

式中:$\mu(u)$ 为隶属度;c 为标准值;u 为被评估城市指标值;a,b 为经验系数。

求取各被评估城市 10 个指标的隶属度值以后,根据所划分出的评价投融资环境好坏的等

级域。假定有 k 个城市参与投融资环境评价,建立各评价城市 U_k 与 V 的 10×5 阶模糊关系矩阵 R_k:

$$V=\{v_1 \quad v_2 \quad v_3 \quad v_4 \quad v_5\}$$

$$U_K=\begin{Bmatrix}u_1\\ \vdots \\ u_{10}\end{Bmatrix}$$

$$R_k=\begin{Bmatrix}\mu(u_1,v_1) & \mu(u_1,v_2) & \cdots & \mu(u_1,v_5)\\ \mu(u_2,v_1) & \mu(u_2,v_2) & \cdots & \mu(u_2,v_5)\\ \vdots & \vdots & & \vdots \\ \mu(u_{10},v_1) & \mu(u_{10},v_2) & \cdots & \mu(u_{10},v_5)\end{Bmatrix}$$

$$=\begin{bmatrix}r_{1,1} & r_{1,2} & \cdots & r_{1,5}\\ r_{2,1} & r_{2,2} & \cdots & r_{2,5}\\ \vdots & \vdots & & \vdots \\ r_{10,1} & r_{10,2} & \cdots & r_{10,5}\end{bmatrix}$$

式中:r_{ij} 为对第 i 个指标做出第 j 种评价的可能性。

依据模糊变换原理,用恰当的方法给出 10 个指标的权重,并进行归一化处理,得到权重分配向量

$$A=\{a_1 \quad a_2 \quad \cdots \quad a_{10}\}$$

由 A 与 R 的并交运算,得到被评价城市投资环境的综合评判的模糊向量

$$B_k=A\cdot R_x=\{b_1,b_2,\cdots,b_5\}$$

当求出各参与城市投资环境综合评价的综合评判向量 B_k 后,根据各城市综合评价向量中 b_i 的大小,选出 b_i 值最大的城市为投融资环境最优城市,确定其他各城市与最优城市投融资环境相似度,用公式表示为

$$k=\frac{\sum_{i=1}^{5}\min|b_i,b_{i,\text{最优}}|}{\sum_{i=1}^{5}\max|b_i,b_{i,\text{最优}}|}$$

式中:k 为相似度。

这样就可以求出所有被评估城市与最优城市投融资环境的相似度,依据各城市相似度值的大小排序就可以判断出各城市投融资环境的优劣。

(六)动态分析法

动态分析法的核心在于把投融资环境看作是一个动态系统。由于投融资环境的特点,在分析投融资环境时,不仅要考虑它的过去、现在,还要考虑投融资环境将来可能发生的变化。动态分析法的特点就是把投融资环境中较容易发生变化的因素(主要是政治局势和经济形势)集中起来,分析其变动趋势及其变化的可能性,以便确定这些变化在一定时期内(如投融资项目的回收期或盈利高峰期内)对投融资活动带来的风险大小以及对投融资效果可能带来的影响并采取相应的对策。跨国公司对投融资环境的评价多采用这种评价方法,如美国道氏化学公司。下面给出了一个定性的提示表(见表 12-10)。

表12－10　　　　　　　　　　投融资环境动态分析法

1. 企业业务条件	2. 引起变化的主要压力	3. 有利因素和假设的汇总	4. 预测方案
评估以下因素： (1)实际经济增长率 (2)能否获得当地资产 (3)价格控制 (4)基础设施 (5)利润汇出规定 (6)再投资自由 (7)劳动力技术水平 (8)劳动力稳定 (9)投资刺激 (10)对外国人的态度 …… (40)	评估以下因素： (1)国际收支结构及趋势 (2)被外界冲击时易受损的程度 (3)经济增长相对于预期 (4)舆论界领袖观点的变化 (5)领导层的稳定性 (6)与邻国的关系 (7)恐怖主义 (8)经济与社会进步的平衡 (9)人口构成和人口趋势 (10)对外国人和外国投资的态度 …… (40)	对前两项进行评价后，从中挑出8～10个在某个国家的某个项目能获得成功的关键因素(这些关键因素将成为不断查核的指数或继续作为国家评估的基础)	提出4套国家/项目预测方案： (1)未来7年中关键因素造成的"最可能"方案 (2)如果情况比预期的好，会好多少 (3)如果情况比预期的糟，会如何糟 (4)会使公司"遭难"的方案

道氏化学公司认为，投资者在国外投资所面临的风险分为两类：(1)正常的企业风险或竞争风险。例如，公司的竞争对手也许会生产出一种性能更好或价格更低的产品。这类风险存在于任何基本稳定的企业环境之中，是商品经济运行的必然结果。(2)环境风险，即某些可以使企业所处的环境发生变化的政治、经济及社会等因素。这类因素往往会改变企业经营所遵循的规则和所采取的方式。对投资者来说，这些变化的影响往往是不确定的，既可能是有利的，也可能是不利的。据此，道氏化学公司把影响投资环境的诸因素按其形成的原因及作用范围的不同分为两部分：企业从事生产经营的业务条件和有可能引起这些条件变化的主要压力。这两部分又分别包括40项因素。在对这两部分的因素做出评估后，提出投资项目的预测方案的比较，可以选择出具有良好投资环境的投资场所。

(七) 其他分析方法

除了采用上述方法之外，投资者还可以针对投资项目和投资环境的特点，自行设计评价指标，采用主观或者客观方法进行综合评价。常用的评价方法主要有层次分析法、熵值法、主成分分析法、因子分析法、神经网络法、数据包络分析法等，这些方法在操作中虽有不同，但一般来说都是经过指标选取、数据收集、标准化、数学运算、结论分析等步骤，有关方法的具体原理与计算过程在这里就不一一列举了。

综上所述，各种投融资环境评估法均有优劣之处，在使用时，我们应注意发挥它们各自的长处，在充分掌握信息资料的基础上，尽量多采用几种方法进行评估，以便获得一个客观公正的结果。

阅读书目

1. 杨晔、杨大楷：《国际投资学》(第五版)，上海财经大学出版社2016年版。
2. 李北伟：《投资经济学》，清华大学出版社2009年版。
3. 方芳、陈康幼：《投资经济学》(第二版)，上海财经大学出版社2016年版。

4. 梁蓓：《区域经济规划与投资环境分析》，对外经济贸易大学出版社 2011 年版。
5. 中华人民共和国商务部：《国别贸易投资环境报告 2014》，上海人民出版社 2014 年版。
6. 查道炯、李福胜等：《中国境外投资环境与社会风险案例研究》，北京大学出版社 2014 年版。

思考题

(一)填空题
1. 根据投融资环境因素的属性不同，可以分为自然环境与_____。
2. 根据不同的研究目的，地理位置在理论上一般可分为_____地理位置、自然地理位置、经济地理位置、_____地理位置四种。
3. 基础设施主要包括_____设施、交通设施、邮电通信设施以及_____设施。
4. 政治环境因素主要包括政治制度、_____、_____及行政效率四个方面。
5. 从投融资角度看，经济的稳定性主要是通过考察_____和财政金融状况来评价和预测。
6. 在评估投融资环境时，如果投资者具有某种特定目标和要求，采用_____为宜。
7. 自然环境与_____又称为投融资硬环境。

(二)名词解释
1. 投融资环境
2. 经济活力
3. 冷热评估法
4. 人为环境
5. 微观投融资环境

(三)是非题
1. 投融资环境的优劣程度取决于投融资主体的评价和决策。（　　）
2. 宏观环境良好，说明微观环境也一定良好。（　　）
3. 自然环境是指地理、气候、自然资源、矿产资源、基础建设等因素的总和。（　　）
4. 随着科学技术的飞速发展，自然地理环境对投融资的影响呈下降趋势。（　　）
5. 专家实地考察进行投融资环境评估很难对受资方的政治、社会、自然条件等方面的所有因素做出客观、全面的评价。（　　）
6. 体制评估法是对某国投资环境做总体性的评估所采用的方法，它较少从具体投资项目的投资动机出发来考察投资环境。（　　）

(四)简答题
1. 简述投融资环境具有的特点。
2. 简述投融资环境评估的原则。
3. 简述多因素评估法。
4. 简述如何量化投融资环境中的政治和法律环境因素。
5. 简述在评估投资环境时妥善处理问卷调查结果的方式。

(五)论述题
试述考察某一国家或地区的投融资环境时应从哪些方面着手。

第十三章

投融资决策分析

所谓投融资决策,是指对投融资活动的各种方案的支出和收入进行分析对比,以选择效果最佳方案的过程。投融资决策是投融资活动成功的关键,因此,如何正确地进行投融资决策就成为投融资主体需要首先考虑的问题。本章将分别介绍融资决策和投资决策的构成因素以及各因素与投融资决策的关系,在此基础上定量分析投融资决策的方法。

第一节 融资决策分析

融资决策就是融资主体在明确资本使用目的的基础上,确定融资规模、融资期限以及资金来源的构成和比例的过程。融资决策中首先考虑的因素是融资成本,即融入所需资金要付出多少成本。根据经济人理论,融资主体总是以尽可能低的融资成本获取资金。

一、各种主要的资金成本

资金成本是财务管理中一个十分重要的概念,融资主体在融资、投资、分配盈余时都必须考虑资金成本,也就是融资者为筹集和使用资金而付出的代价,包括筹资费用和用资费用两部分。筹资费用是指在资金筹集过程中支付的各项费用。用资费用是指占用资金支付的费用。在财务管理中常把资金成本表示成相对数,即用资费用与实际筹资额之间的比率[①]。

(一)债券成本

债券成本是指企业发行债券所支付的利息和筹资费用。按税法和会计制度规定,债券利息在税前支付,具有抵税效应。因此,债券成本的计算公式为:

$$K_b = \frac{I(1-t)}{B_0(1-f)} \tag{13-1}$$

[①] 资金成本是从资金使用者的角度出发,分析的是资金使用者的融资成本,并没有充分考虑资金投入者的回报要求,也没有体现风险因素。而资本成本是投资者所要求的预期报酬率,等于无风险利率加上投资项目的风险补偿,读者需要区分清楚两者的不同。详见《新帕尔格雷夫货币金融大辞典》。

式中：K_b 为债券成本；I 为每年支付的利息；B_0 为债券筹资总额；f 为债券发行费率；t 为所得税税率。

例 13—1：假设某公司发行期限为 25 年、票面利息率为 12% 的债券 1 000 万元，发行费用为 3%，所得税税率为 40%，该种债券成本的计算方法如下：

将已知数据代入式（13—1），可得：

$K_b = 1\,000 \times 12\% \times (1-40\%)/[1\,000 \times (1-3\%)] = 7.42\%$

由于债券利息可以在税前扣除，而且债券发行费用相对股票等融资方式的手续费用较低，因此，债券成本一般较低，计算负债税后成本是假设公司有利润的，如果公司没有利润，则不能享受利息支付带来的抵税效应。就一个没利润的公司而言，其负债的实际成本为其税前成本。

（二）优先股成本

企业发行优先股需要支付发行费用，并定期支付股利。但与债券不同，股利在税后支付，且没有固定的到期日。优先股成本的计算公式为：

$$K_p = \frac{D}{P_0(1-f)} \tag{13-2}$$

式中：K_p 为优先股成本；D 为优先股每年股利；P_0 为发行优先股总额；f 为筹资费率。

例 13—2：某企业发行 1 000 万元优先股，发行费率为 4%，每年支付 12% 的股利，则发行优先股的成本为：

$$K_p = \frac{D}{P_0(1-f)} = \frac{1\,000 \times 12\%}{1\,000 \times (1-4\%)} = 12.5\%$$

企业破产时，优先股的求偿权位于债券持有人之后，因此优先股股东的风险大于债券持有人的风险，这就使得优先股的股利率一般要大于债券的利息率。另外，优先股股利要从税后盈余中支付，不像债券那样具有抵税效应，所以优先股的成本明显高于债券成本。

（三）普通股成本

普通股的成本计算主要有评价法和资本资产定价模型法两种。

1. 评价法

评价法的基本原理是用普通股现值的公式来计算普通股成本。普通股现值的计算公式为：

$$V_0 = \sum_{i=1}^{n} \frac{D_i}{(1+K_s)^i} + \frac{V_n}{(1+K_s)^n} \tag{13-3}$$

式中：V_0 为普通股现值；D_i 为第 i 期支付的股利；V_n 为普通股终值；K_s 为普通股成本。

由于普通股一般没有固定到期日，因此可以看作趋于无穷大。此时，式（13—3）中最后一项等于 0，所以普通股的现值为：

$$V_0 = \sum_{i=1}^{n} \frac{D_i}{(1+K_s)^i} \tag{13-4}$$

如果每年股利固定不变，则可视为永续年金。那么普通股成本的计算公式为：

$$K_s = \frac{D}{V_0} \tag{13-5}$$

把发行费用考虑进去，则为：

$$K_s = \frac{D}{V_0(1-f)} \tag{13-6}$$

式中：K_s 为普通股成本；V_0 为普通股按发行价计算的金额；D 为每年股利；f 为普通股筹资费率。

许多公司的股利都是不断增加的,假设年增长率为 g,则普通股成本的计算公式为:

$$K_s = \frac{D}{V_0(1-f)} + g \qquad (13-7)$$

例 13-3: 假设某公司普通股股价为 100 元,发行费率为 5%,第一年发放股利为 12 元,以后每年增长 3%,则普通股融资成本为:

$$K_s = \frac{12}{100 \times (1-5\%)} + 3\% = 15.63\%$$

2. 资本资产定价模型法

这是利用资本资产定价模型来计算普通股成本的方法。其计算公式为:

$$K_s = R_F + \beta \times (K_m - R_F) \qquad (13-8)$$

式中: K_s 为普通股成本; R_F 为无风险报酬率; β 为公司股票的 β 系数; K_m 为市场证券组合的报酬率。

例 13-4: 假设无风险报酬率为 10%,市场证券组合的报酬率为 16%,公司股票的 β 系数为 1.1,则公司发行普通股的资金成本为:

$$K_s = 10\% + 1.1 \times (16\% - 10\%) = 16.60\%$$

(四)留存收益成本

一般企业都不会把全部利润以股利的形式分配给股东,未分配利润是企业资金的重要来源。企业未分配利润等同于股东追加的投资,股东对这部分投资与以前缴给企业的股本一样,也要求一定的报酬,所以未分配利润也要计算成本,这部分成本的计算与普通股基本相同,但无需计算发行费用。其计算公式如下:

$$K_e = \frac{D}{V_0} + g \qquad (13-9)$$

(五)加权平均的资金成本

上面讨论了四种资金成本的计算问题,它们的加权资金成本的计算公式为:

$$K_w = W_b K_b + W_p K_p + W_s K_s + W_e K_e \qquad (13-10)$$

式中: K_w 为加权平均的资金成本; K_b 为债券成本; K_p 为优先股成本; K_s 为普通股成本; K_e 为留存收益成本; W_b 为债券在资本总额中所占的比重; W_p 为优先股在资本总额中所占的比重; W_s 为普通股在资本总额中所占的比重; W_e 为未分配利润在资本总额中所占的比重。

如果融资主体有更多的融资方式,则融资成本可用式(13-11)计算:

$$K_w = \sum W_j K_j \qquad (13-11)$$

式中: K_w 为加权平均的资金成本; K_j 为第 j 种资本的成本; W_j 为第 j 种资本在资本总额中所占的比重。

二、资金的边际成本

资金的边际成本是指资金每增加一个单位而增加的成本,这是财务管理的一个重要概念,也是投融资必须加以考虑的问题。加权平均的资金成本是过去筹资或目前使用的资金的成本。但各种资金成本随时间的推移或筹资条件的变化而不断变化,加权平均资金成本也随之变化。这样,仅仅考虑已有的资金成本是不够的,还要考虑为投资所新筹集的资金成本,这就需要计算资金边际成本。下面举例说明资金边际成本的计算。

例 13-5: 某公司目前总资本为 100 万元,其中长期债务 20 万元,优先股 5 万元,普通股

75万元,现在公司为满足投资要求,准备筹集更多的资金,试计算资金的边际成本。

计算过程如下:

第一步,确定公司最优的资本结构。该公司财务人员经过认真分析,认为目前的资本结构即为最优的资本结构。因此,在今后筹资时继续保持原有的资本结构不变。

第二步,确定各种融资方式的资金成本。公司财务人员认真分析了目前金融市场的状况和企业的融资能力,认为随着公司融资规模的增加,各种融资成本也会增加(见表13-1)。

表13-1　　　　　　　　　　　　某公司融资资料

融资方式	目标资本结构	新融资的数量范围(元)	资金成本(%)
长期债务	0.20	0~10 000	6
		10 000~40 000	7
		大于40 000	8
优先股	0.05	0~2 500	10
		大于2 500	12
普通股	0.75	0~22 500	14
		22 500~75 000	15
		大于75 000	16

第三步,计算融资总额的分界点:

$$BP_i = TF_i / W_i \tag{13-12}$$

式中:BP_i为融资总额分界点;TF_i为第i种融资方式的成本分界点;W_i为目标资本结构中第i种融资方式所占的比例。

则该公司融资总额分界点如表13-2所示。表13-2中,分界点是指特定融资方式成本变化的分界点。例如,对长期债务而言,在10 000元以内,其资金成本为6%,而在目标资本结构中,债务的比重为20%。这表明在债务成本由6%上升到7%之前,可融得5万元资金,当融资总额多于5万元时,债务成本就要上升到7%。

表13-2　　　　　　　　　　　　融资总额分界点计算

融资方式	资金成本(%)	特定融资方式的融资范围(元)	融资总额分界点(元)	融资总额范围(万元)
长期债务	6	0~10 000	10 000/0.2=50 000	0~5
	7	10 000~40 000	40 000/0.2=200 000	5~20
	8	大于40 000	—	大于20
优先股	10	0~2 500	2 500/0.05=50 000	0~5
	12	大于2 500	—	大于5
普通股	14	0~22 500	22 500/0.75=30 000	0~3
	15	22 500~75 000	75 000/0.75=100 000	3~10
	16	大于75 000	—	大于10

第四步,计算资金的边际成本。根据第三步计算的分界点,可得出如下五组新的融资范围(元):A组(0～30 000);B组(30 000～50 000);C组(50 000～100 000);D组(100 000～200 000);E组(200 000以上)。对以上五个融资范围计算加权平均的资金成本,便可得到各种融资范围的资金边际成本。

三、资金成本与融资决策的关系

资金成本是选择资金来源、拟定融资方案的依据,它对融资决策的影响主要有以下四个方面:第一,资金成本是影响融资总额的一个重要因素。随着融资数量的增加,资金成本不断变化,当融资数量很大、资金的边际成本超过融资主体的承受能力时,便不能再增加融资数额。因此,资金成本是限制融资数额的一个重要因素。第二,资金成本是选择资金来源的重要依据。资金可以从很多渠道筹集,就长期借款来说,可以向商业银行借款,也可以向保险公司或其他金融机构借款,还可以向政府申请贷款。究竟选择哪种来源,首先要考虑的因素就是资金成本的高低。第三,资金成本是选用融资方式的标准。融资方式是多种多样的,在选用融资方式时要考虑的因素很多,但必须考虑资金成本这一经济标准。第四,资金成本是确定最优资本结构所必需的因素。不同的资本结构会带来不同的风险和成本,从而引起股票价格的变动。在确定最优资本结构时,考虑的因素主要有资金成本和财务风险。资金成本虽然不是融资决策所要考虑的唯一因素,因为融资还要考虑财务风险、资本期限、偿还方式、限制条件等,但资金成本是一个重要的经济因素,直接关系到融资的经济效益。

四、融资决策的定量分析

下面介绍几种确定资本结构的定量分析方法。

(一)息税前盈余—每股盈余无差异分析法

负债的偿还能力是建立在未来收益能力的基础之上的,对资本结构的研究不能脱离融资主体的盈利能力,而盈利能力一般用息税前盈余(EBIT)表示。负债融资是通过负债自身的杠杆作用来增加股东财富的,在确定资本结构时不能不考虑负债对股东财富的影响。股东财富用每股盈余(EPS)来表示。将两个方面结合起来,分析资本结构对普通股每股盈余的影响,进而确定合理的资本结构的方法,就称为息税前盈余—每股盈余分析法,简称EBIT-EPS分析法。

例13-6:某公司目前有资金75万元,现因生产发展的需要,准备再筹集25万元,这些资金可以通过发行股票来筹集,也可以通过发行债券来筹集。表13-3显示了该公司资本结构的变化情况。若预计息税前盈余为200 000元,试问通过哪种方式融资对公司有利。

表13-3　　　　　　　　　　公司资本结构变化情况

融资方式	原来资本结构	增加融资后资本结构	
		增发普通股(A)	增发公司债(B)
公司债(利率8%)	100 000元	100 000元	350 000元
普通股(面值10元)	200 000元	300 000元	200 000元
未分配利润	200 000元	200 000元	200 000元
资本总额合计	750 000元	1 000 000元	1 000 000元
普通股股数	20 000股	30 000股	20 000股

根据资本结构的变化情况,我们进行 EBIT-EPS 分析。决定发行普通股还是发行公司债的息税前盈余的分界点的计算可按下列公式进行:

$$EPS_i = \frac{(EBIT - I_i)(1-t) - D_{PS_i}}{N_i} \quad (13-13)$$

令 $EPS_1 = EPS_2$,可得:

$$\frac{(EBIT_0 - I_1)(1-t) - D_{PS_1}}{N_1} = \frac{(EBIT_0 - I_2)(1-t) - D_{PS_2}}{N_2} \quad (13-14)$$

式中:$EBIT_0$ 为息税前盈余分界点;I_1, I_2 为两种融资方式下的年利息;t 为所得税税率;D_{PS_1}, D_{PS_2} 为两种融资方式下的优先股股利;N_1, N_2 为两种融资方式下的流通在外的普通股股数。

将该公司的相关数据代入式(13—14)可得:

$$\frac{(EBIT - 8\,000)(1-50\%)}{30\,000} = \frac{(EBIT - 28\,000)(1-50\%)}{20\,000}$$

求得 $EBIT = 68\,000$ 元。当 $EBIT$ 大于 $68\,000$ 元时,债务融资的 EPS 大于普通股融资的 EPS,利用负债融资较为有利;反之,当 $EBIT$ 小于 $68\,000$ 元时,债务融资的 EPS 小于普通股融资的 EPS,不应再增加负债,而应以发行普通股为宜;而 $EBIT$ 等于 $68\,000$ 元时,两种融资方式的 EPS 相等,采用两种方式无差别。公司预计 $EBIT$ 为 $200\,000$ 元,故采用发行公司债的方式较为有利。

利用上述资料可以绘制出 EBIT-EPS 分析图,其优点是简单明了,根据分析图也能得出上述结果(见图13—1)。

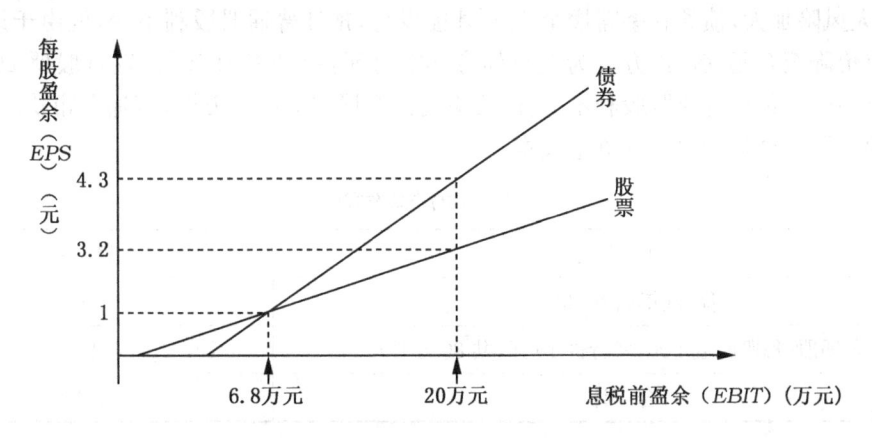

图13—1 息税前盈余—每股盈余分析

本题也可直接计算普通股融资和债券融资的每股盈余,比较这两种融资方式的每股盈余的大小,选取每股盈余较大的融资方式。详细分析结果见表13—4。从表13—4可看出,当预计 $EBIT$ 为 $200\,000$ 元时,股票融资的 EPS 小于增发债券的 EPS,所以应增发债券融资。

表13—4 公司不同资本结构下的每股盈余 单位:元

项　　目	增发股票	增发债券
预计息税前盈余($EBIT$)	200 000	200 000
减:利息	8 000	28 000

续表

项　目	增发股票	增发债券
税前盈余	192 000	172 000
减：所得税(50%)	96 000	86 000
税后盈余	96 000	86 000
普通股股数	30 000	20 000
每股盈余(EPS)	3.2	4.3

EBIT-EPS 分析法只考虑了资本结构对每股盈余的影响，并假定每股盈余最大，股票价格也就最高，而且没有把资本结构对风险的影响考虑在内，因为随着负债的增加，投资者的风险加大，股票价格和企业价值也会有下降的趋势，所以单纯用 EBIT-EPS 分析法有时可能做出错误的决策。

(二)方案对比优选法

在做出融资决策之前，先拟定若干个备选方案，分别计算各方案的加权平均成本，然后确定融资方案和资本结构的方法被称为方案对比优选法。

例 13—7：某公司原来的资本结构如表 13—5 所示，普通股每股面值 1 元，发行价格 10 元，目前价格也为 10 元，今年期望股利为 1 元/股，预计以后每年增加股利 5%。该企业所得税税率为 30%。假设发行多种证券均无发行费用，同时假设该公司先拟增资 400 万元，以扩大生产经营规模。现有如下三个方案可供选择：甲方案为增加发行 400 万元的债券，因负债增加，投资人风险加大，债券利率需增至 12% 才能发行，预计普通股股利不变，但由于风险加大，普通股市价降至 8 元/股；乙方案为发行债券 200 万元，年利率为 10%，发行股票 20 万股，每股发行价 10 元，预计普通股股利不变；丙方案为发行股票 36.36 万股，普通股市价增至 11 元/股。下面分别计算其加权平均资金成本。

表 13—5　　　　　　　　　　　某公司的资本结构

融资方式	金额(万元)
债券(年利率10%)	800
普通股(每股面值1元，发行价10元，共80万股)	800
合　计	1 600

首先，计算计划年初加权平均资金成本。各种资本的比重和资金成本分别为：$W_b = 800/1\ 600 = 50\%$，$W_s = 800/1\ 600 = 50\%$，$K_b = 10\% \times (1-30\%) = 7\%$，$K_s = 1/10 + 5\% = 15\%$。从而，计划年初加权平均资金成本为：$K_{w_0} = 50\% \times 7\% + 50\% \times 15\% = 11\%$。

然后，计算各方案的平均资金成本。先看甲方案的平均资金成本。各种资本的比重和资金成本分别为：$W_{b_1} = 800/2\ 000 = 40\%$，$W_{b_2} = 400/2\ 000 = 20\%$，$W_s = 800/2\ 000 = 40\%$，$K_{b_1} = 10\% \times (1-30\%) = 7\%$，$K_{b_2} = 12\% \times (1-30\%) = 8.4\%$，$K_s = 1/8 + 5\% = 17.5\%$。从而，甲方案的加权平均资金成本为：$K_{w_1} = 40\% \times 7\% + 20\% \times 8.4\% + 40\% \times 17.5\% = 11.48\%$。

通过同样的方法可得乙方案的加权平均资金成本为 11%，丙方案的加权平均资金成本为 11.26%。从以上计算可以看出，乙方案的加权平均资金成本最低，所以应选用乙方案。我们在此需要特别指出的是:这种方法是确定资本结构的一种常用方法,但是由于拟定的方案数量有限,所以存在把最优方案漏掉的可能性。

(三)逐步测试法

逐步测试法是根据财务数据,通过逐步测试来求出最优资本结构的一种方法。

例 13—8:福德斯公司每年息税前盈余为 500 万美元。目前福德斯公司的全部资金都是利用发行股票筹集,股票账面价值为 200 万美元。福德斯的所得税率为 40%。假设福德斯公司的资本结构发生变化,但其他因素保持不变。

经过与投资银行讨论,福德斯公司获悉最初的 600 万美元的债务可以 12% 的利息率筹集,因为随着债务的增加,投资者的风险将相应地增加,所以,其债务利息也必然随之上升。同样道理,权益资本的成本也会相应提高。在实例中,假设资本结构的调整是通过发行债券购回普通股来进行的。现测算资本结构如何影响公司的总价值 V 和资金成本 K。公司的市场总价值等于债务的价值 B 加上股票的总价值 S,即:

$$V = S + B \tag{13-15}$$

假设债务的市场价值等于它的面值,股票的市场价值通过税后盈余和权益资本化比率来计算,即:

$$S = \frac{(EBIT - I)(1 - t)}{K_s} \tag{13-16}$$

式中:$EBIT$ 为息税前盈余;I 为每年支付的利息;t 为公司所得税税率;K_s 为权益资本的成本或权益资本化比率。

如表 13—6 所示,在没有债务的情况下,福德斯公司的总价值为 2 083.3 万美元,当企业用债务资本代替权益资本时,在债务达到 1 200 万美元之前,其总价值在不断增加。当债务超过 1 200 万美元之后,由于债务资本和权益资本的成本都在大幅度增加,引起公司总价值下降。

表 13—6   不同债务水平对福德斯公司债务资本成本和权益资本成本的影响

债务的市场价值(百万美元)	所有债务的利息率(%)	估计股票的 β 值	权益资本的成本(%)
0	—	1.10	14.40
3	12.0	1.25	15.0
6	12.0	1.35	15.4
9	13.0	1.45	15.8
12	14.0	1.60	16.4
15	16.0	1.80	17.2
18	18.0	2.10	18.4
21	20.0	2.75	21.0

注:K_s、β 的数值是与投资银行协商得出的;$K_s = R_F + \beta \times (K_m - R_F)$,投资银行估计:$R_F = 10\%$,$K_m = 14\%$。

另外,1 200 万美元的债务不仅是使福德斯公司总价值最大的资本结构,也是使其加权平均资金成本最低的资本结构。加权平均的资金成本可用式(13—17)计算:

$$K_0 = K_b \times \frac{B}{V} \times (1 - t) + K_s \times \frac{S}{V} \tag{13-17}$$

式中:K_0 为加权平均资金成本;K_b 为息税前债务资金成本;K_s 为权益资金成本。

当公司没有债务时，加权平均的资金成本就是权益成本，最初使用较便宜的债务成本，可使加权平均资金成本降低，但当债务超过 1 200 万美元时，资金成本就会上升。因此，当债务为 1 200 万美元时的资本结构为该公司最优的资本结构(见表 13—7)。

表 13—7　　　　　　　　　福德斯公司的市场价值和资本成本

债务的市场价值 B（百万美元）	股票的市场价值 S（百万美元）	公司的市场价值 V（百万美元）	财务杠杆（%）	税前债务成本（%）	权益资本成本（%）	加权平均资本成本（%）
0	20.833	20.833	0	0	14.4	14.40
3	18.560	21.560	13.91	12.0	15.0	13.92
6	16.675	22.675	24.46	12.0	15.4	13.33
9	14.544	23.544	38.23	13.0	15.8	12.74
12	12.146	24.146	49.70	14.0	16.4	12.42
15	9.070	24.070	62.32	16.0	17.2	12.46
18	5.739	23.739	75.82	18.0	18.4	12.64
21	2.286	23.286	90.18	20.0	21.0	12.88

资料来源：*Managerial Finance*, Harper. Row, Publishers, 1985, pp. 756—759.

逐步测试法从假设公司没有债务开始分析，通过逐步增加债务来测试企业加权平均资本成本和总价值，从而得到最佳的资本结构，是一种比较好的方法，测算出来的结果也比较准确。目前也可方便地通过软件来计算。

五、融资决策的定性分析

融资决策作为融资主体筹集资金的决策变量，受到诸多方面因素的影响与限制。现代意义上的资本结构理论，由于自身一些不合时宜的基本假设，在指导财务实践方面，面临着现实经营环境的挑战。因此，融资决策仅仅依靠定量分析是不够的，还需要定性分析加以补充。从非财务和定性的角度分析影响融资决策的要素，旨在引导融资主体的融资行为理性化，为其长期经营作出战略选择。定性分析主要从融资主体所处的行业、获利能力、经营规模、资产结构、收入变异程度、成长性、财务灵活性以及主体的经营控制权八个方面加以分析。

（一）融资主体所处行业

融资主体所处的行业不同，其最佳资本结构就会有所不同，这是因为不同的行业有不同的竞争环境，行业集中程度不一样，融资主体的经营战略也会不一样，对资本结构的要求也就有所差异。首先，行业经营特点的不同决定了资本有机构成的不同，资本有机构成高的行业，对经营所需的投入资本有比较高的要求。当业主的资本能力有限时，对资本投入的高要求，意味着其要依靠更多的债务来融资。其次，同一时期的行业生命周期有所差别，处于不同生命周期阶段的行业融资主体，面临着不同的经营风险。考虑到预期的财务拮据成本和代理成本，经营风险较大的融资主体一般不会过多地采取债务的方式进行融资。最后，准入门槛较高的行业，其行业内部的竞争性较低，处于这一类行业内的融资主体，可以更多地依赖负债经营。实证分析也发现，同一行业的融资主体具有相似的最佳资本结构，不同行业融资主体的最佳资本结构也有所不同。

(二)融资主体的获利能力

根据融资顺序理论,融资的一般顺序是:先使用盈余收益,然后选择发行债券,最后考虑发行股票。Myer 和 Majluf 曾构造出一个信息不对称条件下,理性预期的信号传递模型。该模型指出,内源融资成本最低,融资主体应优先选择内源融资方式筹集资金。一般而言,长期融资受法律、市场等诸多因素的限制,具有较大的不确定性。对企业而言,当获利能力较强时,就可以通过保留较多盈余资金的方式,为企业的进一步发展筹措资金,同时股东也愿意将资金留在企业而不是将盈余分掉,以获得更多的长远利益。采取留存收益进行融资,可以避免市场融资的不确定性,也可以减少企业的融资成本。

(三)融资主体的经营规模

仍以企业为例,经营规模大的企业倾向于采取多角化经营战略,或纵向一体化的经营战略。多角化经营战略的目的在于分散经营风险,但不一定能提升企业的总体盈利水平,由于行业的生命周期不同,这样就可以均衡不同时期的利润水平,给企业带来比较稳定的收益。纵向一体化战略则可以通过交易的内部化来减少交易成本,提高企业的经营效益。经营规模大的企业,还有利于在内部进行资金调度,提高资金的使用效率。因此,从绝对数量方面来看,经营规模大的企业可以更多地使用负债进行经营。

(四)融资主体的资产结构

Myer 和 Majluf 认为,如果融资主体以有形财产担保举债经营,就可以减少债权人因信息不对称所产生的监督成本,特别是信用不良的融资主体,在有形财产担保的情况下,债权人提供贷款的可能性增大。融资主体的有形资产越多,其通过资产的担保可以筹集到的债务资金就越多。实证研究表明,固定资产和存货通常被视为可抵押资产,它们的价值大小与融资主体负债比率的高低呈现出正相关关系。专利技术、商誉等无形资产被视为不可抵押资产,与融资主体负债比率呈负相关关系,原因是无形资产比重过大,增加了资产的可塑性,使债权人的监控变得更加困难。当资产的可塑性与高的监督成本相结合的时候,就可能出现"道德风险"和"逆向选择"的问题。但对于技术含量较高的融资主体(这里指的是企业),往往拥有较多的无形资产,也就意味着其未来会形成较强的竞争力与盈利能力。技术含量高的企业对资金的需求,一般只能通过风险资本的投资来解决。

(五)收入变异程度

融资主体经营收入的波动性较大,一般会使破产风险和经营风险相应增加,这样就会导致外界对这类融资主体的经营风险有较高的估计,从而导致其获得贷款的难度增大,融资的成本也会增加。这类融资主体只有通过降低财务风险的方式,从而降低自身的整体经营风险。比如公共事业性企业就有比较稳定的营业收入,这类企业就可以使用比较高的负债来经营。理论上也认为,企业负债比率与收入变异程度负相关。根据有关上市公司的研究结论不难看出,上市公司收入的稳定程度与负债比率之间呈现出正相关关系。

(六)成长性

一般而言,高成长性的企业在经营方面具有更大的灵活性,但是如果企业受到内部人的控制,那么债权人的利益就有可能遭到侵蚀。当债权人预期这种情况可能发生时,在交付货物和提供贷款方面,对付款条件和还款条件的要求将会变得更为苛刻。具有高成长性的企业大多属于新兴产业,虽然这些新兴产业的资产具有较高的可塑性,但是这也导致企业将面临较大的经营风险,从而企业的破产成本和代理成本也将大幅度上升。同时,高成长性企业的发展壮大对资金的需求量也较大,当长期性融资受到限制时,企业就倾向于通过短期融资来满足投资需求快于利润增长的资金需要。

(七)财务的灵活性

财务的灵活性是指融资主体动用闲置资金和剩余负债,来应对可能发生的或无法预见的紧急情况,把握未来投资机会的能力。随着财务危机成本与代理成本的增加,以及债权人风险意识的增强,债权人在考虑是否提供贷款时,为了规避风险,往往在债务契约中加入诸多限制性的理财条款。这些条款旨在保护债权人自身的利益不受侵害,但同时也限制了融资主体在投资、融资及股利分配等理财方面的灵活性。保持适度的财务灵活性,是适应资本市场千变万化的必要条件,是合理运用财务杠杆的前提,是调整融资规模与融资结构的坚实基础。相对于权益资本而言,债务资本具有刚性的一面,即在债务到期之时必须即时兑付并支付利息。尽管债务的利息支出具有抵税的效应,可以降低资金的使用成本,获得财务杠杆收益,但债务的到期还本付息对经营者的压力也是不言而喻的。

(八)经营控制权

经营控制权是近年来有关公司治理结构问题研究的重点之一。公司治理研究主要集中在激励效应、信息传递效应和控制效应三个层面。哈特认为,给予经营者以控制权或激励并不是特别重要,关键的问题是要设计出合理的融资结构,来限制经营者侵害投资者的利益,而追求他们自己目标的行为。这里所说的控制效应,是指融资方式的选择规定着企业控制权的分配,并直接影响该企业控制权的争夺。

值得注意的是,除了资金成本之外,产权问题是影响融资主体资本结构的决定性因素,产权不清的必然结果是出现内部人控制,使融资主体的融资行为非理性化。当产权清晰时,资金成本以及影响资本结构的要素将成为融资必须考虑的决策变量。

上述分析并没有明确给出影响融资决策要素之间的排序,因为融资主体面临的经营环境不同,其内部管理水平也存在差异,所以同一个因素对不同的融资主体来说往往具有不同的意义,有的看重财务的灵活性,有的则看重财务杠杆效应,即使处于同一个行业的融资主体也存在类似的情形。在融资决策中,融资主体对影响其融资决策的要素所确定的权重与排序需要一定的灵活性,只有这样才能找到适合自己的最佳资本结构。

第二节 投资决策分析

所谓投资决策,就是根据预定的目标,选择和决定投资活动的行动方案。投资决策有宏观投资决策和微观投资决策之分。宏观投资决策是指在一定的时期内,国家对投资总规模、投资方向、投资结构、投资布局等问题进行论证评价,作出判断和决定。微观投资决策则是对单个投资项目的投资决策。关于间接投资决策已经在第九章中论述,本节主要论述项目的投资决策分析。

一、投资决策的程序

投资决策是一个对多种复杂因素进行逻辑分析和综合判断的动态过程,其一般程序主要分为以下四个阶段。

(一)投资机会研究

投资机会研究是投资主体在一定的地区和部门内,根据资源情况和市场需求调查与预测资料,寻找最有利的投资机会和可能的投资方向。在机会研究过程中,投资主体为了鉴别投资机会或提出项目设想,应对下列各方面进行调查、预测和分析:(1)自然资源情况和社会地理条件;(2)项目在国民经济发展中与现有生产力布局的关系;(3)政府对该类项目发展的有关法令与政策,如产业政策、技术经济政策等;(4)类似项目的建设在经济发展水平和自然条件与我国大致相似的国家中的成功经验或失败的教训;(5)项目建设与国内外其他工业部门之间可能存在的相互影响关系;(6)现有的生产能力情况;(7)关于人口增长、购买力增长以及消费品需求变化预测;(8)拟建项目的产品在国内外市场的需求量及大致前景,包括取代进口产品的可能性和出口的可能性等;(9)生产的可能性。

机会研究一般比较粗略,主要依靠笼统的估计而不是详细的分析。这一阶段所估计的投资费用和生产成本的精确度大致为30%。如果机会研究认为投资是可行的,就可以进行更深一步的可行性研究。

(二)初步可行性研究

初步可行性研究是在机会研究的基础上,进一步对拟建项目的可能性和潜在效益进行技术经济分析,判断投资机会是否有价值、项目是否有生命力,以便对项目作出初步的选择。初步可行性研究需要对以下内容进行粗略的分析评价:(1)市场需求和现有生产能力;(2)原材料、辅助材料及燃料动力的供应情况;(3)厂址选择;(4)项目设计;(5)人力资源状况;(6)项目进度;(7)项目财务分析。

初步可行性研究对建设投资和生产成本的估算精确度一般要控制在20%以内,在初步可行性研究通过后,即可对投资进行可行性研究。

(三)可行性研究

可行性研究是在投资决策前,采用科学方法对拟建项目进行深入而系统的技术经济分析、论证的工作阶段。可行性研究的内容和结构与初步可行性研究基本相同,主要区别是前者所获取的资料更为详尽,研究更为深入。可行性研究的主要内容包括总论、项目前景与发展概况、市场需求预测和拟建生产规模、项目建设条件、项目设计、环境保护与劳动安全、人力资源安排、实施进度安排、投资估算和资金筹措、财务和国民经济评价、建设方案的综合分析比较与方案选择等。

可行性研究是项目决策过程中的关键环节,在此阶段要求建设投资和生产成本计算精度控制在10%以内。

(四)项目评估和决策

项目评估是为了保证投资决策更科学、更客观、更准确、更谨慎,为了避免失误,在作出最终投资决策前,对投资项目可行性研究报告应再进行一次全面的审核。项目评估可由专门的投资咨询机构进行,请它们全面评估拟建项目的可行性研究报告,在此基础上便可作出最终的投资决策。

二、投资项目经济分析的基本原则

投资项目的经济分析是投资项目可行性研究的重要组成部分,它贯穿于项目投资决策过程的始终。具体来说,投资项目经济分析的基本原则包括以下五个方面。

(一)动态分析和静态分析相结合,以动态分析为主

在项目经济分析中所采用的方法应充分考虑时间的因素,利用复利计算方法将不同时间内的收益与费用的流量折算成同一时点的价值,为不同项目或同一项目不同方案的经济比较提供一个相同的基础,并能反映出未来时期的发展变化情况。

(二)定量分析和定性分析相结合,以定量分析为主

经济分析的本质要求是通过收益和费用的计算,对项目建设和生产过程中的诸多经济因素给出明确、综合的数量概念(如净现金流),从而进行经济比较和分析。经济分析中所用的指标应力求能够正确反映项目收入与支出的关系。但是,一个复杂的建设项目总会有一些经济因素不能量化,不能直接进行数量分析和比较,因此,就有必要对这些不能量化的经济因素进行实事求是的、准确的定性分析和描述,以此作为定量分析的一个辅助手段。

(三)全过程经济效益分析和阶段性经济效益分析相结合,以全过程经济效益分析为主

经济分析最终要求是考察项目计算期,即建设期和生产经营期全过程的经济效益分析。在经济分析过程中,应采用能够反映项目整个计算期内经济效益情况的指标来作为项目取舍或判断方案优劣的依据。

(四)价值量分析与实物量分析相结合,以价值量分析为主

在项目经济分析过程中应力求把物资因素、劳动因素、时间因素等量化为资金价值因素,对不同项目或方案都用可比的同一价值量进行分析和比较,并据以判断项目或方案的可行性。

(五)预测分析和统计分析相结合

经济分析既要以现有状况水平为基础,又要做有根据的预测。在经济分析过程中,不仅要对收益与费用流量发生的时间、数额进行常规预测,还应对某些不确定因素和风险作出估计和判断。

三、投资决策分析的方法

投资决策分析的方法有很多,主要包括净现值法、内部收益率法、会计收益率法、投资回收期法、盈利能力指数法等。下面分别予以介绍。

(一)净现值法

净现值是指把项目计算期内各年的净现金流量,按一定的贴现率折算到建设初期(第一年初)的现值之和。净现值法考察的是项目在计算期内盈利能力的动态指标,其表达式为:

$$NPV = \sum_{t=0}^{n}(CI_t - CO_t)(1+i)^{-t} \quad (13-18)$$

式中:CI_t 与 CO_t 分别是第 t 年的现金流入量与现金流出量;i 为贴现率;n 为项目计算期。

当 $NPV>0$ 时,投资可行;当 $NPV<0$ 时,投资不可行。净现值法是一种最可靠的评价方法,其优点是:(1)能明确地与一个期望的投资收益率联系起来;(2)考虑了资金的时间价值;(3)计算较为方便;(4)能直接说明投资额与资金成本的关系。

(二)内部收益率法

项目的内部收益率(IRR)是在整个经济寿命期内(或折旧年限内)逐年累计现金流入的总额等于现金流出的总额,即投资项目在计算期内,使净现值为零的贴现率。其表达式为:

$$\sum_{t=0}^{n}(CI_t - CO_t)(1+IRR)^{-t} = 0 \quad (13-19)$$

内部收益率的经济含义可直观地解释为:在保证投资项目不发生亏损的条件下,投资者能够承担的最高利率(资金成本)。也就是说,如果用于项目投资的全部借入资金(假定用于项目投资的资金全部为借入资金),以内部收益率作为利率计息,则由项目投资所得的净收益刚好全部用于偿还借款(包括本金和利息)。

由于内部收益率表明了项目本身的实际盈利能力或所能承受的最高利率(或资金成

本),所以,当内部收益率大于或等于最低期望收益率时,项目可行;否则该项目就不可行。

实际计算时可利用 EXCEL2003 软件中的 IRR 计算程序,将相关数据代入,即可得出结果。

例 13-9:项目初始投资为 12 337 元,第一年末的净收益为 10 000 元,第二年末可得净收益 5 000 元,寿命期为 2 年,计算期内部收益率为 12%,将上述数据代入 EXCEL 软件中的 IRR 计算程序,立即得 $IRR=16\%$。因为 16% 大于 12%,所以项目可行。

内部收益率法也是一种可靠的评价方法,其优点是:(1)可以直接衡量一个投资项目的真正投资收益率;(2)是一种联系经营成果的衡量方法,可以直接和资金成本做比较;(3)是一种贴现现金流量的方法,适用于各种投资规模;(4)只要数据收集齐全,计算上是可行的。

(三)会计收益率法

1. 会计收益率法的含义和类型

会计收益率法是使用会计报表数据和会计收益与成本理论计算投资回报率的方法。根据对投资的理解不同可将其分为投资利润率法和平均收益率法。

(1)投资利润率法。投资利润率是指项目达到设计生产能力之后的一个正常年份所得的年利润总额或生产期内年平均利润额(当项目在生产期内各年的利润总额变化幅度较大时)与项目总投资的比率。其计算公式为:

$$投资利润率=(年利润总额或年平均利润总额/总投资)\times 100\%$$

(2)平均收益率法。平均收益率是指项目生产期内年平均利润总额与年平均投资额的比率。其计算公式为:

$$平均收益率=(平均利润总额/年平均投资额)\times 100\%$$

投资利润率指标侧重于反映项目在正常生产年份每 1 元投资所产生的年利润,而平均收益率指标主要反映项目在整个生产经营期内年平均占用 1 元投资所能带来的年平均利润。分子中的利润既可以是税前利润,又可以是税后利润。计算出的会计收益率可以与现存的或期望的项目收益率比较,如果会计收益率大于最低期望收益率,可以接受该项目,否则就认为该项目不可行。

2. 会计收益率法的优缺点

会计收益率法的主要优点是:(1)计算简单,容易理解和掌握,是财务人员比较熟悉的一个概念;(2)关系到经营成果的衡量;(3)适用于各种投资规模。

而其主要的局限性在于:(1)没有考虑投资收益的时间价值;(2)只注重项目在会计意义上的财务数字,而不是现金流量,因而没有考虑折旧中产生的现金流量,也就不能反映项目的实际净收益;(3)因为存在多种计算方法,使其概念不是十分明确,对于应如何计算投资资金的占用,应采用初始投资额还是平均占用投资额,以及应如何确定利润,都带有不确定性和人为因素,决策者可以随意选择,以使之符合对项目可行性已经作出的预先判断。

总之,权衡会计收益率法的利弊,应当说会计收益率指标不是一个十分理想的投资决策标准,它一般只用于项目的机会研究或初步可行性研究,或者用于投资规模较小的短期项目的投资决策。

(四)投资回收期法

投资回收期法可分为静态投资回收期法和动态投资回收期法两种计算方法。

1. 静态投资回收期法

静态投资回收期是指以项目的净收益抵偿全部投资所需要的时间,是投资项目经济分析中最简单和最常用的方法之一。其表达式为:

$$\sum_{t=0}^{P_t}(CI_t - CO_t) = 0 \qquad (13-20)$$

式中：P_t 为静态投资回收期；其他同式(13—18)。

静态投资回收期是对一个投资项目回收其全部投资所需时间的粗略估算，是考察项目在财务上的投资回收能力的主要静态评价指标。通常情况下，可以预先设定一个最大投资回收期标准，不同类型的投资项目需要确定不同的标准。当拟建项目的投资回收期大于其最大投资回收期标准时，则应该拒绝接受该项目。也可以把国家有关部门(行业)规定的基准投资回收期或部门(行业)的平均投资回收期作为参考标准。如果拟建项目的投资回收期小于标准投资回收期或行业平均投资回收期，则认为该项目是可以接受的，否则是不可行的。一般来说，在其他条件相同时，投资回收期越短，投资项目的风险越小，因而也就越有利。

投资回收期以"年"为单位，既可以从建设开始年算起，也可以从投产年算起，但一般应从建设开始年算起，否则应作出说明，以便于不同项目的回收期能用统一的标准进行衡量，使之具有可比性。静态投资回收期的计算可分为两种情况：

(1)若投资产生的净收益(净现金流)每年都相同，则投资回收期可由下式计算：

$$投资回收期 = 全部投资 / 每年净现金流量$$

(2)若各年的净收益不同，则投资回收期由逐年累计的净收益与项目初始投资相等时的年份加以确定，这时投资回收期可根据现金流量表(全部投资)中累计净现金流量计算求得。其具体计算公式为：

$$投资回收期(静态) = (累计净现金流量开始出现正值的年份数) - 1 + (上年累计净现金流量的绝对值 / 当年净现金流)$$

静态投资回收期法的优点是：(1)容易计算；(2)适用于短期投资评价；(3)能粗略地估计项目的可盈利性；(4)可适用于各种投资规模。而静态投资回收期的缺点是：(1)掩盖了很多数据，没有考虑项目计算期内投资回收期后各年的现金流量；(2)不能明确衡量项目投资收益的大小；(3)未考虑资金的时间价值。

因此，静态投资回收期指标与会计收益率指标一样，也不是一种可靠的投资决策标准。在投资决策时，不能仅以静态投资回收期作为项目取舍的依据。为了克服静态投资回收期法未考虑资金的时间价值的缺点，可采用动态投资回收期法。

2. 动态投资回收期法

动态投资回收期是指在考虑了资金的时间价值的条件下，以项目的净收益抵偿全部投资所需要的时间。其表达式为：

$$\sum_{t=0}^{P_{dt}}(CI_t - CO_t)(1+i)^{-t} = 0 \qquad (13-21)$$

式中：P_{dt} 为动态投资回收期；其他符号同式(13—18)。

动态投资回收期通用的计算公式为：

$$投资回收期(动态) = (累计现值出现正值的年份数) - 1 + (上年累计现值的绝对值 / 当年净现金流量的现值)$$

动态投资回收期法是对静态投资回收期法的改进，它除了考虑资金的时间价值外，仍具有与静态投资回收期法相同的特征。

例 13—10：某项目的净现金流量序列、各年累计净现金流量及累计现值的计算如表 13—8 所示，试计算其投资回收期。

表 13－8　　　　　　　　　　累计净现金流量及累计现值计算　　　　　　　　　　单位：元

年	净现金流量	累计净现金流量	净现金流量的现值（$i=15\%$）	累计现值
0	－10 000	－10 000	－10 000.00	－10 000.00
1	2 525	－7 475	2 195.74	－7 804.26
2	2 525	－4 950	1 909.15	－5 895.11
3	2 525	－2 425	1 660.19	－4 234.92
4	3 840	1 415	2 195.71	－2 039.21
5	3 840	5 255	1 909.25	－129.96
6	3 840	9 095	1 660.03	1 530.07

把表 13－8 中的有关数据代入计算公式可得：

投资回收期（静态）＝4－1＋2 425/3 840＝3.63（年）

投资回收期（动态）＝6－1＋129.96/1 660.03＝5.08（年）

（五）盈利能力指数法

盈利能力指数是指项目在整个计算期内的全部收益（正的净现金流量）现值与投资（负的净现金流量）现值的比率。其表达式为：

$$PI = \frac{\sum_{t=0}^{n} R_t (1+i)^{-t}}{\sum_{j=0}^{n} C_j (1+i)^{-j}} \tag{13-22}$$

式中：PI 为盈利能力指数；R_t 为第 t 年的全部收益；C_j 为第 j 年的投资。

从式（13－22）可以看出：如果 $PI \geqslant 1$，表明分子大于或等于分母，则该项目的净现值必定不小于 0；如果 $PI < 1$，表明分子小于分母，则该项目的净现值必定小于 0。所以，我们认为，当盈利能力指数大于或等于 1 时，该项目就是可以接受的；否则该项目不可行。

盈利能力指数是一种对照所需投资来检验投资效益的方法，主要用于动态地考察项目单位投资的获利能力。盈利能力指数实际上并不能比净现值指标提供更多的有关投资决策的信息，所以没有特殊的优点。

四、多种方案下的投资决策

投资决策首先是从若干个项目中选择一个最好的项目或几个较好的项目；在投资方向基本确定之后，在进行项目的可行性研究的过程中，为实现项目的预定目标也会形成多个实施方案。例如，产品方案、生产规模、工艺流程和关键设备的选择，原材料、燃料和动力的供应方式，厂址选择，工厂布置以及资金筹措等等，这些都要求根据实际情况提出各种可能的工程技术方案，然后在多个方案中进行比较和优选，以确定最佳投资方案。

在此需要特别指出的是，一个可行的投资方案不一定是最优的投资方案，甚至未必是次优的；在有限的投资方案中，也不一定包含着客观上最优的方案。一般来说，最初围绕预定目标而拟定的方案越多，最后选出的方案就越有可能最优。方案比较的目的就是为了得到最优或次优的可行方案，使投资尽可能地取得更好的经济效益与社会效益。

一般而言，对投资方案经济价值的分析方法可分为以下几个步骤：一是建立尽可能多的、互斥的投资方案；二是确定项目计算期；三是确定每一个投资方案的现金流量；四是确定企业最低期望收益率（或贴现率）；五是用合理的方法比较各方案的投资价值；六是进行必要的补充分析，包括盈亏平衡分析、敏感性分析和风险分析等；七是选择和确定最佳的投资方案。

我们有必要区分两个重要的概念——独立方案和互斥方案。独立方案是指各个投资方案的现金流量是独立的，不具有相关性。对于独立方案，只要满足 $NPV \geqslant 0$，或 $PI \geqslant 1$，投资就是可行的。互斥方案是指各投资方案之间存在着互不相容、互相排斥的关系，在几个方案中只能选取其中一个。这时投资决策并不是简单地接受或拒绝某一特定的投资方案，而是首先必须在一系列投资方案中选出一个最好的方案，其次再决定是否值得投资于这一最好的方案。在投资决策过程中常常面临的是多个互斥项目或方案的选择问题。下面我们就通过实例来重点介绍互斥项目的三种决策方法，即比较净现值、计算增量净现值、比较增量内部收益率与贴现率。

例 13－11：斯坦厉·杰弗和谢利·兰辛刚购买了教学影片《公司理财》的版权。他们不清楚制作这部影片应该用多大的预算比较合适，预计现金流量见表 13－9。由于项目的风险比较高，贴现率设定为 25%。谢利认为应该斥巨资投资，因为其净现值比较高。斯坦厉的观点是小预算比较合适，因为其内部收益率相对较高。该如何选择呢？

表 13－9　　　　　项目不同预算条件下的预计现金流量表

项　目	第零期现金流量 （百万美元）	第一期现金流量 （百万美元）	$NPV(25\%)$ （百万美元）	$IRR(\%)$
小预算	－10	40	22	300
大预算	－25	65	27	160

首先，比较净现值。通过计算，大预算教学影片的净现值为 2 700 万美元，小预算影片的净现值为 2 200 万美元，因此选择大预算教学影片。

然后，计算增量净现值（见表 13－10）。增量净现值为 500 万美元，因此选择制作大预算的教学影片。

表 13－10　　　　　两种预算条件下的增量现金流量表　　　　　单位：百万美元

	第零期现金流量	第一期现金流量
各期增量现金流量	－25－（－10）＝－15	65－40＝25
增量净现值	\multicolumn{2}{c}{－15＋25/1.25＝5}

最后，比较增量内部收益率与贴现率：
$$0 = -15\,000\,000 + 25\,000\,000/(1+IRR)$$
经计算，增量内部收益率为 66.7%，贴现率为 25%，因此，选择进行大预算的教学影片。

可见，三种方法的结果是一致的。但如果比较大预算和小预算的内部收益率，就会错误地选择小预算项目。

五、不确定性条件和风险条件下的投资决策

一般来说，在不确定性条件和风险条件下进行投资决策需要具备以下几个基本条件：一是要有两个或两个以上可供选择的方案；二是每一方案要存在两种或两种以上可能出现的未来

客观条件；三是每一方案在一定的客观条件下实施时出现的结果是可以计算出来的；四是决策的目标是使利润最大化。

（一）不确定性条件下投资决策的原则

1. 最大的最小值原则

它又称为悲观原则，主张在方案比较和选择时需采取慎重的态度。根据这一原则，首先将每一方案在各种可能状态下的净现值的最小值确定下来，然后从中选出其值最大的那个方案，该方案即为所要选取的方案。其数学表达式为：

$$A_i = \max_i \min_j \{V_{ij}\} \tag{13-23}$$

显然，这是一种稳妥、保守的投资决策方法，可避免发生较大的实际损失。

2. 最大的最大值原则

它与最大的最小值原则正好相反，主张选择方案时应采取乐观的态度，即所选的方案是一个能够提供最大盈利机会的方案，因此也称乐观原则。根据这一原则，首先是将每一方案在各种可能状态下的净现值的最大值确定下来，然后从中选出值最大的方案，该方案即为所要选择的方案。其数学表达式为：

$$A_i = \max_i \max_j \{V_{ij}\} \tag{13-24}$$

这种方法的缺点是，一旦未来客观条件出现不利情况时，往往难以获得预期的投资收益甚至发生亏损，所以决策时要充分考虑自身的承受能力。

3. 乐观系数法

乐观系数法是由 Hurwicz 提出来的，因此也称 Hurwicz 原则。它介于悲观原则与乐观原则之间，主张选择方案时应采取适度乐观的态度，但不应过于乐观。于是，他设定了一个乐观系数 α（$0 \leqslant \alpha \leqslant 1$），然后分别以 α 和 $1-\alpha$ 为最有利和最不利这两种情况下的权重，求得各方案的加权平均值，再从中选出值最大的方案。其数学表达式为：

$$H(A_i) = \alpha \times [\max_i \{V_{ij}\}] + (1-\alpha) \times [\min_j \{V_{ij}\}] \tag{13-25}$$

乐观系数法的缺点主要有两点：一是没有利用"中间状态"下各种方案的条件效果的信息；二是在实践中要确定一个适当 α 的值往往存在一定的困难。

4. 等可能性原则

等可能性原则是 19 世纪初期由数学家 Laplace 提出来的，也称 Laplace 法则。他认为，既然不能知道各种未来客观状态可能出现的概率，就不妨假定它们具有相等可能性，即等概率，并由此求得各方案的期望值，其中净现值的期望值最大者即为优先选取的方案。

5. 最小的最大后悔值原则

该原则是由 Savage 提出来的，又称 Savage 原则。他认为，如果决策在确定之后没有达到其可能取得的最佳结果，那么决策者会后悔，因而需要先确定每一方案的最大后悔值，然后从中选出值最小的方案作为最佳方案。该方案能使最大可能盈利与实际盈利之差（后悔值）降至最低程度。这种方法的具体步骤为：(1)在每一既定的客观状态 S_j 下，从各种方案中找出净现值的最大值，并以此作为零后悔值；(2)把第一步获得的最大值，减去每种既定的客观状态 S_j 下各方案的净现值，就可得出状态 S_j 下方案 A_i 的后悔值；(3)选出每一种方案在各种状态 S_j 下的最大后悔值；(4)在第三步选出的最大后悔值中选出其值最小的方案，该方案即为最佳方案，它能使最大后悔值(或损失值)最小化。

（二）风险条件下投资决策的原则

针对风险条件下的投资决策问题，与不确定条件下的投资决策类似，也有其基本原则。风险条件下通常采用的投资决策原则有以下几种。

1. 优势原则

在两个备选方案 A 和 B 中,如果不论在哪一种客观状态下,方案 A 总是优于方案 B,则可以认定 A 相对于 B 是优势方案,就应从备选方案中删除劣势方案 B,这就是优势原则。一般来说,在两个以上可行方案的比较和选择中,应用优势原则不一定能够决定最佳方案,但是能减少可行方案中值得进一步考虑的方案数目,缩小决策范围。因此,优势原则可用来确定在可行方案中哪一种方案应该排除。

2. 期望值—方差原则

期望值—方差原则是指根据各备选方案的净现值的期望值及其方差的大小进行决策。根据这一原则,进行方案比较和选择时首先考虑的是方案净现值的期望值,期望值最大的方案即为所要选取的最佳方案;如果两个或两个以上方案的净现值的期望值相同,那么应选择其中方差最小的方案。一般来说,净现值的方差越大,方案的风险也越大,所以大多数风险厌恶的决策者倾向于选择净现值方差较小的方案。本书的观点是把期望值和方差作为一个相互关联的决策标准,并建议采用以期望值为主、方差为辅的决策原则。

3. 最大可能原则

在风险条件下的决策问题中,如果有一种状态发生的概率明显地大于其他任何状态发生的概率,就把这种状态视为肯定状态,根据这种状态下各方案净现值的大小进行决策,而不考虑其余各种状态,这就是最大可能原则。按照最大可能原则进行决策,实际上是把风险条件下的决策问题简化为假设确定条件下的决策问题。需要指出的是,最大可能原则只有在某一状态发生的概率远远大于其他状态发生的概率时,并且各方案在不同状态下的净现值没有显著差异时,才是适用的;否则就不宜采用。

4. 满意原则

在实践中,有些决策问题往往比较复杂,对于这些问题,决策者一般难以发现和选择最佳方案,因而采用一种比较现实的决策原则——满意原则,即先定出一个满意的目标值,然后将各备选方案在不同状态下的净现值与目标值相比较,并以净现值大于或等于其目标值的累计概率最大的方案为所要选择的满意方案。

比较上述四种决策原则,我们认为,期望值—方差原则是最重要、最有效、最适用的,在进行风险条件下的投资决策时,应尽可能地使用该方法。

(三)决策树和多阶段投资决策

1. 决策树

决策树是一种描述风险条件下投资决策问题的树形网络图,它把各个备选方案未来可能发生的各种客观形态及其发生概率,以及各方案的各种条件效果直接标在图上,以便理解和比较分析,因而是一种很有实用价值的决策工具。

例 13—12:某企业开发生产某种新产品,有三个投资方案 A_1、A_2、A_3 可供选择,该新产品在市场上的需求为高、中、低三种状态的概率分别为 0.5、0.3、0.2,三种方案在高、中、低三种需求状态下的投资效果分别为(150、120、100),(200、160、90),(250、150、60),应选择哪个方案?

做出决策树(如图 13-2 所示)。在应用决策树进行方案比较和选择时,是从后向前逆向进行的:

第一步,根据各种状态下的条件效果(如净现值)和各种状态发生的概率,计算出不同方案的期望值：

$EA_1 = 0.5 \times 150 + 0.3 \times 120 + 0.2 \times 100 = 131$（万元），$EA_2 = 166$ 万元，$EA_3 = 182$ 万元。

第二步，根据不同方案的期望值的大小进行比较，从中淘汰较差的方案，保留好的方案 A_3。

第三步，在决策树上留下的方案枝，就是所要选择的最优方案（本例中用箭头表示）。

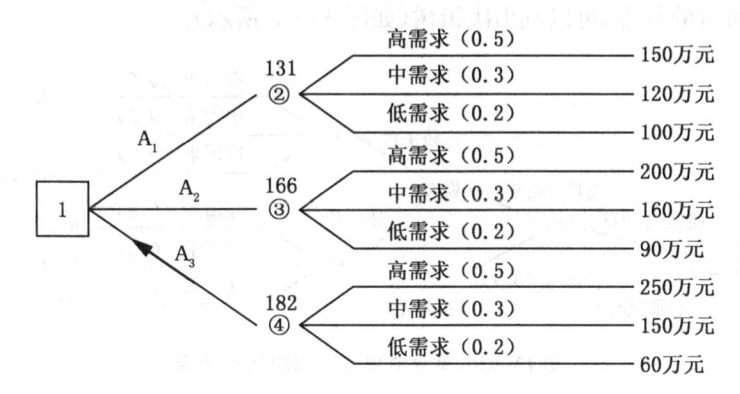

```
                       高需求 (0.5) ——— 150万元
              131 ②——— 中需求 (0.3) ——— 120万元
         A₁          低需求 (0.2) ——— 100万元
                       高需求 (0.5) ——— 200万元
    1 ———— A₂ 166 ③——— 中需求 (0.3) ——— 160万元
         A₃          低需求 (0.2) ——— 90万元
                       高需求 (0.5) ——— 250万元
              182 ④——— 中需求 (0.3) ——— 150万元
                       低需求 (0.2) ——— 60万元
```

图 13-2　开发新产品决策树示意

2. 多阶段投资决策

有些投资项目要经历多个阶段，在这类多阶段决策问题中，决策并非由一些各自独立的决策所构成，而是由一连串前后相互连贯的决策构成，其中前一阶段决策的完成将改变后一阶段决策问题的客观条件，因而多阶段决策问题比各阶段之间没有前后顺序关系的单阶段决策问题更复杂一些，因此，通常采用决策树来表达和求解。借助于决策树法，就能使多阶段决策清楚有序地进行，而不易出现错漏。

例 13-13：某企业拟投资 100 万元研发某新产品，1 年后研发成功的概率为 0.6，若研发成功，则有两种方案可供选择：(1) 建大厂，生产规模为 20 万件/年，所需全部投资（现值）为 400 万元；(2) 建小厂，生产规模为 10 万件/年，所需全部投资（现值）为 200 万元。经过市场预测分析，该新产品投放市场后，其市场需求出现高、中、低三种情况的概率分别为 0.5、0.3 和 0.2，在项目计算期内，两种生产方案在不同情况下的项目净收益的现值总额见表 13-11。试问，应如何决策？

表 13-11　　　　　　　　　不同生产规模产品需求预测　　　　　　　　　单位：万元

方案	高需求(0.5)	中需求(0.3)	低需求(0.2)
建大厂	1 000	500	250
建小厂	500	500	250

由题意可知，本例是一个两阶段风险性投资决策问题。为了运用决策树进行决策分析，先计算出以净现值表示的两个阶段不同方案在各种客观状态下的条件效果，计算过程如下：

第一步，分析建大厂的效果。在市场需求分别为高、中、低状态下的条件效果（本例中为 NPV）对应为 $(1\,000 - 400 - 100, 500 - 400 - 100, 250 - 400 - 100) \equiv (500, 0, -250)$。

第二步，分析建小厂的效果。在市场需求分别为高、中、低状态下的条件效果（本例中为

NPV)对应为$(500-200-100,500-200-100,250-200-100)\equiv(200,200,-50)$。

第三步,若产品研究和开发都不成功,则无法进入建厂生产阶段,也就不能获得投资收益,因而产品研究和开发方案在其不成功时的条件效果就等于研发投资支出,即 $NPV=-100$ 万元。

第四步,若不进行产品研发,则既无投资支出,也没有投资收益,因而不进行研发方案的条件效果为0。

根据计算所得的数据,可以画出决策树(如图13—3所示)。

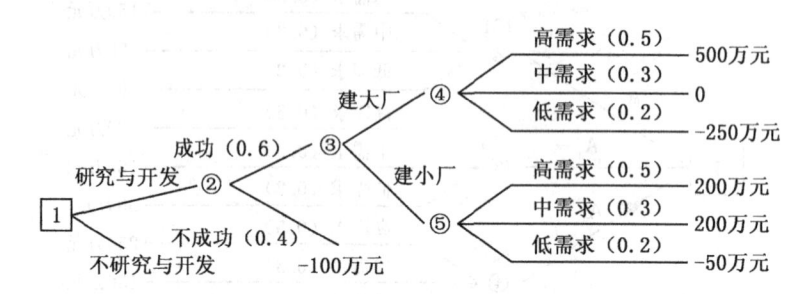

图13—3 某企业决策过程决策树示意

在图13—3中,节点1、节点3为决策点,节点2、节点4、节点5为状态点。现在分别计算出各个节点的期望净现值,并以此为依据进行方案的比较和选择。

节点4:$E(NPV)_4=500\times0.5+0\times0.3+(-250)\times0.2=200$(万元)

节点5:$E(NPV)_5=200\times0.5+200\times0.3+(-50)\times0.2=150$(万元)

节点3:这是第二阶段决策点,由于 $E(NPV)_4>E(NPV)_5$,所以否定建小厂方案,因而:

$E(NPV)_4=E(NPV)_3=200$ 万元

节点2:$E(NPV)_2=200\times0.6+(-100)\times0.4=80$(万元)

节点1:这是第一阶段决策点,由于 $E(NPV)_2>0$,所以应否定不进行新产品研发的方案,因而节点1的期望净现值就是节点2的期望净现值,即:

$E(NPV)_1=E(NPV)_2=80$ 万元

上述分析结果表明,第一阶段应进行新产品研发;若研发成功,第二阶段应选择建大厂的方案,此为最优决策。

六、资金约束条件下的投资决策

如上所述,只要能找到具有盈利潜能的投资机会,就一定能筹集到相应的投资资金。然而在实践中,可用于项目投资的资金或多或少地会受到限制,这就是资金约束。我们所要讨论的重点是,在存在资金约束的条件下进行投资决策的方法。

(一)盈利能力指数法

盈利能力指数法就是根据投资项目的盈利能力指数,将盈利能力指数大于或等于1的项目按盈利能力指数大小依次排序,然后按此顺序逐个选取项目,直到所选项目的投资总额最大限度地接近或等于企业可得或可用的投资资金的限额为止。盈利能力指数法的目标是在有限的投资资金条件下使所选取的投资项目能获得最大的正净现值。

例13—14:某企业现有A、B、C、D、E、F共6个独立的备选项目,其投资和年净收益如表13—12所示,若企业目前所能筹集的资金为1 000万元,资金的成本为12%,则应如何进行项目的投资选择?

根据题意,先计算出每一项目的盈利能力指数,然后按其大小依次排序,如表13-12所示。计算结果表明,项目F的盈利能力指数小于1,首先应当剔除。按盈利能力指数从大到小顺序进行选择且能满足资金约束条件的项目为D、C、A,它们的盈利能力指数均大于未被选中的最高盈利能力指数1.10(项目B),3个项目的投资总额正好等于1 000万元。因此,同时从事这3个项目的投资应是最佳投资决策。

表13-12　　　　　　　　　　企业备选项目收益情况比较

项目	第零年投资（万元）	第一至第十年的净收益	收益现值（万元）	盈利能力指数	指数大小排序
A	-300	60	339.01	1.13	3
B	-350	68	384.21	1.10	4
C	-400	85	480.27	1.20	2
D	-300	65	367.26	1.22	1
E	-250	48	271.21	1.08	5
F	-300	52	293.81	0.98	6

盈利能力指数法是资金约束条件下进行投资决策的一种简便方法,其基本思想是单位投资的盈利能力越大,在一定的投资限额内所能获得的净现值总额就越大。从理论上讲,在投资项目可以任意分割和相互独立的条件下,盈利能力指数法一定能够求得所选项目净现值总额最大化的最优解。然而,在多数情况下投资项目往往是不可分的,现有资金并非总是能够得到充分利用,从而盈利能力指数法并非总能得到净现值最大的最优解,除了以下几种情况:一是各项目投资额占投资限额的比例很小;二是各个项目投资额非常接近;三是所选项目的投资累计额与投资限额非常接近。

在投资项目不可分的情况下,为了能更可靠地实现净现值最大化的目标,投资决策应当在项目投资总额不超出投资限额的条件下,考察可得投资机会的所有可行项目组合方案的净现值总额,即采用互斥方案组合法。

(二)互斥方案组合法

互斥方案组合法是将各方案组合成互斥方案,计算各互斥方案的现金流量,然后再按互斥方案的评价方法进行比选。具体步骤为:(1)对于m个相互独立的投资项目,列出所有相互排斥的项目组合方案,共为(2^m-1)个;(2)保留投资总额不超过投资限额且净现值大于0的项目组合方案,剔除其余项目组合方案;(3)在保留的项目组合方案中选取净现值最大的项目组合方案,该方案即为最佳可行投资方案(项目组合)。

(三)数学规划法

数学规划法是一种数学优化技术,它能够在一定的约束条件下,从一批可供选择的投资项目中找出最佳项目组合和投资方案。因而数学规划法不仅适用于单周期资金约束条件下的投资决策,更适用于多周期资金约束条件下的投资决策。所谓单周期资金约束是指投资限额只存在于现在(即第零年),以后年份使用的资金不受任何限制,然而这在实际生活中几乎是不可能的。实际中较多的是多周期资金约束,在这种约束条件下,投资决策问题变得更为复杂。这是因为:在单周期资金约束条件下,决策面临的问题是,为了使得净现值总额最大,如何在众多备选方案中分配投资;而在多周期资金约束条件下,这种分配必须在多个约束下同时进行,每一周期的资金限额是一个独立约束。为了有效地解决多周期资金约束条件下的投资决策问题，通常采用数学规划法。

数学规划法中使用较为普遍的是线性规划方法和整数规划方法。目前，线性规划和整数规划的求解可借助于应用软件，只要能建立起数学模型，就能迅速求出结果，获得数学规划模型的最优解。所以，应用数学规划方法的关键是要建立起一个合乎需要的数学规划模型，这一数学模型均由一个目标函数和一组约束方程构成。也就是说，弄清目标和约束这两大问题是建立一个线性规划模型的关键。而把这两大问题变成数学式子表达出来的关键是决策变量。因此，把握"目标"、"约束"、"决策变量"这三个方面，是建立线性规划和整数规划模型的基础。

在资金约束条件下进行投资决策，目标就是为了在一定的投资限额内使所选项目的净现值总额最大。其相应模型的数学表达式如下。

1. 线性规划模型

目标函数：所选项目（或项目组合）的净现值总额为最大，即：

$$\max\left\{\sum_{j=1}^{m}\sum_{t=0}^{n}\left[\frac{CI_j - CO_j}{(1+i)^{-t}} \cdot X_j\right]\right\} \tag{13-26}$$

式中：X_j 为第 j 个项目的决策变量，$0 \leqslant X_j \leqslant 1$，$j=1,2,\cdots$。

约束方程为：

$$\sum_{j=1}^{m}\left[(CI_j - CO_j)_t \cdot X_j\right] \leqslant C_t$$

式中：C_t 为第 t 年的投资限额。该式表示任一项目都不能重复进行。

2. 0-1 整数规划

在投资项目不可分的条件下，0-1 整数规划方法更适用于资金约束条件下的投资决策。0-1 整数规划方法是线性规划方法的扩展，其数学模型的一般形式只需将线性规划模型中对决策变量的约束条件改为 $X_j = 0, 1 (j=1,2,\cdots)$。这就是说，对于一个备选项目 j，要么拒绝，要么选入，而不能只取一个完整项目中的一部分。0-1 整数规划方法的原理与互斥方案组合法是相同的，都是从可行的项目组合方案中选取净现值总额最大的投资方案，但两者在对问题的描述方式和求解效率上存在明显的差异。0-1 整数规划方法是一种启发式的求解技术，它有可能获得最优解或近似最优解。在实践中，为了尽可能求得最优解，可以采用标准线性规划方法来代替 0-1 整数规划方法进行求解，然后将接近于整数值的决策变量值四舍五入为整数。当在备选项目中只有少数几个项目存在不可分性时，采用线性规划的方法能求得考虑投资项目不可分性因素时的资金约束条件下的最优解。

在应用 0-1 整数规划方法进行投资决策时，如果在 m 个备选项目中有若干个项目是相互排斥的，那么只需在其模型中增加一个约束条件即可，该约束方程为：

$$X_a + X_b + \cdots + X_k \leqslant 1 \tag{13-27}$$

式中：$X_a, X_b, \cdots, X_k$ 是 m 个备选项目中的互斥项目 $a, b, \cdots, k$ 的决策变量。该式表明在互斥项目中至多只能选一个。

（四）资金约束条件下的投资决策应注意的问题

资金约束条件下的投资决策应注意以下四个方面的问题：第一，在资金约束条件下，对于独立项目的投资决策问题已不再是一个简单的拒绝或接受的决策问题，而是需要对其排列优先次序，以选择出最佳的项目组合方案。第二，在资金约束条件下，投资决策问题没有任何简单的解决方法可寻，上述的解决方法只是在一定的假设条件下进行的。第三，对于多周期资金约束条件下的投资决策问题至今尚无很好的解决办法。数学规划方法尽管从理论上讲能够产生资金约束条件下定额最优解,但这往往需要投资机会在未来年份详细的、确定的信息,这通常是不可能的。因此,要真正成功地应用数学规划方法来解决资金约束条件下的投资决策问题,仍然是十分困难的。第四,资金约束问题在现实经济生活中是存在的,但有时处于相对较低的约束程度,因而在投资项目的经济分析和可行性研究中可以不予考虑。

此外,随着市场经济的发展、经济全球化的不断深入,要进行正确的投资决策不仅要掌握科学的方法,而且要注意以下两个问题:(1)把握产业结构和产业政策动向。产业结构和产业政策对投资项目有着重要的影响。把握投资机会、确定投资方向,以求取得尽可能大的经济效益,是项目投资本身的动力和目的所在。为了提高项目的投资效益,必须以尽可能少的投入来取得尽可能大的有效产出,以实现其投资价值。从宏观上来看,构建合理的投资结构,进而形成协调的产业结构是项目取得效益的前提。项目的重复建设、盲目建设势必损害合理的产业结构,造成行业结构、产业结构趋同,导致市场供求失衡,造成大量的浪费。因此,国家需要有明确的产业政策来调控投资方向。(2)注重产品竞争能力分析和市场占有率分析。投资决策首先应该做好市场预测,而市场预测必须注重竞争能力和市场占有率的分析。进行投资决策时,既要考虑产品的产量、质量、价格、适销性、技术含量和寿命周期,又要分析判断自身营销能力、新产品开发能力和经营管理水平。

阅读书目

1. 斯蒂芬·罗斯、伦道夫·威斯特菲尔德:《公司理财》,机械工业出版社 2012 年版。
2. 克里斯·托弗、派若斯:《投资决策经济学:微观、宏观与国际经济学》,机械工业出版社 2016 年版。
3. 陈志强:《项目融资原理与技术》,东南大学出版社 2014 年版。
4. 张青:《项目投资与融资分析》,清华大学出版社 2012 年版。
5. 杨晔:《融资学》,上海财经大学出版社 2013 年版。

思考题

(一)填空题

1. 债券利息在_____支付,具有_____;而股利在_____支付,且_____固定的到期日。
2. 企业破产时,优先股的求偿权位于债券持有人_____,因此优先股股东的风险_____债券持有的风险,这就使得优先股的股利率一般要_____债券的利息率。
3. 普通股的成本计算主要有_____和_____两种。
4. 项目经济分析中所用的指标应力求能够正确反映项目的_____与_____关系;对于不能量化的指标,应进行准确的_____分析。
5. 决策树是一种描述_____条件下投资决策问题的树形网络图,它把各个备选方案未来可能发生的各种客观形态及其_____,以及各方案的各种_____直接标在图上,以便理解和比较分析。

(二)名词解释

1. 资金成本
2. 资本成本
3. 资金的边际成本
4. 息税前盈余—每股盈余分析法
5. 逐步测试法

6. 可行性研究
7. 项目的内部收益率(IRR)

(三)是非题
1. 优先股的成本明显高于债券成本。
2. 未分配利润的成本的计算与普通股基本相同,也要计算发行费用。　　　(　)
3. 息税前盈余—每股盈余分析法没有把资本结构对风险的影响考虑在内。　(　)
4. 经济分析要以现有状况水平为基础,而对某些不确定性因素没必要做出预测。(　)
5. 会计收益率法一般用于投资规模较大的短期项目的投资决策。　　　　　(　)

(四)简答题
1. 简述资金成本与融资决策的关系。
2. 简述投融资决策的程序。
3. 简述投资决策分析应遵循的原则。
4. 简述不确定条件下投资决策的原则。
5. 简述风险条件下投资决策的原则。

(五)论述题
1. 试述融资决策的定性分析所包括的方面。
2. 试述各类投资决策分析方法及其适用范围与优缺点。
3. 试述资金约束条件下的投资决策。

第十四章

投融资风险管理

投融资活动处在一个不断变化和发展的客观环境之中,政治、经济和技术因素的复杂多变,市场竞争的日益激烈,都使得投融资活动充满着不确定性因素,即充满着风险因素与风险事件,从而在特定投资环境下和特定时期内可能导致投融资活动的经济损失。因此,从某种意义上来说,投融资活动也是一个预测风险和规避风险的活动。本章将分别介绍融资风险和投资风险的类型以及风险衡量。[①]

第一节 融资风险管理

融资是企业经济活动中一项重要的经济活动。如何最经济、最有效、最安全地融入资金是企业最为关心的事情。但在企业实际融资过程中,由于各种不确定因素的存在,导致了各种风险即融资风险的客观存在。这就要求企业在实际融资过程中,必须重视融资风险,加强风险管理,从而提高融资效益,达到事半功倍的效果。

一、融资风险概述

(一)融资风险的定义及相关结论

融资风险,也称筹资风险,是指企业在筹资活动中由于筹资规划而产生的由普通股股东承担的附加风险(在西方称为财务风险)。在经营风险一定的前提下,采用资金成本固定的融资方式所融入资金的比重越大,附加给每个普通股股东的风险就越大。例如,如果一家公司的资金全部是普通股股本,由10个投资者等额出资,每人拥有10%的股份,则这家公司的经营风险由10个投资者平均分摊。而如果这家公司的资金结构中50%是普通股股本,另外50%是债务,由5个普通股股东、5个债权人等额出资,由于债权人一般不承担经营风险,则在这种情况下,5个普通股股东便平均分担了原来由10个人平均分摊的风险,每个普通股股东的风险

---

① 考虑到现有的研究成果,本章关于投融资风险的介绍主要针对企业投融资活动,而其他主体以及与各种客体相关的投融资风险方面的内容,在各相关章节中介绍,在此不再赘述。

都增大了 1 倍。

为了获得相关结论,我们先看一个简单的例子。假定某一新公司期望的 EBIT(息税前利润)是 400 万元,需要 2 000 万元资产。该公司的所得税税率假定为 0,基本收益能力比率(BEP)为(400÷2 000)×100%=20%。下面按不同的资金结构分两种情况进行讨论。

第一种情况:如果该公司的全部资金都是普通股股本,则有如下关系:其一,公司资产价值等于其普通股股本;其二,股本收益率等于基本收益能力比率;其三,股本风险就是经营风险。

第二种情况:如果该公司的资金结构中 50% 是普通股股本,另外 50% 是利率为 25% 的债务,则有:预期 EBIT 为 400 万元;利息为 250 万元;普通股可得收益为 150 万元;预期股本收益率 15%。此时,有如下关系:其一,公司资产价值不等于其普通股股本;其二,股本收益率低于基本收益能力比率;其三,股本风险大于经营风险。

从以上分析可以得出如下结论:(1)一般来说,只要期望的基本收益能力比率大于固定资金成本融资方式下的资金成本率,那么,提高固定资金成本融资方式所融入资金的比重,就会提高股本收益率;否则,就会降低股本收益率。(2)若企业无负债,不使用财务杠杆,则经营风险等于股本风险;若企业举债,使用财务杠杆,则股本风险大于经营风险。(3)融资风险=股本风险-经营风险。融资风险可以理解为普通股股东为获得财务杠杆收益而付出的代价。如果说融资风险是因债权人推卸承担经营风险的责任而转移给普通股股东的话,那么,普通股股东因承担融资风险而获得的财务杠杆收益也是从债权人那里"转移"过来的。风险和总收益不因这种内部转移而增加或减少。

(二)融资风险的表现形式

1. 企业支付能力下降的风险

企业的支付能力是指企业清偿到期债务本息的能力。这类风险从产生的原因上可分为两类:一是资金性融资风险,是指企业在特定的时点上,现金流出量超过现金流入量而产生的到期不能偿付债务本息的风险。这是一种个别风险,表现为某项债务或某一时点的债务不能及时偿还,这种风险对企业以后各期的融资影响不大,是一种支付风险,与企业收支是否盈余无直接关系。这种风险可由理财不当引起,表现为财务收支计划与实际不符而出现支付危机;也可由资本结构安排不当而引起,如在资产收益率较低时安排了较高的债务,或者在债务的期限上安排不合理而引起某一时点的偿债高峰等。通过合理安排资金流量即能规避风险,因而对所有者的收益影响不大。二是收支性风险,是指企业在收不抵支的情况下出现的不能偿还到期债务本息的风险。如果企业发生亏损,就会减少企业净资产,从而减少作为偿债保障的资产总量,在负债不变的情况下,企业亏损越多,以资产偿还债务的能力就越低。这种风险是整体风险,除了理财不当外,主要源于经营不当,该种风险对全部债务的偿还都会产生不同的影响。

2. 企业自有资金经济效益不稳定的风险

企业的借款利息随着借入资金的增加而增加,导致费用总水平的上升。在企业息税前利润率下降或者借款利率超过息税前资金利润率时,企业的自有资金利润率就会以更快的速度降低,甚至发生亏损。这是一种由于借款而可能使企业经济效益下降的风险。

(三)融资风险的分类

企业的融资风险可以按照不同标准进行分类,具体来说,按经济性质,可分为价格风险、利率风险和汇率风险;按造成风险的原因,可分为支付性融资风险和经营性融资风险;按企业融资的来源,可以分为来源于经营的融资风险、来源于资金组织的融资风险和来源于汇率变动的融资风险;按预防和调整风险措施的结果,可分为可消除的融资风险、可调整的融资风险和不可调整的融资风险等。

(四)企业融资风险的影响因素

企业融资风险的影响因素主要分为以下六类。

1. 企业资本结构的合理性

资本结构是指企业的各种长期资金融资来源的构成和比例关系,即长期债务资本和权益资本各自所占的比例。在企业经营收益(又称息税前净收益)发生变动时,提高债务资本(即借入长期资金)比例,会成倍地放大企业的净资产收益率;反之,当企业的经营收益小于债务利息时,提高债务资本比例会成倍地缩小企业的净资产收益率,甚至导致企业丧失偿债能力,从而引发融资风险。

2. 预期收益的不确定性

预期收益的不确定性主要取决于投资风险的存在。由于竞争激烈,市场形势复杂多变,企业的投资效益就会存在一定的不确定性,由此产生了融资风险。

3. 利率的波动性

利率波动对融资风险的影响主要表现在不恰当的时间或以不恰当的方式融得资金,从而使融资成本提高,导致企业蒙受损失。例如企业在当前利率水平偏高而利率将要在不久即会调低时,仍以较高利率水平融得资金,那么,在利率调低后就要负担较高的利息;再如,如果预计市场利率将要调高时,企业就应采用固定利率形式融资,若用浮动利率形式融资,在利率调高后,就会增加利息成本。

4. 汇率的波动性

汇率变动产生的风险是指企业在涉外经济活动中,由于外汇汇率的变动,使其以外币计价的资产或负债的价值随之变动而蒙受损失的可能性。由于国际政治经济形势的复杂多变,汇率本身具有不确定性,汇率变动产生的风险对企业融通外汇资金后的债务偿还能力具有很大的影响。

5. 通货膨胀

通货膨胀是指因货币供应量过多而造成的货币贬值、物价上涨的经济现象。持续的通货膨胀将使企业的资金需求不断膨胀,资金供给持续发生短缺,货币性资金不断贬值,实物性资金相对升值,资金成本不断升高,从而给企业融资带来诸多隐患。如果企业决策不当,将会带来重大损失。

6. 企业信誉

企业信誉是企业在长期的经营过程中树立的形象。如果企业在长期经济活动中声誉较好,在社会上有较高的信誉,那么企业在融资时,资金来源渠道就比较宽,方式也会比较灵活,资金成本就低,风险也就较低;反之,企业在融资时,特别是进行长期性的大规模融资时,就会受到种种限制,成本较高,风险也就增大。

此外,市场风险、经济风险、政治风险等对企业融资也有重要的影响。

二、融资风险的分析与衡量

(一)融资风险的分析

融资风险分析通常是将调查研究的结果与整理计算出的数据资料结合起来进行研究,一般采用定量分析,对于不能采用定量分析的情况,可采用定性分析。定量分析中最为常用的是概率分析法,分析步骤如下:

第一步,根据调查研究的资料和预测的数据,分析可能出现的各种情况的概率,计算出融资可能获得的收益额或收益率。

第二步,根据各种收益的概率分布计算期望收益率平均值,其计算公式为:

$$\overline{K} = \sum(K_i \times P_i) \tag{14-1}$$

式中:$\overline{K}$ 为期望收益率平均值;K_i 为第 i 种情况的收益率;P_i 为第 i 种情况出现的概率。

第三步,计算确定各种收益率对期望收益率平均值的标准差 Q,其计算公式为:

$$Q = \sqrt{(K_i - \overline{K})^2 \times P_i} \tag{14-2}$$

第四步,根据标准差和期望收益率平均值计算标准差系数 V,其公式为:

$$V = Q/\overline{K} \tag{14-3}$$

第五步,根据标准差 Q 和标准差系数 V 对融资风险的大小作出判断,并据以采取相应措施,避免或减小风险。下面举例说明。

例 14-1:某企业需融资 1 000 万元,在融资总额中借入资金所占比重有四种方案如表 14-1 所示,现在分析各方案的融资风险。从表 14-1 可以看出:(1)在市场情况良好的情况下,随着企业借入资金的增加,企业自有资金收益率不断增长,增长的幅度也不断扩大,而在市场状况较差的情况下,借款越多,自有资金收益率越低,甚至出现亏损。(2)随着企业借入资金比例的不断增大,自有资金收益率期望值逐渐增大,而标准差和标准差系数也在增大,说明企业利用借入资金投资既可能获得大量盈利,也可能出现严重亏损。(3)如果企业必须用借入资金满足生产经营的需要,应选择第三种方案,即借入资金占总额的 50%,该方案中自有资金收益率期望值较高,融资风险却较低,说明企业可以在风险较小的情况下取得较高的融资收益。

表 14-1　　　　　　　　　　　企业资金结构、风险及收益分布

借入资金比例	市场情况	概率 P_i	自有资金（万元）	借入资金（万元）	收益额（万元）	自有资金收益率 K_i (%)	期望值 $\overline{K}$ (%)	标准差 Q (%)	标准差系数
0	良好	0.3	100	0	200	25	16	7	43.75
	一般	0.5			150	15			
	较差	0.2			50	5			
1/5	良好	0.3	800	200	200	28.75	17.5	8.75	50
	一般	0.5			150	16.25			
	较差	0.2			50	3.75			
1/2	良好	0.3	500	500	200	40	22	9.95	45.27
	一般	0.5			150	20			
	较差	0.2			50	0			
4/5	良好	0.3	200	800	200	85	40	35	87.5
	一般	0.5			150	35			
	较差	0.2			50	-15			

（二）融资风险的衡量

融资风险的分析和衡量可通过自有资金利润率法、财务杠杆系数法及指标分析法来进行,以下分别讨论。

1. 自有资金利润率法

设 $R_{自}$ 表示息税前自有资金利润率,$R_{投}$ 表示息税前投资利润率,$R_{借}$ 表示借入资金利息率,$K_{自}$ 表示自有资金总额,$K_{借}$ 表示借入资金总额,则:

$$R_{自}=R_{投}+(K_{借}/K_{自})\times(R_{投}-R_{借}) \tag{14-4}$$

企业的融资风险主要来源于企业投资利润率,由于 $R_{投}$ 具有不确定性,所以 $R_{自}$ 也具有不确定性,它们都是随机变量,通常考虑其期望值:

$$ER_{自}=E[R_{投}+(K_{借}/K_{自})\times(R_{投}-R_{借})] \tag{14-5}$$
$$=(M/K_{自})\times ER_{投}-(K_{借}/K_{自})\times R_{借}$$

式中:M 为企业资金总额。

当 $ER_{投}>R_{借}$ 时,$ER_{自}>ER_{投}$,说明负债融资提高了企业的自有资金的投资利润率,且借入资金占自有资金的比例 $K_{借}/K_{自}$ 越大,自有资金利润率越高;当 $ER_{投}<R_{借}$ 时,$ER_{自}<ER_{投}$,说明负债融资降低了企业的自有资金投资利润率,并且借入资金占自有资金的比例 $K_{借}/K_{自}$ 越大,自有资金利润率越低;当 $ER_{投}=R_{借}$ 时,$ER_{自}=ER_{投}$,说明负债融资不影响企业的投资利润率。

关于融资风险的衡量,现有文献常用投资利润率的标准差来描述。标准差越小,表明可能投资利润率偏离期望利润率的程度越小;标准差越大,则表明可能投资利润率偏离期望利润率的程度越大。用投资利润率的标准差作为融资风险的度量,没有直接反映出负债对企业自有资金利润率的影响,而企业是否要用负债融资,这一决策的关键在于负债是否有利于提高企业自有资金的利润率。本书将采用自有资金利润率的标准差来作为融资风险的度量,以弥补这一不足。

用自有资金利润率的标准差来描述融资风险的大小,其评价结果与用投资利润率的标准差基本上是一致的,因为两者之间有如下关系:

$$\sqrt{DR_{自}}=(1+K_{借}/K_{自})\sqrt{DR_{投}} \tag{14-6}$$

式中:$DR_{自}$ 为 $R_{自}$ 的方差;$DR_{投}$ 为投资利润率 $R_{投}$ 的方差。

可以看出 $\sqrt{DR_{自}}$ 的大小不仅与 $K_{借}/K_{自}$ 有关,而且与 $\sqrt{DR_{投}}$ 有关:$K_{借}/K_{自}$ 或 $\sqrt{DR_{投}}$ 越大,$\sqrt{DR_{自}}$ 就越大,其融资风险就越大;$K_{借}/K_{自}$ 或 $\sqrt{DR_{投}}$ 越小,$\sqrt{DR_{自}}$ 就越小,其融资风险就越小。

2. 财务杠杆系数法

利用财务杠杆系数的大小来判断融资风险的大小。财务杠杆系数的计算公式为:

$$DFL=\frac{\Delta EPS/EPS}{\Delta EBIT/EBIT}$$

或

$$DFL=\frac{EBIT}{EBIT-I-L-d/(1-T)} \tag{14-7}$$

式中:$\Delta EPS/EPS$ 为普通股每股利润变动率;$\Delta EBIT/EBIT$ 为息税前利润变动率;I 为债券利息;L 为租赁费;d 为优先股股利;T 为所得税税率。

财务杠杆的大小是与企业的资本结构密切相关的,不同的资本结构会有不同的财务杠杆,从而产生不同的融资风险。通常企业在进行资本结构与融资方式决策时是从资金成本角度出发或是以无差异点的方法来进行的,因而,这种方法又可以细分为以下两种:

(1)综合资金成本最小化法。由于各种条件的制约,企业不可能只从某种资金成本较低的渠道融得全部资金,而是需要从多种渠道融资,这就需要进行多种融资方式的组合分析,从而合理地确定各种资金所占资金总额的比重,以这一比重为权数,计算综合资金成本率,选择综合资金成本率最小的资本结构为最优资本结构。综合资金成本率 $\overline{K}$ 的计算公式为:

$$\overline{K}=\sum(K_i\times W_i) \quad (i=1,2,3,\cdots,n) \tag{14-8}$$

式中：W_i 为第 i 种资金来源占资金总额的比重；K_i 为第 i 种资金来源的资金成本率。

综合资金成本率受两个因素影响：一是不同资金来源的资金成本率 K_i，在资金结构不变时，K_i 经常发生变化，从而综合资金成本率会改变。二是各种资金占全部资金的比重 W_i，即资本结构，如果提高资金成本率较低的资金所占的比重，降低资金成本率较高的资金所占比重，那么综合资金成本率就会降低；反之则会提高。

企业在融资过程中，常常面临多个可行的融资方案需要进行比较选择，以确定最优的融资方案。其决策方法是：首先计算各融资方案的综合资金成本率 $\overline{K}_j(j=1,2,\cdots,m)$；其次比较全部 $\overline{K}_j$ 的大小，选择 $\overline{K}_j$ 最小者，对应的融资方案即为最优方案，其资本结构就是最优资本结构。

(2) 无差异点分析法。这是利用税后资本利润率（对股份公司则为每股净收益）无差异点来进行资本结构决策的方法。所谓税后资本利润率（或每股净收益）无差异点，是指不同融资方式下（通常是负债或权益筹资）税后资本利润率（或每股净收益）相等时的息税前利润点，也称为息税前利润平衡点或息税前利润无差异点。根据无差异点可分析判断在追加融资量的条件下，应采用何种方式来进行融资，并合理安排和调整资本结构。

设税后资本利润率（或每股净收益）为 r，则 $r=[(EBIT-I)\times(1-T)-D]/N$，那么无差异点的计算公式为：

$$\frac{(EBIT_0-I_1)(1-T)-D_1}{N_1}=\frac{(EBIT_0-I_2)(1-T)-D_2}{N_2} \tag{14-9}$$

式中：$EBIT_0$ 为税后资本利润率（或每股净收益）无差异时的息税前利润；I_j 为融资方式 j 下的年利息，$j=1,2$；N_j 为融资方式 j 下的权益资本（或普通股股数）；D_j 为融资方式 j 下的优先股股利。

可以看出，当 $EBIT>EBIT_0$ 时，利用负债集资较为有利；当 $EBIT<EBIT_0$ 时，利用发行普通股集资较为有利；当 $EBIT=EBIT_0$ 时，两种融资方式无差异。

综上所述，财务杠杆系数的大小受资本结构影响，固定资金成本的资金所占比例越大，财务杠杆系数越大，表明企业偿债压力越大，从而融资风险也越大；相反，财务杠杆系数越小，其融资风险也就越小。

3. 指标分析法

指标分析法是指利用偿债能力指标对融资风险进行分析的方法。偿债能力是指企业对债务清偿的承受能力或保证程度。按照债务偿付期限（通常以一年为限）的不同，企业的偿债能力可分为短期偿债能力和长期偿债能力。

短期偿债能力的衡量指标主要有：(1) 流动比率，即企业流动资产与流动负债的比率，是评价企业用流动资产偿还流动负债能力的指标，一般来说比较满意的流动比率是 2∶1；(2) 速动比率，即企业速动资产与流动负债的比率，速动资产是指流动资产扣除存货以后的剩余部分，速动比率是评价企业流动资产中可以很快变现的速动资产用于偿付流动负债能力的指标，一般来说，合理的速动比率是 1∶1；(3) 现金比率，即现金和短期有价证券与流动负债的比率，是评价企业流动资产中可立即用来偿还流动负债能力的指标，一般来说，现金比率在 20% 以上为好。这三项比率越低，企业清偿到期债务的困难就越大，其融资风险也越大；反之，企业的短期偿债能力就越强，其融资风险也越小。在实践中，这三项指标应结合起来使用。

长期偿债能力的指标主要有：(1) 资产负债率，即负债总额与资产总额的比值，该指标越低，债务偿还的稳定性、安全性就越大，融资风险就越小；(2) 资本负债率，是指负债总额与主权资本的比值,其中主权资本也称为所有者权益,包括实收资本、资本公积金和留存收益。资本负债率越低,偿还负债的资本保障越大,债权人遭受风险损失的可能性就越小;反之,债权人遭受损失的可能性就越大。

三、融资风险的管理

融资风险的管理是一个系统的过程,必须做好防范与管理工作。

(一)企业融资风险的防范对策

1. 努力提高资金使用效率

企业资金使用效率的高低有赖于企业的经营管理水平。企业要提高长期资金的使用效率,就需对投资项目进行充分的可行性分析,同时进行周密的市场调查来减少投资决策的失误,根据投资需要确定是否需要借入资金及借入多少,确保投资项目的技术先进、竞争能力强、发展前途广阔。借入资金不是孤立地用于企业,而是与企业各要素共同作用产生整体效应,因而企业要具备较强的消化能力和配套能力,即有能力吸收、管理与利用借入资金,有能力把企业的人、财、物、技术、管理与融资协调配合。

2. 制定现金预算并按预算来安排现金收支

因为负债还本付息的即付性约束较强,这就要求企业在支付期的现金数量上要有充足的保证。为此,企业必须编制现金预算,按预算安排现金收支,保证现金按计划收支,防止预算外的现金支出。在日常的现金管理中应当力争现金流量同步,使用现金浮游量①,加速收款,推迟应付款的支付,这样才能调配自如地保证现金支付。

3. 确定合理的负债规模和负债结构

企业的负债规模不能无限制地增大,因为偿债能力制约着负债规模。我们很难用公式确定企业资金中负债的合适比例,资产负债率只能起到参考作用。这是因为在资金总额、息税前利润相同的情况下,负债比率越大,财务杠杆系数越大,财务风险就越大,但投资效益也越大。因此,确定合理的负债规模应量力而行,综合考虑资金缺口和收益状况,以偿债能力为基准,通过合理安排资金结构,适度举债,使财务杠杆利益抵消风险增大所带来的不利影响。

除了合理的负债规模外,还需进一步重视负债结构的合理性,即安排好长期负债和短期负债之间的比例关系。由于市场风险和企业自身经营风险的存在,各方面利益很难兼顾,更加大了确定合理的负债结构的难度。因此,企业的基本原则是:根据负债的特点,兼顾偿债风险性和资金成本的大小,选择切合实际的负债结构,使负债结构与资产结构相互匹配,在技术上保证债务本息的偿还。

此外,有外币融资业务的企业,在选择外币负债融资时,尽量选择币值坚挺的币种,并通过多种外币来分散汇率风险。

(二)融资风险的管理

1. 支付性融资风险的管理

支付性融资风险是指在某一特定的时点上,负债经营企业的现金流出量超出了现金流入量,从而造成了企业没有现金或没有足够的现金偿还到期债务的可能性。由此可见,支付性融资风险是由于一时的现金短缺或债务的期限结构与现金流入的期限结构不匹配所引发的,其

---

① 现金浮游量是指企业账户上现金余额与银行账户上所示存款余额之间的差额,即企业已做付款记账而银行尚未付出的那笔款项。

特征主要包括：首先是一种个别风险，表现为对某一债务不能及时偿还，造成对企业信誉的不良影响；其次是一种现金风险，只牵涉企业一时的现金不足，与企业的盈余并无直接的联系；第三是一种企业理财不当的风险，表现为预算与实际不符而导致的支付危机，或者是由于资本结构安排不当而引发的较高债务成本与较低获利能力所造成的偿付困难的风险。

支付性融资风险属于企业财务管理上的"责任"，这种风险对企业所造成的危害相对来说比较小，只对企业债权人造成债权回收上的影响，而对企业所有者的直接影响并不大，并不构成企业的终极风险。支付性融资风险即使在许多管理先进的企业中也是无法完全避免的，但从维护良好的信誉来考虑，企业应该尽量降低支付性融资风险。

对于支付性融资风险的管理，应该注意企业资产与资金来源之间的合理搭配，同时应该安排好企业的现金流量。从理论上说，如果企业的借款期限与企业的生产经营周期能够互相匹配，企业的还本付息一般不会出现问题，所以按资产运用期限的长短来安排和融通相应的债务资金是企业回避风险的有效方式。但是，在现实中往往会出现财务激进主义和财务保守主义现象。所谓财务激进主义是指利用短期借款来满足企业长期资产占用的资金需求，从而形成支付性融资风险；所谓财务保守主义是指利用主权资本或长期负债来满足企业长期资产和一部分短期资产占用资金的需求，从而丧失了财务杠杆利益或扩大投资的机会。财务激进主义和财务保守主义都是极端和偏激的做法，对于企业的正常发展都不利，在实际财务工作中应当尽量避免。

2. 经营性融资风险的管理

经营性融资风险是指在企业收不抵支的情况下出现的不能偿还到期债务本息的风险。从会计学的角度来讲，企业收不抵支就意味着经营出现了亏损，亏损额就必然抵消企业相应的净资产，减少作为偿债保障的资产总量。在负债不变的情况下，企业亏损越多，则以企业资产来偿还债务的能力也就越低，如果企业亏损状况得不到及时扭转，势必会造成终极的经营性融资风险，从而造成企业陷入财务困境而导致破产，表现为企业破产清算时的剩余财产不足以支付债务。经营性融资风险的责任来自于两个方面：一是经营获利能力降低所致；二是企业财务管理不当所造成。经营性融资风险具有以下特征：其一，它是一种整体风险，它对全部债务的偿还都产生不利影响，与某一具体债务或某一时点到期债务的偿还无关；其二，它是一种现金风险，意味着企业收不抵支的破产状态主要来源于经营不当；其三，它是一种终极风险，一旦企业出现严重亏损，不仅企业债权人的权益难以得到保障，就连企业所有者也承担着风险和压力，并且企业进行再融资时也面临着极大的困难。对于经营性融资风险的管理，主要是在努力提高企业的获利能力及优化企业的资本结构的同时，对已陷入严重经营风险的企业实施债务重组。

3. 加强融资风险管理的经验

加强融资风险管理的经验主要包括以下几个方面：

（1）提高企业的获利能力。经营性融资风险的大小归根结底取决于企业的获利能力，如果企业的获利能力能够得到提高，那么经营性融资风险就可以降低或避免。因此，企业应强化内部管理特别是成本管理，千方百计地降低生产经营成本，努力寻找并选择有良好投资收益的项目，在注重搞好产品经营的同时积极开展资本经营。此外，通过合理的利率预测，灵活地利用利率，也是提高企业财务收益的方法，如在利率趋于上升时尽可能采用固定利率借入款项，以避免支付较高的利息；在利率趋于下降的时期尽量采取浮动利率制灵活融资，以减少利息支付的压力。

(2)优化企业的资本结构。从财务的角度来看,企业资本结构的不合理往往是经营性融资风险形成的主要原因,如在资产利润率较低的情况下安排较高的负债结构,就会使企业在经营中稍有不慎就会陷入亏损,因此,企业应根据自己的获利能力合理安排资本结构,可以采取以下两种方式:一是进行股权融资,增加企业的主权资本的相对比例,从总体上降低企业的债务风险,这是一种静态的优化资本结构的简单方法;二是根据企业的发展需要和债务负担能力,自动调节企业的债务比例,这是一种动态的优化资本结构的方法。无论采用什么方式都应以维持或提高企业主权资本的净利率为目的。

(3)实施债务重组。当企业严重亏损、陷入债务困境、面临破产清算时,可以通过与债权人协商,采取对债权人、所有者和企业等各方面都有利的债务重组计划,包括将部分债务转化为主权资本、豁免部分债务、降低利息等。通过实施债务重组可减少企业的融资风险,减轻企业负担,增强企业活力。对企业的债权人而言,只要债务重组的损失小于直接破产造成的损失,进行债务重组就是必要、可行和有利的。

第二节 投资风险管理

投资风险与投资相伴相生,虽然由来已久,但我们对它的认识和重视还是近期的事情,这与我国的投资体制的改革有关,也与风险投资在我国的产生与发展以及经济全球化的大势有关。任何投资都具有风险性,企业在进行投资决策时,往往存在许多不确定因素,使实际投资结果与预期结果产生误差,引起投资利润率下降,投资回收期延长,产生投资风险。因此,必须在投资的整个过程中增强风险意识,加强对投资风险的分析、预测、防范与管理,才可能保证投资取得最大效益。

一、投资风险概述

(一)投资风险的含义

投资风险是指在投资过程中或投资完成后,投资者发生经济损失或不能收回投资,从而无法实现预期收益的可能性。投资活动是企业财务活动中最重要的环节,投资的正确与否决定着企业的生存与发展。因此,从某种角度讲,投资风险是企业财务部门面临的最大风险。

投资风险尽管在不同的文献中有不同的表述,但通常有以下三个方面的共性:第一,它和损失相关联,不是已经发生的损失,而是未来可能发生的损失;第二,它和不确定性相关联,即发生损失只是一种可能性;第三,它具有总量性特征,即可能损失的数量额必须达到一定数额才能称其为风险。

对投资者来说,盈亏是一个重要的分界线,但确切地说,应该是以预期目标为分界线。如果企业的盈利目标是30万元,实际盈利只有2万元,虽然没有亏损,但能说这项投资是成功的吗?尤其是当投资主体已为这项收益安排了支出项目,"投资风险"就会立即凸显,所以投资风险又可定义为:投资风险是实际的净现金流量(或收益率)与预期目标值的负偏离及其出现可能性的乘积,它是可能发生的一定程度的损失额与发生这种损失的可能性两方面因素共同作用的结果。投资风险既不是出现损失的可能性——那样它的结果应该是概率,也不是可能的损失额——风险不一定表现为净损失,甚至有可能表现为盈利。风险的参照物是投资者设定的预期目标,而不一定是亏损额。用公式表示为:

$$投资风险 = \sum (实际净现金流量 - 预期目标值) \times 发生的概率 \quad (14-10)$$

式中：(实际净现金流量－预期目标值)＜0。

(二)投资风险的种类

1. 技术风险

技术风险是指在产品创新过程中,因技术因素导致创新失败的可能性。技术风险的大小由下列因素决定:其一,技术成功的不确定性。技术从构思到形成产品的过程中会遇到工艺、设计、材料等方面的种种要求,这些技术因不够成熟或难度高,或者尚处在探索和改进之中,那么在研发与试制过程中就可能遇到重大困难。技术设计原理的突破、产品设计的定型、工艺条件的制定、生产工艺的实现以及产品的完善等任何一个环节的障碍,都将使产品创新前功尽弃。因此,进行技术创新时,技术可行性论证及风险分析是至关重要的前提工作。其二,技术前景的不确定性。技术在诞生初期都是较为粗糙的,开发者和创业者对技术创新活动、技术的发展前景往往没有把握,因而,投资于技术企业,尤其是高新技术企业,面临着很大的风险。其三,技术效果的不确定性。一项技术产品的重要特点之一就是寿命周期短、更新换代快。如电子计算机的电路技术在短短40多年内已更换五代,新技术取代旧技术的周期越来越短,从最初的真空管到晶体管,周期13年;从晶体管到集成电路,周期8年;从集成电路到大规模集成电路,周期5年;从大规模集成电路到超大规模集成电路周期仅为3年。集成电路芯片上晶体管的集成度几乎每两年翻一番,半导体工业规范——电路线宽几乎每3年减少一半。由于一些技术产品的寿命周期越来越短,对风险投资家与从事技术产品的创业者而言,如果不能在技术寿命周期内实现产业化,收回初始投资并取得利润,那么必将遭受巨大损失。

2. 市场风险

市场风险是指市场主体从事经济活动所面临的盈利或亏损的可能性和不确定性。一般而言,市场风险主要包括以下四个方面:第一,难以确定市场容量。市场容量决定了产品的商业总价值。如果一项技术产品的投入巨大,而市场容量较小,那么产品的市场价值就无法实现,投资就无法收回,创新活动必然归于失败。第二,难以确定市场接受的时间。技术产品往往是全新的产品,既需要一个适应市场的过程,也有一个为市场所了解并接纳的过程,特别是对一些高新技术中小企业而言,它们因缺乏雄厚的财力进行广告宣传,产品为市场所接受的周期较长,可能会出现产品销售不畅或积压,从而给企业资金周转与投资者资金回收造成困难。第三,市场价格因素。技术产品的研发成本一般较高,为了实现高收益,产品定价一般较高。但是如果产品价格超出了市场的承受力,就很难为市场所接受,技术的商业化、产业化就无法实现,投资也就无法收回。第四,市场的战略因素。好的技术如果没有好的市场策划,在价格定位、用户选择、上市时机、市场区域划分等方面出现失误,就会影响产品的市场开拓。

3. 资金风险

资金风险是指风险投资及创业企业由于利率及价位水平变化所带来的资金收益的不确定性。风险投资机构向创业企业投入大量风险资本后,在企业运行过程中应特别注意利率水平及其他一些基本因素的变化,如通货膨胀、金融政策、税收政策、财经政策等。其中通货膨胀是资金风险的最基本因素,当发生通货膨胀时,政府一般会采取紧缩银根的金融政策,致使利率上升,贷款成本随之增加,或难以得到贷款,导致企业资金紧张;同时,通货膨胀发生后,企业所使用的材料、设备等成本上升,致使资金入不敷出。对国内外的风险投资机构而言,由于通货膨胀引起的股市和汇率的波动,也会使投资者承担事实上的资金风险。

4. 管理风险

管理风险的大小主要由下列因素决定：第一，管理者的素质。优秀的管理队伍，尤其是创业者，必须具备如下素质：具有强烈的创新意识和愿望，不墨守成规，不人云亦云；具有追求成就的强烈欲望，富于冒险精神、献身精神；具有敏锐的机会意识和高超的决策水平，善于发现机会、把握机会并利用机会；具有强烈的责任感和自信心，敢于在困境中奋斗，在低谷中崛起。第二，决策风险。由于一些高新技术具有投资大、产品更新换代快的特点，给这些企业带来了严峻的挑战。一旦决策失误，可能会给企业带来无法挽回的损失。第三，组织风险，即由于技术企业组织结构的不合理所带来的风险。一些高新技术企业具有收益大、见效快的特点，其增长速度有时可达到数倍。在企业迅速发展的过程中，组织结构不健全、管理体制落后、缺乏激励与约束的科学治理结构，往往是阻碍其做大做强的重要原因，甚至由此导致失败。

5. 投资分析风险

投资分析风险是指风险投资家对企业发展不同时期的资金需求量估算的偏差。投资分析必须在可靠的资料与数据的基础上才能做出正确的决策。由于一些企业没有历史数据用于投资分析，往往只能凭借经验预测，从而影响投资决策的准确性。

6. 环境风险

环境风险是指一项产品创新活动由于其所处的社会环境、政策与法律环境的变化或意外灾害而造成创新失败的可能性。因此，产品创新必须重视环境风险的分析和预测，采取相应措施，把环境风险减少到最小限度。

二、投资风险的衡量

投资与风险相伴相生，为了保证投资达到预期的效果，经营管理者都希望能够控制投资风险。这不仅需要了解和把握影响投资风险的原因，预测可能产生的风险，事先制定出防范风险的措施对策，而且要对投资风险进行定量分析，即事先衡量出投资风险的大小。

一般来说，投资风险的大小与投资收益相关性最强。从投资收益的角度来说，投资风险大小就是投资收益不确定性的大小。由于投资项目的未来收益会有多种可能性，每种可能性发生的概率不同，所以衡量风险大小，需要考虑未来收益的各种情况及其概率。具体来说，投资风险衡量的步骤如下：

第一步，确定未来收益的概率分布。概率是指随机变量出现的机会大小。随机变量是指随着机会不同而出现的不同结果，在投资问题中是指未来投资收益的不同情况。概率介于0与1之间，如果把所有可能的随机变量都列出来，每一随机变量都确定一个概率，把它们列示在一起，就构成概率分布。投资收益往往与投资项目未来的产品市场需求状况直接联系，因此，企业在判断投资风险大小时，可以根据对投资项目的市场预测，确定市场需求的几种情况。市场需求可分为畅销、较好、一般、滞销四种情况，也可分为畅销、一般、滞销三种情况，或者细划成五种、六种情况都可以，并根据经验或历史资料预测每种情况下的销售量或销售额或收益率，同时确定每种情况的概率。

例14-2：某公司计划投资5 000万元，项目有甲、乙两个方案，投产后未来的收益会出现三种情况：畅销、一般、滞销。三种情况下甲、乙两方案的概率是相同的，但收益率有差别，如表14-2所示。

表 14-2　　　　　　　　　　不同市场状况下的收益率及概率分布

市场情况	概率(P_i)	收益率(X_i) 甲方案	收益率(X_i) 乙方案
畅销	0.4	50%	25%
一般	0.3	15%	15%
滞销	0.3	−20%	10%

第二步，计算期望收益率。期望收益率是在各种市场状况都发生的情况下，投资项目的收益率，实际上就是加权平均收益率，即：

$$\overline{X} = \sum P_i X_i \tag{14-11}$$

式中：$\overline{X}$ 为期望收益率；P_i 为第 i 种情况出现的概率；X_i 为第 i 种情况下的收益率。

根据上述资料可以计算出甲、乙两方案的期望收益率：

$\overline{X}_甲 = 50\% \times 0.4 + 15\% \times 0.3 + (-20\%) \times 0.3 = 18.5\%$

$\overline{X}_乙 = 25\% \times 0.4 + 15\% \times 0.3 + 10\% \times 0.3 = 17.5\%$

两方案的收益率分布如图 14-1 所示。从图 14-1 中可以看到甲方案的收益率分布范围大，而乙方案的收益率分布范围小，故甲方案的风险大于乙方案。

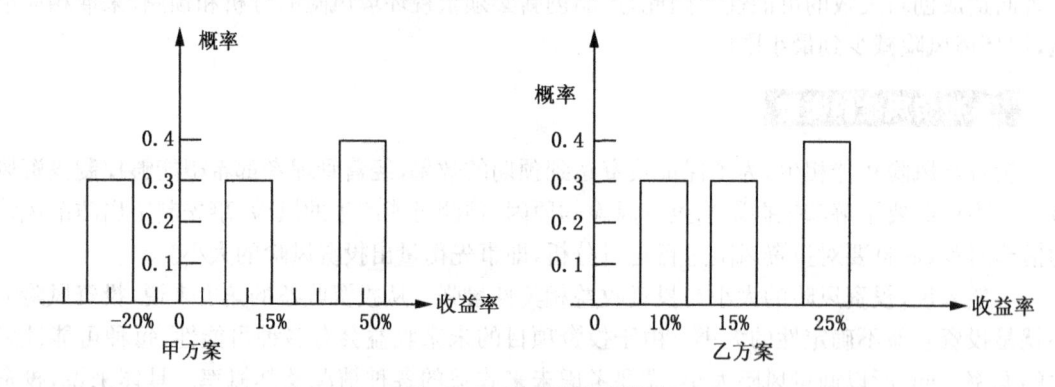

图 14-1　收益率概率分布

第三步，计算标准离差。我们通过收益率的概率分布图可以看出：两个方案中，甲方案的风险大。但是为了准确地计量，还要进一步计算收益与分布的标准离差。标准离差反映了每种情况下的收益率相对于期望收益率发生偏离的程度。偏离的程度越大，风险就越大。标准离差 ∂ 的计算公式为：

$$\partial = \sqrt{\sum_{i=1}^{n} p_i (x_i - \overline{x})^2} \tag{14-12}$$

式中：p_i 为第 i 种情况收益率的概率；x_i 为第 i 种情况的收益率；$\overline{x}$ 为期望收益率。

$\partial_甲 = \sqrt{0.4 \times (50\% - 18.5\%)^2 + 0.3 \times (-20\% - 18.5\%)^2 + 0.3 \times (15\% - 18.5\%)^2}$
　　　$= 29.07\%$

$\partial_乙 = \sqrt{0.4 \times (25\% - 17.5\%)^2 + 0.3 \times (15\% - 17.5\%)^2 + 0.3 \times (10\% - 17.5\%)^2}$
　　　$= 6.42\%$

标准离差越大,说明该种情况下的收益率偏离期望收益率的程度越大,其风险也越大(见图14—2)。

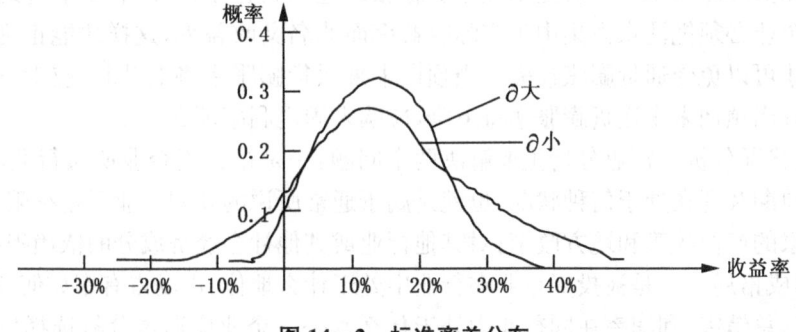

图14—2　标准离差分布

第四步,计算标准离差率。标准离差率是指标准离差与期望收益率的比率。一般来说,计算出标准离差,就可以确定风险大小了。但是有时候,单看标准离差还不够,比如两个投资方案,甲方案标准离差为1 000元,而乙方案标准离差为300元,很显然甲方案的风险大于乙方案,如果把期望收益考虑进去,结果就可能发生变化,如甲方案的期望收益为10 000元,而乙方案的期望收益为500元,则甲、乙两方案的风险就会发生变化。相对于10 000元的期望收益,偏差1 000元,风险不觉得很大,而相对于500元的期望收益,偏差300元其风险显然就大了。正如月销售额分别在1 000万元和1 000元的两家企业,同样10 000元的损失,两者感受会大不相同。收入1 000万元的企业会感到微不足道,而收入1 000元的企业就会感到很大的压力。标准离差率$\bar{\partial}$的计算公式为:

$$\bar{\partial}=\partial/\bar{x} \tag{14-13}$$

代入数据计算可得:$\bar{\partial}_{甲}=29.07\%/18.5\%=157.1\%$;$\bar{\partial}_{乙}=6.42\%/17.5\%=36.69\%$,说明甲方案的风险远远大于乙方案的风险。

三、投资风险的管理

企业进行投资是取得利润的前提,是发展生产经营的必要手段。但是由于企业处在风云变幻的市场环境中,投资风险的存在使得企业经营管理者的主要任务之一就是如何管理好投资风险。下面将分别从证券投资和实业投资的角度讨论如何管理企业的投资风险及如何实施对投资的保障。

(一)证券投资的风险管理

1.分析投资环境,预测各类证券的走势

(1)利率分析。利率对证券投资影响巨大。首先,当利率上升时,大量资金从证券市场转移,投资于既安全、收益又较高的银行储蓄,造成证券供过于求,价格下降;反之,证券价格则会上升。其次,当利率上升时,证券发行企业的成本上升,利润下降,企业分配股利较少或根本发放不出股利,导致股票价格下跌,会使股票投资的风险加大;反之,利率下降,分配股利增加,股票价格上升,会使股票投资的风险减少。因此,投资者要做好利率预测,假如预测利率上升,就应卖出长期债券,买进短期债券,等到将来利率上升之后再购进长期债券;假如预测利率下跌,则应购进长期债券,以便在将来利率下跌后卖出,赚取利差收入。

(2)通货膨胀分析。通货膨胀风险不同于利率风险,因为利率风险一般表现为投资者所持有证券价格的下跌致使其遭受损失,而通货膨胀风险却会使投资者在其持有的证券价格持续上升的情况下遭受损失。因此,企业要想防范通货膨胀风险,就必须十分清楚地计算出证券的名义收益率和实际收益率。前者是未经通货膨胀调整的收益率,而后者是经过通货膨胀调整的收益率。企业必须把注意力集中于实际收益率而非名义收益率,这样才能正确判断应投资于何种证券才可以免受通货膨胀损失。当预期未来通货膨胀率将上升时,应卖出固定利率债券,购入股票;当预期未来通货膨胀率将下降,应购入固定利率证券。

(3)行业状况分析。行业分析主要解决两个问题:一是被投资企业所属行业的状况,即该行业的发展周期及现在处于何种状况,也就是属于通常所说的朝阳产业还是夕阳产业;该行业是否符合国家的产业政策和地方政策;对其他行业或其他社会经济成分的依赖程度;内部结构如何,是否形成格局。二是被投资企业在行业中处于什么地位、市场占有率如何,其产量、技术水平、总资产、总销售、利润率在同行业中处于什么水平。企业应通过分析选择发展前景及各项技术指标较好的朝阳产业进行投资。

(4)对发行证券企业的偿债能力、盈利能力及资信状况进行分析。利用证券发行企业公布的对外财务报表和资信评价机构对企业的信用评级结果,计算企业的偿债能力、盈利能力,分析企业的信用状况,选择三项指标均满意的企业证券进行投资,避免投资风险。

2.利用证券投资组合分散风险

投资组合可以分散风险,我们把可以通过投资组合分散的风险称为可多样化风险,把不能通过组合分散的风险称为不可多样化风险。从个体投资者的角度看,证券投资风险可分为公司特有风险和市场风险。公司特有风险是某一特定企业遭受的风险,如新产品试制失败等,是可以通过多样化分散的风险;而市场风险则是对所有企业都产生影响的风险,如利率上升、战争爆发等,是不可以通过多样化分散的风险。

证券组合风险中的公司特有风险部分能否相互抵消,主要看个别证券之间的相关程度与方向,而个别证券之间的相关程度一般以协方差或相关系数的大小来衡量。投资的种类越多,则投资组合风险越小。下面以股票投资组合为例,考察组合风险的变动情况。组合风险、市场风险和公司特有风险之间的关系为:

$$（组合风险）^2 = （市场风险）^2 + （公司特有风险）^2$$

上述关系式常被称为"风险三角",如图14—3所示。

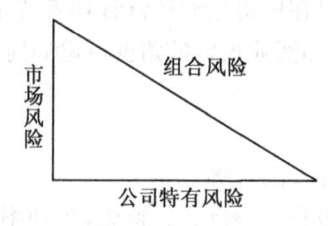

注:图中三角形各边的长短表示风险的大小。

图14—3 风险三角示意

3.衍生性工具进行保值与投资交易中需注意的问题

衍生性工具通常被企业作为一种套期保值的工具,用于规避企业可能面临的商品价格风险、利率风险及汇率风险等。值得注意的是衍生性工具还可作为企业的一种获利性投资工具。衍生性工具有一个重要特点,就是具有高度的杠杆性。这一特点使得投机者能以小额资金从事巨额交易,从而使投机成为可能。若投机成功,则可获得巨额利润,但假若投机失败,则损失也将被同比例放大。因而,企业利用衍生性工具进行投机交易时,如果使用方法不当,会产生比原生资产大得多的新风险,主要包括:第一,市场风险,是指市场价格变动造成损失的风险;第二,信用风险,即交易对手无法履行合约的风险;第三,流动性风险,指合约持有者无法在市场上找到出货或平仓的机会所造成的风险;第四,操作风险,即人为错误、交易系统或清算系统故障而造成损失的风险;第五,法律风险,是指因合约无法履行或合约条文不明引致损失的可能。

可见,对衍生性工具本身也需要进行风险控制与管理。具体来说主要包括:

(1)头寸管理。以保值为目的的交易受市场风险的影响较小,因为保值交易中衍生产品的头寸数量与需保值的原生资产的数量相当。保值交易需注意的是:保值对象的商品与保值工具的衍生产品之间的相关程度和进行反向交易的难易,着重在管理方面下工夫,确保保值对象与保值工具之间的高度相关性和反向交易现实的可能性。对于以投机为目的的衍生产品交易,必须制定严格的头寸限额。由于衍生产品交易不需本金移动,头寸容易越滚越大,造成超出企业承受能力的市场风险,因此,制定严格的头寸限额、设置止损指令是至关重要的。

(2)信用管理。衍生产品的一些场外交易,如利率远期交易、货币互换(无金融中介),由于当事人双方采取的是相互签约的双边协议方式,必然带来信用风险问题。企业作为签约一方应对另一方的信用进行严格审查,确定不同交易对手的信用额度标准,以避免信用过度集中于某一特定交易对手。

(二)实业投资的风险管理

1. 分析投资环境,确定投资规模

首先,企业投资前应预测所投资行业的竞争程度,选择没有极端垄断(如公用事业),而竞争性又不很强的行业投资。同时还需预测市场需求以及本企业能够占有的市场份额。只有充分了解市场情况,才能防范市场风险。其次,要形成规模投资,化解成本风险。扩大投资规模如果能够节约成本,就会相应增加投资收益,降低投资风险。目前我国大多数企业效益不佳的原因之一就是未能形成规模投资效益,运营成本过高,竞争力较弱。

2. 多样化经营及应注意的问题

20世纪80年代后期,我国部分企业为了克服单一经营的风险,出现了追求多样化经营的势头,但在此过程中出现了各种各样的问题,很多企业由于对自己的财力、物力、人力没有清醒的认识,盲目搞多样化,遭受巨大损失,乃至招致破产的厄运。因此,企业在运用多样化经营方式来分散投资风险的同时,必须注意以下几方面的问题:

(1)地区的分散。通过国内、国外分散,减少将资金投资于某一国家或地区的风险。通过地区分散,将资金投放于不同区域,利用不同区域的特点和优势来降低投资风险。

(2)行业的分散。不同行业的特点和状况是不一样的,当某一行业处于衰退期时,另一行业可能正处于繁荣阶段,企业通过在不同行业投资,可以降低行业衰退的风险。一般来说,行业间的关联性越小,分散特定行业风险的可能性就越大。但是,行业跨度越大,对企业实力和经营管理水平的要求也越高。因此,企业在选择跨行业经营时,应对自身的经济实力和管理能力做出恰如其分的评价,不宜盲目开工,否则,不仅不能分散风险,还会给企业带来更大的风险。

(3)新业务带来的风险。企业在进入一项新业务时,需要考虑当新业务出现麻烦时应该如何脱手;如果很难脱手,就有较显著的风险,且业务利润前景通常也更不易确定。因此,企业应该进入自己熟悉其运作的业务。

（4）多元化时机选择。当一个企业的专业化策略不能解决其生存和发展的问题，企业不能再进步的时候，就自然会选择多元化策略。多元化要求企业的专业化有充分的发展，并拥有非常雄厚的经济实力和竞争能力，以保证自己在所选的多元化领域的生存和发展。

（5）管理协同与投资相关性。从投资组合看，投资种类越多，组合风险就越小；从投资项目的相关性看，完全负相关的项目组合的风险最小。然而，从企业管理角度看却未必尽然，企业进入多个不相关领域，由于管理工作加重，又不熟悉相关业务，管理上的协调活动和可能造成的决策失误相应增多，一定时期内反而会使企业的投资风险加剧。

3. 合理利用财务杠杆和经营杠杆效应，增加企业投资收益，降低投资风险

在筹资风险的管理中，我们已经论述了如何利用财务杠杆，只要企业的息税前利润率高于企业负债利率，适当负债将带来企业权益资本利润率的较大提高。也就是说，合理利用财务杠杆，可以给企业投资带来更高的收益。曾连创佳绩的珠海巨人集团之所以陷入财务危机，除了公司领导层在投资决策上失误，盲目多元化外，原因还在于在巨人大厦的建设中，设计由最初的 12 层逐步更改为 38 层、54 层、63 层、70 层之后，投资所需资金也就由 1 亿元猛增到 12 亿元。而该集团却没有在银行贷一分钱，资金缺口极大，只好采取拆东墙补西墙的方式，从集团其他公司抽调大量资金到该项目上，致使整个集团资金运转陷入瘫痪。这无疑是该集团筹资、投资风险管理上的一大败笔。

阅读书目

1. 刘新立：《风险管理》，北京大学出版社 2014 年版。
2. 曹剑峰：《财务管理》，经济科学出版社 2014 年版。
3. 王清刚：《内部控制与风险管理：理论、实践与案例》，北京大学出版社 2016 年版。
4. 迟国泰：《投资风险管理》，清华大学出版社 2014 年版。
5. Brunnermeier, M. K. and Krishnamurthy, A., *Risk Topography: Systemic Risk and Macro Modeling*, University of Chicago Press, 2013.

思考题

（一）填空题

1. 融资风险可以理解为普通股股东_____；融资风险＝_____。
2. 融资风险的表现形式主要有_____和_____两种形式。
3. 融资风险的分析和衡量可通过_____、_____和_____来进行。
4. 财务杠杆系数的大小受_____的影响，_____所占比例越大，财务杠杆系数越大，表明企业偿债压力越大，从而融资风险也越大。
5. 投资风险是_____与其_____的乘积，即投资风险＝_____。
6. 组合风险、市场风险和公司特有风险之间的关系为：_____。

（二）名词解释

1. 融资风险
2. 税后资本利润率无差异点
3. 投资风险
4. 支付性融资风险
5. 速动资产

6. 综合资金成本率
7. 财务保守主义

(三)是非题

1. 在经营风险一定的前提下,采用资金成本固定的融资方式所融入资金的比重越小,附加给每个普通股股东的风险就越大。（   ）

2. 持续的通货膨胀将使企业的资金需求不断膨胀,资金供给持续发生短缺,货币性资金不断贬值,实物性资金相对升值,资金成本不断升高,从而给企业融资带来诸多隐患。（   ）

3. 如果该公司的全部资金都是普通股股本,则股本收益率低于基本收益能力比率。（   ）

4. 在企业经营收益(又称息税前净收益)发生变动时,提高债务资本(即借入长期资金)比例,会成倍地缩小企业的净资产收益率。（   ）

5. 投资风险的参照物是企业在投资活动中所发生的亏损。（   ）

6. 如果预计市场利率将要调高时,企业就应采用固定利率形式融资。（   ）

7. 在资金总额、息税前利润相同的情况下,负债比率越高,财务杠杆系数越高,财务风险就越大,投资效益就越小。（   ）

(四)简答题

1. 简述企业融资风险的影响因素以及每种因素的作用机理。
2. 简述企业在衡量融资风险时采取自有资金利润率的标准差的优点。
3. 分别简述指标分析法中的短期偿债能力和长期偿债能力的衡量指标。
4. 简述融资风险的防范对策。
5. 简述在采用定量分析进行融资风险分析时常用的概率分析法的基本步骤。
6. 简述投资风险的主要类型。
7. 简述实施债务重组在融资风险管理中的意义。
8. 简述投资风险衡量的具体步骤。

(五)论述题

1. 试述如何有效进行融资风险的管理。
2. 试述实业投资风险管理的主要方法。

(六)计算题

某公司现有普通股 100 万股,股本总额为 1 000 万元,公司债券为 600 万元。公司拟扩大筹资规模,有两种备选方案:一是增发普通股 75 万股,每股发行价格为 10 元;二是平价发行公司债券 750 万元。设公司债券的年利率为 12%,所得税率为 30%。

1. 计算两种筹资方式的每股收益无差异点。
2. 如果该公司预期息税前利润为 400 万元,请对两种筹资方式作出择优选择。

参考文献

1. 张中华、谢进诚:《投资学》,中国统计出版社1994年版。
2. 王化成、张洪新:《现代企业筹资实务》,中国审计出版社1996年版。
3. 李俊元:《投融资体制比较》,机械工业出版社2003年版。
4. 蒋政、王琪等:《融资方略》,经济管理出版社2003年版。
5. 戴维·罗默著,王根蓓译:《高级宏观经济学》,上海财经大学出版社2003年版。
6. 平新乔:《财政原理与比较财政制度》,上海三联书店、上海人民出版社1995年版。
7. 杨大楷:《国际投资学》,上海财经大学出版社2003年版。
8. 杨大楷:《中级投资学》,上海财经大学出版社2004年版。
9. 杨大楷、刘庆生、刘伟:《中级国际投资学》,上海财经大学出版社2002年版。
10. 王益民:《投资融资与资本市场化运作全书》,九州图书出版社2001年版。
11. 潘飞、朱百鸣:《企业筹资决策》,立信会计出版社2002年版。
12. 卢汉林:《国际投融资》,武汉大学出版社1998年版。
13. 张洪涛、郑功成:《保险学》,中国人民大学出版社2000年版。
14. 李祝用等:《信托公司运作规程》,中央民族大学出版社1997年版。
15. 金建栋:《金融信托全书》,中国财政经济出版社1994年版。
16. 邵祥林、董贤圣、丁建臣:《信托投资公司经营与管理》,中国人民大学出版社2004年版。
17. 赵奎、朱崇利:《金融信托理论与实务》,经济科学出版社2003年版。
18. 王淑敏、陆世敏:《金融信托与租赁》,中国金融出版社2002年版。
19. 曹建元:《信托投资学》,上海财经大学出版社2004年版。
20. 颜寒松:《基金管理公司投资策略》,上海财经大学出版社2000年版。
21. 陈儒:《投资基金运作及风险控制》,中国金融出版社1998年版。
22. 张健:《投资基金手册》,中国城市出版社2000年版。
23. 于建国、余有红等:《投资基金的运作与发展》,上海人民出版社1998年版。
24. 刘树军:《开放式基金与商业银行营销》,中国金融出版社2003年版。
25. 储敏伟、杨大楷、应望江:《2003中国投资发展报告》,上海财经大学出版社2003年版。
26. 李俊元:《投融资体制比较》,机械工业出版社2003年版。
27. 张元萍:《风险投资运行机制与模式》,中国金融出版社2003年版。
28. 陈工孟、郑子云:《个人财务策划》,北京大学出版社2003年版。
29. 俞建国:《中国中小企业融资》,中国计划出版社2002年版。
30. 张玉明:《民营企业融资体系》,山东大学出版社2003年版。
31. 刘曼红:《天使投资与民间资本》,机械工业出版社2003年版。
32. 林功实:《个人投资理财》,清华大学出版社2003年版。
33. 巨荣良:《居民个人投资:方式 策略 技巧》,中国计划出版社1995年版。
34. 王洪云:《个人投资技巧》,山东人民出版社1993年版。
35. 张极井:《项目融资》,中信出版社2003年版。
36. 朱萍:《资产评估》,上海财经大学出版社1998年版。
37. 毕宝德:《土地经济学》,中国人民大学出版社1993年版。

参考文献

38. 周叔敏、汤究达译:《美国评估行业统一操作规范》,经济科学出版社 2000 年版。
39. 中国资产评估协会:《国际资产评估标准》,经济科学出版社 1995 年版。
40. 王子林:《资产评估:原理·实务·管理》,中国财经出版社 1992 年版。
41. 宗刚等:《资产评估理论与方法》,中国审计出版社 1995 年版。
42. 张训苏等:《资产评估与证券等级评估》,中国统计出版社 1996 年版。
43. 刘秋雁:《房地产投资分析》,东北财经大学出版社 2003 年版。
44. 俞明轩、丰雷:《房地产金融》,中国人民大学出版社 2002 年版。
45. 龙胜平:《房地产金融与投资》,高等教育出版社 1999 年版。
46. 曹振良、高晓慧等:《中国房地产业发展与管理研究》,北京大学出版社 2002 年版。
47. 余恕莲:《无形资产评估》,对外经济贸易大学出版社 2003 年版。
48. 鲍杰、李光洲、罗秦:《资产评估》,立信会计出版社 2003 年版。
49. 王维平:《企业无形资产管理》,北京大学出版社 2003 年版。
50. 于玉林:《无形资产战略研究》,中国金融出版社 2004 年版。
51. 金乃成、崔劲等:《无形资产管理与评估》,中信出版社 1995 年版。
52. 蒋金怀、郭长宝:《资产评估案例解析》,经济科学出版社 1997 年版。
53. 明廷华:《无形资产评估理论与方法研究》,气象出版社 1995 年版。
54. 朱健仪、苏淑欢:《资产评估学》,中山大学出版社 2002 年版。
55. 于玉林:《现代无形资产学》,经济科学出版社 2001 年版。
56. 霍文文:《证券投资学》,上海财经大学出版社 2001 年版。
57. 丛树海:《证券投资基金》,上海财经大学出版社 2002 年版。
58. 慕刘伟:《国际投融资理论与实务》,西南财经大学出版社 2004 年版。
59. 胡荣水:《海外融资实务》,中国发展出版社 1998 年版。
60. 上海财经大学投资研究所:《2002 中国投资发展报告》,上海财经大学出版社 2002 年版。
61. 段云程:《中国企业跨国经营与战略》,中国发展出版社 1995 年版。
62. 罗东勤:《投资经济学》,社会科学出版社 2003 年版。
63. 孔淑红、梁明:《国际投资学》,对外经济贸易大学出版社 2001 年版。
64. 金德环:《投资经济学》,复旦大学出版社 1992 年版。
65. 杜大伟、王水林等:《改善投资环境,提升城市竞争力:中国 23 个城市投资环境排名》,世界银行研究局 2003 年版。
66. 程兴华:《现代企业投资决策管理》,立信会计出版社 1996 年版。
67. 谢作渺:《企业如何防范风险》,新华出版社 2002 年版。
68. 何进日:《财务管理》,西南财经大学出版社 2002 年版。
69. 冯彬:《企业投融资》,上海财经大学出版社 2004 年版。
70. 刘伟华:《风险管理》,中信出版社 2002 年版。
71. 吴安平等:《财务管理学教学案例》,中国审计出版社 2001 年版。
72. 乔世震:《财务案例》,中国财政经济出版社 1999 年版。
73. 清华大学经济管理学院工商管理案例研究组:《理财之道 竞争谋略》,世界图书出版公司 1998 年版。
74. 孙念怀等:《财务经理 MBA 强化教程》,中国经济出版社 2002 年版。
75. 张彰:《西方企业财务管理》,天津大学出版社 1993 年版。
76. 李维宁等:《投融资管理》,海天出版社 2001 年版。
77. 王文华:《公司理财案例》,上海大学出版社 2002 年版。
78. 欧阳令南:《公司财务》,上海交通大学出版社 2004 年版。
79. 钱春萍、郑见:《资金运作》,中国物资出版社 2003 年版。
80. 李荣融:《外国投融资体制研究》,中国计划出版社 2000 年版。

81. 魏进高:《发展中国金融衍生品市场的思考》,《重庆工商大学学报》2003 年第 12 期。
82. 郭励弘:《投融资体制改革的回顾与前瞻》,《投资研究》2003 年第 11 期。
83. 曹尔阶:《对当前金融形势和投融资体制改革的几点看法》,《投资研究》2003 年第 9 期。
84. 李恩强:《我国投融资改革的紧迫性及改革重点》,《上海投资》2003 年第 12 期。
85. 于春红:《改革投融资体制 拓宽投融资渠道》,《商业研究》2003 年第 12 期。
86. 汤保全:《投资优化论》,河南大学出版社 2000 年版。
87. 杨大楷、张效梅、杨纲:《资产证券化对中国的启示》,《上海综合经济》1998 年第 2 期。
88. 李元旭、吴晨:《银行业务外包问题初探》,《国际金融研究》2000 年第 12 期。
89. 白雪光:《当前国有商业银行债券投资管理存在的问题及其对策》,《金融广角》2003 年第 1 期。
90. 王克菲:《商业银行进行有效融资应把握的原则》,《农村金融研究》2000 年第 4 期。
91. 舒立:《统一授信与防范商业银行融资风险》,《济南金融》2002 年第 6 期。
92. 刘志友:《商业银行投资理财业务创新过程的几点思考》,《现代管理科学》2002 年第 2 期。
93. 苑改霞:《银证受托理财的理性思考》,《经济理论与经济管理》2003 年第 7 期。
94. 吴洪涛:《商业银行的表外融资业务》,《现代商业银行》2003 年第 5 期。
95. 刘兴华:《我国商业银行资产证券化融资探析》,《江西财经大学学报》2000 年第 3 期。
96. 邢成、高艳松:《证券公司及资产管理业务对信托业的影响》,《经济导刊》2003 年第 12 期。
97. 王怡里:《浅谈证券公司资产管理业务的发展》,《山西财经大学学报》2002 年第 11 期。
98. 马瑾、朱纪平:《我国证券公司资产管理业务现状分析》,《商业研究》2003 年第 14 期。
99. 杨黎妮:《浅谈证券公司的资金管理》,《上海会计》2002 年第 8 期。
100. 许平彩:《谈证券自营业务的风险及防范》,《经济管理》2004 年第 2 期。
101. 梁红:《企业应收账款融资创新》,《现代企业》1998 年第 12 期。
102. 梁亮华、董伏堂:《信托投资——房地产融资的新宠》,《中国房地信息》2004 年第 4 期。
103. 高民芳、王海云、徐焕章:《我国风险投资退出途径的探讨》,《西北纺织工学院学报》2000 年第 4 期。
104. 杨帆等:《保险公司资金运用国内外比较研究》,《金融时报》2002 年 3 月 25 日。
105. 许崇证:《中国保险基金的困境及其出路》,《金融与保险》2003 年第 12 期。
106. 黄亚辉等:《保险资金运用现状、趋势及建议》,《济南金融》2004 年第 6 期。
107. 邱艳芳:《中资保险公司资本金扩充途径比较》,《上海保险》2003 年第 5 期。
108. 秦振球、俞自由:《保险公司投资比例问题研究》,《财经研究》2003 年第 2 期。
109. 王文利:《浅谈入世后中国保险公司投资方式的选择》,《甘肃金融》2003 年第 3 期。
110. 阚凌云:《金融衍生工具特点及风险管理》,《石家庄经济学院学报》2002 年第 12 期。
111. 刘晨:《金融衍生工具投资风险特征探析》,《商业研究》2001 年第 4 期。
112. [美]洛蕾·菲奥里洛:《圆梦 45 天:个人投资理财指南》,辽宁人民出版社 2002 年版。
113. [德]D. 法尼:《保险企业管理学》,经济科学出版社 2002 年版。
114. [美]Stephen A. Ross,Randolph W. Westerfield 等:《公司理财》,机械工业出版社 2003 年版。
115. William A. Sahlman:《创业企业融资》,中国人民大学出版社 2003 年版。
116. Stephen Syrett. *Project Finance Yearbook* 1991/1992. Euromoney Publications PLC,1992.
117. D. Johannes Juttner. *Financial Markets,Interest Rates and Monetary Economics*. Longman Cheshire,1998.
118. R. G. Winfield,S. J. Curry. *Success in Investment*. Third Edition. John Murray(Publishers)Ltd. ,1987.
119. Peter K. Nevitt,Frank Fabozzi. *Project Financing*. Sixth Edition. Euromoney Publications PLC,1995.
120. Clifford Chance. *Project Finance*. IFR Publishing Ltd. ,1991.